DAVID ALEXANDER

GENE RODDEN-BERRY

DER SCHÖPFER VON STAR TREK

DIE AUTORISIERTE
BIOGRAPHIE

**Mit einer Einleitung von
MAJEL BARRETT RODDENBERRY
und einem Vorwort von
RAY BRADBURY**

Deutsche Erstausgabe

WILHELM HEYNE VERLAG
MÜNCHEN

HEYNE SCIENCE FICTION & FANTASY
Band 0605544

Besuchen Sie uns im Internet unter
verlag @ heyne.de

Titel der amerikanischen Originalausgabe
THE AUTHORIZED BIOGRAPHY OF
GENE RODDENBERRY
STAR TREK CREATOR
Deutsche Übersetzung von Ralph Sander

Das Umschlagbild ist von Nele Schütz

Umwelthinweis:
Dieses Buch wurde auf
chlor- und säurefreiem Papier gedruckt

Redaktion: Rainer-Michael Rahn
Copyright © 1994 by Dagrest Partnership
Amerikanische Erstausgabe 1994 by Roc,
an imprint of Dutton Signet,
a division of Penguin Books USA, Inc., New York
(Einzelrechte der Beiträge, Quellen etc. am Schluß des Buches)
Star Trek is a registered trademark of
Paramount Communications, Inc.
This book is not endorsed, or authorized, or affiliated
with Star Trek or Paramount Communications, Inc.
Copyright © 1997 der deutschen Übersetzung
by Wilhelm Heyne Verlag GmbH & Co. KG, München
Printed in Germany September 1997
Umschlaggestaltung: Atelier Ingrid Schütz, München
Technische Betreuung: M. Spinola
Satz: Schaber, Satz- und Datentechnik, Wels
Druck und Bindung: RMO-Druck, München

ISBN 3-453-12794-3

*Für Gene Roddenberry,
der Gandhi bestätigte:*

*Ein Mann kann
die Welt auch auf sanfte Weise
bewegen.*

INHALT

Einführung von Majel Barrett Roddenberry 9

Vorwort von Ray Bradbury 11

Vorwort des Autors 15

Danksagungen 18

Der Mann, der Star Trek kreierte:
Die autorisierte Biographie
des Gene Roddenberry 23

Anhang I: Filmographie 653

Anhang II: Terrance Sweeney
»Gott und Roddenberry« 665

Deutsche Titel der Filme,
Fernsehserien und Bücher 675

Register 679

Quellenverzeichnis 698

EINFÜHRUNG VON
MAJEL BARRETT RODDENBERRY

Bei jedem öffentlichen Auftritt fragen mich die Leute: »Wie war Gene Roddenberry?« Es ist eine zu schwierige Frage, um sie schnell oder in wenigen Worten zu beantworten. Gene bedeutete jedem etwas anderes.

In seiner eigenen Sichtweise war Gene ein Geschichtenerzähler. Er wußte zu jeder Gelegenheit eine Geschichte, und so bescheiden, wie er war, war es für ihn nichts Ungewöhnliches, eine passende Geschichte zu entwickeln, um einen Aspekt seines Lebens oder seiner Karriere zu dramatisieren und so von seiner ihm eigenen Schüchternheit abzulenken.

Gene liebte es, Menschen zu beobachten. Und er liebte es, ihre Reaktionen auf seine Geschichten zu beobachten. Er liebte eine gute Diskussion und griff ohne Zögern ein gutes Thema auf, wobei er häufig im Laufe des Gesprächs letztlich auf der seiner Ausgangsposition entgegengesetzten Seite anlangte. Gene, Chris und Sam (seine engsten Autorenfreunde) spielten den Advocatus Diaboli, was ihn (und die anderen) zu kreativen Höhenflügen anspornte. Sie analysierten, diskutierten und kritisierten die Arbeit des jeweils anderen, bis sie perfekt war. Es war Teil des Prozesses, der sie zu guten Autoren machte.

Gene war ein gieriger Leser und unersättlich, wenn es etwas zu lernen gab. Das war – vielleicht mehr als alles andere – der Schlüssel zu seinem Erfolg als Autor. Gene wurde in der Öffentlichkeit oft als leidenschaftlicher und hochintelligenter Mann dargestellt, aber es gab eine Seite, die er sorgfältig verbarg.

Ungefähr sechs Monate vor seinem viel zu frühen Tod im Jahr 1991 bat Gene seinen Freund David Alexander, mit der Arbeit an seiner Biographie zu beginnen. Die beiden hatten sich einige Jahre zuvor kennengelernt, und David hatte das Interview mit ihm gemacht, das Gene als das beste betrachtete, das er je gegeben hatte.

Sie trafen sich häufig in unserem Haus in Bel Air und in unserem Schlupfwinkel im Norden von San Diego County. Gene kam David näher und teilte mit ihm viele seiner persönlichen Gedanken.

Während dieser ganzen Zeit gab es für Gene nur eine Regel: Die Biographie mußte ehrlich sein. Weil er seine Geschichte komplett erzählen wollte, bestand Gene darauf, daß seine Fehler und Schwächen ebenso wichtig waren wie alles andere, wenn der Leser ihn wirklich verstehen sollte.

Gene war ein komplexer Mann, der das Leben, die Frauen und die gesamte Menschheit liebte – aber auch ein Mann, der selbst geliebt werden wollte. Er war bis auf wenige Ausnahmen gerecht, und seine Beharrlichkeit, Konfrontationen aus dem Weg zu gehen, zeigte sich nicht nur in seiner Arbeit, sondern auch in seinem Privatleben.

Gene besaß ein untrügliches Talent, die besten Leute auszuwählen, die für eine Aufgabe zur Verfügung standen, dann lehnte er sich zurück und sah ihnen bei der Arbeit zu. So war es auch mit diesem Buch. Als Gene überraschend starb, machte David weiter und brachte dieses Werk zur Vollendung. Es ist nicht nur eine umfassende und ehrliche Betrachtung von Genes Leben, es ist auch unterhaltend und voller Überraschungen.

David hat in Genes Leben zwischen den Zeilen gelesen. Er hat Genes »Essenz« eingefangen. David ist ein unglaublicher Spürhund und könnte Sherlock Holmes in den Schatten stellen. Ich kann sagen, daß dieses Buch voll und ganz Genes Wünschen entspricht.

Einige der faszinierenden Aspekte in Genes Leben, die David aufgedeckt hat, sind die Wurzeln seiner Philosophie, die wichtigen Menschen in seinem Leben, und wie Genes Erfahrungen den Mann formten, der als der »Große Vogel der Galaxis« bekannt wurde. Darüber hinaus ist dieses Buch die Geschichte meines »wahren und sanften Ritters«, jenes wunderbaren, charmanten und liebenswürdigen Mannes, den ich meinen Ehemann nennen durfte.

Dieses Buch ist die umfassende Studie eines komplexen Mannes. Es gewährt Einblicke in den Charakter eines Mannes, dessen größter Fehler vielleicht seine unerschütterliche Liebe und sein Vertrauen in die Menschheit war. Denn die liebte er wirklich.

MAJEL BARRETT RODDENBERRY
Bel Air, Kalifornien, März 1994

VORWORT VON RAY BRADBURY
*(Auszug aus seiner Rede während des
Gedenkgottesdienstes für Gene Roddenberry)*

Jedesmal, wenn ich bei Cal Tech einen Vortrag halte und die Fragerunde beginnt, dann fragt mich niemand über meine Geschichten aus. Man fragt: »Kennen Sie Gene Roddenberry?« Ich sage »ja«, und sie fragen: »Wie ist er?« Und dann erzähle ich es ihnen.

Ich glaube, viele von Ihnen wissen, daß man mich in den letzten zehn Jahren häufig mit Gene verwechselt hat. Ich war letztes Jahr in Scottsdale, als drei Männer Anfang Dreißig auf mich zustürmten und riefen: »Oh, Mr. Roddenberry, Sie sind wunderbar. Wir lieben Sie und wir lieben Ihre Serie. Hoffentlich wird sie ewig laufen.« Ich sagte: »Danke, es freut mich, daß Ihnen meine Arbeit gefällt.«

Ich habe gelernt, andere nicht zu enttäuschen, denn die Wahrheit wäre für sie grausam gewesen. Es hätte sie zerstört. So aber gingen sie glücklich weiter. Und ich war auch glücklich.

Als ich einigen meiner Freunde erzählte, daß ich heute hier sein würde, sagten zwei von ihnen: »Welch eine Ehre!« Daran hatte ich bis zu diesem Augenblick nicht gedacht. Ich war vor allem traurig – es würde eine Last sein, eine süße Last. Als sie es wieder und wieder sagten, erwiderte ich: »Ja! Es ist eine Ehre, eine große Ehre, über einen Mann von Ehre zu sprechen.«

Und jetzt sind wir hier, zusammen mit seiner Familie. Wie selten kommt es zu einer solchen Zusammenkunft, bei der man die Menschen betrachtet und erkennt, daß man aus dem besten aller Gründe hier ist. Man ist nicht hier, weil es eine Pflicht ist, sondern weil man Teil seiner Familie ist, der kleinen Familie hier oder der großen Familie draußen vor dem Portal, in der Stadt und im ganzen Land.... Es kommt selten vor, daß ein Mann, den wir so gut kannten und dem wir so vertrauten, eine so große Familie hatte. Sie wird weit über dieses Jahrhundert hinaus Bestand haben. Das ist das Schöne an Film und Fernsehen - man wird sich lange an uns erinnern, wenn wir gute Arbeit leisten.

Gene realisierte in meinen Augen das, was Schweitzer Jahre zuvor gesagt hatte: Leiste herausragende Arbeit, jemand könnte sie nachahmen. Jedesmal, wenn ich bei Cal Tech war, sah ich diese jungen Wissenschaftsstudenten, die sich mit den moralischen Aspekten befaßten, die er auf sehr zurückhaltende Weise lehrte: Er brüstete sich nicht mit den Geschichten in seiner Serie, aber er führte Beispiele an. Inmitten von so viel Gewalt und so vielen Serien, die uns nicht interessieren, ragt *Star Trek* heraus als ein schönes und ruhiges moralisches Vorbild, das für uns da ist, wenn wir es brauchen.

Über Jahre hinweg habe ich es akzeptiert, mit ihm verwechselt zu werden. Gene schickte mir die Post, die er zu *Die Marschroniken* erhalten hatte, ich schickte ihm die Post zu *Star Trek*. Im letzten Jahr drohte ich ihm, ich wolle an den Einnahmen beteiligt werden! An einem Tag wie dem heutigen brauchen wir so viel Humor, wie wir nur aufbringen können. Einen sanften und sehr aufrichtigen Humor.

Vor Jahren geschah etwas mit *Star Trek*, was viele Leute nicht mitbekommen haben. Diejenigen unter Ihnen, denen es wirklich etwas bedeutet, wissen längst, was ich meine. Aber die Produzenten in den Studios, die haben Jahre gebraucht, um den Anschluß zu finden und einen wirklich guten Weltraumfilm zu produzieren, der etwas mit dem Universum zu tun hat. Sie wissen schon: Das Geschenk des Augenlichts, das bei einfachsten, mikroskopisch kleinen Tierchen und den Blumen beginnt, die sich nach der Sonne richten.

Als Folge der Entwicklung des Gesichtssinns entdeckte die Menschheit die Sterne, und seit Zehntausenden von Jahren will sie nach ihnen greifen. Alle Erfindungen, die mit Film und Fernsehen in Verbindung stehen, haben mit dem Auge zu tun. Der Zauber, einfach nur zu sehen, jeden Morgen zu erwachen und die einfachsten Dinge zu betrachten - das Gras und die Bäume.

Es klingt banal, aber Gene machte mit all seinen Mitstreitern diesen Schritt in ein Universum, in dem wir leben möchten. Es steckt in jedem von uns. Wenn wir die Sterne sehen, wollen wir sie haben. Tief im Herzen von *Star Trek* fand sich für mich wieder und wieder das Wichtigste im Universum – das Geheimnis des Lebens. Sehr geheimnisvoll. Wir wissen kaum etwas darüber. Ich habe mit den Experten des Smithsonian Instituts und des Planetariums über die Urknall-Theorie gestritten. Der Urknall ereignete sich vor sieben oder zehn Milliarden Jahren. Ich sagte: »Beweist es!« Natürlich konnten sie das nicht, weil das Universum schon immer da war, was wiederum unmöglich ist, oder nicht?

Ich verliebte mich in die Sterne, als ich siebzehn Jahre alt und auf der High School war. Das Rätsel des Lebens und des Todes. Wir grübeln die ganze Zeit über diese Dinge nach. Wir gehen zum Zahnarzt und lassen uns einen Zahn ziehen, und für den Rest des Tages können wir nicht unsere Zunge aus der entstandenen Lücke nehmen, weil es ein kleiner Tod ist. Wir bekommen einen Vorgeschmack auf unsere eigene Sterblichkeit.

Genes Serie befaßte sich immer wieder mit diesen beiden Wundern. Die Tatsache, daß wir hier sind, muß für uns Anlaß zum Feiern sein. Egal, unter welchen Umständen, wir müssen das Leben feiern. Wir müssen zu keiner bestimmten Religion gehören, sondern nur froh sein, einmal dagewesen zu sein. Und darum sind wir heute hier, froh darüber, so lange Zeit mit Gene Roddenberry gelebt zu haben.

Vor vielen Jahren – wenn Sie gestatten – schrieb ich eine Kurzgeschichte über meine Urgroßmutter, die 82 Jahre alt wurde und starb, als ich drei Jahre alt war. Kurz vor ihrem Tod rief sie nacheinander jeden von uns zu sich. Sie traf diese Entscheidung ganz alleine. Sie legte sich einfach ins Bett und sagte: »Mir reicht's, ich bin müde. Ich brauche Ruhe. Ganz viel Ruhe.« Und sie rief uns zu sich und sprach mit uns. Ich möchte Ihnen gerne einige ihrer Gedanken vorlesen, mit denen die Geschichte endet, und ich hoffe, daß sie etwas in Ihnen auslösen.

Meine Urgroßmutter sagte: »Ich will hier morgen keine Halloween-Parties sehen. Ich will, daß irgend jemand etwas Nettes über mich erzählt. Ich habe alles zu meiner Zeit und mit meinem Stolz gesagt. Ich habe aus jedem Glas getrunken und jeden Tanz getanzt. Und jetzt ist da nur noch ein letztes Törtchen, von dem ich nicht abgebissen habe. Eine Melodie, die ich nicht gepfiffen habe. Ich bin wirklich neugierig. Der Tod wird von mir keinen Krümel abbekommen, den ich nicht selbst genießen kann. Also macht euch um mich keine Sorgen. Geht jetzt alle und laßt mich meine Ruhe finden.‹

Irgendwo fiel eine Tür leise ins Schloß. So ist es besser, dachte sie. Alleine kuschelte sie sich genüßlich in die warme Schneewehe aus Leinen und Wolle, Laken und Decke. Die Farben des Patchwork-Quilt waren so leuchtend wie ein Zirkusplakat aus alten Zeiten. Als sie so dalag, fühlte sie sich so klein und geborgen wie an jenem Morgen vor mehr als achtzig Jahren.

Vor langer Zeit, dachte sie, träumte ich einen Traum, und er gefiel mir so sehr, bis jemand mich aufweckte. Das war der Tag, an dem ich geboren wurde. Und nun, nun, laßt mich nachdenken... Sie wandert in der Zeit zurück. Wo war ich? überlegte sie. Neunzig Jahre!

Wie sollte sie den Faden und das Muster dieses verlorenen Traums wiederfinden. Sie streckte eine kleine Hand aus. Da, da. Ja. Das war es. Sie lächelte, tiefer in diesem warmen Schneehügel, sie drehte ihren Kopf auf dem Kissen. Das war besser. Ja. Jetzt. Sie sah, wie er still in ihrem Geist Gestalt annahm, und mit der Gelassenheit der See, die sich an einer endlosen Küste entlangbewegt, ließ sie zu, daß der alte Traum sie berührte und sie aus dem Schnee hob und sie über dem Bett schweben ließ, an das sie sich kaum noch erinnerte.

Unten, dachte sie, polieren sie das Silber und durchwühlen den Keller und wischen in den Fluren Staub. Sie konnte sie durch das ganze Haus hindurch hören. Es ist in Ordnung, flüsterte Urgroßmutter, während sie sich von dem Traum treiben ließ. Wie alles andere in diesem Leben ist es passend. Und die See spülte sie zurück an Land.«

Ich schreibe das für Sie alle. Ich schreibe es für mich selbst. Ich sage das jetzt für Gene. Ich sage es für ihn, und ich schließe so, wie ich begonnen habe.

Vielleicht werden auch in den nächsten Jahren Fremde auf mich zukommen, die die Zeit vergessen haben. Sie werden mich ansehen und sagen: »Mr. Roddenberry, ich dachte, Sie wären tot!« Und wissen Sie, was ich antworten werde? »Nicht, solange *ich* lebe.«

VORWORT DES AUTORS

In *The Art of Biography* schlug Paul Murray Kendall vor, daß man eine Biographie definieren könnte als »die mit Worten ausgeführte Simulation des Lebens eines Menschen, die aus allem besteht, was man über diesen Menschen weiß«. Leichter gesagt als getan. Die Aufgabe eines Biographen ist es, die Fäden des Lebens einer Person aufzunehmen: die Papiere, die Erinnerungen von Verwandten, Freunden, Kollegen und Weggefährten, das Tatsächliche und Mutmaßliche, die tausend unvollständig im Gedächtnis bewahrten Momente, die aus zwischenmenschlichen Beziehungen entstehen, und diese Myriaden Fäden zu einem Teppich zu verweben, der wiedererkennbar ist. Und das alles, ohne den Weber und seine Meinung miteinzubeziehen.

Es erfordert viel Zeit, von der man nie genug hat. Und obwohl dieses Buch zweieinhalb Jahre Recherchen und Ausarbeitung erfordert, würde ich gerne noch einmal so viel Zeit aufwenden. Die Arbeit eines Biographen ist nie beendet, eine Biographie ist nie allumfassend. Immer gibt es noch eine Wahrheit, die überprüft werden muß, eine Anekdote, die in die Sammlung aufgenommen werden muß, eine winzige Erkenntnis, aus der der Charakter des Subjekts sich entwickelte. Leider machen die realistischen und keineswegs unvernünftigen Forderungen meines Verlegers jede weitere Bemühung unmöglich. Irgendwann macht man einfach Schluß und bringt die Geschichte zu ihrem Ende, obwohl man weiß, daß das nicht alles ist.

Über Gene könnte man immer mehr berichten, weil er eine lebhafte Persönlichkeit war. Er offenbarte den unterschiedlichen Menschen zu unterschiedlichen Zeiten unterschiedliche Aspekte seines Selbst. Während er sich entwickelte, traten viele Menschen in sein Berufs- und Privatleben – und viele verschwanden daraus. Einige davon sahen Facetten, die anderen verborgen blieben oder die sich erst später zeigten. Einige sahen mehr als andere, aber fast immer war es Gene, der entschied, wer was sehen sollte. Tief in seinem Inneren war er eine sehr private Person. Diejenigen, die ihn am besten kannten, benutzten oft zwei wiederkehrende Begriffe, um ihn zu beschreiben: zurückhaltend und schüchtern.

Was seine Arbeit betraf, war Gene sehr fürsorglich. Wenn es um Ideen ging, konnte Gene ein intellektueller Raufbold sein. Er hatte die Angewohnheit, Dinge auszusprechen, um eine Reaktion zu provozieren. Wenn man mit dieser Angewohnheit oder dem Zweck derartiger unfaßbarer Bemerkungen nicht vertraut war, konnte man seine Worte leicht mißverstehen. Ein Beispiel dafür war seine Äußerung in Anwesenheit einiger Freunde, von denen zwei homosexuell waren. Wenn er noch einmal ganz von vorne anfangen müßte, wäre er lieber homosexuell. Und das sagte ein Mann, der seine Heterosexualität nachdrücklich zur Schau stellte. Bei zwei Gelegenheiten belegte er alle Frauen mit einem Attribut aus der Gossensprache. Es sollte schockieren, aufregen, aber es war keine unverrückbare Meinung. Wie viele andere Bemerkungen machte er sie der Wirkung wegen – aus der Stimmung des jeweiligen Augenblicks heraus.

Gene war immer, wie ihn einige Freunde charakterisierten, »ein Aufrührer«. Bei der Recherche und beim Verfassen dieses Buchs habe ich mich bemüht, diesen Zug zu berücksichtigen.

Gene beschrieb sich selbst als Geschichtenerzähler: eine Person, die die Gabe besitzt, Verstand und Herz mit der Macht des Wortes zu begeistern. Lange vor dem Beginn aufgezeichneter Geschichte haben uns Geschichtenerzähler aus dem Gewöhnlichen entführt in das Mögliche, das Unwahrscheinliche und das Phantastische. Sie sind für unser Wohlbefinden so wichtig wie sauberes Wasser und ausgewogene Ernährung.

Hätte er tausend Jahre früher gelebt, wäre Gene von der Gesellschaft so verehrt worden, wie es heute geschieht, denn sein besonderer Genius wäre in jeder Kultur und in jeder Ära erkannt worden. Gene hielt uns einen Spiegel vor, damit wir uns selbst erforschen konnten, damit wir das Beste und das Schlechteste in uns sahen. Und damit wir verstanden, daß wir besser sein können, als wir es sind.

Gene war ein talentierter Mann, der mehrere Leben lebte. Er

war Mensch auf so vielen Ebenen, wie er in den siebzig Jahren seines Lebens erfahren konnte.

Gene Roddenberry war mein Freund. Er wählte mich aus, damit ich seine Geschichte erzähle. Seine Vorgabe lautete: »Schreibe eine ehrliche Biographie.« Am meisten bedauere ich, daß der eine Mann, dessen Meinung mir mehr bedeuten würde als alle anderen, nicht mehr die Gelegenheit hatte, mir zu sagen, ob ich die von ihm gestellte Aufgabe erfolgreich bewältigt habe.

DANKSAGUNGEN

Sehr viele Leute haben zu dieser Biographie beigetragen. Einige teilten mit mir ihre Erinnerungen in Interviews, wobei sie unschätzbare Einblicke in Genes Leben lieferten; andere entdeckten alte Briefe und Fotografien. Viele gaben mir Hinweise, wo ich noch nach Informationen suchen könnte, andere nannten mir Namen von Menschen, die Roddenberry gekannt hatten und einen weiteren Teil an Erinnerungen zum Mosaik seines Lebens beisteuern konnten.

Mein größter Dank geht an Gene Roddenberry dafür, daß er ein so interessantes Leben führte und mich als seinen Chronisten auswählte. Wie bei so vielen anderen Menschen, die er berührte, veränderte seine Freundschaft auch mein Leben.

Mein tiefster Dank geht auch an Genes Frau, Majel Barrett Roddenberry, die Genes Entscheidung unterstützte, für ihre Freundschaft und Offenheit.

Meine Frau Cassidy J. Alexander ist die erforderliche Konstante in meinem Leben; ihr danke ich für ihre Unterstützung, ihre guten Ratschläge und dafür, daß sie einfach da ist. Ihre Hilfe war insbesondere während der letzten sechs Monate von unschätzbarem Wert.

Dieses Buch wäre ohne die Ratschläge und die fortwährende Hilfe von Ernie Over, Genes und mittlerweile Majels persönlichem Assistenten, nicht Wirklichkeit geworden. Ihm gebührt mein tiefster Dank. Ein Gewinn aus diesem Projekt ist Ernies Freundschaft. Richard Arnold, *Star Trek*-Archivar und Berater, verdient ein großes Dankeschön, sowohl für seine Loyalität gegenüber Gene als auch für sein außerordentliches Gedächtnis und seine Unterstützung bei diesem Buch.

Viele angenehme Stunden verbrachte ich in der Gesellschaft von Genes Mutter, Caroline Glen Roddenberry, die ich »Nana« nennen durfte. Dank geht auch an Genes Bruder Bob und dessen Frau Bernice, außerdem an Doris Willowdean, die Schwester von

Gene und Bob; Genes älteste Tochter Darleen Roddenberry und ihr Mann Antoine Bacha verdienen ein großes Dankeschön für ihre Freundschaft und dafür, daß sie noch wissen, was Familie bedeutet; Genes Tante mütterlicherseits, Doris Willowdean, und ihrem inzwischen verstorbenen Mann Clint Higgins danke ich für die Erinnerungen und ihre Gastfreundschaft.

Mein Dank gilt auch Janet Asimov, Witwe von Isaac Asimov, für ihre Erlaubnis, Isaacs Briefe abzudrucken; Mrs. Jean Gardner, Witwe von Erle Stanley Gardner, für ihre Erlaubnis, die Briefe ihres Mannes abzudrucken; und Perry A. Chapdelaine von AC Projects, Inc., Inhaber des Copyrights an den Briefen von John W. Campbell.

Anerkennung auch für Ronnie Day, East Tennessee State University, College of Arts and Sciences, Department of History, und Helen Morriss Wildasin, Witwe von Mack Morriss, für Auszüge aus seinem Tagebuch und unveröffentlichte Aufzeichnungen; und Terry Sweeney für seine Unterstützung und die Erlaubnis, einen Auszug aus seinem Buch abzudrucken.

Meine tiefste Dankbarkeit gilt auch Colleen, die sich an den Traum erinnerte.

Erkenntnisreiche Interviews, Geschichten, Meinungen, Gedanken, Eindrücke, zusammen mit Fotos, Briefen und hilfreichen Hinweisen wurden von einer kleinen Armee, die sich aus Genes Freunden, Kollegen und Weggefährten rekrutierte, zusammengetragen. Ihnen allen danke ich nachfolgend in zufälliger Reihenfolge: William Ware Theiss, dafür, daß er so großzügig seine Zeit zur Verfügung stellte, als ihm nur noch wenig davon verblieben war; Marta Houske und Nick Agid; Denise und Michael Okuda; Bob und Pat Atchison; Dr. Barry Unger; Penny Unger; Jim Kyle, Morris Chapnick; Bob Lewin; der frühere Gouverneur von Kalifornien, Pat Brown; Bob Justman; Bill Bixby; Cy Hermak; Oscar Katz; Larry Walton; Vivian Rigler; Carl Mason; Carla Mason; Wilton Dillon; Captain Stanley Sheldon; Chief Daryl Gates; Patrick Stewart; E. Jack Neuman; Chris Knopf; Sam Rolfe; Sam Peeples; Cliff Wynne; Jonathan Frakes; Whoopi Goldberg; Wil Wheaton; Debbie Wheaton; Dr. Paul Logan; Captain Michael Graham; Norman Felton; Tom Gilbert; Marcia Cash; Colonel William Ivey; Ray Johnson; Chris Noel Bassior; Don Ingalls; Betty Ballantine; Katherine Horton; Teresa Victor; Fred Ziv; Pierre Weis; John Dozier; Ed Naha; Michael Greene; Andy Garb; Jeff Loeb; Bill Hamilton; Diane Demers; Vi Smith; Bridget A. Flynn von Guinness Import Co.; Jack F. Raineault von Guinness Import Legal Dept.; Larry Richardson, Präsident der Marketing Centre Advertising Agency; David B. Gero; Wade Williams; Donna O'Mara; Hubert und Mary Hough; H. G. Burns, Ph.D.; Tom Gilbert; Mary Elizabeth und Colonel Don Prickett; Dr. Gary Wollam; Mo, die perfekte Frau; Dan Madsen; Duke Campbell; Anita Doohan; Barbara Marx Hubbard; Joe Jacobs; Lottie Berg; Pat White Bradley; Miriam Post; Anthony G. Volpe; Mary Shambra; Babbie Bogue Stull; Karen Kearns; Sara Jane Bray Archer und Joe D'Agosta.

Dank an die Mitglieder des Fandoms, die eine große Hilfe waren: Bjo und John Trimble; Allyson M. W. Dyer; Forrest J. Ackerman, Lana Brown, David Lomazoff, Joan Winston, Wanda Kendall-La Vita, Tom Lalli, Mather B. Pfeiffenberger, Lana Brown, Rod Summer, Eileen Salmas und Janet Quarton.

Dank an die Bibliothekare, Archivare und Forscher, die wertvolle Unterstützung leisteten: Professor Morleen Getz, University of Cincinnati; Brigitte J. Kueppers und ihr Assistent Paul Camp, UCLA Arts Library Special Collections; Virginia Frey, Manager, Business Affairs, CBS Entertainment, New York; Rita Bottoms, The Robert A. Heinlein Archive, California State University, Santa Cruz; Margaret (Maggie) Roddenberry, Roddenberry Memorial Library; Joshua Ranger, Forscher der Wisconsin Historical Society; Ben Brewster; Assistenzarchivar, University of Wisconsin; Ruta Abolins, Assistenzarchivar, University of Wisconsin; Catherine Heinz, Bibliothekarin der National Association of Broadcasters; Adele Askin von Pan Am; Darlis Wood, Bibliothekarin, Chevron USA, Inc.; Dr. Mamie Clayton, Western States Black Research Center, Los Angeles; The Collings Foundation; Kerri Childress, Mary Noonan, San Dimas Public Library; Dana Bell, Norton Air Force Base; Dorothy Fuhrmann, Los Angeles City College; Colonel Bruce Bell, Public Affairs Officer, West Point Military Academy; Susan P. Walker, Assistenzarchivarin, U.S. Military Academy Archives; Floyd M. Geery, Fort Bliss Museum; Wayne N. Wallace, Randolph Air Force Base; Mitchell Yockelson, National Archives; Shelly Cagner, Press Relations,

Arbitron, Inc.; Dennis East, Associate Dean, Bowling Green State University; Carlisa Carter-Jacobs, FAA; Janalyn Robnett, Pomona Valley School District; Sergeant Michael Obert, History Office, Kelly Air Force Base; Suzanne W. Clark, River Bluffs Regional Library, St. Joseph, Missouri; Jonathan Rosenthal, The Museum of Broadcasting; Rick Ewig, Manager of Reference Services, American Heritage Center, University of Wyoming; Calista und James Bray, Tim Finney, Jim Brown, Susan Hewitt, West Covina Library; Teresa Malinowski, Cal State University Library, Fullerton; Roseanne Macmillan, KTLA; Charron E. Fullerton, Director of Creative Services, MONY; Katherine Plumb, National Public Radio Program Library; Mary Ann Bydlon, Nestlé Company; Lee Benbrooks; Sergeant Barry Spink; Dr. Dennis Casey; Willie Bostick; Bill McKale; George Mathew; Marsha Halley; Roy J. Nirschel, jr.; Paulette Spyrell; Jim Cooper; Eloisa Marquez; Neil McAleer; Vivian Rigler; Phyllis Wheelis; Richard Kyle; Richard Kalk; Hal Fowler; Cathy Henderson; Ken Craven, Harry Ransom Humanities Research Center, University of Texas, Austin; Laurel Beckman, State Historical Society of Missouri; Leon C. Metz; Robert Fleming, Archivar, Emerson College.

Zwei Freunde waren stets verfügbar, um ihren Rat anzubieten – dafür danke ich ihnen zutiefst: Gerry O'Sullivan und Michael A. Stackpole.

Ich danke auch meinem guten Freund Richard Webster für seine umfassende Unterstützung.

Und zum Schluß meinen größten Dank an Russell Galen, einen außergewöhnlichen Literaturagenten, der da war, um mich durch das Verlagslabyrinth zu führen; Amy Stout, meine Redakteurin bei ROC Books, für ihren Charme, auch in hektischen Zeiten; Elaine Koster von Dutton Signet, die entschied, alles zu beschleunigen, und dabei half, daß es auch geschah, und John Silbersack, der einen jungen Autor für vielversprechend genug hielt, um von ihm ein Buch zu kaufen.

Es gibt zahlreiche Personen, die nicht genannt werden möchten, aber auch ihre Hilfe wird nichtsdestotrotz geschätzt.

DAVID ALEXANDER
Los Angeles, März 1994

DER MANN, DER STAR TREK KREIERTE

Die autorisierte Biographie
des
GENE RODDENBERRY

PROLOG

Mittwoch, 23. Oktober 1991
Roddenberrys Haus, Bel Air, Kalifornien
Früher Abend

Majel konnte Gene nur umsorgen. Sein Diabetesleiden und die steigende Ansammlung von Flüssigkeit in seinem Gehirn ließen Genes Arzt für nicht mehr als sechs Monate hoffen. Ein Jahr würde ein Wunder sein.

Gene hatte nicht viel anderes vor sich als einen langsamen, schmerzhaften Zerfall, der zwei Wochen zuvor mit einem leichten Schlaganfall begonnen hatte, durch den die Muskeln in seinem rechten Arm gelähmt worden waren. Sie begannen zu verkümmern, und dadurch bereiteten sie ihm Schmerzen. Der Anfall hatte auch einen Großteil der Sehfähigkeit in der rechten Hälfte des Blickfelds beider Augen eliminiert, und er wirkte sich auf seine Fähigkeit aus, ohne Schwierigkeiten zu sprechen. Nur unter großen Anstrengungen konnte er ganze Sätze artikulieren, aber Gene beklagte sich nicht. Sein Lächeln war so unbeschwert und ansteckend wie immer.

Es sprach sich im engsten Kreis rasch herum, daß Gene nicht in bester Verfassung war – eine gute Gelegenheit für einen Besuch. Eine traurige kleine Parade von Freunden kam einzeln oder in kleinen Gruppen vorbei. Noch eine Woche zuvor hatte Gene seinen alten Freund Bob Justman besucht. Sie lachten und scherzten; Gene war in der Runde guter Freunde üblicherweise gutgelaunt, aber Bob wußte, daß seine Zeit knapp bemessen war. Als Gene ging, versprach er, ihn wieder zu besuchen. Bob war sofort einverstanden, wußte aber sicher, daß er seinen Freund niemals wiedersehen würde.

Gene hatte sich am Abend zuvor *Star Trek VI* angesehen. Die Fahrt zu Paramount, der Film und die Fahrt zurück nach Hause hatten ihn erschöpft. Er erholte sich immer noch von der Strapaze.

Im Haus war es ruhig. Rod, der Sohn von Gene und Majel, war mit Freunden aus, und Genes persönlicher Assistent, Ernie Over, hatte den Rest des Tages freigenommen. Die Nachtschwester Ida war im großen Schlafzimmer und sah fern, das neue Hausmeisterehepaar, Grace und Bulock Malczewski, befand sich – ebenfalls vor dem Fernseher sitzend – in seinen Privaträumen. Die drei deutschen Schäferhunde der Roddenberrys, E.T., Bump und der Neuzugang Terminator 3, ein Welpe, schliefen. Die drei Roddenberry-Katzen waren irgendwo unterwegs und kümmerten sich um ihre Katzen-Angelegenheiten. In den meisten Zimmern war es dunkel, die Türen waren geschlossen. Eine einzige Deckenlampe beleuchtete das große Blumenarrangement auf einem Glastisch im Foyer und machte es zu einer Insel aus Licht und Farbe in einem Flur der Dunkelheit. Der einzige hellerleuchtete Raum war die Küche. Gene saß in seinem Rollstuhl am Eingang zum Frühstückszimmer, unmittelbar neben der Küche, und sah Majel zu, wie sie das Abendessen zubereitete. Die Küche war voller Leben, voller Licht und voll vom Aroma der Speisen. Es war eine einfache, häusliche Szene – zwei Menschen, seit mehr als 20 Jahren verheiratet, zusammen, während das Abendessen auf dem Herd stand.

Majel und Gene hatten eine einzigartige Beziehung. Beide waren energische, unabhängige Persönlichkeiten, die sich auf seltsame Weise ergänzten. Wenn er von Zeit zu Zeit sein Leben ein wenig dramatisierte, dann stellte Gene sich als den unter dem Pantoffel stehenden Ehemann und Majel als die fordernde, beherrschende, verschwenderische Ehefrau dar. Das Gegenteil entsprach mehr der Wahrheit. Gene war derjenige, der das Geld ausgab, oft freigebig, und der sich für gewöhnlich durchsetzte. Majel, ein Kind der Zeit der großen Depression, war diejenige, die in finanzieller Hinsicht konservativ eingestellt war. Beim Thanksgiving-Dinner erzählte sie ihren Gästen voller Stolz, daß sie die Truthähne, die sie servierte, auf dem Markt kostenlos bekommen hatte, weil sie im Lager ausgeholfen hatte. Sie hielt stets nach Sonderangeboten Ausschau und kaufte selten etwas, wenn es nicht gerade im Preis reduziert war. Sie schnitt mit fast schon religiösem Eifer Gutscheine aus. Ihr riesiger, begehbarer Kleiderschrank schien alles zu enthalten, was sie seit 1955 gekauft hatte. Majel kaufte nicht nur Qualität, sie behielt sie auch, so daß sie sich über die Jahre hinweg bezahlt machte.

Gene und Majel waren ein Liebespaar seit 1962; seit 1969 waren sie verheiratet – für Hollywood-Verhältnisse eine Ewigkeit. Gene war der Mann, der alles unter Kontrolle hatte, und Majel war die archetypische unabhängige Frau. Während Gene diese Eigenschaft bewunderte und respektierte, arbeitete er während der Ehe zugleich hart daran, Majel »unter Kontrolle« zu bekommen. Dazu kam es nie, und diese einfache Tatsache war Teil dessen, was sie zusammenhielt. In einer Welt, die sich seinem Intellekt und seinem Willen schnell unterwarf, erkannte Gene, daß Majel die einzige Konstante war, die er nicht völlig beherrschte. Er mochte das nicht immer, aber er respektierte sie stets wegen ihrer Beständigkeit und ihrer Stärke. Noch einige Tage vor seinem Tod sprach er von ihr als »eine bemerkenswerte Frau«.

Genes gesundheitlicher Zustand hatte den ernsten Aspekt ihrer Beziehung in den Mittelpunkt treten lassen. In seinem letzten Lebensjahr kamen ihre tiefsten Gefühle zutage, und sie kamen sich noch näher. Das Spiel war vorüber; niemand täuschte mehr etwas vor. Wie Gene bereits Jahre zuvor gelernt hatte, zeigen sich die wahren Gefühle und Überzeugungen der Menschen unter erschwerten Bedingungen. Die Roddenberrys hatten durch Genes Krankheit etwas Unbezahlbares gewonnen.

Als Gourmet-Köchin arbeitete Majel hart, eine ausschweifende Mahlzeit zum Abendessen zuzubereiten. Gene hatte immer einen robusten Appetit, der so breitgefächert war wie sein Geschmack. Er konnte ein umfassendes französisches Gourmet-Mittagessen zu sich nehmen, dann eine Pastete auf Reis zum Abendessen. Und beides aß er mit gleichem Genuß. Genes herzhaften Appetit zu stillen, half Majel, mit ihrem eigenen Kummer zurechtzukommen angesichts dessen, was offensichtlich war: Gene starb langsam. Ein gutes Abendessen lenkte sie ab von dem Unübersehbaren und dem Unvermeidbaren.

Unglücklicherweise war der heutige Abend eine Wiederholung der letzten Tage. Gene hatte keinen Appetit. Indem sie sein Lieblingsessen kochte, hoffte Majel, ihn dazu zu verleiten, etwas zu essen, aber er wollte nicht. Allen Bemühungen zum Trotz konnte sie ihn nicht dazu bewegen, etwas zu sich zu nehmen.

Monate der Hoffnungslosigkeit gewannen die Oberhand, während Majels Unfähigkeit, das Unabwendbare aufzuhalten, in diesem Moment die Kontrolle über sie erlangte. Sie stand in der Küche und wußte nicht, was sie tun sollte. Gene spürte ihre Verzweiflung, schob sich zu ihr hinüber und faßte mit seiner linken Hand ihre rechte. Für einen Mann, der weltberühmt war für sein Talent, mit Worten umzugehen, war es auch ein frustrierender Augenblick. Er verstand, was sie durchmachte.

Für einige Augenblicke hielt Gene liebevoll Majels Hand. Und dann, mit einer unglaublichen Willensanstrengung, blickte er zu ihr auf und sagte: »Ich liebe dich.« Majel beugte sich hinunter und umarmte ihn lange, während sie mit ihren Tränen kämpfte.

In den letzten drei Monaten hatte Majel auf dem Ledersofa im Wohnzimmer im Parterre geschlafen. Gene hatte sich zu einem unsteten Schläfer entwickelt, und mit seiner Krankenschwester in der Nähe, die die ganze Nacht fernsah, war es für Majel unmöglich geworden durchzuschlafen. Obwohl es im oberen Geschoß mehrere Gästezimmer gab, wollte sie in der Nähe sein, falls es Gene in der Nacht schlechter ginge.

So bequem die Couch auch war, Majel konnte auch dort nicht richtig schlafen. In jener Nacht ging sie ins Schlafzimmer und fand Gene auf dem Bett liegend vor, er sah fern. Er wollte sie in seiner Nähe haben, und so kuschelte Majel sich an ihn, trotz der Beschwerden, die sein Muskelschwund ihm bereitete.

In der folgenden Stunde drehte Majel nach und nach die Lautstärke des Fernsehers herunter, Gene schlief ein. Als sie aufstand, um zu ihrer Couch zu gehen, öffnete Gene seine Augen und sagte: »Schlafen.« Majel nickte und wiederholte: »Schlafen«, dann ging sie ins Wohnzimmer. Gene schloß seine Augen, als Majel den Raum verließ. Es war ihre letzte gemeinsame Nacht.

Donnerstag war ein prächtiger Tag. Der Himmel war voller verstreuter weißer Wolken, die wie kleine Baumwollbällchen aussahen, die durch das klare Blau schwebten. Eine leichte, aber beständige kühle Brise wehte, die die Luft frisch und klar erscheinen ließ. Die Temperatur lag bei etwa 25 Grad.

Um 14 Uhr hatte Gene einen Termin bei Dr. Ronald Rich, einem Neurochirurgen, der sich zu den Aussichten einer Operation äußern sollte, durch die die Ansammlung der Gehirnflüssigkeit gelindert werden sollte. Diese Prozedur sollte die Gefahr künftiger Schlaganfälle verringern, und sie konnte Gene vielleicht einen Teil der verlorengegangenen motorischen Kontrollen zurückgeben. Die negative Seite der Operation war gravierend: Es war möglich, daß sie zu gar keiner Verbesserung führen würde, und – noch viel schlimmer – es bestand die Gefahr, daß Gene auf dem Operationstisch starb. Verständlicherweise hatten er und Majel deswegen einige Bedenken. Jeder war der Ansicht, daß Gene die letzte Entscheidung treffen sollte, egal was die Familie und die Freunde raten würden. Trotz seiner sich verschlechternden körperlichen Verfassung hatte Gene sein Leben noch immer im Griff. Seine Fähigkeit zu sprechen war vermindert, nicht aber seine Fähigkeit zu denken.

Ich kam an diesem Morgen um kurz nach zehn an und fand Gene in der Nähe des Pools, er saß in seinem Rollstuhl. Er trug eines seiner Lieblingshemden in farbenfrohen Pastelltönen, türkisfarbene Shorts, weiße Socken und weiße Baumwollschuhe. Seine Haare waren ordentlich gekämmt, und er sah gut, aber müde aus. Das Wetter sagte ihm zu, doch sein Appetit war noch nicht zurückgekehrt. Er trank geistesabwesend ein Glas Milch und knabberte Cracker und Käsegebäck, die die Krankenschwester auf einem Tisch zurückgelassen hatte.

Die kühle Brise spielte etwas Unmelodisches auf dem Windspiel nahe dem Küchenfenster. Für Samstagabend war eine Halloween-Party geplant, und Gene sah zu, wie Arbeiter ein Zelt errichteten, das einen Teil des Patios überdachen sollte. Gene würde sich als englischer Landedelmann verkleiden. Bill Theiss, sein langjähriger Freund und Kostümdesigner für *Star Trek* und *The Next Generation* war in der Woche zuvor hiergewesen, um ihm sein Kostüm anzupassen. Ernie bereitete einen heißen Kaffee für Gene und einen Tee für mich zu – Earl Grey, heiß.

Gene, Ernie und ich saßen zusammen und redeten. Ich wußte, daß Gene zwei Tage zuvor *Star Trek VI* gesehen hatte, also fragte ich ihn, wie ihm der Film gefiel. Er sagte, er sei »okay« gewesen. Seine Stimme ließ nur geringe Begeisterung erkennen. Er streckte seine Hand aus, mit der Innenfläche nach unten, und bewegte sie vor und zurück.

»War er nur ›soso‹?« fragte ich.

Gene erwiderte: »Ja.«
»Wirst du deinen Namen daruntersetzen?«
»Ja, klar«, antwortete er ohne jeden Enthusiasmus.
»Nun«, sagte ich. »Wie könntest du dich auch weigern – nach *Star Trek V*?«
Gene lachte leise.

Wir sprachen noch ein wenig über den Film, darüber, daß er gut gedreht war. Gene stimmte darin zu, aber Ernie und ich vermuteten, daß Gene Schwierigkeiten gehabt haben mußte, viel von dem Film zu sehen, hatte doch der Schlaganfall ihm einen Großteil seiner Sehkraft genommen. Wir nahmen an, daß er mehr gehört als gesehen hatte.

Kurz vor dem Essen kam Marta Houske vorbei, Genes alte Freundin. Sie war wie immer voller Tatendrang, mit einem Schwung, der sie so belebend machte, daß man sie um sich haben wollte. Sie saß vor Gene, wo er sie leichter sehen konnte. Sie stellte ihm Fragen, fuhr ihn durch das Haus, zeigte ihm das frische Blumenarrangement, das soeben geliefert worden war, und versuchte einfach nur, seine Laune zu heben. Gene machte mit, wirkte aber angestrengt.

Marta brachte Gene dazu, etwas zu essen. Sie fuhr ihn durch die Küche, wo Grace Muschelsuppe auf New England-Art und Roastbeef-Sandwiches zubereitete. Marta stellte Gene im von der Sonne durchfluteten Frühstückszimmer an das Ende des Glastisches. Gene aß ein Sandwich zur Hälfte und etwas von seiner Muschelsuppe. Er tauchte einen Teil des Sandwiches in die Suppe, den Rest aß er so, indem er seine linke Hand benutzte. Er aß selbständig. Niemand fütterte ihn. Nachdem er ein wenig gegessen hatte, sagte er, er habe genug. Er wollte in sein Schlafzimmer, um sich vor dem Arzttermin auszuruhen. Marta schob ihn ins Schlafzimmer, verabschiedete sich und ging. Während Ernie den Wagen vorbereitete, saß ich im Wohnzimmer und las.

Um halb zwei fuhr Ernie den Rolls Royce mit dem speziellen Nummernschild GENE R vor, Grethel schob Gene zur Vordertür. Ernie holte einen Sweater, für den Fall, daß es kühler würde. Gene ging die wenigen Schritte bis zum Wagen. Als guter Demokrat, der er war, saß Gene natürlich immer vorne. Während

Grethel und ich im Fond Platz nahmen, holte Majel ihren Mercedes, MAJEL R, um hinterherzufahren. Ernie vollzog sein übliches »Vor der Abfahrt«-Ritual, indem er eine Dose Altoids öffnete und jedem im Wagen eines der »ungewöhnlich starken« britischen Minzdrops anbot.

Während wir den Wilshire Boulevard entlangfuhren, machte Gene ein paar Witze und sah aus dem Fenster, wobei er die vorüberziehende Aussicht genoß, so gut er sie sehen konnte. Er schien nicht übermäßig besorgt. Im Radio lief nicht Genes Lieblingssender, KNX Newsradio, sondern die »aktuelle, auf ein erwachsenes Publikum ausgerichtete« Musik des Senders KBIG-FM. Er bewegte seinen linken Zeigefinger zum Takt der Musik, was er nicht oft tat. Wir sprachen darüber, einen Termin zu verabreden, um im IMAX-Theater den Film *Blue Planet* zu sehen. Nach einer Fahrt von 20 Minuten hatten wir das Ärztehaus an der 15th und Wilshire in Santa Monica, direkt gegenüber dem Santa Monica Hospital, erreicht.

Grethel stützte Gene, während Ernie den klappbaren Rollstuhl aus dem Kofferraum holte. Ernie feuerte Gene aufmunternd an, was der gutgelaunt aufnahm. Die Arztpraxis befand sich auf der neunten Etage, der Parkplatz auf der dritten.

Als wir uns auf der fünften Etage befanden, begann Gene plötzlich nach Luft zu schnappen. Er drehte sich nach links, in die einzige Richtung, in die er gut sehen konnte, und sah Ernie ängstlich und verwirrt an. Die anderen Passagiere hatten den Knopf für die sechste Etage gedrückt und verließen den Aufzug so schnell wie möglich. Genes Ringen nach Luft wurde schlimmer. Die Fahrt vom sechsten in den neunten Stock dauerte nur 30 oder 40 Sekunden, aber es schien wie eine Ewigkeit.

In dem Augenblick, da sich die Türen auf der neunten Etage zu öffnen begannen, rannte ich los, um den Arzt wegen des Notfalls zu alarmieren. Ernie schob Genes Rollstuhl so schnell er konnte. Gene rang nach Luft und keuchte. Sobald Ernie ihn in die Praxis geschoben hatte, ließ der Doktor ihn den Rollstuhl nach hinten kippen, um Genes Beine in eine höhere Position zu bringen. Ernie befolgte die Anweisungen und stützte Genes Kopf und Schultern. Die Praxisschwester kam mit einer Sauerstoffflasche und stülpte die Maske über Genes Nase und Mund. Ernie versicherte Gene immer wieder, daß die Ärzte da waren und daß alles gut werden würde. Es war gerade 14 Uhr.

Ich lief los, um Majel zu suchen, die noch nie zuvor in diesem Gebäude gewesen war, und führte sie zur Praxis. Augenblicke später kniete sie auf dem Boden und hielt Genes Kopf in ihrem Schoß, um es ihm ein wenig bequemer zu machen. Die Ärzte und ihre Teams kümmerten sich um ihn. Die Sanitäter waren auf dem Weg. Jeder hielt es nur für eine weiteren Anfall, ausgelöst durch Genes Allgemeinzustand. Jemand aus der Praxis rief Genes Hausarzt an, Leonard Schwartzman.

Majel beruhigte Gene, während sie leise auf ihn einredete, er solle atmen. Einige Augenblicke später drehte er sich zu ihr um und versuchte, etwas zu sagen. Er konnte nur etwas ausstoßen, was wie ein »Ja« klang. Er keuchte ein weiteres Mal; seine Brust hob sich ein letztes Mal, entspannte sich und wurde dann völlig ruhig. Ernie sah, daß Gene zu atmen aufgehört hatte, und machte lautstark darauf aufmerksam.

Majel stand auf und ging zur Seite, als der Arzt sich über Gene beugte und sofort mit der Wiederbelebung begann. Er sagte: »Schafft die Familie hier raus!« Woraufhin Majel augenblicklich mit einem festen, unverrückbaren »Nein« antwortete. Im Hintergrund begann Grethel, eine Jamaikanerin, mit einer Litanei wiederkehrender Gebete, ein sonderbares Gegenstück zu den Geräuschen, die der Doktor durch die Reanimation verursachte. Genes Tod entwickelte sich so paradox wie seine Geburt: eine Mischung aus moderner Wissenschaft und altem Aberglauben.

Genes linker Arm war schneeweiß. Seine Augen waren starr. Er war bereits tot, aber die Hoffnung blieb, daß der Zauber der Wiederbelebung und der modernen Medizin ihn so wie ein paar Monate zuvor auf irgendeine Weise zurückbringen würde. Majel und Ernie standen an seiner Seite, hielten sich gegenseitig, um sich zu trösten und Mut zuzusprechen. Wir sahen zu und hofften. Ernie ging für einen Moment nach draußen, um Reinelda Estupinian anzurufen, Majels Assistentin bei Lincoln Enterprises. Er bat sie, Kontakt mit Leonard Maizlish aufzunehmen, Genes langjährigem Anwalt und engstem Freund, um ihn von der Lage in Kenntnis zu setzen.

Kurz darauf kamen die Sanitäter an und begannen ihre Routineprozeduren. Nachdem sie seinen Puls gesucht hatten, übernahm einer der Sanitäter die Reanimation und machte im gleichen Rhythmus weiter. Grethel begab sich in eine Ecke des Wartezimmers, wo sie ihre Gebete leise, aber beharrlich fortsetzte.

Das Sanitäterteam bereitete Gene für den Transport über die Straße ins Herznotfall-Center des Santa Monica Hospital vor, während die Wiederbelebung ununterbrochen weitergeführt wurde. Dr. Rich begleitete uns drei in die Notaufnahme. Dort angekommen rief Majel vom Münztelefon im Warteraum Rods Schule an, das Harvard-Westlake Preparatory. Sie gab der Verwaltung die Anweisung, Rod sofort zum Santa Monica Hospital zu bringen.

Nach einigen Augenblicken kam der Leiter der Notaufnahme heraus und zeigte allen den Weg in den inneren Warteraum. Wir warteten in der Halle vor Genes Behandlungsraum und blickten jedesmal auf, wenn die Tür geöffnet wurde. Wir konnten sehen, wie das Spezialistenteam mit heftigem, aber routiniertem Einsatz an Gene arbeitete.

Nach einer halben Stunde wurde die Tür ein letztes Mal geöffnet. Die Wiederbelebung war eingestellt worden. Die Anstrengungen des Teams waren erfolglos gewesen. Für Majel war das Gewißheit geworden, was sie bereits zuvor vermutet hatte – Gene war in der Arztpraxis gestorben, in ihren Armen. Das letzte, was Gene gesehen hatte, war das Gesicht der Frau, die er liebte. Und das letzte, was er gehört hatte, war die Stimme eben dieser Frau gewesen. Es war nur ein geringer Trost.

Dr. Rich kam zu uns und stellte Dr. Walid Ghurabi vor, den Chef des Notfallteams. Dr. Ghurabis Gesicht verriet die schlechte Nachricht. In der typischen mitfühlenden Art und Weise und mit abgegriffenen Worten erklärte er, daß das Team alles getan hatte, um Gene zurückzuholen – aber er war gegangen. Zurück blieb die Endgültigkeit dieser Worte.

Majel betrat den Raum, während das Notfallteam sich leise zurückzog. Genes Körper lag auf dem Edelstahltisch, bedeckt mit einem einfachen weißen Krankenhauslaken. Wenn Leben Bewegung bedeutet, dann steht der Tod für eine schreckliche, stille Bewegungslosigkeit. Majel stellte sich ihr. Gene war überlebensgroß gewesen, in der Lage, einen Raum allein mit seiner Anwesenheit zu füllen. Dieser Funke, diese Lebendigkeit war nicht mehr. Der Raum war leer.

Majel betrachtete das, was von einem großen Mann übriggeblieben war, von dem Schöpfer eines weltweiten Phänomens, vom Vater ihres einzigen Kindes, von ihrem Geliebten und ihrem Freund. Sie ging zu ihm hinüber und vollführte eine letzte persönliche Geste, ohne es selbst wahrzunehmen: Sie streckte ihre Hand aus und schloß zärtlich seine Augen. Er schien zu schlafen. Ihre dreißigjährige Liebesaffäre war zu Ende. Sie trauerte, indem sie leise zu Gene sprach, sein Gesicht und seine Haare streichelte und ihre Tränen unterdrückte.

Abgesehen von ihrem leisen Schluchzen, herrschte in dem Raum Stille.

KAPITEL 1

»Oh, es ist ein Baby mit einem Schleier!« Mit diesem Ausruf der Überraschung versetzte Dr. Herbert Stevenson dem Po von Eugene Wesley Roddenberry einen Klaps und hieß ihn am späten Abend des 19. August 1921 auf der Welt willkommen. Als das Jahrhundert noch jung war, sahen die Menschen in jeder Abweichung von der Norm eine Bedeutung. Ein »Schleier« war nichts weiter als ein Teil der Placenta, die den Kopf und die Schultern des Babys bedeckte, aber der Tradition nach bedeutete ein solcher Schleier, daß das Kind mit dem Zweiten Gesicht gesegnet war – mit der Fähigkeit, die Zukunft sehen zu können. Genes Mutter, Caroline Glen Golemon Roddenberry, war eine gute Baptistin, siebzehn Jahre alt, die nicht an derartigen Unsinn glaubte, aber für sie sollten die Worte des Arztes ihren Erstgeborenen für immer von anderen Kindern unterscheiden.

Den damaligen Gebräuchen entsprechend wurde Dr. Stevenson erst zum Haus der zukünftigen Großeltern, William und Lydia Golemon, in El Paso gerufen, als ihre Tochter in den Wehen lag. Es hatte keine Schwangerschaftsvorsorge gegeben, aber es war nicht das erste Mal, daß Dr. Stevenson Glen – so nannten ihre Freunde sie – sah. Als er das Schlafzimmer betrat, erblickte er die junge Frau und erkannte sie sofort. Er wandte sich an Lydia Golemon und fragte: »Sie ist eine von meinen, nicht wahr?« Siebzehn Jahre zuvor hatte Stevenson dabei geholfen, Genes Mutter zur Welt zu bringen.

In dem bescheidenen Holzhaus war es in dieser warmen Augustnacht ungewöhnlich ruhig. Glen hatte zehn Geschwister aus den zwei Ehen ihres Vaters, und auch wenn die ältesten Kindern verheiratet waren und das Haus verlassen hatten, wimmelte es in diesem Haushalt noch stets von Golemon-Geschwistern. Glens Mutter hatte die meisten Kinder zu den Nachbarn geschickt, um ihrer Tochter während der Geburt ein wenig Privatsphäre zu verschaffen. Außer dem Arzt und Glens Mutter waren Glens jüngere

Schwester Willowdean und Genes Vater anwesend. Gelassen, ruhig und sehr gefaßt hatte Eugene Edward Roddenberry nicht die Absicht, die Geburt seines ersten Kindes zu verpassen.

Die Hausgeburt war Teil des Brauchtums und des Glaubens. Es sollte noch Jahre dauern, bevor Krankenhausgeburten alltäglich wurden. Außerdem hatte Eugene Edward auf eine Hausgeburt bestanden, so wie er es auch später bei all seinen Kindern tun würde. So hatte er die Garantie, daß es nicht zu Verwechslungen im Krankenhaus kommen und daß kein Nicht-Roddenberry ins Haus kommen würde.

Glens gelassene Art zeigte sich bei der Geburt – zwischen dem Beginn der Wehen und der Geburt lag nur gut eine Stunde –, was sehr überraschend war, wenn man ihr jugendliches Alter berücksichtigte, ihren schlanken Körperbau, die Tatsache, daß es ihr erstes Kind war, und die Größe des Babys: fast vier Kilogramm. Glen führte es auf ihre gute Gesundheit zurück – und auf all die Hügel, auf die sie als Kind geklettert war.

Das Baby wurde in dem aufblühenden Haushalt der Golemons mit Liebe und Zuneigung willkommen geheißen. Seine willensstarke Großmutter mütterlicherseits, Lydia, entschied, daß der Junge Eugene Wesley heißen sollte, nach seinem Vater und seinem Großvater. Niemand stritt mit ihr über die Namensauswahl oder über ihr Recht, eine Entscheidung zu treffen. Lydia war niemand, deren Beschlüsse man in Frage stellte.

Das Baby nach seinem Vater zu nennen, hatte etwas Prophetisches. Eugene Edward Roddenberry sollte körperlich, intellektuell und vom Temperament her den größten Einfluß auf das Leben seines Sohnes ausüben. Genes Vater war bei der Geburt seines Sohnes etwa 24 Jahre alt. Sein exaktes Alter war deshalb unklar, weil sich später herausstellte, daß er drei Geburtsurkunden besaß, die drei verschiedene Geburtsdaten belegten.

Es steht es außer Frage, daß er in eine von Tragödien verfolgte Familie geboren wurde. Seine Kindheit endete, bevor sie überhaupt begonnen hatte. Seine Eltern, Leon und Clara May Roddenberry, heirateten 1892. Sie lebten in Folkston, Georgia, und bekamen angeblich bis 1900 in jedem Jahr ein Kind. Das zweite Kind, Clara Mae, starb im Säuglingsalter. Eugene Edward war ihr drittes Kind.

1907 starb Leon im Alter von 40 Jahren, Clara blieb mit einer unzureichenden Ausbildung zurück – und mit den Kindern. Sie suchte das Heil im Alkohol, woraufhin die Familie zerfiel. Eugene und sein jüngster Bruder Hilbert wurden in ein Waisenhaus jenseits der Staatsgrenze im Norden Floridas geschickt.

Nach einem Jahr wurden die beiden Kinder aus dem Waisenhaus geholt, aber die Familie kam nie wieder ganz zusammen. Eugene wanderte zwischen Verwandten und seiner eigenen Familie hin und her. Um seine Familie so gut wie möglich zu unterstützen, begann Eugene zu arbeiten. Das bedeutete für ihn, die Schule zu verlassen. Er schloß nie die Grundschule ab, seine schulische Erziehung endete im dritten oder vierten Jahr.[1]

Während seines kurzen Kontakts mit organisierter Erziehung hatte Eugene die Grundlagen des Lesens gelernt, aber er war weit davon entfernt, bewandert zu sein. Er wußte, daß er lesen und schreiben können mußte, um in der Welt weiterzukommen. Viele Jahre später sollte sein weltberühmter Sohn die Tatsache hervorheben, daß sein Vater im wesentlichen Autodidakt war: »Er war ein sehr intelligenter Mann. Er lernte zu einem großen Teil so, wie ich lernte. Er kam mit anderen Leuten zusammen und achtete auf das, was sie sagten. Mein Vater war ein sehr einfacher Mann, der seinen High School-Abschluß machte, während er als Polizist in Los Angeles arbeitete. Das stellte ihn sehr zufrieden.«

Der Haß von Gene sen. auf die Republikaner verlor sich weder mit der Zeit noch mit dem Erfolg seines ältesten Sohnes. Viele Jahre später, als »Klein-Gene« als freier Drehbuchautor erste Erfolge erzielt hatte und in sein erstes wirklich großes Haus gezogen war, wurden Papa und Glen zum Abendessen eingeladen. Das Haus in Beverly Hills stellte einen großen Fortschritt gegenüber dem Haus dar, in dem Gene und die Familie gelebt hatten – es hatte sogar eine Bar. Papa, der sich von dem Augenblick an, da er das Haus betreten hatte, unwohl und aufgewühlt fühlte, wurde ein Drink angeboten. Dieses Angebot brachte das Faß zum Überlaufen. Papa explodierte und sagte seinem ältesten Sohn unmißverständlich, er könne es nicht verstehen, daß er wie ein Republika-

---
[1] Jahre später erklärte er bei seiner Bewerbung beim Los Angeles Police Department, er habe die siebte Klasse abgeschlossen.

ner lebte, der im Wohnzimmer trank, nicht aber in der Küche, wie ein guter Demokrat. Er und Glen verließen das Haus. Diese kleine Wunde verheilte, aber Papa konnte sich nie an den Gedanken eines Demokraten gewöhnen, der Geld hatte. Für ihn war das ein Widerspruch in sich selbst.

Am 10. April 1916 benutzte Eugene Edward die Geburtsurkunde, derzufolge er achtzehn Jahre alt war, um sich bei der U.S. Army zu verpflichten. Dank seiner Größe und seiner Intelligenz ging er für dieses gesetzliche Mindestalter durch.

Die Army lehrte ihn Organisation und gab ihm Verantwortung. Er lernte den Wert der Reinlichkeit und entwickelte in seinen persönlichen Gewohnheiten äußerste Akribie. Nach der Grundausbildung wurde er nach Fort Bliss versetzt, fünf Meilen außerhalb von El Paso, Texas, wo gerade ein Truppenaufmarsch an der Grenze stattfand. Kurze Zeit nach seiner Versetzung wurde er einer von 5000 Soldaten, die Pancho Villa jagten.

Fort Bliss und die umliegenden Lager wurden die Heimat für die 82nd Field Artillery, die 20th Infantry, die 5th Field Artillery, das zweite Bataillon der 4th Field Artillery sowie für Regimenter aus Georgia, South Carolina, New York, Michigan, Pennsylvania und Illinois. Verschiedene Einheiten der Nationalgarde wurden mobilisiert. In der Spitzenzeit des Aufmarsches befanden sich in und um Fort Bliss über 50 000 Soldaten.

Jeder Offizier weiß, daß Langeweile der Feind des Kommandos ist. Zwischen den neuen Soldaten herrschte nicht immer nur Friede. Die hohe Truppenkonzentration belastete das Verhältnis der Städter gegenüber der Army. Die Soldaten waren der Ansicht, daß die örtlichen Händler sie ausnahmen, die Städter waren ihrerseits die konstanten Schlägereien und den öffentlichen, übermäßigen Alkoholkonsum leid.

Um die belasteten Beziehungen zu besänftigen, organisierten einige örtliche Geschäftsleute und die Pfarrer Tanzveranstaltungen, zu denen die Soldaten eingeladen wurden. Auf einer dieser Kirchenveranstaltungen begegnete Genes Vater der liebreizenden, aber viel zu jungen Caroline Glen Golemon. Eugene Edward ging auf die zwanzig zu, Caroline Glen war zwölf Jahre, als sie sich begegneten. Sie war die Tochter eines Eisen- und Bleigießers aus Alabama und seiner zweiten Frau Lydia.

Eugene war hochgewachsen und machte in seiner Ausgehuniform auf das junge Mädchen großen Eindruck. Er nannte sie seine kleine »Liebste« und zeigte sich als älterer Teenager nachsichtig gegenüber einem jungen Mädchen, das vor Liebe zu ihm errötete. Sie verabredeten sich nicht zu einem Rendezvous, aber sie vergaß ihn nicht. Wenn man Glen auf ihre erste Begegnung ansprach, dann lächelte sie sanft, blickte auf 75 Jahre zurück und sagte leise, aber voller Überzeugung: »Er war der bestaussehende Mann, der jemals gelebt hat.« Die Freude schwang immer noch in ihrer Stimme mit.

Die Army wurde vor wichtigere Aufgaben gestellt, als Präsident Wilson zu der Erkenntnis kam, daß Deutschland eine größere Gefahr für den Frieden darstellte als Mexico. Am 6. April 1917 erklärten die Vereinigten Staaten dem deutschen Kaiserreich den Krieg. Eugene Edward wurde zu einer Artillerie-Einheit versetzt und machte sich auf den Weg nach Frankreich.

Seine Einheit erlebte Schlachten und Gemetzel, die typisch waren für »den Krieg, der alle Kriege beenden würde«, aber weitere Einzelheiten waren nicht bekannt. So wie viele andere Männer, die in die Schlacht gezogen waren, erzählte Papa nur selten von seinen Erlebnissen. Und das wenige, was er erzählte, regte nicht dazu an, nach Details zu fragen.

Es ist bekannt, daß er zum Ende des Krieges in einen Gasangriff geriet und nach dem Waffenstillstand auf einer Holzbank in einer französischen Landkirche lag, wo er auf medizinische Versorgung wartete. Nach einiger Zeit im Hospital kehrte er in die Vereinigten Staaten zurück. Das einzige Dokument, das die Zeit überdauert hat und überhaupt irgendwelche Informationen enthält, ist ein ausgeblichenes Soldbuch von 1920. Es besagt, daß Eugene Edwards am 1. Oktober 1919 als gewöhnlicher Soldat ehrenhaft entlassen wurde und daß er sich in Camp Meade, Maryland, wieder verpflichtete, wo man ihn dann zum Sergeant Vierten Grades beförderte. Er wurde zurückgeschickt nach Fort Bliss als Teil der F Troop, 8th Cavalry.[2]

---

[2] Genes Mutter erinnerte sich, daß Gene ihr erzählt hatte, ein Freund arbeite an einer neuen Fernsehserie über die Kavallerie und suche noch nach einem Namen. Gene schlug die alte Truppenbezeichnung seines Vaters vor. So erhielt die Fernsehserie *F Troop* ihren Namen.

In El Paso ging er einige Male mit einem Mädchen aus der Gegend aus. Es war Glens Glück, daß Eugenes neue Flamme eine Freundin von ihr war, und eines Tages brachte sie ihn mit, um ihn vorzustellen. In den drei Jahren seit ihrem ersten Treffen war Glen gewachsen, und sie hatte sich verändert. Sie war nicht länger ein Kind, sie war eine prächtige junge Frau von fünfzehn Jahren. Die »alte« Freundin war schnell vergessen, die beiden begannen, sich zu verabreden. Was als Verliebtheit eines Kindes angefangen hatten, blühte auf und reifte zu echter Liebe heran.

Im Oktober fand sich Eugene, der mit dem Gedanken gespielt hatte, eine Militärkarriere zu verfolgen, fast genau ein Jahr nach der Wiederverpflichtung und seiner Beförderung mit der Tatsache konfrontiert, daß man ihn ausmusterte. Wieder hatte er keine Arbeit – und wie es schien, verdankte er das den verhaßten Republikanern.

Die noch existierenden Soldbücher verzeichnen, daß Eugenes vorgesetzter Offizier seine Leistungen als exzellent bezeichnete und ihn eines Bonus von 90 Dollar für würdig hielt. Mit dem angesammelten Sold eines Sergeants, Reisebeihilfe und Bonus – abzüglich 2,20 Dollar, die er einem anderen Soldaten schuldete – fand sich Eugene inmitten Tausender Ex-Soldaten auf der Straße, mit minimalen Kenntnissen und 258,60 Dollar in der Tasche. Mit der ihm eigenen Intelligenz und seinem Selbstbewußtsein war dieser vorübergehende Rückschlag nicht geeignet, ihn von seinen Plänen abzubringen. Einen Monat später, am 3. November 1920, heiratete Eugene seine kleine »Liebste« in einer einfachen Zeremonie im Haus ihrer Eltern; das war drei Monate vor ihrem siebzehnten Geburtstag. Zehn Monate später wurde Eugene Wesley Roddenberry geboren. Glen scherzte immer: »Wenigstens hatte ich einen Monat Zeit gehabt, so daß Gene ein absolut eheliches Kind war.«

Wirtschaftlich betrachtet war es in El Paso eine schwere Zeit. Durch die Entlassungen bei der Army gab es weniger Soldaten, die in der Stadt ihr Geld ausgaben. Glen und Eugene wohnten zu Beginn ihrer Ehe in einem kleinen Apartment, aber als Eugene seine Arbeit bei der Eisenbahn verlor, mußten sie zu ihren Eltern ziehen, kurz bevor Gene geboren wurde. Er schaffte es, als Streckenarbeiter einen Job zu bekommen, der auch in Genes Geburtsurkunde aufgeführt wurde.³ Obwohl es eine einträgliche Beschäftigung war, sahen weder Gene noch Glen eine Zukunft in der Arbeit eines Streckenarbeiters, und sie sahen auch keine Zukunft in El Paso. Sie richteten ihren Blick nach Westen, auf die Chancen im südlichen Kalifornien, von denen sie gehört hatten.

Der Überlieferung der Roddenberrys nach reiste Eugene als Schwarzfahrer nach Kalifornien, um Geld zu sparen. Er trug die ganze Zeit über einen Anzug und bemühte sich, wie ein Gentleman auszusehen. Das, so hoffte er, würde ihn davor bewahren, von einem Eisenbahndetektiv verprügelt zu werden, von denen es einige gab, denen es gefiel, Landstreicher zu schikanieren. Er war selber ein Eisenbahn-›Bulle‹ gewesen und wußte, wie sie dachten.

Es dauerte einige Monate, aber Eugene hatte Erfolg. Im März 1923 holte er seine Familie nach. Es war ein Abenteuer sowohl für die 19 Jahre alte Mutter als auch für ihren 19 Monate alten Sohn. Keiner von beiden hatte jemals El Paso verlassen. Gene war für die Reise bestens gekleidet, und Glen erinnert sich, wie er die Zugangestellten in seinen Bann schlug. Die Reise dauerte nur einen Tag und eine Nacht, aber für Glen und Gene war sie länger, als sie dachten: Sie verließen die »alte Welt« von El Paso und betraten die »neue Welt« von Südkalifornien.

---

³ Die Aufzeichnungen in El Paso im Jahr 1921 waren weit weniger gründlich als heute, wodurch Gene bereits zu Beginn seines Lebens Opfer einer bürokratischen Unachtsamkeit wurde. Als sein zweiter Vorname wurde auf seiner Geburtsurkunde fälschlich »Westley«, als Mädchenname seiner Mutter »Goldman« angegeben.

KAPITEL 2

Los Angeles war Papa Roddenberrys Ziel. Es war eine völlig andere Stadt als El Paso, eine Stadt, die ständig neu entstand, die fortwährend eine immer komplexere Struktur entwickelte. Als Papa 1922 ankam, war Los Angeles gerade mündig geworden. Es war lange Zeit ein verschlafenes Städtchen gewesen, dessen Möglichkeiten durch den spärlichen Niederschlag von jährlich rund 35 cm begrenzt wurden.

Die Stadt lag danieder, da entdeckte die Medizin des 19. Jahrhunderts einen Zusammenhang zwischen Gesundheit und Klima. Tausende Schwindsüchtige strömten in das Gebiet auf der Suche nach einer Heilung. Die Medizin hatte vielleicht bald an Glaubwürdigkeit eingebüßt, aber das Bestattungswesen in der Region erlebte einen kleinen Boom. Ungeachtet der wirklichen Heilungsmöglichkeiten war das nationale Interesse am gemäßigten Klima der Region der Beginn des südkalifornischen Mythos.

Das Wachstum, das Pa lockte, war das Ergebnis einer sorgfältigen Planung, die Jahre zuvor begonnen worden war. Im späten 19. Jahrhundert setzte sich eine kleine Gruppe mächtiger Geschäftsleute[1] aus der Region zusammen und schuf die Los Angeles Suburban Homes Company. Diese Gesellschaft hielt schließlich Kaufoptionen an Tausenden Quadratkilometern unbebauten Landes in San Fernando Valley. Wenn Los Angeles wachsen und aufblühen sollte, dann sollte es auf dem Land dieser Männer geschehen.

Ihr Plan war einfach. Die Gebäudehöhe in Los Angeles sollte begrenzt werden – was garantierte, daß sich die Stadt horizontal ausbreitete, nicht vertikal –, und eine billige Wasserquelle sollte gefunden werden.

---

[1] Im wesentlichen Harrison Gray Otis, Herausgeber und Verleger der *Los Angeles Times*, E. H. Harriman, Präsident der Southern Pacific Railroad, Henry E. Huntington von der Pacific Electric Railroad, sowie einige andere Geschäftsleute.

Als Pa Roddenberry ankam, war die Stadt auf über 600 000 Einwohner gewachsen, ein Ende des Wachstums war nicht abzusehen.

Der südkalifornische Mythos entwickelte sich zum neuen American Dream. Es war unwichtig, daß der Mythos zum größten Teil Unfug war; die Möglichkeiten und das Klima waren da.

Papa stellte fest, daß es stimmte, was er in El Paso gehört hatte. Los Angeles benötigte dringend Polizisten; es wurden Leute benötigt, um durch die Straßen zu patrouillieren. Dringlichkeitssitzungen im Police Department beschleunigten den üblicherweise langsamen Verwaltungsprozeß. Wegen des allgegenwärtigen Mangels wurde die Auswahl Werbern überlassen. Die Hauptanforderungen an die Hilfspolizisten lauteten »groß« und »intelligent«. Bei Fehlen passabler Intelligenz genügte auch »groß« allein. Zum Glück war Papa beides: klug und über 1,80 Meter groß.

Am 7. Dezember 1922 wurde Eugene Edward Roddenberry Hilfspolizist beim Los Angeles Police Department. Am 1. Juli 1923 hatte er den Test für den Verwaltungsdienst bestanden, woraufhin er eine ordentliche Urkunde erhielt. Seine Dienstmarke lautete auf die Nummer 991.

Die Menschen strömten zu Tausenden nach Kalifornien. Die alten gesellschaftlichen Konventionen, moralischen Beschränkungen und antiquierten Bräuche, denen man im Osten und im Süden folgte, verloren in Südkalifornien weitgehend an Bedeutung. Los Angeles wurde zu einer Stadt, die sich allem öffnete, und viele nutzten das aus.

Es war kaum ein Zufall, daß die Filmindustrie, die von harten Geschäftsleuten ins Leben gerufen worden war, deren einziges Produkt Phantasien und Scheinwelten darstellten, sich in Südkalifornien entfaltete. Keine Branche verkörperte den neuen Mythos besser. Keine Branche verdiente daran besser. Die kleine, nahe gelegene Stadt Hollywood wurde der Dreh- und Angelpunkt für die Träume und Sehnsüchte von Millionen Amerikanern, und vieles von dem, was hier geschah, sollte sich in nicht zu unterschätzender Weise auf Los Angeles auswirken.

Kurz vor Papas Ankunft fand sich in den Zeitungen von Los Angeles eine Geschichte, die die Verbindung zwischen Los Angeles und Hollywood auf die schmutzigste Weise illustrierte:

William Desmond Taylor war in seinem Bungalow in der Alvarado Street ermordet worden, drei Schüsse ins Herz von jemandem, den er kannte. Während Taylors Leichnam auf dem Boden des Wohnzimmers lag, durchsuchten zwei der größten Stars dieser Zeit, Mabel Normand und Mary Miles Minter – beide ehemalige Geliebte von Taylor –, das Haus nach verräterischen Liebesbriefen. Leitende Mitarbeiter des Famous Players-Lasky Studios[2] halfen ihnen dabei. Das Studio war *vor* der Polizei informiert worden. Nachdem der Tatort zur Zufriedenheit des Studios und der Stars ›aufpoliert‹ worden war, wurde die Polizei gerufen.

Papa fügte sich recht leicht in das Police Department ein, vor allem wegen seiner Arbeit als Eisenbahndetektiv in El Paso und wegen seiner Erfahrung als Sergeant der Kavallerie. Papa wurde Streifenbeamter, das Rückgrat eines jeden Police Department. Diesen Rang sollte er für die nächsten zwanzig Jahre innehaben.

Papa, Glen und Gene jr. lebten in einer Reihe von Mietshäusern, während die Familie Roddenberry größer wurde. 1924 wurde Robert Leon geboren, 1925 kam das dritte und letzte Roddenberry-Kind zur Welt, Doris Willowdean.[3] »In den ersten fünf Jahren«, erinnert sich Glen, »war ich nur damit beschäftigt, Windeln zu waschen.«

Um die Familie von den Gefahren des Lebens im Stadtzentrum fernzuhalten, siedelten die Roddenberrys sich auf der anderen Seite des Los Angeles River in Glassell Park an. Papa und Glen kauften ihr erstes Haus, das sich auf einem knapp 2000 Quadratmeter großen Grundstück in der 3243 Drew Street befand – nur zwei Blocks entfernt vom berühmten Friedhof Forest Lawn in einer sehr ruhigen Nachbarschaft.

In den Zwanzigern und Dreißigern waren zwei Dinge in Los

---

[2] Aus den Lasky Studios wurden später die Paramount Studios.
[3] Der Name »Willowdean« stammt von ihrer Großmutter mütterlicherseits, Lydia. Caroline Glen erinnert sich: »Ich gab meiner Tochter nicht den Namen Willowdean, aber als ich sie meiner Mutter zeigte, sagte die: ›Das ist Doris Willowdean.‹ Ich hatte nicht die Absicht, sie Doris Willowdean zu nennen, aber meine Mutter gehörte zu dem Menschenschlag, mit dem man sich nicht oft anlegt. Meine Mutter nannte auch Gene nach seinem Vater und ihrem Vater, aber Bob gab sie nicht seinen Namen. Das tat ich, aber nur, weil meine Mutter nicht in der Nähe war, als Bob zur Welt kam.«

Angeles praktisch nichtexistent, für die die Stadt später »berühmt« werden sollte: Smog und Verkehrschaos. Die Luft war klar und sauber, und die Berge, die das Becken von L.A. umgaben, waren fast immer zu sehen. Schnellstraßen gab es nicht, weil man einfach überall hinkommen konnte, wo man hinwollte. Die Straßen waren nicht überfüllt. Es gab ein gut funktionierendes und preiswertes Nahverkehrssystem.[4] Was wohl noch wichtiger war: Während Genes Kindheit lebten in Los Angeles erheblich weniger Menschen. Während Gene in der Drew Street aufwuchs, wuchs die Zahl von knapp über 600 000 bis zum Jahr 1930 auf das Doppelte. Als Gene zur Junior High School und High School ging, war die Einwohnerzahl um weitere 300 000 angewachsen. Heute leben in der Stadt über 3,5 Millionen Menschen.

Glassell Park war ein Gebiet der Mittel- und Arbeiterklasse, das unmittelbar nach dem Ersten Weltkrieg errichtet worden war. Es befand sich rund acht Kilometer nördlich von Downtown, dem Stadtzentrum, und damit von den dortigen Problemen Welten entfernt. Das dachte jedenfalls Papa.

Doch eines Morgens ...

»Mrs. Roddenberry! Mrs. Roddenberry!« schrie eine Stimme, unterbrochen von einem lauten und raschen Hämmern an der Tür.

»Mrs. Roddenberry!« Die Stimme wurde jetzt drängender. »Ihr Haus brennt!«

Obwohl sie fest schlief, war Glen angesichts dieser Worte sofort hellwach. Sie hörte nicht nur die Stimme und das Hämmern, sie konnte auch den Rauch riechen ... und sie hörte das Knacken von brennendem Holz. Ihre Gedanken konzentrierten sich auf eine Sache: die Kinder in Sicherheit bringen! Da Papa nicht zu Hause war, lag die Verantwortung bei ihr – sein niedriges Dienstalter war Ursache dafür, daß er der Nachtschicht zugeteilt wurde.

Gene und Bob waren noch klein und schliefen in ihrem Zim-

---

[4] Südkalifornien war von einem Schienennetz überzogen, das von Pacific Electric Red Cars betrieben wurde. Es gab praktisch keine Stelle im Los Angeles-Becken, die man nicht mit diesem System erreichen konnte. Die Stadt rühmte sich ihrer Oberleitungsbusse. Das gesamte System wurde Ende der vierziger, Anfang der fünfziger Jahre abgebaut, als das Automobil die Herrschaft übernahm.

mer, Doris in ihrem Kinderbett im Wohnzimmer. Glen rannte erst zu Gene und Bob, die durch den Lärm des Mannes aufgewacht waren, der gegen die Tür hämmerte. Sie schnappte sich Bob, der zu klein war, um schnell genug laufen zu können. Während sie Gene vor sich hertrieb, lief sie ins Wohnzimmer, riß Doris aus ihrem Bettchen und rannte durch die vordere Haustür in die kühle Sicherheit des frühen Morgens.

Die Nachbarn, die von dem Krach geweckt worden waren, riefen die Feuerwehr, die innerhalb von Minuten eintraf. Als die Sonne über den östlichen Horizont blinzelte, kam Papa von der Arbeit nach Hause und sah, wie die Feuerwehrleute die letzten Flammen löschten.

Auslöser des Feuers war ein Streichholz, das am Abend zuvor ein Besucher, der eine Pfeife rauchte, gedankenlos weggeworfen hatte. Es hatte die Füllung der Couch entzündet, die stundenlang geschwelt hatte, bis sie dann am frühen Morgen in Flammen aufging. Eine Tragödie war durch den Milchmann der Roddenberrys verhindert worden. Er hatte den Rauch und die Flammen bemerkt, als er die morgendliche Milch auslieferte. Ohne sein Eingreifen wären Glen und die Kinder wahrscheinlich umgekommen. In all den Jahren, in denen die Roddenberrys dort lebten, bestellten sie immer einen beträchtlichen Milchvorrat.

Gene war ein ungewöhnlich selbstsicherer kleiner Junge, dessen sprachliche Fähigkeiten und Intelligenz weiter entwickelt waren als bei Gleichaltrigen. Seine Mutter erinnerte sich an ein Erlebnis, als Gene vier oder fünf war:

»Der kleine Gene und ich waren aus irgendeinem Grund in der Nähe des Stadtzentrums, als Gene einen Polizisten sah.

›Hallo‹, sagte Gene, der Polizist grüßte zurück. Gene begann, mit dem Officer zu reden.

›Arbeitet in Ihrer Polizeiwache jemand, der so aussieht wie ich?‹ fragte er sehr geschickt.

Der Polizist, der nicht genau wußte, auf was der selbstbewußte kleine Junge hinauswollte, sagte: ›Tja, ich weiß nicht.‹

Gene erwiderte: ›Nun, es arbeitet jemand dort. Es ist mein Daddy. Sein Name ist Roddenberry, und er sieht genauso aus wie ich.‹«

Obwohl Genes Interesse und Selbstsicherheit das Leben seiner jungen Mutter stets interessant machten, war es manchmal aufregender, als ihr lieb war.

Eines Nachmittags, als Gene fünf oder sechs war, sah Glen, daß er eine Flasche Soda trank. Glen fragte Gene, woher er die Flasche hatte.»Vom Laden an der Ecke«, kam die unbekümmerte Antwort. Auf weiteres Befragen erfuhr Glen: Ihr kluger Sohn hatte entschieden, daß er ein Soda wollte. Während sie im hinteren Teil des Hauses beschäftigt war, öffnete er die Vordertür und ging zum Lebensmittelgeschäft an der Ecke.

Als Glen fragte, wie Gene das Getränk bezahlt hatte, erklärte er selbstsicher:»Ich habe anschreiben lassen.«

Jeder in der Nachbarschaft wußte, daß er der Sohn eines Polizisten war. Was man ihm anschrieb, würde nicht verloren sein. Um zu verhindern, daß er für alles anschreiben ließ, was er haben wollte, ging Glen mit ihm in das Geschäft und erklärte dem Eigentümer, daß Genes Kreditkonto geschlossen sei.

Gene besuchte die nahe gelegene Estara Avenue School, die 1928 noch während seiner Schulzeit in Fletcher Drive Elementary umbenannt wurde. Die Schule war für Gene aufregend und interessant, aber nicht immer angenehm. Über sechzig Jahre später erinnerte er sich ganz besonders an ein Erlebnis in der Grundschule, eines, das ihm immer im Gedächtnis blieb. Es war eine frühe Lektion für Gene, wie man mit Autoritäten umgeht und doch die eigene Persönlichkeit bewahrt. Diese Erfahrung sollte auch die Grundlage schaffen für seine Abneigung gegenüber Auseinandersetzungen, die ihn später in seinem Leben noch teuer zu stehen kommen sollte. Hier, bei einem scheinbar unbedeutenden Zwischenfall, können wir die Anfänge einer Auffassung sehen, die es Gene ermöglichte, etwas höchst Ungewöhnliches zu werden – ein pragmatischer Künstler:

»Ich erkannte ziemlich früh in meinem Leben, daß große Ehrlichkeit zu Schwierigkeiten führen und Probleme verursachen konnte. Daher begann ich in dieser Hinsicht bereits sehr jung, unehrlich zu sein.

Ich erinnere mich an eine Sache etwa in der vierten Klasse. Eine Lehrerin hatte es sich in den Kopf gesetzt, daß ich eine Treppenstufe übersprungen hatte – in ihren Augen ein Verbrechen. Ich hatte es wirklich nicht getan, aber sie beharrte weiter darauf. Ich versuchte, das auf meine jugendliche Weise zu analysieren: Welchen Sinn hatte es, auf Ehrlichkeit zu bestehen? Also sagte ich schließlich verschämt: ›Also, ich glaube, ich habe nicht gemerkt, daß ich diese Stufe übersprungen habe. Aber wenn ich so darüber nachdenke, dann habe ich's getan.‹ Nun ließ sie mich in Ruhe.

Weshalb hatte ich zunächst darauf bestanden, absolut ehrlich zu sein?

Ich hatte nichts davon, daß sie mir weiter im Nacken saß. Ich hatte das Gefühl, daß es nur von geringer Bedeutung war, solange ich den Unterschied kannte zwischen dem, was wirklich geschehen war, und dem, was ich gesagt hatte.

Man kann auf seltsame Weise mit sich ehrlich und unehrlich sein. Ich habe oft gedacht, daß wir in vieler Hinsicht zwei Personen sind. Solange die innere Person weiß, daß Anstand etwas Gutes ist, darf sich die äußere Person, die mit der Welt umgehen muß, Ausrutscher leisten. Ich nehme an, daß ich mein Leben lang geglaubt habe, daß die einzige reale Person meine innere Person war.«

So wie die Roddenberry-Familie wuchs auch Los Angeles. 1922 eröffnete das Los Angeles Philharmonic die Hollywood Bowl für die erste Saison, die Radiosender KHJ und KFI nahmen ihren Sendebetrieb auf. Im gleichen Jahr wurde die Rose Bowl vor den Toren Pasadenas eröffnet. Ein Jahr später wurde das Memorial Coliseum im Exposition Park eröffnet (das Schauplatz für zwei Olympiaden werden sollte), und das berühmte Hollywood-Zeichen aus riesigen Buchstaben wurde errichtet, um für eine Wohnsiedlung zu werben, die unter dem Namen Hollywoodland bekannt war. (Jahre später wurde der Text verkürzt auf ›Hollywood‹.) Die University of California at Los Angeles (UCLA) wurde 1926 feierlich eröffnet, ebenso die öffentliche Bücherei in der West Fifth Street. Die Vollendung der City Hall in der 200 North Spring Street fand 1928 statt. 1930, in dem Jahr, in dem Gene neun Jahre alt wurde, hatte sich die Einwohnerzahl der Stadt auf fast 1,25 Millionen verdoppelt.

Los Angeles wird auch »Stadt der Engel« genannt, aber in den

›Roaring Twenties‹ und in den Tagen der Depression war dieser Name besonderes irreführend. Während die Handelskammer mit den »Möglichkeiten im Land des Sonnenscheins« warb, wurde Los Angeles auch der Hintergrund und die Inspiration für die Geschichten, die das Erzählgenre des »hartgesottenen Schnüfflers« prägten, verkörpert durch Raymond Chandler und seinen Detektiv Philip Marlowe.

Tag und Nacht konnte jeder mit genügend Kleingeld Sex in jeder Spielart, illegalen Alkohol, Kokain, Marihuana oder Morphium kaufen. Es gab über tausend Bordelle, Wettbüros und Spielsalons überall in der Stadt.

All das geschah mit Wissen und Duldung des politischen Establishments von Los Angeles. Im wesentlichen gab es zwei Polizeikräfte: die Männer auf der Straße, die die echte Polizeiarbeit leisteten und zu denen Roddenberry senior gehörte – er wurde viele Male für Tüchtigkeit, Höflichkeit und Zusammenarbeit von der örtlichen Bürgerschaft belobigt –, und die Gauner, die ihre Polizeimarken in der Tasche trugen und zum größten Teil in der Innenstadt in den Dezernaten Sitte, Rauschgift und Nachrichtendienste arbeiteten.

Trotz der vielen Jahre in der Stadt blieb Papa ein Landmensch. Als sie in der Drew Street lebten, errichtete er im Hof hinter dem Haus Hasenställe, außerdem züchtete er Hühner. Sobald die Hasen ein bestimmtes Alter erreicht hatten, schickte Papa die Kinder los, damit sie die Hasen verkaufen sollten. An der Ecke Fletcher Drive/San Fernando Road verkauften Gene und Bob ihren Bestand. Besonders an Ostern war das Geschäft gut, wenn sie für normale Hasen 25 Cents erhielten und 35 Cents für Angorahasen.

Die Hasen waren die Inspiration für Genes erste veröffentlichte schriftstellerische Arbeit: ein Gedicht, das er im Alter von zehn Jahren unter den wachsamen Augen von Adelia Osborne schrieb, seiner Lehrerin in der Fletcher Drive Elementary School. Miss Osborne hielt Genes Versuch für gut genug, um ihn in der Schulzeitung *The Ace* zu veröffentlichen, die zweimal im Jahr erschien. Da, auf einer Seite voller Jugendprosa mit Titeln wie »My First Fishing Trip«, »Poems from Room 4« und »My Big Tree« sowie Annoncen des Apothekers Lester M. Jones, der W. W. Freeman Detective Agency (mit Detektiven in der ganzen Welt), des Blue Moon Café (spezialisiert auf Chili und kleine Gerichte), findet sich dieses Gedicht des Fünftkläßlers:

My Greedy Rabbit

My little rabbit
Has a greedy habit
Of eating the hay
When the others play.

– Eugene Roddenberry, B5

Für Gene war das Leben in Glassell Park idyllisch; die grasbedeckten Hügel boten einem Jungen unbegrenzten Platz, um seine Phantasie zu erforschen und zu trainieren. In einem Jahr bildete er zusammen mit ein paar Freunden einen Club, den er den S.O.S. Club nannte – »Seven Old Saps«. Keiner von ihnen war älter als zehn Jahre. Sein Bruder Bob war Vizepräsident, Gene war – natürlich – Präsident.

Obwohl scheinbar Welten zwischen dieser Idylle und den Problemen im Stadtzentrum lagen, machte sich die Realität dennoch bemerkbar. Während der Depression waren Mitglieder der LAPD-Mannschaft gezwungen, eine Gehaltskürzung um zehn Prozent hinzunehmen, um Entlassungen zu vermeiden. Mit weniger als 200 Dollar im Monat kauften Papa und Glen ihr Haus und zogen ihre Kinder groß.

1933, als Gene zwölf war, Bob zehn und Doris acht, zog die Familie knapp drei Kilometer hinter den Mount Washington nach Highland Park. In der 4906 Monte Vista kauften Papa und Glen wieder ein bescheidenes Haus mit freistehender Garage. Das Haus war knapp 100 Meter von einer scharfen Kurve der Monte Vista entfernt, die dort in den Marmion Way überging, im Schatten des Mount Washington. Die W-Street Car Line verlief direkt vor Genes Haustür. Die Gegend war Mittel- und Arbeiterklasse, ähnlich wie Glassell Park, und etwa zur gleichen Zeit gebaut worden. Diese Wohngegend lag außerdem etwa acht Kilometer nordöstlich des Stadtzentrums, und so konnte Papa seinen Arbeitsplatz bequem erreichen. Von diesem Haus aus besuchte Gene die Burbank Junior High School, Franklin Senior High School und das Los Angeles City College. Er betrachtete es immer als das Haus, in dem er großgeworden war.

Wovor Papa seine Familie schützte, indem sie, von der Innenstadt aus gesehen, hinter dem Hügel lebten – nämlich das, was er praktisch jeden Tag sah –, wirkte sich schließlich durch das Radio und den Lokalteil der Zeitungen auf Genes Kindheit und Jugend aus. Das Drama, das sich entwickelte, war ein sonderbarer Gegensatz zu der Kindheit, die Gene führte, und fügte weitere Stückchen zum Mosaik seiner Persönlichkeit hinzu.

Papa, der zu der Zeit im Verkehrsdezernat arbeitete, verfolgte die Skandale, die sich abspielten, mit Vergnügen und Zufriedenheit. Seine Hingabe an seine eigenen ethischen Maßstäbe hatte sich als richtig erwiesen. Er wurde von den Vorgängen nicht berührt. Sein Vorgesetzter, Sergeant William H. Parker, wurde ein Freund der Roddenberrys und sollte Jahre später eine wichtige Rolle in Genes Leben und dem des Los Angeles Police Department spielen, als andere Skandale aufgedeckt wurden.

Papas regelmäßiges, wenn auch bescheidenes Einkommen machte die Roddenberrys zu einer der wohlhabenderen Familien in ihrer Nachbarschaft. Papa teilte den Reichtum. Kaum ein Sonntag verging, an dem es nicht eine große Zusammenkunft im Haus der Roddenberrys gab. Glen kochte oft für zwanzig und mehr Gäste. Unter der Woche stellte Papa Lebensmittelpakete zusammen, die er den Bedürftigen gab. Einmal brachte er einen obdachlosen Jungen von der Straße mit, kleidete ihn ein und fütterte ihn einige Monate durch, bis der junge Mann wieder auf den Beinen war. Papa betrachtete das nicht als Mildtätigkeit. Es war etwas, was die Starken für diejenigen taten, die sich nicht selbst helfen konnten. Das hatte er als Kind gelernt.

Gene Roddenberry war ganz der Sohn seines Vaters. Das wurde zum Beispiel deutlich, als Gene während der ersten Season von *Star Trek* einen Brief erhielt. Er kam von zwei älteren Frauen in Florida. Sie hatten seinen Namen im Abspann der Sendung gesehen und erinnerten sich daran, daß sie ihn getroffen hatten, als er sich während des Ersten Weltkriegs auf dem Weg nach Europa in New York aufhielt. Während ihres Treffens hatte er so viel über die Zukunft gesprochen und darüber, wie alles kommen würde, daß es die beiden Frauen nicht verwunderte, daß er nun eine Serie wie *Star Trek* produzierte. Sie hatten Gene mit seinem Vater verwechselt.

Genes Charakter wurde zum größten Teil durch das Nacheifern guter Eigenschaften geformt, zugleich wies er andere Attribute völlig zurück. Es war so, als beobachte Gene seinen Vater permanent, während er auf seine innere Stimme hörte, eines gegen das andere abwägte und den Konflikt durch persönliche Erfahrung löste. Trotz ihrer Unterschiede beschrieb Glen ihren Mann und ihren Sohn als »zwei vom gleichen Schlag«.

Gene blieb nicht verborgen, welche Diskrepanz es gab zwischen den Pflichten seines Vaters als Polizist und dessen Einstellung gegenüber der Volstead-Verordnung, besser bekannt als die Prohibition. Verabschiedet als 18. Zusatzartikel zur Verfassung der Vereinigten Staaten im Jahr 1919 und in Kraft bis zu seiner Aufhebung durch den 21. Zusatzartikel im Jahr 1933, verbot die Volstead-Verordnung die Einfuhr, den Verkauf und den Genuß von Alkohol. Dieses »große Experiment« sozialer Steuerung war vom Start weg ein Fehlschlag, und viele sind der Ansicht, daß es die Grundlage für das organisierte Verbrechen im Land schuf. Die Leute hielten es allgemein für ein gutes Gesetz, außer für sich selbst, und das betraf auch die meisten Polizisten, die es durchsetzen sollten. Das Gesetz wurde weitgehend ignoriert, und Papa ignorierte es auf ganz besondere Weise.

Bob Roddenberry erinnert sich:

»Pa trank in der Gesellschaft anderer. Und jeden Abend vor dem Essen genehmigte er sich ein Glas, auch während der Prohibition. Er braute sein eigenes Bier und lagerte es unter einer von einem Teppich bedeckten Falltür auf der Veranda. Für die Kinder braute er Rootbeer, eine Art Kräuterlimonade, unter anderem auch als Bestechung, damit sie niemandem von seinem Bier erzählten. In heißen Sommernächten kam es schon mal vor, daß einer der Korken losging und im ganzen Haus ein lautes ›Plopp‹ zu hören war. Der stechende Geruch des hausgemachten Biers hing mehrere Stunden im ganzen Haus. Es war immer sehr lustig.«

Genes Vater neigte dazu, anderen Streiche zu spielen oder dann einen Witz zu erzählen, wenn jemand zugegen war, auf dessen Kosten er ihn machen konnte. Es traf immer irgend jemanden. Ein beliebtes Ziel war sein Schwager Clint Higgins, den er gerne »Hickey« nannte. Papa ließ nie eine Gelegenheit aus, um Hickey zu piesacken, der mit Glens jüngster Schwester Willowdean verheiratet war. Während des Zweiten Weltkriegs lebten Papa und Glen in der Green Street in Temple City. Papa zog Mais, hielt Hühner und hatte ein Schwein... namens »Hickey«.

Papa war ein Original. Eines Abends, unmittelbar nach dem Essen, stellte Glen die schmutzigen Teller in die Spüle, als das Telefon klingelte. Clint und Dean kamen zu Besuch. Papa erkannte, daß Clint etwas von Glens großartiger Pastete bekommen würde, was für ihn – Papa – weniger Pastete bedeutete. Hastig schlang er alles hinunter, was noch übrig war. In seinem Lieblingssessel sitzend, den Gürtel geöffnet, den Magen überfüllt, hatte Papa den ganzen Abend Magenschmerzen. Aber Hickey hatte wenigstens keine Pastete bekommen.

Bei anderen Gelegenheiten veranstalteten Clint und Papa Wettbewerbe, wer von ihnen mehr Kuchen oder Pastete essen konnte. Papa gewann immer, üblicherweise zum Mißvergnügen seines Magens.

Papa hatte meistens recht und nahm große Anstrengungen auf sich, um das zu beweisen. Nur selten gab er in einer Sache nach, auch wenn sie noch so unbedeutend war. Eines Tage – Bob war knapp zehn Jahre alt, die Familie war gerade zum Highland Park umgezogen – gerieten Papa und Clint in Streit darüber, wie weit das El Roy-Theater von dem neuen Haus in Monte Vista entfernt war. Papa sagte, er könnte die Strecke – etwa drei Kilometer – in fünfzehn Minuten zu Fuß zurücklegen. Clint hielt sofort dagegen. Papa wandte sich an seinen Sohn und sagte: »Komm, Bob. Wir gehen!« Er marschierte mit dem ausholenden Schritt eines Polizisten los. Bob erinnert sich an den Vorfall: »Ich möchte wetten, daß ich diese verdammten drei Kilometer nur gerannt bin, um mit Dad mitzuhalten. Er gewann die Wette, aber ich war so was von erschöpft.«

Es stand außer Frage, daß Papa der König in seinem eigenen Reich war. Seine Einstellung war einfach: Er war der Mann, er verdiente das Geld, also erwartete er, daß alles so gemacht wurde, wie er es wollte... und das wurde auch gemacht. Glen trug die ganze Ehe hindurch ihre Haare immer lang, weil Papa es so mochte. Papa fuhr einen 31er Chevrolet, und wenn er am Abend nach Monte Vista kam, hupte er, als er um die Ecke bog und auf die Garage zufuhr. Der Himmel stehe dem Roddenberry-Kind bei, das nicht augenblicklich kam und das Garagentor für ihn öffnete. Körperliche Bestrafung war nicht üblich, aber Papas schlechte Laune war schlimmer. Keines der Kinder wollte sich eine Standpauke von Papa einhandeln.

Papa war der Ansicht, Arbeit sei gut für den Charakter, also verschaffte er seinen Jungs Jobs nach der Schule und am Samstag. Zu Genes Jobs gehörte das Austragen von Zeitungen. Als Gene einen Job in einer Tankstelle bekam, übernahm Bob den Zeitungsjob. Als Gene die High School abschloß und auf das Los Angeles City College wechselte, bekam Bob den Job an der Tankstelle. Die Arbeit nach der Schule brachte den Jungs etwas Geld ein und hielt sie davon ab, ihren Vater um Geld anzubetteln. Es lehrte sie auch Verantwortung und formte ihren Charakter.

Papas Definition von Freizeitvergnügen wurde nicht zwangsläufig geteilt. Bei Angelausflügen am Wochenende nahm er Bob oder Gene oft mit zum Lake Hodges, wobei die Jungs dachten, sie würden fischen gehen. In gewisser Weise taten sie das auch. Auf dem See hatte ihr Vater ein kleines Fischerboot mit einem 5 PS starken Außenbordmotor, aber anstatt den Motor anzuwerfen, wandte er sich an den Sohn, der ihn begleitete, und gab ihm die Ruder. Der Glückliche - Bob war zu der Zeit elf, Gene dreizehn - ruderte das Boot in die Mitte des Sees, wo der Vater angelte. Papa fing die Quote für sie beide mit. Die Zahl der zu fangenden Fische wurde allein von der Zahl der mitgenommen Söhne bestimmt.

Als Gene und Bob Teenager waren, nahm Papa sie mit auf die Taubenjagd und gab jedem der beiden eine Schrotflinte. Nach angemessenen Sicherheitsunterweisungen marschierten Vater und Söhne durch das Unterholz, auf der Jagd nach geeigneter Beute.

Papa wies Bob an, ein paar hundert Meter nach links zu gehen, Gene sollte die gleiche Strecke nach rechts zurücklegen. Von dort aus sollten die Jungs mit großem Lärm auf ihren Vater zugehen. Papa schoß den ganzen Nachmittag über Tauben und erfüllte das

Jagdlimit für jeden der Jungs und für sich. Bob und Gene feuerten ihre Waffen niemals auf irgend etwas ab.

Die dreißiger Jahre waren in mancher Hinsicht eine unschuldigere Zeit, auf der anderen Seite aber auch eine gemeinere, intolerantere Zeit als heute. Viel von dem, was jemand erlebte, hing vom ethnischen Hintergrund und der sexuellen Ausrichtung ab.

Gene besuchte die Franklin High School. Fotos in Genes Jahrbüchern zeigen ein paar Gesichter asiatischer und lateinamerikanischer Herkunft, aber unter den Schülern oder den Lehrern fanden sich keine Afro-Amerikaner. In den zwanziger und den frühen dreißiger Jahren gab es in Los Angeles überhaupt nur wenige Schwarze; der große Zustrom kam erst Ende der dreißiger Jahre und während des Zweiten Weltkriegs.

Der kleine schwarze Bevölkerungsanteil von Los Angeles wußte, wo er hingehörte. Und wenn jemand es nicht wußte, machte man es ihm auf unmißverständliche Weise deutlich. Die Schwarzen wußten, in welchen Gebieten sie sich frei bewegen konnten und welche Gebiete verboten waren.

Afro-Amerikaner wußten auch, wo sie Grundbesitz kaufen konnten und wo nicht. Los Angeles, die Stadt, in der man den Amerikanischen Traum leben konnte, war so gespalten wie jede andere Stadt im Süden.

Das traf auch auf Papas Lebenseinstellung zu. Obwohl er in vieler Hinsicht intelligent und weitblickend war, war Genes Vater doch ein Kind des Südens, der seine tiefverwurzelten kulturellen und rassistischen Standpunkte mit nach Los Angeles brachte.[5] Afro-Amerikaner waren für ihn »Nigger«, Juden waren »Kikes«, und die schlimmsten von allen waren natürlich die verhaßten Republikaner. Zu Hause war das Wort »Republikaner« völlig aus

---

[5] Papas Haltung stand aber offensichtlich im Widerspruch zu der anderer Mitglieder seiner Familie, die noch tief im Süden lebten. Er war verwandt mit den Roddenberys in Georgia (die sich mit einem ›r‹ schrieben), einer großen und berühmten Familie, mit der er sein Leben lang in Verbindung stand. Die Firma der Roddenberys in Georgia produzierte seit dem späten 19. Jahrhundert ein Rohrzuckerprodukt, das als »Nigger In 'De Cane Patch Syrup« bekannt war. In den zwanziger Jahren des 20. Jahrhunderts änderten sie den Namen in »Cane Patch Syrup«, ganze vierzig Jahre, bevor die Bürgerrechtsbewegung das Land überrollte.

dem Wortschatz verbannt worden. Papas Ansichten standen nie zur Diskussion. Für ihn war es eine kulturelle Norm – nicht, wie die Dinge sein sollten, sondern wie sie waren und bleiben sollten. Er war mit dieser kulturellen Befangenheit aufgewachsen, und keine noch so hitzige Diskussion und kein Streit mit seinem ältesten Sohn änderten daran etwas.

Die Wurzeln für die humanistische Philosophie, die *Star Trek* so attraktiv machen sollten, lagen hier, in Genes Versuchen, das widersprüchliche Verhalten seines Vaters zu verstehen – die Liebe des Vaters für seine Familie und seine bekundete Intoleranz gegenüber bestimmten Minderheiten.

Ausbildung, Reisen, rationales Denken, Menschen anderer Rassen und Kulturen kennenzulernen, und sein Abwägen der Vorstellungen seines Vaters gegen seine eigene innere Logik blieben für Gene nicht ohne Wirkung. Er wuchs ohne die belastende Engstirnigkeit seines Vaters auf. Mehr als dreißig Jahre später sollte Gene eine Fernsehserie kreieren, in der der erste Kuß zwischen Schwarz und Weiß ausgestrahlt würde.[6] Sein Vater erlebte die Serie noch mit, aber die beiden sprachen nie über diese Episode.

Erst bei der Vorbereitung des Materials für dieses Buch erkannte Gene, daß sein Vater auf ihn einen viel größeren Einfluß gehabt hatte, als er zuvor erkannt hatte oder zuzugeben bereit gewesen wäre.

Papa Roddenberry als ein menschliches Wesen mit Schwächen zu sehen und zu akzeptieren, ist der erste Schritt, um die Philosophie seines Sohnes zu verstehen. Daß Papa sich stets um seine Familie kümmerte, ist eine andere Sache. Papa war auch ein Mann, der sich in zwanzig Jahren Polizeidienst nie an das Leiden von Kindern hatte gewöhnen können. Oft kam er nach Hause und konnte nichts essen, weil ein Zwischenfall ihn aufgeregt hatte, an dem ein Kind beteiligt war.

---

[6] *Star Trek*, dritte Season, »Plato's Stepchildren«, US-Erstausstrahlung 22. 11. 1968. Die Enterprise-Crew trifft auf die Platonier, eine Rasse mit starken telekinetischen Kräften. Zu ihrem eigenen Vergnügen zwingen sie die Crew, wie lebende Marionetten zu agieren. Captain Kirk wird gezwungen, Lieutenant Uhura zu küssen. Ironischerweise führte bei dieser Episode David Alexander Regie, der aber mit dem Autor nicht verwandt ist.

Heute würde man Papa als einen Chauvinisten einstufen – beherrschend und egozentrisch. In den zwanziger und dreißiger Jahren, als die Frauenemanzipation gerade erst begonnen hatte, war Papa ein guter Ehemann, ein guter Vater und ein Mann, der stets gut für seine Familie sorgte.

Das war offenbar Glens Einstellung. Es fehlte ein Monat bis zum 49. Hochzeitstag, als Papa starb.

KAPITEL 3

Niemand, der die große Depression miterlebt hat, wird jemals diese schwere Zeit vergessen. Jeder vierte Mann in der Arbeiterklasse konnte keinen Job finden, um seine Familie zu ernähren. Es war eine Zeit der Erniedrigung und Demütigung, doch viele wuchsen in dieser Zeit über sich selbst hinaus. Es war die Depression, die Gene die Bedeutung des Spruchs »Ereignisse machen nicht den Menschen, sie offenbaren ihn« verstehen ließ.

Das Land war vom Boom in den Keller gestürzt, eine Tatsache, die an Gene und seiner Familie nicht spurlos vorüberging. Anders als die meisten Nachbarn waren die Roddenberrys jedoch nicht direkt betroffen. Die Depression traf Verwandte, Freunde und Nachbarn, aber nicht Papa. Der Verwaltungsdienst schützte ihn vor den Unwägbarkeiten der schweren wirtschaftlichen Zeiten, und seine Intelligenz bewahrte ihn vor der Korruption in der Polizei. Der Roddenberry-Haushalt war inmitten einer ökonomischen Wüste eine seltene Oase relativen Wohlstands. Papa Roddenberry war nicht wohlhabend, weil sein Gehaltsscheck besonders üppig ausfiel, sondern *weil* er einen Scheck erhielt. Papa und Glen konnten nicht ignorieren, was dem Rest der Familie und ihren Freunden widerfuhr. Papa verteilte Lebensmittelpakete, und jeden Sonntag kochte Glen für die Familie und ihre Freunde.

Gene, sein Bruder und später auch ihre Schwester gingen alle auf die Luther Burbank Junior High School an der Ecke Meridian/Figueroa, rund drei Kilometer nördlich ihres Hauses in Monte Vista. Die gelbe Straßenbahnlinie ratterte in der Mitte der Monte Vista entlang, direkt am Haus der Roddenberrys vorüber. Die Fahrkarte kostete dreieinhalb Cents. Jeden Morgen gab Papa Gene und Bob sieben Cents für die drei Kilometer lange Fahrt zur Schule, aber seine Großzügigkeit erstreckte sich nicht auf den Rückweg am Nachmittag. Die Jungs mußten zu Fuß gehen. So sparte Papa sieben Cents; außerdem war der Fußmarsch gut für ihren Charakter – das behauptete er jedenfalls – und sollte die Kinder daran erinnern, daß die Zeiten schlecht waren. Ein anderer Wink war der eine oder andere Klassenkamerad, der barfuß zur Schule kam. Die meisten Kinder wußten, was das bedeutete. Ihnen war klar, daß es genausogut sie hätte treffen können. Also machte auch niemand eine abfällige Bemerkung.

Woher aber kam Genes Neigung, seltsame und ungewöhnliche Geschichten zu schreiben? Die meisten würden sagen, es war eine Kombination aus dem Einfluß seines Vaters, seiner eigenen Neugier und Intelligenz, seinem Lesehunger sowie dem Kontakt mit den *Flash Gordon*-Serials im Kino. Ray Johnson, sein Leben lang ein Freund von Gene, konnte eine andere Geschichte erzählen.

Ray lebte in der Malta, der Parallelstraße zur Monte Vista. Er und Gene waren im gleichen Alter. Unmittelbar nachdem Genes Familie in die Nachbarschaft gezogen war, entschieden Ray und einige andere Kinder aus der Gegend, ein Baumhaus in einem großen Baum auf einem freien Grundstück an der Monte Vista zu bauen. Einige Kinder besorgten Holz aus den sonderbarsten Quellen. Ray war der Zimmermann, oben im Baum, der die Bretter zusammennagelte, die die Kinder brachten.

Ray hatte Bob schon zuvor in der Nachbarschaft gesehen, aber dies war das erste Mal, daß er Gene begegnete, der rübergekommen war, um sich vorzustellen und zu sehen, was dort vor sich ging. Florence, ein Mädchen, das im Haus neben Ray wohnte, befand sich auch im Baum, als Gene vorbeikam.

Gene wollte genauer sehen, was Ray machte.

»Ich komme rauf«, brüllte er von unten. Florence beschützte Rays Arbeit und wollte Gene auf keinen Fall auf dem Baum sehen. Sie sagte ihm, er solle untenbleiben, aber er begann hinaufzuklettern.

Florence war festentschlossen. Sie nahm einen Hammer, hielt ihn hoch und rief: »Eugene, wenn du versuchst, hier raufzukommen, lasse ich diesen Hammer auf deinen Kopf fallen.«

Gene scherte sich nicht um diese Drohung und kletterte weiter. Zu Genes Unglück war Florence entschlossen, ihre Drohung wahr zu machen. Der Hammer traf Gene genau auf den Kopf, er fiel und stürzte auf den Boden. Um so viel Würde wie möglich zu wahren, ging er nach Hause, ohne ein weiteres Wort zu sagen.

Schließlich hatte er eine Beule auf dem Kopf, die so groß wie ein Golfball war.

Nachdem Gene berühmt geworden war, scherzte Florence, daß der Hammer, den sie hatte fallenlassen, Genes Karriere ausgelöst hatte.

Trotz der sonderbaren Art, wie sie miteinander bekannt wurden, entwickelten Ray, Gene und Bob eine Freundschaft, die ein Leben lang hielt. Ray fühlte sich bald im Haus der Roddenberrys wie zu Hause. Er erinnerte sich, daß er dort lernte, Monopoly zu spielen; an einem Nachmittag machte er auch Bekanntschaft mit einem anderen Spiel, das zugleich eine Lektion in Freundlichkeit war.

»Es war ein Samstagnachmittag, und Gene schlug vor, daß wir ins Kino gehen sollten. Die Matinee kostete nur einen Dime (10 Cents). Ich ging nach Hause, um einen Dime zu suchen, aber als ich das Geld gefunden hatte und zu ihrem Haus zurückgekehrt war, kam Mrs. Roddenberry gerade vom Kino zurück, wo sie die beiden abgesetzt hatte. Sie meinten, ich würde nicht mitgehen. Jedenfalls war ich sehr enttäuscht, und Mrs. Roddenberry sah das meinem Gesicht an. Sie fragte mich, ob ich wüßte, wie man Cribbage (ein Kartenspiel.) spielt. Ich erklärte ihr, ich würde das Spiel nicht kennen. Also brachte sie es mir bei, und wir verbrachten den restlichen Nachmittag damit, es zu spielen. Es machte uns solchen Spaß, daß wir immer noch spielten, als Gene und Bob um halb sechs aus dem Kino zurückkamen.«

Noch nach mehr als sechzig Jahren erinnerte sich Ray an Glens freundliche Art.

Von Kindheit an war Gene ein eifriger Leser. Die zwanziger und dreißiger Jahre versorgten ihn mit reichlich Material. Die Pulps waren billige Magazine, die ihren Namen der Verwendung des absolut billigsten Papiers verdankten, das so billig war, daß die Leser manchmal Holzsplitter in den Seiten fanden. Die Pulps beeinflußten zwei Generationen amerikanischer Autoren, jene, die sie schrieben, und jene, die sie lasen.

Jeden Monat wurden Hunderte von Geschichten auf den Markt geworfen, die vom Unheimlichen bis hin zum Phantastischen reichten. Es gab für praktisch jeden Geschmack etwas. Der größte Verlag war Street & Smith, der fünfunddreißig Reihen veröffentlichte, darunter *The Shadow, Doc Savage, Detective Story, Love Story, Western Story, Sport Story, Wild West Weekly* und viele andere. Die Frank A. Munsey Company begann 1896 mit der Veröffentlichung von Pulps und brachte Reihen wie *Argosy, All-Story, Railroad Stories* und *Detective Fiction Weekly* auf den Markt.[1] Popular Publications veröffentlichte *The Spider, Operator #5, Dime Detective, Dime Western* und *Adventure*. Es gab Dutzende weitere Verleger und mindestens 150 verschiedene Pulp-Reihen.

Die Pulps brachten eine ganze Generation amerikanischer Autoren hervor: Dashiell Hammett, Carroll John Daly, H. Bedford-Jones (der unter zehn verschiedenen Namen schrieb und der »König der Holz-Pulps« genannt wurde), H. P. Lovecraft, Raymond Chandler, Jack London, Tennessee Williams, Sinclair Lewis (der Nobelpreisträger Lewis arbeitete als Mitherausgeber von *Adventure*), Isaac Asimov, Ray Bradbury und Erle Stanley Gardner, mit dem Bedford-Jones fröhlich seinen »Titel« teilte.[2]

Von den Kritikern als Schundliteratur verschrien, von Englisch-Lehrplänen ignoriert, wurden die Pulps fast überall geschmäht... bis es sie nicht mehr gab. Dann wurden sie zu einer Bastion amerikanischer Genreautoren, zu einem Teil unserer gesellschaftlichen und literarischen Tradition.[3]

Gene verlor sich, wenn er Pulps las. Einer seiner Lieblingsplätze, an denen er seinen Lesehunger stillte, war fernab des häuslichen Lärms auf dem alten Sofa, das Papa auf die vordere Veranda des

---

[1] Munsey veränderte das Kindermagazin *Golden Argosy* in *Argosy*, eine Abenteuer-Reihe, die auf eine männliche Leserschaft ausgerichtet war.

[2] 1933 berichtete das Magazin *Life*, daß Bedford-Jones und Gardner die einzigen Männer waren, die mit ihren Pulp-Arbeiten 50 000 Dollar im Jahr machten. Die Pulps beschäftigten in der »Blütezeit« der Depression mindestens 1200 Vollzeitautoren sowie eine unbekannte Anzahl Teilzeitautoren. Gardners Name auf dem Umschlag entwickelte sich zum Magneten. Seine Entwicklung der Figur Perry Mason machte aus ihm den Autor mit den weltweit höchsten Verkaufszahlen, da sich seine Romane Hunderte Millionen Mal verkauften. Er spielte auch eine bedeutende Rolle in den frühen Tagen von Genes Schriftstellerkarriere.

[3] Hier war mehr als nur ein wenig Heuchelei im Spiel. Denn *Black Mask*, das renommierteste ›Mystery Pulp‹, wurde heimlich von den Kritikern George Jean Nathan und H. L. Mencken, beide von *Smart Set* und *American Mercury*, gegründet, da sie das Geld benötigten. Sie gestatteten es nie, ihre Namen im Magazin zu nennen. Als ihre Reihe, mit einer Investition von 500 Dollar gegründet, einen Marktwert von 100 000 Dollar erreicht hatte, verkauften sie das Magazin.

Monte Vista-Hauses gestellt hatte. Ray traf Gene oft auf der Couch an, die Beine gemütlich nach links hochgelegt, den rechten Ellbogen auf die Armlehne des Sofas gestützt, seine rechte Wange fest von seiner rechten Hand getragen, ein Buch auf dem Schoß, völlig vereinnahmt von *Amazing Stories*[4] oder dem Erzrivalen *Astounding Stories*.[5] Gene befand sich mit Richard Seaton, E. E. »Doc« Smiths Wissenschaftler-Helden von der *Skylark of Space*, im Weltraum; die Autos, der Verkehr, die Kinder aus der Nachbarschaft, die nur ein paar Meter von ihm entfernt spielten, waren vergessen. Ray wußte, daß er die Stufen hinaufsteigen und sich direkt neben ihn stellen konnte – Gene würde nicht bemerken, daß Ray dort war, bevor der nicht etwas sagte oder ihn berührte.

Diese Fähigkeit, sich selbst in seiner Phantasie zu verlieren, die ihn später weltberühmt machen sollte, kostete Gene einmal fast das Leben. Er und seine Freunde fuhren auf ihren Fahrrädern herum, als Gene zu träumen begann und sich nicht mehr auf die Straße konzentrierte. An einer Kreuzung fuhr er beinahe in einen Wagen – nur das Geschrei seiner Freunde brachte ihn in die Realität zurück, bevor das der Zusammenstoß tun konnte.

Genes Interesse an Büchern gab ihm auch eine Privatsphäre, die im Haus der Roddenberrys selten zu finden war. Für Papa kam die Familie an erster Stelle, und das schloß auch Glens Familie ein. Die Depression löste im wirtschaftlich ohnehin mitgenommenen El Paso Chaos aus, also zogen die Golemons nach Südkalifornien. »Meine Mutter war eine rastlose Frau«, erinnerte Glen sich später ohne ein Anzeichen von Groll oder Ärger an die Nomadenhaftigkeit ihrer Eltern. Es gab eine Zeit, da bestand der Haushalt in der Drew Street aus Glen, Papa, den drei Kindern, aus Glens Eltern

---

[4] *Amazing Stories* wurde 1926 von Hugo Gernsback ins Leben gerufen. Seine Philosophie als Herausgeber gab lehrreichen Geschichten den Vorrang, von denen er glaubte, sie würden durch »Scientifiction« ein Interesse an der Wissenschaft erzeugen. Aus diesem Begriff entstand später »Science Fiction« bzw. SF.

[5] *Astounding Stories* begann im wesentlichen mit Abenteuergeschichten. Viele Historiker dieses Genres sagen, daß das Golden Age der Science Fiction in *Astounding* begann, unter dem Herausgeber John W. Campbell im Juli 1939, als er A. E. Van Vogts »Black Destroyer« und Isaac Asimovs »Trends« veröffentlichte. Eine Ausgabe später debütierte Robert Heinlein, ihm folgte Theodore Sturgeon. Asimov, Heinlein, Van Vogt und Sturgeon, alle Meister ihres Fachs, wurde Genes Freunde. Sturgeon schrieb zwei Drehbücher für *Star Trek* – »Amok Time« und »Shore Leave«.

und ihrer jüngeren Schwester Willowdean. Damit war das kleine Haus voll. Aber da es die Zeit der Depression war und Papa einen festen Job hatte, machte die herrschende Enge nichts aus. Gene wuchs auf und sah, wie sein Vater die Rolle des starken, klugen Kopfs im Haus spielte, der denen half, die weniger Glück hatten, weil er es für das richtige hielt – ein Ebenbild der starken, heldenhaften Charaktere, auf die Gene in den Pulps gestoßen war.

Schließlich kauften Glens Eltern ein Haus in Redondo Beach. Während ihrer ganzen Kindheit besuchten Gene, Bob und manchmal auch ihre Schwester Doris Willowdean – »Willie« – an fast jedem Wochenende die Großeltern. Im Sommer waren sie manchmal drei Wochen am Stück bei ihnen. Als die Jungs älter waren, fuhren sie mit der Straßenbahn allein in das exotische Redondo Beach. Allein dorthin zu gelangen, war für zwei Jungs aus Highland Park ein großes Abenteuer.

Im Haus ihrer Großeltern standen Gene und Bob üblicherweise mit Sonnenaufgang auf. Sie schlangen das Frühstück hinunter, sehr zur Besorgnis von Nana Golemon, und ohne ihr halsbrecherisches Tempo zu verlangsamen, rannten die Jungs – manchmal begleitet von ihrem Cousin Bill – zum Strand, der nur ein paar Blocks entfernt war. Sie hatten es nicht etwa eilig, weil sie befürchteten, etwas zu verpassen – es war Geschäftstüchtigkeit. Einige Stunden gruben die Jungs und schütteten den Sand in ein großes Sieb, das ihr Großvater gebaut hatte, um Krebse herauszusieben, die sie in einem Eimer sammelten. Wenn sie einige Dutzend hatten, gingen sie zum nahe gelegenen Angelpier und verkauften die Krebse an die Angler – ein Dutzend für zehn Cents. Durch zwei – oder mit Bill durch drei – geteilt, hatten die Jungs Geld für den Tag. Eishörnchen kosteten einen Nickel (fünf Cents), Hot Dogs einen Dime, und eine Kinokarte für eine Nachmittagsvorstellung am Samstag kostete ebenfalls einen Dime. Für Gene und seine Generation war der Kinobesuch in jener Zeit ein völlig anderes Erlebnis, als er das heute ist.

Gene wurde geboren, bevor Jolson[6] sang und bevor Greta

---

[6] Es herrscht dahingehend Übereinstimmung, daß »The Jazz Singer« von 1927 als der erste Tonfilm gilt, mit Al Jolson in der Hauptrolle, einem der größten Bühnenentertainer seiner Zeit. Interessanterweise handelte es sich größtenteils um einen Stummfilm, bei dem synchroner Ton nur eingesetzt wurde, wenn Jolson sang.

Garbo[7] sprach. Seine ersten Kinobesuche verbrachte er auf dem Schoß seiner Mutter, bei Stummfilm-Vorführungen. Gene wurde erwachsen, und mit ihm wurde auch das Medium Film erwachsen. In Genes Jugend war der Kinobesuch ein großes Erlebnis. Er sah die Filme in Filmpalästen, ausgestattet mit geräumigem Foyer, mit opulenten Wandverzierungen, für die literweise Goldfarbe verbraucht worden war, mit bequemen, veloursbezogenen Sitzen, weitläufigen Gängen und dickem Plüschteppich. Für Leute mit begrenzten finanziellen Mitteln – was in der Zeit der Depression praktisch auf jeden zutraf – waren die Filmpaläste mit ihren gewaltigen Kristallüstern das, was ein durchschnittlicher Mensch an Reichtum und Glamour erleben konnte – abgesehen von dem, was es auf der Leinwand zu sehen gab.

Gene, Bob und Bill verbrachten mit einer Eintrittskarte für zehn Cents einen ganzen Nachmittag voller Phantasie und Abenteuer. Das Programm begann üblicherweise mit einer Wochenschau der wichtigsten Ereignisse aus der abgelaufenen Woche, die Bilder aus aller Welt präsentierte. Meist waren es die *Fox Movietone News*, gesprochen von der berühmten tiefen Stimme des Nachrichtensprechers Lowell Thomas. Dann gab es einige Cartoons mit den jeweils beliebtesten Figuren: Popeye, Mickey Mouse oder Betty Boop.[8] Den Cartoons folgten üblicherweise Werbespots, die durch den Einsatz von Filmschauspielern getarnt wurden, oder eine kurze Hal-Roach-Komödie mit Laurel und Hardy].

---

[7] Als aus den Stummfilmen Tonfilme wurden, stellte sich heraus, daß eine Anzahl starker, männlich erscheinender Schauspieler und sinnlicher Schauspielerinnen schmächtige, nasale Stimmen hatten, die nicht zu ihren Filmrollen paßten. Viele wurden nun verlacht, ihre Karriere war ein Scherbenhaufen. Greta Garbo war eine schwedische Schauspielerin mit einer magnetischen Leinwandpersönlichkeit. Sie begann in Stummfilmen, und es gab erhebliche Bedenken, daß ihr breiter schwedischer Akzent ihre Karriere zerstören würde. Ihr erster Tonfilm wurde mit Postern angekündigt, die mit dem Slogan »Garbo spricht« warben. Der Wirbel führte dazu, daß die Zuschauer ihren Akzent akzeptierten.

[8] Betty Boop war die Erfindung von Dave und Max Fleischer. Betty begann buchstäblich als Hund und entwickelte sich zu einer attraktiven Frau. Betty hatte einen Kopf, der so breit war wie ihre Schultern, keinen Hals, ein sehr kurzes Kleid, das ihre Beine in voller Schönheit zeigte, und eine quiekende Stimme, die Glas zerspringen lassen konnte – was sie, insgesamt betrachtet, zu einem Überraschungserfolg machte. Da sie geschaffen wurde, bevor die Filmzensur Fuß fassen konnte, wurde ihr Material, das selbst heute ein wenig gewagt ist, in den dreißiger Jahren Jugendlichen jeden Alters gezeigt.

Urlaubsreisen kamen für die meisten Leute nicht in Frage, daher kam an dieser Stelle des Programms oft ein Reisefilm, dem sich eine Serial-Episode von zwanzig Minuten Länge anschloß. Der Held geriet in den letzten Sekunden der Episode immer in große Gefahr, wodurch bei den jungen Zuschauern genug Neugier geweckt wurde, um sie in der kommenden Woche ins Kino zurückzulocken, damit sie sehen konnten, wie ihr Held sich rettete und erneut in Gefahr geriet.[9] Serials waren von ihrem Beginn bis in die frühen fünfziger Jahre ein Massenprodukt der Filmindustrie.

Vorankündigungen kommender Filme standen als nächstes auf dem Programm – einige von ihnen bis zu zehn Minuten lang –, dann kam nicht ein Film, sondern zwei: der A-Film und der B-Film. Der A-Film erklärt sich von selbst, aber der B-Film war ein völlig eigenes Genre. Es war der Film, der als zweiter lief, mit weniger bekannten Schauspielern und kleineren Budgets. Viele große Schauspieler begannen ihre Karriere in B-Filmen und schafften es, in die A-Filme aufzusteigen.[10]

Angesichts der wütenden Depression zog es die Menschen in Scharen ins Kino, um für ein paar Stunden der Mittelmäßigkeit und den Beschränkungen ihres Lebens zu entkommen. Als Gesellschaftskritiker anmerkten, daß das Kino nicht das wahre Leben zeigt, erwiderte Myrna Loy, einer der größten Star jener Zeit, lakonisch und mit der Einstellung der Filmemacher: »Einige sagen, daß die Filme mehr wie das Leben sein sollten. Ich sage, das Leben sollte mehr wie die Filme sein.« Von denjenigen, die unter der Depression litten, waren nur wenige anderer Meinung.

---

[9] Ein beliebtes SF-Serial war *Flash Gordon*. Es basierte auf einem Comic, den Alex Raymond 1934 gezeichnet hatte und der einen ausgefeilten und detaillierten künstlerischen Stil zeigte, mit phantasievollen Plots und Schauplätzen. *Flash Gordon* war Auslöser für ein Radioserial, ein Pulp-Magazin und drei Filmserials mit Larry »Buster« Crabbe in der Hauptrolle. Das erste Serial, das 1936 entstand, hatte das für ein Serial sehr hohe Budget von 350 000 $. Das zweite Serial war *Flash Gordon's Trip to Mars* von 1938, gefolgt 1940 von *Flash Gordon Conquers the Universe*. 1951 kam Flash Gordon ins Fernsehen mit einer gnädigerweise sehr kurzen Laufzeit. Dino de Laurentiis brachte *Flash Gordon* 1980 ins Kino.

[10] Ein Cowboy-Darsteller und USC-Footballspieler namens Marion Morrison ist ein gutes Beispiel. Er änderte seinen Namen in John Wayne und wurde schließlich eine amerikanische Ikone.

Die dreißiger Jahre waren das Jahrzehnt zwei großer Romanhelden: *Tarzan* und *John Carter of Mars*, die beide zu Genes Lieblingen gehörten.[11] E. E. »Doc« Smiths *Skylark*-Serie[12] blieb ihm für mehr als fünfzig Jahre in Erinnerung. Andere große Helden kamen aus dem Radio in Genes Leben. Er lernte, sich die Abenteuer optisch vorzustellen, während er die Geschichten las oder hörte: ein frühes, wichtiges Training für den späteren Autor.

Gene und viele seiner Autorenkollegen, die später für das Fernsehen arbeiteten, waren mit dem Radio groß geworden. Zutreffend als das »Kino im Kopf« bezeichnet, brachte das Radio die Zuhörer allein mit dem gesprochenen Wort und Geräuscheffekten in andere Welten und Zeiten. Ohne die Notwendigkeit, Bilder zu liefern, konnten die einfachsten Mittel eingesetzt werden, um die Phantasie des Zuhörers anzuregen. *Buck Rogers* war eine Serie, die man nicht verpaßte, und Gene tat das auch nur selten.[13] Der außerirdische Touch, mit dem jede Sendung begann – das dramatische, mit Echoeffekt unterlegte Vibrato von Paul Douglas, der rief: »Buck... Rogers...im... fünfundzwanzigsten... JAHR... hundert«, wurde erzeugt, indem der Ansager seinen Kopf in ein großes Piano steckte.

Weil die Handlung vor dem geistigen Auge der Zuhörer stattfand, konnte praktisch alles für das Radio produziert werden. Für

---

[11] *Tarzan* und *John Carter* wurden beide von Edgar Rice Burroughs geschaffen.
[12] E. E. »Doc« Smith wird oft als der »Vater der Space Opera« bezeichnet. Er hatte großen Einfluß auf den amerikanischen Pulp-Markt zwischen 1928 und 1945. »The Skylark of Space« wurde zuerst in *Amazing Stories* abgedruckt, im gleichen Magazin, in dem auch *Buck Rogers* vorgestellt wurde. Weitere »Skylark«-Geschichten erschienen sowohl in *Amazing Stories* als auch in *Astounding Stories*.
[13] *Buck Rogers* war von Bedeutung, weil es sich hierbei um den ersten amerikanischen SF-Comic handelte, der von seiner Art her relativ anspruchsvoll war. Er wurde inspiriert von dem Roman *Armageddon 2419* von Philip Francis Nowlan, der von 1928 bis 1929 in *Amazing Stories* veröffentlicht wurde. Der Comic begann 1929 und kam 1931 ins Radio. Die Radioserie lief bis 1939, aber der Comic hielt erstaunlicherweise bis 1967 durch. Der Comic war wegen seiner futuristischen Spielereien bemerkenswert und präsentierte Desintegrationsstrahlen und Antischwerkraft-Gürtel. Im Serial gab es dann auch noch einen sorgfältig entwickelten Materietransporter, der dem Star Trek-Transporter um 27 Jahre voraus war. *Buck Rogers* sprach auch andere Autoren an. Ray Bradbury sagte einmal zu Gene, daß er früh aufstand und sich auf die Veranda vor dem Haus setzte, wo er auf die Tageszeitung wartete, um zu sehen, was Buck an diesem Tag machte.

Erwachsene war das Radio eine nicht versiegende Quelle für Komödien, Dramas und Kultur, für die Kinder war es die Begegnung mit den großen Helden. Tägliche und wöchentliche Beschreibungen von Wagemut und Heldentum wurden den Junghörern der Nation in 15- oder 20-Minuten-Häppchen serviert. Zwei Serien, die sich Gene regelmäßig anhörte, waren *The Lone Ranger*[14] und *The Shadow*.[15]

Gene freute sich wegen des Radioprogramms auf die Sonntage, aber er fürchtete diesen christlichen Ruhetag zugleich, weil er den Gang zur Kirche bedeutete – langweilige Predigten über Dinge, an die er nicht glaubte. Er tat es für seine Mutter, aber als sich die Möglichkeit ergab, die Kirchenbesuche einzustellen, ohne dabei die Gefühle seiner Mutter zu verletzen, hörte er damit auf.

Papa war der Ansicht, daß Kinder sich mit Religion befassen sollten, also gingen sie jeden Sonntag zur Kirche. Es war ein klassischer Fall von »Tut, was ich sage«, nicht »Tut, was ich auch tue« – denn Papa sah man nur selten in der Kirche. Und wenn es doch einmal geschah, dann war es ein besonderes Erlebnis.

Bei einer solchen Gelegenheit überredete Glen Papa, eine Messe am frühen Abend zu besuchen. Sie hatten sich erst einige Augenblicke in der Kirche aufgehalten, als ein starkes Erdbeben einsetzte.[16] Das Gebäude erzitterte, und die verängstigte Men-

---

[14] *The Lone Ranger* war das geistige Kind von George W. Trendle und Fran Striker. Trendle schwebte eine Sendung vor, die actiongeladen war, ein Sendung, die inspirieren und lehrreich sein sollte, ohne den Schwerpunkt auf Gewalt zu legen. Er nahm den Autor Fran Striker unter Vertrag, um die Serie Wirklichkeit werden zu lassen. Die Serie wurde landesweit von 1933 bis 1954 ausgestrahlt. Wer kann heute Rossinis Ouvertüre zu »Wilhelm Tell« hören, ohne an den *Lone Ranger* zu denken?
[15] *The Shadow*, der im Radio beeindruckend von Orson Welles und von 1944 bis 1956 von Bret Morrison verkörpert wurde, war einer der ersten Kämpfer gegen die Kriminalität, der eine geheime Identität besaß und eine glaubwürdige »Superkraft«, die Fähigkeit, den Verstand der anderen in einen Nebel einzuhüllen. Er war mächtig, rätselhaft und unbesiegbar.
[16] 10. März 1933, 17.55 Uhr. Es wurde bekannt als das »Long Beach-Erdbeben«, das 51 Menschen in dieser zur See gelegenen Stadt tötete, da viele der einfachen Ziegelsteingebäude zerstört wurden. Private Gebäude im Wert von über acht Millionen Dollar (zum Wert von 1933) wurden außerdem zerstört. Jahre später wurde festgelegt, daß das Erdbeben eine Stärke von 6,3 auf der Richter-Skala hatte. Das Beben war noch in Hunderten von Kilometern Entfernung zu spüren und führte zu Veränderungen in den staatlichen Bauvorschriften. Es war das Ende der einfachen Ziegelsteinbauten in Kalifornien.

schen rannten auf die Straße. Obwohl Papa das Erdbeben nicht persönlich nahm, lieferte es ihm eine gute Entschuldigung. Es sollte Jahre vergehen, bevor er wieder zur Kirche ging.

Wenig beeinflußt von dem festen Glauben seiner Mutter, wurde Genes Haltung gegenüber der Religion von zwei Dingen geprägt: von seinem eindeutigen Verständnis der Meinung, die sein Vater von Religion hatte, und von den Geistlichen, die sie repräsentierten.

»Ich kam aus einer sehr religiösen Familie. Wir kamen aus dem Süden, und jeden Sonntag gingen wir zur örtlichen Baptistenkirche. Ich nahm Religion eigentlich nicht so ernst. Es war für mich schon als Kind offensichtlich, daß es einige Dinge gab, die man erklären und über die nachgedacht werden mußte. Aber das Leben war interessant und angenehm, warum sollte ich mich darum scheren?

Einen großen Teil meiner religiösen Erziehung verdanke ich meinem Vater, der seltsamerweise nie in der Kirche gesehen wurde. Ich erinnere mich, was er über Religion sagte. Er hielt die Kirche nicht für die Form von Führung, zu der er mich gedrängt hätte. Er war der Ansicht, daß es gut für mich sei, in die Kirche zu gehen. Aber ich sollte verdammt vorsichtig mit dem umgehen, was die Pfarrer sagten.

Ich glaube, das erste Mal, daß mir Religion wirklich bewußt wurde – abgesehen von den kleinen Dingen, die man macht, weil Mutter das sagt –, war, als ich in die Kirche gegangen war – ich war etwa sechzehn, und meine Persönlichkeit begann sich zu entwickeln – und ich mich entschloß, aufmerksam der Predigt zu folgen. Ich hatte zuvor nie wirklich auf die Predigten geachtet. Ich interessierte mich mehr für die Tochter des Diakons und für das, was wir zwischen den Predigten machen könnten.

Ich lauschte also der Predigt, und ich erinnere mich, daß ich völlig erstaunt war, weil die Dinge, über die sie sprachen, einfach verrückt waren. Es war Kommunion, wo man diese Waffel bekommt und dabei den Leib Christi ißt und sein Blut trinkt. Mein erster Eindruck war: ›Jesus Christus! Ich bin in eine Horde Kannibalen geraten!‹ Ich wunderte mich eine Zeitlang darüber, und ich fragte mich, warum sie solche Dinge erzählten. Denn die Verbindung zwischen dem, was sie erzählten, und der Realität war sehr dürftig. Wie zum Teufel war aus Jesus etwas geworden, das man essen konnte?

Ich glaube, von der Zeit an war mir klar, daß Religion zum größten Teil Unsinn war, Magie, Aberglaube. In meinem damals noch jungen Leben sah ich keinen Sinn darin, etwas zu übernehmen, das auf Zauberei basierte, etwas, das ganz offensichtlich Schwindel und Aberglaube war.

Meine Gedanken über Religion verflüchtigten sich zu dieser Zeit, und ich entschied, mich einfach nicht mehr darum zu kümmern. Ich hörte auf, in die Kirche zu gehen, sobald es mir möglich war, als Teenager etwas Eigenständiges zu tun. Ich kam zu der Ansicht, daß die Kirche und wohl auch der größte Teil der Bibel nichts für mich waren. Ich machte mir danach keine große Gedanken mehr darüber. Wenn Leute das tun müssen, sollte man sie ignorieren. Vielleicht ignorieren sie einen dann auch, und man kann sein eigenes Leben leben.«

Aus dem selbstsicheren Jungen wurde ein selbstbewußter junger Mann. Klassenkameraden erinnern sich, daß Gene sich stets ein wenig von den anderen absonderte, so als beobachte er »durch halbgeschlossene Augen« stets das, was um ihn herum vorging – wie es eine Klassenkameradin später formulierte. Sie erklärte: »Er bewegte sich nicht so viel, er saß länger auf einer Stelle und dachte mehr nach als alle anderen, die ich kannte. Er dachte immer nach und beobachtete. Er war ein anderer Typ Kind.«

Highland Park im Jahr 1933 war von seinem heutigen Erscheinungsbild Welten entfernt. Die Straßen waren sicher, die Nachbarn kannten sich. Es gab ein Gefühl der Zusammengehörigkeit, der Sicherheit, ein Gefühl, in diese Zeit und an diesen Ort zu gehören.

Gene war wagemutig und experimentierfreudig. Er veranstaltete eine Silvesterparty, als er etwa dreizehn war, und lud einige Mädchen und Jungen ins Haus seiner Eltern in der Monte Vista ein. Es sollte feierlich sein, oder zumindest das, was sie für feierlich hielten – Krawatten für die Jungs, lange Kleider für die Mädchen. Pat Bradley erinnert sich, wie sie die wenigen Blocks von ihrem Haus zu dem der Roddenberrys in einem ungewohnten langen Kleid zurücklegte. »Gene war der einzige, der kühn genug war, um so etwas zu machen. Für ihn war es durchaus klar, was man an Silvester machte. Keiner von uns hatte so etwas jemals zuvor gemacht. Ich weiß noch, daß er während der Party alle beobachtete und alles in sich aufnahm.

Ich glaubte immer, Genes Persönlichkeit funktioniert auf eine eigene Weise. Wenn ich mit ihm redete, war er äußerst freundlich, interessiert und gab passende Bemerkungen von sich. Aber er befand sich wirklich immer ein wenig in einer eigenen Welt.«

Man nannte es »Informal Group« – also eine Art loser Zusammenschluß. Es war ein pädagogisches Experiment, eines der ersten dieser Art. Es begann mit einem Intelligenztest in der Junior High School und einer gewissen intellektuellen Absonderung in der High School. Als Gene auf die Franklin kam, wurde er mit etwa zwanzig anderen Schülern zusammengebracht, die bei den Tests auch gut abgeschnitten hatten. Die ganze Zeit auf der High School hindurch wurden die Schüler mit dem höchsten IQ zusammengehalten, sie teilten den gleichen Gemeinschaftsraum und wurden zwei Stunden in Gemeinschaftskunde unterrichtet. Dieser Unterricht wurde von zwei Lehrerinnen geleitet, Mrs. Hughes und Mrs. Stelter.

Man glaubte, daß die Informal Group durch »enormen Druck« und »gegenseitige Stimulation« etwas »Besonderes« hervorbringen würde, wie einer der Klassenkameraden von Gene sich erinnerte. Was genau das Experiment jedoch ergeben würde, konnte niemand mit Sicherheit sagen. Während die maßgeblichen Stellen darauf warteten, daß etwas geschah, konfrontierten sie die Mitglieder der Informal Group mit einer großen Bandbreite kultureller Veranstaltungen, oft zu ermäßigten Preisen. Die Klasse sah eine Produktion von *Everyman* im Hollywood Bowl, nachdem sie das Stück im Unterricht gelesen hatte. Oft gingen sie in die Innenstadt ins Kino, um dort ausländische Filme zu sehen. Ein Schüler erinnert sich, daß er *Bolero* sah. Die Mitglieder der Gruppe hatten auch Abonnements für *Reader's Digest*, wodurch sie zur Diskussion angeregt werden sollten. Sie lasen *The Melting Pot*, sie lasen *Hugh Wynne*, und es gefiel ihnen, weil Cliff Wynne, ein Nachfahre, in ihrer Klasse war.

Die große Depression tobte, und Babbie Bogue Still, Mitglied der Informal Group, erinnerte sich an die Zustände, unter denen viele ihrer Freunde lebten:

»Es gab einige sehr tapfere Schüler unter uns, einige junge Leute, die schrecklich harte Zeiten durchmachten. Einige Franklin-Schüler sahen sich mit zermürbender Armut konfrontiert, der sie mit bemerkenswerter Würde und sogar Anmut begegneten. Ich erinnere mich an einen Vorfall während meiner kurzen Mitgliedschaft im Girls' Rifle Club. Ich war erfreut, in ihre Mitte aufgenommen zu werden, bis ich erfuhr, daß diese Fanatiker von mir erwarteten, bei Sonnenaufgang aufzustehen und mit einem Gewehr zu feuern, im Liegen, im Sitzen und im Stehen. Bevor ich herausfand, wie ich aussteigen konnte, ging ich mit dem Club zu einem Abendessen ›in Etappen‹. Unser erster Stopp war das Zuhause der Offiziere. Es war ein winziges Haus in Highland Park, und das einzige Möbelstück im ersten Zimmer war das schmale Bett der Gastgeberin. Im kargen Eßzimmer gab es eine dürftige Mahlzeit. Trotzdem werde ich nie vergessen, mit welcher Freude die Gastgeberin und ihre Mutter das wenige teilten, das sie hatten, und auch nicht, mit welcher Warmherzigkeit sie uns willkommen hießen.«

Ein Blick in das Schuljahrbuch 1939, *The Almanac*, auf die außerhalb des Lehrplans liegenden Aktivitäten zeigt, wie sehr sich die High School der späten dreißiger Jahre von der heutigen unterscheidet. Neben den Akademieclubs - Spanisch, Französisch und Latein - gab es die Handarbeitsvereinigung; den Good Form Club (»ein Club für Mädchen, die ihr Auftreten verbessern wollen«) und das Gegenstück für die Jungs, den Hi-Hatters; den Dancing Club (»früher bekannt als Little Theater of Dance, bietet die Gelegenheit für Mädchen der zehnten Klasse, die Grundlagen der anmutigsten aller Künste zu erlernen... Gesellschaftstanz, Standard, Ballett und moderner Tanz, ermöglicht durch den Sponsor«); und den Hook and Curve Club (»ein Club vor allem für Schüler der höheren Stufen, dessen Zweck es ist, einige der gesellschaftlichen und wirtschaftlichen Probleme zu lösen, insbesondere diejenigen, die für Großunternehmen von Interesse sind«).

Gene war Mitglied des International Forum (»Franklins Gruppe des World Friendship Club, der ein besseres Miteinander der Nationen fördern soll«), im Junto Club (»... gibt den Schülern mit Neigung zum System der Rechtsprechung ein Betätigungsfeld, indem er Rededuelle und Diskussionen fördert« - Gene war ein Semester lang Präsident) und im Spanish Club.

Während des zweistündigen täglichen Gemeinschaftskundeunterrichts war es den Mitgliedern der Informal Group gestattet, an eigenen Projekten in dem Tempo zu arbeiten, das ihnen angemessen erschien. Gene blieb einem Mitschüler als sehr patriotisch in Erinnerung. Aber lebhafter Patriotismus war eher die Regel als die Ausnahme.

Die Informal Group war ein pädagogisches Experiment, das in der heutigen Zeit offensichtlich keinen Nachfolger gefunden hat. Doch man kann eine Feststellung machen: Gene machte zusammen mit weniger als 240 Mitschülern seinen Abschluß. Aber in dieser kleinen Gruppe finden sich drei Personen von Weltklasseformat: natürlich Gene; Olympiasieger Dr. Sammy Lee; und George Pimentel, einen bekannten Chemiker, der nach Ansicht einiger Leute den Nobelpreis hätte bekommen sollen.

Bob Atchison, ein Freund aus Genes Jugendzeit, erinnert sich an einen Tag in der elften Klasse. Gene war in der Schule nicht besonders gut, seine Noten waren miserabel, und er wurde seinem Potential nicht gerecht. Seine Eltern hatte mit ihm gesprochen - nicht um ihm eine Strafpredigt zu halten, sondern um ihre verständlichen Sorgen auszudrücken. Er wandte sich an seinen Freund und sagte: »Bob, ich werde etwas aus mir machen.«

Die Jahrbücher der Franklin High School erzählen den Rest der Geschichte. Gerade noch ein anonymer Elftkläßler, der nur an wenigen Schulaktivitäten teilnahm, blühte Genes Persönlichkeit in den folgenden Jahren auf. Er brachte es in gesellschaftlicher, politischer und akademischer Hinsicht zu etwas. In der Abschlußklasse von 1939 ist er der Boy's Social Chairman. Neben den bereits erwähnten Aktivitäten war Gene Mitglied des Varsity Debate Teams - ein Semester lang dessen Leiter - und Mitglied des Authors' Workshop.

Im Englischunterricht und als Teil des außerplanmäßigen Authors' Workshop kam Gene unter den Einfluß von Mrs. Virginia Church, einer außergewöhnlichen Frau, die 1939 bereits eine Institution am Franklin war. Virginia Church war die personifizierte Definition einer Lehrerin der zwanziger und dreißiger

Jahre: elegant, kultiviert, gebildet, stets geduldig und um das Vorankommen jedes einzelnen Studenten bemüht. Sie wurde am Smith College ausgebildet und machte ihren Abschluß an der Boston University. Sie studierte außerdem in Columbia, Harvard und am Queen's College in Oxford. Sie heiratete Colonel John Church, der wie sie Autor, Bühnenschriftsteller und Kritiker war. Sie begann ihre Karriere als Lehrerin am Franklin 1920, als sie die Position der Leiterin des English Department annahm, die sie bis zu ihrer Pensionierung 1945 innehatte. Obwohl sie große intellektuelle Energie besaß, äußerte sie gegenüber ihren Schülern ihren Standpunkt stets nur auf freundliche Weise. Ihre Literaturkritiken waren präzise, doch dezent vorgetragen, um kein junges und empfindliches Ego zu verletzen. Es war ihr Ziel, das Selbstvertrauen zu fördern.

Mrs. Church war die Förderin des Authors' Workshop und hatte selbst einen Roman und zwei Gedichtbände veröffentlicht, außerdem steuerte sie zu verschiedenen Magazine dieser Zeit Texte bei. Sie war Mitglied der Writers' Guild und der Drama League.

Durch Mrs. Churchs Unterricht wurde Gene mit dem Gedanken konfrontiert, Literaturkritiken zu schreiben. Durch sie lernte er, daß Literatur auf verschiedenen Ebenen geschrieben werden kann und man den Lesern mit unterschiedlichem Bildungsniveau verschiedene Botschaften vermitteln kann. Sie war die perfekte Inspiration für angehende Autoren, und Gene sog ihre Ratschläge wie ein Schwamm in sich auf.

Gene schloß im Winter 1939 die Klasse ab. Auf Seite 23 des Schuljahrbuchs findet sich sein briefmarkengroßes Foto am Fuß der Seite, darunter wurde seine High School-Karriere in einem kleinen Absatz zusammengefaßt: »Eugene Wesley Roddenberry - Varsity Debate, Präsident des Junto Clubs, Spanish Club, International Forum, Authors' Workshop.« Er taucht ein weiteres Mal auf Seite 74 auf, im Bericht der forensischen Vereinigung - dem Debate Team.

Seltsamerweise schien der zukünftige weltberühmte Autor zu dieser Zeit einen Abneigung gegen Kameras zu haben. Das einzige Foto, das im Jahrbuch zu sehen ist, ist das offizielle Portrait. Auf keinem der Gruppenfotos ist er vertreten.

Wir erinnern uns stückchenweise an unser Leben – kleine Erlebnis- und Erfahrungshäppchen, die gefühlsmäßig mit Menschen und Orten in Verbindung gebracht werden, in guten und in schlechten Zeiten. Das kleine Haus in Monte Vista war ein Ort vieler warmer und angenehmer Augenblicke – es was der letzte Ort, an dem seine Familie als Einheit gelebt hatte. Es war das Haus, in dem aufgewachsen war. Er vergaß nie die besonderen Zeiten, die mit dem Haus zusammenhingen. Gene blieb ihm sein Leben lang verbunden.

Der Befehl kam aus dem Nichts: »Komm, wir fahren in die alte Gegend.« Auf dem Vordersitz, wie es seine Gewohnheit war, wies Gene Ernie Over, seinem persönlichen Assistenten, den Weg auf dem sich wie eine Schlange windenden Pasadena Freeway. Auf die Avenue 52 und am Ende einer kurzen, antiquierten Betonstraße, die fünfzig Jahre zuvor gebaut worden war, nach links. Nicht ganz einen Kilometer rauf zur Monte Vista, dann wieder links und ein paar Blocks die Straße entlang. Es war eine vertraute Fahrt für Gene, der diesen Weg oft gefahren war, als er und der Freeway noch jung waren.

Genes alte Heimat, die direkt nach dem Zweiten Weltkrieg gebaut worden war, war eine Bastion der weißen Mittel- und Arbeiterklasse gewesen. Jetzt lebte hier eine Mischung aus Lateinamerikanern und Asiaten, die an ihrer eigenen Version des Amerikanischen Traums arbeiteten, aber die Gegend konnte ihr Alter nicht verbergen. In der Franklin High School – hinter ihnen die Avenue 54 hinauf – fanden sich zu Genes Zeit nur wenige Minderheiten, nun lernten dort Studenten aus fünfzig verschiedenen Kulturen.

Gene sprach während dieser Fahrten nicht viel, ausgenommen seine Anweisungen, wohin Ernie fahren sollte. Der imposante Rolls Royce wirkte sonderbar, während er fast lautlos Kurve um Kurve auf den alten, engen Straßen nahm. Es war ein Artefakt aus einer fremden Welt, das durch ein Viertel fuhr, in der es nur wenige neue Autos gab.

Gene ließ Ernie langsamer werden, als sie an dem alten Haus vorbeifuhren. Wieder links, die Straße rauf, hinter dem Haus und an der Garage vorbei. Beim Anblick der verwitterten Garage, die mindestens zehn Jahre alt war, als er geboren wurde, fühlte sich

Gene in seine Kindheit zurückversetzt. Er konnte fast hören, wie sein Vater die Hupe des alten 31er Chevys betätigte, um eines der Roddenberry-Kinder aufzufordern, das Tor zu öffnen. Die Erinnerung war süß und bitter zugleich – Genes Vater war seit fast zwanzig Jahren tot.

Auf Genes Anweisung hin fuhr Ernie aus der Gasse zurück und parkte den Wagen vor dem Haus, in nördlicher Richtung auf der Monte Vista. Gene betrachtete schweigend das Haus, verloren in den Erinnerungen einer lange vergangenen Zeit. Manchmal teilte er eine Erinnerung mit, etwas, das er getan hatte, etwas, was sein Vater oder seine Mutter gesagt hatte, Augenblicke, die in seinem Gedächtnis nie alterten. Oft sprach er gar nicht und ließ sich einfach von den Erinnerungen mitreißen. Dann verlor er sich nicht in dem Science Fiction-Universum, das er geschaffen hatte, sondern in der Flut von Erfahrungen, die ein Leben ausmachen.

Diese Ausflüge waren keine müßigen Grübeleien eines Mannes, der zuviel Zeit hatte. Sie waren ein visueller und emotionaler Anker, eine Erinnerung daran, woher er gekommen war und wer und was er geworden war: nicht nur Schöpfer eines weltbekannten Phänomens, sondern auch der Sohn eines Polizisten, der viel erreicht hatte, der Mann, der das Ergebnis der Zielstrebigkeit eines Elftkläßlers war, »der etwas aus sich machen wollte«.

Die Besuche in der alten Nachbarschaft endeten immer gleich. Nach einigen Minuten sagte Gene leise: »Laß uns nach Hause fahren.« Ernie lenkte den großen Wagen zurück über den Hügel in Genes andere Welt in Bel Air und in die Gegenwart.

KAPITEL 4

1939 war ein gutes Jahr für den Film, aber ein schlechtes Jahr für Europa. Die amerikanische Filmindustrie produzierte *Of Mice an Men, Gunga Din, The Hound of the Baskervilles, Beau Geste, The Hunchback of Notre Dame, Wuthering Heights, Stagecoach, Mr. Smith Goes to Washington, Dark Victory* sowie zwei Filme, die das Technicolor-Verfahren voll nutzten und zu ewigen Klassikern wurden: *Gone With the Wind* und *The Wizard of Oz*.

Politisch und wirtschaftlich arbeiteten sich die Vereinigten Staaten unter der Führung von Franklin Delano Roosevelt aus der Depression heraus. In Europa liefen die Dinge nicht so gut. Am 1. September 1939 lehrte Adolf Hitler die Welt einen neuen Begriff, »Blitzkrieg«, als seine Divisionen in Polen einmarschierten und die polnische Armee schnell besiegten – der offizielle Beginn des Zweiten Weltkriegs. Aber Tausende Kilometer entfernt, zwischen zwei Ozeanen in Sicherheit, fühlte sich Amerika sicher und weit von dem politischen Machtkampf in Europa entfernt. Isolationisten, die nach dem Ersten Weltkrieg großen Einfluß erlangt hatten, wollten mit dem Krieg in Europa nichts zu tun haben.

Gene besuchte ab Februar 1939 das Los Angeles City College. Im Intelligenztest, der Teil der Aufnahmeprüfung war, brachte er es auf über 90 Prozent. Sein Textverständnis lag mit 99,9 Prozent außergewöhnlich hoch.

Laut der vom Studio verfaßten Biographie belegte Gene am Los Angeles City College ein Vorstudium im Fach Jura, um dann zum Maschinenbau an der UCLA zu wechseln (bzw. diesen Wechsel zu planen). Für das Studio klang »Jura« möglicherweise besser, aber die Unterlagen belegen, daß Gene seinen Wurzeln treu blieb und am LACC das bodenständige Curriculum eines zukünftigen Polizisten belegte.

Außerhalb seines Studiums orientierte sich mindestens eine

von Genes Aktivitäten in Richtung Polizei: Er war Präsident des LACC Police Clubs. Durch den Club kam er mit vielen Männern in Kontakt, mit denen er nach dem kommenden Krieg beim LAPD arbeiten würde. Gene traf auch auf Stanley Sheldon, den Verbindungsmann des LAPD zum Club, für den Gene später elf Jahre arbeiten würde.

Auf dem Weg zum College traf Gene auch jemanden, der in der näheren Zukunft eine Rolle spielen würde. Während er mit dem Bus eines Nachmittags nach Hause fuhr, wurde er auf eine beeindruckende Blondine mit auffallend langen Beinen aufmerksam, die – von der Hollywood High School kommend – auf dem Heimweg war. Er wollte sich mit ihr verabreden, aber sie wollte mit ihm nichts zu tun haben. Genes Freund Bob Atchison fand es sehr lustig, daß ein gutaussehender, intelligenter Mann vom College nicht bei einem Mädchen von der High School landen konnte.

Gene blieb hartnäckig, und schließlich ging er mit Eileen Anita Rexroat aus, die zwei Jahre jünger war als er. Bei ihrem ersten Rendezvous gingen sie zusammen mit Bob Atchison und dessen Freundin Pat aus, die Bob später heiratete. Sie gingen zu einer Strandparty, die Jungs fuhren. Aber bevor sie sich auf den Weg machten, warnte Papa Roddenberry sie scherzhaft: »Wenn sie sich schon nicht benehmen konnten, dann sollten sie wenigstens vorsichtig sein.«

Gene und Eileen gingen auch weiterhin miteinander aus. Das ganze schien ernst zu werden, als Eileen für Gene zu kochen begann, während seine Eltern und Geschwister das Haus für eine angemessene Zeit verließen. Eileen war mit Gene glücklich, nicht aber ihre Eltern. Genauer war es ihre Mutter Maude, die sich gegen die Wahl ihrer Tochter aussprach. Sie hatte Eileen großgezogen, damit die einmal etwas Besseres bekommen würde als den Sohn eines Polizisten. Und sie machte keinen Hehl aus ihrer Meinung, daß sich Eileen mit jemandem abgab, der unter ihrem Niveau war. Maude wollte für ihr Kind etwas Besseres, besser als ihre eigene Arbeiterklassen-Ehe mit einem Zimmermann. Eileens Vater Frank hatte möglicherweise eine eigene Meinung über den Freund seiner Tochter, aber niemand kann sich erinnern, daß er sie jemals äußerte. Trotz der elterlichen Ablehnung trafen sich Eileen und Gene auch weiterhin.

Zu Beginn seines zweiten Jahrs an der LACC kam Gene mit dem Projekt des weitsichtigen Army Air Force Generals Henry »Hap« Arnold in Kontakt. General Arnold war eine Seltenheit in der Army, ein Verfechter der Luftwaffe – was nicht überraschte, war er doch 1911 von den Gebrüdern Wright persönlich zum Piloten ausgebildet worden. Arnold wußte, daß ein Krieg nahte und daß es einen Pilotenmangel geben würde. Ende 1939 begann er, einen Pilotenkader zu schaffen, aus dem sich dann die Army bedienen konnte.

Arnold rief das Civilian Training Program ins Leben, das den College-Männer die Möglichkeit gab, kostenlos fliegen zu lernen. Hunderte Colleges übernahmen das Programm. Gene begann das zweite Jahr am LACC im Februar 1940. Zwei der Kurse, die er auswählte, hatten die nichtssagenden Bezeichnungen Maschinenbau 166 und 167. Es handelte sich schlichtweg um Pilotenausbildung, die die Regierung mit privaten Pilotenschulen vereinbart hatte.

Gene füllte die Bewerbung für Flugausbildung aus, und gab die Adresse seiner Eltern an, Monte Vista Street. Er beschrieb sich selbst wie folgt: ledig, 77 Kilogramm, 1,85 Meter groß, hellbraunes Haar, braune Augen. Er war achtzehn Jahre alt.

Die Bewerbung brachte auch Antworten ans Licht, die zeigten, daß Gene keine frühere Flugerfahrung vorweisen konnte und nichts studiert hatte, was mit dem Fliegen zusammenhing. Eine Frage ziemlich am Ende des Formulars gab einen Hinweis auf den Zweck des Programms: »Beabsichtigen Sie, an einem regulären Army- oder Navy-Flugtraining teilzunehmen?« Er antwortete mit »unentschlossen«. Am 29. Juni 1940 erteilte die Civil Aeronautics Authority Gene das Flugschülerzertifikat mit der Nummer S 54614.

Die Unterweisung fand im Joe Plosser Air College am Central Air Terminal in Glendale statt. Plosser benutzte den Porterfield Trainer, ein einmotoriges Flugzeug ähnlich einer Piper Cub. Plosser liebte die Porterfield. Er hatte acht Maschinen von diesem Typ.

Gene wurde Fluglehrer George William Hogan zugeteilt – den seine Freunde Bill nannten. Hogans Erfahrung und Genes Fortschritt als Flugschüler lassen sich am besten mit Hogans Kommentaren verdeutlichen, die er in der Personalakte vermerkte.

10. Juli	– »Scheint vielversprechend«
11. Juli	– »Könnte sich verbessern«
12. Juli	– »Verbessert sich«
18. Juli	– »Fliegt rauh«
22. Juli	– »Koordination besser«
23. Juli	– »Fliegt zeitweise gut«
24. Juli	– »Verbessert sich allmählich«
26. Juli	– »Zeigt Verbesserung«
2. August	– »Sehr rauh«
3. August	– »Schlechte Landungen und Starts«
5. August	– »Schlechte Reaktionen bei Landungen«
6. August	– »Landungen sehr schlecht«

Alte Fluglehrer prahlten gerne damit, daß sie jemanden nach nur drei Flugstunden alleine fliegen lassen konnten. Es mag zum einen nicht stimmen, zum anderen ist es auch gefährlich. Das CPT-Programm erforderte ein Minimum von acht gemeinsamen Flugstunden, bevor dem Schüler ein Alleinflug gestattet wird. Bei Gene waren es neun Stunden. Dann debütierte er als ›Solist‹ am Dienstag, 6. August, dreizehn Tage vor seinem 19. Geburtstag. Er wurde immer besser. Der einzige Kommentar, den Hogan zu Genes Alleinflug abgab, war »gut«.

Für Gene war es eine Erfahrung, die er sein Leben lang nicht vergaß: »Das erste Mal, daß ich ein Flugzeug ganz alleine flog, stellte sich ein Gefühl großer Ausgelassenheit ein. Wenn man allein ins Flugzeug steigt und abhebt, dann findet man sich mit einem Mal in dieser wunderbaren dreidimensionalen Welt, in der man jede Richtung einschlagen kann. Es gibt kein aufregenderes Gefühl. Freiheit, Freiheit, Freiheit! Das ist das Gefühl, das man bekommt.«

Genes Solo war ein psychologischer Durchbruch und ein Wendepunkt in seinem Flugtraining. Sein Selbstvertrauen bekam Aufwind, er wurde immer besser.

7. August	– »Landungen und Starts gut«
12. August	– »Landungen des Schülers sehr gut«
16. August	– »Trudelt gut – nicht ganz präzise«
23. August	– »Arbeit hat sich beträchtlich verbessert«

29. August   – »Macht sich gut«
30. August   – »Macht sich sehr gut«
 5. September – »Querfeldeinflug o.k.«
10. September – »Koordination überdurchschnittlich«
11. September – »Schüler bereit für die Prüfung«
11. September – »Als Zivilpilot zugelassen«

Am 12. September erhielt er vom Joe Plosser Air College ein Abschlußzertifikat, das ihm bescheinigte, daß er den Lehrgang abgeschlossen hatte und nun berechtigt war, eine Lizenz als Privatpilot zu beantragen, die von der CAA ausgegeben wurde. Zu dieser Zeit hatte Gene 18,5 Stunden mit dem Lehrer und fast 19 Stunden Alleinflug hinter sich. Er bestand sowohl die theoretische Prüfung der CAA – mit »überdurchschnittlichem« Ergebnis, wie Plosser es beurteilte – und die praktische Flugprüfung. Am 17. September 1940 stellte CAA das Airman Certificate Nr. 37177-40 für Eugene Wesley Roddenberry aus. Er war jetzt ein voll zugelassener Pilot. Vor nicht einmal einem Monat war er 19 Jahre alt geworden.

Das Herbstsemester in seinem zweiten College-Jahr brachte Gene zurück zu seinem Polizeistudium. Er schloß die Kurse Recht 85 mit ›sehr gut‹ und Recht 82 mit ›gut‹ ab, in Psychologie erhielt er ebenfalls ein ›gut‹, aber seine Flugausbildung war noch lange nicht abgeschlossen.
 Im Februar 1940 begann Gene sein fünftes Semester am LACC. Entweder hatte er nicht genug Punkte für die Versetzung oder er wollte vorsätzlich nicht versetzt werden, um so weiteres Flugtraining absolvieren zu können. Er wählte weitere »Maschinenbau«-Kurse aus: Zivilpilotenausbildung – Zweite Grundstufe (Maschinenbau 168) und Zivilpilotenausbildung – Zweite Flugübungsstufe – (Maschinenbau 169).
 Von Februar bis Juni 1941 erteilte Earl Percy Parkes, jun., Lehrer bei California Flyers, Inc.[1], einer weiteren von der Regierung

---

[1] California Flyers, Inc., nahm den Betrieb etwa 1933 auf, indem ihre Fluglehrer Flugstunden an der Haustür verkauften, um so Geld zu sammeln, von dem die Flugzeuge gekauft wurden, mit denen die Personen ausgebildet werden sollten, die für die Flugstunden bezahlt hatten.

unter Vertrag genommenen Pilotenschule, die sich am Los Angeles Municipal Airport[2] befand, Gene weiteren Flugunterricht. Dort lernte Gene fortgeschrittene Techniken und entwickelte das Talent, das den Unterschied ausmacht zwischen einem Piloten und jemandem, der ein Flugzeug fliegen kann.

Unter Parkes' Aufsicht erlebte Gene seine zweite bleibende Flugerinnerung: »Meine zweite Erfahrung hatte auch mit dem Fliegen zu tun – das erste Mal, daß ich bei Nacht flog. Ich erinnere mich noch so gut daran. Die Luft war klar, und über meinem Kopf war dieser Himmel voller Sterne – wie Juwelen, Diamanten in einer Kathedrale. Und unter mir all diese Juwelen auf der Erde, die roten und grünen Lichter der Ampeln und die Scheinwerfer der Autos, die Lichter in den Gebäuden, leuchtend und glitzernd. Es ist schade, daß die Luft heutzutage nicht mehr so klar ist, denn diese Schönheit war einfach atemberaubend.«

Gene flog durchschnittlich an vier Tagen in der Woche, bis er die Stufe D abgeschlossen hatte. Am 18. Juni 1941 bestand er die Prüfung mit 89 Prozent.

Gene fand in dieser Trainingsphase auch noch Zeit für Vergnügen. An einem Nachmittag nahm er ein Übungsflugzeug und sauste über sein Haus auf der Monte Vista hinweg. Er strich fast über die Spitze des Mount Washington, einer großen Anhöhe unmittelbar südlich seines Elternhauses. Er ließ den Motor seiner Maschine aufheulen und flog immer wieder tief über das Haus, bis seine Familie nach draußen kam und ihm zuwinkte. Sein Bruder Bob erinnert sich, daß Gene das trotz der Nähe zum Mount Washington fünf Minuten lang machte. Hätte irgend jemand bei der FAA von Genes kurzem Vergnügungsflug erfahren, hätte sich Gene glücklich schätzen können, wenn er mit einer massiven Rüge davongekommen wäre; er hätte genausogut seine Fluglizenz zu Konfetti verarbeiten können.

Während Gene sein Flugübungen fortsetzte, begannen Werber des Army Air Corps, die Früchte zu ernten, die mit dem CPT-Programm ausgesät worden waren. Sie durchforsteten das Gebiet von Los Angeles, wobei sie sich auf USC, UCLA und LADD kon-

---

[2] Ein kleiner, ruhiger kommunaler Flugplatz, aus dem später der Los Angeles International Airport entstand.

zentrierten, indem sie aufgeweckte, junge Piloten rekrutierten, um die von ihnen so genannte »Los Angeles Squadron« zu bilden. Diese Staffel wurde tatsächlich nie eingesetzt, aber es klang gut und gab den Männern einen weiteren Grund, sich zum Militärdienst zu melden.

Obwohl die Vereinigten Staaten offiziell neutral waren, wußten die meisten Menschen, daß es nur eine Frage der Zeit war, bis das Land sich im europäischen Konflikt auf die Seite von England und Frankreich schlagen würde. Sich freiwillig zu melden, anstatt es darauf ankommen zu lassen, daß man ihn einzog, war für Gene gleichbedeutend mit einem gewissen Maß an Kontrolle.

Am 26. Juni 1941 erhielt Gene bei der 21. Verleihung akademischer Grade des LACC den Titel des Associate of Arts. Damit war er das erste Mitglied seiner Familie, das die High School beendete und einen College-Abschluß ablegte.[3]

Wenige Wochen nach seinem Abschluß, an einem besonderes warmen Juli-Tag, stiegen Gene und die anderen Mitglieder der »L.A. Squadron« in gemietete Busse und legten knapp 150 heiße, staubige Kilometer auf einem engen, zweispurigen Highway zur March Air Force Base zurück, die sich bei Riverside in Kalifornien befand. Dort leisteten sie ihren Eid, der sie offiziell zu Kadetten des Army Air Corps machte. Nach Erledigung dieser Formalität kehrten die Männer später am Abend nach Los Angeles zurück. Obwohl es ein erinnerungswürdiger Tag war, der eine Richtungsänderung im Leben der Männer markierte, hatte er auch etwas Enttäuschendes. Die Armee war reich an Rekruten, aber arm an Übungsmöglichkeiten. Das Kriegsministerium teilte Gene und seinen Kameraden in der Staffel mit, daß sie sich bereit halten sollten, bis sie eine Einberufung erhielten. Es war ihnen nicht erlaubt, die Stadt für länger als zwei Wochen zu verlassen.

Gene verbrachte den Sommer, indem er das Cal Tech Institute an der UCLA besuchte. Von August bis Oktober fand er einen Teilzeitjob als Verpackungskontrolleur für das Warenhaus May Co., vom 23. Oktober bis 18. Dezember war er vorübergehend Postbriefträger.

---

[3] Sein Vater hatte einige Jahre zuvor aufgrund einer Richtlinie des Police Departments ein High School-Diplom erhalten.

Den Mitgliedern der »L.A. Squadron« wurde gesagt, daß sich die Army bei ihnen zu gegebener Zeit melden würde, doch es dauerte bis Mitte Dezember, einige Tage nach dem Angriff der Japaner auf Pearl Harbor.

Die Beziehungen zu Japan waren im Zerfall begriffen.[4] Am 7. Dezember 1941, um 7.55 Uhr morgens, während auf ganz Hawaii ein müßiger Tag begann, attackierten Flugzeuge der japanischen Marine in zwei Angriffswellen Pearl Harbor und Hickam Field. Die Schlachtschiffe der US-Flotte, damals das Kernstück einer jeden Seestreitmacht, wurden zerstört – eine Bombe traf das Munitionslager der *U.S.S. Arizona*. Fast 500 000 Kilogramm Sprengstoff explodierten und hoben das alte Kriegsschiff regelrecht aus dem Wasser. Über 1000 Menschen wurden auf der Stelle getötet. Zuständige Stellen bewerteten die Aufnahmen, die von der Zerstörung der *Arizona* gemacht worden waren, als so aufwühlend, daß sie über sämtliches Filmmaterial von dieser Katastrophe für ein Jahr eine Sperre verhängten.

Doch der Angriff rüttelte die Nation wach. Admiral Yamamoto, Kommandant der japanischen Flotte und Architekt des Angriffs auf Pearl Harbor, hatte vorausgesagt, daß der Angriff einzig und allein »den schlafenden Drachen USA wecken« würde, wenn Japan nicht schnell und entschieden gewinnen würde. Yamamoto erkannte mehr als alle seine Kollegen das industrielle Potential und die Entschlossenheit, die solch ein Angriff in einem Land entfesseln würde, das im Begriff war, eine Weltmacht zu werden. Yamamoto erlebte die Erfüllung seiner Vorhersagen nicht mehr.

Wenige Tagen nach dem Angriff auf Pearl Harbor erhielt Gene

---

[4] Die zunehmende Bedeutungslosigkeit der Streitkräfte, die Papa veranlaßt hatten, die Army 1920 zu verlassen, befiel auch den Geheimdienst der USA. Die Entschlüsselung von Codes, Spionage und Gegenspionage folgten Staatssekretär Sewards berüchtigter und naiver Aussage: »Ein Gentleman liest nicht die Post eines anderen Gentleman.« In einer perfekten Welt, in der alle Männer Gentlemen waren, wäre das vielleicht eine angemessene Ansicht gewesen, aber die Interessen der Japaner und der Amerikaner hatten sich schon lange Zeit auf Kollisionskurs befunden. Zehn Jahre vor dem Angriff auf Pearl Harbor mußte bei der Abschlußprüfung der japanischen Marineakademie die Frage beantwortet werden, wie man einen Hafen angreifen könnte, der exakt der Einrichtung auf Hawaii entsprach. Wegen der in Mitleidenschaft gezogenen Fähigkeiten des Geheimdienstes erkannte niemand diesen mehr als deutlichen Hinweis.

ein Telegramm mit seinen Befehlen. Am 18. Dezember 1941, elf Tage nach Pearl Harbor, stiegen er und andere Mitglieder seiner Staffel in einen Truppentransporter in der Union Station, östlich des Stadtzentrums von Los Angeles.

Zwanzig Jahre zuvor hatte Genes erste Zugreise ihn von Texas nach Los Angeles geführt. Jetzt, bei der zweiten Reise, war es genau umgekehrt. Die erste Reise hatte er auf dem Schoß seiner Mutter verbracht. Jetzt war er alleine, ein junger Mann, der sein Zuhause zum ersten Mal verließ, auf dem Weg in den Krieg und in eine ungewisse Zukunft. Es sollte sein erstes Weihnachtsfest werden, das er nicht im Kreis von Familie und Freunden verbrachte.

Der Zug kämpfte sich gen Süden, hielt an jeder Militärbasis und Garnison auf dem Weg. Selbst angesichts der allgemeinen Einberufungswelle gab es keinen Mangel an Freiwilligen. Schlangen bildeten sich vor den Rekrutierungsbüros.

Gene und die Mitglieder der »L.A. Squad« stiegen in San Antonio aus – mit Ziel Kelly Field. Dort trafen sie auf andere Männer aus dem ganzen Land, übereifrige und patriotische junge Männer, die an ihr Land glaubten. Sie hatten alle die gleiche Vorgeschichte: Sie hatten an der zivilen Pilotenschulung teilgenommen und wollten nun für Onkel Sam fliegen.

Sie waren zu Hunderten, aber nur eine Handvoll kam als Air Corps-Piloten weiter. Aus einer Vielzahl von Gründen – Temperament, Intelligenz, die Fähigkeit, unter Druck klar zu denken – würden es die meisten nicht schaffen. Genes Abschlußklasse, #42-G, umfaßte exakt 247 frisch ernannte Offiziere: Second Lieutenants und Piloten. Es war fast die gleiche Zahl wie in seiner Abschlußklasse auf der Franklin High.

Die Ausbildung begann so wie üblich mit einem Monat Grundausbildung. Das Willkommen für die Kadetten beim Militär begann am nächsten Morgen mit einem rauhen Erwachen – buchstäblich. Kelly Field weckte die Soldaten nicht mit einem Signal. Um 5.30 Uhr am Morgen wurde eine Kanone gezündet, eine Tatsache, über die die Neulinge niemand aufgeklärt hatte.

Tägliche Freiübungen brachten die neuen Rekruten schnell in Form. Haarschnitt, Uniformen, militärisches Protokoll und Umgangsformen, Waffenübungen, jeder Aspekt des Lebens wurde zu einem militärischen Gegenstand – jedenfalls dann, wenn etwas vorrätig war. Einmal mußten die Kadetten Overalls tragen, weil die Army nicht genügend Uniformen zur Verfügung stellen konnte.

Die Grundausbildung brachte aber auch andere Gefahren mit sich. Mehrere Tage lang füllte sich das kleine Hospital mit gelbgesichtigen Kadetten – keine Feiglinge, sondern Kadetten, die an Gelbsucht erkrankt waren. Eine Gruppe von Männern war mit verunreinigtem Gelbfieber-Serum geimpft worden. Genes Glückssträhne hielt an; er hatte in einer anderen Reihe gestanden und Serum aus einer anderen Lieferung erhalten.

Eine Gefahr, der man nicht aus dem Weg gehen konnte, waren ältere ›Kameraden‹, die die Jungkadetten jeden Tag eine Stunde lang schikanierten. Sie betraten die Baracken und schrieben die »Uniform des Tages« vor, manchmal war es eine Sonnenbrille, Strapse oder mit Schuhcreme polierte Füße. So aufgeputzt wurde den Kadetten befohlen, neben ihren Betten in Hab-acht-Stellung zu stehen. Es wurde von ihnen verlangt, sinnlose Gedichte zu rezitieren und sich unsinnige Antworten auf Fragen zu merken, die ihre ›Kameraden‹ stellten. Falsche Antworten bedeuteten für den Kadetten, zweimal um den Übungsplatz laufen zu müssen.

Nach der Grundausbildung wurden die Kadetten auf kleine Übungsflugplätze in ganz Texas für ein erstes Flugtraining verteilt. Gene und seine Staffel wurden in das winzige Corsicana in Texas versetzt, 65 Kilometer südlich von Dallas. Vom Militär geleitet, wurden dort zivile Fluglehrer eingesetzt. Die Architektur in Corsicana entsprach der Zweckmäßigkeit in Kriegszeiten – schnell errichtete Holzrahmen, bedeckt mit Dachpappe. Die Baracken waren am Tag heiß, in der Nacht kalt, es zog immer, und sie waren stets von leichtem Teergeruch erfüllt. Sie hielten die Elemente draußen – jedenfalls einigermaßen.

Diese ersten Flugtage waren eine ›Friß oder stirb‹-Situation. Es gab keine »Zweitbesten«, und Army-Piloten wurden oft durch nicht viel mehr als die Laune eines Lehrers entlassen. Die Lehrer versuchten stets, ein Gefühl der Abgeklärtheit zu fördern oder einzuimpfen – jene Fähigkeit, unter dem Streß einer Schlacht klar zu denken und überlegt zu reagieren.

Einer von Genes Kameraden, Don Prickett, erinnert sich: »Die Lehrer waren hart. Wenn dein Lehrer merkte, daß du nicht innerhalb von zehn Stunden einen Alleinflug machen konntest, dann vergeudeten sie keine Zeit, und du warst raus. Etwa die halbe Klasse flog in der ersten Phase raus.[5] Diejenigen, die ausgesiebt wurden, erhielten die Möglichkeit, Bombenschütze oder Navigator zu werden. Die meisten entschieden sich für eines der beiden. Wenn sie völlig durchgefallen waren, dann hatten sie keine Verpflichtung mehr, aber sie konnten erneut eingezogen werden.«

Einige Lehrer waren aber einfach nur grausam. John Dozier, ein anderer Kamerad von Gene, erinnert sich: »Ich hatte einen absolut schrecklichen Fluglehrer. Er war von der Sorte, die man wirklich hassen lernt. Wenn ich ihn heute sehen würde, würde ich vermutlich zu ihm hingehen und ihm eine runterhauen. Er schlug einen mit einem Stock, wenn man einen Fehler machte. Zack, zack, er schlug einem im Flugzeug mit einem Stock auf die Knie. Es war ziemlich schmerzhaft.

Er stieg nach dem Flug aus, sah einen an und sagte: ›Sie sind der dämlichste Hurensohn, den ich je gesehen habe.‹ So war mein Lehrer. Ihm wurden fünf Kadetten zugeteilt. Nach zehn Tagen ging einer von ihnen zu ihm, sagte ihm, er könne sich die Air Force in den Arsch stecken, ging fort und verließ das Militär.

Dieser Lehrer warf in den ersten zwei Wochen drei Kadetten raus. Die einzigen, die es schafften, waren die, die sich ihm stellten. An einem Nachmittag übten wir Sinkflüge. Er mochte meinen Steigflug nicht, also schlug er mit dem Stock zu, woraufhin wir 7500 Fuß abfielen. Ich wurde so wütend, daß ich an seinem Stock riß. Er war so überrascht, daß er sich am Dach des Flugzeugs den Kopf anstieß. Ich nahm an, daß ich rausgeschmissen würde. Ich bat um einen anderen Lehrer.«

Die Kadetten übten auf einer von drei einmotorigen Übungsmaschinen: eine Ryan, eine BT-19A und eine BT-13. Letztere war auch als »Vultee Vibrator« bekannt, ein untermotorisiertes Flugzeug, das beträchtlich klapperte. Die ›Vibrator‹ hatte die schlechte Angewohnheit abzusacken. Und wenn sie das tat, zog sie zugleich

---

[5] Im Grunde diejenigen, die keine Ausbildung als Zivilpiloten absolviert hatten.

nach links oder rechts. Aufmerksame Kadetten wußten, welche Seite jedes Flugzeug bevorzugte. Wer welche Maschine fliegen sollte, wurde in einer Art Lotterie entschieden. Gene flog die relativ moderne BT-19A, ein einmotoriges Flugzeug. Er machte recht früh seinen Alleinflug. Seine Grundausbildungsergebnisse lagen weit oberhalb von achtzig Prozent.

Der Flugunterricht in Corsicana wurde von einem Major des Army Air Corps geführt, der die privaten Fluglehrer beaufsichtigte. Das andere Militärpersonal waren zwei »Check Riders« der Army. Check Riders waren gefürchtet, weil sie mitflogen, wenn festgestellt werden sollte, ob ein Kadett das hatte, was einen Piloten der Army ausmachte. Übungsflüge waren nervenaufreibend genug, aber für viele waren dies die letzten Flugstunden, die sie als Schüler machen würden.

Don Prickett erinnert sich: »Es war schlimm, wenn man einige von den Jungs sah, die von einem solchen Flug zurückkehrten. Man wußte, daß sie es nicht geschafft hatten, und sie selbst wußten es auch. Einigen von ihnen brach es das Herz. Viele Bombenschützen und Navigatoren gingen aus diesem Prozeß hervor, viele waren nach dieser Erfahrung verbittert.«

Trotz der Ernsthaftigkeit, sich auf den Krieg vorzubereiten, gab es auch unterhaltsame Augenblicke. Die Ausbilder waren Sergeants, deren Zeit in der Army genügt hatte, um ihren wenig benutzten Humor völlig verkümmern zu lassen. Aber dann trafen sie auf Kadett Dutton C. Dutton.

Die Ausbilder fragten den Kadetten nach seinem Nachnamen, woraufhin Dutton antwortete: »Dutton.« Die Sergeants fragten dann nach seinem Vornamen, woraufhin er wieder wahrheitsgetreu antwortete. Das führte zu einem kurzen Wortgefecht zwischen Dutton und dem verwirrten Sergeant, bis die Angelegenheit geklärt war. Aber die Sergeants waren nie ganz sicher, daß Dutton sie nicht irgendwie hochnahm. Die Kadetten nannten ihn »Dutton C. Dutton C.«.

Und dann gab es da noch Schifani, den Italiener aus Albuquerque, New Mexico. Schifani war der Witzbold der Kompanie, der die Kadetten zur Raserei brachte, indem er das Licht anknipste und die Pfeife des Sergeants ertönen ließ. Alle standen auf, zogen sich an und begaben sich auf den Exerzierplatz, bevor sie merkten, daß es zwei Uhr in der Nacht war. Schifani war es auch, der eine Karikatur besaß, die von einem anderen Kadetten gezeichnet worden war, dem Disney-Zeichner Bill Williams. Diese Karikatur sollte Gene für über zwanzig Jahre in Erinnerung bleiben und dann unbewußt, zusammen mit dem Gott Pan, zur Entstehung eines spitzohrigen Vulkaniers mit Namen Spock führen.[6]

Als er Ende März 1942 die Pilotengrundausbildung verließ, hatte Gene sechzig Flugstunden absolviert, davon 32 im Alleinflug. Die nächste Station – gleichbedeutend mit weiteren Flugübungen – war Goodfellow Field in Texas. Dabei wurden weitere zehn Prozent der Kadetten ausgesiebt. Gene flog eine BT-13, ein einfaches, einmotoriges Übungsflugzeug mit festem Fahrwerk. Goodfellow Field war ein Jahr zuvor in Betrieb genommen worden, nachdem es innerhalb von fünf Monaten aus dem Boden gestampft worden war, um die Kadettenschwemme von Randolph Field aufzunehmen. Es bestand aus mehr als 100 Gebäuden und bot Platz für 1500 Rekruten, 400 Kadetten und 200 Offiziere.

Goodfellow Field war ein Jahr zuvor noch das Weideland eines Farmers gewesen. Jetzt war es eine ebene Rasenfläche, auf der in zwei langen Reihen 200 Übungsflugzeuge standen, alle mit dunklem Rumpf, weißen Motorhauben und Seitenrudern. Es war ein beeindruckender Anblick. Aus der Ferne und wenn die Sonne im richtigen Winkel stand, sahen die Maschinen aus wie zwei parallel verlaufende Zäune, die sich über die flache Ebene von Texas erstreckten, am Horizont verschmolzen und dahinter verschwanden.

Zwischen Juni und August wechselte Gene zum Training für Fortgeschrittene, dann erreichte er endlich Kelly Field. Zu dieser Zeit bildeten die Kadetten formelle Einheiten – Gene war in

---

[6] Emmanuell Schifani hatte alle Grund, ein besonderer ›Typ‹ zu sein. Seit 1933 war er Militärpilot. Als der Krieg in Europa ausbrach, meldete sich Schifani freiwillig, flog 1600 Stunden für die Royal Air Force und erlebte Schlachten, lange bevor die Vereinigten Staaten in den Krieg eintraten. Schifani konnte mehr Stunden vorweisen als sein Lehrer. Er rächte sich an einem besonders lästigen Lehrer, indem er eine Reihe Kunststücke vorführte, die den Lehrer luftkrank machten. Schifani war sicher, daß er rausgeschmissen werden würde, aber ihm wurde von dem Fluglehrer mit dem Rausschmiß nur für den Fall gedroht, daß er über dessen Erniedrigung erzählte. Nachdem er im Koreakrieg noch einmal zur U.S. Air Force einberufen wurde, ging er 1964 als Drei-Sterne-General in den Ruhestand.

Gruppe 4, Staffel A. Kelly Field war eine Einrichtung aus dem Ersten Weltkrieg, für das Signal Corps gebaut und später vom Army Air Corps übernommen. Die Einrichtung war modern, wenn man sie mit den Papphütten verglich, in denen Gene bis dahin so viel Zeit verbracht hatte. Die Baracken der Kadetten waren aus Stein oder Beton, gelegentlich auch aus Sperrholz, die Hangars waren Steingebäude mit Holzböden. Die Unterrichtsräume waren tagsüber ein wenig kühler – aber nur ein wenig. Der feuchte Sommer von San Antonio war nichts für Männer, die das viel trockenere Wetter von Südkalifornien gewöhnt waren.

Training für Fortgeschrittene bedeutete auch die Möglichkeit, den Familienstand zu ändern. Durch den Kriegsdruck waren die Vorschriften geändert worden, so daß auch die Kadetten im Fortgeschrittenen-Training verheiratet sein durften. Sowohl Gene als auch Don hatten sich vor der Abfahrt aus Los Angeles verlobt. Beide Männer waren sicher, daß sie nach Übersee geschickt würden, was fast sicher Kampfeinsatz bedeutete. Also hatten sie beide die Lage mit ihren Verlobten besprochen. Alle waren sich einig: Sie würden heiraten, bevor die Männer nach Übersee gehen mußten.

Die Heiratsbemühungen seines Freundes führten Gene militärische Kleinlichkeit der schlimmsten Art vor Augen. Der Kommandant der Kadetten war aufgebracht, daß die Heiratsvorschriften geändert worden waren. Aus nie geklärten Gründen mochte der Kommandant Don Prickett nicht. Prickett wurde zum Blitzableiter für seinen Zorn, an ihm ließ er seinen Frust aus. Der Kommandant wußte, daß Dons Verlobte am Samstag mit dem Zug zur Hochzeit anreiste. Daher war allen klar, daß Don bei der Inspektion am Samstagmorgen Schwierigkeiten bekommen würde. Trotz der Hilfe seiner Freunde, die sein Gewehr reinigten und seine Knöpfe und Schuhe polierten, zog Don den bösartigen Blick des Kommandanten auf sich. Er erhielt zusätzliche Arbeiten für den Morgen, so daß ein Kamerad, Leo Summers, seine Verlobte abholen mußte. Gene, der sein behütetes Leben führte, heiratete auch an diesem Tag, hatte aber keine Schwierigkeiten mit dem Kommandanten. Prickett hatte den gesamten Zorn des Kommandanten abbekommen.

Aufgrund der so plötzlichen Änderung der Vorschriften gab es auf der Base keine Unterkünfte für verheiratete Kadetten. Gene und Don mieteten privat ein Apartment in San Antonio. Es war eine große Ausgabe, die jeden von ihnen 20 Dollar im Monat kostete – bei einem Sold von 75 Dollar im Monat.

Eileen befand sich bereits in dem Apartment, da sie eine Woche vor dem Hochzeitstermin angekommen war. Sie und Gene beantragten ihre Heiratserlaubnis am Samstag, den 13. Juni. Für Gene und Eileen mochte dies akzeptabel sein, aber Dons Verlobte, Mary Elisabeth Mèsny[8] (von ihren Freunden M.E. genannt), war traditionsbewußter. Sie kam am Abend vor der Zeremonie an und übernachtete in einem Hotel. Ob Krieg oder kein Krieg, sie wollte den Ring am Finger haben, bevor die Flitterwochen begannen.

Don und Gene hatte eine Doppelhochzeit in Erwägung gezogen, aber M.E. hatte andere Pläne. Die zukünftige Mrs. Prickett lebte in Los Angeles, und Eileen rief sie an, bevor eine von ihnen nach San Antonio fuhr. Eileen war alles andere als diplomatisch, was die Hochzeitszeremonie anging. M.E. erinnert sich:

»Sie rief an und stellte sich vor. Sie sagte, wir machen das so: Wir heiraten gemeinsam und werden zusammen leben. Ich dachte mir: ›Wer zum Teufel bist du?‹ Es war sehr seltsam, eine fremde Frau rief mich an und sagte mir, was ich zu tun hatte.

Also sagte ich zu Don, daß ich eine Doppelhochzeit nicht mitmachen würde. Und wenn es so laufen sollte, dann sollte er die ganze verdammte Sache vergessen. Ich kannte sie nicht, bevor ich sie in San Antonio traf.«

Am 20. Juni 1942, einem heißen und schwülen Samstag, standen Gene und Eileen vor George W. Shardt, dem Militärgeistlichen von Kelly Field, und sprachen ihr Ehegelübde. Die Kapelle war typische Army-Ausführung: weißes Holz, ein schmuckloser Turm und drei einfache Holzstufen, die zur Tür im hinteren Bereich führten. Sie war so wie die Zeremonie: einfach und zweckmäßig. Don und M.E. wurden woanders getraut, anschließend feierten die beiden Paare zusammen mit Freunden im Kit Kat Klub in San Antonio.

---

[8] Es war ein ungewöhnlicher Zufall, daß Mary Elisabeth Mèsny die Tochter von Reginald Mèsny war, des französischen Ingenieurs, der den Bau von Kelly Field während des Ersten Weltkriegs überwachte.

Nach der Aufregung des Wochenendes ging das Training für Gene und Don weiter, die frischgebackenen Ehefrauen lebten sich in ihrem kleinen Apartment ein. Aus M.E.s Sicht wurden die Dinge nicht besser, als sie begann, ihren Lebensraum mit Eileen zu teilen. Der Plan sah vor, daß jedes Paar sich um seine eigenen Lebensmittel kümmerte. Aber M.E. kann sich nicht daran erinnern, daß Eileen während der vier Monate, die sie zusammen verbrachten, ihre Seite der Vereinbarung erfüllte:

»Sie teilte nicht. Sie nahm. Sie machte nichts sauber und hob nichts auf. Sie bezahlte nicht für ihren Anteil an den Lebensmitteln, die wir teilen sollten. Niemals! Alles mußte nach ihr gehen. Als ich das Don erzählte, wurde mir klar, daß sie sehr, sehr jung und sehr verwöhnt war.«

Und dann gab es da noch Eileens ausgesprochen avantgardistische Weise, mit der Hitze in San Antonio zurechtzukommen. Wenn die Männer auf der Base waren, zog Eileen laut M.E. alles aus und saß nackt im Apartment.

M.E. las gerne und tat ihr Möglichstes, in San Antonio so viel wie möglich von der örtlichen Kultur aufzunehmen, indem sie Museen besuchte und sich mit der örtlichen Geschichte beschäftigte. Aber sie kann sich nicht erinnern, daß Eileen in den vier Monaten, die sie gemeinsam in dem Apartment verbrachten, jemals in ein Buch oder eine Zeitschrift blickte. Der Unterschied zwischen den beiden Frauen blieb nicht verborgen. Drei Jahre später, zum Ende des Krieges, besuchte Gene Don und M.E. in Omaha, wo Don stationiert war. Zum Abschluß des Besuchs blickte Gene M.E. an und sagte spontan: »M.E., ich glaube, du bist zweifellos die kultivierteste Person, die ich je gekannt habe.« M.E. erinnerte sich noch nach fast fünfzig Jahren an Genes Kompliment.

M.E. erinnerte sich aber auch noch an etwas anderes:

»Es gab da eine andere Frau, die Eileen kannte. Ich weiß ihren Namen nicht mehr. Sie fuhr ein großes Cabriolet. Zwei Tage, nachdem wir vier geheiratet hatten, kam diese Frau in ihrem Cabriolet zu uns und sagte: ›Wir fahren ins Autokino.‹ Die Jungs machten wohl gerade einen Nachtflug oder irgend etwas anderes, also waren es nur wir Mädchen.

Wir fuhren ins Autokino, und diese Frau und Eileen nahmen

ein paar Kadetten mit. Ich bat sie, mich nach Hause zu bringen. Ich ging mit ihnen nie wieder aus.«

Laut M.E. gingen Eileen und ihre Freundin in der Woche »praktisch jeden Abend« aus, während Gene auf der Base war. M.E., die sich selbst als »ein wenig viktorianisch« beschreibt, fragte Eileen nie, wo sie mit ihrer Freundin hinging und was sie dann machten. Auch wenn sie nicht sicher war, was die beiden trieben, wußte M.E., daß sie damit nichts zu tun haben wollte.

M.E. faßt ihre Erinnerungen an Eileen in einer knappen Beobachtung zusammen: »Sie war nicht sehr helle.«

Als Gene und Don nach Übersee versetzt wurden, zog M.E. zurück nach Los Angeles. Eileen sah sie nie wieder.

Wie auf Goodfellow Field waren auch auf Kelly Field die Startbahnen und Rollbahnen weite, von nichts unterbrochene Rasenflächen. Das bedeutete, daß das Feld groß genug war, daß die Staffel simultan in einer großen, aus neun Maschinen bestehenden Formation auf die Rollbahn fahren und abheben konnte – stets ein beeindruckender Anblick.

Das Fortgeschrittenen-Training auf Kelly Field war so sorgfältig und gründlich, wie es sich die Army leisten konnte. Die allgemeine Faustregel war, daß fünf Mann benötigt wurden, um ein Flugzeug in der Luft zu halten. Auf jeden Lehrer – einen Lieutenant oder Captain des Army Air Corps – kamen jeweils drei Schüler. Von diesen Lehrern lernte Gene Instrumentenflug und Navigation. Seine (knapp bemessene) Freizeit verbrachte Gene im Postraum, in der mit vier Bahnen ausgestatteten Bowlinganlage oder im Aufenthaltsraum der Kadetten.

Am 5. August 1942 schloß Gene ab und erhielt sein Offizierspatent als Second Lieutenant. Eileen war dort, um ihm sein Abzeichen anzuheften.

Gene erinnert sich: »Das Fliegen war für mich eine Kombination aus guten und schlechten Dingen. Es war für mich persönlich ein großer Sieg, die Kadettenzeit zu überstehen und nicht durch das Sieb zu fallen. So erging es damals nämlich vielen Jungs. Es war ein großer Sieg, das Exerzieren zu bestehen, denn als Kind litt ich unter Asthma und reagierte überempfindlich auf helles

Sonnenlicht. Das Wunder des Erwachsenwerdens bestand für mich darin, daß sich alle diese Dinge legten.«

Sein Ziel war der Südpazifik, aber er hatte sich noch nicht entschieden, welche Art Pilot er sein wollte: Bomber- oder Kampfpilot. Bevor er eine Wahl treffen konnte und bevor ihn jemand auswählte, kam die Army-Maschinerie vorübergehend zum Stillstand.[8] Für Gene und Don entstand eine Verzögerung von einem Monat, bevor sie auf ihre neuen Posten versetzt werden konnten.

Sie waren keine Kadetten mehr, sondern Second Lieutenants, der unterste Offiziersgrad, aber die Army wollte diese bescheidenen Ressourcen nicht einmal für 30 Tage ungenutzt lassen. Ungeachtet ihrer Erfahrung betraute die Army ihre jüngsten Offiziere mit einer Vielzahl von Aufgaben. Eine Gruppe südamerikanischer Offiziere befand sich zum Flugtraining auf Kelly, daher bestimmte die Army in der für sie typischen Weise den frischgebackenen Piloten Don Prickett zu ihrem Fluglehrer. Gene, der an der High School Spanisch studiert hatte, wurde für diesen Auftrag übersehen, Don dagegen beherrschte natürlich nicht eine Wort dieser Sprache.

Während seiner Zeit auf Kelly wurde Gene dem Fortgeschrittenen-Training auf zweimotorigen Maschinen zugeteilt. Diese Zeit verbrachte er in der Cessna AT-17, einem zweimotorigen Trainingsflugzeug. Die zusätzliche Ausbildung machte Gene zu einem sicheren Kandidaten für Bombereinsätze. Jahre später sollte Gene etwas zu seiner eigenen Legende beitragen, indem er erklärte, daß er auf Hawaii *versehentlich* den Bombern zugeteilt worden war. Aber angesichts seiner Größe von 1,88 Meter war es unwahrscheinlich, daß man ihn in ein Kampfflugzeug gesetzt hätte, selbst wenn er darum gebeten hätte. Gene war einfach zu groß, um in dem kleinen Cockpit der Kampfmaschinen einigermaßen bequem Platz zu finden.

Im September 1942 erhielt Gene endlich seinen ersten Posten, Bellow Fields auf Hawaii, wo er sich zusammen mit seinem Freund Don der 394th Squadron, 5th Bombardment Group,

---

[8] Ein Kürzel für diese Art von Situation wurde im Zweiten Weltkrieg bekannt – »SNAFU«, was »Situation Normal, All Fouled Up« [Alles so wie immer – völlig vermasselt] bedeutete.

anschließen sollte. Die 5th Bombardment Group war Teil des Army Air Corps, seit sie am 15. August 1919 als zweite Gruppe für Aufklärung und Beobachtung zugelassen und auf Hawaii stationiert worden war. Nach einer Reihe verschiedener Funktionen wurde aus ihr im November 1940 schließlich die 5th Bombardment Group für schwere Bomber.

Bellow Fields war eine relativ neue Einrichtung im Norden von Oahu, voller Baracken aus Dachpappe, die die Army so gerne baute. Aber in den Tropen mit einem gemäßigten Klima war diese Bauweise praktischer als in Texas. Bellow Fields war auch der Flughafen, der während des Angriffs der Japaner am 7. Dezember am wenigsten in Mitleidenschaft gezogen wurde, da er hinter den Hauptzielen Hickam und Wheeler Fields lag.

Die 394th war eine Bomberstaffel, die B-17-Bomber einsetzte. Die B-17 war eine große fliegende Waffe, die dafür vorgesehen war, ihre beträchtliche Bombenlast über feindlichem Gebiet abzuwerfen.[9] Es war ein beeindruckendes Kriegsgerät, das mit Fortschreiten des Krieges eine Vielzahl Designveränderungen und Verbesserungen erhielt. Piloten und Crews waren fast einhellig voll des Lobes über die Zuverlässigkeit der B-17, die viele Crews zurück nach Hause brachte, was ein schwächeres Flugzeug nicht geschafft hätte. Die B-17 war ein sehr unempfindliches Flugzeug,

---

[9] Die B-17 war der erste schwere Bomber der Vereinigten Staaten. Während und nach dem Ersten Weltkrieg gab es eine große Diskussion über den Platz und den Nutzen der Luftfahrt im Militär. Ein Teil der Diskussion befaßte sich mit der Fähigkeit der Bomber, große Kriegsschiffe zu versenken. Brigadegeneral Billy Mitchell bewies den hohen Navy-Offizieren, daß auch das größte Kriegsschiff einem präzisen, intensiven Bombardement nichts entgegensetzen konnte, und bereitete damit die Grundlage für die amerikanische Luftstreitmacht, die sowohl auf europäischen als auch auf den pazifischen Kriegsschauplätzen eine maßgebliche Rolle spielen würde. Wegen der Hingabe an seinen Standpunkt wurde General Billy Mitchell 1925 vor ein Kriegsgericht gestellt und für fünf Jahre vom Dienst suspendiert.

Die »Boeing Model 299« war nicht nur die größte fliegende Waffe, die die Welt bis dahin gesehen hatte, sie stellte für die Boeing Company auch ein sehr gewagtes Spiel dar. Nicht die US-Regierung, sondern Boeing selbst hatte die Forschung, Entwicklung und den Bau bezahlt. Hätte sich das Flugzeug nicht bewährt, wäre Boeing sehr wahrscheinlich in Konkurs gegangen und hätte bei Ausbruch des Krieges nicht »Werkzeug bei Fuß« gestanden. Auf dem Höhepunkt der Produktion stieß das Fertigungswerk in Seattle, Washington, alle 24 Stunden 16 Flugzeuge aus. Insgesamt wurden 12 731 B-17-Bomber gebaut; heute sind auf der ganzen Welt noch schätzungsweise neun Exemplare flugfähig.

da es trotz beträchtlicher Schäden weiterfliegen konnte. Ein Flugzeug im europäischen Krieg nahm 3000 Treffer aus Maschinengewehren hin und blieb dennoch in der Luft. Dutzende Flugzeuge landeten, denen Teile der Tragflächen oder Ruder fehlten. Auf einem berühmten Foto ist eine B-17 im Flug zu sehen, deren Seitenruder zur Hälfte fehlt. Das Flugzeug hatte sich die ihm entgegengebrachte Zuneigung redlich verdient.

Bei Kriegsbeginn waren Maschinengewehre des Kalibers 30 die schwersten Waffen der Flugzeuge der 394th. Hierbei handelte es sich um »Einsteck«-Gewehre, die befestigt wurden, indem sie durch eine drehbare Kugel im Plexiglasfenster geschoben wurde. Die Modelle C und D verfügten noch nicht über Geschützkanzeln auf der Ober- und Unterseite und am Heck, die das Flugzeug berühmt machen sollten. Es war noch ein langer Weg, bis das Flugzeug den Namen »Fliegende Festung« bekommen sollte. Die Staffel wurde eingesetzt für U-Boot- und andere Aufklärungsflüge sowie bei der Sektorensuche[10] nach japanischen Kampfverbänden.

Die Männer der 394th hatten keine speziellen Aufgaben. Major Wrigley, der befehlshabende Offizier, vertrat die Auffassung, daß jeder Offizier in der Crew in der Lage sein sollte, jede Arbeit an einem Flugzeug zu erledigen, für den Fall, daß einige verwundet wurden. Er arbeitete ein Papier aus, das alle Bereiche vollständig abdeckte. Offiziere wurden unterrichtet, Maschinengewehre zu zerlegen, sie übten sich als Bombenschützen am Bombentrainer[11] und in der Praxis, indem sie 50 Kilogramm schwere

---

[10] Eine Sektorensuche bestand darin, einige hundert Kilometer geradeaus zu fliegen, dann nach links oder rechts zu schwenken, 300 bis 500 Kilometer zurückzulegen und dann zur Basis zurückzukehren. Die Suchmuster verliefen in »Tortenstück-Winkeln« von jeweils 15 Grad.

[11] Eines der großen amerikanischen Kriegsgeheimnisse war die Entwicklung des ›Norden Bombsight‹. Diese Technik erlaubte einen taktischen Vorteil, da sie präzises und intensives Bombardieren möglich machte. Zuvor war der Bombenabwurf gerade einmal so genau, wie es die Fähigkeiten des Piloten, Geschwindigkeit und Höhe zu halten und exakt dem Richtungsanzeiger zu folgen, erlaubten. Bombenschützen wurden vereidigt, daß sie eher sterben würden, als das Geheimnis des ›Norden‹ zu verraten. Nach dem Krieg stellte sich allerdings heraus, daß die Pläne von einem deutschamerikanischen Arbeiter im Norden-Büro 1936 gestohlen worden waren.

Bomben über dem Ozean abwarfen. Sie halfen außerdem den Crewchefs bei der Flugzeugwartung und beim Motorenaustausch. Als sie damit fertig waren, wußten die Offiziere alles über ihre Maschinen.[12]

Die jungen Offiziere hatten Glück, daß die ersten Piloten und der größte Teil des rekrutierten Personals auf einige Jahre Erfahrung zurückblicken konnten. Mehr als ein Offizier, der für dieses Buch interviewt wurde, war überzeugt, daß die Erfahrung der Crews ihnen das Leben gerettet hatte. Es ist nahezu eine Gewißheit, daß Gene den Krieg dank seiner Ausbildung, seiner ihm eigenen Intelligenz und einer guten Portion Glück überlebte – und dank der Tatsache, daß er in der B-17 mit den erfahrensten Männern der 394th flog.

Bellow Fields war nicht weit von Honolulu entfernt. Gene kaufte sich für 175 Dollar einen alten Wagen und fuhr so oft wie möglich in die Stadt. Dank seines stets bereitstehenden Beförderungsmittels verbrachte Gene viele Nächte außerhalb der Base, worüber sich seine Kameraden oft amüsierten und woran sie sich bis heute erinnern. Gene verbrachte seine Freizeit nur selten mit seinen Freunden oder bei den ewigen Pokerpartien – er war allein unterwegs. Er war jung, sah gut aus und nutzte den »Pilotenmythos«, um seinen großen Hunger zu stillen. Er sprach gewöhnlich nicht darüber, was er unternahm, aber Freunde und Kameraden aus der Staffel erwähnten in Gesprächen zu diesem Buch mehr als einmal, daß Genes Rücken voller Kratzer war, wenn er am Morgen duschte. Eileen lebte wieder bei ihren Eltern in Südkalifornien, und einige der Offiziere, die für dieses Buch interviewt wurden, waren überrascht, als sie erfuhren, daß Gene zu jener Zeit verheiratet war.

Gene war bei den anderen Offizieren der Staffel nicht übermäßig beliebt. Auch wenn er gesellig und freundlich war, so war er doch auch ein Einzelgänger. Sein »intellektuelles Ego«, so beschrieb es Don Prickett, sonderte ihn ein wenig von den anderen Mitgliedern der Staffel ab. Daß er gelegentlich Shakespeare zi-

---

[12] Gene vergaß niemals diesen Teil seiner Ausbildung. Daher ist es auch nicht überraschend, daß Kirk und Picard gründlichst mit allen Aspekten der Schiffsfunktionen vertraut waren.

tierte, machte ihn bei den anderen Offizieren nicht beliebt – hatten doch viele von ihnen solche Werke nie gelesen, geschweige denn verstanden. Don Prickett erinnert sich: »Gene hatte immer diesen Touch des ›künstlerischen Snobs‹, und er hatte immer diese Verbindung zur Literatur. Gene fragte: ›Habt ihr dieses Buch gelesen?‹ Die anderen Mitglieder der Staffel hatten es natürlich nicht gelesen. Wir spielten immer Poker, und ich kann mich nicht erinnern, Rod auch nur einmal bei einer Pokerpartie gesehen zu haben. Vermutlich las er wieder irgend etwas. Es gab nicht viel zu lesen, aber er hatte ein paar Bücher, ein oder zwei Gedichtbände. Und ab und zu schrieb er selber ein paar Gedichte.«

Knappe Einträge in den Militäraufzeichnungen und den Geschichtsbüchern besagten, daß die 394th »mit B-17- und B-18-Bombern ausgerüstet« war. »Ausgerüstet« beschreibt aber nicht eindeutig die Situation der Staffel. Die B-17-Bomber, die die Army der 394th zuteilte, waren Flugzeuge mit Vergangenheit. Sie hatten zuvor zur 19th Bomb Group gehört, die in Corregidor[13] und Cart Field in Manila gedient hatte. Die Flugzeuge, die beim Angriff der Japaner auf die Philippinen überlebt hatten, waren nach Port Moresby entkommen, auf der Südseite von Neu-Guinea, gegenüber dem Korallenmeer vor Australien. Flugzeuge und Crews waren auf dem Weg zum Festland, um ihre Motoren einer Generalüberholung zu unterziehen. Sie waren beschossen worden und wiesen »mehr Ungereimtheiten in ihren Wartungslogbüchern auf, als man zählen konnte«.

Als die Flugzeuge nach Hawaii kamen, war geplant, daß die 394th einige neuere B-17E-Modelle bekommen sollte. Aber »der Plan« wurde permanent geändert. Die Flugzeuge erreichten nie die Vereinigten Staaten, sondern wurden zu den »neueren« Maschinen, die der 394th zugewiesen wurden. Major Wrigley erhielt den Befehl, seine Crew nach Hickam Field zu bringen und die Flugzeuge mitzunehmen. Diese Maschinen, Veteranen mit Hunderten Flug- und Gefechtsstunden, sollten Wrigley und seine Män-

---

[13] Corregidor ist eine befestigte, felsige Insel von etwa fünf Quadratkilometern Fläche am Eingang zur Bucht von Manila auf den Philippinen. Sie stand seit 1898 unter amerikanischer Kontrolle, fiel aber nach monatelangen harten Kämpfen im Mai 1942 an die Japaner.

ner in der Schlacht bei den Salomonen fliegen. Wrigley war nicht sehr glücklich.

Don Prickett erinnert sich: »Das Flugzeug, das ich bekam, die alte 6-3-0, hatte einen schweren Unfall gehabt, das gesamte Fahrgestell war ausgetauscht worden. Überall an der Maschine waren Einschußlöcher geflickt worden. Jeder der Motoren hatte 500 Flugstunden hinter sich und mußte dringend gewartet werden. Alle Flugzeuge waren ziemlich gleich. Das war der Zustand der sieben B-17, die wir erhielten. Dann kam der Befehl, zu starten und zu den Salomonen zu fliegen, wo die Gefechte stattfanden. Die Marines hatten es nicht leicht, und unser Befehl lautete, dorthin zu fliegen und ihnen zu helfen. Es war kurz vor Weihnachten 1942.«

Gene, der als Copilot mit Captain William Ripley flog, fand sein Flugzeug in keinem besseren Zustand. Innerhalb weniger Tage nach Erhalt der »neuen« Flugzeuge bekam die 394th den Startbefehl. Die Männer beluden ihre Maschinen mit allem, was nicht niet- und nagelfest war. Der Bombenschacht jedes Flugzeugs beherbergte einen Ersatzmotor sowie die Ausrüstung der Crew. Jeder von ihnen hoffte, daß sein Flugzeug abheben würde – immerhin war es um mehr als fünf Tonnen überladen.

Früh am Morgen des 15. November 1942, als im Osten gerade der Tag anbrach, ratterte eine alte B-17 nach der anderen über das Rollfeld von Hickam Field. Die Flugzeuge, die zuerst abhoben, flogen der aufgehenden Sonne entgegen, kreisten wie gigantische Vögel über ihrer Beute und warteten auf ihre Gefährten. Nachdem die Staffel ihre Formation aufgenommen hatte, flog sie fast genau nach Süden mit Ziel Christmas Island. Die erste Etappe auf dem Weg zu den Salomonen war ein nicht ereignisloser Flug von acht Stunden Dauer.

Captain William Ivey war Erster Pilot. Er war seit 1939 im Army Air Corps und ein Veteran von Pearl Harbour, der auf Hickam Field stationiert war, als die Japaner angriffen. Als erfahrener Pilot blieb er unter Druck gelassen. Nach etwa drei Stunden Flug machte Motor Nr. 2 Schwierigkeiten, woraufhin Ivey ihn abschaltete. Aber das Getriebe funktionierte nicht richtig, der Propeller drehte sich weiter, nicht durch den Motor angetrieben, sondern vom Flugwind. Die Lager mochten die Belastung nicht und protestierten vernehmbar. Trotz des Lärms der drei laufenden Motoren konnte die gesamte Crew das schrille Kreischen der Lager hören. Gene, der sich in Ripleys Maschine befand, und andere Männer der Formation hörten es ebenfalls.

Stunden vergingen und die Lage wurde immer bedenklicher. Das Heulen wurde immer lauter und intensiver, die Lager wurden ungleichmäßig belastet. Der Propeller begann zu flattern, während er sich drehte. Der sich verschlimmernde Zustand des Propellers war leicht zu erkennen, da sich der Motor Nr. 2 auf der Innenseite der linken Tragfläche befand, auf gleicher Höhe mit dem Cockpit und nur ein paar Meter von der Position des links sitzenden Piloten entfernt. Bill Ivey befand sich in einer sehr gefährlichen Position. Sollte der Propeller abreißen, dann würde er wie eine riesige Kreissäge arbeiten und den Rumpf auf einer Linie mit Bills Sitz aufreißen. Das Flugzeug würde ins Meer stürzen.

Eine Umkehr war ausgeschlossen, die einzige Hoffnung auf Hilfe lag vor ihnen: Christmas Island. Ivey machte das einzig Mögliche: Er schickte seine Crew, darunter auch seine Flugoffiziere, ins Heck der Maschine und blieb alleine im Cockpit zurück. Diese Sicherheitsvorkehrung brachte das Flugzeug aus dem Gleichgewicht, und Ivey flog den Rest des Weges mit der Nase gen Himmel gerichtet.

Als das Flugzeug gelandet war, stellte sich heraus, daß fünf der acht tragenden Bolzen entweder abgebrochen oder verschlissen waren. Der Propeller war nur noch von drei immer schwächer werdenden Bolzen an der Tragfläche gehalten worden.[14] Die gesamte Staffel wußte, daß Ivey und seine Crew nur knapp dem Tod entkommen waren.

Am nächsten Tag flog die restliche Staffel weiter nach Canton Island, Teil der Line-Inselgruppe südwestlich von Christmas Island, während Ivey und seine Crew die Reparaturarbeiten durchführten. Bevor er in die Schlacht flog, sorgte Ivey dafür, daß alle vier Motoren seines Flugzeugs ausgetauscht wurden.

Am 17. November flog die Staffel siebeneinhalb Stunden nach

---

[14] Ivey blieb beim Militär und ging als Colonel in den Ruhestand. Im August 1943 wurde er mit dem Oak Leaf Cluster ausgezeichnet.

Nandi auf den Fidschi-Inseln, um sich bei Admiral Halsey[15] zu melden und im Gebiet um die Neuen Hebriden ins Gefecht zu ziehen.

Bereit, es mit den Japanern, mit schlechten Flugbedingungen und miesem Essen aufzunehmen, wurde die Staffel mit etwas konfrontiert, worauf sich niemand hatte einstellen können: mit Brigadegeneral Owen, dem Befehlshaber der Insel.

General Owen war angeblich ein alter Ballonpilot aus dem Ersten Weltkrieg, der zwischen den Kriegen viele Jahre lang Second Lieutenant geblieben war. Er hatte von den Dingen so seine eigenen Vorstellungen. Die Männer der 394th waren nicht in der Lage gewesen, ihr Bodenteam mitzubringen – bevor das eintraf, würden sechs bis acht Wochen vergehen –, also führten die Besatzungen selbst die Wartungsarbeiten durch. Trotz der mit Schmutz verbundenen Arbeit, der Hitze und der Feuchtigkeit erwartete der General von den Männern, ordentlich und sauber zu erscheinen. Er ging sogar so weit, ihnen nahezulegen, Krawatten zu tragen. Die Männer ignorierten ihn, so oft sie nur konnten.

Der General wußte, daß die Japaner jederzeit die Inseln stürmen konnten. Um die Verteidigung aufzumöbeln und für eine frühe Warnung vor einem möglichen Angriff zu sorgen, benötigte er eine Aufklärungsstaffel für Patrouillenflüge vor Fidschi. Die 394th entsprach genau seinen Vorstellungen. Er befahl Major Wrigley, auf Nandi zu bleiben und nicht zu den Neuen Hebriden weiterzufliegen. Wrigleys Befehl lautete jedoch, sich bei Admiral Halsey zu melden. Die Befehlskette geriet in Unordnung und wurde zudem noch dadurch komplizierter, daß die 394th, eine Bomberstaffel der Army Air Force, dem Kommando eines Admirals der Navy unterstellt wurde. Wrigley konnte sich an niemandem wenden, der in der Lage war, ihm zu helfen, ihn zu unter-

---

[15] William Frederick »Bull« Halsey, jr. (1882-1959) war ein Marineheld des Ersten Weltkriegs, wo er das Navy Cross für herausragende Leistungen erhalten hatte. Vizeadmiral Halsey befehligte den Kampfverband 2 und war auf See an Bord seines Flaggschiffs, dem Flugzeugträger Enterprise, als die Japaner Pearl Harbor angriffen. Er wurde zum Commander des Kriegsschauplatzes im Pazifik befördert. Als Commander der 3rd Fleet war er 1944 mit daran beteiligt, die japanische Flotte bei Leyte Gulf vernichtend zu schlagen. Er diente bis zu seiner Pensionierung 1947 als Flottenadmiral, dann ging er in die Privatwirtschaft.

stützen oder ihm Klarheit zu verschaffen. Er wußte genau, wie weit er die Situation einem vorgesetzten Offizier gegenüber treiben konnte. Immerhin war er nur Major, und Owen war ein General. So sehr die Männer des 394th sich auch wünschten, in den Krieg zu ziehen und den Marines auf Guadalcanal zu helfen, sie und ihre Flugzeuge blieben auf Fidschi und flogen Aufklärungspatrouillen. Die Japaner würden sich nicht an Fidschi heranwagen, solange General Owen mit der Hilfe des 394th etwas dagegen unternehmen konnte.

Die Stadt Nandi war etwa sieben Kilometer vom Flughafen entfernt. Es war eine winzige Siedlung mit einer einzigen Straße, die sich über zwei Häuserblocks erstreckte. Die kleinen Geschäfte zu beiden Seiten der kurzen Straße wurden von Eingeborenen betrieben, die ein wenig dadurch verdienten, daß sie Souvenirs verkauften: Muscheln, Bilder, Halsketten und Armbänder, von denen sie behaupteten, sie seien aus Silber gefertigt.

Die Anwesenheit der Ausländer hatte das lokale Ambiente auf besondere Weise bereichert. Die winzige Stadt mitten im Nichts besaß eine ungewöhnliche Einrichtung, die am besten von Mack Morris beschrieben wurde, einem Journalisten und Korrespondenten für das Magazin *Yank*, das über den Krieg berichtete. Er notierte in seinem persönlichen Tagebuch:

»Nandi ist weitgehend so wie jede andere Stadt auf einer Insel, aber ich habe den Eindruck, daß es hier ein wenig sauberer ist. Vielleicht hängt das mit dem Tennisplatz – einem Rasenplatz – in der Stadtmitte zusammen.

Als wir mit einem Lastwagen in die Stadt fuhren, sahen wir eine eingeborene junge Frau am Fluß, die mit ihrem Rock einen Sally Rand[16] vorführte, indem sie ihn auszog und sich um die Hüften wickelte, damit sie tiefer ins Wasser gehen konnte. Nach Monaten der ›Mother Hubbards‹[17] war ich fasziniert, die Hüften

---

[16] Sally Rand war eine berühmte exotische Tänzerin in den dreißiger und vierziger Jahren, sie war bekannt für ihren Fächertanz. Vieles von dem, was die Männer dabei zu sehen glaubten, entsprang jedoch ihrem Wunschdenken und ihrer Phantasie.
[17] Ein Kleid mit langen Ärmeln, das den Körper völlig bedeckte. Es war der Beitrag christlicher Missionare, die Eingeborenen zu »zivilisieren«, indem sie ihnen vor allem die Begriffe Scham und Schuld einimpften.

einer Eingeborenen zu sehen. Die Frauen tragen keine Hubbards, sondern erzielen ein ungewöhnliches Erscheinungsbild durch eine Bluse und einem langen Wickelrock, den sie extrem eng wickeln; die Kleidung sieht gut aus, weil nicht alle Mädchen zwei Zentner und mehr wiegen – die meisten von ihnen sind angenehm mollig, aber einige von ihnen sehen so aus wie unsere Mädchen zu Hause.

Unser größtes Erlebnis war die Begegnung mit Tina, einem Mädchen, das in dem schummrigen Café Chinaman arbeitet. Tina ist ein Glamourgirl. Sie spricht perfekt Englisch mit einem weichen, leicht südlichen Akzent. Wir wußten zuerst nicht, ob sie uns verstehen konnte. Aber nachdem wir sie ›I Don't Want to Walk Without You, Baby‹ hatten schmachten hören, gab es daran keinen Zweifel mehr. Nachdem sie uns unser Essen gebracht hatte – ein gutes Mittagessen aus Schinken und Eiern samt Kaffee –, setzte sie sich zu uns und aß chinesisches Essen mit Stäbchen. Wir unterhielten uns. Ich bemerkte, daß sie schöne Zähne hatte.

Sie erzählte uns, daß sie Parties und Eingeborenentänze liebte. ›Heute abend ist ein Tanz – ich würde euch Jungs ja gerne mitnehmen, aber die Militärpolizei würde Ärger machen.‹ Sie erklärte, daß es den Truppen nicht gestattet war, in die Städte zu kommen, weil es mit den Frauen Ärger gegeben hatte. Manchmal tanzten sie amerikanische Tänze; sie spielen Gitarre und Mandoline, aber als ich sie fragte, ob sie auch Trommeln hätten, lächelte sie und sagte ›nein‹, was soviel heißen sollte wie ›du Trottel‹.

Tina sagte, daß sie vier Freundinnen hatte, die mit ihr arbeiteten, die sich aber nun im Krankenhaus befanden. Natürlich fragten wir nach dem Grund. ›Oh‹, sagte Tina, ›sie haben sich einfach zuviel vergnügt.‹«

Für Gene und seine Kameraden waren Tina, ihre Freundinnen und ganz Nandi tabu. Einige der Offiziere, die für dieses Buch interviewt wurden, erinnerten sich, daß sie ein oder zwei Mal nach Nandi gekommen waren, machten aber keine detaillierten Angaben. Aber es gab auch nicht viel Zeit, um sich unter die Bevölkerung zu mischen, da die Army die Männer mit langen Aufklärungsflügen beschäftigte oder, wenn sie nicht in der Luft waren, mit permanenten Wartungsarbeiten an den Maschinen. Sie schafften es zwar nicht ins gut sieben Kilometer entfernte Nandi, aber hin und wieder in die 280 Kilometer entfernte Hauptstadt Suva.

Besorgt über ihre Zukunft, hatten Genes Kameraden und jeder Lieutenant in Hawaii vor dem Abflug eine Flasche Alkohol gekauft. Sie hatten wirklich vorausschauend gehandelt, denn es sollte der einzige Alkohol während ihrer Zeit dort sein, wenn man von den seltenen Ausflügen nach Suva absah.

Je näher Weihnachten kam, um so stärker machte ihnen die Entfernung von der Heimat und der Familie zu schaffen. Für Gene war es das zweite Mal in Folge, daß er die Weihnachtszeit fernab von seiner Familie feierte. Gene und Don begannen, den Alkohol zu konsumieren, den sie mitgebracht hatten. Abenteuerlich gestimmt, begaben sie sich zu einer nahe gelegenen Siedlung, die von den Eingeborenen errichtet worden waren, die für die Base die Wäsche machten und Gelegenheitsarbeiten erledigten. Diese Siedlung war nicht tabu. Die beiden erreichten ein großes Haus in der Mitte der Siedlung und trafen dort auf einige Dutzend eingeborene Fidschi, die im Kreis saßen und Weihnachtslieder sangen. Vom Alkohol ermutigt, setzten sich die beiden zu ihnen und sangen mit ihnen zusammen: die Fidschi in ihrer Sprache, Don und Gene in Englisch.

Für amerikanische Verhältnisse lebten die Eingeborenen unter primitiven Bedingungen, aber sie waren weder dumm noch naiv. Die wichtigste Lektion, die sie von den christlichen Missionaren gelernt hatte, schien zu lauten: »Der Herr hilft denen, die sich selbst helfen.« Und sie erkannten die Gelegenheit, die sich ihnen in Form von Gene und Don bot. Nach ein oder zwei Liedern erklärte das Oberhaupt den beiden, daß sie bleiben sollten. Gene und Don vergnügten sich, und die Eingeborenen verdienten gut an den beiden jungen Amerikanern, die mehr Geld als Verstand hatten.

Im Krieg geht nichts problemlos vonstatten. Allen Anstrengungen bei der Ausbildung zum Trotz werden Kriege immer noch von Menschen geführt, die Fehler machen. Diese Tatsache trug zu einer beträchtlichen Verringerung im Flugzeugbestand der 394th bei.

Auf dem Nandi-Flugplatz waren die B-17-Bomber rechts von

der Rollbahn in einer Reihe aufgestellt worden – rechts, wenn man in Richtung Ozean blickte. Weiter rechts in Strandnähe befand sich eine Reihe Viermannzelte, in denen eine Staffel Kampfpiloten untergebracht war.

Eines Abends sollte die Kampfstaffel Nachtstarts und -landungen üben. Nandi war unbeleuchtet, da Verdunklungsvorschriften in Kraft waren. Daher wurde am Ende und in der Mitte der Landebahn jeweils ein Scheinwerferpaar aufgebaut, an dem die Piloten sich bei Starts und Landungen orientieren sollten. Es war selbst unter den günstigsten Umständen eine knifflige Angelegenheit.

Unglückseligerweise brannte in einem der Zelte ein Licht, und vom Blickwinkel des ersten Piloten sah es nach einem der Lichter am Ende der Rollbahn aus. Er richtete seine Maschine auf dieses Licht aus und beschleunigte, wobei er von der Mitte der Landebahn um 15 Grad abwich. Während er beschleunigte, rammte seine Maschine den ersten der ordentlich geparkten Bomber.

Der zweite Pilot machte den gleichen Fehler, traf den zweiten Bomber, und bevor ihn jemand aufhalten konnte, kollidierte die dritte Kampfmaschine mit dem dritten Bomber. Es war ihnen allen äußerst peinlich.

Aufklärungsflüge wurden von Nandi aus nach dem gleichen Tortenstück-Muster geflogen wie auf Hawaii. Einige der Maschinen verfügten über ein primitives Radar, aber da niemand diese Einrichtung bedienen konnte, wurden die meisten Aufklärungsflüge im Sichtflug absolviert, indem die Piloten unter den Wolken blieben. Die Maschinen sollten so dicht hintereinander fliegen, daß ein japanischer Kampfverband entdeckt werden konnte, wenn er sich auf halber Strecke befand. Das war zumindest die Absicht. Die Flüge dauerten zwischen acht und elf Stunden und waren oft Musterbeispiele für Langeweile, da es nichts anderes als Hunderte Quadratkilometer freien Ozeans zu sehen gab.

Auf einem solchen Flug steuerten Gene und seine Crew geradewegs in einen Taifun.[18] An diesem Tag bewies die B-17, wie sorg-

---

[18] 1943 gab es noch keine Wettersatelliten, Wettervorhersagen waren oft nur gut geraten. Unwetterwarnungen gab es nur selten.

fältig gebaut und flugtüchtig sie war. Das Flugzeug wurde über Kabel gesteuert. Das bedeutet, daß die Verbindung zwischen Pilot und Steuerruder direkt bestand, also keine Hydrauliksysteme zwischengeschaltet waren. Bei starken Winden ließ das den Piloten schnell müde werden. Ripley flog die Maschine, solange er konnte, und übergab dann nach rechts an Gene. Obwohl die B-17 solide konstruiert und gründlich getestet war, eignete sie sich nicht für Luftkunststücke. Im Taifun wurde aus ihr ein Spielzeug, das hin- und hergeworfen wurde.

Während alle anderen sich so fest wie nur möglich angeschnallt hatten, war Bombenschütze Jim Kyle in Bewegung, da er seine Station in der Nase der Maschine verlassen hatte. Er wollte an seinen Posten zurück, war aber wegen der heftigen Bewegung der Maschine nicht in der Lage, durch den Tunnel unterhalb des Cockpits zu kriechen. Der einzige sichere Platz war der, zwischen Ripley und Gene zu stehen und sich festzuhalten, während die Maschine umhergewirbelt wurde. Ohne Vorwarnung hatten die Männer das Gefühl, daß der Boden unter ihren Füßen weggerissen wurde, als das Flugzeug in einen Sog geriet und einige hundert Fuß an Höhe verlor. Genauso plötzlich fühlten sie ein immenses Gewicht auf sich lasten, wenn das Flugzeug einige hundert Fuß in die Höhe schoß.

So plötzlich, wie alles begonnen hatte, war es auch wieder vorüber, die Maschine flog so, wie sie sollte. Sie waren ins Zentrum des Sturms geraten; im Umkreis von dreißig Kilometern war die Luft ruhig und klar. Die Verschnaufpause sollte nicht lange währen; Ripley informierte mit ruhiger Stimme seine Crew, daß sie auf der anderen Seite aus dem Sturm hinausfliegen würden.

Kyle verharrte auf seinem Platz, da er befürchtete, in der Maschine umhergeschleudert zu werden, wenn er an seinen Platz in der »Nase« zurückkehrte.

Auf dem Weg in die dunklen Wolken, die das Sturmzentrum umgaben, gerieten sie wieder in heftige Luftströmungen, in denen das Flugzeug scheinbar Tausende Fuß an Höhe verlor oder gewann.

Noch immer zwischen Pilot und Copilot stehend, blickte Kyle durch das rechte Fenster an Genes Hinterkopf nach draußen, wo er etwas erblickte, das er sein Leben lang nicht vergaß. Nur ein paar Meter vom äußeren Ende der rechten Tragfläche entfernt entdeckte er eine riesige Welle, deren oberes Ende nicht zu erkennen war. Die B-17 war so tief nach unten gedrückt worden, daß sie nun am Fuß einer gigantischen Welle entlangflog.

Als Flugzeug und Crew zur Base zurückgekehrt waren, stellten sie fest, daß die Gewalt des Windes überall am Flugzeug Nieten aus der Hülle gerissen und eine Lukenabdeckung zerfetzt hatte. Das war ein Erlebnis, das sie für schlimmer hielten als ein Zusammentreffen mit japanischen Kampfflugzeugen – zumindest glaubten sie das zu dieser Zeit.

Bombermannschaften werden darin trainiert, ihre tödliche Fracht über einem Ziel abzuladen, und die Männer der 394th wollten das anwenden, was man ihnen beigebracht hatte. Im Januar 1943 begannen sie abwechselnd von Espiritu Santo Island, Guadalcanal und Nandi aus, Bomben abzuwerfen.

Als sie Nandi für ihren ersten Einsatz verließen, überflog die Staffel den Flugplatz im Formationsflug in einer Höhe von nur gut 15 Metern. Die vereinte Kraft und der Lärm von sechs oder acht B-17-Bombern ließen jedes Gebäude in dem Gebiet erzittern. Auf diese Weise drehten die Piloten ihrem übermäßig diensteifrigen General eine lange Nase. Mehrere Offiziere standen still und salutierten, als die Staffel vorüberflog.

Von Espiritu Santo Island aus unternahm die 394th bei Anbruch der Dunkelheit und in der Nacht Bombenangriffe auf eine Vielzahl von Zielen. Oft starteten sie abendliche Angriffe auf den Kahili-Flughafen am südlichen Ende von Bougainville, wobei sie der Schiffsroute zwischen den Salomonen hindurch folgten. Während die Air Force Tausende von B-17-Bombern Deutschland angreifen ließ, waren an den Missionen der 394th üblicherweise nur vier oder acht Maschinen beteiligt. Eine Eskorte aus Kampfflugzeugen gab es nicht.

Bei mindestens einer Attacke auf Kahili sah die Crew ein kleines Flugzeug, das ihnen auf Parallelkurs zur Linken folgte: ein japanischer Luftaufklärer, der die Position der Bomber übermittelte und das Flugabwehrfeuer dirigierte. Im Osten war der Himmel dunkel, im Westen ging allmählich die Sonne unter. Durch die Tageszeit und die Position des Luftaufklärers hoben sich die B-17 als deutliche Silhouetten von der untergehenden Sonne ab.

Plötzlich schrie jemand über die Bordsprechanlage: »Zwei Uhr! Zwei Uhr!« Die Männer konnten das Mündungsfeuer der 20-mm-Bordkanone sehen, als mehrere japanische Kampfflieger ihren Angriff starteten. Genes Navigator Joe Jacobs feuerte sein Steuerbord-Maschinengewehr, nahm sich aber durch sein eigenes Mündungsfeuer fast augenblicklich die Sicht. Das hielt Joe aber nicht ab, weiter auf die Stelle zu feuern, wo die Zero sein sollte.

Die Kampfmaschinen waren fast gleichzeitig aufgetaucht, woraufhin Gene rasch abdrehte und nach Osten auf eine Wolkenformation zusteuerte. Als Joes vorübergehende Blindheit sich legte, teilte Gene ihm mit, daß sich seine Ausbildung bezahlt gemacht hatte. Das japanische Flugzeug war fast direkt vor ihrer Maschine explodiert.

Manchmal machte die Maschine bei Bombardements den Eindruck, als wolle sie die Männer verraten. Der Geheimdienst hatte von nächtlichen Kämpfen an der Südküste von Bougainville berichtet. Gene war nur in der Lage, seinen kriegsmüden Bomber auf 14 000 Fuß zu halten. Diese Bemühungen führten dazu, daß die Kompressoren der Motoren glühten – für einen aufmerksamen japanischen Wachposten ein deutlich erkennbares Zeichen. Gene brachte die Maschine langsam auf eine geringere Höhe, um die Kompressoren zu kühlen, wobei er durch kleine Stratokumulus-Wolken flog.

Der Bombenschütze Jim Kyle wandte sich an den Navigator Joe Jacobs und bat ihn um die Koordinaten des Ziels. Aber alles, was Joe sehen konnte, war einheitliches Schwarz. Die Japaner antworteten fast augenblicklich, indem sie ihre Suchscheinwerfer einschalteten. So konnte Kyle sehen, wo er seine Bomben abwerfen mußte.

Gene erlebte die verheerenden Wirkungen des Krieges, und es waren diese Erfahrungen, die zu seiner letztlichen Antikriegshaltung führten. Im Südpazifik beobachtete er, wie die Dummheit der Menschen neue Höhen erreichte. Captain Slack von der 394th war ein Opfer derartiger Ignoranz. Die B-24-Bomber, die sogenannten »Liberators«, wurden eingeführt und ersetzten die

B-17. Eine Staffel war in den Südpazifik geschickt worden, zusammen mit dem technischen Handbuch, das die Leistungen der Flugzeuge beschrieb – Bombenzuladung, Kraftstoffverbrauch usw. Einmal im Südpazifik angekommen, wurden die Maschinen so stark überarbeitet, daß sich der Luftwiderstand vergrößerte. Captain Slack war ein Profi, der seinen Job kannte. Anstatt sich auf das zu verlassen, was das Handbuch besagte, testete er das veränderte Flugzeug. Er *wußte*, was das Flugzeug konnte und was nicht. Unglücklicherweise kümmerten sich die Navy-Oberen, die das Handbuch hatten, nicht darum. Sie wußten, was das Flugzeug leisten konnte: Sie hatten es schriftlich vom Hersteller. Wer war besser geeignet, solche Aussagen zu machen?

Slack und einige andere Männer wurden auf eine Bombenabwurfmission geschickt. Slack studierte seine Befehle und sagte, daß das Flugzeug den Rückflug nicht schaffen würde. Slack hatte die Maschinen getestet, er kannte ihren Verbrauch, und er protestierte. Das Hauptquartier war fest entschlossen und ignorierte Slack. Slack und einige andere machten sich auf den Weg. Die Bombe wurden abgeworfen, aber keines der Flugzeuge schaffte es zurück. Eine nach der anderen stürzten die Maschinen in den Ozean, alle weit vor dem Heimatflughafen. Ein paar Männer wurden gerettet, aber viele starben einen sinnlosen Tod. Genes Mißtrauen gegenüber Autoritäten wurde an diesem Tag praktisch in Stein gemeißelt.

Einer von Genes Navigatoren war Larry Walton; verglichen mit den kampferfahrenen Besatzungsmitgliedern im Alter von 21 oder 22, war er mit seinen erst 19 Jahren ein Grünschnabel. Larry erinnerte sich an seine erste Mission mit Gene. Es war ein Nachtangriff. Als die Suchscheinwerfer der Japaner ihr Flugzeug erfaßten, verkündete Larry der Crew mit leicht panischer Stimme das Offensichtliche: »Sie haben uns in ihrem Scheinwerfer. Was sollen wir tun?«

Mit ruhiger und selbstsicherer Stimme antwortete Gene über die Bordsprechanlage: »Verbeuge dich.«

Genes schriftstellerische Ambitionen und die Lektionen, die ihn Mrs. Churchs Englischunterricht und der Author's Workshop gelehrt hatten, zeigten sich im Südpazifik. Genes Vorliebe für Ge-

dichte und die durch die Situation bedingte Inspiration, in der er
und seine Freunde sich befanden, führten zu den folgenden Zeilen:

I WANNA GO HOME
THEME SONG OF THE 394TH
BOMB. SQDN. (H)

> I wanna go home
> I wanna go home
> Ack ack and Zeros are driving me mad
> You can't eat the chow and the liqour is bad
> Take me back to Frisco
> That's where we're longing to go
> Oh Ma, I'm too young to die
> I wanna go home
>
> I wanna go home
> I wanna go home
> Our B-17s are breaking to bits
> They won't hold together for many more trips
> So let's go back and sell Bonds
> And cheer the war heroes on
> Oh Ma, I'm too young to die
> I wanna go home
>
> I wanna go home
> I wanna go home
> We're thru with Shortland and Bougainville
> If the Japs don't get you the weather sure will
> Even Texas is better than this
> A land of comparative bliss
> Oh Ma, I'm too young to die
> I wanna go home
>
> I wanna go home
> I wanna go home
> The Medicos claim we're still able to fly
> Our Chaplain tells us we're ready to die

> But we'll take none of that stuff
> We know when we've had enough
> Oh Ma, I'm too young to die
> I wanna go home
>
> I wanna go home
> I wanna go home
> TIME tells us that ack ack's a beautiful sight
> LIFE printed a picture of tracers at night
> But the stuff that we see is real
> From up close it loses appeal
> Oh Ma, I'm too young to die
> I wanna go home

Genes Lied verbreitete sich rasch im gesamten südpazifischen Raum.

Der Krieg bringt alle möglichen Menschen zusammen und schafft ungewöhnliche Situationen. An einem Nachmittag lag Gene auf einem Feldbett, als ein großer Sergeant in sein Zelt kam. Der Sergeant sah Gene an und fragte: »Sind Sie Lieutenant Roddenberry?«

Als Gene bejahte, fragte der Sergeant: »Erkennen Sie mich wieder?«

Gene war ein wenig irritiert und verneinte.

»Ich bin Buster Nicks«, kam die Antwort.

Genes Erinnerung kehrte zurück zu einem Tag in der zwölften Klasse, als er eine schicksalhafte Begegnung mit Buster hatte. Es war im Sportunterricht gewesen. Gene und Ray Johnson befanden sich in der Turnhalle, als die Schulglocke ertönte. Der Lehrer sagte, derjenige, der sich der Tür am nächsten befand, solle sie schließen. Gene wollte das tun, sah dann aber, wie einer der Raufbolde der Schule über die Straße rannte, um es noch rechtzeitig in den Unterricht zu schaffen. Gene hielt die Tür mit dem Fuß auf, aber der Schlägertyp stolperte, als er hereinkam, fiel aufs Gesicht und landete auf dem harten Holzboden. Es war eine unwürdige Position. Einige in der Klasse begannen über ihn zu lachen.

Um sein angeknackstes Ego zu retten, beschuldigte der Typ

Gene sofort, er habe ihm ein Bein gestellt. Gene stritt das erfolglos ab und wurde mit Prügel bedroht. Der Schläger hoffte wohl, daß sein Opfer klein beigeben würde. Gene war nicht beeindruckt, gab nicht klein bei und sagte statt dessen, daß er sich mit ihm nach der Schule vor dem kleinen Geschäft auf der anderen Straßenseite treffen wolle.

Der Kampf war kurz und gut. Gene landete die meisten Treffer und schickte das Großmaul mehrmals zu Boden. Was sein Gegenüber nämlich nicht wußte, war die Tatsache, daß Gene – auch wenn er wie ein Bücherwurm aussehen mochte – in der Person seines jüngeren, aber kräftigen Bruders seinen persönlichen Trainingspartner hatte. Genes Ansehen stieg, am gleichen Nachmittag verlor Buster Nicks seinen Ruf als harter Kerl. Und jetzt war Buster wieder ein Teil von Genes Leben.

Buster suchte keinen Streit, er wollte klare Verhältnisse schaffen. Die beiden Männer gaben sich die Hand und unterhielten sich für den Rest des Nachmittags. Die Soldatenausbildung, Kampfeinsätze und die verstrichene Zeit von drei Jahren hatten aus Buster einen anderen Menschen gemacht. Später schrieb Gene an seine Schwester: »Erinnerst Du Dich an die große Schlägerei, die ich in meinem letzten Jahr an der Franklin High School hatte? Nun, der Typ von damals ist jetzt hier. Ich habe ihn auf einer der Inseln getroffen. Er ist eigentlich ganz in Ordnung. Er ist Sergeant und arbeitet an einem unserer Flugzeuge.« Was Gene seiner Schwester nicht schrieb: Am Tag nach seinem Treffen mit Buster flog der mit einer B-17 los und kam nie zurück.

Gene hatte stets gesagt, daß er 89 Einsätze geflogen war, aber das ist nur eine Schätzung. Aufzeichnungen waren in dieser Zeit nicht sehr genau, und oft wurden Einsätze geflogen, die in den Flugaufzeichnungen des jeweiligen Piloten nicht festgehalten wurden. Es ist anzunehmen, daß Gene mehr Einsätze flog.

Nach mehreren Monaten mit Aufklärungsflügen begann die 394th eine Vielzahl von Bombenangriffen. Manchmal starteten sie von Nandi aus, dann wieder wechselten sie zwischen Espiritu Santo und Guadalcanal.

Obwohl die Bedingungen auf Nandi nicht besonders gut waren und die Männer innerlich murrten, konnten sie es nicht erwarten, nach Nandi zurückzukehren, wenn sie sich auf Espiritu Santo befanden. Manche haßten diesen Stützpunkt noch mehr als Guadalcanal, was ein wenig sonderbar war. Denn Espiritu Santo war eine sichere Base, während die Front bei Guadalcanal rund hundert Meter nach dem Ende der Rollbahn begann. Es war für Gene und seine Crew nichts Ungewöhnliches, daß sie beim Start von Henderson Field unter Beschuß genommen wurden.

Was die Männer an Espiritu Santo am meisten störte, waren die Ratten. Die Palmen waren gefällt worden, um der Rollbahn Platz zu machen; die gefällten Bäume wurden aufeinandergetürmt, und diese Stapel wurden von Ratten bewohnt – Hunderttausenden von Ratten. Die Flugzeugbesatzungen, die in Zweimannzelten schliefen, wurden in ihrem Schlaf immer wieder von Ratten gestört, die ihnen übers Gesicht liefen.

Die Zustände auf Guadalcanal schrecklich zu nennen, war eine Untertreibung, die von der Realität unendlich weit entfernt war. Zu der Zeit, da Gene sich immer wieder dort aufhielt, besuchte Mack Morris, ein Korrespondent des Magazins *Yank*, Henderson Field. Nachfolgend ein nichtveröffentlichter Bericht aus Guadalcanal vom 15. April 1943, einige Tage vor Genes Ankunft:

> Joe Flanagan, ein hagerer Mann aus Oklahoma, der das Wort »Rekruten« auf jeden anwendet, der nicht wenigstens einen Streifen vorweisen kann, ist ein Chief, der sich mit seinen Sorgen philosophisch befaßt – und der Reihe nach.
>
> In der B-17-Wartungshalle auf dem Henderson Field sorgt er sich um alle Ankömmlinge. Das Bodenpersonal der ›Fliegenden Festungen‹ hat hier seine Schwierigkeiten, die kampfmüden Bomber in Schuß zu halten. Und die Crew Chiefs und Flight Chiefs kommen zu Joe mit mehr Herzschmerz als Schwester Janie im dritten Jahr an der High School.
>
> Master Sergeant Flanagan kümmert sich um jeden einzelnen.
>
> »Wo ist dein Propellerspezialist, Joe?« fragt ein Crew Chief. »Wir haben den Motor Nr. zwei wieder in Ordnung gebracht, und ich möchte Schluß machen, damit jemand anderes den Kran benutzen kann.«
>
> »Der Spezialist ist krank«, erklärt Joe ihm. »Setz ihn selber ein.«
>
> »Zum Teufel, Joe«, schreit der Crew Chief. »Dann können wir die Maschine ja direkt selbst fliegen.«

»Im Moment mußt du den Propeller selbst montieren«, sagt Flanagan ruhig. »Ihr schafft das schon.«

»Klar, Joe, klar«, grinst der Staff Sergeant. »Das können wir.«

Der Crew Chief wendet sich um und geht hinaus. Joe wartet, bis er gegangen ist, dann lacht er trocken. »Ärger mit den Spezialisten ... wenn sie weg sind, fehlen sie einem.«

In der B-17-Wartungshalle ist es heiß, auf dem freien Feld von Henderson Field ist es sogar noch heißer. Joe sagt, daß er nicht einmal hier sehr stark schwitzt, aber er weiß die Temperaturen zu würdigen.

»Auf Randolph arbeiteten wir einmal an einem Backofen. Erhitzten ihn auf 170 Grad, schalteten ihn ab und gingen dann nach drinnen, um etwas Sand herauszuschaufeln. Es waren da drin 155 Grad.

Ich schwöre, es war heißer als in der Nase von einigen der Flugzeuge da draußen.« Das ist nachvollziehbar, wenn man bedenkt, daß Guadalcanal neun Grad südlich des Äquators liegt. Es ist fast unmöglich, in einer stehenden ›Festung‹ zu atmen, aber die Mechaniker arbeiten weiter.

»Bei diesem Wetter und all den anderen Dingen wie kranken Spezialisten ist es manchmal schon schwer, Flugzeuge zu warten. Besonders unter solchen Arbeitsbedingungen. Aber wir leisten immer noch Arbeiten der Stufe 4, wenn es sein muß. Und das kommt sehr häufig vor.«

Eine Wartung der Stufe 4 ist die höchste Wartungsstufe, die normalerweise von gutausgerüsteten Wartungseinrichtungen durchgeführt wird. Wenn es hier notwendig ist, daß ein Flugzeug fliegt, dann fliegt es auch - und wenn die Männer 24 Stunden am Tag arbeiten und für erforderliche Ersatzteile betteln gehen müssen.

»Ich weiß nicht, was schlimmer ist - die Hitze oder der Morast. Der Staub ist natürlich das allerschlimmste. Die Waffenmeister reinigen alle ihre Waffen, und dann läßt ein Mechaniker alle vier Motoren laufen. Dann können sie wieder von vorne anfangen.« Die ersten und bis heute einzigen Hangars in Henderson Field wurden nach der Errichtung von den Japsen bombardiert. Seitdem arbeitet das Bodenpersonal unter freiem Himmel, bei Regen oder Sonnenschein, Tag und Nacht.

»Das ist so, als würde man bei einem Nachtangriff mitten auf einer Zielscheibe arbeiten. Mitsubishis fliegen über uns hinweg. Normalerweise ertönt eine Warnung, aber manchmal bemerken die Crews einen Angriff erst, wenn der Boden unter ihnen erzittert, so vertieft sind sie in ihre Arbeit. Orden sind an Männer verliehen worden, die trotz der feindlichen Flugzeuge über ihnen dringende Arbeiten fortgesetzt haben.«

Bei den ersten Aufenthalten in Guadalcanal mußten Gene und seine Crew unter den Tragflächen ihrer Maschinen schlafen.

So wie in jeder Gruppe gab es auch in der 394th einige, die beliebter waren als andere. Lieutenant Talbert H. Wollam gehörte dazu. Wollam verstand sich durch seine sympathische und umgängliche Art gleichermaßen problemlos mit den anderen Männern, Offizieren und Rekruten. Wollam war Waffenoffizier und stand daher in Kontakt mit allen Crews. Und er war immer bemüht, mehr über die Wirkungsweise der von ihm gehüteten Bomben zu erfahren, wenn sie auf ein Ziel abgeworfen wurden.[19]

Der 2. August 1943 begann auf Espiritu Santo Island so wie jeder Tag: das Wetter war allgemein gut, eine leichte Brise, vereinzelte Wolken und steigende Luftfeuchtigkeit. Es sollte eine »First Lieutenants-Mission« werden, ein weiterer langer und langweiliger Aufklärungsflug über 800 Meilen, bei dem jedes Besatzungsmitglied darauf hoffte, nicht den Feind zu entdecken. Nichts deutete auf das Unheil hin, das eintreten sollte. Der größte Teil der 394th befand sich eine Woche lang auf Urlaub in Neuseeland. Da Gene dieses Privileg aber schon einige Monate zuvor genossen hatte, blieb er zurück.

Gene und die anderen »First Lieutenants« erhielten den Befehl, das Standarddreieck mit einer Seitenlänge von gut 1300 Kilometern zu fliegen, auf einem Kurs, der von einer exakten Nord-Ausrichtung ein wenig nach Osten abwich. Gene war Erster Pilot mit einer Zufallscrew und einer Zufallsmaschine, was bedeutete, daß es sich weder um Genes übliche Crew noch um das vertraute Flugzeug handelte.

Gene und die Crew erledigten den routinemäßigen Check vor dem Start, dann rumpelte die Maschine über die Rollbahn zwei – die südpazifische Standardrollbahn des Militärs aus zermahlenen Korallen und Stahlnetzen, an die er sich so gewöhnt hatte. Die

---

[19] Wollam erkannte, daß Bomben, die auf Inselziele abgeworfen wurden, sich normalerweise erst in den weichen Untergrund bohrten, bevor sie explodierten. Dadurch wurde die Gewalt und die Wirksamkeit der Explosion drastisch gemindert. Wollam kam auf die Idee, den Zünder ein Stück zu verlängern, damit er aus der Spitze der Bombe herausragte, um die Bombe auf Bodenhöhe detonieren zu lassen. Die 394th testete Wollams Idee und kam zu der Erkenntnis, daß sie ohne große Probleme funktionierte.

Rollbahn war morastig vom Regen des Vortags, der so präzise wie eine Schweizer Uhr um 14 Uhr einsetzte. Es war 5.30 Uhr am Morgen.

Das Flugzeug schien Schwierigkeiten zu haben, auf der Startbahn auf Touren zu kommen. Heutige Rollbahnen sind für die Piloten detailliert gekennzeichnet. An einem bestimmten Punkt der Startbahn müssen sie eine bestimmte Geschwindigkeit erreicht haben, an einem weiteren Punkt müssen sie ihre Geschwindigkeit erhöht haben, sonst wird der Start abgebrochen.

Anders im Südpazifik in Kriegszeiten. Starts und Landungen wurden von Erfahrung und Gefühl geleitet. Der Pilot erkannte, ob er abheben konnte (oder auch nicht), daran, wie sich das Flugzeug anhörte und anfühlte.

Nach einem Drittel der Rollbahn wußte Gene, daß er nicht genug Geschwindigkeit hatte, um abheben zu können. Der Mechaniker Theophilus Davies, jun., sagte ihm, daß die Bremsen schleiften. Gene begann mit dem Abbruch des Starts, wie man es ihm beigebracht hatte: Er nahm Schub weg und bremste.

Die Bremsen der B-17-Bomber waren ein notorischer Schwachpunkt. Für ein Flugzeug, das von seiner Besatzung geliebt wurde – ein Flugzeug, das nur äußerst schwierig zu treffen war und das im Flug bemerkenswert, wenn nicht sogar wunderbar nachsichtig war –, hatte es absolut miserable Bremsen. Sie wurden über ein empfindliches Hydrauliksystem bedient, bei dem man die Zehen gegen die Spitzen der Seitenruderpedale preßte.

Gene preßte, spürte aber keinen Widerstand. Die Bremsen reagierten nicht, während das Flugzeug weiter auf das Ende der Rollbahn zuraste. Genes nächste Möglichkeit war eine Drehung am Boden. Dadurch würde seine Maschine zur Seite ziehen, das Heck würde ruckartig ausbrechen und die Vorwärtsbewegung bremsen.

Gene befahl dem Second Lieutenant Frank Balosic, seinem Copiloten, die hintere Bremse zu lösen, damit sich das Rad frei drehen konnte. Balosic versuchte es, jedoch ohne Erfolg. Gene blickte auf und sah, daß sich das Ende der Rollbahn schnell näherte. Die Maschine raste weiter, sprang über einen kleinen Hügel, rollte an einem Geschützstand vorbei und polterte 150 Meter über das Ende der Startbahn hinaus. Dann landete sie in einer Gruppe von Baumstümpfen, die nach dem Bau der Rollbahn zurückgeblieben waren. Die Kunststoffnase des Flugzeugs zerbrach, die Maschine fing sofort Feuer. Gene und seine Leute stürzten hinaus. Doch Sergeant John P. Kruger, der Bombenschütze, und Lieutenant Talbert H. Wollam, Navigator, hatten ihre Stationen in der Nase. Für sie war der Krieg vorüber. Sie wurden am nächsten Tag mit allen militärischen Ehren beerdigt.[20]

Es war Krieg, und Unfälle ereignen sich nun einmal. Ein Offizier, mit dem bei der Recherche für dieses Buch Kontakt aufgenommen wurde, berichtet, daß es in manchen Einsatzgebieten oft mehr Tote durch »Betriebsunfälle« als durch Gefechte zu beklagen gab.

Es folgte eine offizielle Untersuchung, die von Captain Edward D. Hemingway durchgeführt wurde. Auf nur drei Seiten legte Captain Hemingway die Fakten dar und erläuterte die Umstände: Es war ein Unfall, nichts weiter. Gene hatte so reagiert, wie er es gelernt hatte. Die Umstände erlaubten nichts anderes als die versuchte Drehung am Boden. Zwei Männer waren ums Leben gekommen. Es war kein dunkler Fleck in Genes Karriere, der Unfall wurde nicht einmal in seinen Flugaufzeichnungen vermerkt, aber einige Männer der Staffel waren anderer Ansicht. Nur zwei Tage zuvor war bei einer anderen B-17 der Start durch einen Drehung am Boden erfolgreich abgebrochen worden. Warum hatte Gene nicht das gleiche getan? fragten sie sich. Ein Großteil der Antipathie beruhte auf Genes Verhalten und Wollams Popularität. Niemand fragte Gene, was geschehen war, nachdem sie aus dem Urlaub von Neuseeland zurückkamen. Und Gene war nicht der Typ, der seine Handlungsweisen rechtfertigte.[21]

Trotz des Unfalls war Gene bereits zwei Tage später wieder in

---

[20] Nur ein paar Stunden vor diesem Unfall zerlegte einige hundert Kilometer nordöstlich von Espiritu Santo ein japanischer Zerstörer ein Patrouillenboot der Navy in zwei Stücke. Genes Crash verhinderte seine Beteiligung an der Suche nach Überlebenden. Das zerstörte Boot trug die Nummer PT 109, Kommandant war Lt. John F. Kennedy.

[21] Einer von Genes vorgesetzten Offizieren, mit dem bei der Recherche für dieses Buch Kontakt aufgenommen wurde, war immer noch der irrigen Ansicht, daß Gene irgendwie bei diesem Notfall einen Fehler gemacht hatte. Er änderte seine Meinung erst, nachdem er eine Kopie der Ermittlungen der Army gelesen hatte, die einen Tag nach dem Zwischenfall durchgeführt worden waren.

der Luft, aber alles entwickelte sich zusehends enttäuschend. Die Army-Oberen hatten entschieden, die B-17 aus dem Südpazifik abzuziehen und durch die modernere B-24 zu ersetzen. Gene wurde auf der B-24 eingewiesen und flog mehrere Einsätze als Copilot in den Tagen nach dem Unfall, aber Anfang September 1943 wurde die 394th in die Vereinigten Staaten zurückbeordert.

Die Männer kehrten heim, aber ihre anfängliche Ausgelassenheit wurde durch das Transportmittel rasch gedämpft: ein niederländisches Frachtschiff, das den größten Teil des Monats September benötigte, um San Francisco zu erreichen. Ohne Eskorte auf der offenen und gefährlichen See dampfte der Frachter quer über den Südpazifik bis zur Küste von Südamerika, von wo aus er seinen Weg nach Norden zum Golden Gate einschlug. Die südliche Zickzackroute ging japanischen U-Booten aus dem Weg, aber der niederländische Captain hätte beinahe eine Meuterei erlebt.

Er erhielt einen Pauschale für den Transport der Männer, und er entschied, etwas mehr zu verdienen, indem er am Essen für die Rekruten knauserte. Nachdem tagelang jede Mahlzeit einzig aus Mortadella-Sandwiches bestanden hatte und die Männer den Offizieren ihre Unzufriedenheit mitgeteilt hatten, drohte das Murren in Gewalt umzuschlagen. Wenig später – nach einem freundlichen Gespräch zwischen den Offizieren und dem Captain – wurde das Essen besser.

Gene kehrte nach Los Angeles zurück, zu Eileen und seiner Familie, und erhielt 30 Tage Urlaub. Die *Los Angeles Times* druckte sein Foto ab, zusammen mit einer kurzen Darstellung seiner Aktivitäten im Südpazifik.

Gene ging nicht wieder nach Übersee. Ironischerweise wurde seine Erfahrung in den Staaten benötigt für die Untersuchung von Flugzeugabstürzen. Anfang Oktober 1943 wurde Gene nach Fort Worth, Texas, versetzt und dann zum 18th Replacement Wing in Salt Lake City, Utah. Ein paar Wochen später entschied die Army endlich, wo man seine Fähigkeiten am besten einsetzen konnte: Mitte Dezember wurde er zur Behörde für Flugsicherheit in Oakland, Kalifornien, versetzt. Sechs Wochen später schloß sich der Kreis, als er im Februar 1944 nach March Field versetzt wurde, in unmittelbare Nähe von Riverside, Kalifornien. Im April wurde Gene zum Captain befördert, aber March Field war nicht die Endstation seiner Reisen. Um Abstürze zu untersuchen, mußte er durch das ganze Land reisen, was weitere Versetzungen nach sich zog, bis er Mitte 1945 das Militär verließ.

Zusätzlich zu dem Gepäck, das Gene und Eileen ein- und auspackten, wenn sie umzogen, gab es eine emotionale Last, die Gene seit der Zeit im Südpazifik mit sich herumtrug. Als starker Mann, der wie sein Vater ein Vorbild war, äußerte Gene seine intimsten Gedanken nicht ohne weiteres.

Er offenbarte einen kurzen Blick auf diesen inneren Kampf, als er Jim Kyle besuchte, während er in March Field stationiert war. Kontakte zwischen Offizieren und Rekruten wurden nicht gern gesehen, aber die Freundschaft zwischen Gene und Jim war in gemeinsamen Kampfeinsätzen entstanden. Und Gene ließ sich nicht von Traditionen oder Vorschriften beirren.

Während eines dieser Treffen erwähnte Gene, daß er in einen anderen Unfall verwickelt gewesen war, diesmal als Passagier. Es war ein militärischer Flug, und Gene flog irgendwohin in Verbindung mit seiner Arbeit – die Details sind nicht bekannt –, aber es gab einen Absturz und ein Feuer. Gene sagte, daß er zwei oder drei Männer in Sicherheit gebracht hatte. Und dann, fast wie ein Nachgedanke, vielleicht mehr zu sich selbst als zu Jim, ließ er die emotionale Tür einen Spalt breit offen, als er leise sagte, daß es vielleicht irgendwie half, das wiedergutzumachen, was im Südpazifik geschehen war. Soweit bekannt ist, sprach er nie wieder von einem dieser Vorfälle.

Während der letzten Monate seines Lebens verbrachte ich jede Woche einige Tage mit Gene bei ihm zu Hause. Nach seiner Operation Ende Juli 1991 wegen eines subduralen Hämatoms war seine Fähigkeit eingeschränkt, ganze Sätze zu sprechen. Aber auch wenn die Länge der Sätze begrenzt war, die Gene formulierte, wurde ihre Bedeutung dadurch nicht gemindert. Sein Geist arbeitete noch immer rasiermesserscharf.

Wir saßen im Wohnzimmer und sahen auf der großen Projektionswand fern. Als ich von Kanal zu Kanal sprang, stießen wir auf eine Dokumentation über den Angriff der B-17 auf Deutschland. Ich fragte Gene, ob er das sehen wollte, er sagte ja. Während er das grobkörnige Schwarzweißmaterial der Bombereinsätze auf Deutschland betrachtete, beobachtete ich ihn. Nach einigen Augenblicken war mir klar, daß er nicht die Sendung sah, sondern sich an eine Zeit erinnerte, die fast fünfzig Jahre zurücklag. Nach etwa zehn Minuten stand ich auf und fragte: »Hast du genug gesehen, Gene?«

Er saß in seinem Rollstuhl, müde. Sein Körper übte Verrat an der Macht des Intellekts in ihm. Er sah mich unvermittelt an und sagte mit fester Stimme und voller Überzeugung: »Ja, es ist wirklich genug.«

KAPITEL 5

Ende der vierziger Jahre war in Europa die Ordnung wiederhergestellt. Das Wirtschaftswachstum setzte ein, und die Welt benötigte einen sicheren und zuverlässigen interkontinentalen Lufttransport. Die Kriegsanstrengungen hatten neue Technologien hervorgebracht, die zu größeren und schnelleren Flugzeugen mit größerer Reichweite führte. Zum ersten Mal war es nun möglich, einen wirklich internationalen Flugdienst ins Leben zu rufen. Pan American World Airways stand unmittelbar vor der Errichtung eines solchen Dienstes.

Gene wurde im Juli 1945 als Captain aus der Army Air Force entlassen, flog aber schon einige Monate vor seinem offiziellen Ausscheiden für Pan Am. Er muß den Wechsel zu dieser Fluglinie von langer Hand geplant haben, da er bereits im März 1945 eine entsprechende Pilotenbescheinigung beantragt hatte. Nach einem kurzen Test erhielt er die Erlaubnis, ein- und mehrmotorige Maschinen von 225 bis 1500 PS zu fliegen.

Er wurde Junior Pilot bei Pan Am und flog zunächst von Miami, Florida, aus. Dann wechselte er nach New York, um auf Langstreckenflügen eingesetzt zu werden – das Pendant der Pan Am zu den »First Lieutenant-Missionen«: New York–Johannesburg und New York–Kalkutta, die beiden längsten Strecken der Pan Am. Gene war dritter Offizier oder Co-Pilot.

Er und Eileen lebten zunächst in Jamaica, Long Island, zogen aber Anfang des Jahres 1946 nach River Edge, New Jersey. Das scheinbar so wunderbare Leben als Pilot wurde oft davon geprägt, daß Gene manchmal mehrere Wochen am Stück nicht zu Hause war. Zeitweise wechselte er zwischen sechs Wochen Dienst und sechs Wochen Freizeit.

Dieser Plan berücksichtigte natürlich keine technischen Pannen, die manchen Flug um Tage verzögerten. Die Route nach Kalkutta dauerte eigentlich gut eine Woche, aber meistens erforderten die Umstände einige Tage mehr.

Gene hatte sich zwar seit Jahren mit dem Gedanken getragen, Schriftsteller zu werden, aber jetzt begann er auch entsprechend zu handeln. Obwohl sein einziger Versuch als Songwriter sich im gesamten Pazifikraum als Erfolg erwiesen hatte, wußte er, daß er für diese Arbeit eine Ausbildung benötigte. Er schrieb sich bei drei Schriftstellerkursen der Miami University ein[1], wurde aber im November 1945 von Pan Am nach New York City versetzt, so daß er seine drei Kurse vorzeitig beenden mußte.

Obwohl er es nicht schaffte, seine Kurse zu beenden, zeigten sie eine gewisse Wirkung. Gene schrieb ein Gedicht und schickte es an die *New York Times*, die es am 17. Juni 1945 abdruckte.[2]

Sailor's Prayer

Oh, for a glimpse of the sea again,
For the thrill when the ocean spray,
Caught from the crest of a rolling wave,
Is a kiss from a sea bouquet.

Give me the wheel of a sailing ship
And the surge of the briny main.
Bring on the wind till the hawsers sing
And the spars and the lanyards strain.

Sing me the chanteys of sailing men
To the tune of a northern gale.
Sing to the music of anchor chains,
To the beat of a popping sail.

---

[1] Aus Genes Aufzeichnungen der Beschreibung des Studienkatalogs der University of Miami: English 333 - Der moderne englische Roman, »Umfassendes Studium der Schriftsteller des 20. Jahrhunderts«; English 353 - Individuelle Probleme beim Schreiben, »Ein Kurs für kreatives Schreiben mit Unterweisung in Beschreibungen und Erzähltechniken. Zugang nur mit Zustimmung des Ausbilders«; English 251 - Fortgeschrittene Gestaltung, »Fortgeschrittenen-Kurs für erklärendes Schreiben mit Unterweisung bei der Gestaltung des persönlichen Aufsatzes und des erklärenden Artikels«.

[2] Witzigerweise findet sich auf der Mitte der Seite ein Artikel, »Transozeanische Raketen«, der die Zukunft der Raketen für interplanetare Reisen beschreibt. Der Verfasser wird nicht genannt.

> Bury this frame in these fields you must,
> But this soul is unfettered and free.
> I'll set my sails to a western wind
> And beat my course to the sea.
>
> Capt. Eugene W. Roddenberry

Gene nutzte die Nähe zu New York City und belegte im Frühjahrssemester 1946 an der Columbia University zwei weiterführende Kurse – »Struktur und Stil« und »Arbeitskreis für Dichter«. Beide Kurse schloß er mit Eins minus ab. Im Herbstsemester belegte er noch einmal »Arbeitskreis für Dichter«, außerdem »Über das Schreiben von Kurzgeschichten«. Zu seinem Unglück nahm Pan Am ihn stärker in Anspruch, und sein Zeitplan erlaubte es ihm nicht, Studium, Schriftstellerei und Fliegerei unter einen Hut zu bringen. Am 14. Januar 1947 brach er diese Kurse erneut ab, aber seine Ambitionen zu schreiben blieben.

Pan Am erschloß immer neue Gebiete auf der ganzen Welt. Im Juni 1947 eröffnete Juan Trippe, der Präsident der Gesellschaft, die erste Flugroute um die Erde, indem er eine Anzahl führender amerikanischer Verleger und Herausgeber an Bord der *America*, dem neuesten Modell der Lockheed Constellation, mit auf diese Reise nahm. Zu der Zeit hatte Pan Am über eine Milliarde Flugkilometer ohne Personenschaden zurückgelegt; die Lockheed Constellation verzeichnete in viereinhalb Jahren militärischer und ziviler Luftfahrt lediglich einen Unfall mit Personenschaden. Pan Am war außerdem kurz zuvor für ihre Flugsicherheit ausgezeichnet worden.

Während Trippe und seine Gäste in der modernsten Constellation gen Osten flogen, war Gene an Bord eines älteren Modells auf dem Weg nach Westen, nicht ahnend, wie sehr die kommenden Ereignisse sein Leben auf den Kopf stellen sollten.

Er hatte den Pan Am Clipper Eclipse im indischen Karatschi übernommen, wo er sich in der Nacht zuvor ein Zimmer mit dem Chefsteward Anthony Volpe geteilt hatte, mit dem er schon mehrere Male geflogen war.

Motor Nr. zwei hatte ihnen seit dem Abflug aus New York Schwierigkeiten bereitet; auf dem Weg nach Gander in Neufundland mußte der Motor wegen eines Druckabfalls im Bremssystem abgeschaltet werden. In Gander wurden die Zündkerzen an einem Zylinder ausgetauscht, aber die Maschine mußte nach Gander zurückkehren, da der Motor erneut ähnliche Symptome aufwies. Ein ganzer Zylinder wurde ausgetauscht wegen eines Schadens am Kolben.

Einige Tage später in Rom gingen Chefsteward Volpe und der Captain Joe Hart unter der linken Tragfläche hindurch, als Volpe etwas bemerkte, was er für auslaufendes Öl hielt. Er machte Hart darauf aufmerksam. Der erwiderte, daß er sich gewünscht hätte, es wäre Öl. Es war Hydraulikflüssigkeit. Wegen des Lecks wurde eine neue Hydraulikpumpe eingebaut. Wieder war es der Motor Nr. zwei, der eine Verspätung auslöste.

Zwei Tage später gab es in Istanbul ein Problem mit dem Magnetzünder in Motor Nr. zwei. Dann, in Karatschi, kam Gene an Bord, zusammen mit neun Besatzungsmitgliedern und 26 Passagieren.

Flug 121 würde für Gene langweilig werden – ein Pilot, reduziert auf Passagierstatus, ein zusätzlicher Mann ohne wirkliche Aufgaben während des langen Heimflugs. Er konnte aushelfen, aber er war kein reguläres Besatzungsmitglied. Er würde die meiste Zeit auf seinem Platz verbringen, wo er, außer zu lesen, wenig tun konnte. Vielleicht würde er mit Jane Bray flirten, der bezaubernden blonden Stewardess aus Memphis, die ihm auf dem Weg zu seinem Platz aufgefallen war. Aber wahrscheinlich würde er das nicht tun, immerhin schien die Maschine voll besetzt zu sein. Stewardess Bray und der Chefsteward, Anthony Volpe, würden beschäftigt sein, bis die Passagiere eingeschlafen waren. Also befaßte Gene sich mit seiner Arbeit für den Schriftstellerkurs an der Columbia.

Alles verlief routinemäßig, als die Eclipse über die Startbahn des Flughafens von Karatschi rollte und am 18. Juni 1947 um 15.37 Uhr abhob. Die Maschine stieg langsam auf ihre Flughöhe von 18 500 Fuß. Es sollte laut Plan ein zehneinhalbstündiger Flug werden; die Landung würde am nächsten Morgen um 2.08 Uhr Ortszeit in Istanbul erfolgen.

Fünf Stunden nach dem Start in Karatschi löste Gene Joe Hart am Steuer ab. Mit 12 000 Flugstunden und vier Millionen Flugkilometern war Hart ein Pan Am-Veteran und einer der erfahrensten Piloten der Gesellschaft. Während des Krieges hatte er innerhalb von zwölf Tagen dreizehn Mal den Südatlantik überquert. Manche Piloten meinten zwar, daß Joe dazu tendierte, manchmal etwas zu sehr in Eile zu sein, aber er war ein exzellenter Pilot.

Während sich der Captain ausstreckte, erteilte Gene einem Mitglied der Besatzung eine Navigationsübung. Die wurde von einem Problem an Motor Nr. eins unterbrochen, woraufhin Gene den Propeller in Segelstellung brachte und den Motor abschaltete. Hart kam zurück aufs Flugdeck, um sich ein Bild von der Situation zu verschaffen. Die Lockheed Constellation war ein gutes, erprobtes Flugzeug, das seit fast fünf Jahren in der militärischen und zivilen Luftfahrt eingesetzt wurde. Sie konnte ohne Schwierigkeiten mit nur drei Motoren weiterfliegen. Außerdem wußte Hart, daß die Flughäfen in der näheren Umgebung nicht über die Möglichkeiten verfügten, den defekten Motor zu reparieren. Eine Landung zu dieser Zeit hätte eine Verspätung von mehreren Tagen bedeutet, da Ersatzteile und Mechaniker eingeflogen werden mußten. Seit dem Start in New York hatte es schon zu viele Verspätungen gegeben, die durch den Motor Nr. zwei ausgelöst worden war. Hart entschied, nach Istanbul weiterzufliegen.

Gene wußte aus eigener Erfahrung, daß es nichts daran auszusetzen gab, mit drei Motoren weiterzufliegen. Er konnte nichts weiter tun, also entschloß er sich, ein Nickerchen zu machen. Es gab im Cockpit zwei Schlafkojen, Gene verzog sich in die untere, zog die Vorhänge zu und schlief sofort ein.

Während der zwei Stunden, die Gene schlief, war im Cockpit keineswegs alles in Ordnung. Die drei arbeitenden Motoren begannen heißzulaufen, obwohl die Außentemperatur unter null Grad lag. Hart beschloß, die Maschine auf eine niedrigere Höhe zu bringen, damit die Motoren sich abkühlen konnten. Im Cockpit herrschte große Anspannung. Einer der Ingenieure, dem Volpe eine Tasse Kaffee gab, fragte ihn, wann er das Frühstück servieren wolle. »Etwa zwei Stunden vor der Landung«, erwiderte Tony. Der Ingenieur sagte, dann habe er noch viel Zeit. Sie hinkten hinter dem Zeitplan her, da sie die Fluggeschwindigkeit reduzieren mußten, um ein weiteres Heißlaufen der Motoren zu vermeiden. Gleichzeitig hielten die beiden Piloten die Motorenanzeigen im Auge.

Hart befahl dem Funker Nelson Miles, die örtlichen Flughäfen von ihrer Position und ihrer Situation in Kenntnis zu setzen. Um 22 Uhr funkte Miles ihre Position, Flughöhe 14 000 Fuß, 80 Kilometer östlich von Bagdad und 140 Kilometer östlich des Royal Air Force-Flugplatzes im iranischen Habbaniya.

Der Tower von Habbaniya reagierte vorsichtig und drängte auf eine Notlandung, aber Hart lehnte ab, weil er wußte, daß die dortigen Reparatureinrichtungen unzureichend waren. Er bat Habbaniya, die zivilen Flughäfen in der Umgebung zu informieren, daß sie mit drei Motoren nach Istanbul weiterflogen. Schon bald erfuhr er, daß kein Flughafen auf ihrer Flugroute vor Tagesanbruch geöffnet sein würde. Und der war noch einige Stunden entfernt. Wenn es Schwierigkeiten gab, blieb Hart kaum eine Wahl.

Um 23 Uhr befand sich Flug 121 rund 120 Kilometer östlich von Habbaniya, auf einer Höhe von 10 000 Fuß. Von Harts Situation alarmiert, öffnete der Flughafen von Damaskus, der Tower ging kurz nach 23 Uhr auf Empfang.

Dreißig Minuten später schwanden alle Alternativen dahin.

Die Reaktion eines Piloten auf den Cockpit-Alarm ist ein Reflex, den man sich aneignet. Als der Alarm ertönte, war Gene sofort hellwach. Er rollte aus der Koje und fand sich in einer Notsituation, die gerade eben eingesetzt hatte.

Niemand mußte ihm erklären, worin das Problem bestand: Gene hatte im Krieg oft genug brennende Motoren gesehen. Er sah den hellen Lichtschein, der durch das Fenster ins Cockpit drang und Joe Harts linke Gesichtshälfte beleuchtete. Es war das schlimmste für jeden, der flog – ein Feuer während des Flugs. Motor Nr. zwei, der dem Rumpf auf der linken Tragfläche am nächsten war, brannte lichterloh. Alle Versuche, das Feuer zu ersticken, verliefen erfolglos. Die Helligkeit und die Intensität der Flammen ließen Gene erkennen, daß das Problem außer Kontrolle geraten war. Die Magnesiumbestandteile des Motors brannten und machten die eingebauten Feuerlöscher nutzlos. Captain Hart wußte, daß es nur noch eine Frage von Minuten war, ehe der Motor von der Tragfläche abbrechen würde. Wie flugfähig die Maschine dann noch sein würde, vermochte niemand zu sagen. Hart mußte das Flugzeug landen. Gene war pessimistischer. Er glaubte, daß die Maschine noch im Flug explodieren würde, bevor sie eine Notlandung machen konnten.

Angesichts einer möglichen Panik unter den Passagiere wies Hart Gene an, sich um sie zu kümmern und sie auf eine Bruchlandung vorzubereiten, während er mit dem Flugzeug einen Sturzflug begann. Harts Vertrauen in die Fähigkeiten seines Freundes, mit den Passagieren zurechtzukommen, rettete Gene das Leben. Wäre er im Cockpit geblieben, hätte das seinen Tod bedeutet.

Sekunden bevor Gene den Fluggastraum betrat, war Jane Bray von dem Feuer aufgewacht, das durch die Kabinenfenster hereinschien. Während sie nach draußen blickte, sah sie den brennenden Motor, das Feuer, das sich auf die Tragfläche ausweitete und etwas, was sie ihr Leben lang nicht vergessen würde: leuchtende Sterne, wie friedliche, weit entfernte Diamanten vor einem schwarzen Samthimmel, die durch die gelbweißen Flammen des brennenden Motors funkelten.

Hart wollte die Notlandebahn im syrischen Deir Ez Zor erreichen, aber das Ausmaß des Feuers machte jeden Weiterflug unmöglich. Hart stand das schwierigste und furchterregendste Manöver bevor, das sich ein Pilot nur vorstellen kann: eine Notlandung in der Nacht, über unbekanntem Gebiet, mit einem brennenden Flugzeug.

Während Gene das Cockpit verließ und sich zu den Passagieren begab, wies Hart den Funker Miles an, einen Notruf zu senden.

Habbaniya Tower empfing die Positionsmeldung, dann nichts mehr. Augenblicke später erklang ein anhaltender Ton, so als halte jemand den Morsetaste nach unten. Dann folgte Stille.

Als Gene den Passagierraum betrat, bemerkte er, daß sich Hysterie auszubreiten begann: Die Passagiere waren aufgeregt, sie wußten nicht, was los war. Gene wußte instinktiv, was er tun mußte. Er wandte eine Überlebenstechnik an, die er als Kind gelernt hatte: Er erzählte den Passagieren, was sie hören wollten. Unter Schwierigkeiten ging er durch den Mittelgang und bewahrte sein Gleichgewicht, indem er sich an den Armlehnen festhielt. Er sprach so ruhig, wie er nur konnte, und erklärte den Passagieren: »Es sieht schlimmer aus, als es ist.« Und: »Wir wissen, wo wir landen werden.« Und: »Wir wissen, was wir tun.« Lügen, von denen er hoffte, daß sie die Passagiere beruhigen würden.

Er sagte Jane Bray, sie solle sitzenbleiben, während er und Tony Volpe die Passagiere auf einen möglichen Absturz vorbereiteten. Gene wußte, daß dafür nur wenig Zeit blieb. Jane stand auf, um ihnen zu helfen, aber im Eifer des Gefechts herrschte Gene sie an, sie solle sitzenbleiben und sich anschnallen. Gene hoffte, daß sie alle Gelegenheit haben würden, die Sicherheitsmaßnahmen anzuwenden; immerhin stand inzwischen die gesamte linke Tragfläche in Flammen. Die Chancen, eine Notlandung zu überleben, wurden mit jeder Sekunde kleiner.

Tony Volpe setzte sich zu Jane Bray und schnallte sich an. Er versuchte, sie zu beruhigen, daß alles besser werden würde, wenn der Motor von der Tragfläche abriß. Das gleiche war erst kurz zuvor bei einer Pan Am Constellation über Connecticut geschehen, in der Janet Leigh und Lawrence Olivier gesessen hatten. Dort war auch alles glücklich ausgegangen. Gene nahm in der drittletzten Reihe Platz und schnallte sich an.

Das professionelle Verhalten von Gene und Tony Volpe, zusammen mit Genes beruhigender Stimme und seinen glaubhaft vorgetragenen Lügen, mochte vielleicht nicht die Passagiere beruhigen, aber zumindest milderte es ihre wachsende Panik. In der Kabine herrschte eine gespenstische Stille. Alle saßen da und warteten. Niemand sprach ein Wort. Niemand konnte jetzt noch etwas tun. Viele hatten sich mit dem Gedanken abgefunden, sterben zu müssen. Einige Passagiere beteten. Jahre später dachte Gene an diesen Augenblick zurück, da er als Teenager den Glauben an Religion und Übersinnliches abgelehnt hatte:

»Während dieses Absturzes geschah etwas mit mir, das einen großen Einfluß auf mein Leben hatte. Während wir abstürzten und der Tod unausweichlich schien, dachte ich an alles Mögliche. Sollte ich meiner Frau eine Nachricht in das Metall kratzen? Was sollte ich mitteilen? ›Ich liebe Dich‹? Das wußte sie doch. Ich überlegte, ob ich vielleicht beten sollte. Aber dann dachte ich: ›Moment mal!‹ Ich bete normalerweise nicht, und ich würde einen Gott nicht sonderlich respektieren, der ein Gebet akzeptierte, das ich in großer Not gesprochen hatte. Wenn er wirklich über mich urteilte, dann sollte das auf der Grundlage dessen geschehen, was ich unter normalen Umständen getan hatte. Er würde bestimmt unter derartigen Bedingungen kein Gebet akzeptieren. Ich weiß noch, daß ich mich entschloß, nicht zu beten. Ich dachte: ›Nimm mich so, wie ich bin.‹

Darauf bin ich immer stolz gewesen. Das, was man in einem extremen Notfall denkt, ist wohl das, was man zutiefst glaubt.«

Der Motor Nr. zwei brach brennend von der Tragfläche ab und stürzte in die syrische Wüste, wodurch die Tragfläche an Stabilität verlor. Überlebende beschrieben das Ganze, als würde aus dem Flugzeug ein riesiger Zahn herausgerissen. Der abreißende Motor beschädigte weitere Treibstoffleitungen, wodurch die Flammen neue Nahrung erhielten. Der Verlust des Motors und die schwindende Kontrolle über die Ruder ließen das Flugzeug massiv vibrieren. Es schien so, als würde die Maschine in der Luft zerrissen, während sie wie ein verletzter Vogel nach einem sicheren Landeplatz Ausschau hielt.

Trotz der kaum noch vorhandenen Kontrolle über die Maschine zeichnete sich Captain Hart aus, indem er einen sanften Anflug versuchte, was einer der Passagiere – der Royal Air Force-Pilot Michael Graham – als »perfekte Bruchlandung« bezeichnete. Harts Bemühungen, den besten Landeplatz zu finden, wurden jedoch davon zunichte gemacht, daß von der Oberfläche der syrischen Wüste praktisch nichts zu erkennen war.

Eine Frau vor Gene begann zu schreien, er löste seinen Gurt und beugte sich nach vorne, um festzustellen, was los war. Sekunden später schlug die Maschine in der nachtschwarzen syrischen Wüste auf. Gene brach sich zwei Rippen, da er nicht angeschnallt war.

Während Hart versuchte, das Flugzeug auf den Rädern zu landen, berührte die Spitze der linken Tragfläche als erste den Boden. Der Propeller Nr. eins wurde getroffen, und dann stieß die linke Tragfläche an der Stelle, an der sich der zweite Motor befunden hatte, gegen einen Sandhügel. Die Wucht des Zusammenstoßes riß die Tragfläche vom Rumpf. Der plötzliche Aufprall brachte die Maschine in eine heftige Linksdrehung. Sie beschrieb einen engen Halbkreis, während sie noch gut 60 Meter weiterrutschte. Schließlich kam sie lichterloh brennend zum Stehen –

120 Meter von der Stelle entfernt, an der sie zum ersten Mal den Boden berührt hatte. Vom Ausbruch des Feuers in 10 000 Fuß Höhe bis zum Absturz in der Wüste waren nur sechs Minuten vergangen, aber jeder hatte das Gefühl, daß es eine Ewigkeit war.

Das Aufeinendertreffen von Wüstensand und Flugzeugrumpf – mit einer Geschwindigkeit von 240 Stundenkilometern – erzeugten ein brüllendes, reißendes Geräusch. Körper und Gepäckstücke flogen durch die Kabine, während das Flugzeug über den Sand rutschte, herumgewirbelt wurde und zum Stehen kam. Beim Aufschlag fiel die Stromversorgung aus, überall im Flugzeug wurde es dunkel. Während sich die Maschine drehte und mit dem Heck voran weiterrutschte, zerbrach der Rumpf in der Höhe der Tragflächen in zwei Teile. Vier Passagiere, die in der Reihe saßen, waren auf der Stelle tot. Die Benzintanks zerbarsten, eine Flammenwand hüllte den vorderen Teil der Kabine ein. Die Passagiere im vorderen Bereich und die Crew im Cockpit starben einen schrecklichen Tod. Diejenigen, die nicht beim Aufprall starben, verbrannten bei lebendigem Leib, als sich brennendes Öl und Flugbenzin über sie ergoß.

In dem Augenblick, da das Flugzeug zum Stillstand kam, begannen Roddenberry, Volpe und Bray, die Passagiere durch den Riß im Rumpf in Sicherheit zu bringen. Das Feuer im vorderen Bereich der Maschine kam rasch näher, und sie wußten, daß sie nur Sekunden hatten, um alle aus der Maschine zu retten. So schnell es eben ging, rissen sie die Kabinentür auf und halfen den unverletzten Passagiere nach draußen. Gene und Tony reichten die Verletzten nach draußen, die Unverletzten außerhalb der Maschine brachten sich in Sicherheit.

Trotz der vereinten und zielgerichteten Aktionen der überlebenden Besatzung verlief die Evakuierung nicht reibungslos. Die meisten Passagiere hatten das Flugzeug verlassen, aber der Sicherheitsgurt der Maharani von Pheleton ließ sich nicht öffnen und machte sie zu einer Gefangenen des brennenden Wracks. Die Frau wurde hysterisch, Gene riß den Gurt auf und rettete die indische Blaublütige. Sie und ihr Sohn, der Prinz, wurden zu den anderen gebracht, die sich in der Wüste befanden, weg vom Flugzeug und vom Feuer.

Gene zog noch einige andere Menschen in Sicherheit, die bereits brannten, und benutzte ein Kissen, um die Flammen zu ersticken. Im Flugzeug breiteten sich die Flammen schnell aus, so daß er nur einige Male ins Passagierabteil zurückkehren konnte. Der letzte Passagier, den er nach draußen brachte, starb noch in seinen Armen. Der Wind drehte und wehte das brennende Benzin über das Wrack, Gene und Volpe konnten niemanden mehr aus den Flammen retten.

Die anderen Passagiere waren für den Augenblick in Sicherheit, also konnte sich das Trio mit der Crew im Cockpit befassen. Sie rannten um den brennende Rumpf und die Tragflächen zum vorderen Teil des Flugzeugs. Sie blickten durch die Fenster ins Cockpit und sahen die Crewmitglieder an ihren Stationen, zusammengesackt in ihren Sitzen. Sie waren tot oder bewußtlos. Volpe, Bray und Roddenberry versuchten, ihre Freunde zu wecken, indem sie wie wahnsinnig gegen die Scheiben schlugen. Doch die Flammen zwangen sie zum Rückzug.

Als Gene viele Jahre später auf den Absturz angesprochen wurde, schweifte sein Blick ab, und seine Erinnerung kehrte zu jenen alptraumhaften Moment zurück: »Ich erinnere mich an einen riesigen, brennenden See aus Benzin, an sich krümmende, brennende Körper in den Flammen.« Die Zeit konnte den Schrecken dieser Augenblicke nicht vergessen machen, und auch nicht Genes Bedauern, seinen Freunden nicht helfen zu können.

Gene und Tony Volpe kehrten zum Heck der Maschine zurück und retteten so viel Erste-Hilfe-Ausrüstung und Gepäck, wie sie nur konnten. Außerdem viele der Mäntel der Passagiere, um die vor der kalten Nachtluft zu schützen. Sie bargen auch ein Rettungsboot für zwanzig Personen. Es war fast zwei Uhr nachts Ortszeit.

Innerhalb von Minuten hatte sich ein Wunderwerk moderner Technik für vierzehn Menschen in einen Scheiterhaufen aus verbogenem Metall verwandelt. Die Überlebenden zogen sich weiter zurück, während das Feuer loderte. Bis auf das Knistern der Flammen sowie das Stöhnen und die Schreie der verletzten Überlebenden war alles ruhig. Das Flugzeug brannte noch Stunden später.

Während er in einer leichten Senke im kalten Wüstensand dastand, wich Genes Gefühl der Hilflosigkeit einer nüchternen Erkenntnis: Er war der einzige überlebende Flugoffizier. Seine Gefühle mußten warten, er trug jetzt die Verantwortung. Er richtete seine Aufmerksamkeit auf die Lebenden. Es war kalt, Menschen waren verletzt, und er mußte handeln. In zwei Monaten würde er seinen 26. Geburtstag feiern.

Auf der Passagierliste fanden sich drei Offiziere der britischen Streitkräfte, Berufssoldaten, alle so alt wie Gene oder nur wenig älter, alle im Rang des Captains und alle unverletzt. Jane Bray erinnert sich, daß es keinen Zweifel daran gab, daß Gene das Kommando hatte. Niemand stellte seine Autorität in Frage oder kritisierte seine Entscheidungen. Alle arbeiteten zusammen.

Das Flugzeug war um 1.45 Uhr Ortszeit abgestürzt, womit es bis zum Sonnenaufgang noch gut drei Stunden dauerte. Kein Mondlicht erhellte jene Nacht, es war so dunkel und einsam, wie es in einer Wüste überhaupt nur sein konnte. Die drei Besatzungsmitglieder und die unverletzten Passagiere taten, was sie konnten, leisteten Erste Hilfe, wenn möglich; aber bei mehreren Passagieren mit schweren Verbrennungen war mehr als nur Erste Hilfe erforderlich. Glücklicherweise befand sich unter den geborgenen Gepäckstücken ein Arztkoffer. (Der Arzt hatte den Absturz zwar überlebt, dabei aber einen so großen Schock erlitten, daß er unfähig war, etwas zu tun.) Im Koffer fand Gene Morphium und Schlaftabletten. Beides verteilte er an die Verletzten. Es war ein glücklicher Fund; als die Geretteten sich von ihrem Schock erholten, standen sie alle unter Beruhigungsmitteln. Die überlebende Crew war nicht ungeschoren davongekommen. Jane Bray hatte sich den Knöchel schwer verstaucht, als sie aus dem Flugzeug gesprungen war. Nach stundenlanger harter Arbeit war sie schließlich zusammengebrochen. Gene hatte sich zwei Rippen gebrochen und eine Reihe von Quetschungen und Schürfwunden zugezogen, aber er arbeitete die ganze Nacht durch. Tony Volpe hatte sich auch eine Rippe gebrochen und den Rücken gezerrt.

Es gab noch einen weiteren Aspekt der Katastrophe, über den Gene nicht mit den anderen Überlebenden sprach. Er wußte nicht, wo genau sie sich befanden und ob ihre Position den entsprechenden Stellen über Funk mitgeteilt worden war. Obwohl er wußte, daß sich Suchmannschaften mit Tagesanbruch auf den Weg machen würden, hatte er keine Ahnung, wie schnell Hilfe eintreffen würde. Er vermochte auch nicht zu sagen, wie lange die Passagiere unter den harten Bedingungen in der Wüste überleben konnten.

Obwohl das Feuer die Szene ein wenig erhellte, wurde das gesamte Ausmaß des Schadens erst am Morgen erkennbar. Die Sonne ging um 4.24 Uhr auf. Erst da konnten Crew und Passagiere sehen, daß das markante Heck der Constellation, zehn Meter des hinteren Rumpfs, ein Teil der rechten Tragfläche und ein Motor alles waren, was nicht den Flammen zum Opfer gefallen war.

Die linke Tragfläche lag gut 60 Meter vom Wrack entfernt, Motor Nr. zwei war eineinhalb Kilometer entfernt. Die Zahl der Überlebenden sprach für Joe Harts Erfahrung und das schnelle Handeln der drei überlebenden Besatzungsmitglieder.

Der Sonnenaufgang brachte ein neues Problem: Hitze. Gene, Tony Volpe und die unverletzten Passagiere pumpten das Rettungsboot auf und stellten es hochkant auf, damit es Schatten spendete. Die Passagiere drängten sich unter den behelfsmäßigen Schutz und warteten. Volpe hörte, wie ein Passagier zu einem anderen sagte: »Ich hätte nie gedacht, daß sich ein Rettungsboot mitten in einer Wüste als praktisch erweisen würde.«

Kurz nach Sonnenaufgang erblickte Gene etwa ein Dutzend Angehöriger eines Eingeborenenstammes auf Pferden auf dem Kamm einer nahegelegenen Sanddüne, die sich als Silhouette vor dem morgendlichen Himmel abhoben. Das Sonnenlicht reflektierte von den Schwertern, die sie über ihren Köpfen schwenkten. Sie musterten das Wrack, die Überlebenden und die Verbrannten. Gene wußte, daß sie nicht hier waren, um ihnen zu helfen. Er erinnerte sich, daß Vertreter von Pan Am angeblich mit den Wüstenstämmen Verhandlungen geführt hatten. Die Stammesleute sollten für jeden Überlebenden eine Belohnung erhalten, die ihnen mehr einbringen sollte als das Töten der Überlebenden und das Plündern des Wracks. Gene stellte sich vor, wie diese Männer darüber nachdachten, was einträglicher sein würde.

Er erinnerte sich an den »amerikanischen Händedruck«, wie er ihn nannte, näherte sich dem Mann, der der Führer zu sein schien, und streckte ihm seine Hand entgegen. Der Mann nahm sie und schüttelte sie mit Nachdruck. Trotz der Anstrengungen der

Nacht, trotz seiner zerrissenen und schmutzigen Uniform und trotz seiner Verletzungen schienen Genes Verhalten, sein Erscheinungsbild und seine vorgetäuschte Selbstsicherheit zu wirken. Obwohl sie eine unüberwindbare Sprachbarriere trennte, war ein gewisser gegenseitiger Respekt spürbar. Die Überlebenden wurden in Ruhe gelassen, aber die Reiter plünderten die Toten und bedienten sich bei dem unversehrten Gepäck. Zwei Stunden später hatten sie ihre makabre Arbeit erledigt und kehrten in die Wüste zurück, wobei sie den Überlebenden nur wenig halfen, indem sie etwas Wasser und Nahrung zurückließen. Vielleicht dachten sie, daß es von ihnen mehr als großzügig war, die Überlebenden nicht zu töten. Aber es gab vermutlich einen anderen Grund.

Die Absturzstelle befand sich keineswegs mitten in der Wüste. Anders als die Stammesangehörigen wußte Gene nicht, daß die Eclipse nur wenig mehr als sechs Kilometer nordwestlich des kleinen Dorfs Mayadine abgestürzt war. Als Gene Telefonmasten und -kabel entdeckte, wußte er, daß sich ganz in der Nähe die Zivilisation befand. Er mußte nur noch feststellen, wie weit sie entfernt war. Er bildete zwei Gruppen mit je zwei Mann, die in entgegengesetzten Richtungen den Masten nachgehen sollten, bis sie etwas entdeckten. Das sollten sie dann melden.

Die Dorfbewohner blieben ebenfalls nicht untätig. Da sich der Absturz in der Nacht ereignet hatte, war ihnen das brennende Flugzeug aufgefallen, das über das Dorf hinweggeflogen war. Ein älterer Einwohner von Mayadine beschrieb, was er gesehen hatte: »Es brannte und kreiste und kreiste, dann stürzte es in die Wüste.« Irgendwann nach Sonnenaufgang, nachdem die berittenen Stammesangehörigen abgezogen waren, näherten sich einige Dutzend Dorfbewohner der Absturzstelle. Sie begannen, sich selbst zu bedienen. Ein Überlebender beschrieb, daß sie »jedes glänzende oder metallene Objekt, das nicht zu heiß war, unter ihre wallenden Gewänder packten. Sie kämpften darum, sobald sie jemand daran hindern wollte.« Binnen kürzester Zeit blieben den Überlebenden nur Toilettenartikel und das, was sie am Leib trugen.

Nachdem Gene die korrekte Richtung bestimmt hatte, marschierte er die vier Meilen in die Stadt, fand ein Telefon und rief die Unfallstation von Deir ez Zor an, die 56 Kilometer entfernt war. Nach syrischer Zeit war es acht Uhr am Morgen.

Am selben Morgen um 10.30 Uhr landeten Juan Trippe und seine Gäste auf dem Flug um die Welt in Istanbul. Zuerst wurde ihm die Nachricht von dem Absturz überbracht. Trippe veranlaßte, daß eine Rettungsmaschine nach Syrien flog. Innerhalb weniger Stunden startete der Pan Am-Clipper *Racer* im irischen Shannon und flog nach Damaskus, um die Überlebenden aufzunehmen.

Der Standortkommandant in Deir ez Zor schickte syrische Armeeflugzeuge, Krankenwagen, Jeeps, Sanitäter, Militärpolizei und Gendarmen mit medizinischen Vorräten und Wasser zur Absturzstelle. Captain Chazli, Ausbildungsleiter der syrischen Luftwaffe, führte an der Stelle zwei Landungen mit medizinischem Personal und Vorräten durch und half, die Verwundeten zu evakuieren. In Deir ez Zor befand sich an diesem Morgen eine Gruppe syrischer Flugschüler mit 13 kleinen Übungsflugzeugen. Sie begaben sich sofort zur Absturzstelle und halfen, wo sie konnten. Später an dem Vormittag verließen zwei C-47-Maschinen der Syrian Airways Company Damaskus, um Überlebende aufzunehmen. An Bord befanden sich Pan Am-Vertreter, medizinisches Personal und Robert Evans Cashin, dritter Sekretär der amerikanischen Botschaft.

Nach seinem Anruf kehrte Gene zur Absturzstelle zurück, überwachte die Versorgung der Verletzten, spendete Trost, so gut es ging, und wartete darauf, daß die medizinischen Teams kamen. Als die Rettungstrupps eintrafen, fanden sie vierzehn Tote vor – sieben Besatzungsmitglieder und sieben Passagiere –, elf Passagiere, die medizinisch versorgt werden mußten, und acht Passagiere, die gar nicht oder nur leicht verletzt waren. Die Gendarmen sicherten sofort die Unfallstelle, um die Überlebenden und das wenige, was vom Flugzeug und den Habseligkeiten der Passagiere übriggeblieben war, zu beschützen.

Gegen Mittag waren alle Überlebenden mit Jeeps über 60 nahezu straßenlose Meilen in das presbyterianische Missionshospital in Deir ez Zor gebracht worden, wo sie vom örtlichen Arzt, Dr. Monroe Bertsch, behandelt wurden. Später am Nachmittag wurden die Schwerverletzten per Flugzeug nach Beirut gebracht, begleitet von Jane Bray und Tony Volpe. Diejenigen, die trotz Verletzungen gehen konnten, die Unverletzten und Gene wurden nach Damaskus geflogen.

Drei Tage nach dem Absturz schickte Gene folgenden kurzen Brief an seine Eltern in Kalifornien.

22. Juni 1947

Liebe Mutter, lieber Dad,

viele Grüße aus Damaskus. Es ist eine aufregende Stadt voller exotischer Basare, Beduinen, Moslems, römischer Ruinen und biblischer Stätten. Das Wetter ähnelt dem in Südkalifornien, und es ist hier wie in einem Garten mitten in dieser desolaten Wüstenlandschaft. Dad, ich hoffe, Du hast Dir nicht zu große Sorgen gemacht, weil hier eine Maschine der Pan Am abgestürzt ist. Ich hoffe, daß mein Brief aus Istanbul noch nicht bei Euch eingetroffen ist, sonst wißt Ihr bestimmt schon, daß es meine Maschine war. Es geht mir sehr gut, also macht Euch keine Sorgen.

Ich habe mir ein paar Rippen gebrochen, und ich habe ein oder zwei Blutergüsse, aber das ist alles sehr unbedeutend. Wir können sagen, daß ich sehr viel Glück gehabt habe. Ich hänge hier noch ein paar Tage fest, weil ich der Mann der Airline Pilots Association in diesem Bezirk bin und an den Untersuchungen mitwirken muß. Ich habe mir große Sorgen um Eileen gemacht; ich hoffe, daß Frank und Maude noch nicht abgereist sind. [Maude und Frank Rexroat besuchten vor dem Absturz ihre Tochter in New Jersey.] Wenn ich zurück bin, nehme ich Urlaub, und wir werden viel Zeit miteinander verbringen, um uns zu entspannen, bevor ich wieder fliege.

Ihr werdet stolz auf mich sein: Ich habe vom Vizepräsidenten von Pan Am, der wegen der Untersuchung hier ist, ein persönliches Lob erhalten, weil ich einigen Menschen das Leben gerettet habe und weil ich die Rettungsaktion so wirkungsvoll geleitet habe. Der wahre Trick bestand eigentlich darin, daß sich jeder vorbildlich verhielt - sogar die Schwerverletzten - und zeigte, daß durchschnittliche Menschen ganz hervorragend sein können, wenn sie in eine Katastrophe auf Leben und Tod geraten.

Ich gebe diesen Brief einem Freund mit, der nach Hause fliegt und ihn in New York einwirft. Ich hoffe, daß ich am 1. Juli wieder zu Hause bin. Werde bald wieder schreiben. Viele Grüße an Nana und die ganze Familie.

In Liebe
Gene

Damaskus war ein Jahr vor Genes Absturz die Hauptstadt des unabhängigen Syriens gewordenen. Es war eine Stadt der Gegensätze, der nördliche Teil war modern, der südliche dagegen antik, mit einem labyrinthartigen Basar, der Großen Moschee, einer mittelalterlichen Zitadelle, und es wimmelte von farbenfrohen und exotischen Menschen aus allen Ecken des Nahen Ostens. Aufregend und geheimnisvoll zugleich war Damaskus ein Wirbel sich ständig verändernder Anblicke, Aromen und Klänge. Die Stadt war die perfekte Umgebung für einen aufstrebenden jungen Autor, sie bot ihm tausend Geschichten, die nur darauf warteten, geschrieben zu werden.

Gene aber wollte nur nach Hause zurück.

Sein Aufenthalt dauerte länger als erwartet, aber es waren nicht seine Verletzungen, die die Abreise verzögerten. Seine zwei gebrochenen Rippen waren im presbyterianischen Missionshospital behandelt worden, und er fühlte sich gut genug, um als Co-Pilot der DC-3 zu fungieren, die ein oder zwei Tage nach dem Absturz gekommen war, um ihn nach Damaskus zu bringen.

Die Verzögerung wurde verursacht durch die Tatsache, daß er der einzige Flugoffizier war, der überlebt hatte. Die syrische Regierung war der Ansicht, daß seine Aussage für *ihre* Untersuchung von größter Bedeutung war. Es interessierte die Syrer nicht, daß zahlreiche hochqualifizierte und erfahrene Vertreter der US-Regierung tiefschürfende Untersuchungen des Absturzes durchführten. Der Absturz hatte sich auf syrischem Territorium ereignet, und das neueingerichtete syrische Luftfahrtbüro, motiviert durch Nationalstolz und Selbstbewußtsein, ließ nicht zu, daß seine hoheitlichen Rechte durch Ausländer untergraben wurden. Gene mußte sich bereithalten, bis die Syrer ihre Untersuchungen abgeschlossen hatten.

Gene wohnte bei einem Freund, dem Pan Am-Piloten Bill Hamilton, der ihn von Deir ez Zor hergeflogen hatte. Es sollte nicht das einzige Mal sein, daß Hamilton für Gene ein Flugzeug steuerte. 22 Jahre später sollte er der Pilot sein, der Majel und Gene von Tokio nach Honolulu flog. Als Gene hörte, wer Pilot der Maschine war, ließ er seine Visitenkarte ins Cockpit bringen. Auf die Rückseite schrieb er:

> Bill, habe Dich seit Damaskus nicht mehr gesehen, als ich den NC47-Absturz überlebt habe. Komm vorbei und sag hallo.
>
> Rod

Die beiden alten Freunde trafen sich, und ein paar Wochen später schrieb Gene ihm einen Brief, in dem er einige lange unterdrückte Gefühle über seine Erlebnisse in Syrien offenbarte.

Lieber Bill,

tut mir leid, daß wir uns in Waikiki verpaßt haben. Ich hätte mich gerne mit Dir zusammengesetzt und über alte Zeiten gesprochen. Aber auch über Deine Einstellung zu den neuen Jets und den heutigen Luftbeförderungsmitteln. Das interessiert mich sowohl wegen meiner Pan Am-Vergangenheit, aber auch weil ich als Schriftsteller alles, was ich erfahre, irgendwann in einer Geschichte oder einem Drehbuch verwenden kann. Der Schriftsteller, der nicht mehr beobachtet, fragt und sich wundern kann, ist in argen Schwierigkeiten.

Wie ich Dir schon im Flugzeug sagte, sind meine Gefühle Dir gegenüber stets besonders herzlich gewesen, weil ich nie den »Freund in der Not« vergessen werde, der Du an dem Tag warst, als ich mit gebrochenen Rippen nach Damaskus wankte. Mann, ich hatte diesen Drink wirklich nötig.

Ich erinnere mich noch immer voller Dankbarkeit an Deine ständigen Eingriffe, um mich durch die kleinliche syrische Bürokratie zu lotsen. Ich war nicht in der Stimmung, ihre Fragen zu beantworten. »War es die obere oder die untere Tragfläche, die zuerst abriß?«[3]

Gene vertrat bei der Untersuchung die Airline Pilots Association. Nach zwei Wochen endloser Fragen kehrte er nach Hause zurück. Es ist nicht bekannt, ob er mit der Erlaubnis der syrischen Regierung ging oder ob er der Fragen überdrüssig war und einfach abreiste, bevor die Untersuchung abgeschlossen war. Da aber die Akte des State Department keine Probleme mit den örtlichen Behörden verzeichnet, darf angenommen werden, daß Gene seine Pflichten zur Zufriedenheit aller Beteiligten erfüllte.

Für Gene hatte River Edge, New Jersey, noch nie so gut ausgesehen. Diese Heimkehr wurde nur von der Rückkehr aus dem Krieg übertroffen. Gene hatte einen der schwersten Pan Am-Ab-

---

[3] Die syrische Luftfahrtbehörde hatte gerade erst ihre Arbeit aufgenommen, und dieser Absturz war für sie ein überwältigender Arbeitsbeginn. Gene nahm es zwar mit Humor, aber seine Ungeduld, als er darauf wartete, abreisen zu können, war sehr real. Er haßte es, als »Versuchskaninchen« für die Syrer benutzt zu werden.

stürze überlebt, jetzt kehrte er zu dem ersten eigenen Heim mit einer speziellen Mission zurück: Er wollte eine Familie gründen. Jahre später räumte er ein, daß er beim Absturz des brennenden Flugzeugs daran dachte, daß er kein Kind hatte, daß nichts von ihm weiterlebte. Hinzu kam, daß der Verlust durch die Fehlgeburt eines Sohnes zwei Jahre zuvor nicht mehr so sehr auf ihm lastete und Gene der Ansicht war, daß sie es noch einmal versuchen sollten.[4] Er war beim Absturz dem Tod so nahe gekommen, daß er durch ein Kind eine gewisse Form der Unsterblichkeit erlangen wollte.

Trotz Genes gebrochener Rippen wurde Eileen etwa am 8. Juli 1947 schwanger, nur wenige Tage nach seiner Rückkehr.

Über vierzig Jahre später erinnerte er sich an seinen Wunsch in einer rätselhaften Widmung auf einem Foto, das er seiner erstgeborenen Tochter zwei Jahre vor seinem Tod gab. Sie hatte nicht verstanden, was ihr Vater ihr geschrieben hatte, bis die Recherche für dieses Buch seinen Worten eine Bedeutung gab. Die Widmung lautet:

> Für Darleen – Ich kam zurück mit der festen Absicht, ein Kind zu haben. Ich bin glücklich, daß Du es warst.
>
> In Liebe Dad

Zu Hause in New Jersey, wo Eileen sich um ihn kümmerte, erholte Gene sich – glücklich und zufrieden, zu Hause zu sein. Ende Juli sagte er in einer Untersuchung aus, die von der Sicherheitsabteilung des Civil Aeronautics Board im Hotel Lexington in New York City durchgeführt wurde. Die beiden anderen überlebenden Pan Am-Mitarbeiter, Chefsteward Anthony Volpe und Stewardess Sara Jane Bray, sagten ebenfalls aus.

Ihre Geschichten gaben ihre Aktivitäten vor, während und nach dem Absturz wieder. Es waren Zeugnisse ihres Mutes und ihrer Heldenhaftigkeit. Robert W. Crisp, der die Befragung für die CAB leitete, sprach den dreien ein Lob aus für ihr »Pflichtbe-

---

[4] Über dieses traurige Ereignis ist fast nichts bekannt, es zeigt aber, wie Gene mit seinen tiefsten Gefühlen umging. Er sprach nie mit seiner Familie darüber. Caroline Glen wußte davon nur, weil Eileen es ihr gesagt hatte. Gene erwähnte es zwanzig Jahre später einmal in einem Brief an den Schauspieler Rip Torn und einmal Majel gegenüber, nach der Geburt ihres Sohnes Rod 1974.

wußtsein, ihre Gelassenheit und ihre Leistung während dieser schwierigen und gefährlichen Erfahrung«. Volpe und Bray erhielten außerdem Ehrungen von ihrer Gewerkschaft für »heldenhaftes Verhalten in Ausübung ihres Dienstes«.

Gene schickte einen Bericht an Pan Am:

Als das ranghöchste überlebende Besatzungsmitglied des Clippers 88845, der am 18. Juni 1947 in Meyadine, Syrien, abstürzte, möchte ich Ihrer Abteilung diesen Bericht zukommen lassen, um den persönlichen Mut und das professionelle Verhalten von Tony Volpe, Chefsteward, und Stewardess Jane Bray zu loben.

Beim Militär, mit dem ich vertrauter bin, wären diese beiden sicher mittlerweile für ihren Mut angemessen ausgezeichnet worden; daher bitte ich Sie, diesen Bericht zu ihren Personalakten zu nehmen.

Es wäre ein leichtes, einige Seiten darauf zu verwenden, um die Vorfälle hervorzuheben, an denen einer von beiden oder auch beide beteiligt waren, die ihren Mut wieder und wieder belegen würden. Bei der Rettung und der medizinischen Hilfe zeigten sie ein hohes Maß an Professionalität, auf das Ihre Abteilung stolz sein kann. Anstatt hier fortzufahren, verweise ich auf die Berichte der Überlebenden des Unfalls und die vielen lobenden Briefe, die seitdem von Passagieren und ihren Familien geschickt wurden.

Gene erhielt noch eine weitere »Belohnung«. Für seine Verletzungen, die er beim Absturz davongetragen hatte, erhielt er ein Schmerzensgeld in Höhe von 40 Dollar – umgerechnet 20 Dollar für jede Rippe.

Die Brüche verheilten, und Gene begann wieder zu fliegen – sehr zum Mißvergnügen von Eileen. In den nachfolgenden Monaten führten drei Unfälle dazu, daß Gene über seine Pilotenkarriere nachzudenken begann.

Im Februar 1948 wurde der abschließende Bericht über die Absturzursache veröffentlicht. Dessen Verfasser Caro Dolan kam zu der Ansicht, daß der Motor Nr. zwei Ursache für den Absturz war. Den hätte Pan Am austauschen müssen, nachdem während des Flugs von New York nach Karatschi mehrere Fehlfunktionen aufgetreten waren. Gene wurde klar, daß er als Copilot nur wenig Einfluß auf Entscheidungen hatte, die die Wartung betrafen – Entscheidungen also, die oft unter finanziellem und zeitlichem Druck getroffen wurden.

Einen Monat nach Veröffentlichung des Berichts ließ ein zweites Ereignis Gene innehalten. Am 4. April 1948, fast neun Monate nach Genes Rückkehr, wurde sein erstes Kind Darleen Anita in Hackensack, New Jersey, geboren. Nun waren es nicht länger nur Gene und Eileen: Sie waren eine Familie, und Gene mußte an die Zukunft denken. Schließlich war er jetzt für eine weiteres Leben verantwortlich, und Eileen macht ihm unmißverständlich klar, daß sie nicht beabsichtigte, das Baby mit der Witwenrente der Pan Am großzuziehen.

Erneut entging Gene nur knapp dem Tod, und wieder war die Ursache dafür eine Verkettung von Umständen, auf die Gene keinen Einfluß hatte.

Anfang des Jahres 1948 startete Gene von La Guardia Field und machte einmal mehr Bekanntschaft mit einer Tatsache, die allen Piloten vertraut ist: Starts und Landungen sind das gefährlichste an einem Flug. Gene war Copilot auf der Route zu den Bahamas. Es schneite, ein heftiger Wind wehte, und es war eiskalt. Das Flugzeug wurde enteist und rasch für den Start freigegeben. Während das Fahrwerk eingefahren wurde und das Flugzeug schnell an Höhe gewann, froren plötzlich die Kontrollen ein. Das Flugzeug setzte seinen Aufstieg fort, befand sich aber in Gefahr abzusacken, was für jeden an Bord den augenblicklichen Tod bedeutet hätte. Es wäre nicht möglich gewesen, im Gleitflug sanft zu landen. Ohne Vorwärtsbewegung wäre die Maschine so aerodynamisch wie ein Felsbrocken.

Gene und der Pilot hatten nur wenige Sekunden, um etwas zu unternehmen. Sie setzten alle Kraftreserven ein, um die eingefrorenen Kontrollen zu lösen. Sie schwitzten vor Anstrengung und Angst; nur Sekunden trennten sie davon, daß das Flugzeug absackte, als sich plötzlich die Kontrollen lösten und sich alles wieder normalisierte.

Pan Am konnte später nicht die Umstände nachvollziehen, die zum Blockieren der Kontrollen geführt hatten. Es konnte keine Ursache festgestellt werden. Somit war es auch nicht möglich, den Vorfall beim nächsten Mal zu vermeiden. Allein durch Glück, nicht durch die Erfahrung der Piloten, war ein weiteres Desaster verhindert worden.

Gene hatte genug. Er hatte nicht vor, ein Opfer des Zufalls zu werden, wenn er es verhindern konnte. Seit Jahren hatte er sich mit dem Gedanken getragen, sein Geld als Autor zu verdienen. Zunächst dachte er daran, Dichter zu werden - was wohl auf seine romantische Art und den nachhaltigen Einfluß seiner Englischlehrerin Virginia Church zurückzuführen war. Als er herausfand, daß die meisten Dichter entweder am Hungertuch nagten oder mit einem anderen Beruf ihren Lebensunterhalt verdienten, ließ er diesen Gedanken schnell wieder fallen. Er entschloß sich, Romane und Kurzgeschichten zu schreiben.

Ein Nachbar in Dorchester besaß ein neues Spielzeug, einen Fernseher. Er kostete fast 1000 Dollar und hatte eine 15 cm-Bildröhre. Es war Anfang 1948, und das Fernsehprogramm beschränkte sich auf gerade einmal vier Stunden täglich ab 19 Uhr. Aber Gene, der sich an seine Science Fiction-Erfahrungen erinnerte, sah in dem Fernseher mehr als nur ein technisch unvollkommenes Gerät. Er erkannte darin das Unterhaltungsmedium der Zukunft. Sobald erst einmal jeder Haushalt einen Fernseher hatte, würde die Nachfrage nach Fernsehsendungen gigantisch werden - und damit auch die Nachfrage nach Autoren.

Am 15. Mai 1948 kündigte Gene bei Pan Am. Das Haus in Dorchester wurde zum Verkauf angeboten, Pläne wurden geschmiedet für eine Reise quer durch die Staaten nach Kalifornien. Dort wollte Gene als Autor für das neue Medium Fernsehen arbeiten.

Gene hatte angenommen, daß Kalifornien - als das Zentrum der Filmproduktion - auch das der Fernsehproduktion werden würde. Er hatte keine Ahnung von den Produktionsbedingungen, von den Drehbuchanforderungen und auch nicht von der Wahrscheinlichkeit, als neuer Autor ohne jegliche Erfahrung Arbeit zu finden. Gene sollte schon bald feststellen, daß Charme, Intelligenz, Ehrgeiz und Talent nicht ausreichen, um erfolgreich zu sein.

In den anschließenden Jahren verbesserte Gene seinen Erzählstil in hohem Maße. Er war ein guter freier Autor, lange bevor er *Star Trek* schuf. Er schrieb Dutzende Drehbücher und Pilotfilme für Serien, aber er versuchte nie, das große Drama zu erzählen, das er an jedem Morgen in der syrischen Wüste erlebt hatte.

Darauf angesprochen, warum er dieses packende Erlebnis nie

zu einem Drehbuch verarbeitet hatte, erwiderte er: »Ich glaube nicht, daß es möglich ist, das Gefühl der Überlebenden wiederzugeben, als sie am nächsten Morgen die Sonne aufgehen sahen. Wir waren eine kleine Gruppe Überlebender, und wir waren dankbar, daß wir überlebt hatten. Ich könnte nie wiedergeben, was es für mich und für die anderen bedeutete, überlebt zu haben. Ich weiß, daß ich trotz meines gesamten Talents diesen Augenblick nie vermitteln könnte.«

KAPITEL 6

Als Gene und seine Familie im August 1948 nach Los Angeles kamen, befand sich die Stadt – unmittelbar nach dem Krieg – erst am Anfang eines Weges, an dessen Ende sie diese Seite des Pazifik beherrschen sollte. Der Zweite Weltkrieg hatte in Südkalifornien einen Boom ausgelöst. Flugzeugfabriken und andere Rüstungsproduktionen hatten Menschen aus dem ganzen Land angezogen. Erfahrene Arbeiter waren in Scharen nach Los Angeles und in die Nachbarstädte gekommen. Viele waren nach dem Krieg geblieben und hatten dort Familien gegründet.

Eine Revolution in der Kommunikationstechnologie zeichnete sich ab, als das Fernsehen nach langer Schwangerschaft ins frühe Kindesalter eintrat. Die Technologie des Fernsehens war Wirklichkeit geworden, aber die kommerzielle Seite mußte sich erst noch entwickeln. Aus mehreren Gründen war es die denkbar schlechteste Zeit für einen aufstrebenden Autor, den Grundstein für eine Karriere zu legen.

Das Fernsehen hatte sich vor dem Zweiten Weltkrieg[1] recht gut entwickelt, die kommerzielle Ausnutzung dieses Mediums mußte aber warten, bis der Krieg mit seinem unersättlichen Hunger nach Rohstoffen vorüber war.[2]

1946 waren genügend Material, Fabriken und Arbeiter verfügbar, um mit der Herstellung und dem Verkauf von Fernsehapparaten zu beginnen.[3] Die hohen Preise jedoch – 750 bis 1000

---

[1] Erste Ausstrahlungen von Fernsehprogrammen begannen bereits in den späten zwanziger Jahren; 1929 gab es sogar erste Versuche mit Farbfernsehen. NBC unterhielt 1930 in New York einen Versuchssender, W2XBS. CBS richtete ein Jahr später einen ähnlichen Sender ein. NBC übertrug die offizielle Eröffnung der Weltausstellung am 30. April 1939, Franklin D. Roosevelt wurde der erste amtierende Präsident, der im Fernsehen zu sehen war.
[2] Keines der beiden Networks kann für sich beanspruchen, das erste gewesen zu sein, da sowohl NBC als auch CBS am 1. Juli 1941 ihre Lizenz erhielten.
[3] Im Sommer 1946 brachte RCA den ersten Schwarzweißfernseher auf den Markt.

Dollar in den vierziger Jahren – machten die Anschaffung nur für Gutverdienende und für die Kneipe an der Ecke interessant.

1947 strahlte NBC die World Series aus. Sie wurde von Sendern in New York, Philadelphia, Schenectady und Washington, D.C., übertragen und erreichte ein Publikum von schätzungsweise 3,9 Millionen Zuschauern. 3,5 Millionen davon sahen aus der Kneipe in ihrer Nachbarschaft zu. Der Wunsch, selbst einen Fernsehapparat zu besitzen, griff rasch um sich.

Obwohl die Menschen von den unscharfen Schwarzweißbildern fasziniert waren, die von einer vergleichsweise primitiven Technologie erzeugt wurden, konnte sich das Fernsehen nicht so schnell ausbreiten, wie das Publikums es verlangte. Drei voneinander unabhängige Aktionen der Regierung ergänzten sich, um die rasche Ausbreitung zu behindern. Das machte es für Gene zusätzlich schwierig, als Autor eine feste Anstellung zu erlangen.

Im September 1948 wurde durch die Federal Communications Commission (FCC) die Vergabe neuer Fernsehkanäle eingefroren. Das begrenzte das Wachstum der bereits 36 Stationen, die auf Sendung waren, und der 70 Stationen, die bereits die Erlaubnis erhalten hatten, sich zu konstituieren.

Die FCC wollte feststellen, welcher Frequenzbelegungsplan am besten geeignet war, für einen landesweites Wettbewerb zu sorgen. Zudem wollte sie Bestimmungen über das Farbfernsehen entwickeln.[4] Diese Phase dauerte bis Juli 1952.

Während dieser vier Jahre machte auch Hollywood eine massive Wandlung durch. Die Kinobesucherzahlen der Nachkriegszeit hatten 1946 einen Höhepunkt erreicht, als die Gesamteinspielergebnisse sich auf fast zwei Milliarden Dollar beliefen – zu einer Zeit, da eine Kinokarte weniger als einen Dollar kostete. Nach der Entscheidung des United States Supreme Court in der Sache *Vereinigte Staaten vs. Paramount und andere* im Jahr 1948 begann sich die Filmindustrie zu verändern.

---

[4] Das war der Hauptgrund, warum CBS erst so spät ins Network-Geschäft einstieg. Man drängte darauf, das eigene Farbsystem zum Standard erklären zu lassen. Einige Fernseh-Historiker sind der Ansicht, daß die Entwicklung des Fernsehens in diesem Fall um einige Jahre zurückgeworfen worden wäre. Das CBS-System war unzuverlässig und auch nicht mit dem Schwarzweißsystem kompatibel, das zu der Zeit gebräuchlich war. Schließlich wurde das System von RCA übernommen.

Die großen Filmgesellschaften – Paramount, Loew's (mit MGM), RKO, Twentieth Century-Fox, Warner Brothers, Columbia Pictures, Universal und United Artists – waren für schuldig befunden worden, gegen das Kartellrecht verstoßen zu haben, da sie eigene Kinoketten besaßen. Die Studios mußten ihre Kinos verkaufen, zugleich begannen sie aber auch, weniger Filme zu produzieren, da sie nicht glaubten, ihren Ausstoß von 400 bis 500 Filmen pro Jahr weiterhin unterbringen zu können. Erfahrene Regisseure, Produzenten, Schauspieler, Autoren und Techniker wurden mit einem Mal entlassen.

Das Klima von Depression und Angst wurde verstärkt durch die Anhörungen des Komitees für unamerikanische Aktivitäten[5], die 1947 in Washington, D.C., begannen. Es war der Beginn der großen Hexenjagd in Hollywood, bei der das Komitee Filmemacher unter die Lupe nahm, die unter dem Verdacht »prokommunistischer« Neigungen standen. Zahlreiche Karrieren im Filmgeschäft wurden so zerstört[6], während zahlreiche andere einen plötzlichen Aufschwung erlebten.[7] Auch das Fernsehen entging nicht den Fangarmen des Komitees. Das im Jahr 1950 veröffentlichte Buch *Red Channels* – dessen Verfasser ungenannt blieb – führte die Namen von Darstellern, Autoren, Komponisten und Produzenten auf, denen vorgeworfen wurde, sie seien »Kommu-

---

[5] Ein Komitee des Abgeordnetenhauses organisierte sich 1938, um Faschisten, Kommunisten und andere Organisationen zu untersuchen, die für ›unamerikanisch‹ gehalten wurden. Das Komitee geriet unter Kritik, da es Zeugen unter Druck setzte und auf der Grundlage fadenscheinigster Indizien vorging. Trotz dieser Kritik wurde 1945 aus dem vorübergehenden Status des Komitees ein Dauerzustand. Viele bekannte und begabte Persönlichkeiten gerieten auf die Schwarze Liste. Ein bekanntes Mitglied dieses Komitees war Ende der vierziger Jahre Richard M. Nixon.

[6] Das Komitee zerstörte nicht nur zahlreiche Karrieren, es war auch an mindestens einem Todesfall schuld. Der Hauptdarsteller in *The Goldbergs* (einer Serie, die erfolgreich vom Radio zum Fernsehen hatte wechseln können), Phillip Loeb, wurde wegen angeblich »linken Sympathisantentums« auf die Schwarze Liste gesetzt. Als die Season des Jahres 1952 von NBC ausgestrahlt wurde, war Loeb verschwunden. Deprimiert, verbittert und mit einer ruinierten Karriere hatte Loeb 1954 eine Überdosis Schlaftabletten genommen.

[7] Mehr als ein Hollywood-Star war bereit, seinen »Patriotismus« unter Beweis zu stellen. So war z. B. Ronald Reagan von 1943 bis 1947 »vertraulicher Informant« für das FBI und trug den Codenamen T-10.

nisten«, »Mitläufer« oder »leichtgläubige Opfer der Kommunisten«.[8]

Dessen ungeachtet sah das Publikum in der kleinen, flimmernden Kiste mit dem grobkörnigen Schwarzweißbild etwas Wunderbares, auch wenn es da erst wenige Sender gab und die Geräte noch teuer waren. Fernsehapparate wurden zu Hunderttausenden verkauft. Der Preis schreckte niemanden ab: Die Menschen nahmen Kredite auf. In den späten vierziger Jahren berichtete ein New Yorker Banker, daß als Verwendungszweck für die meisten Kleinkredite die Anschaffung eines Fernsehgerätes genannt wurde. Die Antwort auf die Frage, wie die Kreditnehmer denn beabsichtigten, das aufgenommene Geld zurückzuzahlen, ließ den Produzenten in Hollywood einen Schauer über den Rücken laufen: Sie wollten das Geld zusammensparen, indem sie seltener ins Kino gingen. Zwischen 1948 und 1952 verkauften sich Fernsehgeräte wie kein anderes Produkt in der Verbrauchergeschichte. Die Zahl der Fernseher in den Vereinigten Staaten stieg von 250000 auf über 15 Millionen.

In Los Angeles wurden nur wenige Fernsehprogramme produziert, der Löwenanteil kam aus New York und gelegentlich aus Chicago, entweder über Kabel oder als Kinescope ausgestrahlt. Gene und seine Familie hatten unwissentlich das Herz der Fernsehproduktion verlassen, aber Gene hatte nicht die Absicht zurückzukehren. Ein weiterer Umzug quer durchs Land mit Frau und Kind war allein wegen der beschränkten finanziellen Mittel undenkbar. Außerdem lebte seine Familie und die seiner Frau Eileen in Südkalifornien. Angesichts der zahlreichen Arbeitslosen aus der Filmbranche sah Gene ein, daß eine Karriere beim Fernsehen zu dieser Zeit nicht möglich war. Also mußten die Prioritäten neu festgelegt werden.

Um Geld zu sparen, zogen die Roddenberrys zu Genes Eltern in 2710 Green Street in Temple City, einem Stadtteil von Los Angeles. Sein Bruder Bob, der 1946 von seinem Einsatz im Krieg

---

[8] *Red Channels: The Report of Communist Influence in Radio and Television* wurde von *Counterattack* veröffentlicht. Beides waren Produkte von American Business Consultants, dessen Chefs die ehemaligen FBI-Agenten John G. Keenan, Kenneth Bierly und Theodore Kirkpatrick waren.

zurückgekehrt war, lebte auch dort. Er war dem Beispiel seines Vaters gefolgt und ging zum LAPD. Genes Schwester Doris war verheiratet und hatte das Haus verlassen. Durch eine zusätzliche dreiköpfige Familie wurde es in dem Haus ein wenig eng, aber Papa und Glen hätten es nicht anders haben wollen. Außerdem erinnerte es sie an die Zeit, als Glens Familie bei ihnen gewohnt hatte. Papa und Glen liebten es, die Familie um sich zu haben.

Das Geld war knapp, Aussichten auf eine Karriere beim Fernsehen gab es nicht. Schließlich konnte Gene seine gewinnende Art mit seinem Interesse an der Fotografie verbinden und wurde Verkaufsleiter für Tri-Vision Sales Corporation in Alhambra, ein Unternehmen, das 3-D-Kameras verkaufte. Obwohl sie heute von Kamerasammlern hoch geschätzt werden, konnten die 3-D-Kameras nie die große Aufmerksamkeit der amerikanischen Öffentlichkeit auf sich lenken. Der hochtrabende Titel »Verkaufsleiter« war nichts, was Genes Autorenkarriere fördern konnte. Und angesichts der Geschichte der 3-D-Fotografie sollte er ihn auch nicht sehr lange führen. Gene wußte, daß er sich nach etwas anderem umsehen mußte.

Anfang 1949 beklagte sich Gene seinem Freund Bob Atchison gegenüber über die fehlende Perspektive und die Schwierigkeiten, genug zu verdienen, um davon leben zu können. Bob war es leid, sein Wehklagen zu hören, also packte er Gene in sein Auto, fuhr mit ihm zur Los Angeles City Hall an der Ecke Temple und Spring und brachte ihn in das Hauptquartier des Los Angeles Police Department. Bob holte eine Bewerbung und forderte Gene auf, sie auszufüllen.

Gene erkannte die Weisheit in Bobs Vorgehen. Genes Vater war Polizist gewesen, und er stand immer noch in Kontakt mit einigen hochrangigen Männern des LAPD. Außerdem war sein jüngerer Bruder Bob seit drei Jahren bei der Polizei. Bob Atchison und viele andere Freunde aus Kindheitstagen waren ebenfalls Polizisten. Es ergab einen Sinn. Gene füllte die Bewerbung am 10. Januar aus und beendete am nächsten Tag seine Zusammenarbeit mit Tri-Vision.

Das Bewerbungsformular der LAPD ließ keinen Raum für Beschönigungen oder Übertreibungen. Gene konnte folgendes vermerken: Er besaß ein Bankkonto mit einem Guthaben von 240

Dollar. In der Spalte »Militärdienst« schrieb er, daß er »im Army Air Corps und im Hauptquartier der Army Air Force gedient hatte, den Dienstrang des Captains bekleidete und an Kampfeinsätzen und Einsätzen in Übersee beteiligt war«. Unter »Besondere Fähigkeiten, Interessen, Kenntnisse oder Hobbies« vermerkte er »Pilot, Navigator, artverwandte Kenntnisse, Schreiben, Fotografie«. Gene nannte das Haus seiner Eltern in Temple City als Adresse, schrieb, daß er dort seit vier Monaten bei seinen Eltern wohnte. Er besaß einen Chrysler, Baujahr 1938.

Das LAPD schickte eine Anfrage an jede von Genes persönlichen Referenzen und erhielt die folgenden Kommentare:

> Er ist interessiert und verfügt über die Fähigkeit und den Willen dazuzulernen. Er zeigt in der Öffentlichkeit ein gutes Auftreten. Ich kenne Eugene seit zwölf Jahren. Seit der Schulzeit und in den anschließenden Jahren ist seine Freundschaft von der Art, wie ich sie immer pflegen wollte. Ich glaube, daß ich selbst dadurch ein besserer Mensch geworden bin.
>
> – Robert Atchison
> Polizist, LAPD

> Herausragender Bewerber im Police Course des L.A. City College. Seit der High School daran interessiert, Polizist zu werden. Es liegt vor allem in der Verbindung zu seinem Vater begründet, daß ich mich entschloß, mit Eugene zum City College zu gehen und die Polizistenlaufbahn einzuschlagen. Mr. Roddenberry, sen., war bis zu seinem Ruhestand beim LAPD.
>
> – Harry L. Brown[9]
> Sergeant, LAPD

> Ich bin mit Mr. Roddenberry sehr eng befreundet und kenne ihn seit 1944. Er besitzt einen guten Charakter, er ist ehrlich, zuverlässig und loyal zu seinen Freunden und zu denen, für die er arbeitet. Ich kann ihn wärmstens für jede Position empfehlen, für die Sie ihn in Betracht ziehen.
>
> – Major George Andrews
> Army Air Force

---

[9] Einige Jahre nachdem Gene das Department verlassen hatte und als Autor erfolgreich geworden war, erkrankte sein Jugendfreund Harry Brown an Krebs. Gene sorgte dafür, daß sein Freund einen letzten Urlaub auf Hawaii verbringen konnte, dessen Kosten Gene vollständig übernahm.

Intelligent, sympathisch, vernünftig, fleißig und hochanständig. Ich war mit dem Bewerber in den letzten drei Jahren dienstlich und privat eng verbunden. Aus meiner eigenen Erfahrung und den Bemerkungen anderer Kollegen bin ich von seinen hohen Qualitäten und seiner Standfestigkeit als Bürger überzeugt.

– Robert D. Neale, Flugtechniker
Pan American World Airways

Gene legte den Eid als Polizist am 1. Februar 1949 ab, er erhielt das Offizierspatent der Polizei #11317 und das Abzeichen mit der Nummer 6089. Er besuchte die Polizeiakademie, sechs Wochen später – am 16. März – beendete er seine Grundausbildung. Der Kurs wurde nicht bewertet. In seiner Personalakte der Polizei findet sich lediglich eine Bemerkung, daß er seine Ausbildung »zufriedenstellend abschloß«.

Neulinge konnten sich ihren Posten nicht aussuchen. Zehn Tage nach der Grundausbildung wurde Gene in den Bereich Verkehr versetzt. In den anschließenden sechs Monaten erledigte er die Überwachung des Kreuzungsverkehrs im Zentrum von Los Angeles.

Gene Roddenberry verdiente nun also seinen Lebensunterhalt an der Kreuzung Fifth und Broadway, wo er den Verkehr regelte. Selbst wenn Gene das als Abstieg betrachtete, so ließ er es nicht erkennen. Auch seine Vorgesetzten sahen nichts anderes, als daß ein fähiger Neuer seine Arbeit erledigte. Lieutenant Jack Hawe, der Genes persönliche Leistungsberichte[10] in der Zeit vom

---

[10] Hier kann ein einzigartiger Blick in das Personalbeurteilungssysstem des LAPD geworfen werden, eine Vorgehensweise, die das LAPD noch heute zweimal jährlich durchführt. Heute unterscheidet die Beurteilung lediglich zwischen »Zufriedenstellend« und »Nicht zufriedenstellend«. Als Gene dort arbeitete, waren die Beurteilung präziser.
Sie waren wie folgt:
Nicht zufriedenstellend (untere 10%): untätig; unterhalb der Mindestleistung.
Befriedigend (untere 25 %): Zufriedenstellend; relativ tüchtig; auf dem Niveau der Mindestleistung.
Gut (mittlere 50 %) durchschnittliche Eignung; tüchtig, jedoch ein wenig unterhalb von »Sehr gut«.
Sehr gut (obere 25%): überdurchschnittlich; tüchtig; sehr gut qualifiziert.
Hervorragend (obere 10%): Äußerst tüchtig; in höchstem Maße qualifiziert.
Polizeioffiziere wurden auf der Grundlage einer Vielzahl von Kriterien beurteilt.

30. Juni bis 26. September 1949 prüfte, notierte: »Ein gutaussehender Offizier, der sich offensichtlich für seine Arbeit interessiert und an ›seiner Ecke‹ einen guten Dienst verrichtet.«

Der Innenstadtverkehr war in der Mitte des Jahres 1949 in guten Händen. Der Verkehr in Richtung Osten lief durch Genes Hände an der Kreuzung Fifth und Broadway, und wurde dann weitergereicht an seinen jüngeren Bruder Bob, der einen Block weiter an der Kreuzung Fifth und Spring den Verkehr regelte. Die beiden Brüder setzten eine Familientradition fort: Ihr Vater hatte viele Jahre zuvor den Verkehr an der Kreuzung Seventh und Main gelenkt.

Bob zog aus seiner Arbeit einen weiteren Nutzen. Eines Nachmittags sah er eine hübsche junge Blondine, die unachtsam den Bürgersteig verließ und trotz Rotlicht versuchte, die Straße zu überqueren. Der Verkehr näherte sich, und die Blondine achtete nicht auf ihre gefährliche Situation. Bob blies in seine Pfeife und machte sie so auf ihre Situation aufmerksam. Die Frau hieß Bernice Love. Sie dankte dem großen, gutaussehenden Verkehrspolizisten, indem sie ihn heiratete – eine Ehe, die 43 Jahre andauerte.

Bernice besaß einen gutentwickelten Sinn für Humor. Sie arbeitete im Rowan-Gebäude an der nordöstlichen Ecke Fifth und Spring. Sie liebte es, einen der Roddenberry-Jungs zu necken. Da sie gerade einmal knapp über 1,50 Meter groß war, schlich sich Bernie oft von hinten an Gene heran, der auf der Mitte der Kreuzung stand. Dann tippte sie ihm auf die Schulter, um vorgeblich nach dem Weg zu fragen. Gene mit seinen 1,88 Meter drehte sich um und übersah seine kleine zukünftige Schwägerin – zumindest

---

Diese Kriterien und ihre Definition vermitteln uns eine gute Vorstellung davon, was das LAPD in jener Zeit von seinen Offizieren erwartete.

Die erste Kategorie, die untersucht wurde, war »Pflichterfüllung (auf Tatsachen basierend)«. Sie wurde in fünf Unterkategorien unterteilt: Routinearbeiten; Verwaltungsarbeiten; Fähigkeit, die Arbeit zu organisieren; Umgang mit Untergebenen; Umgang mit der Öffentlichkeit. Diese und die nachfolgenden zehn Kategorien wurden nach dem obigen System bewertet.

Der nächste Abschnitt enthielt zehn verschiedene Beurteilungspunkte: »Körperliche Leistungsfähigkeit«, »Auftreten und Ordentlichkeit«, »Pflichtbewußtsein«, »Zusammenarbeit und Takt«, »Initiative«, »Urteilsfähigkeit und gesunder Menschenverstand«, »geistige Anwesenheit«, »Kraft«, »Führungstauglichkeit«, »Loyalität«.

tat er so. Er blickte in alle Richtungen, bis Bernie sagte: »Hier unten bin ich!«

Die meisten Polizisten machen in ihrer gesamten Karriere nicht ein einziges Mal von der Schußwaffe Gebrauch. Bei Gene dauerte das gerade einmal elf Monate.

Es war ein ruhiger Sonntagnachmittag, Weihnachten 1949. Gene fuhr in seinem 38er Chrysler auf dem ersten »Freeway« des Landes – dem gewundenen Arroyo Seco Parkway – zur Arbeit. Der Freeway war neun Jahre zuvor eingeweiht wurde; seine Besonderheit bestand darin, daß man von den Außenbezirken Pasadenas bis zum Zentrum von Los Angeles konstant mit 70 Stundenkilometern fahren konnte, ohne von Ampeln oder Kreuzungen aufgehalten zu werden. (Es handelt sich um den heutigen Pasadena Freeway.)

Vor sich sah Gene, daß ein Wagen versehentlich einen Hund anfuhr, der auf der Straße umhergelaufen war. Der verletzte Hund, ein kleines, dunkelgefärbtes Tier, lag zitternd auf der Straße und blockierte den Verkehr. Gene nahm sich der Situation an und versuchte, das Tier zu retten, aber es ließ niemanden an sich heran. Der Hund hatte starke Schmerzen und war zweifellos dem Tode nah.

Obwohl auf der Straße wenig los war, bestand die Gefahr, daß es zu einem Unfall kommen würde. Gene konnte dem Hund nicht helfen und hatte nur eine Wahl. Er zog seine Dienstwaffe und schoß dem Hund gezielt in den Kopf.

Gene, der zeit seines Lebens Hunde geliebt hatte, sprach niemals über diesen Zwischenfall.

»Das war vielleicht ein Weihnachtsfest«, kommentierte er später.

1949 – Gene Roddenberrys erstes Jahr bei der Polizei – war kein gutes Jahr für das LAPD. Mehrere Polizeimitarbeiter wurden angeklagt, Brenda Allen Schutz gewährt zu haben, einer bekannten Bordellwirtin mit Verbindungen zur Mafia. Und um dem ganzen die Krone aufzusetzen, speisten Mitglieder einer Elitetruppe des LAPD, die das organisierte Verbrechen bekämpfen sollte, in einem der teureren Restaurants von Los Angeles als Gäste von Mickey Cohen, dem bekanntesten Gangster der Stadt.

Die Korruption war nicht so verbreitet wie in den späten Dreißigern, aber es war dennoch schlimm genug. Bürgermeister Fletcher Brown wählte den im Ruhestand befindlichen Marine Corps Major General William Worton aus, um damit aufzuräumen. Da General Worton kein vereidigter Polizist war, durfte er nicht länger als ein Jahr im Amt bleiben. In dieser kurzen Zeit sollte er die kriminellen Cops entlarven und seinen eigenen Nachfolger suchen. Worton seinerseits beförderte den unbestechlichen William H. »Bill« Parker zum Deputy Chief und beauftragte ihn, die Abteilung Innere Angelegenheiten zu führen. Dort befand sich Parker in der idealen Position, um die unehrlichen Polizisten ›auszurotten‹.

Elf Tage nach Parkers Ernennung zum Deputy Chief und 16 Monate nachdem Gene sich zum Polizeidienst gemeldet hatte, wurde er zum Innendienst versetzt.[11] Erst Jahre später würde er wieder in den Dienst auf der Straße zurückkehren. Genes neue Aufgabe war es, Pressemitteilungen zu schreiben, Sicherheit im Straßenverkehr zu unterrichten und Kontakt zu allen Zeitungsverlegern in Los Angeles herzustellen. Jetzt wurde Gene dafür bezahlt, daß er schrieb.

Parker kannte die Roddenberrys seit Jahren; er war Papa Roddenberrys Vorgesetzter gewesen, als Parker Sergeant war. Die beiden Männer mochten sich, und Parker kam oft zu den Roddenberrys zu Besuch. Diese Freundschaft bestätigte Vater Roddenberry als ehrlichen Polizisten. Sonst hätte Parker ihn niemals an seine Seite geholt, geschweige denn wäre er sein Freund geworden.

Am 9. August 1950 wurde William H. Parker Polizeichef von Los Angeles. Er sollte länger in diesem Amt bleiben als alle früheren und nachfolgenden Chiefs. Parker sollte einer der berühmtesten Gesetzeshüter der Vereinigten Staaten werden. Er betrachtete die Polizeiarbeit als Dienst am Bürger, als eine Art Berufung. Mit dem Eifer eines Beinahe-Missionars wollte er das LAPD mo-

---

[11] Als Bob Roddenberry gefragt wurde, ob die zeitliche Nähe zwischen Parkers Beförderung und Genes Versetzung in den Innendienst miteinander in Zusammenhang standen, erwiderte er: »Davon weiß ich nichts, aber ich weiß, daß Parker sehr viel von Gene hielt. Er konnte ihn ganz bestimmt gut leiden.«

dernisieren und verbessern. Parker sorgte dafür, daß Gene ihm bei der Erfüllung dieser Aufgabe zur Seite stand.

Parker wollte die innere Struktur des LAPD professioneller gestalten, aber auch das Bild von der Polizei und ihrer Arbeit in der Öffentlichkeit verändern. Angesichts zweier großer Skandale in weniger als 15 Jahren, fortwährender Korruption im kleinen Stil und laschen moralischen Einstellungen war das für Parker eine große Aufgabe. Er war entschlossen, sowohl das Ansehen seines Departments als auch sein eigenes in der Gemeinschaft zu festigen, praktisch als Schutz vor möglichen Problemen. Dafür verließ er sich auf persönliche Überzeugungskraft und gute Argumente.

Das Fernsehen steckte immer noch in den Kinderschuhen, als Parker ins Amt kam. Obwohl er sich dieses Mediums bediente, so oft es möglich war, gaben ihm die strikten zeitlichen Beschränkungen nicht die Zeit oder den persönlichen Kontakt, den er benötigte. Also hielt Parker öffentliche Reden und sprach direkt zu den Bürgern. Als erfahrener Redner mit einem schwachen und gekünstelten Harvard-Akzent nahm Parker immer und überall die Gelegenheit für eine Ansprache wahr. Oft hielt er tagsüber zwei Reden, ein oder zwei weitere am Abend, außerdem zusätzliche am Wochenende.

Parker benötigte Munition für seinen verbalen Blitzkrieg. Im Oktober 1951, etwas mehr als ein Jahr nach seiner Amtseinführung, verlieh er der für die Zeitungen zuständigen Einheit den Status einer »Division« und benannte sie um in Öffentlichkeitsinformation. Captain Stanley Sheldon[12] wurde der Leiter. Für den beständigen Fluß an Reden, die seine Gedanken und Wertvorstellungen erkennen ließen, verließ sich Parker auf Captain Sheldon und zwei Männer, die Sheldon unter sich hatte: Don Ingalls und einen jungen Polizisten, den Parker groß werden sah – Eugene Roddenberry.

Gene stürzte sich mit Leib und Seele in die Polizeiarbeit, vergaß dabei aber nicht den Wunsch, fürs Fernsehen zu schreiben.

---

[12] Sheldon war für Gene kein Fremder. Während Genes Zeit am Los Angeles City College war Sheldon der Verbindungsmann der Polizei zum LACC Police Club. Gene war zu dieser Zeit Präsident des Clubs.

Er vernachlässigte das Department in keiner Weise, aber er suchte auch nach Gelegenheiten, um sich zu verbessern. Gene war ehrgeizig, klug und geschickt im Umgang mit Institutionen. Dieses Geschick sollte sich bald bezahlt machen.

Gene begann, Reden für Chief Parker und für sich selbst zu schreiben. Als Mitglied der Abteilung Öffentliche Angelegenheiten hielt Gene gelegentlich eine Rede über die Sicherheit im Straßenverkehr. Städtische Organisationen aller Art wurden zur Bewährungsprobe für das Redetalent des jungen Polizisten. Für die meisten Menschen sind öffentliche Reden das Schlimmste, was ihnen widerfahren kann. Für Gene wurden sie zu einer Fortsetzung der High School-Zeit und ihrer Debatten, nur daß diesmal niemand widersprach.[13]

Parkers oberstes Ziel war, die Polizeiarbeit professioneller zu machen. Seiner Ansicht nach war die Polizeiarbeit zu lange als anspruchsloser Job betrachtet worden. In der Bevölkerung herrschte immer noch die Ansicht vor, daß man bei der Post oder bei der Polizei arbeiten konnte, wenn man keine »richtige« Arbeit fand. Das wollte Parker ändern.

Parker wollte aber auch die Einstellung der Polizisten zu sich selbst und zu ihrer Arbeit verändern. Dieses Anliegen bot Gene eine Gelegenheit. Er wollte nach wie vor Autor werden, diesen Ehrgeiz hatte er nie aufgegeben. Aber ihm war klar, daß die Chancen für einen Erfolg in diesem Metier keineswegs gut waren. Besonders in Hollywood hängt der Erfolg eines Autors von glücklichen Zufällen oder vorteilhaften Umständen ab, die sich präsentierten, die erkannt und auf die reagiert werden mußte. Was, wenn sich die Umstände gegen ihn verschworen hatten? Um sich davor zu schützen, spielte Gene ein doppeltes Spiel. Er gab im LAPD sein Bestes, stellte aber zugleich sicher, daß er davon profitierte, wann immer sich eine Gelegenheit ergab. Der Kontakt zu Parker erlaubte es ihm, eine Idee unterzubringen, die es ihm ermöglichte, im LAPD eine Nische zu schaffen, die ihn vor den Un-

---

[13] Genes Personalakte beim LAPD enthält eine Reihe von Briefen, in denen städtischen Gruppen dem Chief danken, daß er ihrer Organisation einen »so guten jungen Officer« geschickt hatte. Gene war für Parker der Typ von Officer, den die Öffentlichkeit vor Augen haben sollte, wenn sie an das LAPD dachte.

bilden des Straßendienstes schützen würde – eine Position, die es ihm möglich machen würde, das LAPD in seinem eigenen Spiel zu schlagen.

Im September 1952 veröffentlichte Gene seinen ersten Artikel in *The Beat*, der Hauszeitung des LAPD. Mit dem Einverständnis von Parker definierte und untersuchte Gene die philosophischen Aspekte, was ein Beruf war, wie sich ein Beruf von anderen Beschäftigungen unterschied und inwieweit das alles auf den durchschnittlichen Polizisten zutraf. Zweifellos waren diese Gedankengänge vielen Polizisten fremd, Ideen, mit denen viele von ihnen noch nie konfrontiert worden waren oder von denen sie nie gedacht hätten, daß sie auf ihre eigene Arbeit zutreffen würden. Gene listete sieben grundlegende Pflichten auf, die – wenn sie praktiziert wurden – eine Gruppe Beschäftigter in den Stand einer Berufsgruppe erheben würden:

1. Die Verpflichtung, der Menschheit im allgemeinen zu helfen, anstatt sich selbst, einzelnen Personen oder Gruppen.
2. Die Verpflichtung, sich soweit wie möglich auf den Dienst vorzubereiten, bevor man den aktiven Dienst beginnt.
3. Die Verpflichtung, stets daran zu arbeiten, die eigenen Kenntnisse mit allen zur Verfügung stehenden Mitteln zu verbessern, und berufliche Erkenntnisse, die man gewonnen hat, anderen offen mitzuteilen.
4. Die Verpflichtung, zu jeder Zeit seine gesamten Fähigkeiten einzusetzen, ungeachtet der Möglichkeit einer persönlichen Bereicherung, Bequemlichkeit oder Sicherheit, und zu jeder Zeit den Kollegen auf Verlangen beizustehen.
5. Die Verpflichtung, Berufskollegen einzig auf der Grundlage der Verdienste einzustellen und zu befördern, stets wachsam zu sein, um die Gesellschaft vor betrügerischen oder unethischen Praktiken zu beschützen.
6. Die Verpflichtung, mit allen Mitteln die Berufsehre zu wahren, indem Polizisten in der Öffentlichkeit und im Privaten ein beispielhaftes Leben führen, in der Erkenntnis, daß der Schaden für eine Gruppe, die der Gesellschaft dient, letztlich die ganze Gesellschaft trifft.
7. Die Verpflichtung, stets auf die Verbesserung der Selbstdisziplin zu achten, in der Erkenntnis, daß das Individuum sein eigener Herr sein muß, um anderen dienen zu können.

Für viele war dies die erste Begegnung mit Parkers Philosophie von einer professionellen Polizei. Der Artikel warf die Frage auf: »Wie kann die Polizeiarbeit professionell werden?« Die Antwort sollte bald folgen.

Keine zwei Monate später verkündete *The Beat* am 12. November 1952 die Gründung der Association for Professional Law Enforcement (APLE – Vereinigung für die professionellen Gesetzesvollzug) während eines Mittagessens an der Polizeiakademie. Es gab neun Gründungsmitglieder: zwei Captains, ein Lieutenant, drei Sergeants und drei Offiziere aus dem Fußvolk – einer von ihnen hieß Roddenberry.

Gene verkündete als Sprecher der Gruppe: »Die Vereinigung wird sich nicht vorrangig mit Gehältern, Pensionen, Streitigkeiten zwischen Angestellten oder mit ähnlichen Problemen beschäftigen. Wir sind der Ansicht, daß Berufsethos und praktische Polizeiarbeit unter einen Hut gebracht werden können. Unsere Absicht ist zusammenzukommen, um diese Kombination voranzutreiben.«

Die Vereinigung wurde gut aufgenommen, und schon kurze Zeit später baten andere Dienststellen um Informationen über das Experiment in Los Angeles.

Gene nutzte die Organisation als Mittel, um mit den Menschen zusammenzukommen, die er bewunderte und die der Organisation nützlich sein konnten. Erle Stanley Gardner war der weltberühmte Erfinder der Figur Perry Mason. Gene hatte im Magazin *Argosy* in der Ausgabe vom August 1953 einen Artikel von Gardner gelesen. Kurz darauf begann Gene einen Briefwechsel mit Gardner, der viele Jahre anhalten sollte. Gene hatte erfahren, daß Gardner es bevorzugte, per »Audogramm« zu korrespondieren: Er verschickte (und empfing) Bänder oder Platten, die mit einem Audographen – einem frühen Diktiergerät – aufgenommen worden waren.

Gardner liebte diese Maschine, da sie ihm Schreibarbeiten ersparte. Er besaß in der Fallbrook-Region im Verwaltungsbezirk San Diego eine große Ranch. Am Morgen sattelte er sein Lieblingspferd und ritt über die Ranch, während er seine Perry-Mason-Krimis auf einen batteriebetriebenen Audographen sprach. Rings um seine Ranch hatte Gardner Stationen eingerichtet, an denen ein

Team von Sekretärinnen die Aufzeichnungen entgegennahm. Diese Methode paßte zu dem produktiven Gardner, der am Tag rund 10 000 Worte diktierte.

Gene konnte Parker dazu überreden, eine dieser teuren Maschinen zu kaufen, angeblich, um die Ansprachen des Chiefs aufzunehmen. Was Gene aber eigentlich wollte, war mit Gardner zu korrespondieren.

Anfang August 1953 schickte er Gardner sein erstes Audogramm, in dem er sich vorstellte und Gardner anbot, ihn mit Informationen zu versorgen, und ihn um Klärung einiger Punkte in Gardners Artikel in *Argosy* bat. Gene informierte Gardner auch über die Gründung des APLE, über die Ziele und den Moralkodex. Seine Worte ermöglichen uns einen einzigartigen Eindruck von Genes philosophischer Entwicklung zu dieser Zeit. Gene diktierte:

»Zufällig beschäftige auch ich mich mit der Sache, die als das ›Polizeiproblem‹ bekannt ist. Ich würde gerne wissen, wie Sie darüber denken. Ich habe mich mit der Angelegenheit ein wenig befaßt – und einiges dazu niedergeschrieben. Ich bin zu der Ansicht gekommen, daß die Lösung nicht darin besteht, die Polizeitechniken zu verbessern. Die Polizei arbeitet seit einem Vierteljahrhundert daran, bessere Methoden und Systeme zu entwickeln, aber ich muß gestehen, daß das Verbrechen uns davonzulaufen scheint.

Es scheint mir, daß wir uns in die falsche Richtung bewegen. Ich bin der Ansicht, daß Sie in Ihrem Artikel in *Argosy* einen Punkt ansprechen, den ich auch genannt habe, und ich denke, daß er sehr leicht belegt werden kann. Der Punkt ist der, daß trotz der aggressivsten und weitsichtigsten Führung der Gesetzesvollzug sich nicht über das Niveau erheben kann, das durch Wahlen bestimmt worden ist. Ich würde sagen, daß ein Polizeirevier nur so gut sein kann, wie die Menschen es gemeinschaftlich haben wollen. Ich glaube, daß Sie mir in diesem Punkt zustimmen werden.

Was dieses Verlangen nach Gesetzesvollzug bei den Bürgern angeht, müssen wir uns mit diesem Problem etwas eingehender befassen. Meine Argumentation, Mr. Gardner, geht in diese Richtung: Die Gegensätze des menschlichen Verhaltens könnten nicht extremer sein. Wir können nur in einer Gemeinschaft leben, weil wir bestimmte Regeln festlegen und ihre Einhaltung überwachen. Das sind natürlich unsere Gesetze. Wir verkünden diese Gesetze nicht, weil die Menschen sich auf bestimmte Verhaltensweisen einigen, sondern weil sie genau das nicht tun. Das Gesetz ist ein künstlicher Standard, der die Grenze markiert, ab der die Gesellschaft verletzt wird. Das Gesetz an sich ist eine Fiktion. Es wird erst dann real, wenn seine Einhaltung überwacht wird. Ich glaube, daß das Wesen einer jeden Gesellschaft sich in der Methode zeigt, wie über die Einhaltung dieser Gesetze gewacht wird. Und die Dauerhaftigkeit jeder Gesellschaft liegt im Erfolg, die Überwachung dieser Gesetze sicherzustellen.

Mit anderen Worten: Gesetzesvollzug ist ein elementarer, grundlegender Teil des Zusammenlebens. Natürlich ist dieser Gesetzesvollzug manchmal von militaristischer Art, mal totalitär, dann wieder demokratisch. Ich glaube, man kann sogar den Beweis erbringen, daß selbst die Stammesführer von Inseln im Pazifik Gefolgsleute haben, die über die Einhaltung der Gesetze wachen, die der Führer erläßt.

Um Aufschlüsse darüber zu gewinnen, habe ich mich mit großem Aufwand damit befaßt, die grundlegenden Arbeiten und die Philosophie zu untersuchen. Es ist sehr erstaunlich, daß man nicht den mindesten Hinweis auf den Stellenwert des Gesetzesvollzugs in der Gesellschaft findet. Vielleicht kennen Sie den Engländer Charles Reese und sein Buch *The Blind Eye of History*. Darin wird Gesetzesvollzug treffend ›das blinde Auge‹ genannt. Oder vielmehr: Das Versagen der Philosophen, die Bedeutung des Gesetzesvollzugs zu erkennen, ist ihr blindes Auge. Meiner Ansicht nach genügt es nicht, den Menschen, den Bürgern, zu sagen, daß wir einen ehrlichen und wirkungsvollen Gesetzesvollzug benötigen, und sie anzuweisen, daß sie mit den offiziellen Vertretern darin zusammenarbeiten sollten, Bezahlung, Ausbildung usw. zu verbessern.

In gewisser Hinsicht muß den Menschen gezeigt werden, daß der Gesetzesvollzug ein maßgeblicher oder grundlegender Bestandteil in der Herrschaft des Menschen über den Menschen ist. Daß es nicht nur eine weitere Annehmlichkeit ist wie zum Beispiel die Müllabfuhr oder das Gesundheitswesen etc. Es heißt, daß es an uns als Polizei ist, sich zu verkaufen. Aber ich frage mich, ob wir das wirklich können. Zunächst einmal wird man unsere Absichten in Frage stellen. Es wird so aussehen, als wollten wir einen Polizeistaat aufbauen. Außerdem werden unsere Worte nicht allzu weit vordringen. Wir haben nur selten direkten Zugriff auf Magazine, auf wichtige Fernsehsendungen oder andere Kommunikationsmittel. Drittens, und das ist der wichtigste Punkt, stößt diese Denkweise auf erheblichen Widerstand. Die Leute werden nicht glauben, daß ein Polizist für die Gesellschaft mehr tut, als an der nächsten Ecke Strafzettel zu verteilen, Kriminelle zu fangen und so weiter. Sie weigern sich, ihn als Symbol des gemeinschaftlichen Lebens zu betrachte. Und sie weigern sich, seine Funktion als wirklich wichtig zu betrachten.«

Gardner war beeindruckt und reagierte innerhalb weniger Tage mit einem vier Seiten langen Brief, den Gene eine Woche vor seinem 32. Geburtstag erhielt. Eine Kopie schickte Gardner an Harry Steeger, den Besitzer von *Argosy*. Er schrieb:

> Sie und ich sehen dem Problem direkt ins Auge. Und Sie haben eine sehr gute Art, Ihre Gedanken zu diesem Thema auszudrücken.
>
> Ihre Argumentation, zu den wahren Grundlagen von Recht und Ordnung zurückzukehren, um sich mit dem richtigen Verhältnis zum Problem des Gesetzesvollzugs zu befassen, fand ich sehr interessant.
>
> Aus meiner Sicht müssen drei oder vier Dinge einfach getan werden, damit wir den Kampf gegen das organisierte Verbrechen nicht verlieren.
>
> Darauf zu warten, daß gegen die Gesetze verstoßen wird, und dann von der Polizei zu verlangen, daß sie den Gesetzesübertreter festnimmt – das ist so, als würde man einen Pockenerreger verbreiten und dann von den Ärzten erwarten, die Pocken zu behandeln, »weil das ihre Aufgabe ist«.
>
> Damit die Gesellschaft ein Mindestmaß an persönlicher Freiheit bewahrt, damit ein Polizeistaat verhindert wird und die Gesetze dennoch Wirkung zeigen, muß es mehr geben als nur Gesetzesvollzug. Es muß ein Verständnis für die Gesetze und das Recht überhaupt vorhanden sein. Das Gesetz muß respektiert und befolgt werden. Ich glaube, daß es wichtig ist, daß der Bürger das grundsätzlich erkennt. Und es ist auch wichtig, daß der Polizist das erkennt.
>
> Wir müssen nach den Ursachen für das Verbrechen suchen und uns bemühen, mit ihnen zurechtzukommen. Vor allem müssen wir versuchen, den Gelegenheitstäter vor dem Kontakt mit dem boshaften, asozialen Kriminellen zu bewahren.
>
> Solange wir Gesetzesvollzug als ein politisches Spielzeug betrachten, und solange die Bürger einen höheren Dienstrang bei der Polizei als politische Belohnung betrachten, werden wir keine zufriedenstellenden Fortschritte machen, ganz gleich, wieviel wir unseren Gesetzeshütern bezahlen.
>
> Wir müssen aus dem gesamten Programm des Gesetzesvollzugs einen maßgeblichen Teil unserer Gesellschaft machen, ein Bollwerk unserer Freiheit und der Verfassung selbst. Um das zu tun, wird eine Änderung notwendig sein in der Einstellung vieler Polizeioffiziere und in der Haltung eines Teils der Öffentlichkeit.

Gardner begann, Gene nach dessen Ansichten über verschiedene Themen zu befragen. Anfang Februar 1954 schickte er Gene eine Vorabkopie einer überarbeiteten Paperback-Ausgabe von *The Court of Last Resort* und bat ihn um Anmerkungen und Vorschläge.

Gardner schrieb außerdem, daß er Gene mit einem engen Freund bekanntmachen wolle, Cornwell (Corny) Jackson, Chef der J. Walter Thompson Advertising Agency.[14]

Gene antwortete umgehend mit einem Audogramm, das verlorengegangen ist, dessen Erhalt Gardner aber in einem Brief vom 26. Februar bestätigte.

> Ihr Audogram fand ich sehr interessant.
> Vor allem schätze ich Ihre Kommentare zum Kapitel über die Probleme der Polizei in *The Court of Last Resort*. Die Tatsache, daß Sie und Ihre Kollegen es als potentiell nützlich finden, ist für mich ein großes Vergnügen.

Gene hatte um Erlaubnis gebeten, Teile aus Gardners Arbeit in *The Beat* nachzudrucken, und Gardner schrieb, daß er seinem Verleger bereits einen entsprechenden, befürwortenden Brief geschickt hatte.

Gardner verwendete dann einige Seiten darauf, die schlechten Erfahrungen zu schildern, die sein Freund Jackson mit Verkehrspolizisten gemacht hatte, gegen die Gene protestierte. Gardner schloß ab mit:

> Bezüglich Ihrer Kommentare über die Philosophie des Gesetzes glaube ich, daß alles auf einen sehr einfachen Nenner hinausläuft, solange die menschliche Art betroffen ist.
> Immerhin sind die meisten unserer Gesetze ein Versuch, der Gruppe durch die Aufgabe individueller Freiheiten etwas Gutes zu tun.
> Der Bürger neigt zu der Ansicht, daß das Wohl der Gruppe die Aufgabe von Freiheiten rechtfertige, aber wenn es zum Showdown kommt, hat er das Gefühl, die Freiheiten der anderen hätten geopfert werden sollen, nicht seine eigenen.

---

[14] Jackson war mit Gail Patrick verheiratet, einer Film- und Fernsehschauspielerin, die später als Gail Patrick Jackson *Perry Mason* fürs Fernsehen produzierte.

Don Ingalls und Gene teilten sich mehr als nur das enge Büro in der 27. Etage des Rathauses. Gleiche Erfahrungen brachten sie enger zusammen. Beide waren B-17-Bomberpiloten, beide hatte zahlreiche Schlachten miterlebt – Gene im Südpazifik, Ingalls am anderen Ende der Welt, in Europa. Wie Gene wollte auch Ingalls Fernsehautor werden. Sie wurden Freunde fürs Leben.

Neben ihrem Hang zum Schreiben teilten Gene und Don noch zwei andere Interessen: ihre Vorliebe für schöne Frauen und gescheiterte Ehen. Anfang der fünfziger Jahre hatte Gene einigen Freunden unter dem Siegel der Verschwiegenheit gestanden, daß seine Ehe mit Eileen am Ende war. Er blieb der Kinder wegen bei ihr. Außerdem war es etwas, was man einfach tat. Starke Männer bewältigten schwierige Situationen. Starke Männer ließen nicht ihre Familie im Stich. Auch wenn Gene in Los Angeles großgeworden war, sprachen seine Herkunft aus dem Süden der USA und seine große Abneigung vor persönlichen Auseinandersetzungen gegen eine Scheidung. Gene war gutaussehend, intelligent, redegewandt, und er sorgte gut für seine Familie – alles in allem scheinbar der ideale Ehemann. Aber das Scheitern seiner ersten Ehe war nicht ausschließlich Eileens Schuld.

Zwar wirkte er wie der perfekte Ehemann, aber Gene hatte in seiner Ehe stets seinen eigenen Moralkodex angewandt. Es war ein Kodex, an dessen oberster Stelle nicht sexuelle Treue stand, wenn sie sich denn überhaupt auf der Liste fand. Durch seine Erfahrungen auf Hawaii, im Südpazifik, in Neuseeland, dadurch, daß er wochenlang nicht zu Hause war, als er für Pan Am flog, war Gene ein Mann, der nach seinen eigenen Gesetzen lebte. So war es auch beim LAPD. Das Revier verfügte über einen bereitwilligen Vorrat hübscher Sachbearbeiterinnen, Sekretärinnen und Polizistinnen. Gene war jung, sah gut aus, und er hatte eine Machtposition inne, auch wenn er nur ein Polizist war. Es gab Gelegenheiten im Überfluß, willige Partnerinnen – und Genes Appetit war groß. Er besprach sogar mit einer Kollegin die Möglichkeit, daß sie sich die Miete für ein Apartment in der Innenstadt teilten, um nicht so viel für Hotels auszugeben.

Ein Lieutenant im Ruhestand erinnert sich daran, daß Gene eine heiße Affäre mit einer Frau hatte, deren Ehemann Geschäftsverbindungen zu bekannten Kriminellen hatte. Jeder, der

Gene und diese Frau kannte, wußte von der Affäre – offensichtlich aber nicht der Ehemann und auch nicht Genes Frau. Mindestens einer von Genes Freunden merkte an, daß – auch wenn die Frau schön war und eine Traumfigur hatte – ihr Ehemann von der Art war, die zur Gewalt neigte. Gene spielte mit dem Feuer, aber das machte die Affäre für ihn noch aufregender. Sein ganzes Leben lang strebte Gene danach, Neues zu erfahren – Gedanken, Frauen, Bücher, Ideen. Er erforschte stets neue Territorien. Was er aber niemals erfahren wollte, war sexuelle Treue.

Gene begegnete Vorgesetzten stets mit Mißtrauen. Manchmal verachtete er diejenigen, die das Sagen hatten, dann wieder spielte er mit ihnen. Seine Zeit beim Militär und bei Pan Am hatte ihm keinen Grund gegeben, seine Einstellung zu verändern. Und nichts von dem, was er im LAPD erlebte, änderte seine Ansicht über die Dummheit der Autoritäten. Was er zu dieser Zeit noch nicht ahnte: Es war eine hervorragende Vorbereitung, um mit den Studio- und Networkbossen zurechtzukommen.

Für Gene und Don war ihr Vorgesetzter, Captain Stanley Sheldon, stets nur »Onkel Captain«, nach Horatio K. Huffenpuff, einer Figur aus der Kindersendung *Time for Beany*. Manchmal, wenn Sheldon anderweitig beschäftigt war, schalteten Gene und Don ihren kleinen Fernseher im Büro ein, um sich Bob Clampetts listige und geistreiche Puppensendung anzusehen, die auch bei Erwachsenen äußerst beliebt war. Die Füße auf den Tisch gelegt, einen Becher Kaffee in der Hand, verbrachten die beiden eine Viertelstunde ihres Nachmittags damit, lauthals über die Mätzchen eines Jungen mit Namen Beany zu lachen, über seinen Freund Cecil, die seekranke Seeschlange und die Crew von Huffenpuffs Boot, der Leakin' Lena, beaufsichtigt von ihrem persönlichen »Onkel Captain«.[15]

Genes Mißachtung der Autorität machte sich oft auch in seiner Art bemerkbar, wie er neue Aufträge von oben entgegennahm. Ingalls

---

[15] Gene war mit seiner Begeisterung für *Time for Beany* in guter Gesellschaft. Stan Freberg, ein hervorragender Satiriker, lieh mehreren Figuren der Serie seine Stimme. In seiner Autobiographie berichtet er, daß er einen Brief von einem Physiker des Cal Tech erhalten hatte, der ein Treffen beschrieb, an dem Albert Einstein teilgenommen hatte. Plötzlich zog Einstein eine goldene Taschenuhr heraus, betrachtete sie einen Moment, stand dann auf und erklärte, daß die Anwesenden ihn entschuldigen müssen. Auf dem Weg zur Tür erklärte er: »Es ist Zeit für *Beany*.«

wußte sofort, wenn er und Gene von Sheldon neue Arbeit erhalten hatten. Er erkannte es an den Geräuschen, die Gene auf dem Weg aus Sheldons Büro machte. Es war ein anhaltender Rhythmus aus Schlurfen und Kicken, während Gene einen zusammengeknüllten Papierball mit der Fußspitze durch den langen blankpolierten Korridor beförderte. Wenn er das Büro betrat, das er mit Ingalls teilte, reihte Gene die Papierbällchen mit der Sorgfalt eines Fußballspielers auf und kickte sie seinem Kollegen zu. »Neue Arbeit von Onkel Captain«, sagte Gene und widmete sich dann wieder dem Projekt, mit dem er vor der Unterbrechung durch Sheldon beschäftigt war.

Doch weil er wußte, daß diejenigen, die das Sagen hatten, einfach nur menschliche Wesen mit Schwächen waren, bewahrte Gene seinen Respekt Parker gegenüber. Er schwand auch nicht, als Parker in die Alkoholabhängigkeit abglitt und zunehmend rechtsextremes Gedankengut übernahm, auch nicht nach dessen Tod.

Für Parker Reden und Ansprachen zu schreiben, war für Gene eine großartige Erfahrung. Durch diese Arbeiten lernte er Recherche, die Fähigkeit, sich auf ein einziges Thema zu konzentrieren, wie er überzeugend schreiben mußte, wie er die Stimme eines anderen nachempfinden und Gedanken in einer verständlichen Form zu Papier bringen mußte. Auch Jahre später war er immer noch stolz auf das, was er für Parker geschrieben hatte. Gene legte stets großen Wert darauf, daß Parker ihn nie gebeten hatte, etwas zu schreiben, an das er – Gene – nicht glaubte. Ihre Beziehung war verwickelt. Man hätte sie für eine Vater-Sohn-Beziehung halten können, aber Gene nannte es nie so. Seine gute und stabile Beziehung zu seinem Vater schloß von vornherein aus, daß er nach einer Ersatzvaterfigur suchte. Eine Beziehung zwischen einem älteren und einem jüngeren Bruder oder zwischen einem Mentor und einem Schüler war schon zutreffender, aber noch immer viel zu eindimensional, um die Verhältnisse zwischen diesen beiden Männern umfassend zu beschreiben. Eines war sicher: Es war eine sehr sonderbare Beziehung, da beide Männer nicht unterschiedlicher hätten sein können.

Parker war klein, mit einem Ansatz zur Glatze, erzkonservativ, ein ergebener Katholik und der herrschaftliche Chief. Seine Reaktion auf einen Untergebenen entschied über dessen Schicksal. Mehr als eine Karriere im LAPD war an ihm gescheitert.

Gene dagegen war ein großer, junger und gutaussehender Mann, ein gemäßigter Demokrat, ein Polizist, der hinter den Ohren noch nicht trocken war und der nur geringe Erfahrung auf der Straße gesammelt hatte. Und ein Mann, der sich schon in seiner Kindheit dem Gott des Christentums verweigert hatte. Obwohl die beiden Männer in praktisch jeder Hinsicht anders waren, mochten sie sich. Was sie verband, war der Respekt vor dem Geist des jeweils anderen, vor den moralischen Grundsätzen; es war die Fähigkeit, auf intellektuellem Niveau zu streiten, und ihr gemeinsamer Wunsch, Gesetzesvollzug zu einem anerkannten Berufsstand zu machen.

Daryl Gates, von 1978 bis 1992 Polizeichef, kam achteinhalb Monate nach Gene ins Department. Zu einer seiner ersten Aufgaben gehörte fast zwei Jahre lang die Rolle des Fahrers für Parker. Gates erinnert sich:

»Ich begegnete Gene, als er in der Öffentlichkeitsarbeit war, wo er für den Chief die Reden schrieb. Ich betrat Parkers Büro und geriet mitten in eine sehr sonderbare Szene. Ich war entsetzt über das, was ich sah. Gene saß da, vor Parkers Schreibtisch, und stritt sich mit dem Chief.

Wenn man die unnahbare Position bedenkt, die Parker in der Vorstellung seiner Männer hatte, war es fast undenkbar, daß er tatsächlich mit einem Polizisten der untersten Dienstgrade stritt. Ich weiß, daß ich mich fragte: ›Wer ist dieser Typ, der so hartnäckig eine andere Meinung als Parker vertritt?‹

Als ich ihnen zuhörte, merkte ich aber schnell, daß sie sich auf intellektuellem Niveau über die Vorbereitung einer bestimmten Rede stritten. Parker schlug mit der Faust auf den Tisch und sagte: ›So habe ich das verdammt noch mal nicht gemeint.‹ Gene antwortete mit einem Argument, das er mit dem gleichen Eifer vorbrachte. Gene hatte eindeutig keine Angst vor Parker. Er war wahrscheinlich der einzige im Department, der keine Angst hatte.

Ich bekam in diesem Augenblick Respekt vor Gene. Ich dachte: ›Mein Gott, der Typ streitet sich mit Parker und kommt damit auch noch durch.‹

Aus dieser Situation heraus entstand eine bemerkenswerte Rede, die für die Beziehungen in der Gemeinschaft etwas Visionäres besaß. Es war nicht Parkers Rede oder Genes Rede, es war eine Verschmelzung der Gedanken und Vorstellungen beider Männer. Parker war in vieler Hinsicht der konservative Mann, für den man ihn hielt. Aber zugleich war er auch in vieler Hinsicht aufgeschlossen. Irgendwie schaffte es Gene, diese Aufgeschlossenheit in Parker zu fassen zu bekommen, damit er diese Rede hielt. Für jeden ist sie immer noch ein Meilenstein.«[16]

Sein ganzes Leben lang war Gene stets bereit, Parker anderen gegenüber zu verteidigen; er schrieb sogar Briefe, um seinem alten Boß den Rücken zu stärken.[17]

Alles verlief für Gene routinemäßig, die Recherche, das Schreiben, die Verfeinerung seiner Talente, die gelegentliche Rede über die Sicherheit im Straßenverkehr. Aber Gene mangelte es an Geld. Er und Eileen liebten schöne Dinge, die vom Gehalt eines Polizisten kaum bezahlt werden konnten. So wie viele Polizisten

---

[16] Die »bemerkenswerte Rede«, auf die er sich bezieht, befaßte sich mit der Rolle der Polizei in den Beziehungen in der Gemeinschaft, die Parker am 19. Mai 1955 auf der Nationalen Versammlug der Christen und Juden im Institute on Police-Community Relations an der Michigan State University hielt. Sie brachte Parker stehenden Beifall ein und ist seitdem die Grundlage für die Beziehungen zwischen Polizei und Gemeinschaft.

[17] Im August 1965 äußerte sich Parker zu den Watts-Unruhen, die sich kurz zuvor ereignet hatten. Seine Bemerkungen waren umstritten, und er wurde von der Seite der Politiker nicht so schnell unterstützt, wie viele es erwartet hatten. Sam Yorty, damaliger Bürgermeister von Los Angeles, äußerte sich schließlich. Am 23. August 1965 schrieb Gene dem Bürgermeister folgendes: »Ihre jüngste Stellungnahme zu den Äußerungen unseres Polizeichefs sind äußerst erfreulich. Fast ohne Ausnahme sind Sie in der Achtung meiner Bekannten gestiegen. ... Ich war (und bin) ein wahrer Liberaler und ein Verfechter der Bürgerrechte. Es ist kein Geheimnis, daß Bill Parker in gleichem Maße konservativ ist. Wir waren und sind erheblich unterschiedlicher Auffassung, was bestimmte philosophische Vorstellungen und Themen betrifft. Doch kann ich Ihnen persönlich versichern – und ich würde gerne die Gelegenheit haben, dies öffentlich zu sagen –, daß ich trotz aller Differenzen in gesellschaftlichen und politischen Ansichten niemals irgendeine Meinungsverschiedenheit oder einen Streit mit William H. Parker über grundlegende Themen wie Moral, Ehrbarkeit und Toleranz hatte. Es würde mir schwerfallen, einen Menschen zu benennen, dem ich in beruflicher und menschlicher Hinsicht größeren Respekt entgegenbringe.

Als Bürger von Los Angeles danke ich Ihnen für Ihre Weisheit und Stärke während dieser Krise. Ich bitte Sie, sich an mich zu wenden, wenn Sie irgendeine Art von Beistand und Unterstützung benötigen, die ich Ihnen geben kann.«

vor und nach ihm entschloß sich Gene, sein Einkommen aufzubessern.

Am 28. März 1951 bat er um Erlaubnis für eine Nebenbeschäftigung. In der Wortwahl für den Antrag ging Gene sehr sorgfältig vor:

»Die Arbeit ist würdevoll. Es handelt sich nicht um Klinkenputzen oder Telefonverkauf; die Beschäftigung wird diesen Offizier nur mit einem festen Kundenkreis in Kontakt bringen. Der Name des Department wird in keiner Weise in dieser Arbeit einbezogen, und die Beschäftigungsbedingungen betreffen keine Gewerkschaft oder andere, ähnlich aufgebaute Organisationen. Das Unternehmen ist nicht in der Lage, diese Teilzeitstelle mit der Hilfe einer Arbeitsvermittlung zu besetzen; von dem zwar überdurchschnittlichen Einkommen, das von den Fähigkeiten und der Erfahrung dieses Offiziers abhängt, kann jedoch kein anderer seinen Lebensunterhalt bestreiten.«

Die »würdevolle Arbeit«, die Gene annehmen wollte, war der Verkauf von Amana-Kühlschränken!

Genes Interesse an Science Fiction hatte nicht nachgelassen. Er war nach wie vor ein eifriger Leser und Kinogänger, aber während des Krieges und in der Zeit danach wurden nur wenige Science Fiction-Filme produziert. Das veränderte sich schlagartig, als 1949 die Billigproduktion *The Man From Planet X* in die Kinos kam. Ihm folgte 1950 *Rocketship X-M* und *Destination Moon*, ein Film von George Pal. 1951 führte Robert Wise bei einer Produktion Regie, die von vielen als »Citizen Kane des Science Fiction-Films« angesehen wird: *The Day The Earth Stood Still*.[18]

---

[18] Dieser Film war ein anspruchsvolles Drama in einer Science Fiction-Verpackung. Michael Rennie spielte »Klaatu«, den Gesandten einer Planetenföderation, der der Erde eine Botschaft überbringen sollte: Lernt zusammenzuarbeiten, sonst werdet ihr von den patrouillierenden Robotern ausgelöscht. In diesem Film wirkten auch Sam Jaffee, Hugh Beaumont, Patricia Neal und Billy Gray mit.

Ebenfalls 1951 wurden *The Thing* – ein Film, der auf dem Buch *Who Goes There?* von John W. Campbell basierte – und *When Worlds Collide* nach dem gleichnamigen Roman von Philip Wylie und Edwin Balmer veröffentlicht. In den folgenden Jahren kam es zu einer Wiedergeburt des Science Fiction-Films, darunter Klassiker wie *It Came From Outer Space, The War of the Worlds, The Creature From The Black Lagoon, Them!, 20.000 Leagues Under the Sea, This Island Earth, Invasion of the Body Snatchers* und die Science Fiction-Version von Shakespeares *The Tempest*: *Forbidden Planet*.

Obwohl das Fernsehen in seiner Anfangsphase nicht über die Budgets oder die technisches Möglichkeiten des Films verfügte, war die Science Fiction von Anfang an Bestandteil dieses Mediums. Ab Anfang 1949 strahlte das Dumont Network[19] die Serie *Captain Video* aus. Es war die erste Science Fiction-Serie im Fernsehen beziehungsweise im »Video«, wie das Medium zu dieser Zeit gemeinhin genannt wurde. *Captain Video* wurde in einem kleinen Studio mit einem entsprechenden Budget gedreht. Interessanterweise wurden viele der frühen Drehbücher von so angesehenen Science Fiction-Autoren wie Robert Sheckley, Damon Knight und C. M. Kornbluth geschrieben.

Eine weitere beliebte Science Fiction-Serie war das dreimal wöchentlich ausgestrahlte, jeweils eine Viertelstunde lange CBS-Serial *Tom Corbett, Space Cadet*. Die Serie wurde live gesendet, Action und Spezialeffekte wurden auch hier durch ein Minimalbudget erheblich eingeschränkt. *Tom Corbett, Space Cadet* überlebte nur eine Season. Wissenschaftlicher Berater der Serie war der angesehene Wissenschaftler und Autor Willy Ley.[20]

Sowohl *Captain Video* als auch *Tom Corbett* waren beliebt, aber sie waren nichts im Vergleich zur ersten großen Science Fiction-Serie, die die Aufmerksamkeit der Zuschauer auf sich lenken sollte, eine Serie, die auffallende Parallelen zu *Star Trek* im folgenden Jahrzehnt aufwies: *Space Patrol*. Sie wurde von der in Los Angeles befindlichen Tochter des Senders ABC, KECA Channel 7 (heute: KABC), zum ersten Mal am 9. Juni 1951 ausgestrahlt, bevor das Network sie übernahm.[21] Es war im wesentlichen eine Kinderserie, sprach aber letztlich ein viel breiteres Publikum an.

---

[19] Dumont war ein Pionier des Fernsehens, der Sender erhielt 1944 seine Lizenz. Geleitet von dem hervorragenden Ingenieur Dr. Allen B. DuMont brachte das Unternehmen 1938 den ersten Fernseher mit 35 cm-Bildschirm auf den Markt.
[20] Der Deutsche Willy Ley hatte 1928 das Buch *Die Möglichkeit der Weltraumfahrt* veröffentlicht, das mit ausschlaggebend war für den folgenden Science Fiction-Film und das Buch *Die Frau im Mond*. Er schrieb für *Astounding* und *Amazing Stories*; von 1952 bis zu seinem Tod 1969 war er wissenschaftlicher Kolumnist für *Galaxy*. Eines seiner besten Bücher, das in Zusammenarbeit mit dem Weltraumkünstler Chesley Bonestell entstand, war *The Conquest of Space*.
[21] Sie wurde auch mehrmals wöchentlich im Radio gesendet, wobei ungewöhnlich war, daß das Radio sie vom Fernsehen übernahm – sonst war das umgekehrt der Fall.

Space Patrol war eine »Space Opera«[22] fürs Fernsehen. Für ihre Zeit war sie phantasievoll, innovativ und ausgesprochen gut gemacht.

Die »Weltraumpatrouille« war von der »Vereinten Föderation der Planeten« ins Leben gerufen worden, um gegen Weltraumpiraten zu kämpfen, gegen abtrünnige Wissenschaftler und Schurken in der gesamten Galaxis. Die Abenteuer, die manchmal im Laufe einer halbstündigen Episode abgeschlossen wurden, sich manchmal aber auch über mehrere Episoden erstreckten, fesselten die Kinder Woche für Woche. Für damalige Verhältnisse waren es aufregende Abenteuer, die zum Teil innovativen Spezialeffekte wurden ohne großes Budget oder ausgefeilte Kameratricks vorgeführt. Nichts in dieser Art hatte es zuvor im Fernsehen gegeben. Ironischerweise war *Space Patrol* – so wie später *Star Trek* – die Idee eines Militärpiloten: William (Mike) Moser, einem Veteranen der Navy.

Space Patrol eroberte die Kinderherzen landesweit im Sturm. Der deutlichste Beweis für den Erfolg war die Merchandise-Kampagne, die von der May Company in Los Angeles gestartet wurde, wo die Stars der Serie mit einem Nachbau des Raumschiffs auftraten. Ein paar tausend Interessierte wurden erwartet, aber zur allgemeinen Überraschung fanden sich 30 000 Kinder mit ihren Eltern ein. Die Straßen rings um das Geschäft waren verstopft, zusätzliche Polizeikräfte wurden eingesetzt, um die immens große, aber beherrschte Menschenmenge unter Kontrolle zu halten.

Moser nutzte die Beliebtheit seiner Serie. *Space Patrol* zog eine ganze Reihe von Merchandising-Produkten nach sich: Weltraumhelme, Strahlenpistolen, Modellraketen, kosmische Generatoren und eine Vielzahl von Nebenprodukten, die alle den *Space Patrol*-Schriftzug trugen. Fanclubs wurden ins Leben gerufen. Die Zeitschrift *Time* berichtete, daß allein das Merchandising 40 Millio-

---

[22] Eine abgewandelte Form des Begriffs »Soap Opera«, der für die täglichen Radiodramen geschaffen worden war, die sich auf endlose häusliche Krisen spezialisiert hatten. Western wurden manchmal als »Horse Operas« bezeichnet. Der Begriff wurde später allgemein benutzt, um jedes abgedroschene Fernsehdrama zu bezeichnen.

nen Dollar einbrachte, wohlgemerkt 1950! Heute wird für diese *Space Patrol*-Produkte extrem viel Geld bezahlt.

Was *Space Patrol* in den Fünfzigern für die Kinder war, sollte eigentlich *Star Trek* für die Jugendlichen in den Sechzigern sein. Aber der Erfolg würde sich erst Mitte der siebziger Jahre einstellen. *Space Patrol* bereitete den Boden für eine an Science Fiction interessierte Zuschauergeneration, die für den Stil bereit sein würde, den Gene ihnen Jahre später präsentieren würde. *Space Patrol* war eine von drei frühen Fernsehserien, die eine wichtige Rolle in seiner Karriere spielen sollten.

Die zweite Serie hatte gut sechs Monate nach *Space Patrol* Fernsehpremiere. Am 16. Dezember 1951 wurde auf NBC der Bildschirm für einen Moment schwarz. Dann kehrte das Bild zurück und zeigte die Nahaufnahme der Dienstmarke eines Sergeants des LAPD mit der Dienstnummer 714. Die ersten vier Noten des Marsches, den Walter Schumann komponiert hatte, schallten quer durch die USA – *Dragnet* hatte das Fernsehen erobert![23]

Dragnet war eine der erfolgreichsten Serien unter denjenigen, die vom Radio ins Fernsehen wechselten, und wurde Woche für Woche von bis zu 17 Millionen Zuschauern gesehen.[24]

Die Handlungen von *Dragnet* wurden auf der Basis von »Akten des Los Angeles Police Department« entwickelt. 1949 hatte die Produktionsgesellschaft der Serie mit dem damaligen Polizeichef Jack Horrall eine Vereinbarung getroffen: Das LAPD sollte die Serienautoren mit Informationen aus abgeschlossenen Fällen versorgen. Parker ging einen großen Schritt weiter und sorgte dafür, daß sein Department großen Nutzen daraus ziehen konnte. Parker wurde mit dem Star der Serie bekannt, der ein Freund des LAPD wurde.

Sein Name war Jack Webb. Er sollte für eine ganze Generation den perfekten Polizisten verkörpern – wie er sich bewegte, sich kleidete, sprach, und wie er die Polizeiarbeit ausführte. Webb war nicht nur der Star der Serie, sondern auch ihr Produzent und Re-

---

[23] Dragnet war ursprünglich eine Sendung des NBC Radio Network. Die Fernsehserie lief vom 16. Dezember 1951 bis zum 6. September 1959 auf NBC und kehrte 1967 ins Fernsehen zurück. Sie lief dann vom 12. Januar 1967 bis zum 10. September 1970.

[24] *Dragnet* gewann mehrere Emmys und belegte in den Jahren 1952-1956 immer einen der ersten 25 Plätze.

gisseur. Er war als Workaholic bekannt, der oft fünfzehn Stunden täglich im Studio verbrachte.

Die Serie drehte sich um den Detective Sergeant Joe Friday (Jack Webb) und seinen Partner, der nacheinander von verschiedenen Schauspielern dargestellt wurde.[25] Und sie drehte sich um die Routinearbeiten der Polizei. Die Episoden spielten abwechselnd in einer der verschiedenen Abteilungen, Mord und Raubmord, Diebstahl, Fälschung, Betrug oder Autodiebstahl. Jede Phase der Ermittlungen entsprach exakt dem, was auch im LAPD geschah.

Dragnet erreichte dieses hohe Maß an Authentizität dadurch, daß Webb peinlich genau auf jedes Detail achtete und daß das LAPD ihn dabei unterstützte. Drehbücher wurden von Parkers Mitarbeitern geprüft, um sicherzustellen, daß sie nichts enthielten, was ein schlechtes Licht auf das Department werfen könnte. Oft waren bis zu drei technische Berater des LAPD im Studio.

Selbst die Requisiten und Bühnenbilder erfüllten den Anspruch, authentisch zu sein: Die Farbe des Lacks auf dem Holz im Studio entsprach exakt der Farbe im Department. Selbst die Aschenbecher wurden genauso angeordnet. An jedem Drehtag verließ ein Kurier mit einer Kiste das Polizeihauptquartier, in der sich die beiden echten Abzeichen befanden, die von den Hauptdarstellern in der Serie getragen wurden. Am Ende des Drehtags wurden die Abzeichen wieder zurückgebracht, um sie sicher aufzubewahren.

Die Serie war massive Propaganda, von der beide Seiten profitierten. Webb hatte eine Serie, die er unter keinen anderen Umständen so hätte produzieren können. Und Parkers Idealvorstellung von einer Berufspolizei erreichte Woche für Woche Millionen Haushalte.

Aber Webb war nicht einfach ein Opportunist. Er war Mitgründer des Police Academy Trust Fund und versprach, sechs Prozent des Gewinns aus jeder Episode in Erstausstrahlung an diese Stiftung zu zahlen. Mit Hilfe dieser Gelder ließ die Police Academy einige Gebäude errichten. Jack Webbs persönliche Erin-

---

[25] 1951 war es Barton Yarborough als Detective Sergeant Ben Romero, 1952 Barney Philips als Sergeant Jacobs. Ben Alexander war als Officer Frank Smith der bekannteste Partner, er spielte die Rolle von 1952 bis 1959. Als die Serie 1967 ins Fernsehen zurückkehrte, wurde Fridays Partner von Harry Morgan gespielt, der später in *M*A*S*H* eine Rolle erhielt.

nerungsstücke können heute in einer Glasvitrine betrachtet werden, die am Eingang zum Restaurant der Akademie steht.

Dragnet besaß zwei Eigenschaften, die für praktisch alle Fernsehproduktionen dieser Ära typisch waren: Sie wurde schnell und billig produziert. Um über das niedrige Budget hinwegzutäuschen, wurde die Serie in einer äußerst stilisierten Weise gefilmt, die sich auf knappe Dialoge und auf interessante Figuren konzentrierte, wodurch eine Realitätsnähe erreicht wurde, die sich auf die gesamte Produktion auswirkte. Dieser Realismus wurde auch gefördert durch Webbs abgehackte, todernste Erzählweise, die er zur Perfektion brachte und in der er Details der polizeilichen Vorgehensweise beschrieb, immer wieder unterbrochen von einem Blick auf die Uhr.

Amerikanische Autoren der zwanziger und dreißiger Jahre hatten den Markt der Pulp-Magazine und schroffe, aber hilfreiche Verleger als Lehrer. Es war eine wunderbare Schule für Autoren, um ihr Handwerk zu lernen. Unglücklicherweise erhielten die Pulps eine ernste Konkurrenz durch die billigen Comics der vierziger Jahre und die Paperbacks, die gerade einmal 25 Cent kosteten. Die Pulps verschwanden, zugleich formte sich der Markt für Pulps langsam um in etwas Neues; die gleichen alten Geschichten wurde nun in einem anderem Medium erzählt. Die Pulps waren zum Fernsehen übergewechselt. In den frühen fünfziger Jahren gab es Dutzende dieser Anthologie-Serien, die 30 Minuten lang waren und damit das Gegenstück zu einer Pulp-Kurzgeschichte bildeten. Alle Studios, die solche Serien produzierten, benötigten Geschichten. So wie zuvor die Autoren der Pulps würde sich die neue Generation von Fernsehautoren auf Talent, Intuition sowie die Methode verlassen, aus Fehlern zu lernen, und auf die Unterstützung der Herausgeber, um ihr Handwerk zu lernen und zu verbessern.

Für Gene war *Dragnet* der Ausgangspunkt für seine Karriere als Fernsehautor. Sowohl die Fernseh- als auch die Radioversion der Serie endeten mit der Aussage: »Die Ereignisse, die Sie gerade gesehen haben, haben sich wirklich so zugetragen. Nur die Namen wurden geändert, um die Unschuldigen zu schützen.« Die Geschichten stammten anfangs aus den Akten des LAPD, aber mit dem Fortschreiten der Serie kamen immer mehr Geschichten von den Officers und den Detectives, die sie erlebten.

Webbs Produktionsgesellschaft Mark VII Limited zahlte 100

Dollar für eine Geschichte, die üblicherweise aus fünf oder sechs Absätzen auf einem einzelnen Blatt Papier bestand. Die Gesellschaft kaufte immer mehr Geschichten, als sie wirklich benötigte, da sich viele als zu kompliziert erwiesen, um sie auf das stilisierte und billige Format der Serie umzuschreiben.

Gene traf mit einigen Freunden im Department eine Abmachung. Sie sollten ihm ihre Geschichten erzählen, und er würde sie in eine Form bringen, die sie verkaufsfähig machte. Wurde die Story gekauft, teilten sie sich das Honorar. Nachdem er mit einem Detective über eine Geschichte gesprochen und ein paar Notizen gemacht hatte, entwickelte er das Treatment an ein oder zwei Abenden. Dabei entwickelte Gene die zwei Eigenschaften, die für den Erfolg als Fernsehautor notwendig waren: Er war gut und er war schnell. Fünfzig Dollar für zwei Abende Arbeit waren ein guter Verdienst für einen Polizisten, der mit einem Monatsgehalt von 400 Dollar nach Hause kam.

Gene lernte schnell und wurde besser. Er achtete auf das, was die Produzenten haben wollten – doch er wollte mehr. Er wollte Drehbücher schreiben.[26] In den Kindertagen des Fernsehens gab es keine Schulen, in denen man das Drehbuchschreiben lernen konnte, keine Wochenendseminare, keine von den Universitäten angebotenen Kurse.

Gene entwickelte seinen eigenen praktischen Ansatz: Er lieh sich Drehbücher bei Jack Webbs Gesellschaft und anderen Quellen aus. Dann sah er sich die entsprechenden Episoden im Fernsehen an und studierte dabei aufmerksam die Anweisungen im Drehbuch. So lernte er die Terminologie und die Regieanweisungen, die ein Drehbuch enthalten mußte. Um mehr über *Blocking* und *Action* zu lernen, sah er sich eine Sendung an und drehte den Ton ab. Um sein Gefühl für Dialoge und für richtiges Timing zu fördern, *hörte* er sich die Serien an, anstatt sie zu sehen.

Ob er nun ein Genie war oder nicht: Der Erfolg stellte sich

---

[26] Genes Beteiligung an der Serie *Dragnet* ist oft falsch dargestellt worden, da man annahm, daß er Drehbücher meinte, als er sagte, er schreibe für *Dragnet*. Eine gründliche Begutachtung aller *Dragnet*-Drehbücher, die Jack Webb der Bibliothek der UCLA geschenkt hatte, ergab, daß Gene nicht ein einziges davon geschrieben hatte. Gene schrieb Geschichten und Treatments, aber die Treatment-Autoren wurden nicht genannt, und Webb archivierte sie nicht.

nicht so schnell ein. Gene setzte sich selbst das Ziel, pro Tag tausend Worte zu schreiben, wobei er Drehbücher und Serienkonzepte in einem enormen Tempo entwickelte, während er nach wie vor für Parker arbeitete. Um seine Ideen zu schützen, schickte er immer eine Kopie an sich selbst, gab 30 Cents zusätzlich aus für einen eingeschriebenen Brief und ließ die Klebelasche stempeln, um den Beweis zu erbringen, an welchem Tag er die Idee entwickelt hatte. Dieser Sicherheitsvorkehrung war letztlich überflüssig. Er verkaufte nichts.

Jahre später erinnerte sich an diese frühen Tage in einem kurzen, unveröffentlichten Artikel: »Über das Schreiben«.

Die meisten Startprobleme werden durch mangelnde Erfahrung verursacht. Das kann vermieden werden, wenn man bereit ist, viele Stunden damit zu verbringen zu schreiben, zu schreiben und noch mal zu schreiben.

Die meisten Menschen geben an diesem Punkt auf. Sie nicken zustimmend, wenn erfahrene Autoren ihnen sagen, daß dieses Handwerk so wie jedes andere jahrelange Ausbildung erfordert. Und doch glauben die meisten von ihnen heimlich, daß diese Regel auf sie nicht zutrifft. Nachdem sie erfolglos versucht haben, ein oder zwei Manuskripte zu verkaufen, kommen sie zu der Ansicht, daß sie so gut sind wie professionelle Autoren, aber den Durchbruch nicht geschafft haben. Es ist einfach leichter, aufzuhören und es auf die Umstände zu schieben, anstatt einen Schreibstil zu erlernen, anstatt die Kniffe des Handwerks zu lernen und die geistigen Muskeln aufzubauen, die man nur durch anhaltendes Üben erlangen kann. Sie würden nicht erwarten, Goldschmied oder Olympiaturner zu werden, ohne jahrelang zu lernen und sich abzumühen. Doch das Schreiben ist in ihren Augen etwas anderes, was es aber eigentlich nicht ist.[27]

---

[27] Im August 1971 schrieb Gene einem aufstrebendem Autor, der ihn um Rat gebeten hatte: »Es freut mich, daß Sie schreiben. Ganz gleich, ob Sie das Schreiben zu Ihrem Beruf machen oder nicht, es ist eine kostbare Übung für die Fähigkeit zu kommunizieren, die für jeden Aspekt des Lebens wichtig ist. Ich wünsche Ihnen, daß Ihr erstes Drehbuch verkaufen können, aber Sie sollten bedenken, daß das wahrscheinlich nicht geschehen wird. Ich schrieb sechs vollständige Drehbücher, bevor eines gekauft wurde, und ich glaube, das ist in dieser Branche der übliche Durchschnitt. Zu viele Anfänger glauben, daß sie Zeit verschwendet haben, wenn sie ihr Drehbuch nicht verkaufen können. Das ist aber eine dumme Einstellung. Es kann durchaus vorkommen, daß auch ein Erstlingsdrehbuch angenommen wird, daher sollten Sie voller Eifer und Optimismus weitermachen.«

Während er seine Fertigkeiten verbesserte, erkannte Gene, daß seine anfänglichen Vorstellungen von einer Karriere als Autor voreilig waren. Er lernte, die Bedeutung der Maxime »Das Selbstbewußtsein des Amateurs ist der Neid des Profis« zu verstehen. Er nahm sich seinen eigenen Ratschlag zu Herzen und schrieb und schrieb und schrieb. Seine Arbeit begann sich auszuzahlen, als er eine neue Ebene erreichte: Er war in der Lage, seine eigenen Arbeiten so zu lesen und zu kritisieren, als stammten sie von einem anderen. Das brachte ihm das notwendige Maß an Professionalität, das er anstrebte. Während sich Genes Schreibfertigkeit verbesserte, vollzogen sich in der Fernsehbranche gleichfalls Veränderungen.

Die Industrie, die 1948 keinen Platz für einen Autorenneuling hatte, war 1953 zu einem Geschäft geworden, das eine bessere Vorstellung von sich selbst hatte. In der Entwicklung des kommerziellen Fernsehens wurde an vielen Fronten gekämpft. Einer dieser Kämpfe drehte sich um die Diskussion »Live-S gegen Film« und spielte sich damit zwischen den Chefs in New York und den Veranstaltern in Hollywood ab.

Zu Beginn war Film erheblich teurer als Livesendungen. Aber durch die Kinofilmtechniken und die kostensparenden Maßnahmen, die auf die Fernsehfilm-Produktionen angewandt wurden, begann sich das Verhältnis umzukehren. Hollywood wurde zunehmend konkurrenzfähig. 1953 stellte Hollywood 78 Prozent aller Filme, die im Fernsehen ausgestrahlt wurden. Acht Studios, die sich bis dahin ausschließlich mit der Produktion von Kinofilmen beschäftigt hatten, setzten nun den größten Teil ihrer Ressourcen für Fernsehproduktionen ein.

Der plötzliche Druck traf viele Möchtegern-Produktionsgesellschaften. Gene überstand diese kritische Phase, indem er seine Fertigkeiten verfeinerte und sein Handwerk lernte. 1953 begann er damit, Briefe und Treatments an Produzenten in der ganzen Stadt zu schicken, aber eine wirkliche Gelegenheit ergab sich bei einem Telefonat mit seinem unmittelbaren Vorgesetzten, Captain Stanley Sheldon. Ziv Television Productions benötigte einen technischen Berater für eine neue Serie, *Mr. District Attorney*, und hoffte, daß das LAPD ihnen helfen könnte. Sheldon hatte den richtigen Mann, und *Mr. District Attorney* wurde die dritte Serie, die einen maßgeblichen Einfluß auf Genes Karriere haben sollte.

Der Eigentümer von Ziv Television Productions, Frederick W. Ziv, war ein Pionier auf dem Gebiet der Radiosyndication. Ziv besaß zwei Eigenschaften, die viele seiner Konkurrenten nicht vorweisen konnten: Weitblick und Phantasie. Seine Gesellschaft war einer der größten Programmanbieter in der Blütezeit des Radios. Mitte 1953 kaufte er die Radio- und Fernsehrechte für *Mr. District Attorney*, eine Serie, die auf eine lange Karriere als Radiosendung zurückblicken konnte.

Ende 1953 wurde Gene technischer Berater der Serie und erkannte augenblicklich die Gelegenheit, die sich ihm bot. Fred Ziv erinnerte sich an den Beginn der Zusammenarbeit zwischen Gene und seinem Unternehmen: »Ein sehr großer Polizist in voller Uniform – Abzeichen, Pfeife, Waffe – verbrachte einige Tage im Studio von *Mr. District Attorney*, las Drehbücher und gab Ratschläge. Schließlich wandte er sich an Jon Epstein, den Leiter der Drehbuchabteilung, und sagte: ›Ich kann Drehbücher schreiben, die so gut sind wie dieses hier.‹« Fred Ziv erinnert sich, daß Gene eingeladen wurde, um seine Behauptung unter Beweis zu stellen.

Am 22. Oktober schrieb Gene an Epstein:

Lieber Jon,
    hier ist es. MR. DISTRICT ATTORNEY verfügt endlich über eine Geschichte, die allen Anforderungen des Fernsehens gerecht wird...
    P.S. Diese Geschichte hat aktuellen Bezug, weil Wettgeschäfte in der Industrie derzeit Kopfschmerzen bereiten. Das war vor kurzem in den Nachrichten. Ich bin sicher, daß Locheed [sic] oder Douglas die Erlaubnis erteilen wird, in ihrer Fabrik zu filmen, wenn sie im Nachspann würdigend erwähnt werden.
                                                                Gene R.

Beigefügt war ein Brief mit dem folgenden Handlungsentwurf:

                                                        22. Oktober 1953
An: ZIV Television Programs, Inc.
Betreff: MR. DISTRICT ATTORNEY, Handlungsentwurf
Von: E. W. Roddenberry

Das Management und die Mitarbeiter eines großen Flugzeughersteller beklagen sich beim Bezirksstaatsanwalt [eben jenem Mr. District

Attorney oder Mr. DA] über Wettgeschäfte, die heimlich in ihrer Fabrik betrieben werden (Football, Baseball oder ähnliches). Obwohl es nur um kleine Beträge geht, entscheidet Mr. DA, sich das ganze anzusehen, da er sich fragt, ob dahinter organisierte Kriminalität stecken könnte. Die Ermittlungen ergeben, daß es sich um einen dicken Fisch handelt – Zehntausende Dollar pro Monat. Nach zunächst nur kleinen Wetten setzen einige Arbeiter mittlerweile schon das Geld ein, das sie für Lebensmittel und für die Miete benötigen. *Erster Höhepunkt:* Ein Arbeiter wird verprügelt, weil er seinen Wetteinsatz nicht bezahlen kann. Alles deutet auf organisiertes Verbrechen hin; die Vorgehensweise ist identisch.

Mr. DA entdeckt, daß die Lagerarbeiter überall in der Fabrik als Anlaufstellen fungieren. Praktisch jeder Arbeiter kann zu diesen Arbeitern gehen, ohne Verdacht zu erwecken. Wettscheine werden in Lagerbüchern entdeckt. Diese Männer werden zum Verhör mitgenommen. Sie beschuldigen einen Ex-Gangster, der für die Getränkeautomaten zuständig ist. Das verstärkt den Verdacht, daß die Wettgeschäfte von organisierten Kriminellen geleitet werden. Aber sie können den ehemaligen Betrüger nicht zum Sprechen bringen.

Zweiter Höhepunkt: Mr. DA entdeckt, daß geheime militärische Unterlagen in der Fabrik verschwinden. Er bespricht sich mit den besorgten Regierungsvertretern. Aber es paßt nichts zusammen. Die Lagerarbeiter werden verhört, doch es stellt sich heraus, daß es ihnen nur um die paar Dollar Gewinnanteil geht. Der Ex-Gangster ist zu dumm, um den Verkauf geheimer Informationen zu bewerkstelligen. Mr. DA arbeitet mit dem Personalchef der Fabrik zusammen; sie versuchen, über die Personalakten die Schwachstelle im Unternehmen zu finden. Aber sie haben keinen Erfolg.

Letzter Höhepunkt: Mr. DA entdeckt in dem Ganzen ein Muster, auch wenn er in den einzelnen Personalakten nichts finden konnte. Der Schuldige ist der Personalchef. Jahrelang hat er die Einstellungstests durchgeführt. Er hatte die Männer ausgesucht, die eine Schwäche für Wettspiele hatten, und hat mit ihnen wichtige Positionen besetzt. Nachdem ihre Wettschulden zu hoch geworden waren, um sie zurückzahlen zu können, hatte er sich von ihnen geheime Unterlagen aushändigen lassen.

E. W. Roddenberry

Epstein gefiel, was er las, und gab das Drehbuch in Auftrag. Damit hatte Gene sein erstes Fernsehdrehbuch verkauft. Sein Titel wurde »Defense Plant Gambling«, *Mr. District Attorney*-Episode #9B, Ziv-Produktionsnummer 1009.[28] Das endgültige Drehbuch datiert vom 2. März 1954, als Autor wird »Robert Wesley« genannt.[29]

Während Gene daran arbeitete, seine Beziehung zu Ziv zu festigen, achtete er zudem sorgfältig darauf, daß er sich seinen Vorgesetzten im LAPD gegenüber den Rücken freihielt. Am 1. Dezember 1953 – mit einer kleinen Verspätung – beantragte er ein weiteres Mal die Erlaubnis, neben seinem Dienst eine andere Tätigkeit ausüben zu dürfen. Als Tätigkeit trug er ein wenig arglistig ein: »Freier Autor – daneben Drehbuchprüfung und -beratung.« Als Grund gab er an: »Familienzuwachs macht Einkommenszuwachs erforderlich.« Der Chief gab am nächsten Tag seine Erlaubnis.[30]

Viele Jahre später erzählte Gene vor Publikum völlig ernst, daß er Polizist nicht geworden war, um Erfahrung zu sammeln, sondern weil er wußte, daß es mit einem Abzeichen und einer Waffe leichter sein würde, ein Drehbuch zu verkaufen.

Er gab auch gerne zum besten, wie er an seinen Agenten gekommen war. Ihm war klar, daß er einen Agenten haben mußte, also befaßte er sich mit einer Aufstellung aller Agenten. Er suchte sich einen aus und brachte die Fahrgewohnheiten dieses Mannes

---

[28] Speziell für *Star Trek*-Fans dürfte folgendes interessant sein: Eine der Figuren in diesem ersten Drehbuch war ein gewisser »Sergeant Ryker«. Gene verwendete diesen Namen in einigen anderen Drehbüchern, die sich nicht verkauften, bevor er ihn für den Ersten Offizier der U.S.S. Enterprise in *The Next Generation* in Erwägung zog. Dort wurde aus ihm Commander William Riker.

[29] Gene experimentierte auch mit den beiden Vornamen seines Bruders Robert Leon, legte aber niemals etwas unter diesem Namen vor. Ein Kollege von Gene im LAPD war der Meinung, daß Gene auch unter dem Pseudonym »Rod N. Berry« schrieb. Weder in Genes eigenen Unterlagen noch in irgendwelchen Archiven konnte ich einen Hinweis darauf finden, daß er diesen Namen jemals benutzte.

[30] Gene nutzte auch eine andere Gelegenheit zu seinem Vorteil aus. Gleichzeitig bat er um Erlaubnis, als »Gast oder Dozent im Wechsel« in »Polizei und die Öffentlichkeit« aufzutreten, einem Kurs am Los Angeles State College, durchgeführt von Captain Sheldon. Das brachte einen Stundenlohn von 4,50 Dollar ein, ein deutlicher Sprung nach oben, wenn man berücksichtigte, daß er als Polizist 2,50 Dollar in der Stunde verdiente. Außerdem machte es sich in seinem Lebenslauf gut. Chief Parker genehmigte auch diesen Antrag am folgenden Tag.

in Erfahrung. Wenig später ertappte er ihn bei einer Geschwindigkeitsübertretung. Als er ihm einen Strafzettel ausstellen wollte, erklärte Gene dem Agenten, er sei eigentlich kein Polizist, sondern Autor. Der Agent erkannte, wie nachlässig er geworden war, neue Talente zu ermutigen. Gene hatte im nächsten Moment seinen ersten Agenten.

Es war eine wunderbare und amüsante Geschichte, besonders wenn Gene sie erzählte, aber obwohl er versicherte, daß sie stimmte, war es nichts mehr als eine Geschichte, mit der ein erfindungsreicher Autor sein Publikum unterhalten wollte. Gene ließ es nie zu, daß die Fakten eine gute Geschichte zunichte machen konnten.

Die Wahrheit über Genes Erfolg war nicht so wunderbar oder humorvoll, aber seine Übertreibung enthielt ein Körnchen Wahrheit: Gene war bereit, auf der Lauer zu liegen, bereit, wenn sich ihm eine Gelegenheit bieten würde. Das Geheimnis des Erfolgs im Showbusiness besteht zu einem großen Teil darin, eine gute Gelegenheit zu erkennen oder entstehen zu lassen, und bereit sein, sie zu nutzen, wenn sie sich präsentiert. Gene besaß das, was Wells Root, der Autoren unterrichtete, die beiden notwendigen Voraussetzungen nennt, um zu schreiben: »Ein wenig natürliches Talent und einen Drang, über jeden Zweifel erhaben zu schreiben.«

Das war die wahre Geschichte von Genes Leistung, und er war klug genug, das zu erkennen.

Don Ingalls, Genes Partner im LAPD, der selbst eine bemerkenswerte Karriere als Autor und Produzent machen würde bei *Have Gun Will Travel, Fantasy Island* und vielen anderen Serien) erinnerte sich daran, wie Gene einen Agenten fand, kurz nachdem er mit dem Schreiben und Verkauf von Drehbüchern begonnen hatte.[31] Don und Gene hatten das gleiche Auswahlkriterium

---

[31] Briefe in Genes Akten zeigen, daß sein erster Agent Lawrence Cruickshank war. Anfangs war Gene mit ihm zufrieden, aber er war nicht der Agent, der die Art von Verträgen abschließen konnte, die Gene haben wollte. Als Gene die Stufe erreicht hatte, die ihm die Macht gab, eine größere Beteiligung und höhere Honorare zu fordern, ließ er Cruickshank fallen und nahm einen anderen, einflußreicheren Agenten. Cruickshank trug ihm das sein ganzes Leben lang nach. Einigen Freunden gegenüber gestand Gene, daß diese Entscheidung für seine Karriere notwendig gewesen war, daß er sich aber noch immer schuldig fühlte, das getan zu haben.

angelegt: Sie würden den ersten Agenten nehmen, der bereit war, sie zu vertreten.

Genes Karriere verlief gut, nicht so dagegen seine Ehe. Obwohl seine zweite Tochter Dawn 1954 geboren wurde, gestand Gene Don Ingalls gegenüber ein, daß er unglücklich war. Anderen Freunden gegenüber erwähnte er, daß er und Eileen nicht mehr lachten.

Obwohl er die Erlaubnis besaß, außerhalb des Departments zu arbeiten, schrieb Gene alle frühen Drehbücher unter dem Pseudonym »Robert Wesley«. Diese Tarnung erlaubte Gene, sich mit Themen zu beschäftigen, die Chief Parker nicht unbedingt für angemessen hielt. Das Pseudonym gestattete es Gene außerdem zu vertuschen, wieviel Zeit und Energie er für die Drehbücher aufwandte und wieviel Geld er damit verdiente. Das war eine wichtige Überlegung, da von den Mitarbeitern des LAPD bis heute erwartet wird, daß sie sich hundertprozentig für ihre Arbeit einsetzen. Einer der Faktoren, nach dem jeder Officer alle sechs Monate bewertet wurde, war Loyalität. Das LAPD definierte sie als »die Eigenschaft, zuverlässig und gerne und absolut gehorsam Dienst zu tun«. Ein talentierter Officer, der mit seinem Nebenjob mehr verdiente als seine Vorgesetzten, hätte es keineswegs leicht gehabt.

Verglichen mit den 440 Dollar, die er monatlich als Polizist verdiente, machte sich die Arbeit fürs Fernsehen allmählich bezahlt. Das wird durch einen Brief von Ziv deutlich:

Lieber Gene,
wir haben Dir heute den Drehbuchauftrag Nr. 1614 erteilt. Das vereinbarte Gesamthonorar in Höhe von 700 Dollar ist wie folgt zahlbar:

100 Dollar binnen 48 Stunden nach der Ablieferung des Exposés.
250 Dollar binnen 7 Tagen nach der Ablieferung des Treatments.
200 Dollar binnen 7 Tagen nach der Ablieferung des endgültigen Drehbuchs.
150 Dollar binnen 7 Tagen nach der Ablieferung zusätzlicher Überarbeitungen.

Schicke uns bitte die beiliegenden Vertragskopien unterschrieben zurück.

Viele Grüße
ZIV TELEVISION PROGRAMS, INC.
Jon Epstein

Im Februar 1954 war Gene fünf Jahre im Department, was der Mindestzeit entsprach, die ein Officer ableisten mußte, bevor er die Prüfung zum Sergeant machen konnte, ein großer Meilenstein für eine Karriere im LAPD. Sich auf diese Prüfung vorzubereiten, kann die gesamte freie Zeit eines Kandidaten beanspruchen; manche beginnen schon zwei Jahre, bevor sie zugelassen werden können, damit, zu lernen. Viele bestehen beim ersten Anlauf die Prüfung nicht, andere wagen sich erst gar nicht an diese Prüfung heran. Gene bereitete sich vor, indem er eine Lerngruppe von vier oder fünf anderen Kandidaten zusammenstellte, die sich abends oder am Wochenende traf.

Daß Gene die Prüfung beim ersten Anlauf ablegte und zudem noch mit seinem Ergebnis einen Spitzenplatz belegte, verwunderte niemanden, der Gene kannte. Was das Ganze aber so erstaunlich macht, ist die Tatsache, daß er gleichzeitig für Parker arbeitete, am Los Angeles State College in Sheldons Kurs Vorträge hielt, als technischer Berater für *Mr. District Attorney* tätig war und für Ziv Drehbücher schrieb.

Gene legte die Prüfung Anfang 1954 ab. Das erste Drehbuch für *Mr. District Attorney* datierte vom 2. März 1954, war aber nicht das einzige Drehbuch, das Gene zu der Zeit schrieb. Sein zweites Drehbuch für *Mr. District Attorney*, »Wife Killer«, trug das Datum vom 26. April 1954.

Am 29. April führte Genes Position auf der Liste der Befähigten zu seiner Beförderung. So wie jeder neue Sergeant mußte er sechs Monate auf Probe in einer anderen Abteilung verbringen. Er bat um Versetzung von der Abteilung Öffentlichkeitsarbeit zur Abteilung Hollywood, »um an der Basis Erfahrung vor der Ernennung zum Sergeant zu sammeln«. Captain Sheldon, der seine letzte Beurteilung schrieb, tat es leid, daß Gene ging. Er bescheinigte ihm in allen Kategorien ein »Sehr gut« oder »Herausragend«. Sheldon merkte an, daß die »Erfahrung im Außendienst sicher von Nutzen sein würde«. Gene war nicht mehr auf der Straße gewesen, seit er Mitte Mai 1950 in den Innendienst versetzt worden war. Er kehrte auf die Straßen als Sergeant mit minimaler Erfahrung zurück, wo er Polizisten zu überwachen hatte, die schon etliche Jahre auf der Straße Dienst taten.

Während seiner sechsmonatigen Probezeit freundete Gene sich

mit einem anderen Sergeant auf Probe an. Genes Freund blieb beim Department und ging als Lieutenant in den Ruhestand. Zehn Jahre später nahm Gene dessen Namen und machte ihn zum Bestandteil des *Star Trek*-Universums; die Aussprache behielt er bei, er änderte nur die Schreibweise. Sein Freund hieß Wilbur Clingan, und er war Namensgeber für jene Kriegerrasse, die mit der Föderation im Krieg lag: die Klingonen. Bis heute ist Lieutenant Wilbur Clingan immer wieder erfreut, sich als der »Original-Klingone« vorstellen zu können.

Ein anderer Aspekt des LAPD wurde ebenfalls Teil von *Star Trek*. Genes lange Diskussionen (und Streitereien) mit Parker und seine Beobachtung von Parkers wortkarger, gefühlsmäßig distanzierter Art half Gene, die Figur zu formen, die die beliebteste der Serie werden sollte: Mr. Spock, der halb vulkanische, halb menschliche Wissenschaftsoffizier.

Gene verbrachte die Probezeit in der Abteilung Hollywood und im Stadtzentrum. Später machte er Scherze darüber, daß er sich in Hollywood stets bedeckt hielt, damit keiner der Produzenten, mit denen er zu tun hatte, herausfand, daß er ein Bulle war. Seine Probezeit nährte später den Mythos, mit dem er sich umgab. In seinen Vorträgen in den Siebzigern berichtete er die Geschichte, daß er mit drei – bei anderen Gelegenheiten nur mit einem – Produzenten zusammensaß, denen er Drehbücher vorschlagen wollte. Es war ein warmer Tag, die Produzenten zogen ihre Jacketts aus, und Gene machte das gleiche. Während der restlichen Präsentation bemerkte er, wie aufmerksam die Produzenten seinen Ausführungen folgten. Dann fiel ihm auf, daß er, obwohl er nicht im Dienst war, seine Dienstwaffe in einem Schulterhalfter trug. Angeblich waren die Produzenten sehr darauf aus, sein Drehbuch am Ende der Besprechung zu kaufen.[32] Auf jeden Fall war Gene eines der wenigen Mitglieder der Writers' Guild, das völlig legal eine Schußwaffe mit sich tragen durfte.

---

[32] Die weite Verbreitung dieser Geschichte scheint aus der Publicity-Abteilung von NBC aus den ersten *Star Trek*-Tagen zu stammen. Ohne Zweifel hatte sie ihren Ursprung in einem Gespräch mit Gene, der immer eine gute Geschichte auf Lager hatte.

Im Juli verkaufte er ein weiteres Drehbuch an Ziv für *Mr. District Attorney*. Es erhielt den Titel »Police Academy«, und als Autor wurde wieder »Robert Wesley« genannt. Es sollte das letzte Drehbuch sein, das er den Unterlagen zufolge in diesem Jahr verkaufte. Genes Bruttogehalt als Polizist lag in diesem Jahr bei knapp über 5000 Dollar, seine Einnahmen aus Drehbuchverkäufen beliefen sich auf die Hälfte dieses Betrags – obwohl er nur drei Bücher verkauft hatte.

Zum Ende der Probezeit hin, also Mitte Dezember 1954, hatte Gene eine Idee für einen Science Fiction-Film. Gemäß seiner üblichen Vorgehensweise notierte er seine Idee auf einem linierten gelben Blatt Papier, wobei er mehrere Korrekturen und Streichungen vornahm. Wie üblich verpackte er die zwei handgeschriebenen Seiten in einen Umschlag und schickte ihn als eingeschriebenen Brief an sich selbst, um das »Copyright des armen Mannes« zu begründen. Da er noch kein Mitglied der Writers' Guild war, war das ein gewisser Schutz für ihn, falls jemand die Idee stehlen würde.

Die zwei Seiten waren ein Exposé für eine Science Fiction-Geschichte für ein erwachsenes Publikum. Die Schrift ist hastig und läßt Genes Gedankenfluß erkennen. Er formte die Geschichte, während er sie schrieb, wobei sie besser wurde, je mehr er notierte.

Ein Mann und eine Frau, beide Mitte Zwanzig, kaufen von einem Makler ein Haus. Ihr Verhalten ist ein wenig sonderbar, gerade genug, um Aufmerksamkeit zu erregen. In dem soeben gekauften Haus erfahren wir, daß sie Agenten aus einem anderen Sonnensystem sind. Sie sind hier, um Kontakt mit anderen Agenten aufzunehmen, ihre Erkenntnisse zu vergleichen und um [...] Zerstörung und Besiedlung vorzubereiten.
[...]
Ihr Umgang miteinander ist kalt und effizient. [...] Sie existieren in Körpern, bei denen es sich um exakte Nachbildungen des typischen Homo sapiens handelt. Sie sind Angehörige einer Gesellschaft, die von ihrer Art her an eine »Ameisenkolonie« erinnert.
An dem Abend erwarten sie die Ankunft eines [...] Agentenpaars, das schon früher auf der Erde abgesetzt worden ist. [...] Es klingelt an der Tür, ein älteres Paar tritt ein. Eine Zeitlang wird eine sonderbare Unterhaltung geführt – die Besucher sind nicht die [...] Agenten, son-

dern Nachbarn, die die Neuankömmlinge willkommen heißen. Es gelingt ihnen, Ausrutscher in der Unterhaltung zu überspielen und die Nachbarn abzuwimmeln.

(Seite 2)
Die Agenten treffen nicht ein.
Da die beiden annehmen, daß es wegen des primitiven Entwicklungsniveaus auf der Erde Schwierigkeiten geben könnte, das Haus zu erreichen, richten sie sich darauf ein [...], eine Zeitlang zu warten. [...] Die Aufgabe, mit der sich die anderen Agenten befassen sollten: Wird die Menschheit eher selbst die Erde zerstören, bevor sie sich zerstören läßt. Die Erde verfügt über einige Macht – die Kapazitäten, der Umfang und die Art der Verteidigung. Wenn mit ihnen nicht innerhalb eines Monats Kontakt aufgenommen wird, werden sie das Signal für den Angriff geben.

Er geht arbeiten – Atombehörde – hervorragende Referenzen. Sie werden gezwungen, gewissermaßen ein normales Leben zu führen. Sie beginnt, sich in ihn zu verlieben. Er reagiert, da er der Ansicht ist, daß sie sich nicht verdächtiger als nötig verhalten sollten.

In der Fabrik erfährt er, daß die Menschheit noch nicht die Gleichung gefunden hat, die die Zerstörung der Erde möglich macht. Voller Begeisterung erklärt er ihr, daß er das Signal senden wird. Sie erklärt, daß sie ein Kind erwartet. Streit – er geht.

Zeit für die Zerstörung – er kommt zurück.

In den folgenden zwei Wochen tippte Gene das Drehbuch, wobei er das Ende veränderte und aus den Nachbarn das erste Agententeam machte, das sich nicht zu erkennen gibt und das darauf wartet, daß »J-117s geheime Verteidigung« – die Liebe – zu wirken beginnt. Der ursprüngliche Titel lautete »J-117's Defense«, aber Gene änderte ihn ab in »The Secret Defense of 117«, als er es verkaufte. Dank der Unwägbarkeiten der Fernsehproduktionen vergingen zwei Jahre, bevor dieses Drehbuch auf Sendung gehen würde.

Verkauft wurde das Drehbuch an Four Star Productions für die Serie *Four Star Theater*. Irgend jemand traf aber eine andere Entscheidung und verwendete es für die zweite Season der Anthologien-Serie *Stage 7*. Als diese Serie aber vor der Ausstrahlung der zweiten Season aus dem Programm gestrichen wurde, wurde diese Episode Teil eines Syndication-Pakets, das überall im Land an verschiedene Sender verkauft und unter vielen verschiedenen

Sponsorennamen ausgestrahlt wurde. In Südkalifornien lief sie am 6. März 1956 in der Reihe *Chevron Hall of Stars*, unter dem leicht veränderten Titel »The Secret Weapon of 117«. Dies war Genes erstes Science Fiction-Drehbuch, das sich an ein erwachsenes Publikum richtete; im Vorspann wurde noch immer der Namen »Robert Wesley« genannt.

»Secret Weapon« wurde auch Genes erstes Drehbuch, das eine Kritik erhielt. In *Daily Variety* vom 9. März 1956 erschien in der Rubrik Fernsehkritik folgender Text:

> Secret Weapon of 117
> (Chevron Hall of Stars)

Gedreht von Four Star Films für Standard Oil Co. of California (BBD&O). Produzent: Warren Lewis; Regie: William A. Switer; Drehbuch und Buch: Robert Wesley; Kamera: Nick Musuraca; Schnitt: Lester Orlebeck; Art Director: Duncan Cramer. Besetzung: Ricardo Montalban[33], John Litel, Susan Morrow, Sheila Bromley, Lewis Martin, Jack Daly. KTTV, Dienstag, 19.30 Uhr. Laufzeit: 30 Minuten.

Diese »Chevron«-Episode, eine ironische Science Fiction-Geschichte, die eine romantische Komödie karikiert, erweist sich als fröhlicher kleiner Spaß mit präzisen philosophischen Untertönen. Sie ist zugleich die jungfräuliche TV-Anstrengung eines vielversprechenden Drehbuchautors, Robert Wesley, das Pseudonym eines Bullen – oh, pardon – eines Polizisten aus L.A.

Die ausgefallene Geschichte zeigt Ricardo Montalban und Susan Morrow als unfreundliches Pärchen aus dem Weltall, das geschickt worden ist, um die Verteidigungsmöglichkeiten der Erde gegen die letztliche Zerstörung zu erforschen. Zu diesem Zweck muß das Paar in menschlichen Körpern leben, und schon bald merken sie, daß grundlegende Aspekte der Biologie ihrer Mission im Weg stehen. Wie zu erwarten, verlieben sie sich ineinander und kümmern sich nicht um ihre Aufgaben, damit sie als Menschen leben können.

Zu diesem Leben werden sie angeregt von einem freundlichen Paar aus der Nachbarschaft, gespielt von John Litel und Sheila Brom-

---

[33] Der würdevolle und charismatische Montalban sollte Gene mehrmals wiederbegegnen. Er war Gaststar in *Star Trek* als Khan Noonian Singh in der Episode »Space Seed«, die am 16. Februar 1967 ausgestrahlt wurde, und nahm diese Rolle 1982 im Kinofilm *Star Trek II: The Wrath of Khan* wieder auf.

ley. Der angedeutete, aber dennoch wirkungsvolle Schluß verrät, daß diese Nachbarn ebenfalls ein Agentenpaar sind, das 30 Jahre zuvor mit dem gleichen Auftrag auf die Erde kam und ebenfalls unterlag.
  Willam A. Switer demonstrierte bei diesem 30-Minuten-Film seine Fähigkeiten als Regisseur. Montalban und Miss Morrow sind ein attraktives Paar und zeigen einen Sinn für seichten Humor. Litel und Miss Bromley holen spielerisch alles nur Machbare aus ihren jeweiligen Rollen heraus.

KOVE

Gene war in guter Form, und 1955 wurde ein gutes Jahr für weitere Verkäufe. Er lieferte einen nicht abreißenden Strom von Drehbuchideen für andere Ziv-Serien, und Ziv kaufte immer wieder ein Drehbuch. Eine Idee legte er vor für eine Serie, die bei Ziv in der Entwicklung war: *Science Fiction Theater*. *Science Fiction Theater* sollte eine Anthologien-Serie werden, die auf wissenschaftlichen Fakten und Spekulativem basierte, wobei die Geschichte von dem wissenschaftlichen Prinzip oder Fakt ausgehend entwickelt wurde, das jede Woche von Truman Bradley, dem Präsentator der Serie, vorgestellt wurde. Das war zumindest die Vorgabe, die durch öffentliche Verlautbarungen gestützt wurde, in denen Ziv verkündete, daß ein Budget von 75 000 Dollar für die »wissenschaftlichen Berater« vorgesehen sei. Tatsächlich war es aber nichts anderes als typisches Hollywoodgetue. Die wissenschaftlichen Berater erhielten die Drehbücher und wurden gebeten, wissenschaftliche Prinzipien und Abläufe zu finden, die als Aufhänger dienen konnten.
  Eine Story endete meist mit einer geschickten Wendung, die die Zuschauer mit der Frage zurückließ: »War das möglich?« Bradley war Radiosprecher gewesen und hatte eine wunderbar sonore Stimme und eine respekteinflößende Persönlichkeit. Er war der ideale Präsentator für das quasi-dokumentarische Format der Serie.[34]
  Am 4. Januar 1955 legte Gene Jon Epstein, dem Leiter der Drehbuchabteilung bei Ziv, das Folgende vor:

---

[34] *Star Trek*-Fans werden gerne zur Kenntnis nehmen, daß DeForest Kelley in zwei Episoden von *Science Fiction Theater* mitwirkte: »Y.O.R.D.« vom 6. Mai 1955 und »Survival In Box Canyon« vom 12. Oktober 1956. In beiden Episoden spielte er einen Arzt!

Drehbuchidee für *Science Fiction Theater*:
»The Transporter«

Experimente in jüngster Zeit haben die Teile des Gehirns identifiziert, die die verschiedenen Empfindungen kontrollieren – Sehen, Hören, Riechen, Fühlen usw. Während chirurgischer Eingriffe wurden diese Teile durch kleine Stromstöße künstlich stimuliert, was zu äußerst realistischen Halluzination führte. (Ein Patient »sah« seine vor langer Zeit verstorbene Mutter; ein anderer streckte den Arm aus, um ein nichtexistentes schnurrendes Kätzchen zu streicheln.)

Schließlich wird es möglich sein, das Gehirn ohne gleichzeitige Operation durch ultrahochfrequente Strahlungen zu stimulieren. Präzise ausgerichtet und kontrolliert, können sie den Empfänger zu anderen Welten befördern, was sich für ihn als sehr reale Welt auf Farbe, Klang und Handlung darstellt – alles wird kontrolliert durch das stimulierende Gerät.

Die vorgeschlagene Geschichte dreht sich um die Erfindung des »Transporters« – ein Gerät, das alle Sinne stimuliert. Ein Gerät, das für den Benutzer eine künstliche Welt schafft, das in der Lage ist, Freude, Gefühl, Zufriedenheit, Abenteuer zu schaffen – alles jenseits der Möglichkeiten eines normalen Menschen, der ein normales Leben führt. Mit diesem Gerät kann man in ferne Länder reisen, mit Sokrates streiten, eine Million Dollar ausgeben, Marylin Monroe verführen. Sie haben die Wahl.

Dies ist die Geschichte des Erfinders, der – nachdem er dieses Wunder verwirklicht hat – erkannt hat, daß eine kommerzielle, gierige und manchmal unmenschliche Welt sich dieses Wunder einverleiben wird. Man könnte es so wie das Wunder des Radios, des Fernsehens oder des Kinos einsetzen – mit viel verheerenderen Ergebnissen. Es könnte das mächtigste totalitäre Versklavungsgerät, das stärkste Opiat werden; es könnte Wünsche und Verlangen erzeugen, an denen die Welt zugrunde gehen könnte – eine sterbende Rasse, die in ihren »Transportern« sitzt.

Die letzte, große Frage lassen wir unbeantwortet. Wird er den »Transporter« zerstören? Oder wird irgendwo eines Tages der »Transporter« auftauchen? Früher oder später werden wir genug über das Gehirn wissen, um ihn bauen zu können.

Die Idee entstand elf Jahre vor der Kurzgeschichte, in der der angesehene Science Fiction-Autor Philip K. Dick ein ähnliches Gerät verwendete. Es war die Geschichte »We Can Remember It For You Wholesale«, die im April 1966 in *The Magazine of Fantasy and Science Fiction* erschien. Dicks Geschichte war die Grundlage für den Film *Total Recall* mit Arnold Schwarzenegger in der Hauptrolle. Genes Geschichte war der Idee der virtuellen Realität um rund 30 Jahre voraus.

Ziv kaufte die Idee nicht, weil es zu teuer gewesen wäre, sie zu produzieren. *Science Fiction Theater* stand fest in der Zivschen Tradition – die höchstmögliche Qualität zum geringstmöglichen Preis, wobei letzteres der wichtigste Maßstab war. *Science Fiction Theater* ging Anfang 1955 auf Sendung. Die letzte Episode wurde nach 77 Episoden am 8. Februar 1957 gesendet. Acht Monate später schossen die Russen Sputnik I ins All und eröffneten den Wettlauf um die Vorherrschaft im Weltraum. Damit entstand auch erneutes Interesse an der Science Fiction. Doch da war es zu spät, um Science Fiction Theater wieder aufzulegen, aber Ziv schob zwei Serien nach, die dem Zuschauerinteresse entgegenkamen – *The Man and the Challenge* und *Men Into Space*. Die Zuschauer waren aber nicht *so* interessiert, beide Serien wurden nach der ersten Season eingestellt.

Science Fiction Theater war die erste Serie, die »erwachsene« Themen in einer Science Fiction-Umgebung präsentierte. Die nächste Stufe, nämlich der Einsatz fester Charaktere, um diese Themen zu erforschen, sollte noch einige Jahre auf sich warten lassen, bis Gene *Star Trek* erfand.

Am 14. Januar 1955 verkaufte Gene »Court Escape« für *Mr. District Attorney*. Am 5. April folgte »Patrol Boat«, am 1. Juli »Police Brutality«. Nachdem Ziv eine Reihe von Ideen für die *Highway Patrol* abgelehnt hatte, konnte Gene »Reformed Criminal« am 23. August, »Human Bomb« am 24. Oktober und »Mental Patient« am 7. Dezember verkaufen. Alle Drehbücher wurden unter seinem Pseudonym Robert Wesley gekauft und gesendet. Es war ein gutes Jahr. Gene verdiente als Autor 4000 Dollar und als Sergeant nicht ganz 5000 Dollar.

Das nächste Jahr sollte für Gene zum »Jahr der Entscheidung« werden. Er ging ganz in seiner Routine auf – tagsüber war er in der Tagesschicht Leiter der Abteilung Öffentlichkeitsinformation, wo er mit Recherchen und dem Verfassen von Reden für Chief Parker beschäftigt war. Abends befaßte er sich damit, Ideen und Drehbücher fürs Fernsehen zu recherchieren und zu schreiben. Qualität und Schreibgeschwindigkeit verbesserten sich fortlaufend.

Im Januar 1956 nahm Ziv zwei Drehbuchideen für die Serie *I Led Three Lives* an. Das markierte eine deutliche Abkehr von allem, was Gene zuvor geschrieben hatte. *I Led Three Lives* war vermutlich die unverhohlenste politische Propaganda, die jemals in Form einer beliebten amerikanischen Fernsehserie gesendet wurde. Das Programm begann jede Woche damit, daß der Sprecher mit seiner Stimme die richtige Atmosphäre schuf: »Dies ist die unfaßbare, aber wahre Geschichte von Herbert A. Philbrick, der erschreckende neun Jahre lang drei Leben führte – als Bürger, Kommunist und Spion.«

Heutzutage würden nur einige Ultrakonservative *I Led Three Lives* ernst nehmen, aber in den Fünfzigern, in der Blütezeit der Kommunistenangst, hatte die Serie großen Erfolg.[35] Die Serie basierte auf Philbricks gleichnamigem Buch. Er war technischer Berater der Serie.[36]

Als Gene für die Serie zu schreiben begann, hatten die Produzenten alles Material aus Philbricks Buch verwendet und waren darauf angewiesen, daß Autoren mit Ideen kamen, von denen Philbrick sagte, sie »könnten geschehen sein«. Diese Beurteilung machte sie dann zu Geschichten »aus den Archiven von Herbert A. Philbrick«. Es waren erfundene Geschichten, die den rasenden Antikommunismus ausnutzten, der sich im gesamten Land ausbreitete. Für Ziv war die beliebte Serie gleichbedeutend mit einem guten Gewinn. Jede gute Geschichte über die immer auf der Lauer liegenden Kommunisten, die jederzeit bereit waren, die

---

[35] In den frühen fünfziger Jahren glaubte der größte Teil der amerikanischen Bevölkerung, daß das Land durch eine weltweite Verschwörung der Kommunisten unterworfen werden sollte. Es war die Blütezeit des Demagogen und Senators Joseph McCarthy, dessen Name gleichbedeutend geworden ist mit rücksichtslosen Ermittlungen, angetrieben von Furcht und einem Mangel an Beweisen. Später wurde er durch einen Mißtrauensantrag des Senats zu Fall gebracht Sein Verhalten wurde über das Fernsehen publik gemacht. McCarthy starb an den Folgen seiner Alkoholsucht.

[36] Herbert Philbrick war ein Informant des FBI – der später zum »Spion« aufgebauscht wurde –, der seit 1940 Informationen über kommunistische Organisationen zusammengetragen hatte. 1949 deckte er seine Tarnung auf und schrieb ein Buch, dessen Titel für die Serie übernommen wurde.

ehrlichen und gottesfürchtigen Amerikaner mit Dreck zu bewerfen, wurde von Ziv gekauft und verfilmt.

Ziv, der die Angst vor den Kommunisten schürte, die das Land fest im Griff hatte, hatte mit *I Led Three Lives* unerwarteten Erfolg. In den ersten vier Verkaufswochen konnte Ziv die Serie an 58 Sender verkaufen. Einen Monat bevor die Serie auf Sendung ging, stand sie bei mehr Sendern auf dem Sendeplan als jede der Top Ten-Serien der Networks. Im September 1953 lief die Serie bei 94 Sendern, dagegen *I Love Lucy* (CBS) und *Groucho Marx* (NBC) jeweils nur in 79.

Genes Freunde und Fans dürfte es nicht wundern, daß er für eine solche Serie schrieb. In einem Brief vom 12. August 1965 an Chief Parker erläuterte er seinen Standpunkt:

> Auch wenn wir auf dem Gebiet der Philosophie unterschiedlicher Ansicht sind, sind wir – wie Sie wissen – uns auf anderen näher, als Sie vielleicht ahnen mögen. Ich betrachte mich gerne als einen durch und durch professionellen Autor, dessen viele Figuren viele verschiedene Gedanken reflektieren und dessen Manuskripte nicht das Medium für persönliche Propaganda sind, sondern eher für die Betrachtung vieler Dinge auf unterschiedlichste Weise.

Je mehr Genes Talent sich verbesserte, um so mehr Geschichten verkaufte er. Dann wurde der Druck zu groß. Seine Arbeit beim LAPD garantierte ihm ein regelmäßiges, wenn auch niedriges Einkommen. Im Department weiterzukommen, würde noch Jahre in Anspruch nehmen. Wenn er schrieb, um davon zu leben, wäre sein Einkommen lediglich dadurch begrenzt, wie hart er arbeiten würde – das Schreiben brachte ihm eindeutig mehr Geld ein als die Polizeiarbeit.

Ziv versah Gene mit einer Reihe von Auftragsarbeiten. Die Zeit für eine Entscheidung war gekommen.

Gene hatte viel nachgedacht und analysiert. Dann hatte er sich entschieden. Er würde sich völlig der Arbeit als Autor widmen. Am 25. Mai schrieb er seinem Freund Erle Stanley Gardner:

> Lieber Erle,
> die folgende Neuigkeit dürfte Dich vielleicht interessieren, da Du in gewissem Maße mitverantwortlich bist. Ich erinnere mich an eine Ge-

schichte über Dich, derzufolge Du Dir vor vielen Jahren die Frage gestellt hast: »Quo vadis?« Dieser Frage folgte eine Analyse, was Du vom Leben erwartest – Freiheit, um etwas zu erschaffen, zu erforschen, zu reisen, dazu ein angemessenes Einkommen und ein wenig Herausforderung. Ob es nun stimmt oder nicht, jedenfalls besagt die Geschichte, daß Du ein Blatt genommen hast, um alle die verschiedenen Tätigkeiten zusammen mit ihren Vor- und Nachteilen zu notieren. Alles fiel heraus, bis auf das Schreiben.

Du wirst Dir aufgrund meiner Gedanken und Fragen sicher schon gedacht haben, daß ich ziemlich genau das gleiche getan habe. Die Polizeiarbeit garantiert mir zwar die Herausforderung, aber sonst recht wenig. In den letzten sieben Jahren habe ich mit Notizbuch und beträchtlicher Recherche viel von dem gelernt, was dieser Job mit sich bringt. Die verbleibende Ausbildung scheint keine gute Investition zu sein, wenn man bedenkt, daß sie sich auf 23 weitere Jahre verteilt.

Parker war natürlich nicht überrascht. Er lächelte und sagte, daß er das schon seit ein paar Jahren erwartet habe. Tatsächlich hatte er Anstrengungen unternommen (was mir nicht klar gewesen war), um mich in Kontakt mit den richtigen Leuten zu bringen, weil er hoffte, daß ich ein Angebot bekommen würde, das mir zusagte. Er war freundlich genug, mir zu sagen, daß vieles von dem, was wir in L.A. erreicht haben, meiner Recherche und meiner kreativen Denkweise zu verdanken war. Er sagte, er bedauere es von Herzen, daß er den »Geist« hinter seinen Reden nicht angemessen hatte erwähnen können. Natürlich erwiderte ich, daß die Arbeit mit ihm für mich Ausgleich genug war. Und das war es gewiß auch.

Ausschlaggebend für meine Entscheidung zum Schreiben sind natürlich die jüngsten erfolgreichen Drehbücher, deren Verkauf zu einer Reihe hochbezahlter Aufträge geführt hat. Ich arbeite jetzt an zwei Pilotfilmen, bin weiterhin mit *West Point* beschäftigt, das im Herbst landesweit gesendet wird. Außerdem arbeite ich so viel wie möglich an zwei anderen Serien. ZIVs Produktionsleiter wurde erst kürzlich in *The Reporter* zitiert, wobei er mich als ihren Spitzenautor bezeichnete – diese und andere Dinge haben mich erstaunt und gefreut. Plötzlich kann mein Agent Spitzenhonorare verlangen, und ich kann mir die Arbeiten aussuchen, so wie ein alter Profi. Bin jetzt seit knapp einem Monat nicht im Dienst (durch Urlaub und Überstunden). Letzter Arbeitstag ist der 31. Mai.

Jedenfalls glaube ich, daß es Dich interessieren könnte. Mache mir keine Illusionen, daß ich jemals mit Deinem Erfolg gleichziehen könnte. Werde aber versuchen, es mit Deiner harten Arbeit aufzunehmen, wenn ich es körperlich kann.

Übrigens ist da noch eine Sache, die ich gerne klarstellen möchte. Ich betrachte unsere Freundschaft einfach nur als Freundschaft. Ich habe keine Absichten, damit zu prahlen, um so Schreibaufträge zu ergattern, um Dich mit Fragen oder Bitten um Ratschläge zu langweilen. So wie Du bin auch ich ein sturer Bock, und ich möchte es gerne aus eigener Kraft schaffen. Ich weiß, daß diese Einstellung in der Branche als »altmodisch« bewertet wird, aber mir gefällt sie.

Gardner schrieb einige Tage später zurück.

Lieber Gene,
Chief Parker hat uns in San Diego gesagt, daß Du Dich jetzt ausschließlich dem Schreiben widmest. Meine Glückwünsche für Deinen Erfolg in dieser Branche, aber verliere nicht Deine Kontakte zur Polizei.

Wenn Du eine Vereinbarung erreichen könntest, durch die Du noch halbtags an der Öffentlichkeitsarbeit der Polizei mitarbeiten könntest, würdest Du auf lange Sicht zufriedener sein. Und Du würdest diesen praxisbezogenen Hintergrund als einen wertvollen Anker haben, der Dich davor bewahrt, völlig vom Peter Panschen Niemalsland des Fernsehens in Hollywood umschlungen zu werden.

Die Einkommensteuer ist so hoch, daß Du nicht darauf hoffen kannst, genug Geld zu verdienen, um die Steuer zu bezahlen und gleichzeitig unabhängig zu sein – jedenfalls ist es mir nie gelungen. Denn je mehr Du verdienst, um so härter arbeitest Du. Je härter Du arbeitest, um so mehr Hilfe benötigst Du. Je mehr Hilfe Du benötigst, um so mehr Geld mußt Du ausgeben. Und je mehr Geld Du ausgibst, um so härter mußt Du arbeiten usw.

Es ist aber ein ausgesprochen befriedigendes Gefühl, wenn Du Deine eigene Kreativität nutzt. Und es ist sogar noch befriedigender, wenn Du fühlst, daß Du diese Begabungen einsetzt im Interesse des Gesetzesvollzugs und der Gerechtigkeit.

Du wirst auf zahlreiche Probleme stoßen, wenn Du anfängst, Deine gesamte Zeit dem Schreiben zu widmen. Wenn Du auf einer Teilzeitbasis arbeitest, glaubst Du sehr schnell, daß es ein Kinderspiel sein würde, wenn Du Deine gesamte Zeit mit dem Schreiben verbringen könntest. Wenn Du damit aber erst einmal angefangen hast, kommen die Probleme.

Die große Sache, gegen die Du ankämpfen mußt, ist die, daß Dir die Ideen ausgehen oder daß Du in einen Trott verfällst. Um diesen Fallstrick zu meiden, mußt Du viel denken und Dich daran erinnern, neue Erfahrungen zu sammeln, die zu neuen Geschichten verarbeitet werden können.

Dies ist ein recht wirrer Brief, weil ich auf Hochtouren an einem Manuskript arbeite und versuche, genug Material auszustoßen, um meine fünf Sekretärinnen an der Schreibmaschine zu halten. Ich weiß nie so genau, ob sie für mich arbeiten oder umgekehrt.

Egal. Gene, Du bist hier auf der Ranch immer willkommen, Du gehörst praktisch zur Familie. Wenn irgend etwas in meiner langjährigen Erfahrung als Autor Dir helfen kann, würde ich mich sehr freuen, Dir alles zu geben, was mir möglich ist.

Alles Gute und die besten Wünsche, daß Du Erfolg haben wirst.

Am 7. Juni 1956 gab Gene eine einfach gehaltene Kündigung ab.

Ich sehe mich gegenwärtig nicht in der Lage, meine Familie mit dem zu erwartenden Polizistengehalt auf eine Weise zu ernähren, die wir für erforderlich halten. Nach etwas mehr als sieben Jahren in diesem Beruf, in denen ich stets gerecht behandelt wurde und angenehme Arbeitsbedingungen vorfand, treffe ich diese Entscheidung mit tiefem und großem Bedauern.

Gezeichnet
E. W. Roddenberry
Sergeant of Police
Public Information

KAPITEL 7

Die Zukunft sah gut aus. Durch Ziv und andere unabhängige Produzenten gab es eine Nachfrage nach Drehbüchern, und Gene war sich seiner Fähigkeiten sicher, diese liefern zu können. Ziv hatte ihn bereits für die neue Serie *West Point* eingeplant. Genes Kündigung beim LAPD war kein großer Sprung ins Ungewisse. Da er das Department freiwillig verließ, hatte Gene drei Jahre lang die Möglichkeit, in seinen alten Dienstrang zurückzukehren, wenn seine neue Karriere sich als nicht erfolgversprechend erweisen würde. Es gab nur einen Haken: Seine Machtposition im LAPD hing zum Teil mit seiner Beziehung zu Chief William H. Parker zusammen. Mit zunehmendem Alter wurde Parker labiler und orientierte sich politisch immer weiter nach rechts. Und er begann, mehr zu trinken. Der Spitzname, den er sich einhandelte, sagte alles: »Whisky Bill«. Ein ehemaliger Officer des LAPD beobachtete: »In den letzten Jahren war allgemein bekannt, daß die vorrangige Aufgabe von Parkers Untergebenen darin bestand, ihn aus dem Blickfeld zu schaffen, wenn er beim Essen zuviel getrunken hatte.« Auch wenn er Parker für den Rest seines Lebens respektierte, wußte Gene immer, daß er die richtige Entscheidung getroffen hatte.

Genes erfolgreicher Sprung zum Vollzeitautor wurde von seinem Freund Don Ingalls gleichzeitig gefeiert und parodiert. Ingalls hatte das Department vor Gene verlassen, um seine eigene Karriere aufzubauen, und schrieb die tägliche Kolumne für die *Valley Times*.[1] Am 27. Juni 1957 erschien die folgende Kolumne.

---

[1] Er wurde später auf Genes Empfehlung von Sam Rolfe als Redakteur für *Have Gun Will Travel* unter Vertrag genommen, wo er zum Produzenten aufsteigen sollte. Don produzierte außerdem fünfeinhalb Jahre lang *Fantasy Island*.

The Valley Roundup
von Don Ingalls

Normalerweise sehe ich die Dinge ziemlich positiv - philosophisch und so. Aber! Nehmen Sie sich meinen Rat zu Herzen, niemals alte Freunde zu besuchen, die man schon seit Jahren nicht mehr gesehen hat.

Gene Roddenberry und ich begannen ziemlich zur gleichen Zeit mit dem Schreiben. Tatsächlich ist es so, daß ich ihm üblicherweise kleine, freundliche Hinweise gab, was an seinen Geschichten falsch war. Dann verloren wir uns aus den Augen.

Vor kurzem entschloß ich mich, meinen guten alten Freund Gene zu besuchen und ihm zu erzählen, wie gut es mir geht. Als täglicher Kolumnist und so weiter - Sie wissen schon.

Also fuhr ich zu ihm nach Hause. Das war mein großer Fehler.

Gene öffnete mir die Tür, fett und schmierig. Keinesfalls das Bild eines um jeden Cent kämpfenden Autors. ›Ißt zu viel und arbeitet zu wenig‹, dachte ich selbstgefällig.

Nach dem üblichen Austausch von Höflichkeiten setzten wir uns in sein Arbeitszimmer, um zu reden.

»Nun«, fragte ich. »Wie läuft es denn so, alter Freund?«

Das Telefon klingelte.

»Entschuldige mich«, sagte Gene.

Das Gespräch verlief in etwa so: »Oh, hallo, Max! Ja, gut! Oh, natürlich habe ich alle sieben Drehbücher fertig. Was? Nur 5000? Ich habe mit 10 000 gerechnet. Dann sinkt mein wöchentlicher Durchschnitt auf 14 000! Mein Agent wird außer sich sein.

Na gut. Wenn ich den Vertrag für die Krimiserie bekomme. Abgemacht. Du schickst mir die Schecks? Bis dann, Max.«

Seine Frau kam mit einigen Briefen herein und bedachte mich mit einem mißtrauischen Blick. »Oh, Entschuldigung«, sagte sie, während sie mich anstarrte. »Ich habe Sie für den Gärtner gehalten.« Dann huschte sie nervös aus dem Zimmer.

Gene überflog die Post. »Nur Schecks«, murmelte er geistesabwesend. »Das Finanzamt wird mich nächstes Jahr umbringen.« Er warf neun oder zehn dieser unwillkommenen Schecks auf den Tisch, wo ich sie mit meinen Blicken verzehrte.

Er drehte sich zu mir um. »Also ...«, seufzte er.

Das Telefon klingelte.

»Hallo«, sagte Gene. »Oh, Max. Hmmm. Aber ich habe schon ein Haus in Malibu. Ein Deal? Na ja, vielleicht kann ich ein oder zwei in Newport Beach verkaufen. Oder das kleine Haus in Palm Springs. O.k. Max - danke.«

Er legte auf.

»Nun«, sagte ich, ohne mir allzu große Hoffnungen zu machen.

Das Telefon klingelte.

»Entschuldige mich«, sagte Gene. »Hallo. Hmmm. Sicher, Harry. Noch ein Auftrag? Aber ich arbeite schon an vierzehn Episoden, neun Serien, drei Filmdrehbüchern, zwei Romanen und noch einigen anderen Ideen Was? 30 000 vorweg? Hmmm. Also ...«

An diesem Punkt bekam ich das Gefühl, daß mein alter Freund Gene von mir keinen Ratschlag benötigte. Also schlich ich mich aus dem Haus, stolperte über einen Berg von nicht eingelösten Schecks, die in der Nähe der Tür lagen.

Mann, fühle ich mich mies. Nehmen Sie sich meinen Rat zu Herzen: Besuchen Sie nie einen alten Freund, den Sie schon lange nicht mehr gesehen haben.

Kolumnist! Hah!

Übrigens: Ich frage mich, wieviel mein alter Freund Gene seinem Gärtner zahlt.

Als er ein Vollzeitautor wurde und dem Ratschlag von Erle Stanley Gardner folgte, rückte Gene in eine kleine, elitäre Vereinigung auf, eine direkte Nachfolge in einer Linie von Autoren, die zurückreichte bis zur Jahrhundertwende.

Gardners Karriere hatte mit den Pulps begonnen; er vollzog den Wechsel zu den besser zahlenden Hochglanzmagazinen, dann zu den Büchern – und in den fünfziger Jahren zum Fernsehen, als seine beliebteste Figur, der Anwalt/Detektiv Perry Mason, den Sprung ins Heimkino machte. Gardners Philosophie lautete, zur Unterhaltung der Leser zu schreiben, nichts weiter.[2] Daß er erfolgreich war, bewiesen seine Honorarschecks. Das Magazin *Life* berichtete, daß Gardner 1933 50 000 Dollar verdiente[3] – und das bei einem Nickel (fünf Cent) oder weniger pro Wort. Um so viel zu verdienen, mußte er schnell und gut schreiben.

Zwar waren einige Autoren der Ansicht, daß das Geheimnis des Schreibens im anschließenden Überarbeiten lag, doch hatte Gene

---

[2] Diese Einstellung wurde weitergegeben an Gene, und während Gene sich in den ersten Jahren seiner Karriere daran hielt, gelang es ihm in *Star Trek*, gesellschaftliche Kommentare und Philosophie zum Bestandteil seines Schreibens zu machen, ganz in der Tradition von Jonathan Swift.

[3] Genes Vater verdiente als Polizist 200 Dollar im Monat.

zu Beginn seiner Karriere die gleiche Erfahrung wie Gardner gemacht – ein Prinzip, das durch zig Millionen Worte in rund 70 Jahren untermauert wurde: Das wahre Geheimnis für einträgliches kommerzielles Schreiben war, einmal zu schreiben und nur wenig zu überarbeiten. Es gleich beim ersten Anlauf richtig zu machen, war ein Ergebnis von permanenter Übung. Und Gene wendete diese Zeit auf. Sein Ausstoß wurde umfangreicher. Er analysierte ständig seine Arbeit, um Gardners Ratschläge zu befolgen.

Sechs Monate nach Genes Start als Vollzeitautor schrieb ihm Gardner kurz vor Weihnachten und machte ihm das folgende Angebot: »Wenn Du irgendwelche Schwierigkeiten bekommst, neue Ideen zu entwickeln: Ich habe ein System, das Dir helfen könnte.«

Gardner war unglaublich produktiv, er diktierte regelmäßig rund 10 000 Worte am Tag, womit fünf Sekretärinnen in Vollzeit beschäftigt waren. Sein Lebenswerk beläuft sich auf zig Millionen Worte, das Ergebnis enormer Kräfte, eiserner Disziplin und eines sorgfältigen analytischen Ansatzes beim Schreiben, der seiner Ausbildung als Anwalt entsprang.

Gardner entwickelte seinen eigenen Stil, um einen Plot zu entwickeln, den er »Die flüssige oder instabile Plottheorie« nannte. Was er in einem einfachen Notizbuch in seinem Arbeitszimmer in Rancho del Paisano, Northern San Diego County, aufbewahrte und den Titel »Formeln für das Verfassen eines Kriminalromans« trug, war seine wertvollste Schöpfung, die er hütete wie seinen Augapfel und auf Reisen üblicherweise mitnahm.

Im August 1958 hatte Gene Schwierigkeiten und rief Gardner um Hilfe.

Lieber Erle!
Hilfe!
    Du hast mir einmal gesagt (und diese Weisheit wird mir von Tag zu Tag deutlicher), daß Autoren sich verbrauchen können. Die Batterie läßt nach. Du hast gesagt, daß Du ein System zum Wiederaufladen hast, das Du für mich bereithältst, wenn ich es brauche.
    Ich brauche es!
Gene Roddenberry

Daß er ausgelaugt war, war an diesem Punkt durchaus nachvollziehbar. Immerhin hatte Gene Dutzende von Geschichten und

Drehbüchern geschrieben, von denen einige gekauft wurden und in Produktion gingen, während andere nicht so erfolgreich waren. Gardner, der sich in seinem Schlupfwinkel in Paradise, California, aufhielt, schrieb ihm am 4. September zurück.

> Ich bin nicht sicher, ob ich Dir genau das geben kann, was Du möchtest. Aber ich glaube, ich kann Dir doch etwas Gutes tun.
> Es sind Dinge, die ich nicht schriftlich festhalten möchte. Ich möchte Dich daher bitten, sie als mehr oder weniger vertraulich zu behandeln.

Gardner beendet den Brief, indem er Gene mitteilte, er sei Anfang Oktober wieder zurück auf der Ranch und am 21. Oktober in Hollywood. Sofort nach dem Diktat dieses Briefs, der mit Luftpost und Eilboten verschickt wurde, diktierte er das Folgende für seine eigenen Unterlagen:

> Gene Roddenberry hat Schwierigkeiten. Er kann keine Plots mehr entwickeln wie bisher.
> Erkläre ihm die Theorie des kleinsten gemeinsamen Nenners eines Romans und die Theorie, zwei konventionelle Erzähltechniken zu verbinden, außerdem die Theorie überlappender Impulse und Plotstrukturen, außerdem die Theorie, an einem Punkt zu beginnen, der sehr weit von der Haupthandlung entfernt ist. Wenn es absolut notwendig ist, gebe ich ihm das Geheimnis der Konzentration auf den Plot.[4]
>
> ESG

Gardner diktierte dann einen Brief an sein Büro, mit der Anweisung, ihn bezüglich der zuvor diktierten Notiz an Inhalt und Tendenz der Unterhaltung zu erinnern, die er mit Gene führen wollte, wenn sie sich begegneten. Wie groß das Maß an Information auch gewesen sein mochte, das Gardner Gene ins Ohr flüsterte, es löste das Problem, und Genes Ausstoß blieb jahrelang auf einem gleichbleibenden Niveau.

---

[4] Für eine detaillierte Untersuchung der gesamten Methodik von Gardner, darunter eine Darstellung seiner »Formeln für das Schreiben eines Kriminalromans«, das er zu Lebzeiten so gut versteckt gehalten hatte, siehe »Secrets of the World's Biggest Selling Writer: Storytelling Techniques of Erle Stanley Gardner« von Francis und Roberta Fugate (New York; William Morrow; 1980.)

Ziv Television hatte sich seit Oktober 1954 mit Nachforschungen beschäftigt, inwieweit es machbar war, eine Fernsehserie in der Militärakademie der U.S. Army in West Point zu drehen. Im März 1955 war das Drehbuch für den Pilotfilm abgesegnet, und die Dreharbeiten wurden sowohl in Hollywood als auch in West Point, New York, in Angriff genommen. Es war für Ziv ein ehrgeiziges Projekt, die erste Network-Serie für das Studio. Sie erforderte umfangreiche Logistik und enge Zusammenarbeit mit dem Militär. Fred Ziv war von Anfang an dagegen, aber er war ein pragmatischer Geschäftsmann, der sie Situation richtig einschätzte und entsprechend handelte:

»Ich hatte nie das Verlangen, mit den Networks zu arbeiten. Als aber unser Unternehmen immer größer wurde, waren da einige Leute, die mit den Networks arbeiten wollten, zum Beispiel Jerome Lawrence und Robert E. Lee. Sie waren zwar glücklich, für Syndication-Serien zu arbeiten, aber als das Network ihnen ein Angebot machte, waren sie davon geschmeichelt. Es steht völlig außer Frage, daß sie für die Networks schreiben wollten.

Ich hätte niemals eine Serie für die Networks produziert, wäre ich nicht intern einem derartigen Druck ausgesetzt worden. Wenn ich meine Organisation nur dadurch zusammenhalten konnte, daß ich gelegentlich mit den Networks arbeitete, dann sollte es eben so sein. Darum produzierten wir dann auch *West Point*.«[5]

Ziv erkannte, daß die hohen Produktionskosten durch die Arbeiten an der Ostküste akzeptabler würden, wenn er zwei Serien gleichzeitig drehen könnte. So entstand mit dem Segen des Militärs auch *Men of Annapolis*, eine Syndication-Serie mit exakt den gleichen Mitarbeitern.

Die Männer, die für den Erfolg von *The West Point Story* verantwortlich waren, wußten, daß der wichtigste Bestandteil der Serie Authentizität sein würde. Diese Entscheidung wurde allerdings nicht durch rein künstlerische Überlegungen veranlaßt. Ziv hatte vom Verteidigungsministerium die Exklusivrechte erhalten, an der Akademie zu filmen. Diese Exklusivität brachte die Auf-

---

[5] Der Network-Vertrag war sehr einträglich, Ziv produzierte später zahlreiche Serien für die Networks, darunter *Tombstone Territory, Rough Riders, Bat Masterson, Men Into Space* und *The Man and the Challenge*.

sicht durch ein spezielles »TV«-Komitee in West Point mit sich. Es erinnerte an Jack Webbs Erfahrungen mit *Dragnet* und Chief Parker. In der Serie würde nichts zu sehen sein, das nicht vom Militär zuvor abgesegnet worden war.

Die Army beauftragte junge Offiziere mit der grundsätzlichen Beaufsichtigung, die dem Army Television Board Bericht erstatteten, das die gesamte Operation überwachte. Nur ein paar Berichte haben überlebt. Einer wurde von First Lieutenant Stanley Wielga, jun., von der 5th Infantry Division in Ford Ord, California, verfaßt und war an Colonel Heiberg gerichtet, den Präsidenten des TV Board, West Point, New York.

Er schrieb unter anderem:

> Bühnenbilder wirkten authentisch. Arbeitstage waren lang. 66 Arbeitsstunden in fünf Tagen. Ich glaube, daß das Ergebnis sehr zufriedenstellend sein wird.
>
> Einer der Autoren, Gene Rodenberg (sic), kam auf mich zu mit einer Geschichte, die er gerade schrieb. Es geht um Kadetten, die verschiedene persönliche Arbeiten (Wagenwaschen, Rasenmähen, Heckenschneiden usw.) für einen Ausbilder erledigen, um ihn davon abzubringen, die Army zu verlassen und für eine Ölgesellschaft zu arbeiten. Ich riet ihm eindringlichst davon ab, aber er wollte trotzdem weiter an der Handlung arbeiten. Sie wird wahrscheinlich in naher Zukunft zur Begutachtung vorgelegt werden.

Maurice »Babe« Unger, Produktionsleiter bei Ziv, hielt Gene für einen aufgeweckten und aufstrebenden jungen Autor. Er übertrug *West Point* an Gene. Ziv und das Pentagon kamen zu der Ansicht, daß ein Besuch der Akademie durch den Produktionsstab von hohem Wert sein würde. Unglücklicherweise war Gene zur Zeit dieses Auftrags (Ende 1955) noch immer beim LAPD beschäftigt, einer Organisation, die es gerne sah, wenn ihre Angestellten jeden Tag zur Arbeit erschienen. Die Reise nach West Point war für die erste Märzwoche 1956 vorgesehen. Aber Gene war nicht im geringsten beunruhigt. Er hatte eine große Anzahl freier Tage angesammelt und stand nicht unter ständiger Beobachtung. Die Abteilung wurde von einem Sergeant und drei uniformierten Officers betrieben. Einer von ihnen erinnerte sich: »Wir machten weitgehend das, was wir wollten.« Gene teilte seinem Captain mit, daß er eineinhalb Wochen freinahm, und reiste mit Ziel New York ab.

Er besuchte West Point mit Leon Benson, dem Produzenten und Regisseur der ersten dreizehn Episoden, Jon Epstein, Zivs Drehbuchüberwacher, und Don Brinkley, einem anderen Autor. Sie wurden mit dem kompletten VIP-Programm empfangen – Zusammentreffen mit Colonels, mit Kadettenskorten, Mahlzeiten zusammen mit den Kadetten und anderen VIPs. Sie machten sich gründlich mit West Point und der näheren Umgebung vertraut. Gene ging so weit, daß er ein oder zwei Tage in der Kadettenkaserne wohnte. Er schrieb später eine Episode – »The Operator« –, in der Kadetten heimlich Fernsehsendungen sahen. Bei einem späteren Besuch in West Point sagten ihm einige Kadetten im Vertrauen, daß sie eben diese Episode auf einem unerlaubten Fernseher angesehen hatten. Sie hatten viel Spaß, als sie miterlebten, wie die Fiktion die Realität kopierte.

So wie Chief Parker vom LAPD erkannte auch das Pentagon die Macht des Fernsehens. Es wußte auch, daß die Serie, wenn sie ordentlich gemacht wurde, ein halbstündiger Werbefilm für die Army sein würde, der Woche für Woche landesweit ausgestrahlt würde. Daß Ziv Gene mit dieser Serie betraute, war ein deutliches Zeichen, wie die Firma über seine Fähigkeiten dachte. Genes Zeit bei Ziv war kurz. Er hatte ihnen nicht ganz ein Dutzend Drehbücher verkauft, seit er seine Karriere als Autor aufgenommen hatte.

Weniger als zwei Jahre nach seinem ersten Verkauf schrieb er für eine Network-Serie. Gene gliederte sich ohne Schwierigkeiten in Hollywood ein. Seine Arbeiten für *West Point* wurden umfangreicher, Gene wurde schließlich *head writer*. Er schrieb mindestens zehn Episoden – knapp ein Drittel der Gesamtproduktion in dieser Season.

Leon Benson erinnert sich:

»Es war ein verdammt guter Ablauf. Die Produktionsvorgabe war, Episoden in Vierergruppen zu machen. Es waren Drei-Tage-Pläne, angesichts der Komplexität dieser Produktionen war das wirklich eine Leistung. Wir begannen in Hollywood, wo wir die wichtigsten, vertrautesten und meistbenötigten Bühnenbilder nachbauten, z. B. das Innere der Zimmer der Kadetten, Teile der öffentlichen Gebäude, Klassenzimmer. ... Zwei dieser Inneneinrichtungen bauen wir im Studio für die erste dieser vier Episoden. Dann reisten wir nach West Point für die Außenaufnahmen der nächsten zwei Episoden. Danach kehrten wir nach Hollywood zurück, um die Innenaufnahmen für die letzten zwei Episoden zu erledigen.

Wir nahmen so wenige Schauspieler wie möglich von Hollywood mit nach West Point. Wir nahmen Schauspieler unter Vertrag, die nur bei den Außenaufnahmen in West Point auftraten. Viele dieser Schauspieler kamen danach richtig groß raus. Wir stellten Steve McQueen in New York ein und brachten ihn nach Hollywood. Damals war er noch ein junger Spund. ...

Wenn man Filme kostengünstig drehen will, ist einer der wichtigsten Aspekte, die besten Leute zu nehmen, die man bekommen kann. Da bekommt man Leute, die noch im Aufstieg begriffen sind - Schauspieler, Regisseure, Autoren. ...«

West Point lastete Gene nicht völlig aus. Er arbeitete weiterhin permanent an Ideen für Serien und Episoden. Das Fernsehen war noch immer im Wachsen begriffen, und es war hungrig. Gene arbeitete hart, um diesen Hunger zu stillen. Obwohl er bereits Mitglied der Writers' Guild war, ließ Gene am 20. Juni das folgende Serienkonzept nicht von der WGA registrieren, sondern verfiel zum Schutz auf seine alte Methode - den selbstadressierten, eingeschriebenen Brief.

Ich habe am 20. Juni 1956 mit meinem Agenten Lawrence Cruikshank und Mr. Epstein von CBS eine Serienidee besprochen, die ich selbst entwickelt und mit dem Titel »Hawaii Passage« versehen habe, zusammen mit den Alternativtiteln STAR PASSENGER, PACIFIC PASSAGE, SEA PASSAGE, HAWAII CRUISE, HAWAII LINER, OCEANLINER, STEAM SHIP, CRUISE SHIP, SEVEN SEAS, (OF) SHIPS AND STARS, THE LURALINE[6], HAWAII.

»Hawaii Passage« ist eine Serie von Geschichten, die sich überwiegend auf einem Ozeanlinienschiff abspielen, das zwischen dem

---

[6] Der Name eines Kreuzfahrtschiffs der Matson Line. Später machte es sich Gene zur Gewohnheit, jedes Jahr im Januar eine Kreuzfahrt nach Hawaii zu unternehmen.

Festland und Hawaii und möglicherweise anderen Häfen im Pazifik verkehrt. Auch wenn der Anfang oder das Ende einer Geschichte sich an Land oder in einer Inselstadt abspielt, ist das Schiff das maßgebliche Handlungsumfeld.

Die permanenten Hauptcharaktere dieser Serie sind, neben dem Schiff, der Captain, der Chefsteward und/oder der Deckoffizier. Die Geschichten haben Anthologie-Charakter. Sie werden sich mit den Passagieren und dem Schiffspersonal befassen.

Ein herausragendes Bestandteil dieser neuen Serienidee ist die Verwendung eines Ozeanlinienschiffs für geeignete Außenaufnahmen (Matson Lines oder President Lines) in Zusammenarbeit mit der Reederei. Beispielsweise wird es möglich sein, während der viereinhalbtägigen Reise von Los Angeles nach Hawaii die Außenaufnahmen für etwa drei halbstündige Episoden zu filmen sowie ein entsprechende Anzahl auf der Rückreise, ausgenommen, falls die Produktionsplanung es nicht erforderlich macht, daß Schauspieler und Crew per Flugzeug zurückkehren. Natürlich ist die Szenenvielfalt auf einem solchen Schiff beträchtlich – in vieler Hinsicht gleichen die Schiffe schwimmenden Städten, die alles beherbergen – Schönheitssalons, medizinische Einrichtungen und Speisesäle bis zur Schiffsbrücke, zum Swimmingpool und zu Aussichtsdecks.

Aufgrund der Tatsache, daß die Besprechung mit CBS bis zum späten Nachmittag dauerte, wurde dieses Memo erst am nächsten Tag geschrieben und zur Post gebracht.

E. W. Roddenberry
9588 Key West Street
Temple City, Kalifornien

Den Lesern wird auffallen, daß bereits hier dem Schiff selbst die Funktion eines »Charakters« zukommen sollte. Diese Idee, die CBS nicht kaufte, war *The Love Boat* um 21 Jahre voraus. Und sie war Genes Grundidee für ein anderes Schiff, das viel längere Reisen machen würde, zehn Jahre voraus.

Acht Tage später strahlte Ziv die Episode von *Highway Patrol* aus, bei der Gene zum letzten Mal unter seinem Pseudonym Robert Wesley aufgeführt wurde.

Die Karriere als Autor war nicht das einzige, was aus Genes Verbindung mit Ziv entstand – er faßte auch den Entschluß, letztlich Produzent zu werden. Es war Zivs Umgang mit einem Drehbuch, das Gene dieses Ziel anstreben ließ. Zusammen mit seiner Familie sah er sich eine Episode von *Highway Patrol* an, für die er das Drehbuch geschrieben hatte. Gene ärgerte sich, als er sah, was die Produzenten aus seinen Ideen gemacht hatten. Er wandte sich an seinen Bruder und sagte ihm, er müsse Produzent werden, um zu verhindern, daß seine Arbeit verändert wurde. Die größte Ironie war dabei, daß Gene Jahre später bei der Produktion derjenige war, der freimütig das umschrieb, was die meisten Autoren einreichten. Dies brachte ihm den lebenslangen Haß von mehr als einem Autor ein, der das grundlegende Wesen des Fernsehens nicht verstanden hatte.

Am 5. Oktober 1956 begann CBS mit der Ausstrahlung der ersten Network-Serie aus dem Hause Ziv, *The West Point Story*. Genes Arbeit konnte von nun an jeden Freitagabend um 20 Uhr betrachtet werden.[7]

Während Genes Autorenkarriere aufblühte, zerfiel seine Ehe zusehends. Die Umstände der ersten Ehejahre hätten jedes Paar großen Belastungen ausgesetzt. Die Frischvermählten hatten nur vier Monate gemeinsam verbracht, bevor Gene in Richtung Südpazifik aufbrach. Er war ein Jahr fort und kehrte als Kriegsveteran zurück – ein Mann, der dem Tod ins Auge gesehen und Verantwortung in einer Weise gelernt hatte, wie es nur diejenigen taten, die in der Schlacht waren. Während seiner Abwesenheit lebte Eileen weiterhin bei ihren Eltern. Als er zurückkehrte, führte das Paar ein Nomadenleben, da Genes Untersuchungen von Flugzeugabstürzen ihn quer durchs Land führten. Und auch wenn sie sich irgendwo halbwegs eingelebt hatten, kam es vor, daß Gene für Tage oder auch Wochen fort war.

Daran änderte sich auch nicht viel, nachdem er die Air Force verlassen hatte und für Pan Am flog. Gene war neu, also wurde er auf Langstreckenflügen eingesetzt. Manchmal war er sechs Wochen lang nicht zu Hause. Eileen war schön, naiv, verliebt und darauf aus zu gefallen, aber sie war für Gene keine Quelle intellektueller Anregung.

Im Mai 1948 kündigte Gene bei Pan American World Airways; er und Eileen begannen, ein geregeltes Leben zu führen. Es gab

---

[7] Die Serie lief zwei Seasons lang. Die erste bei CBS von Oktober 1956 bis September 1957, die zweite bei ABC von Oktober 1957 bis Juli 1958.

keine wochenlangen Unterbrechungen mehr, keine langen Zeiten der Abwesenheit.

Die Jahre vergingen, Gene machte im LAPD Karriere. Einigen Freunden vertraute er an, daß es zu Hause nicht sehr gut lief. Für viele seiner Freunde war das keine Offenbarung, da Genes zahlreiche Affären - mindestens eine recht offenkundige im Department - Beweis genug waren. Eine Kollegin, die außerehelich ebenfalls sehr aktiv war, erinnerte sich, daß sie mit Gene die Möglichkeit besprochen hatte, für ihre verschiedenen Affären gemeinsam ein Apartment in der Innenstadt zu mieten. Daraus wurde jedoch nichts.

Ende 1952 wurde Eileen schwanger. Gegenüber ihrer Schwägerin Bernice erklärte sie, daß sie unglücklich darüber war, schon wieder ein Kind zu bekommen. Dawn Allison Roddenberry kam am 31. August 1953 in Pasadena, Kalifornien, zur Welt. Jedesmal wenn sie ihre Tanten und Onkel oder ihre Großmutter väterlicherseits besuchte, fragte sie, ob sie bei ihnen leben könne. Alle Verwandten erinnern sich daran, daß sie nach einem Besuch nur selten nach Hause zurückkehren wollte.

Was seine Ehe betraf, setzte sich Genes traditionsverbundene Art durch - zumindest zum Teil. In den fünfziger Jahren war eine Scheidung keine problemlose Angelegenheit; zwei Kinder waren zu berücksichtigen, er hatte bei der Hochzeitszeremonie Versprechen abgelegt, zudem hatte er die damit verbundenen Problemen und die finanzielle Seite zu erwägen. Von dem Tag an, da er in der Schule eine Treppenstufe übersprang, bis zu seinem Lebensende sollte er alles tun, um Konfrontationen zu vermeiden. Es war eine kostspielige Schwäche, die ihm seelische Pein bereiten und ihn Millionen Dollar kosten sollte.

Gene setzte seine Zusammenarbeit mit Ziv fort und wurde im April für die Serie *Harbormaster*, Story #102, »Coastal Security« unter Vertrag genommen. Im gleichen Monat unterzeichnete er einen Vertrag, um eine weitere halbstündige Serie für Ziv zu entwickeln, *Junior Executive*. Dieser Vertrag war insofern ungewöhnlich, da Gene zum ersten Mal einen Mitstreiter hatte, Quinn Martin, der auch bei Ziv angestellt war. Aus dieser Serie wurde zwar nichts, aber Martin machte sich in der Fernsehgeschichte einen

Namen als derjenige, der 1959 für Desilu *The Untouchables* produzierte und dann seine eigene unabhängige Produktionsgesellschaft gründete, QM Productions.[8]

Martin, Gene und eine Reihe anderer Leute, die alle bei Ziv anfingen, sollten durch ihr eigenes Talent und aus eigenem Antrieb erfolgreich werden, wobei sie ihrer Zeit bei Ziv viel zu verdanken hatten. Sie alle waren Männer, die verstanden, was Fernsehen darstellte, was die Networks sehen wollten, und sie verstanden die Erfordernisse der Produktion. Sie verstanden auch, warum das Fernsehen das einflußreichste Massenmedium war: wegen seiner Allgegenwärtigkeit und der Fähigkeit seiner Bilder, enorme Informationsmengen zu übermitteln und eine emotionale Reaktion auszulösen.

Gene machte sich bei Fernsehproduktionen rasch einen Namen, obwohl die Chancen, in der Branche erfolgreich Fuß zu fassen, äußerst gering waren. Jahr für Jahr sichten die Produzenten Tausende von Serienideen und Episodentreatments, um lediglich eine geringe Anzahl zu akzeptieren. Davon werden wieder nur ein paar zu einem Drehbuch ausgearbeitet. Die verschwindende Zahl derer, die diese Feuerprobe bestehen, schaffen es bis zu der Phase, in der ein Pilotfilm wirklich gedreht wird. Schließlich, nachdem praktisch jeder – der Studiopförtner ausgenommen – darin herumgepfuscht hat, wird der Pilotfilm gezeigt: manchmal vor einem Testpublikum und/oder vor den Network-Bossen. Oder er wird als »Film der Woche« ausgestrahlt. Die Quoten werden aufmerksam beobachtet; wenn sie vielversprechend sind, werden ein paar Episoden in Auftrag gegeben. Es kann sein, daß die Studiobosse noch mehr herumpfuschen, da sie oft anderer Meinung als diejenigen sind, die die Serie geschaffen haben. Dann wird die Serie möglicherweise vom Network gekauft, oder sie wird für weitere »Feinarbeiten« zurückgeschickt. Es ist ein seltsamer Prozeß, nicht selten ist die erfolgreichste Serie das Ergebnis vieler Beteiligter und vieler Anregungen und Vorschläge.

Mit seinem Talent, seiner Ausbildung und Erfahrung bei Ziv

---

[8] QM produzierte *The Fugitive, The F.B.I., The Invaders, Cannon, The Streets of San Francisco, Barnaby Jones* und *Bert D'Angelo/Superstar*.

und seinem Ehrgeiz faßte Gene Ende 1956/Anfang 1957 auf dem Fernsehmarkt Fuß.⁹

Gene begann auch an andere Studios zu verkaufen. Er hatte sein Handwerk gelernt, jetzt war die Zeit gekommen, die größeren Studios aufzusuchen, die mehr bezahlten. Im Oktober 1956 hatte er bei Screen Gems einen Vertrag unterschrieben, um einen neunzigminütigen Fernsehfilm zu schreiben, *Natchez*. Er sollte 800 Dollar für die Geschichte erhalten (100 Dollar mehr als für ein komplettes Drehbuch für Ziv), 2173 Dollar für die erste und 1000 Dollar für die letzte Drehbuchfassung. Drei halbstündige Drehbücher für Ziv hätten ihm im Vergleich insgesamt lediglich 2100 Dollar eingebracht.

Im folgenden Monat verkaufte er das Pilotdrehbuch für die Serie *Threshold* an Meriam C. Cooper Enterprises. *Threshold* sollte eine Anthologiereihe sein, in deren Mittelpunkt die United States Air Force Academy stand. Gene wurde für seine Arbeit bezahlt, aber so wie die meisten Serienideen überlebte auch diese nicht die erste Entwicklungsphase. Screen Gems schätzte aber seine Arbeit und gab ihm einen weiteren Vertrag, 2500 Dollar für eine Episode von *The Man From Texas*, eine weitere Serie, die nie in Produktion ging.

Von Ende 1956 - nach seiner offiziellen Kündigung beim LAPD - bis 1962 wurde Gene eine Einmannfabrik für Geschichten und Drehbücher, deren Produktivität an die seines Freundes Erle Stanley Gardner heranreichte. 1956 schrieb Gene fünf Episoden für *The West Point Story*, die alle verfilmt wurden, und eine Episode für *Dr. Christian*. 1957 schrieb er vier Episoden für *Boots and Saddles*, vier Episoden für *Have Gun Will Travel*¹⁰ und eine

---

⁹ Als die Writers' Guild of America gebeten wurde, eine Zusammenstellung aller Gene zuzuschreibenden Arbeiten auszudrucken, war sogar der erfahrene Vertreter der WGA von seiner Produktivität beeindruckt.

¹⁰ Im nächsten Jahr gewann Gene den Writers' Guild Award für das »Beste Drehbuch für einen TV-Western« für die Episode »Helen of Abajinian« aus der Serie *Have Gun Will Travel*, die am 28. Dezember 1957 ausgestrahlt wurde. Die Auszeichnung wurde ihm im November 1957 überreicht.

Gene wurde oft beschrieben als - und er tat es mehrfach selbst - »Chefschreiber« von *Have Gun Will Travel*. In einem Interview mit dem Erfinder der Serie, Sam Rolfe, einige Monate vor seinem Tod, wollte er klarstellen, daß es keine derartige Position bei dieser Serie gab. Und auch wenn Gene sehr viele Episoden geschrieben hatte, war er nicht der Chefschreiber, sondern nur ein zuverlässiger freier Autor, der stets auf hohem Niveau arbeitete. Sam lobte Genes Fähigkeit, schnell ein gutes Drehbuch zu entwickeln. Er ließ den Produzenten auch nie im Stich.

Episode für *The Jane Wyman Theater*, weitere fünf Episoden für *The West Point Story* und seinen Beitrag zum »Golden Age« des Fernsehens, »So Short a Season« für *The Kaiser Aluminum Hour*. 1958 verkaufte er je eine Episode für *Harbor Command*, *Bat Masterson* und *Sam Houston*, weitere drei Episoden für *Have Gun Will Travel* sowie vier Episoden für *Jefferson Drum*. 1959 umfaßte die Liste der in Produktion gegangenen Arbeiten zehn Drehbücher für *Have Gun Will Travel* sowie »The Big Walk«, den Pilotfilm für eine nicht in Produktion gegangene Serie mit dem Titel *Nightstick*. 1960 findet sich eine Nennung für *The June Allyson Show*, aber es ist denkbar, daß er dieses Drehbuch bereits Ende 1959 schrieb. Ferner schrieb er Anfang 1960 zwei Episoden für *The Detectives*. Dann arbeitete er fest für Screen Gems, ging aber Mitte 1961 wieder, um weiter freiberuflich tätig zu sein. Er verfaßte zwei Drehbücher für *Shannon* und je eines für *Target: The Corruptors* und *Two Faces West*. Dies waren alles in Produktion gegangene Drehbücher, die wirklich verfilmt wurden. Hinzu kamen Dutzende mehr, die bei der Writers' Guild für Gene registriert wurden, einige davon Ideen, die gerade einmal eine Seite lang waren, andere wiederum vollständige Drehbücher, die gekauft, aber nicht verfilmt wurden. Diese Arbeiten reichten aus, um die *gesamte* Karriere manch anderer Autoren vollständig abzudecken. Aber Gene hatte gerade erst begonnen.

Mit Beginn des Jahres 1958 verlangsamte Gene nicht sein Arbeitstempo. Abgesehen von der oben genannten Auflistung verkaufter und verfilmter Drehbücher hatte er auch eine Reihe von Ideen für Serien. Am 13. März ließ er bei der Writers' Guild *The Man From Lloyds* registrieren, eine Action/Abenteuer-Serie über einen Detektiv der berühmten Versicherungsgesellschaft Lloyds of London. Er nannte die Hauptfigur Anthony Ryker. Das war mindestens das zweite Mal, daß er den Namen »Ryker« verwendete (das erste Mal geschah das 1954 in seinem ersten Drehbuch für *Mr. District Attorney*). Es sollte nicht das letzte Mal sein. Wie so viele Ideen auch anderer Autoren fand das Konzept keinen Käufer.

Im Juni entwickelte Gene ein Konzept für eine Serie, die auf persönlichem Wissen und eigener Erfahrung basierte. Er schrieb an Hunt Stromberg, jun., bei CBS Television und schlug ihm eine halbstündige Fernsehserie mit dem Titel *Footbeat* vor, in deren Mittelpunkt ein Streifenbeamter und seine Erlebnisse standen. CBS war nicht interessiert. Einmal mehr war entweder Gene seiner Zeit voraus, oder die Verantwortlichen rannten der Aktualität hinterher.[11] Aber Gene war niemand, der eine gute Idee ungenutzt ließ. Im Mai 1960 versuchte er ein weiteres Mal, diese Serie zu verkaufen. Den gleichen Brief, den er zwei Jahre zuvor an Hunt Stromberg, jun., geschickt hatte, richtete er diesmal an Charles Irving von Hollis Productions. Das Ergebnis war das gleiche wie zuvor. Bei Screen Gems stieß es endlich auf Interesse und schaffte es fast ins Sonntagabendprogramm. Aber die Umstände waren dagegen. ABC entschloß sich, den Sonntagabend ausschließlich mit Westernproduktionen zu füllen.

Obwohl er bei den größeren und großzügigeren Produktionsgesellschaften einen Durchbruch erzielte, schrieb Gene auch noch »Pecos Showdown« für Zivs Network-Serie *Bat Masterson*.

Gene ließ das Leben nicht passiv an sich vorüberziehen. Soweit er einen Nutzen daraus ziehen konnte, kontrollierte er die Umstände. Er erkannte auch in den unmöglichsten Situationen immer wieder gute Gelegenheiten. 1959 erhielt er einen Preis des American Baptist Convention »für das geübte Verfassen christlicher Wahrheiten und die Anwendung christlicher Prinzipien in kommerziellen, dramatischen Fernsehdrehbüchern«. Gene, ein Freidenker und Humanist, der die christliche Vorstellung von Gott schon als Teenager abgelehnt hatte, nahm die Auszeichnung mit Dankbarkeit entgegen – und die damit verbundene Publicity.[12]

Kurz darauf begann Gene mit John M. Gunn zu korrespondie-

---

[11] Gene war nicht der einzige Polizist, der das LAPD verließ, um eine Karriere als Autor einzuschlagen. Viele Jahre nach ihm baute sich der LAPD-Detective Joseph Wambaugh, der sich realistisch mit dem Polizeiapparat befaßte, eine erfolgreiche Schriftstellerkarriere auf.
[12] Bei der gleichen Gelegenheit erhielten auch Roy Rogers und Dale Evans einen Preis, die beide schon lange Zeit für ihre kirchliche Arbeit und tiefe Verbundenheit mit dem Christentum bekannt waren. Nach seinem Tod erhielt Gene posthum den Angel Award, der ebenfalls von einer christlichen Mediengruppe verliehen wurde, für *Star Trek – The Next Generation*, die offenkundig humanistischste Fernsehserie.

ren, dem Chef der Rundfunk- und Fernsehkommission des Nationalen Rates christlicher Kirchen und Produzenten der Fernsehsendung *Frontiers of Faith*.[13] Gunn schrieb, daß sie eine Serie planten »über die moderne Anwendung der christlichen Moral; bei der Suche nach theologischem Hintergrund finden wir uns selbst immer bei den Lehren von Jesus wieder. ... Ich suche keine modernen Parabeln, sondern Geschichten, die – wenn auch subtil – diese Lehren verdeutlichen. Wenn Sie das anspricht und Sie die Zeit haben, lassen Sie es mich bitte wissen, dann werde ich Ihnen Material zusenden sowie einige alte Drehbücher.«

Gene, der stets auf der Suche nach neuen Schreibaufträgen war, schrieb zurück:

> Sie werden es sicher geahnt haben, der grundsätzliche Tenor in Ihrem Brief spricht mich an. Im Augenblick stecke ich jedoch mitten in ein anderen Drehbucharbeiten.
>
> Ich habe eine Woche mit meiner Antwort an Sie gewartet, weil ich gehofft habe, daß einiges widerrufen oder abgebrochen werden könnte, aber die Lage ist nur noch ernster geworden.
>
> *The Beat Cop* [zuvor als Footbeat erwähnt] wurde zu *The Big Walk* und von L&M gekauft, sollte von ABC am Sonntagabend nach Maverick gesendet werden, wurde dann aber im letzten Moment gestrichen, weil man den Abend nur mit Western belegen wollte. Nun gut.... Immerhin ist es möglich, daß sie im Winter in Produktion geht, aber offen gesagt, mache ich mir keine Illusionen mehr.

In seinem nächsten, undatierten Brief schrieb Gunn:

> Was ich mir von Ihnen erhofft hatte, ist eine Geschichte, die die Bedeutung des Kreuzes verdeutlicht. Wenn das für Sie ein unmöglicher Auftrag ist, was durchaus der Fall sein kann, bitte ich Sie zu schreiben, was in diesem Rahmen möglich ist.
>
> Unsere Begrenzungen sind ein geringes Budget und wenig Platz. Wir benutzen üblicherweise ein Studio, das vier Bühnenbilder ermöglicht. Weil die Sendung in einem Zug aufgenommen wird, müssen Sie bedenken, daß es für den Schauspieler möglich ist, von einem Bühnenbild zum nächsten zu wechseln.

---

[13] Vom 7. Oktober 1951 bis 19. Juli 1970 auf NBC. Es wurde oft im Wechsel mit *The Catholic Hour* und *The Eternal Light* ausgestrahlt.

Monate später schickte Gene Gunn einen Eilbrief per Luftpost.

> Ich habe mich erst jetzt mit dem Material befassen können, das Sie mir geschickt haben. Ich bin noch damit beschäftigt, die Serie abzuwickeln, die ich in der vergangenen Woche in San Francisco produziert habe. Es sieht aus, als vergingen noch einmal zehn bis vierzehn Tage, bevor wir sie im Kasten haben. Das bedeutet, daß es mindestens noch so lange dauert, bevor ich mich näher damit befassen kann. Bis dahin werde ich jedoch sehr gründlich darüber nachdenken und sehen, was mir so in den Sinn kommt.
> Wie ich bereits erwähnte, bin ich fasziniert von der philosophischen Herausforderung, die Ihre Serie für mich darstellt – die Gelegenheit, mich mit einem real existierenden und wichtigen moralischen Paradox auseinanderzusetzen. Aber Sie müssen wissen, daß ich ein absoluter Heide bin, und daß ich enorme Mengen Brot verzehre, da das Wort Gottes mich nicht ernährt. Daher bin ich interessiert an einer Aussage, was das in Dollars und Cents für das Roddenberry-Vermögen bedeutet. Es ist natürlich so, daß ich in Ihrem Fall auch beträchtlich geringere Honorare akzeptieren werde.

Im Februar 1960 schrieb Gene noch einmal an Gunn:

> Sie werden in Kürze einen Brief von Don Ingalls erhalten, dem ehemaligen Redakteur von *Have Gun Will Travel*. Don ist sehr an der moralischen Herausforderung interessiert, die in den Geschichten angedeutet wird, die Sie mir geschickt hatten. Er sollte in der Lage sein, Ihnen ein hervorragendes Drehbuch zu liefern.
> Ich arbeite gerade an einem Filmdrehbuch, das mich die ganzen Wochen über beschäftigt hat. Ich hoffe, mich in ein paar Tagen bei Ihnen melden zu können.

Obwohl sich in den Akten kein Brief findet, legt der folgende Antwortbrief vom 11. März den Schluß nahe, daß Gene erfahren hatte, daß sein Brief über das Geld Gunn auf irgendeine Weise beleidigt hatte. Er schrieb wieder an Gunn:

> Es tut mir wirklich leid, daß ich Sie (humorvoll, wie ich hoffe) mit einer Aussage irritiert habe, was das Geld für die Arbeit an Ihrer Sendung betrifft. Meine Absicht war, aus einem der Themen in der letzten Woche etwas zu entwickeln und es Ihnen sofort zuzusenden. Ich würde wirklich gerne eine Episode schreiben. Was ich jetzt sage, mag

den Eindruck erwecken, daß das Geld die ganze Zeit über in meinem Hinterkopf war. Bedauerlicherweise hat sich Screen Gems trotz des anhaltenden Streiks entschieden, meine Vereinbarung mit ihnen sofort wirksam werden zu lassen, eine Ehe, die eine ähnliche Klausel enthält wie die, auf die meine Frau 19 Jahre zuvor bestand. Daher bin ich gebunden. Jedenfalls für ein Jahr.

Es existiert kein Hinweis auf weiteren Schriftverkehr.

Parallel dazu spielte Gene ein größeres Spiel, dessen Ergebnis indirekt im letzten Brief erwähnt wurde. Mitte bis Ende 1959 kam der Engländer Lew Grade, der spätere Lord Grade, Eigentümer von Association Television (ATV) und der internationalen Vertriebsgesellschaft, International Television Corporation (ITC), auf Gene zu. Grade war ein Businessman von großem Format. Als er mit Gene Kontakt aufnahm, war er noch keine drei Jahre im Geschäft, dies aber mit wachsendem Erfolg. Die Korrespondenz zwischen Gene und Grades Spitzenmann, Ralph Smart, untersuchte die Machbarkeit eines Vertrages, durch den Gene für Grade Geschichten, Drehbücher und Pilotfilme entwickeln und letztendlich seine eigene Produktionsgesellschaft haben würde. Darüber hinaus läßt sie zum Teil Genes Philosophie und Hoffnungen für die Zukunft des Fernsehens erkennen.

Am 27. Juli schrieb Ralph Smart:

Ich habe heute morgen mit Lew Grade über die Möglichkeit gesprochen, daß Sie mit uns kommen. Wir haben volles Verständnis, daß Sie uns nicht Ihre Energie, Ihr Talent und Ihre Phantasie geben wollen, um uns reich zu machen. Er ist durchaus bereit, eine neue Produktionsgesellschaft zu gründen und Sie daran zu beteiligen.

Am 7. August erwiderte Gene:

Ich habe mich sehr über Ihren Brief gefreut, in dem Sie Ihr Vertrauen in meine Fähigkeiten und meine Ideen zum Ausdruck bringen. Ich möchte Ihnen sagen, daß das Gefühl wärmstens erwidert wird. Die Freundschaft, die hiermit verbunden ist, macht die Möglichkeit einer Zusammenarbeit um so ansprechender.

Neulich habe ich meiner Frau Eileen und den Kindern von dem Gedanken an ein Leben in England erzählt. Eileen war natürlich begeistert, doch unsere beiden Mädchen waren ein wenig erschüttert, da sie es für einen schlecht getarnten Plan halten, sie um unseren Winterurlaub auf Hawaii zu bringen. Allerdings nur solange, bis wir erwähnten, England sei ebenfalls eine Insel. (Ich enthalte mich an dieser Stelle eines Kommentars über unser Schulsystem.) Immerhin sind wir irgendwie in eine Situation geraten, in der zumindest die Jüngste glaubt, daß London gleichbedeutend ist mit Brotfruchtbäumen und Wellenreitern. Ich weiß, daß ich eine große Bitte äußere: Könnten Sie uns vielleicht im Baströckchen und zu den Klängen einer Ukulele empfangen, wenn wir ankommen?

Richten Sie Lew Grade bitte aus, daß eine Beteiligung an einer neuen Produktionsgesellschaft interessant klingt. Ich würde gerne Näheres darüber erfahren. Ich nehme an, daß dies Spesen und ein Gehalt beinhalten würde, das sich in der Größenordnung meiner bisherigen Einnahmen bewegt. Im Gegenzug würde ich Geld, Energie und Ideen in die Entwicklung und Produktion von *Freelance* (oder einer anderen Idee) investieren, wobei die Gewinne aus der Serie im Verhältnis der Beteiligung an der Gesellschaft geteilt werden.

Der einzige Haken, den ich in einer solchen Vereinbarung entdecken kann, ist der, daß die Arbeit mich nur zur Hälfte auslasten würde. Mein Interesse an ITC geht weit über eine lockere Verbindung als unabhängiger Produzent hinaus. Ihre Organisation plant offensichtlich eine Expansion hin zu einer führenden Position auf dem Weltmarkt des Fernsehens. Ich möchte annehmen, daß dies letztlich die fortlaufende Entwicklung einer großen Zahl von Fernsehserien bedeutet, darunter nicht nur das zur Zeit recht beliebte Stereotyp des verfilmten Dramas, sondern auch der Griff nach neuen Gebieten und neuen Unterhaltungsniveaus. Ich bin sicher, daß Ihre Leute – so wie ich auch – permanent daran denken, daß diese ganze Sache ›Fernsehen‹ noch immer relativ jung ist; daß die Serien, die heute die Mattscheibe beherrschen, nicht zwangsläufig die sind, die in drei oder vier Jahren noch die größten Gewinne erwirtschaften. Daher bin ich sicher, daß die Zukunft von Ihrer Organisation mehr verlangt, als lediglich das zu kopieren, was für Desilu, Ziv, Four Star und andere ein äußerst erfolgreiches Standardmuster geworden ist.

Wenn dem so ist, dann fällt es mit meinen eigenen Wünschen zusammen. Während Ihres Besuchs sprach ich von dem Interesse, ein breites Spektrum zu schaffen, und vielleicht ist es mir sogar gelungen, die Fähigkeit dazu in geringem Maß unter Beweis zu stellen.

Ich möchte hier gerne ein wenig Platz darauf verwenden, um Vorschläge für einige dieser Bereiche der Kreativität zu machen, die von beiderseitigem Nutzen sein könnten. Hollywood ist gegenwärtig blockiert und geblendet von dem hektischen Versuch, die Erfolge der letzten Jahre ständig zu wiederholen. Dabei ist die Branche übervoll von extrem schlechten Kopien der jüngsten Erfolge im Bereich Western und Privatdetektive. Die Sterblichkeitsrate dieser neuen Serien ist zwangsläufig hoch, jeder ist besorgt, aber nur wenige sind wirklich bereit, nach neuen Ideen zu suchen, die die Käufer in Kürze verlangen werden. Es scheint mir die ideale Zeit zu sein für eine Gesellschaft außerhalb der verzauberten (oder verhexten) Kreise Hollywoods, um den Markt von morgen zu untersuchen und neue und gewinnträchtige Unterhaltungsstrukturen zu erschaffen.

Zweitens: Auch wenn Hollywood ein Monopol zu haben scheint auf die Art von Autoren und Regisseure, die in den gegenwärtigen aalglatten Führungsstil passen, bringen England und andere Länder ganz gewiß Künstler hervor, die sich in ganz anderen Bereichen hervorheben können. Es könnte daher gewinnträchtig sein, in diesen Bereichen neue Ideen für Fernsehserien zu suchen, anstatt den amerikanischen Fernsehproduzenten auf ihrem eigenen Territorium entgegenzutreten.

Während Ihres Aufenthaltes erwähnte ich das Beispiel *Controversy*, eine Serie, die sich sehr gut die neue Bereitschaft der Länder zunutze machen könnte, Ideen und Kritiken auszutauschen. Die vor kurzem aufgezeichnete Diskussion zwischen Nixon und Chruschtschow holte das übersättigte amerikanische Publikum in Scharen zurück vor den Fernseher. Eines Tages wird das amerikanische Fernsehen aufwachen und erkennen, daß *Controversy* eigentlich keine schmutzige Sache ist, sondern daß diese Serie dramatische und sehr aufregende Unterhaltung bieten kann. Wenn die Zeit kommt, hielte ich gerne die Erfolgsserie der Season in meinen Händen.

Ein anderes Beispiel, Ralph, auf das wir während Ihres Besuches nicht eingehen konnte, ist die *Geschichte*. Ich fand es schon immer bemerkenswert, daß das Fernsehen sehr selten auf Historie zurückgreift, obwohl sie eine Hauptquelle der Unterhaltung in jedem anderen dramatischen Medium gewesen ist. Ich würde mich gerne ernsthaft mit Ihren Mitarbeitern über die Möglichkeit einer Serie unterhalten, die die Geschichte als Handlungspanorama zeigt, sehr ähnlich wie *Victory at Sea*. Durch die Kombination von Archivaufnahmen, Filmmaterial aus Filmbibliotheken, echten Außenaufnahmen, Miniaturen und Diagrammen (wenn notwendig) könnte alles verknüpft werden zu verfilmten Dramen, die die historischen Figuren ins Rampenlicht stellen, die diese Periode so interessant machten. Gewiß keine tiefschürfende oder erschöpfende Auseinandersetzung mit dem Thema, sondern recherchiert und erzählt von fähigen Personen, von symphonischer Musik untermalt, die dem Thema angemessen ist. Stets mit Schwerpunkt auf dem Abenteuer und der Spannung, die ein guter Autor dem Thema entlocken kann - so wie man es in einigen der besseren Abschnitte in Wells' *Outline of History* finden kann, die zufälligerweise in 39 Kapitel gegliedert ist.[14]

Es gibt andere Bereiche der Geschichte, die eher dem heutigen Stil des Fernsehens entsprechen. Ich glaube, daß diese Möglichkeiten ein Gespräch wert sind.

Ein anderes, einfacheres Beispiel ist eine kostengünstige Serie, die sich etwas zunutze macht, was zur Zeit akut ist - die Ausweitung des weltweiten Reisens. Nicht nur die Vereinigten Staaten sind fest im Griff des Reisefiebers. Menschen, die früher nicht einmal ihre Stadt verlassen haben, reisen jetzt nach Europa, Asien und Südamerika - ein Großteil dieser Reisenden ist nicht einmal ganz sicher, wie sie die tausend Kleinigkeiten bewältigen sollen, die solche Reisen bequem und lohnenswert machen. Ohne stärker ins Detail zu gehen, glaube ich, daß wir etwas Interessantes aus einer Serie mit Namen *Traveler* machen könnten - eine Serie, die den Glanz ferner Orte mit dem Know-how des professionellen Reisenden verbindet. Eine Serie über das Wie, Warum, Wo, Wann, Wieviel usw. Eine Verbindung mit Unternehmen wie Cooks, American Express und American Airways ist eine Möglichkeit.

Entschuldigen Sie bitte die Unordnung in dem Ganzen; es sind Notizen, die ich gestern abend auf der Rückseite einer Theaterkarte während eines langweiligen dritten Aktes gemacht habe. Ich beende meinen Brief, obwohl ich noch fünf oder sechs weitere Ideen notiert habe, die ich gerne mit Ihnen besprechen würde. Außerdem eine Schublade voll mit handelsüblicheren dramatischen Serien mit festen Charakteren.

Bis zum Januar 1960 muß sich die gegenseitige Begeisterung zwischen Gene und ITC ein wenig abgekühlt haben, da Gene einen letzten Brief an Ralph Smart schickte:

Don Ingalls[15] hat mir mehrfach Grüße von Ihnen übermittelt; ich hoffe, Sie haben meine Grüße ebenso schnell erhalten. Nach den Drehbüchern zu urteilen, die ich gelesen habe, scheint es, daß er

---

[14] In jener Zeit die übliche Anzahl Episoden, die eine Season ergab.
[15] Genes Freund und Bürokollege vom LAPD, ehemaliger Redakteur von *Have Gun Will Travel*, der zu der Zeit für Lew Grade und ITC arbeitete.

beim Projekt *Whiplash* hervorragende Arbeit geleistet hat – ganz sicher eine Auswahl an Geschichten, die der Qualität entspricht, die hier bei den besten Abenteuerserien zu finden ist. Viel Glück bei der Verfilmung. Ich hoffe, die Gesellschaft ist klug genug, ausreichende Zeit für die Proben zu gewähren, da sie ohne Zweifel mit Schauspielern arbeiten wird, die wenig Erfahrung mit den hektischen Planungen des Fernsehens haben.

Ich habe soeben einen langfristigen Vertrag mit Screen Gems abgeschlossen, ähnlich der Art, wie wir ihn besprochen hatten, in dessen Rahmen ich neue Projekte entwickele, den Pilotfilm produziere, die Serie starten lasse und mich dann ans nächste Projekt mache. Ich habe lange gezögert, da ich meine Freiheit sehr hoch schätze. Sie haben mir alles so schmackhaft gemacht, daß ich meine Befürchtungen schließlich vergessen konnte.

Kein besonderer Anlaß, ich wollte nur in Kontakt bleiben. Denken Sie daran, mich anzurufen, wenn Sie in der Stadt sind, und halten Sie sich ein wenig Zeit für einen Drink mit mir frei.

In der kurzen Zeit, die Gene im Geschäft verbracht hatte, hatte er gelernt, wie man die Gesellschaften gegeneinander ausspielt. Hätte Gene Hollywood verlassen, um mit Frau und Kindern in ein anderes Land zu ziehen? Und ausgerechnet in ein Land, dessen Währungsbeschränkungen es schwierig machen würde, Geld nach Hause zu bringen? Hätte Gene es gewagt, die Kontakte zu den Leuten in Los Angeles und in der Fernsehbranche abzubrechen? Immerhin kann sich Darleen Roddenberry, Genes älteste Tochter, nicht daran erinnern, daß ihr Vater jemals über einen Umzug nach London gesprochen hat. Und das, wo er sich gegenüber Ralph Smart völlig anders geäußert hatte. Gene nutzte das Interesse von Lew Grade, um seinen Wert bei Screen Gems in die Höhe zu treiben, wo er letztlich einen sehr lukrativen Vertrag aushandelte.[16]

Genes Vertrag mit Screen Gems bewegte sich in der Größenordnung von 100 000 Dollar jährlich, plus Gewinnbeteiligung an jeder erfolgreichen Serie. Gene feierte diesen Abschluß, indem er zwei Autos kaufte – einen 1959er Black Coupe de Ville für sich

---

[16] Lew Grade und ITC waren in den Sechzigern und Siebzigern erfolgreich mit Serien wie *This It Tom Jones, Secret Agent, The Prisoner, The Muppet Show, The Julie Andrews Show* und *Whiplash*.

und einen 1960er Gold Fleetwood (der zuvor dem Bürgermeister von Beverly Hills gehört hatte) für Eileen – sowie ein Dutzend Anzüge, und indem er mit der ganzen Familie in eines ihrer Lieblingsrestaurants essen ging, ins The Luau.

Der Vertrag führte zu einem Ansturm von Kreativität, wozu auch sein erster Gehversuch als Produzent gehörte. Der trug den Titel *The Wrangler* und war den Sommer über der Ersatz für die Serie *Tennesse Ernie Ford Show*.

Gene sammelte stets alle Informationen, die er in einer Geschichte oder in einer Idee für eine Serie verarbeiten konnte. Am 20. Dezember 1960 schickte er Bill Dozier, dem Chef von Screen Gems, ein Memo für eine Serienidee, an der Gene weit mehr als nur ein geringes persönliches Interesse hatte.

Lieber Bill,
auf einer Party hat mich jemand gefragt, warum niemand jemals etwas aus Micheners Buch *Tales of the South Pacific* gemacht hat. Ich wollte das Bühnenstück erwähnen, den Film, die Fernsehserie von Twentieth Century Fox. Dann erkannte ich, daß es eine verdammt gute Frage war. Eine einzige Kurzgeschichte aus diesem Buch war jemals benutzt worden. Immer und immer wieder. Und das war auch noch die schwächste Geschichte des gesamten Buchs. Der größte Teil dieses großartigen Buchs, einer der ewigen Bestseller, ist eine Sammlung ungewöhnlich geschriebener, kleiner und abwechslungsreicher Geschichten über das Leben in einem Kriegslager im Pazifik. Wie Du weißt, ist es *keine* Sammlung von Kriegsgeschichten. Vielmehr erzählt es von der Frau, die menschliche Schrumpfköpfe als Souvenirs verkaufte, von dem Wilden, der davon träumte, einmal mit einem Fallschirm aus einem Flugzeug abzuspringen, von dem Admiral, der seine Unterwäsche im Reißverschluß einklemmte, von den verrückten Eskapaden, mit denen vom endlosen Warten abgelenkt werden sollte, von riesigen Pokerpartien und ihren humorvollen Folgen, und von dem »... Riff, an dem sich die Wellen brachen, und von Lagunen von unbeschreiblicher Schönheit ... vom schweißtreibenden Dschungel, vom Mond, der hinter den Vulkanen aufgeht, und vom Warten. Vom Warten. Vom endlose Warten«.
  Kurz gesagt, ich schlage eine halbstündige Serie von Networkqualität vor, wie es sie noch nicht gegeben hat. Der Titel: *The Wild Blue* [später umbenannt in *APO 923*]. Nicht »Tales of the South Pacific«, keine Vereinbarung mit Michener, aber mit der gleichen Art von Geschichten, mit dem Schwerpunkt auf ruhigen, gewöhnlichen Män-

nern, mit denen man sich identifizieren kann, vor dem ungewöhnlichen Hintergrund, der durch diese äußerst romantischen, bizarren und atmosphärisch dichten Nachwirkungen des Zweiten Weltkriegs entsteht. Ich möchte ausdrücklich darauf hinweisen, daß es keine Geschichten über Kämpfe sein sollen. Ich schlage keine »patriotische« oder »Haß«-Serie vor; der Feind wird – wenn überhaupt – nur selten zu sehen sein. Das Außenministerium und die Politiker müssen sich darum keine Sorgen machen. Unsere Feinde heißen Langeweile, Zensur-Offiziere, Verlangen nach den kleinen Annehmlichkeiten des Lebens, Niederlagen, sowohl humoristisch als auch tragisch.

Es ist jetzt fast sechzehn Jahre her, daß ich den Südpazifik verlassen habe. In der Zwischenzeit habe ich über bestimmte Erfahrungen da unten Gewissensbisse empfunden, eine Gewißheit, daß es wunderbare Geschichten gibt, die noch nicht geschrieben worden sind, die diese wunderbare Mischung aus Humor und Tragödie enthalten, die alle wirklich großen Geschichten über Menschen im Konflikt mit sich selbst und ihrer Umgebung ausmacht. Micheners Buch kommt dem sehr nahe. Und auch wenn es sich nicht richtig für eine Fernsehserie eignet, hat es das gewisse Etwas, und es hat bewiesen, daß das Publikum an Geschichten aus diesem Bereich interessiert ist.

Unsere Serie hat zwei feste Charaktere. Phil Pike, Mitte Dreißig, wirkt älter, erfahren im Umgang mit dem Krieg und den Frauen. Als Kontrast dazu Eddie Jellicoe, Anfang Zwanzig, gerade frisch vom College, der das Leben gleichermaßen liebt und ignoriert. Sie sind Pilot und Copilot in einer ehemaligen Aufklärungsstaffel und fliegen klapprige B-17-Maschinen in den frühen Kriegstagen im Pazifik. Wir begegnen ihnen, als sie in Guadalcanal stationiert sind, folgen ihnen bei ihren Einsätzen, manchmal Routine, manchmal etwas Ungewöhnliches. Die Schauplätze reichen von einem Zelt unter Kokospalmen über das Marinehauptquartier, einen Ausflug zu einer Stadt auf French Island bis zu einer Episode in der Schwesternbarracke, einen »Angriff« auf einen Kreuzer der Marine, einer einsamen Funkstation auf Munda, einer Episode über eine Flotte von Patrouillenbooten usw. Wir werden ein »Golfturnier« im Dschungel aufnehmen. Als Gegensatz dazu eine düste Episode, die im Camp spielt. Auch eine Liebesgeschichte – als der unerfahrene Jellicoe gegen jede Chance das einzige weiße Mädchen für sich gewinnt. Die Niederlage des Air Group's Boxchampions, die Episode, in der einem Marine-Regiment die komplette Backstube gestohlen wird, die Bildung eines »Einarmiger Bandit«-Syndikats durch ein rekrutiertes Techникgenie, der Fall des verschwundenen Jeeps, die Verwechslung mit einer USO-Truppe, die Ankunft eines Kriegsfilmproduzenten aus »Hollywood« usw.

Natürlich wird der Krieg stets gegenwärtig sein. Luftangriffe, der Abflug und die Rückkehr von Missionen werden uns daran erinnern. Wir werden auch traurige Episoden machen - wenn Flugzeuge und Freunde nicht zurückkehren. Vielleicht schicken wir sogar unsere festen Figuren hin und wieder auf eine Mission. Aber der Krieg wird nur als Hintergrund fungieren, nicht als Hauptthema.

Die Episoden von *The Wild Blue* werden ihren Schwerpunkt abwechselnd auf Pike und auf Jellicoe legen, im Stile von Maverick, gelegentlich mit Geschichten, in denen sie gemeinsam im Mittelpunkt stehen. Mehr oder weniger feste Figuren wären der Staffelkommandant, der Chirurg, ein General und ein Admiral, mehrere Rekruten, eine besonders verzwickte B-17 namens »Bestie« usw. Im wesentlichen werden wir mit unserer B-17-Staffel so umgehen wie viele Romane und Filme es mit den Einheiten auf Marineschiffen gemacht haben.

Mir liegt viel daran, daß Du Micheners Buch durchblätterst, das eine oder andere darin noch einmal liest, das die besondere Atmosphäre des Südpazifiks während dieser Feldzüge ins Gedächtnis zurückruft. Diese Periode läßt sich so wie der Western mit keiner anderen Zeit und keinem anderen Ort vergleichen. Es gibt eine eigene Sprache, andere Standpunkte, ein einzigartiges Gefühl. Alles das, dezent durch die exotische See und die Landschaften berührt, und die sonderbaren Gebräuche, mit denen sie konfrontiert worden sind. Es ist wichtig, daß ein Aspekt des Ganzen von jedem, mit dem Du darüber sprechen wirst, umfassend verstanden wird. Die Serie strebt nach einer gewissen »zeitlosen« Qualität; daß dies ein spezieller Krieg ist, soll nicht betont werden, statt dessen das Gefühl, daß diese Geschichten sich auch in einem anderen Krieg und auch in Friedenszeiten zugetragen haben könnten. Der Krieg ist für uns nur Aufhänger und würzende Zutat. *The Wild Blue* würde sich vor allem eines Moments bedienen, das für den Erfolg von *The Untouchables* und vielen anderen aktuellen Fernsehserien wichtig ist - Erinnerungen an eine Zeit, die lange vorüber ist. Die Kleidung der frühen Vierziger, die Ausdrücke, alle Dinge, an die wir uns mit einem Kloß im Hals erinnern. Auch die Musik, Lieder wie »Rosie the Riveter«, »Don't Sit Under the Apple Tree«, »Coming In on a Wing and a Prayer« und die Liedchen, die die Soldaten damals sangen: »I've Got Sixpence«, »P'Riley's Daughter« (stubenrein gemacht), »Roll 'em Over« usw.

Angesichts des reichhaltigen Stoffs für Geschichten entwickelte ich innerhalb einer Stunde, nachdem ich das Serienpotential erkannte hatte, zwei Ideen für den Pilotfilm, von denen jede einen Charakter besonders in den Mittelpunkt rückt.

The Wild Blue habe ich mit Bob Sparks besprochen. Er ist der Ansicht, daß die materiellen Anforderungen an ein solches Projekt erfüllt werden können. Mehr als genug Archivmaterial ist für die gelegentlichen Flüge und Kampfszenen vorhanden. Eine Reihe vielversprechender Drehorte für Lager, Dschungel und Insel sind verfügbar. B-17-Attrappen und Innenausstattungen können ebenfalls beschafft werden. Er stimmt mit mir überein, daß der Ansatz das wichtigste ist, daß bei einer zu grob umrissenen Präsentation für potentielle Käufer und Networks die besondere Qualität und Frische der Idee verlorengehen würde, wenn sie in dem Begriff »Kriegsserie« zusammengefaßt wird.

Mit vorzüglicher Hochachtung

Dozier gefiel, was er las, und er gab grünes Licht weiterzumachen. Am 5. Mai 1961 schickte Gene das folgende Memo:

Lieber Bill,
ich möchte Dich auf dem laufenden halten. Ich bin gerade im Begriff, für Bill Sackheim eine sehr detaillierte Verkaufspräsentation der Pazifikserie (die ich Dir ursprünglich in meinem Memo »The Wild Blue« von 20. Dezember 1960 vorgeschlagen habe) auszuarbeiten. Es war übrigens ein wahres Vergnügen, mit Sackheim daran zu arbeiten. Sein Eifer und seine Kreativität feuern einen Autor wirklich an. Wir haben beide das Gefühl, daß wir damit eine neue Fernsehära einläuten können.

Ich habe Cruikshank ein Memo geschickt [das weiter hinten abgedruckt wird], um ihm zu erklären, warum ich mit diesem Projekt so spät begonnen habe. Ich spezifiziere die Garantien, die Du mir gegeben hast. Ich habe ihn auch auf die herzliche Beziehung zu Dir hingewiesen und auf meinen Wunsch für eine Trennungsvereinbarung, die diese Freundschaft in keiner Weise berühren wird.

Gene schickte Dozier am 17. Mai ein weiteres Memo:

Ich habe die Kopie der Präsentation von *APO 923* vom 15. Mai 1961 vor mir liegen, die ich nach New York senden werde. Ich möchte Dich wissen lassen, daß ich erfreut bin, daß sie Bill Sackheims Beteiligung am Entwurf dieser Präsentation würdigt. Während ich daran gearbeitet habe, fragte ich mich oft, warum so etwas nie gemacht wurde. Es kam mir ungerecht vor, daß sein Name nicht berücksichtigt worden war.

Der Pilotfilm trug den Titel »Operation Shangri-La«, mit drei Hauptfiguren: Air Force Captain Phillip Pike, der starke Captain (der später mit einem anderen Vornamen im ersten *Star Trek*-Pilotfilm wieder auftauchen sollten); Navy Lieutenant Edward Jellicoe, die Figur, bei der die Emotionen in Vordergrund stehen; und Army Lieutenant James T. Irvine, die »gewitzte« Figur, die zu Beginn der Episode aus Ersatzteilen eine Eismaschine baut. Der Plot dreht sich um Lieutenant Irvines Konflikt, ob er noch einmal würde töten können. Er verschwindet, als er einen Befehl erhält, der ihn wahrscheinlich wieder auf eine blutige Mission schicken wird. Pike und Jellicoe machen sich auf die Suche nach ihm.

Der Pilotfilm war kein Erfolg, aber das Wechselspiel zwischen den Figuren entsprach genau Genes Vorstellung. Gene sollte sich später daran erinnern, das ganze überarbeiten - und in einer kommenden Serie wieder drei zentrale Figuren verwenden: Kirk, McCoy und Spock.

Auch wenn der Pilotfilm mit Liebe und Sorgfalt gemacht worden war, kaufte das Network ihn nicht. Mit *APO 923* war Gene wieder einmal seiner Zeit weit voraus. Zehn Jahre später fanden seine Ideen in einer anspruchsvollen, Humor und Tragödie verbindenden, figurenorientierten Serie ein Zuhause in der Erfolgsserie *M*A*S*H*, die im Koreakrieg spielte. *M*A*S*H* war ein äußerst erfolgreiches Buch gewesen, dem ein nicht weniger erfolgreicher Film von Robert Altman folgte. Und erst dann folgte die Fernsehserie. Ohne das Buch und den Film ist es fraglich, ob *M*A*S*H* es bis ins Programm von CBS geschafft hätte.

Ein weiteres Memo an Dozier gibt weiteren Einblick in Genes Denkweise, sein Berufsethos und seine humanistische Philosophie. Das Memo vom 6. April 1961 liest sich wie folgt:

> Hatte einige längere Gespräche mit Joe Naar über die Möglichkeiten für eine Youth Corps-Serie. Anders als die Serien, die nur der Realitätsflucht dienen, beinhaltet diese bestimmte moralische und philosophische Themen, die mir sehr am Herzen liegen.
>
> Meiner Meinung nach könnte sich jede oberflächliche Behandlung des Themas, eingeengt durch die Vorgaben der Sponsoren, Agenturen und des Networks, für die beteiligten Personen und für Screen Gems katastrophal auswirken. Dies ist eine Serie, die ordentlich gemacht werden müßte. Damit meine ich tiefschürfende, manchmal

provozierende, oft schockierende Untersuchungen der Gebräuche, Bedürfnisse, Vorurteile, des Glaubens und der Bestrebungen von Menschen in vielen fremden Ländern. Die Menschen im Nahen Osten, Afrika und Südamerika lediglich als Kuriosa zu behandeln, die in exotischen Ländern leben und seltsamen, irrationalen Gebräuchen folgen, dazu das übliche Melodrama der Guten und der Schlechten, ohne allzu sehr – oder gar nicht – auf wirtschaftliche, politische und geschichtliche Aspekte einzugehen, die heute in der Welt für Unruhen sorgen, würde das gesamte Ziel der Anstrengungen unserer Nation zunichte machen. Schlimmer noch: Die ganze Welt würde es als ein weiteres Beispiel dafür betrachten, daß die Vereinigten Staaten unfähig sind, andere Völker zu verstehen. Sollte das die Richtung sein, die die Serie einschlägt, dann würde ich unter keinen Umständen dazu bereit sein, mich daran zu beteiligen. Wenn es dagegen möglich wäre, eine absolut ehrliche Serie zu machen, ob fiktiv oder dokumentarisch, bei der alle üblichen Beschränkungen des dramatischen Fernsehens aufgehoben sind, wäre ich sehr daran interessiert, alles zu tun, was das Projekt vorwärtsbringen könnte.

In den Raum unmittelbar unter diesem Textabschnitt hatte Dozier einfach nur vermerkt: »Ich stimme zu. B.«

Etwas anderes geschah mit Gene während seiner Zeit bei Screen Gems, das auf ihn viel größere Wirkung haben sollte als eine erfolgreiche Serie. Eines Nachmittags kam eine große, hübsche Schauspielerin in sein Büro, die neu in der Stadt war. Ihr Name war Majel Lee Hudec. Anders als die meisten anderen der Tausende junger Frauen, die nach Hollywood kamen, ging sie ihre Karriere geschäftsmäßig an. Gene war beeindruckt. Sie schrieb Bewerbungsbriefe an alle Produzenten in der Stadt (eine Vorgehensweise, die bis dahin weitgehend unbekannt war) und ließ einen persönlichen Besuch bei möglichst vielen Produzenten folgen. Dabei präsentierte sie ihre vorangegangenen Arbeiten selbst, anstatt sich auf die übliche Methode zu verlassen, bei der Fotos und ein Lebenslauf von einem Agenten vorgelegt wurden. Gene wurde ein Produzent, den sie auf ihren Runden regelmäßig besuchte. Sie freundeten sich an, wobei die oft zitierte Besetzungscouch nicht die geringste Rolle spielte. Gene war in seiner Ehe nicht glücklich, aber Majel erinnert sich, daß er nichts von der Art sagte: »Meine Frau versteht mich nicht.« Das hatte sie nämlich schon oft gehört, aber nie geglaubt. So wie die meisten festen Freundschaften entwickelte sich auch diese langsam, da sie sich nur alle paar Monate sahen. Sie waren geschäftlich befreundet, weiter nichts. Und so sollte es auch für mehr als zwei Jahre bleiben.

Genes Zeit bei Screen Gems endete 1961. Um seine Kontakte wieder aufzufrischen, schrieb er im Mai an seinen Agenten Lawrence Cruikshank. Genes kreativer Ausstoß in dem Jahr bei Screen Gems war beträchtlich, und er war besorgt darüber, wie sein geistiges Eigentum behandelt werden würde.

Lieber Larry,
ich habe heute morgen mit Art Frankel gesprochen und ihm gesagt, daß Du Dich in Kürze mit ihm in Verbindung setzen wirst, um zu Übereinkünften zu kommen, was verschiedene Projekte betrifft, die ich hier zurückgelassen habe. Hier nun meine Überlegungen:
Defiance County bleibt zunächst bei Screen Gems. Sie erhalten angemessen Zeit, um einen Pilotfilm zu produzieren und zu verkaufen. Nach dieser Zeit sollte die Grundidee wieder an mich zurückfallen. Meine Einstellung ist diese: Ich habe nicht die Absicht, Bill Dozier vor Gericht zu bringen, da ich ihn sehr schätze. Er hat mich in der Zeit, in der ich hier war, gut behandelt, und ich fühle mich moralisch verpflichtet, ihm einen Versuch mit *Defiance County* zuzugestehen. Das Business erfordert jedoch, daß wir gewisse Zusicherungen zu meinem Schutz vereinbaren: Daß mein Pilotfilm derjenige sein wird, der eingesetzt wird, um die Serie zum Verkauf anzubieten, oder daß mir in jedem Fall die vollen Tantiemen garantiert werden, so wie in meinem Vertrag vereinbart. Mit anderen Worten, ich möchte keine zukünftigen Änderungen am Format der Serie usw., wie es von CBS vielleicht vorgeschrieben werden könnte, oder unvorhersehbare Änderungen in der Programmstruktur zwischen meine Tantiemen und mich kommen lassen. Es ist ein sich ständig veränderndes Geschäft, und ich möchte unverrückbare Vereinbarungen auf diesem Gebiet, die an die Stelle meines Vertrages treten. Ich halte das für gerecht, und es gewährt mir Sicherheit, die Screen Gems wiederum nichts kostet.
Bill Dozier möchte, daß ich in irgendeiner Form mit *Defiance County* in Verbindung bleibe. Natürlich will er den Urheber und Autor in irgendeiner Weise mit dem Paket verbunden sehen, das er verkaufen möchte. Ich habe ihm gesagt, daß ich im Augenblick keine Zugeständnisse machen kann, die im Widerspruch stehen könnten zu Verträgen, die ich nach meinem Fortgang erwäge. Es ist anzuneh-

men, daß ich einen der Exklusivverträge akzeptiere, die mir von anderen Stellen angeboten worden sind. Ich habe ihm aber auch gesagt, daß ich versuchen würde, so viel Freiheit zu bewahren, um einige Drehbücher für *Defiance County* zu schreiben. Das ist meine Serie, ich habe ein Interesse daran und will natürlich alles tun, damit sie ein Erfolg wird. Ich habe ihm auch gesagt, daß jegliche Beteiligung als Produzent oder Redakteur definitiv nicht zur Debatte steht. Ich wäre bereit, die Rolle des Drehbuchberaters zu übernehmen, vorausgesetzt, das Honorar ist vernünftig, um Zeit und Anstrengungen zu vergüten, die für eine solche Aufgabe eingesetzt werden müssen. Wir sollten jedoch deutlich machen, daß ich nicht beabsichtige, in eine Position gebracht zu werden, in der ich wegen einer derartigen Vereinbarung jedes Drehbuch umschreiben müßte.

Nun zum Thema des Projekts *APO 923*. Bevor mir die Entscheidung in den Sinn gekommen ist, Screen Gems zu verlassen, wählte ich Bill Sackheim als den Produzenten, der mit mir an dem Projekt arbeiten sollte. Es war eine gute Wahl, da wir bei diesem Projekt die gleiche Einstellung haben. Unser beider Enthusiasmus ist sehr groß. Als die Exodus-Frage aufkam, sagte ich Dozier, daß ich mit diesem Projekt nur unter bestimmten Umständen weitermachen würde. Dabei handelt es sich um folgendes: 1. Ich produziere den Pilotfilm oder erhalte die Garantie, daß ich entsprechend meiner ursprünglichen Vereinbarung mit Screen Gems meine vollen Tantiemen erhalte. 2. Ungeachtet der endgültigen Form dieses Projekts (es besteht die Möglichkeit, daß nach meinem Ausscheiden Änderungen vorgenommen werden) werde ich als alleiniger Urheber der Serie genannt. 3. Alle Rechte fallen an mich zurück, wenn Screen Gems nicht innerhalb einer angemessenen Zeit einen Pilotfilm produziert und verkauft. 4. Ich erhalte die Option, für eine angemessene Vergütung als Drehbuchberater zu arbeiten. Der Hintergedanke dabei ist der, daß ich dieses Projekt einfach für sehr wertvoll halte, durchaus für einen Anfang eines komplett neuen Fernsehzeitalters.

Ich möchte in diesen Bereichen gerne so vernünftig wie möglich mit Screen Gems verhandeln, um grundsätzlichen Schutz zu behalten und überall sonst so kooperativ wie möglich zu sein. Der Grund ist recht einfach: Ich betrachte es zur Zeit als extrem wichtig, eine erstklassige Serie ins Fernsehen zu bekommen. Wir sollten den Wert einer solchen Arbeit nicht herabwürdigen. Denn, mein lieber Agent, aus einer erfolgreichen Serie heraus entstehen viele andere Dinge. Wir wollen weise und achtsam sein, aber nicht gierig.

Meine mündliche Vereinbarung mit Dozier besagt, daß ich ihnen *Defiance County* zurückgebe und dafür eine Reihe anderer Projekte mitnehme. Der Grund dafür ist, daß es einige gibt, an denen Screen Gems gegenwärtig nicht interessiert ist. Ich sehe keinen Sinn darin, sie in der Schublade liegen und verstauben zu lassen. Hierbei handelt es sich um:

Kapu - Action/Abenteuerserie auf Hawaii, etwa Mitte des 19. Jahrhunderts. Drehbuch für Pilotfilm existiert.

Freelance - ein Drehbuch für den Pilotfilm mit dem Titel »Telegraph Hill« wurde geschrieben. Action/Abenteuer/Detektivserie, in der ein freiberuflicher Autor die Hauptrolle spielt.

The Centurion - Serie, die in der Zeit des Römischen Reiches spielt. Hauptfigur ist ein römischer Befehlshaber, der als Agent für Cäsar arbeitet. Entwurf für Pilotfilm existiert.

Caravan - Action/Abenteuerserie in der Art von »Sea Hunt«, in der eine mysteriöse Wüste anstelle einer mysteriösen See benutzt wird. Drehbuch für Pilotfilm existiert.

Courtroom - Dies könnte man wohl in jedem Fall als mein Eigentum betrachten, da ich lediglich ein detailliertes Memo vorgelegt habe. Ich habe mit Ackerman kurz daran gearbeitet. Da es sich aber um ein detailliertes Memo handelt und über die Fakten gestritten werden könnte, sollten wir das klarstellen, bevor ich gehe. Bei diesem Projekt handelt es sich um eine einstündige, wöchentliche Serie, in der zwei Schauspieler (oder besser mehrere auf einer wechselnden Basis) als Kläger und Verteidiger in einer Reihe mitreißender Gerichtsverfahren auftreten.

The Olympians - Polizeiserie in der Region Nordwestkanada/Amerika. Auch dies sollte rechtlich mein Eigentum sein, da es dazu nur ein Memo gab. Aber das muß geklärt werden. Das Projekt befaßt sich mit einem amerikanisch-kanadischen Team für Gesetzesvollzug im Gebiet von Puget Sound, spezialisiert auf internationale Fälle, mit unterschiedlichen Zuständigkeiten.

Von dieser Liste bin ich am ehesten interessiert (und würde am härtesten darum kämpfen) an *Courtroom*, *The Olympians* und *Caravan*. Ich glaube, daß man *Freelance* und *Kapu* ohnehin als mein Eigentum betrachten kann, da ich sie mitgebracht habe.

Damit Du Dir einen Gesamteindruck machen kannst, hier noch eine Sache. Vor zwei Wochen schlug ich Dozier vor, daß Screen Gems Foreign Sales die Möglichkeit untersuchen sollte, eine westdeutsche Fernsehserie mit dem Titel *Das Dritte Reich* zu kaufen, die zur Zeit dort ausgestrahlt wird. Der Gedanke war, daß durch Shirers Buch und den laufenden Eichmann-Prozeß Screen Gems einen echten Coup landen könnte, wenn man rasch das Filmmaterial bekommen (vor allem Nachrichtenmaterial und Material der deutschen Regierung), übersetzen, den Sprechertext umschreiben, es neu mit Musik unterlegen würde, um das ins US-Fernsehen zu bringen. Dozier und ich haben lediglich vereinbart, daß ich eine Art »Finderlohn« erhalten würde, wenn das Projekt realisiert würde. Außerdem würde ich die Gelegenheit erhalten, bei der Planung des Projekts mitzuwirken. Lediglich eine mündliche Vereinbarung ... Screen Gems wird möglicherweise nicht einmal die Rechte erhalten, aber ich wollte sichergehen, daß Du weißt, was in Planung ist.

Ich würde es zu schätzen wissen, wenn Du Dir alles in Ruhe durchlesen und Deine Bemerkungen dazu machen würdest, damit wir uns gezielt unterhalten und rasch eine umfassende Vereinbarung treffen können. Beachte bitte, daß diese Vereinbarung ausdrücklich besagen sollte, daß sie alle Punkte in der ursprünglichen Vereinbarung zwischen Screen Gems und mir ersetzt, die im Widerspruch dazu stehen, ohne dabei die mir aus anderen Teilen des Vertrages zustehenden Vorteile zu beschneiden.

Defiance County ließ einen Riß zwischen Gene und Erle Stanley Gardner entstehen. Die Mißverständnisse und Übermittlungsfehler bei diesem Projekt machen deutlich, wie zerbrechlich Freundschaften zwischen kreativen Personen in der aufgeladenen Atmosphäre von Hollywood sind. Und sie zeigen das Ergebnis: die allgegenwärtige Präsenz von Anwälten in dieser Branche. Der Briefwechsel über dieses Projekt spiegelt die Persönlichkeit jedes der beiden Autoren wider.

In der ersten Januarwoche 1962 erhielt Gail Patrick Jackson – die Frau von Cornwell Jackson, einem engen Freund von Gardner, und Produzentin der Fernsehserie Perry Mason – ein Memo von Jackson Gillis, ihrem Redakteur. Gillis machte Jackson auf das Drehbuch zu *Defiance County* aufmerksam, das er soeben gelesen hatte. Er hatte erfahren, daß CBS bereit war, die Serie zu finanzieren und zu produzieren. Gleichzeitig würde CBS Gardners Serie *Doug Selby* aus dem Programm nehmen.

»Defiant County«, schrieb er, »kann man kaum als eine echte Krimi-Serie betrachten. Ich halte es für eine Action/Detektivserie, auch wenn mich manche Action/Detektivserien-Autoren für dieses Etikett steinigen werden. Tatsächlich scheint es so, als sei es Absicht der Serie, Detektivelemente mit Gerichtselementen zu verbinden. Armes Fernsehen.«

Gillis verriß das Drehbuch und seine Absichten, indem er

sagte, er wisse nicht, »ob Mr. Gardner das Gefühl haben wird, daß hier tatsächlich Rechtsverletzung vorliegt. Aber ich glaube fest, daß das Drehbuch diesem Tatbestand nahe kommt, da *Selby* schon seit langer Zeit weite Verbreitung gefunden hat. Aber das muß er natürlich selbst entscheiden.« Weiterhin schrieb er: »Angesichts der Zeit, die Gardners Bücher bei CBS verbracht haben, würde ich sagen, daß sie ganz sicher gegen etwas verstoßen haben!« Gail Jackson schickte das Memo weiter an Gardner.

Gardner und seine Kollegen waren zutiefst besorgt, da Bill Dozier - zu der Zeit Chef von Screen Gems - bei CBS eine Führungsposition bekleidet hatte und außerdem seit 1938 viele Jahre Gardners Agent war. Gene, Autor von *Defiance County,* war ebenfalls viele Jahre lang Gardners Freund, dennoch nahm Gardner mit keinem von beiden Kontakt auf, um in der Sache Erkundigungen einzuholen. Kurz nachdem er Gillis' Memo erhalten hatte, übergab Gardner die Angelegenheit an seinen Anwalt, der Partner einer großen und angesehenen Kanzlei in Los Angeles war. Der Anwalt rief Screen Gems an und erfuhr, daß die Dreharbeiten für *Defiance County* begonnen hatten. Laut den Aufzeichnungen in Gardners Archiv sagte sein Anwalt, er habe dem Anwalt von Screen Gems mitgeteilt: »Ich glaube, Sie sollten wissen, daß Sie mit einer Serie beginnen, die große Ähnlichkeit mit einer Serie hat, an der Paisano die Rechte besitzt.« Die Notiz zitiert dann den Anwalt von Screen Gems: »Bill [Dozier] merkte an, er habe noch nie von einer Serienfigur mit Namen Doug Selby gehört.«

Dann wurde es kompliziert. Gardners Anwalt kam zu dem Schluß, »da Bill [Dozier] fünf Jahre lang Chef von CBS war, hätte er wissen müssen, was produziert wurde, und der Autor [Gene], der Gardner kannte, hätte die Figur kennen müssen«. Außerdem war er der Meinung, »CBS' Verbindung zu Bill könnte man mit einer Verschwörung gleichsetzen. Da Bill auch noch Ihr Agent war, hätte er Ihre Charaktere kennen müssen«.

Da das Ganze nun in den Händen der Anwälte war, konnten die alten Freunde den Streit nicht mehr aus der Welt schaffen, indem sie einfach darüber sprachen. Am 9. Februar schickte Gene Gardner einen Brief.

Lieber Erle,
vor einigen Wochen rief ich Deine Sekretärin an, nachdem ich einen ärgerlichen Telefonanruf erhalten hatte. Nachdem ich hörte, daß Du noch einige Wochen fort sein würdest, habe ich mit diesem Brief bis jetzt gewartet.

Kurz gesagt, ich habe eine Serie entwickelt und einen Pilotfilm geschrieben, der letzten Monat produziert und gegenwärtig geschnitten wird, in dessen Mittelpunkt ein Staatsanwalt in einer Stadt im Mittleren Westen steht. Ich glaube, es ist keine absolut neue Idee, da wohl mehrere Studios bereits etwas Ähnliches versucht haben. Aber ich habe gehofft, den Geist in einem Teil unseres Landes einzufangen, der von denen vernachlässigt wird, die glauben, daß ein Drama nur etwas für eine große Stadt an der Ostküste oder der Westküste ist. Ich kam auf den Gedanken, daß ein Staatsanwalt auf dem Land eine ideale Figur sein würde, uns mit jener Art von persönlichen Geschichten zu konfrontieren, die genau das erreichen könnten. Ich betone nochmals, daß ich dafür keine besondere »Neuartigkeit« in Anspruch nehme, dennoch waren Format, Figuren und Pilotfilm komplett meine eigene Kreation.

Die Serie wurde von Screen Gems gekauft, wo ich zu der Zeit unter Vertrag stand. Als die Serie in Produktion ging, rief mich der Anwalt von Screen Gems an, um mir zu sagen, daß er einen Anruf erhalten hatte. Der kam von einem Anwalt, der Paisano Productions oder Mrs. Jackson vertritt (wen genau, wurde nie völlig klar) und der behauptete, meine Serie sei eine Kopie einer Sache, an der Du die Rechte hast. Die Unterstellung war - da er sich auf unsere lange Freundschaft bezog -, daß ich mir auf irgendeine Weise Zugang zu Deinen Unterlagen verschafft oder von dieser Idee gehört haben soll und dann mit meiner eigenen Version schnellstens in Produktion gegangen sei. Es hieß auch, daß William Dozier, der jetzt Screen Gems Production leitet, Dein Entwurf vorgelegen haben soll - mit dem Unterton, daß möglicherweise Dozier mir eine Kopie gegeben haben könnte. Das ist natürlich nicht geschehen, und ich glaube, ich muß Dir nicht erst versichern, daß ich Dir sofort Bescheid gesagt hätte, wenn irgendeine Sache, an der Du die Rechte hast, in Gefahr gewesen wäre.

Der Zweck meines sofortigen Anrufs war, Dich zu bitten, diese Vorwürfe aus der Welt zu schaffen. Ich bin dort auf niemanden wütend, da es bekannt ist, daß wir Freunde sind. Sie nahmen an, wir müßten uns oft über Ideen und Geschichten fürs Fernsehen unterhalten haben. Ich vermute, es dürfte allgemein überraschen, daß wir genau das nicht getan haben. Vielmehr habe ich - abgesehen davon, daß ich Dich über meine Fortschritte auf dem Gebiet des Schreibens auf dem laufenden gehalten haben - stets versucht, dieses Thema zu meiden. Ich besitze diesen albernen Stolz, der von mir verlangt, niemals eine Freundschaft als Mittel zu benutzen, um mich in einem neuen Zweig zu etablieren. Ich bin sehr stolz auf meinen Ruf, und ich möchte ganz sicher nicht, daß irgendwelche Gerüchte negative Auswirkungen haben.

Ich möchte klarstellen, Erle, daß ich zu keinem Augenblick angenommen habe, daß Du von diesen Anschuldigungen weißt.

Gene ließ einen Absatz über sein Privatleben, sein neues Haus und andere Einzelheiten folgen, dann beendete er den Brief:

Es tut mir leid, daß ich Dich mit dieser Angelegenheit belästigen muß, aber da sie meinen privaten und meinen geschäftlichen Ruf berührten, war es von einiger Dringlichkeit. Ich hoffe, daß wir uns bald sehen.

Eine Woche später schickte Gardner seinem Anwalt einen Brief und legte eine Kopie von Genes Schreiben bei; getreu seiner Rechtsausbildung vermerkte er:

Dieser Brief ist sehr freundlich und nicht formell, aber es steckt alles in ihm. Er könnte durchaus von einem Anwalt vorformuliert worden sein.

Gardner schlug vor, Gene einen Brief zu schreiben, um ihm mitzuteilen, daß er beschäftigt war, daß seine Beschwerde CBS betraf und daß er über die Situation unglücklich war. Aber da die Sache nun in den Händen der Anwälte lag, wußte er, sein Anwalt würde es nicht wünschen, daß er sich unmittelbar äußerte.

Gardner schrieb an seinen Anwalt:

CBS wollte mit *Doug Selby* auf Sendung gehen. Gail [Jackson] ist eine gute Geschäftsfrau, die - wie sie selber sagt - Dollarzeichen in ihren Augen hat. Von unserem Standpunkt aus betrachtet, verdienen wir durch CBS eine Menge Geld, das uns ansonsten nicht zufließen würde. Von ihrem Standpunkt aus ist es möglich, daß man zu dem Schluß gekommen ist, wir könnten ihnen im Weg sein, da wir ihre Bücher prüfen usw.

Es würde mich nicht überraschen, wenn ihnen ein Anwalt den Rat gegeben hat: ›Erle Gardner hat keine Rechte an der Figur eines Anwalts vom Lande, also kann uns niemand daran hindern, mit einem anderen zu arbeiten, der uns praktisch die gleichen Möglichkeiten bietet wie Gardner, aber ohne die Kopfschmerzen und mit einer für uns günstigeren Situation.‹

Drei Wochen später, am 9. März, schrieb Gardner Gene im wesentlichen den Brief, den er seinem Anwalt beschrieben hatte, und fügte hinzu:

> Natürlich war ich enttäuscht, als CBS sich entschloß, *Doug Selby* nicht weiter im Programm zu lassen. Auf der Grundlage aller mir bekannten Fakten glaube ich aber nicht, daß Du oder Bill Dozier oder Screen Gems irgend etwas einklagbar Falsches getan habt. Ich habe meinen Anwalt angewiesen, der eine erste Untersuchung in die Wege geleitet hat, davon abzusehen, irgendwelche Ansprüche gegen Dich, Dozier oder Screen Gems geltend zu machen.

Danach reiste Gardner günstigerweise nach Baja California ab, wo er weder per Telefon noch per Brief schnell erreicht werden konnte.

Gene mißfiel der Tonfall des Briefs und die Formulierung »einklagbar Falsches«, die Gardner in den Raum gestellt hatte. In einem Brief, der Genes unverblümte Art offen erkennen läßt, schrieb er am 15. März an Gardner:

> Lieber Erle,
> ich habe nicht für William Dozier oder für Screen Gems geschrieben.
> Ich habe nicht gefragt, welche rechtliche Haltung Du einnimmst.
> Ein Dieb ist ein Dieb, ob »einklagbar« oder nicht. Entweder habe ich Dir etwas gestohlen und mein letzter Brief ist eine Lüge – oder beides stimmt nicht.
> Ich kann nachempfinden, daß Du beschäftigt bist. Das bin ich auch. Aber dies ist für mich sehr wichtig. Ich kann ohne eine klare Antwort von Dir nicht sehr gut feststellen, wer wen anscheißt.
>
> Gene Roddenberry

Am 20. März schickte Gardner ein Memo an seinen Anwalt und an Gail Patrick Jackson, unmittelbar vor seiner Abreise nach Baja, als Antwort auf Genes Brief. Gardner merkte an, daß er »nicht die Zeit habe, die bisherige Korrespondenz durchzusehen und festzustellen, wovon Gene Roddenberry redet, aber ich lege eine Kopie dieses Briefs bei, den ich von ihm erhalten habe. Ich bin der Ansicht, er sollte geradeheraus beantwortet werden.«

Gardner fuhr fort: »Gene hat offensichtlich den Eindruck, daß ich gesagt habe, er habe mir etwas gestohlen. Das ist genau die Situation, in die ich nicht gebracht werden wollte.«

Gardner schlug vor, daß ein Brief an Gene geschickt werden sollte, um ihn daran zu erinnern, daß er – Gardner – die meiste Zeit in Baja verbracht und daß er nie gesagt hatte, Gene habe ihm irgend etwas gestohlen oder irgend etwas kopiert, und daß er Gene nie irgendeiner Sache beschuldigt und niemals jemanden veranlaßt hatte, in seinem Namen eine solche Behauptung aufzustellen.

Gardner schlug ferner vor, der Brief solle zum Ausdruck bringen, daß er sich zunehmend für die Sache interessiere und es gerne sehen würde, wenn der Anwalt von Screen Gems über das Gespräch eine Aussage machen würde.

Dann, an seinen Anwalt und an Gail Jackson gerichtet, merkte Gardner an:

Ganz offensichtlich sind Roddenberrys Brief vom 9. Februar und die Aussagen im dritten Absatz so absurd, daß sie schon lächerlich sind. Niemand wird behaupten, daß er durch unsere Freundschaft Zugang zu meinen Akten erhielt und eiligst seine eigene Version in Produktion gehen ließ. Sowohl mein Anwalt als auch Gail Jackson wissen, daß die Öffentlichkeit die Figur schon seit gut 25 Jahren kennt. Sie wurden als Serie in *Country Gentleman* und *Saturday Evening Post* veröffentlicht, wurde als Hardcover von William Morrow verlegt, vom Detective Book Club und bei Pocket Books.

Wenn also jemand eine Aussage gemacht hatte, daß es eine Verletzung von Rechten gab, kann sich diese Behauptung auf die Tatsache gründen, daß die Figur Dozier, Roddenberry und 20 Millionen anderen Menschen bekannt war.

Entweder zitiert Roddenberry den Anwalt falsch, oder der Anwalt hat ihm etwas so völlig Falsches erzählt, daß es schon lächerlich ist.

Ich würde gerne herausfinden, was von beidem zutrifft.

In naher Zukunft werde ich ein oder zwei Dinge tun müssen. Ich muß Position gegenüber Roddenberry beziehen, weil ich ihn persönlich treffen werde oder weil er anrufen wird. Oder ich muß sagen, daß die Sache jetzt bei meinem Anwalt liegt, was ich nicht tun möchte, denn das wäre angesichts der Aussagen in seinem Brief dumm.

Dieser Brief ist entweder eine Lüge von seiner Seite, eine Lüge von seiten des Screen Gems-Anwalts oder der Versuch, aus Aussagen eine »Bedeutung« herzuleiten, die sich auf nichts stützt.

Offensichtlich kam es Gardner nie in den Sinn, daß sein eigener Anwalt in seinem Umgang mit dem Anwalt von Screen Gems zu enthusiastisch gewesen sein und Gardners Standpunkt oder Gedanken überbewertet haben könnte.

Gardners Anwalt antwortete ihm drei Tage später, machte aber keine Anstalten, die Kontroverse aus der Welt zu schaffen.

Lieber Erle,
mit Erstaunen habe ich die Kopie des Briefs von Gene Roddenberry vom 15. März an Dich gelesen. Ehrlich gesagt, ich würde ihm keinen Brief schreiben, um diese Angelegenheit noch weiter zu vertiefen. Statt dessen würde ihn einfach schriftlich bitten, damit aufzuhören, Dir obszöne Briefe zu schicken, und ihm mitteilen, daß die Sache von Deiner Seite aus abgeschlossen ist. Du kannst ihm schreiben, daß Du ihn niemals beschuldigt hast, er habe Dir irgend etwas gestohlen, und daß Du nicht einmal sein Drehbuch zum Pilotfilm gelesen hast.

Ich finde, daß Roddenberry zuviel protestiert, und ich sehe keinen Sinn darin, mit ihm in einen Schreibwettbewerb zu treten.

Gardner diktierte seiner Sekretärin einen Brief, der auf den Ratschlag seines Anwalts Bezug nahm: »Schreiben Sie ihm, daß ich diesmal absolut nicht mit ihm einer Meinung bin. Daß Gene Roddenberry eine präzise Anschuldigung formuliert hat, daß ich einen Anwalt angewiesen habe, der dem Anwalt von Screen Gems mitteilen soll, der Mann sei ein Betrüger, der einen speziellen Plot von mir gestohlen hat. Ich befinde mich in einer Position, in der ich das kategorisch abstreiten muß und will. Ich möchte ihm mitteilen, daß ich zu der Zeit aller Wahrscheinlichkeit nach in Baja California war; daß ich niemanden angewiesen habe, eine solche Aussage zu machen; daß ich nichts davon weiß, daß irgendeine derartige Aussage gemacht worden ist, außer dem, was sein Brief enthielt – was eine Wiedergabe dessen war, das ein Anwalt von Screen Gems gesagt haben soll; daß ich wissen will, was es damit auf sich hat.

Ich glaube, daß mein Brief der beste Weg ist, um das zu übermitteln. Wenn [unser Anwalt] nicht so denkt, dann möchte ich, daß er Roddenberry einen Brief schreibt, daß ich in Baja California bin und die Beschuldigungen entschieden und kategorisch abstreite. Wenn wir diese Beschuldigungen nicht abstreiten und Gene Roddenberry später behauptet, daß ich seinen Ruf durch Verleumdung geschädigt habe, wird jeder ausweichende Brief oder jede nicht direkt angefochtene Beschuldigung nach hinten losgehen. Ich tendiere sehr dazu, daß es eine abschlägige Antwort geben sollte. Ich halte es für absurd, einen Brief nicht zu beantworten, nur weil Roddenberry obszöne oder vulgäre Formulierungen darin verwendet hat. Schließlich ist keinem von uns obszöne oder vulgäre Sprache fremd; zudem hat der Mann mich beschuldigt, ich habe seinen Ruf in den Kreisen, in denen er arbeitet, geschädigt. Ich möchte diese Anschuldigungen bestreiten. Ich möchte die Tatsachen herausfinden. Ich möchte, daß der Anwalt von Screen Gems nach vorne tritt und erklärt, wann und mit wem sich die Unterhaltung ereignet hat, und um was es ging.«

Gardner wies seine Sekretärin dann an, seinen Anwalt anzurufen und das Diktierte ihm als Memo vorzulesen. Er beendete das Diktat mit den Worten: »Ich möchte, daß etwas geschieht. Und ich glaube, wenn [unser Anwalt] erst einmal die Angelegenheit aus Roddenberrys Sicht betrachtet, wird er die Situation verstehen.«

Gardners Anwalt hörte sich das Memo an und sagte, daß es besser sei, den Brief zu schreiben, den Erle zuvor umschrieben hatte, anstatt ihn (den Anwalt) hineinzuziehen.

Gardners Brief an Gene trug das Datum 2. April 1962. Nachdem er die Tatsachen noch einmal zusammengefaßt und betont hatte, daß er viel Zeit in Baja verbrachte, schrieb er:

> Ich habe niemals gesagt, daß Du irgend etwas gestohlen hast. Ich habe niemals gesagt, daß Du irgend etwas kopiert hast. Ich habe Dich niemals irgendeiner unmoralischen Tat beschuldigt. Ich habe niemals jemandem die Erlaubnis erteilt, mich in einer solchen Aussage zu vertreten.
>
> [...]

Ich finde wirklich keinen Gefallen bei der Vorstellung, daß irgendein Anwalt meinen Freunden sagt, ich hätte sie durch Andeutungen irgendwelcher Dinge beschuldigt, weil irgendein Anwalt, der entweder Paisano Productions oder Mrs. Jackson – was nicht ganz klar ist – vertritt, in einem Telefonat eine Aussage macht, aus der bestimmte Schlüsse gezogen werden.

Ich habe einen Vertrag mit CBS. Ich habe einen Anwalt angewiesen, mich in allen Angelegenheiten zu vertreten, die mit diesem Vertrag in Zusammenhang stehen. Er vertritt mich bereits seit Jahren. Ich habe niemals irgendeinen Anwalt beauftragt, Dir oder Screen Gems oder Bill Dozier gegenüber eine Aussage zu machen, die mit irgendeiner von Dir vorgeschlagenen Serie in Verbindung steht.

Wenn es irgendein Mißverständnis über ein Telefonat gab, dann sollten wir das klären. Wenn es irgendeine Fehlinterpretation eines Telefonats gibt, dann sollten wir feststellen, wer diese zu verantworten hat.

Wird der Anwalt von Screen Gems mir bestätigen, daß er ein Gespräch geführt hat, in dem irgendeine Andeutung gemacht wurde, daß Du auf irgendeine Weise Zugang zu meinen Akten erlangt hast...?

Der Gedanke allein ist schon absurd, daß irgendein Anwalt, der Paisano Productions oder Gail Jackson vertritt, eine solche Behauptung aufstellen würde. Doch ich würde gerne herausfinden, ob der Anwalt von Screen Gems am Telefon diesen Eindruck bekommen hat. Und ich würde gerne wissen, auf welche Tatsachen sich eine solche Behauptung gründest.

Du sagst, daß es für Dich wichtig ist. Es ist zweifellos auch für mich wichtig. Also sollten wir der Sache auf den Grund gehen.

Schreib mir nicht, was irgendein Anwalt Dir gesagt hat und was er sagte, was angedeutet worden sei. Wir sollten den Anwalt erklären lassen, wer was gesagt hat.

Soweit ich weiß, war ich in Mexico, als das alles geschah, aber ich würde wirklich gerne herausfinden, ob jemand derartige Aussagen gemacht hat. Wenn das der Fall war, dann möchte ich so sehr wie Du, daß das aus der Welt geschafft wird.

Kopien dieses Briefs wurden an Gardners Anwalt und an Gail Jackson geschickt. Am 29. April antwortete Gene:

Lieber Erle,
ich bin soeben von einem Ausflug in die Wüste zurückgekehrt, um Deinen letzten Brief vorzufinden, für den ich Dir sehr danke. Bis

dahin schien es mir so, als würde ich den Punkt meines Anliegens nie rüberbringen. Also einfach ein deutliches Wort von Dir, ob unterschrieben oder nicht, auf Papier, als Diktat oder per Pony Express. Hast Du geglaubt, daß dies unsere Freundschaft zerstören könnte? Und ich bin glücklich darüber, daß Deine Formulierung »nichts einklagbar Falsches« aus der Eile des Diktats heraus entstanden war, also ohne Bedeutung war.

Abgesehen davon war die ganze Angelegenheit für mich von Bedeutung. Wenn sich die Serie verkauft, gut. Dann faulenze ich im nächsten Jahr ein wenig mehr. Wenn nicht, ist es vielleicht um so besser, weil ich dann härter arbeite, um besser zu werden.

Nachdem ich Dich nun genug gestört habe, wünsche ich Dir sichere Reise, aufregende Entdeckungen und friedliche Ausblicke.

In Freundschaft

Gene R.

Ohne weitere Gedanken daran, ob es Übereinstimmungen mit *Doug Selby* gab, wurde *Defiance County* produziert und - wie die meisten Pilotfilme - nicht verkauft. Die einzigen weiteren Eintragungen in Gardners Archiv, die die Korrespondenz mit Gene angehen, sind die Kopie eines Artikels über Genes Produktion von *The Lieutenant* Mitte der sechziger Jahre und die Mitteilung über eine Adressenänderung, als er und Majel 1969 gemeinsam ein Haus mieteten. In Genes Unterlagen findet sich kein weiterer Briefwechsel mit Gardner.

Genes Meinung und Einstellung in Rassenangelegenheiten blieben sein Leben lang unbeirrbar, eine bemerkenswerte Leistung, wenn man bedenkt, daß er in einer Familie aufwuchs, die die Werte des »alten Südens« pflegte. Seine Gedanken lassen sich wohl nicht besser verdeutlichen als durch einen staatlichen Werbespot, den er Anfang der sechziger Jahre für den Schauspieler Jim Backus[17] schrieb. Er wurde der Antidiffamierungsliga von B'nai B'rith vorgelegt, aber aus Kostengründen nie verwirklicht.

---

[17] Jim Backus war viele Jahre lang ein bekannter Charakterdarsteller in Film und Fernsehen. Den meisten ist er wohl bekannt als unverwüstlicher Millionär Thurston Howell III., der auf *Gilligan's Island* gestrandet ist, und als die Stimme der Zeichentrickfigur Mr. Magoo.

AUFBLENDEN

AUSSEN: WARENHAUS

1 AUFNAHME DES FENSTERS
vor dem sich eine Menschenmenge versammelt hat, die zusieht, wie das Fenster dekoriert wird.

INNEN: FENSTER DES WARENHAUSES

2 HALBTOTAL – ZWEI SCHAUFENSTERPUPPEN
Männliche und weibliche Puppe, typisch konturlose, gutaussehende Weiße, gut gekleidet. Plötzlich steckt JIM BACKUS seinen Kopf zwischen den beiden Puppen hervor und ruft jemanden, der sich seitlich von ihm befindet.
BACKUS
Du hast mich schon wieder enttäuscht, Rollo!

3 KAMERA AUF HELFER
»Rollo« dekoriert neben ihm. Er dreht sich um, bemerkt etwas, das sich auf Backus' Hüfthöhe befindet, er zeigt mit dem Finger:
ROLLO
Mister Backus ...!

4 TWO SHOT – BACKUS UND ROLLO
Diese und die folgende Aufnahme werden so eingerichtet, daß wir nicht den Bereich unter Backus' Hüfthöhe sehen. Backus deutet auf die beiden Puppen.
BACKUS
Ich habe gesagt, du sollst das Fenster mit durchschnittlichen Amerikanern dekorieren.

Rollo ist näher gekommen, irritiert, versucht Jim etwas zu verstehen zu geben, ihm etwas Wichtiges zu sagen.
ROLLO
Mister Backus, bitte ...

KAMERA FOLGT Backus, während er sich durch die Dekoration zu einer zweiten Gruppe von Schaufensterpuppen bewegt. Rollo folgt ihm unter Protest. Zur Gruppe gehören ein Orientale in amerikanischer Straßenkleidung, ein stilechter Rabbi, eine Farbige, die ihre achtjährige Tochter an der Hand hält, ein Latinotyp mit Schnauzbart, ein Weißer in »Beatnik«-Aufzug.

BACKUS
So sehen Amerikaner aus, Rollo!
BACKUS
(deutet auf die Puppen)
180 Millionen Individuen, Junge. Unterschiedliche Herkunft, Farbe, Vorstellungen von Gott...
(Nase an Nase mit Rollo)
Hast du dich denn noch nie gefragt, wieso unser Land so aufregend und lebendig ist?
ROLLO
Sie werden Schwierigkeiten bekommen, Mister Backus.
BACKUS
Schwierigkeiten? Aus unseren Unterschieden entstehen Vielfalt und Größe in der Musik, der Kunst, der Wissenschaft und alles andere, was wichtig ist. Wir sind stolz darauf, daß unser System für jeden Menschentyp Platz bietet, und wir schützen die Rechte unserer Nachbarn, ganz gleich, wie sehr sie sich von uns unterscheiden. Junge, die Amerikaner heißen diese Art von Schwierigkeiten willkommen!

Während dieser letzten Sequenz hat jemand begonnen, an die Fensterscheibe zu KLOPFEN. Jim Backus sieht sich um, um festzustellen, woher das Geräusch kommt. Rollo zeigt auf das Fenster; Jim blickt ebenfalls nach draußen.

5 BLICK DURCH DAS FENSTER
Ein Polizist steht in der ersten Reihe der Menschenmenge. Er KLOPFT und zeigt nach unten, nachdem Backus ihn bemerkt hat.

6 HALBTOTALE AUF BACKUS
Jim blickt nach unten. Sein Gesicht wird lang. Er sieht Rollo an, dann dreht er sich um und begibt sich zum Ausgang des Schaufensters.

BACKUS
Denk dran, Rollo, mein Junge. Sei stolz auf unsere Unterschiede!
(leiser)
Wir sehen uns in einem Monat wieder.

KAMERA VERHARRT, während Backus hinausgeht. Man erkennt, daß er vergessen hatte, seine Hose anzuziehen. Er hat im Schaufenster in Hemd und Unterhose gearbeitet.

ABBLENDEN

Gene war offen gegenüber neuen und ungewöhnlichen Wegen, um als Autor Geld zu verdienen. Die Versicherungsgesellschaft MONY (Mutual of New York) fragte ihn, ob er als ihr Sprecher und Anzeigenmodel arbeiten wollte. Wie zu erwarten, machte sich Gene viele Gedanken über diese Angelegenheit und schrieb an Henry Hayden, den Verantwortlichen bei der Anzeigenagentur Benton & Bowles in New York. Seine Bedingungen, in der Anzeigenkampagne aufzutreten, lauteten: 1. ein zeitliches Limit für die Verwendung seines Fotos; er schlug zwei Jahre mit einer Verlängerungsoption vor; 2. das ausdrückliche Recht, alle endgültigen Entwürfe vorgelegt zu bekommen, vor allem für die Werbung in Massenmedien; 3. Übernahme aller Verantwortlichkeiten durch MONY für die Veröffentlichung und Verwendung der Fotos; 4. Begrenzung der Fotos und Werbeseiten darauf, daß sie nur durch und für MONY verwendet werden dürfen.

Gene analysierte dann die Anzeige detailliert – ein »Bonus«, der für die Werbefachleute sicher nicht zählte, den Gene aber für erforderlich hielt. Seine Kritik zeigt eine große Sensibilität für das Business, in dem er sich noch keine fünf Jahre bewegte.

Hinsichtlich der Kopie, die ich erhalten habe und die vom 4. April 1961 stammt, habe ich folgende Anmerkungen: gewisse Einwände gegen die fett gesetzte Eröffnungszeile, die sich wie folgt liest: »*Ich mußte auch schon Lebensversicherungsvertreter vorsprechen lassen.*« Zum einen hat ein Begriff wie »vorsprechen« eine unglückliche Nebenbedeutung in unserer Branche. Außerdem erweckt es den Eindruck, daß ich mich für einen der großen Produzenten halte. Tatsächlich befasse ich mich in erster Linie mit Drehbüchern, Geschichten und Serienkonzeptionen, nicht mit der Besetzung der Rollen. Natürlich befasse ich mich gelegentlich auch mit der Besetzung, aber meine Berufskollegen wissen sehr gut, was ich mache. Ich möchte nicht den Eindruck erwecken, daß ich persönliche Publicity nutze, um ein falsches Image zu schaffen. Eine andere Eröffnung, die besagt, daß ein guter Versicherungsvertreter so schwer zu finden ist wie ein gutes Drehbuch, würde eher meiner Tätigkeit entsprechen. Natürlich ist das eine zu lange Überschrift; ich überlasse es daher Ihren Mitarbeitern, eine bessere Formulierung oder eine andere Eröffnung zu finden.

Ich sollte als »Gene Roddenberry« genannt werden, da dies der Name ist, den ich bei meiner Tätigkeit benutze.

Ich habe einige Einwendungen zum Eröffnungsabsatz, der lediglich die Polizeiarbeit als persönliche Vorgeschichte nennt. Dabei handelt es sich aber nur um eine von vielen Tätigkeiten, die ich in der Vergangenheit ausgeübt habe. Die aufregende und abwechslungsreiche Vorgeschichte ist gerade das, was mir in dieser Branche so nützlich war. Ein ›Bulle‹, der zum Autor und Produzenten geworden ist, stellt nicht viel mehr dar als eine Kuriosität, ein interessantes Phänomen. Ich würde vorschlagen, daß wir entweder die Erwähnung der Polizeiarbeit streichen oder sie etwas umfassender machen, damit sie den Tatsachen näherkommt.

Mein Agent hat vorgeschlagen, daß der erste Bezug auf meine Person etwa dergestalt aussehen sollte: »Gene Roddenberry, preisgekrönter Fernsehautor.« Ich bin von der Wortwahl nicht begeistert, aber er hat in dem Punkt recht, daß die Anzeige mir genauso nutzen muß, wie sie MONY nutzt. Ich hatte das Glück, einen gewissen Erfolg in dieser Branche zu verbuchen. Meine Arbeit wird im Kollegenkreis respektiert. Ich habe einen ausgezeichneten Ruf wegen meiner Kreativität und meines Könnens, was durch derartige Publicity hervorgehoben werden sollte. Ich möchte nicht, daß dies auf irgendeine Weise selbstsüchtig oder übertrieben erscheint, doch es sollte eine ehrliche Bezeichnung meiner Position im Bereich des Fernsehens wiedergeben. Zum gleichen Thema: Die Anzeige sollte vermitteln, daß eines meiner Probleme ein flexibles Versicherungsprogramm war, das Schritt hielt mit meinem steigenden Einkommen, was den Tatsachen entspricht. Das ist nicht übertrieben oder in irgendeiner Weise selbstsüchtig, sondern gibt das Ausmaß des Erfolges zu erkennen, der tatsächlich existiert.

Nebensächlichere Punkte: Es wurde vorgeschlagen daß das Wort »Heim« das Wort »Haus« ersetzen könnte; und ich vermute, daß dies durchaus Ihren eigenen Absichten entspricht. Ein weiterer Vorschlag ist, »Los Angeles« durch »Hollywood« zu ersetzen. Keiner dieser beiden Vorschläge trifft bei mir auf Begeisterung, ich erwähne sie nur zu Ihrer Kenntnisnahme.

Insgesamt halte ich dieses Projekt für gut; ich war besonders erfreut über die freundliche und hilfreiche Einstellung Ihrer Repräsentanten auf ihrem Weg hierher.

Genes Vorschläge wurden aufgegriffen, und das Projekt machte Fortschritte; die Fotos wurden von Elliot Erwitt aufgenommen. Laut Charron E. Fullerton, gegenwärtig Direktor der kreativen Abteilung bei MONY, war die Anzeige Teil einer sehr erfolgreichen Fünfjahreskampagne, die echte MONY-Klienten und ihre Agenten vorstellte. Die Kampagne war sogar so erfolgreich, daß sie in *Mad Magazine* und *The Harvard Lampoon* parodierte wurde. Die Anzeige, die Gene zeigte, war in *Life* am 9. September 1961 zu sehen, in *Time* am 20. September 1961, in *Look* am 12. September 1961, in *Newsweek* am 6. September 1961 und in *Reader's Digest* am 25. September 1961.

Gene war weiterhin auf Erfolgskurs, und so kauften er und Eileen ein neues Haus in der 539 South Beverly Glen in Beverly Hills und verließen die alte Nachbarschaft.

KAPITEL 8

Gut Ding will Weile haben, meistens jedenfalls. Und so entstand *Star Trek* in Genes Phantasie langsam und im Verlauf vieler Jahre.

Anfang der sechziger Jahre arbeitete Genes Freund und Berufskollege Christopher Knopf bei MGM. Gene stattete ihm einen Besuch ab und überzeugte Chris davon, daß das Studio nicht zusammenbrechen würde, wenn er blaumachte und sie zusammen zu einem Baseballspiel gingen. Obwohl beide Männer Baseball liebten, bekam keiner von ihnen von dem Spiel viel mit. Gene war voller Enthusiasmus für eine Serie, die ihre Wurzeln in dem Film *Master of the World*[1] aus dem Jahr 1961 hatte. Aufgeregt erzählte er Chris vom Potential einer solchen Serie. Nachdem die Dodgers damit in den Hintergrund getreten waren, beschrieb Gene seine Vision eines gigantischen lenkbaren Luftschiffs, angelegt im späten 19. Jahrhundert, bemannt von einer Crew, die sich aus Vertretern aller Rassen zusammensetzte und um die Welt reiste, um Unrecht zu sühnen und Gutes zu tun.

Chris hielt die Idee für realisierbar, aber Termindruck und andere Verpflichtungen machten es ihm unmöglich, die Handlung zu entwerfen und die Serie zu entwickeln.

Während Genes Ehe immer weiter zerfiel, trieb seine Karriere als Autor immer neue Blüten. Für Norman Feltons Gesellschaft, Arena Productions[2], die zu der Zeit bei MGM residierte, schuf er

---

[1] American International Pictures, mit Vincent Price und Charles Bronson in den Hauptrollen, Drehbuch von Richard Matheson. Der Film war eine Kombination aus zwei Romanen von Jules Verne und *Der Herr der Welt*. Es war eine Variation des Themas, mit dem er sich in *Zwanzigtausend Meilen unter dem Meer* befaßt hatte: Ein verschlossener, aber idealistischer Wissenschaftler kämpft gegen Krieg und Ungerechtigkeit. Anstelle eines U-Boots hatte die Hauptfigur Robur (Price) einen fliegenden Clipper mit Propellern anstelle von Segeln.
[2] Die Produktionsgesellschaft, die auch *The Man From U.N.C.L.E.* und *The Girl From U.N.C.L.E.* produzierte.

die Serie *The Lieutenant*. Diese Serie wurde vom 14. September 1963 bis zum 5. September 1964 von NBC ausgestrahlt, zwischen 19.30 Uhr und 20.30 Uhr am Samstagabend. Gary Lockwood spielte die Hauptrolle, Robert Vaughn[3] seinen weisen Captain. Die Serie wurde mit der vollen Unterstützung des United States Marine Corps produziert und schilderte menschliche Dramen in einer militärischen Umgebung. Zudem befaßte sie sich mit aktuellen gesellschaftlichen Themen.

Viele Leute, die bei *The Lieutenant* vor und hinter der Kamera standen, wurden später Teil der *Star Trek*-Familie. 1964 feierte eine junge Schauspielerin namens Nichelle Nichols ihr Fernsehdebüt in einer Episode von *The Lieutenant*, in der Rassenbeziehungen in einer für diese Zeit bemerkenswert offenen und unverblümten Weise behandelt wurden. Die Episode wurde von Lee Cronin geschrieben, ein Pseudonym für Gene L. Coon, der später bei *Star Trek* als Autor und Produzent in Erscheinung treten sollte. Sowohl Leonard Nimoy als auch Majel Barrett hatten in der Serie Gastauftritte.

The Lieutenant war der große Durchbruch für Joe D'Agosta, der der Besetzungsleiter der Serie wurde – sein erster Einsatz in einer derartigen Position. Auch er kam später zu *Star Trek*, als Gene für die Auswahl der Besetzung Hilfe benötigte. D'Agosta erinnert sich, daß das Produzieren für Gene etwas Neues war: »Man stellte ihn vor ein Problem, woraufhin er sagte: ›Was erwarten Sie von mir, das ich jetzt sagen soll?‹ Dann sagte man es ihm, er wiederholte es, und das Problem war gelöst.«

D'Agosta war ein Mitarbeiter im Besetzungsbüro von MGM. Er wurde angewiesen, den Besetzungsleiter zu unterstützen; doch dieser erschien nach dem ersten Besetzungsgespräch zu keinem weiteren Treffen. Er war mit mehreren anderen Serien beschäftigt, also lag die Verantwortung in D'Agostas Händen.

»Ich war ein echter Anfänger«, erinnert sich D'Agosta. »Ich brachte die Leute herein und ließ sie vorsprechen. Jemand erwähnte den Namen eines Schauspielers, woraufhin ich etwas Unverständliches murmelte, in mein Büro lief und in den Unterlagen nachsah, wie der Schauspieler aussah.

---

[3] Robert Vaughn tauchte dann als Napoleon Solo in *The Man From U.N.C.L.E.* wieder auf.

Wenn mich ein Agent anrief und sagte, ich müssen den und den sehen, fragte ich, ob er der Richtige sei. Und ob er gut sei. Dann ließ ich sie vorsprechen. Ich mußte mich völlig auf meine Fähigkeit verlassen, den Schauspieler nach der Rolle zu beurteilen, um die er sich bewarb. Ich war Schauspieler und Theaterregisseur. Ich hatte ein Gefühl für das, was richtig war, und darauf verließ ich mich.

Leute, die eigentlich kleine Rollen spielen sollten, erhielten die Hauptrollen. Ich hatte plötzlich den Ruf, ein sehr kreativer Besetzungsleiter zu sein, der unverbrauchte Gesichter einsetzte. So war es nicht, ich wußte es nur nicht besser.«

Gene feuerte den ursprünglichen Besetzungsleiter und holte D'Agosta, womit er ihm zum Durchbruch verhalf.

Andere wurden auf Genes Arbeit aufmerksam. Quinn Martin, ebenfalls ein Schüler aus Fred Zivs »Akademie für praktische Fernsehkünste und -wissenschaften«, machte ein Angebot. Am 12. März schickte ihm Gene die folgende Notiz:

Es war für mich ein großes Vergnügen, Dich wiederzusehen und mit Dir zu reden. Mit einem Mal wurde mir wieder klar, auf wie vielen verschiedenen Gebieten wir sehr ähnlich denken. Daher war die Erkenntnis, daß ich in der nächsten Season nicht an Deiner Show arbeiten werde, eine der schwierigsten Entscheidungen, die ich seit langem treffen mußte. Ich halte es für ein gutes Produkt und glaube, es wäre eine angenehme und fruchtbare Zusammenarbeit geworden.

Wie Dir Harold Breecher bereits sagte, sieht es immer stärker danach aus, daß *The Lieutenant* in eine neue Season gehen wird. Für den Fall, daß wir in letzter Minute doch noch verlieren, hat das Studio gewisse Zugeständnisse gemacht, die das Risiko des Wartens mehr als ausgleichen.[4] Trotz meiner anderweitigen Erwartungen ist es letzten Endes doch noch gut ausgegangen.

Da wir beide die Absicht haben, noch lange Zeit im Geschäft zu bleiben, sollten wir uns während der nächsten Season zusammensetzen und ernsthaft über geschäftliche Dinge sprechen. Auch wenn dabei nichts herauskommen sollte, glaube ich, daß wir es uns gegenseitig schuldig sind, eine alte und bewährte Freundschaft wieder aufleben zu lassen.

---

[4] Diese Zusagen wurden offensichtlich nicht eingehalten.

Gene beurteilte die Lebensdauer seiner Serie falsch. Sie wurde nicht verlängert, und am 13. April wurde die Produktion von *The Lieutenant* eingestellt.[5] Natürlich war Gene noch während der Produktion von *The Lieutenant* mit anderen Ideen beschäftigt. Gene hatte eine Reihe ältere Konzepte zusammengefaßt – ein Schiff als »Figur« einer Serie aus *Hawaii Passage*; das Zwischenspiel der Senioroffiziere des Schiffs aus *Hawaii Passage* und *APO 923*; den starken, heroischen Captain aus C.S. Foresters Horatio Hornblower-Serie[6]; die gemischtrassige Crew mit starken, idealistischen Banden – die »Bande der Brüder und Schwestern« aus seiner Luftschiff-Serienidee; und eine Reihe anderer Konzepte, die er in der Science Fiction-Literatur fand[7] – das alles in Dramaform und 200 Jahre in der Zukunft auf einem Raumschiff angesiedelt. Genes Serienidee war etwas, was es zuvor im Fernsehen noch nicht gegeben hatte: reifes Drama mit einer festen Besetzung in einem Science Fiction-Handlungsumfeld. Am 11. März 1964 umfaßte sein Konzept 16 Seiten, genügend, um es den Einkäufern der Branche vorlegen zu können. Er nannte es *Star Trek*.[8]

Am 24. April schickte Gene einen Scheck über zwei Dollar und die erforderlichen drei Kopien der Serienpräsentation an Blanche

---

[5] *The Lieutenant* lebte unerwartet in anderer Form weiter. Das *Field Manual for Collecting G.I. Joe 1963–1969* von Harold Fowler berichtet: »Don Levine (Creative Director für neue Produkte bei Hasbro Toys Co.) wurde eingeladen, um eine Vorführung von *The Lieutenant* in Manhattan zu sehen. Die Serie erwies sich aus der Sicht von Hasbro als Seifenoper ohne Potential für irgendwelches Spielzeug.« Von der Serie und der Idee inspiriert, folgte Levine seinem Instinkt und schuf das Versuchsmodell einer beweglichen Figur, die man an Jungens verkaufen konnte: G.I. Joe.
[6] Zweifellos Genes bevorzugte literarische Figur. Er las Hornblower, als der 1939 zum ersten Mal in den USA veröffentlicht wurde, und er las ihn immer wieder von neuem bis kurz vor seinem Tod. Ironischerweise schrieb Forester mehrere Science Fiction-Kurzgeschichten und mindestens einen Science Fiction-Roman. Er starb in dem Jahr, in dem *Star Trek* auf Sendung ging.
[7] Gene wurde auch von Heinleins frühen Arbeiten aus den vierziger und fünfziger Jahren beeinflußt, vor allem von Heinleins Serie »Future History«. Gene übernahm auch einige Ideen aus Arthur C. Clarkes *Profiles of the Future* (1962). Natürlich wurde er auch durch Isaac Asimovs Gesamtwerk beeinflußt.
[8] Entgegen der vereidigten Aussage seiner Ex-Frau Eileen half sie Gene nicht, der Serie den Namen *Star Trek* zu geben. Darleen Roddenberry ist absolut sicher, daß sie ihrer Mutter half, in einem Wörterbuch den Begriff »trek« nachzuschlagen, als sie ihn zum ersten Mal hörte. Niemand in der Familie kannte seine Bedeutung.

Baker von der Writers' Guild of America, West, Inc., um sein *Star Trek*-Konzept vor Diebstahl zu schützen.

Der Respekt, den Gene in der Branche genoß, zeigte sich in der Bitte der Writers' Guild, sich für ihre Vorstandswahl aufstellen zu lassen. Gene lehnte die Bitte des Komitees ab und nannte »zwei persönliche Gründe, im Alter von 10 und 16 Jahren«.

Während Gene die *Star Trek*-Idee anbot, eröffnete sich eine andere Gelegenheit. Ivan Tors, den Gene von Ziv kannte, hatte mit ihm Kontakt aufgenommen wegen einer Serie, die sich in der Entwicklung befand. Sie handelte von einem Tierarzt, der ein Tierforschungszentrum in Afrika betrieb. Die Serie sollte *Daktari*[9] heißen, und Tors wollte, daß Gene das Drehbuch für den Pilotfilm schrieb. Aber es gab immer wieder Verzögerungen, und im Mai schickte Gene Tors einen Brief, in dem er ihm erklärte, er habe so lange gewartet wie möglich, »in der Hoffnung, daß die Probleme gelöst werden. Aber ich habe gehört, daß hinsichtlich der Vereinbarung zwischen Tors und MGM wenig oder gar kein Fortschritt erreicht worden ist. Daher – auch wenn ich es zutiefst bedauere, da ich mich auf die Zusammenarbeit mit Ihnen gefreut habe – habe ich meine Agentur angewiesen, anderweitige Verhandlungen aufzunehmen.«

Gene schickte die *Daktari*-Unterlagen und -Notizen zurück, die Tors ihm zur Verfügung gestellt hatte, und schloß den Brief mit einem für ihn typischen großzügigen Angebot: »Viel Glück mit der Serie. Es ist ein hervorragendes Konzept, und ich bin sicher, daß es eine äußerst erfolgreiche Serie wird. Wenn ich Ihnen behilflich sein kann, indem ich Ihnen verschiedene Überlegungen zukommen lasse, die mir während des Studiums dieser Unterlagen gekommen sind, würde ich mich gerne mit Ihnen treffen und darüber sprechen. Nochmals viel Erfolg.«

Am selben Tag, an dem er den Brief an Tors schrieb, verfaßte Gene auch ein internes Memo an Alan Courtney, einen leitenden Angestellten von MGM:

> Für den Fall, daß ich Dich heute nicht mehr telefonisch erreiche, übersende ich Dir diese Notiz zur Kenntnisnahme.

---

[9] *Daktari* wurde schließlich ab Januar 1966 von CBS ausgestrahlt. Die Serie hielt sich drei Jahre im Programm.

Aufgrund der Verzögerungen in den Verhandlungen über eine Vereinbarung zwischen Ivan Tors und MGM, die notwendig war, bevor einer der Beteiligten mit mir einen Vertrag über das Drehbuch für einen Pilotfilm schließen kann, mußte ich Ivan Tors mit Bedauern mitteilen, daß ich derzeit für den Auftrag nicht länger zur Verfügung stehen könne. Vielleicht können wir später zusammenkommen.

Gleichzeitig – obwohl ich dankbar bin für das Interesse, das Du an meiner Vorstellung für eine Science Fiction-Serie gezeigt hast – habe ich von anderen bei MGM, die mein Konzept gelesen haben, ähnliche Reaktionen erhalten. Aber meine Agentur Ashley-Steiner hat keinen Hinweis von MGM erhalten, daß man interessiert ist. Zwischenzeitlich ist von anderer Seite Interesse signalisiert worden, so daß Ashley-Steiner richtigerweise Gespräche in diese Richtung aufgenommen hat.

Ich halte es für angebracht, Dich wissen zu lassen, daß diese Gespräche sich so schnell entwickeln, daß ich möglicherweise schon bald auf ein festes Angebot reagieren muß.

Zwei Wochen später antwortete Alan Courtney:

Lieber Gene,
vielen Dank für Deine freundliche Mitteilung. Unser Briefwechsel war auch für mich sehr erfreulich, und ich hoffe darauf, daß wir ihn irgendwann in der – für Dich vielversprechenden – Zukunft in größerem Maßstab fortsetzen können.

Mit Bedauern muß ich Dir das *Star Trek*-Material zurücksenden. Du kennst meine Einstellung zu dieser Idee, daher wirst Du bestimmt verstehen, daß ich mir vorkomme wie ein Mann, der zusehen muß, wie seine Schwiegermutter seinen nagelneuen Cadillac über die Klippen schießen läßt.

Herzliche Grüße

Alan

Während einige Mitarbeiter bei MGM der Ansicht waren, daß *Star Trek* eine todsichere Sache war, war das Studio nicht interessiert. Die »andere Seite«, auf die sich Gene bezog, war Desilu.

Desilu gehörte Lucille Ball und Desi Arnaz, die die Gesellschaft gegründet hatten, um ihre Fernsehserie *I Love Lucy* zu produzieren, die 1951 förmlich in die Fernsehlandschaft geplatzt war. Die erste Season beendete diese Serie mit einem dritten Platz in der Zuschauergunst; sie stieg im nächsten Jahr auf Platz eins, wo sie bis zu ihrem Ende blieb – ausgenommen von Oktober 1955 bis April 1956, wo sie hinter *The $64.000 Question* den zweiten Platz belegte.

Anders als andere Stars in der Frühzeit des Fernsehen profitierten Lucy und Desi beträchtlich von ihrer Kreativität. *I Love Lucy* wurde auf Film aufgenommen, obwohl CBS es lieber sah, wenn eine Serie von der Ostküste aus live ausgestrahlt wurde, womit man 85 Prozent aller Zuschauer der USA erreichte. Die Ausstrahlung für den Rest des Landes erfolgte im Kinescope-Format.[10] Bestimmungen der Filmgewerkschaft untersagten es, daß die Serie bei CBS gedreht werden konnte, womit zusätzliche Kosten verbunden waren. Weder der Sponsor Phillip Morris Cigarettes noch CBS würden das benötigte Geld zur Verfügung stellen können. Desi nutzte durch ihren Agenten Don Sharpe diesen Engpaß, um den einträglichsten Vertrag in der Geschichte des Showbusiness abzuschließen.

Sharpe schlug vor, daß Lucy und Desi ihre Gagen wöchentlich um 1000 Dollar kürzten, womit ihre wöchentliche Gage auf zusammen 4000 Dollar reduziert wurde, sowie um fünfzig Prozent des Gewinns. Dafür wollte Desi alle Rechte an allen Episoden der Serie, wobei er sich ausrechnete, daß die 39 000 Dollar[11], auf die er soeben verzichtet hatte, netto nur 4000 oder 5000 Dollar ausmachten, wenn er seinen Steuersatz berücksichtigte.

Hubbell Robinson, der die geschäftlichen Angelegenheiten von CBS in New York leitete, war einverstanden und gab Lucy und Desi die gesamten Rechte an ihrer Serie nach dem ersten Einsatz im Network.[12] Desis »Erfindung« sollte für Desilu *sehr* gewinnbringend sein, insbesondere als sie alle 180 Episoden 1956 für 4,3 Millionen Dollar ironischerweise an CBS zurückverkauften.

Neben ihrer eigenen Serie produzierte Desilu auch andere Serien, darunter die äußert beliebte *The Untouchables*. Zudem ver-

---

[10] Kinescopes waren 16-mm-Kopien von Fernsehfilmen. Es war nie ein zufriedenstellender Prozeß und erreichte kein qualitativ hochwertiges Bild.
[11] Serien wurden üblicherweise im Turnus von 39 Episoden produziert.
[12] Coyne Sanders und Tom Gilbert berichteten in ihrem gut recherchierten Buch *Desilu*: »Desi hatte im Ergebnis in diesem Moment den Markt für Wiederholungen abseits der Networks erfunden.«

mieteten sie ihr Studio an andere Produzenten.[13] Lucy und Desi waren etwas Besonderes, indem sie (wohl mehr als alle anderen kreativen Personen jener Zeit) in der Lage waren, mit ihrem Talent gutes Geld zu verdienen. Die meisten anderen, auch die hochbezahlten Darsteller, schafften das nicht.

Lucy war das Genie, was die Schauspielerei anging, während Desis Talent sich hinter der Kamera offenbarte. Er entwickelte sich zu einem hervorragenden Studioboß mit einem fast schon fotografischen Gedächtnis für Produktionsdetails, der vielen der bei Desilu produzierten Serien das gewisse Etwas verlieh. Die Gesellschaft wurde so erfolgreich, daß sie schließlich das alte RKO-Gelände an der Melrose Avenue unmittelbar neben Paramount Pictures kauften.[14]

Leider wirkte sich der geschäftliche Erfolg nicht auch auf ihre Ehe aus. Lucys Unsicherheit und Desis Alkoholmißbrauch, seine Spielleidenschaft und seine Seitensprünge waren eine fatale Kombination, die die Ehe 1960 scheitern ließ. Trotz der Scheidung blieb Desi Präsident von Desilu, Lucy blieb Vizepräsident. Jeder hielt 25 Prozent am Gesellschaftskapital und verfügte insgeheim über die Option, den anderen auszuzahlen, wenn sich die Gelegenheit dazu bieten sollte.

Diese Vereinbarung überdauerte ihre Scheidung um zwei Jahre, aber Desis Ausschweifungen wirkten sich auf die Gesellschaft aus. Nach zahllosen Absagen und Weigerungen zu verkaufen, war die Branche völlig überrascht, als am 9. November 1962 bekannt wurde, daß Desi nicht länger teilhabender Präsident war

---

[13] In den frühen fünfziger Jahren betrachteten die Filmstudios argwöhnisch das Fernsehen, da es die Kinobesucher im Haus hielt, wo sie kostenlos Filme sehen konnten. Daher waren die Filmgesellschaften auch in den wenigsten Fällen – wenn überhaupt – bereit, ihre Studios an Fernsehproduktionsgesellschaften zu vermieten. Da Desilu genügend Platz hatte, war es eines der wenigen Mietstudios in der Stadt und war stets ausgebucht.

[14] Als viele Jahre später die festen Bühnenbilder von *Star Trek* abgebaut wurden, nachdem die Serie aus dem Programm gestrichen worden war, wurde eine kleine, längst in Vergessenheit geratene Falltür entdeckt. In dem kleinen Raum unter der Studiobühne wurde ein Stapel alter, unachtsam in eine Ecke geworfener Modelle entdeckt. Es handelte sich um die beweglichen Brontosaurier und Stegasaurier aus *King Kong*, der RKO-Produktion aus dem Jahr 1933. Sie sind jetzt im Besitz eines bekannten Sammlers.

und Lucy die Position übernommen hatte. Damit war sie die erste Frau, die in einer großen Produktionsgesellschaft eine solche Position einnahm – bis auf Mary Pickford, die Präsidentin ihrer eigenen unabhängigen Filmgesellschaft war. Lucy hatte mit der Unterstützung von CBS ihrem Ex-Mann dessen Anteil abgekauft.

Lucy entschied sich für Oscar Katz, der Desilus Programmabteilung leiten sollte. Er war 26 Jahre bei CBS gewesen – zunächst in der Abteilung Recherche und später in der Programmplanung – und kannte die Branche wie kaum ein zweiter. Lucy bezeugte ihren Respekt vor Katz, indem sie ihn in Desis altes Büro einziehen ließ. Katz, der das eher nüchterne Mobiliar im Hauptquartier von CBS in New York gewohnt war, war überwältigt. Das Büro war mit Mahagoni getäfelt, mit einem Kamin, Speisezimmer, Toilette und Dusche ausgestattet. »Es war ein Büro wie für einen richtigen Hollywood-Mogul«, sagte Katz später. Kein Wunder, denn derjenige, der als erster hier gesessen hatte, war der Mann, dem RKO gehörte – Howard Hughes.

Katz hatte noch nicht richtig in seinem Chefsessel Platz genommen, als er sich vor zwei Probleme gestellt sah. Zunächst war da das in Hollywood kursierende Gerücht, eine nicht näher genannte Talentagentur warne davor, »von Desilu Serien zu kaufen – sie sind eigentlich nicht mehr als der verlängerte Arm der Programmplanung von CBS«. Das unbegründete Gerücht besagte ferner, »Oscar Katz sei auf diesen Posten gesetzt worden als Schutz für das CBS-Darlehen, mit dem Lucy das Studio kaufte. Alles, was Desilu vorschlägt, ist bereits von CBS abgelehnt worden.«

Und dann war noch das zweite Problem. Im Lauf der Jahre hatte sich Desilu wegen des Produktionskostenaufschlags einen schlechten Ruf eingehandelt. Dieser Aufschlag ist ein Prozentsatz der Kosten einer Serie, der nur auf interne Produktionen angewendet wird.

»Das ist für die kreativen Leute von großem Nachteil«, erklärte Oscar Katz. »Für Leute wie Gene Roddenberry. Sagen wir, Gene schließt mit Desilu einen Vertrag für *Star Trek* ab. Dann besagt der Vertrag zum Beispiel, daß er x Prozent vom Gewinn erhält, zusätzlich zu seinen Tantiemen als Produzent und seinem Honorar für geleistete Dienste. Desilu gibt nun X Dollar aus für die

Schauspieler, für die Regisseure usw. Darauf schlagen sie ihre 14 Prozent Zuschlag auf, bevor Gene Roddenberrys Grundlage für die Berechnung des Gewinnanteils ermittelt worden ist. Das macht es sehr unwahrscheinlich, daß Gene Roddenberry jemals in die Gewinnzone gelangt.

Als ich Desilu übernahm, gab es Serien, die seit Jahren liefen, die aber noch immer keinen Gewinn erwirtschaftet hatten.

Die Leute auf der kreativen Seite meinten, daß Desilu einen zu hohen Produktionskostenaufschlag berechnete. Er änderte sich je nach den Gewerkschaftsvereinbarungen, aber ich glaube, es bewegte sich immer um 14 Prozent.«[15]

Einige derartige Praktiken sollten sich noch jahrelang auf Genes Leben auswirken.

Katz war als ein ganz besonderer Einkäufer bekannt, der bei CBS hohe Maßstäbe anlegte. In dieser Position konnte er, wie er es mit seinen eigenen Worten formulierte, »eine Serie kaufen und 99 ablehnen«. Als Programmchef eines Studios wurde ihm dringend nahegelegt, seine Ansprüche herunterzuschrauben.

Lucy hatte eine ganze Reihe besonderer Talente; dazu gehörte auch ihre Art, die Entwicklung neuer Serien bei Desilu zu finanzieren. Lucy unterzeichnete bei CBS immer nur einen Vertrag für ein Jahr. Seit den frühen sechziger Jahren zögerte sie die Unterschrift unter einen neuen Vertrag hinaus. In einem Jahr erklärte sie, sie sei zu erschöpft, als daß sie ihre beliebte Serie weiterführen könnte. Die Bitten der Sponsoren und des Network-Präsidenten Jim Aubrey zeigten keine Wirkung. Es war erforderlich, daß William S. Paley, der Gründer von CBS und Vorstandsvorsitzende des Senders, einschritt, nach Los Angeles flog, um seine Bitte, Lucy möge ihre Einstellung ändern, persönlich vorzutragen. Mit jedem neuen Vertrag waren »Entwicklungsgelder« verbunden, die es Desilu ermöglichten, neue Serien zu entwickeln.

Oscar Katz erinnert sich: »Es gab Geld für mindestens fünf Drehbücher, von denen eines für einen Pilotfilm verwendet werden sollte. Es gab allerdings keine Zusage, daß dieser Pilotfilm

---

[15] Katz erklärte, daß er in den zwei Jahren, die er bei Desilu war, niemanden finden konnte, der ihm zu erklären vermochte, wie sich der Produktionskostenaufschlag zusammensetzte oder wodurch er gerechtfertigt wurde.

auch gesendet würde. Wir reden hier von vielleicht 500 000 Dollar.«

Alden Schwimmer war der Kopf des Büros Ashley Famous an der Westküste und stand, wie Oscar Katz sich erinnert, in der Hierarchie der Talentagentur an zweiter Stelle. Er war jemand, den Katz respektierte. Er schlug Katz vor, »einen Autor aus dem Bereich Action und einen oder ein Team aus dem Bereich Comedy zu nehmen und mit ihnen einen umfassenden Vertrag abzuschließen«. Das würde für die Kreativen ein positives Signal sein, um die bereits erwähnten Probleme zu bewältigen und Talente an Desilu zu binden. Katz folgte Schwimmers Rat. Passenderweise hatte Schwimmer gerade den richtigen Mann im Sinn, für den Bereich Action/Abenteuer, da Ashley Famous einen erfolgreichen Autoren/Produzenten vertrat, der gerade verfügbar geworden war. Gene erhielt einen langfristigen Vertrag für drei Projekte. Als ehemaliger Programmchef von CBS kannte Katz mehr oder weniger jeden in der Branche, und so war auch Gene für ihn kein Fremder.

»Als ich mit Gene sprach, sagte ich ihm, daß ich noch nichts von seinen Serienideen wissen wollte. Wir respektierten ihn wegen seines Talents. Wir baten ihn, zu Desilu zu kommen und es zu seinem Zuhause zu machen. Wir gaben ihm ein Büro und eine Sekretärin und garantierten, eine bestimmte Anzahl von Projekten mit ihm zu verwirklichen. Wir würden sie mindestens bis zum Drehbuch-Stadium verfolgen. Für mich war Gene praktisch Stabmitglied. Bei ihm war es kein projektbezogener Vertrag, sondern ein personenbezogener. Gene und ich entwickelten eine lange persönliche Beziehung und verstanden uns immer gut.«

Gene war schlau und hatte Glück. Anstatt zu versuchen, Katz einen Vertrag über ein Projekt abzuringen, hatte Genes Agent ihn in eine Position gebracht, die ihm mehr Freiheit, Macht, Geld und vielleicht auch Kontinuität einbrachte. Gene sollte sich lange genug im Studio aufhalten, um Kontakte zu knüpfen, und mit etwas Glück lange genug, um die Verwirklichung einer seiner Ideen mitzuerleben. Davon hatte Gene einige in petto, so *Assignment 100*, woraus später ein halbstündiger Pilotfilm mit dem Namen *Police Story* wurde, der sich aber nicht verkaufte. Er stellte Katz auch seine Idee für eine Science Fiction-Serie vor, die er *Star Trek* nannte. Oscar Katz erinnert sich:

»Als ich Programmchef bei CBS war, war ich für rund 25 Serien auf Sendung verantwortlich, und für 50 oder 100 in Entwicklung befindliche Serien. Ich kam zu allen Besprechungen zu spät, und sobald jemand mein Büro betrat, überlegte ich sofort, wie ich ihn wieder loswerden konnte. Ein Luxus, den ich bei Desilu hatte, war, daß ich mich in meiner Position nur mit einer kleinen, überschaubaren Anzahl Serien befassen mußte. Es waren höchsten fünf Projekte, die bis zum Pilotfilm entwickelt wurden. Also konnte ich Gene in mein Büro kommen lassen, in dieses luxuriöse Büro, in dem zuvor Howard Hughes und Desi gearbeitet hatten, in dem ich einem Sessel saß, der es mit dem eines Bundesrichters im Gerichtssaal aufnehmen konnte. Gene saß in einem der gepolsterten Sessel und wir spielten stundenlang mit Serienideen.

Bei Desilu lief dieser schöpferische Prozeß ganz anders als beim Network ab.

Beim Network beginnt man mit viertausend Vorschlägen. Man selbst oder die Mitarbeiter suchen etwa hundert heraus, die weiterentwickelt werden, was je nach Fall eine detailliertes Exposé oder ein Drehbuch bedeuten kann. Mit jeder Phase erhält man eine bessere Vorstellung davon, was die Serie darstellt. Man fällt über das Exposé oder das Drehbuch ein Urteil, und von den Drehbüchern sucht man vielleicht 25 oder 30 aus, die zum Pilotfilm weiterentwickelt werden sollen. Das macht das ganze noch faßbarer. Das ist der sogenannte ›Stufenprozeß‹ oder ›Stufenvertrag‹.

Von diesen 25 oder 30 Projekten sucht man sechs oder sieben aus, die auf Sendung gehen. Das ist wie bei der Kunst. Bedenken Sie einmal, wie viele Bilder Sie malen müssen, um ein Meisterwerk zu erhalten.«

Katz begann sofort mit der Entwicklung von Strategien, um *Star Trek* an die Networks zu verkaufen. Gemütlich eingeigelt in Katz' ausladendem Büro, entwickelten er und Gene die Art und Weise, wie sie *Star Trek* den Networks zum Kauf anbieten würden.

»Zuerst wandten wir uns an CBS. Im Speisesaal der Chefetage von CBS saßen wir an einem großen Tisch. Ihr Chef für die Entwicklung neuer Projekte, ein Typ namens Hunt Stromberg, jun., der für mich gearbeitet hatte, saß da, ebenso der Network-Präsident James Aubrey. Die meisten Fragen kamen aber von Hunt. Ich glaube, daß Alden Schwimmer auch mit dabei war.

Die Typen von CBS fragten so detailliert und lange, daß ich glaubte, sie seien wirklich an der Serie interessiert. Sie lehnten später ab, die Serie zu kaufen, und wir fanden heraus, warum sie uns so gründlich befragt hatten: Sie entwickelten in der Zeit ein Science Fiction-Projekt mit dem Titel *Lost in Space* und wollten wissen, was wir vorhatten.

Bis dahin wagte sich niemand an Science Fiction heran. Es war ihnen zu abgehoben. Der einzige, der Science Fiction ins Fernsehen gebracht hatte, war Irwin Allen, der in anderer Hinsicht sehr kreativ war.«[16]

Nachdem die beiden bei CBS abgeblitzt waren, gingen sie zu NBC, wobei sie ihre Idee vorsichtiger vortrugen. Oscar Katz erinnert sich:

»Als NBC uns fragte, worum es in der Serie ginge, taten wir alles, um den Science Fiction-Hintergrund nicht zu betonen. Wir erklärten, es gebe vier Handlungstypen bei *Star Trek*. Zunächst einmal ist das Raumschiff wie eine Polizeipatrouille auf einer Fünfjahresmission unterwegs. Es wird bekannt, daß es auf irgendeinem Planeten, auf dem seltene Mineralien gefördert werden, Streitigkeiten gibt. Wir begeben uns zu diesem Planeten und schlichten den Streit. Wir sagten: ›Es ist ähnlich wie bei *Gunsmoke*. Der Sheriff oder der Marshal löst das Problem.‹

Der zweite Handlungstyp spielt sich auf dem Raumschiff ab. Es ist fünf Stockwerke hoch mit 500 Mann Besatzung, die Handlung spielt ausschließlich auf dem Schiff. Es gibt da eine junge Frau, die ein Problem hat; sie gehört zur Crew, und die zwei Hauptfiguren stellen fest, daß sie Schwierigkeiten mit ihrem Freund oder ihren Eltern hat. Die beiden Hauptfiguren sind die auslösenden Faktoren, die sie dazu bewegen, ihr Problem selbst zu lösen. Wenn das geschehen ist, sehen wir sie nie wieder. Wir sag-

---

[16] Nach seiner Zeit bei Desilu arbeitete Katz einige Jahre als Agent. Ironischerweise war einer seiner Kunden Irwin Allen, der die Science Fiction-Serien *Voyage To The Bottom of the Sea* (ABC, 1964-1968), *Lost in Space* (CBS, 1965-1968), *The Time Tunnel* (ABC, 1966-1967) und *Land of the Giants* (ABC, 1968-1970) produzierte.

ten: ›Das ist so wie bei *Wagon Train*.‹ Diese Serie war damals sehr beliebt. Der Wagentreck bestand aus etwa 800 Wagen, also war es nicht schwierig, Menschen mit Problemen zu finden.

Wir verglichen sie immer mit erfolgreichen Serien, bevor wir uns mit den Bestandteilen der Idee beschäftigten, die in den Bereich der Science Fiction fielen.[17]

Der dritte Handlungstyp, der nach wie vor mit diesem Land und den Geschehnissen zusammenhängt, ist der, daß das Raumschiff Planeten besucht, die der Erde sehr ähnlich sind. So will zum Beispiel irgendein Al Capone ein Chicago übernehmen, oder ein Bürgerkrieg steht bevor, und unsere zwei Hauptfiguren nutzen ihr Wissen über das, was auf der Erde geschehen ist, um diesen Leuten zu helfen. Wir erwähnten mehr nebenbei, daß wir auch zu einem Planeten gelangen, auf dem die Einwohner uns um 200 Jahre voraus sind. Darüber haben wir uns nicht sehr detailliert unterhalten.

Schließlich – nur der letze Handlungstyp, den wir anschnitten, war echte Science Fiction – landen sie auf einem Planeten, auf dem andere atmosphärische Bedingungen herrschen, auf dem die Bewohner anders aussehen als wir und auf dem alles völlig anders ist.

NBC gab uns Geld, und Gene entwickelte drei Exposés. NBC wählte die letzte aus, um daraus einen Pilotfilm zu produzieren. So entstand ›The Cage‹. Mort Werner und Grant Tinker, die NBC leiteten, waren sehr ehrenhafte Männer. Ich war mit ihnen beiden ein wenig befreundet. Ich wußte, daß sie etwas ausgewählt hatten, was den Werbestrategen nur schwer verkauft werden konnte. Ich versuchte, sie davon zu überzeugen, daß sie falsch lagen und eine der ersten Geschichten nehmen sollte, aber sie wollten nicht nachgeben.

Ich wußte auch, daß der Pilotfilm viel teurer werden würde. Ich glaube, NBC gab uns 435 000 Dollar für den *Star Trek*-Pilot-

---

[17] In *I Am Not Spock* erinnert sich Nimoy an einen Serienvorschlag: »Ich war dabei, als ein Autor eine Idee für eine Fernsehserie einem wichtigen Studioboß vorschlug. Der Autor war redegewandt und mitreißend. Er erzählte seine Geschichte genau richtig, angereichert um geschichtliche und gesellschaftliche Verweise. Der Studioboß erwiderte: ›Das klingt großartig, aber fassen Sie es in einem Satz zusammen, den ich im *TV Guide* verwenden kann.‹«

film; wir gaben 500 000 oder 600 000 Dollar aus. Ein großer Teil der zusätzlichen 150 000 Dollar bestand nicht aus Geldmitteln, sondern aus Studiodienstleistungen. Heute würde der Pilotfilm zwei oder drei Millionen Dollar kosten.«

In der Zwischenzeit hatte sich das Verhältnis zwischen Gene und Majel zu einer ausgewachsenen Affäre entwickelt. Begonnen hatte alles, als Gene zu MGM wechselte bzw. kurze Zeit später. Bei Genes beträchtlichem Appetit war Majel nicht seine einzige Geliebte, aber zweifellos seine wichtigste. Wegen seiner unregelmäßigen Arbeitszeiten bemerkte Eileen offensichtlich nichts von den außerehelichen Aktivitäten ihres Mannes.

Während eines Abendessens anläßlich der Verleihung einer Auszeichnungen der Writers' Guild inszenierte Gene ein kleines Schauspiel. So freizügig Hollywood auch sein mochte, so galt es doch als ungeschickt, seine Geliebte zu einem öffentlichen Auftritt mitzubringen, wenn man noch mit seiner Frau zusammenlebte. Gene ging mit Eileen dorthin, sorgte aber dafür, daß Majel ebenfalls anwesend war, die von dem berühmten Charakterdarsteller Ray Walston[18] begleitet wurde.

Weder Majel noch Walston ahnten, welchen Spaß sich Gene auf ihre Kosten machen wollte. Er hatte es arrangiert, daß Majel etliche Überraschungen an den Tisch gebracht wurden. Kurz nachdem jeder Platz genommen hatte und die Vorspeisen serviert worden waren, kam ein Bote mit einem kleinen Blumenstrauß zu Majel. Es gab keine Karte, und der Bote erklärte ihr nicht, von wem das Geschenk kam. Walston war amüsiert, kümmerte sich aber nicht weiter darum.

Dann wurde eine Flasche Champagner gebracht, und Walston begann, davon Notiz zu nehmen. Zwanzig Minuten später kam ein teures Parfum, dann teure Schokolade, dann noch ein Geschenk und noch eins – ein Geschenk nach dem anderen, aber stets ohne Karte.

Mit jedem weiteren Geschenk wurde Walston hartnäckiger; er

---

[18] Ein Vierteljahrhundert später sollte Walston, der in der Sitcom *My Favorite Martian* einen Marsianer verkörpert hatte, als Boothby, der Gärtner der Starfleet Academy in *Star Trek: The Next Generation* zu sehen sein.

wollte erfahren, wer der geheimnisvolle Verehrer sein mochte. Majels zunehmend heftigere Erklärungen, sie wisse nicht, von wem die Geschenke kommen, machten Walston nur noch mißtrauischer. An diesem Abend konnte Majel ihr schauspielerisches Talent unter Beweis stellen, da sie genau wußte, wer hinter den Geschenken steckte, es aber nicht sagen konnte.

Majel brachte Walston mit ihrem Wagen nach Hause. Als er aus ihrem Cabriolet ausstieg, betrachtete er den Rücksitz, der mit anonymen Geschenken überhäuft war, und sagte: Da Majel ja nicht wisse, von wem die Präsente stammen, hätte sie bestimmt nichts dagegen, wenn er sich bedienen würde. Er griff sich, so viel er tragen konnte, und verschwand in sein Haus.

Gene fand das Ganze so lustig, daß er noch Jahre später darüber lachen konnte.

Majel führte ihr eigenes Leben, und auch wenn sie mit Gene verbandelt war, traf sie sich gelegentlich mit anderen Männern. An einem Nachmittag wurde sie zu einem Barbecue bei Jack Webb eingeladen. Webb war gerade solo, und Majel war ungebunden, aber Gene erfuhr von ihrem »Rendezvous« und entschloß sich, sich ein wenig zu amüsieren.

Majel war gerade bei Webb angekommen und wurde von ihm durch das Haus geführt, als es an der Tür klingelte. Webbs Haushälterin öffnete und fand einen Lieferanten mit zwei Dutzend langstieliger Rosen vor. Sie waren für Majel Barrett, erklärte der Lieferant, aber es gab keine Karte und keinen Hinweis, von wem sie stammen könnten. So wie zuvor Ray Walston wurde Jack Webb neugierig, wer die Blumen geschickt haben mochte, zumal sie für eine Frau bestimmt waren, von der er annahm, daß sie ungebunden war.

Wie zuvor verließ sich Majel auf ihr schauspielerisches Talent und täuschte völlige Ahnungslosigkeit vor. Sie spielte das Geschenk herunter, indem sie die Blumen in die Ecke stellte und sich entschuldigte, um die Toilette aufzusuchen. Als sie zurückkam, stellte sie fest, daß Webbs Haushälterin die Blumen in eine Vase auf den Kaminsims gestellt hatte, den auffälligsten Platz im Zimmer. Die Blumen beherrschten den ganzen Raum. Majel fühlte sich unbehaglich, da Webb neugierig blieb. Als sie ging, sorgte

Webb dafür, daß sie die Blumen mitnahm, die natürlich ihre Wirkung gezeigt hatten. Webb verstand, daß ein anderer Mann damit sein »Territorium markiert« hatte. Er lud Majel nie wieder ein. Jahre später begegneten Gene und Webb sich bei Paramount. Die beiden Männer waren Freunde seit der Zeit, da Gene beim LAPD arbeitete. Als Gene ihm erklärte, wer die Blumen Jahre zuvor geschickt hatte, amüsierte sich Webb köstlich.

Bei Film und Fernsehen sind die Produktionskosten immer das wichtigste Argument. Kunst, Ästhetik und literarisches Niveau kommen immer an zweiter Stelle. Eine Serie mit hohen Produktionskosten wird nie gekauft werden. Sendungen müssen eine große Zuschauerschaft an sich ziehen und mit einem vernünftigen Budget produziert werden können – wobei »vernünftig« allerdings ein Wort ist, das bei den kreativen Leuten und den Studiochefs unterschiedliche Bedeutung hat.

Seit den Tagen, da in Hollywood die ersten Stummfilme gedreht wurden, gab es einen ewigen Kampf zwischen denjenigen, die ein Produkt schufen, und denjenigen, die dieses Produkt finanzierten und vertrieben. Es ging darum, mit geringstmöglichen Kosten das qualitativ höchstwertige Produkt zu schaffen und dann für das Studio so viel Gewinn wie möglich zu machen. Das Fernsehen unterscheidet sich in diesem Punkt nicht vom Filmgeschäft. Das hatte Gene bei Fred Ziv gelernt, aber er wollte etwas machen, was bis dahin im Fernsehen noch nie zu sehen gewesen war.

NBC war nicht davon überzeugt, daß ein Mann, der erst wenig Produzentenerfahrung bei einem kleinen Studio gesammelt hatte, ein profitables Projekt würde abliefern können. Es gab noch eine andere wesentliche Überlegung: War es möglich, eine einstündige Science Fiction-Fernsehserie mit festen Figuren innerhalb von sechs Tagen zu drehen? Gene ging sehr behutsam mit seiner Idee um, wie dieser Brief an seinen engen Freund Don Ingalls zeigt.

Lieber Don,
anbei übersende ich Dir die gewünschten Serienpräsentationen. Eine ist *Whirlwind*, ein Western, den ich gegenwärtig umschreibe. Die andere ist *Star Trek*, was absolut vertraulich behandelt werden muß.

Herzliche Grüße

Gene ließ keine unnötige Zeit verstreichen, um das Exposé zu schreiben. Am 9. Juli schickte er Oscar Katz ein Memo:

> Anbei sende ich Dir die letzte Fassung des *Star Trek*-Pilotfilm-Exposés »The Cage«.
> Ob es vorab allein oder zurückgehalten und mit den beiden anderen Exposés an NBC geschickt werden soll, liegt in Deinem Ermessen.

NBC wählte »The Cage« als Pilotfilm aus. Gene begann mit der Arbeit am Drehbuch und war als Produzent darüber hinaus an vielen Fronten gleichzeitig aktiv.

Science Fiction bringt für die Fernsehproduktion zusätzliche Probleme mit sich. Anders als Western oder jede andere zeitgenössische Serie sollte Genes Serie zwei- bis dreihundert Jahre in der Zukunft spielen. Um »futuristisch« auszusehen, mußte alles, was man auf dem Bildschirm sehen würde, speziell entworfen und hergestellt werden.

Gene brachte seine Frustration einige Monate später in einem Brief an einen Freund bei MGM zum Ausdruck.

> Ich war wegen der beträchtlichen Arbeit, die mit der Produktion dieses Science Fiction-Pilotfilms verbunden ist, von der Bildfläche verschwunden. Es macht Spaß, ist aber auch sehr zeitraubend, wenn jedes Bühnenbild und jede Außenaufnahme nur aus der Phantasie heraus geschaffen werden muß. Ich sehne mich allmählich nach den alten Western, wo man einfach »Straße in Dodge City« ins Drehbuch schreiben konnte und jeder genau wußte, wie sie aussehen sollte.

Genes Gedanken über Aussehen und Atmosphäre der Brücke wurden in einem Memo an Pato Guzman vom 24. Juli 1964 erkennbar.

> Mehr und mehr sehe ich die Notwendigkeit einer irgendwie gearteten elektronischen Rechenmaschine auf der U.S.S. Enterprise, vielleicht sogar auf der Brücke selbst. Es soll ein Informationsgerät sein, durch das April und seine Crew schnell wichtige Informationen in Erfahrung bringen können, z. B. über die Registrierung anderer Raumschiffe, Flugpläne von anderen Schiffen, Informationen über bestimmte Personen, Planeten und Zivilisationen. Das sollte nicht nur

unsere Form des Geschichtenerzählens beschleunigen, sondern auch optisch interessant sein.

Es gab aber noch eine andere Hürde, die Gene beim Network überwinden mußte: Würde man *Star Trek* in Farbe oder in Schwarzweiß drehen? Am 31. Juli 1964 schickte er Grant Tinker bei NBC einen Brief. Wie immer brachte Gene sein Anliegen mit Sorgfalt und sehr detailliert in dem folgenden kurzen Essay vor, wobei er die wirtschaftlichen Fakten betonte, die eine Rolle spielten:

Weitere Recherchen und Vorbereitungen für *Star Trek* haben mich so von der Notwendigkeit der Farbfotografie überzeugt, daß ich es für meine Pflicht halte, Sie in dieser frühen Phase zum Thema zu informieren.

Es ist wichtig, der Herausforderung zu begegnen, bei den neuen Planeten, die wir Woche für Woche besuchen, laufend für Abwechslung zu sorgen – zudem für das gewisse Etwas, das das Geheimnisvolle und Aufregende anderer Welten unterstreicht. Farbe löst hier viele Probleme. Beispielsweise kann man gelegentlich die Farbe des Himmels durch Filter, Folien und andere Methoden verändern. Im gleichen Zug kann die herkömmliche Vegetation farblich in etwas Neues und Aufregendes verändert werden. Während die Herstellung einer komplett neuen Vegetation ein beträchtlicher Kostenfaktor wäre, kann es ebenso wirtschaftlich wie ästhetisch wirkungsvoll sein, einen Busch oder Baum in einer anderen Farbe anzusprühen. Auch Kostüme, die durch vertraute Farben recht irdisch wirken, können auf diese Weise ein völlig anderes Aussehen erlangen. Und zum Beispiel eine grüngefärbte Frau kann zugleich sehr attraktiv und trotzdem sehr außerirdisch aussehen. Es macht auch die gelegentliche Verwendung von Effekten wie »Schwarzem Licht« und anderen ungewöhnlichen Beleuchtungsmethoden möglich. Mir ist außerdem gesagt worden, man könne unsere irdischen Besatzungsmitglieder so schminken, daß ihre Hautfarbe normal wirkt, selbst wenn durch Kamerafilter unirdische Effekte auf dem Bühnenbild um sie herum erzeugt werden.

Ein weiterer Pluspunkt: Der Art Designer und ich haben uns Gedanken darüber gemacht, wie man die Illusion der enormen Geschwindigkeiten herstellt, die für die U.S.S. Enterprise erforderlich ist. Ein Großteil unseres Publikums (darunter auch die jüngere Generation) wird wissen, daß ein Raketenantrieb zu primitiv ist für unser Konzept einer Reise durch die Galaxis. Aber wie kann man die Illusion eines fliegenden Raumschiffs erreichen, wenn man nicht das Dröhnen und das Feuer der Raketen einsetzt? Eine Antwort bietet sich im *Journal of the British Interplanetary Society*, in einem Artikel von Dr. I. E. Sanger, »Some Optical and Kinematical Effects in Interstellar Astronautics«. (Beeindruckt? Ich habe nicht gescherzt, als ich von Recherche sprach.) Geschwindigkeiten, die schneller sind als die des Lichts können durch leichte Veränderungen in der Farbgebung des Schiffs oder der Himmelskörper davor und dahinter symbolisiert werden. Gemeinsam mit einem passenden neuen Geräusch könnte nicht nur die Illusion außergewöhnlicher Beschleunigungen erzeugt werden – dies würde unserem Schiff auch einen phantasievollen und völlig einzigartigen Effekt verleihen.

Kurz gesagt: In der Science Fiction, in der Glaubwürdigkeit ein zentraler Faktor ist, kann der Einsatz von Farbe dies fördern oder sogar erst schaffen – und unsere Auswahl üblicherweise verfügbarer Handlungsorte, Requisiten, Kostüme etc. spürbar vergrößern.

Ich möchte klarstellen, daß ich nicht den Vorschlag mache, eine Serie über Farben zu drehen, genauso wenig wie wir Geschichten über interstellare Physik erzählen wollen. So wie jedes gute Werkzeug sollte die Farbe gezielt eingesetzt werden und niemals stören oder zu vordergründig werden. Aber vernünftig eingesetzt, könnte sie dem Einfallsreichtum und der Glaubwürdigkeit, die wir *Star Trek* verleihen wollen, entscheidend helfen. Und ich glaube auch, daß mich immer der Gedanke verfolgt, daß ich es hassen würde, so viel Arbeit und Liebe in ein Schwarzweißprojekt zu stecken, damit in einem zukünftigen Jahr ein Nachahmer kommt und uns von der Bildfläche wischt, nur weil er besser als wir das ungewöhnliche Potential der Farbe in einer Weltraumserie erkannt hat.

Mit freundlichen Grüßen

In den sechziger Jahren war die Entscheidung, ob man in Farbe oder Schwarzweiß dreht, für die Kalkulation einer Serie von maßgeblicher Bedeutung. Die ersten Episoden von *Lost in Space* und *Voyage To The Bottom of the Sea* wurden in Schwarzweiß gedreht.

In einem Memo vom 10. August 1964 an den Designer Pato Guzman drückte Gene frühe Einigkeit über zusätzliche Merchandising-Tauglichkeit aus:

Wir sollten intensiv über ein *markantes Emblem* für unser Schiff und die Uniformen unserer Besatzungsmitglieder nachdenken. Ich glaube,

Du hast vor etwa einer Woche gesagt, daß das den Nebeneffekt eines
»Warenzeichens« für das Merchandising haben könnte.

Am gleichen Tag schickte er ein Memo an Herb Solow, den Assistenten von Oscar Katz, sowie ein Kopie dieses Memos an Guzman:

> Sie erinnern sich bestimmt, daß wir vor einigen Wochen zusammen
> mit Oscar Katz MGMs *Forbidden Planet* gesehen haben. Ich glaube,
> es wäre für Pato Guzman interessant, wenn er sich das Raumschiff,
> seine Strukturen, Kontrollen, Instrumente etc. noch einmal genau
> ansehen könnte, während wir noch an unseren eigenen Entwürfen arbeiten. Soll der Film noch mal laufen, oder könnte man eine Kopie
> des Films bekommen? Letzteres würde uns am meisten helfen. Ich
> möchte ausdrücklich darauf hinweisen, daß wir nicht die Absicht
> haben, das Innere oder das Äußere dieses Schiffs zu kopieren. Aber
> ein genauer Blick darauf würde sehr dazu beitragen, unsere eigenen
> Gedanken zu stimulieren.[19]

Gene recherchierte auch eine Vielzahl anderer Quellen, um seine
eigene Kreativität zu stimulieren: Bücher, Magazine und Meinungen seiner Freunde. Sam Peeples war ein Autorenkollege, seit langer Zeit Science Fiction-Fan, Besitzer einer großen Sammlung alter
Science Fiction-Magazine und ein alter Freund von Gene. Die beiden Männer kannten sich seit 1958, als sie beide in der Kategorie
»Bestes Western-Drehbuch« für eine Auszeichnung der Writers'
Guild nominiert wurden. Gene wurde für eine Episode von *Have
Gun Will Travel* nominiert, Peeples für eine Episode von *Wanted:
Dead or Alive*. Ihre Freundschaft entstand Mitte der sechziger
Jahre. Gene nutzte nun die Gelegenheit, sie für ein wenig Designhilfe auszunutzen. Am 25. August 1964 bat Gene in einem Brief an
Peeples um einen alles andere als beiläufigen Gefallen.

> Es ist Zeit, daß ich mich wieder einmal für die äußerst nützlichen Informationen bedanke, die Du mir zur Science Fiction für meine *Star
> Trek*-Serie lieferst. Ich möchte keine Last werden, und ich hoffe, daß ich
> Gelegenheit finden werde, diese Freundlichkeit wiedergutzumachen.

---

[19] In einigen Kreisen wurde die Behauptung aufgestellt, daß Gene einfach nur den
Film *Forbidden Planet* kopiert habe (der seinerseits eine Adaption von Shakespeares
Der Sturm war). Es ist zu hoffen, daß durch dieses Memo diese Behauptung endlich
widerlegt wird.

Es scheint ganz gut zu laufen. Es ist aufregend, und jede Minute macht mir Spaß. Ich hoffe, daß *Tarzan* ebenfalls reibungslos voranschreitet. Wenn Du irgendwelche Ideen von einem Autorenkollegen ausarbeiten lassen möchtest, kannst Du Dich jederzeit an mich wenden. Obwohl ich kaum ein Experte in Sachen Dschungel oder Burroughs (Edgar Rice Burroughs, Erfinder der Figur Tarzan) bin, kann ich stets eine offene und ehrliche Meinung zum besten geben.

Eine Sache macht uns im Augenblick beträchtliche Schwierigkeiten – die Struktur unseres Raumschiffs. Unser Problem ist, daß wir dem, was die Wissenschaftler zur Zeit planen oder für möglich halten, zu weit voraus sind. Nach vielen Tagen ergebnisloser Recherche, selbst bei Rand in Santa Monica, habe ich mich entschlossen, auch in diesem Bereich zur Science Fiction zurückzukehren. Hast Du irgendeine Idee, welches die beste Quelle für Entwürfe oder Zeichnungen für Schiffe der fernen Zukunft ist? Vermutlich nehme ich Deine Antwort vorweg, wenn ich vermute, daß ich wohl Stapel von Science Fiction-Magazinen durchwühlen sollte, um etwas zu finden, das ins Auge springt und unseren Ansprüchen genügt.

Ich zögere, Dich zu fragen, ob ich Deine Magazinbibliothek durchforsten kann. Weißt Du eine andere Quelle, die über eine beträchtliche Anzahl an Science Fiction-Magazinen verfügt? Letztlich dürfte es darauf hinauslaufen, daß der Art Director und ich uns hinsetzen und alle Magazine und Bücher durchblättern, bis wir irgend etwas gefunden haben.

Herzlichste Grüße

Es gab keine andere Quelle, also lud Peeples Gene und seinen Designer zu sich ein und ließ sie auf seine Sammlung los. Gene machte zwischen 50 und 100 Fotos von den Titelbildern alter Science Fiction-Magazine, immer auf der Suche nach Ideen für das Design der Enterprise.

Was das endgültige Aussehen tatsächlich inspirierte, wird nie geklärt werden. Aber Richard Kyle, Autor, Verleger und Experte auf den Gebieten Pulps und Science Fiction, war stets der Ansicht, daß die Enterprise aussieht wie ein Raumschiff aus den dreißiger Jahren, das von Frank R. Paul[20] – Hugo Gernsbacks Lieblingszeichner – entworfen worden war.

---

[20] Bei der Durchsicht von Peeples' Sammlung kann Gene Pauls Arbeiten nicht übersehen haben, da er von 1926 bis 1929 sämtliche Umschlag- und Innenillustrationen für *Amazing Stories* schuf. Paul wurde Gernsbacks Chefillustrator für *Science Wonder Stories* und *Air Wonder Stories*, für die er mehr als 150 Titelbilder malte.

Ende August schickte Gene ein Memo an Jim Paisley, seinen Produktionsmanager, mit einer Reihe von Fragen, die beantwortet werden mußten.

... Neben der Produktion und Budgetplanung und deren Analyse, die ich Dir aufdrängen muß, verlangt der Abgabetermin für das Drehbuch von mir, daß ich sofort mit der Überarbeitung beginne. Um es auf die richtige Länge zu bringen und ordentlich zu bearbeiten, gibt es einige Bereiche und Besonderheiten, zu denen ich recht zügig Antworten oder Einschätzungen benötige:
- Können wir es uns leisten, etwas zu produzieren, das der Handlung nahekommt, die in der Eröffnungsszene beschrieben wird? Ich glaube, es wäre nützlich, wenn ich die Eröffnung mit diesem »Raumschiff, das durch die Galaxis reist« dergestalt konstruieren könnte, daß man es als Eröffnung jeder Episode verwenden könnte, möglicherweise sogar für die Titelsequenz.
- Anmerkungen zum Schiffsinneren, speziell zur Brücke: Können wir uns den »großen Brückenbildschirm« leisten? Wenn wir ihn erst einmal aufnehmen, wird er zu einem festen Bestandteil unserer Episoden. Ich glaube, wir können mit Sicherheit davon ausgehen, daß sich ein Großteil der Handlung im Schiff abspielen wird.
- Für die Überarbeitung nicht so wichtig, aber in Verbindung mit dem oben Genannten: Was ist mit Fenstern oder Aussichtsluken im Raumschiff? Sie sind von Bedeutung, was die Eröffnungsszenen angeht; sie vermitteln den Eindruck des Weltalls, der Bewegung etc. Aber wie hoch fallen die Kosten für die Episoden aus, wenn wir das Schiff mit Fenstern ausrüsten?
- Hyper-Antrieb und Zeitwarp-Effekt für die Reise durchs All. Insbesondere hier den durchscheinenden Effekt einer »Doppelbelichtung«. Hier und bei vielen anderen Effekten möchte ich etwas festlegen, was wir uns leisten können.
- Hinsichtlich der Oberfläche des Planeten Talos IV, erscheint die momentane Beschreibung des Planeten hinsichtlich der Außenaufnahmen praktikabel? Passen die Beschreibung und die Handlung der ersten Rohfassung zu den Bühnenbildern?

Genes Fragen und Bedenken erstreckten sich über zahlreiche weitere, mit der Schreibmaschine einzeilig beschriebene Seiten.

Das Drehbuch nahm Gestalt an, die erste Fassung erwartete NBC nicht vor der ersten Septemberwoche. Trotz der Myriaden von

Kleinigkeiten, die Gene durch den Kopf gingen, war er im Zeitplan.

Gene brachte Robert Justman als Teil des Produktionsteams an Bord. Justman war ein Veteran des Fernsehens, er war Regieassistent bei *Adventures of Superman* in den fünfziger Jahren; in gleicher Funktion war er bei *Star Treks* unmittelbarem Genrevorläufer *The Outer Limits*[21] tätig gewesen. Seine Liebenswürdigkeit und sein scharfer Verstand machten Justman zu einer Seltenheit im Fernseh-Business. Sein Wert als Produktionsleiter war in vielen Bereichen erkennbar, aber vermutlich war sein nützlichstes Talent seine Fähigkeit, ein Drehbuch schnell zu überfliegen und dabei zu erkennen, wieviel Zeit benötigt wurde, um es zu verfilmen, und ob es innerhalb des Budgets verwirklicht werden konnte. Justman war zudem ein Musterbeispiel für Detailgenauigkeit und minutiöse Planung, Eigenschaften, die ihn unschätzbar wertvoll machten. Nichts ist schlimmer, als ein kostspieliger Notfall. Justman war immer vorbereitet.

Am 14. September stand der Etat für die Spezialeffekte, von denen nachfolgend einige aufgeführt werden.

Inneneinrichtung Raumschiff	2850 $
Bühnenbild Planet Talos IV	6400 $
Bühne 4, Untergrund	9500 $
Szene 48 Lasereffekt	300 $
Szenen 125 & 127, Vina wird alt	jew. 900 $

Drei Seiten Einzelaufstellungen ergaben eine Summe von 36 200 Dollar, zuzüglich eines Laboraufschlags in Höhe von 20 % sowie 4 % Umsatzsteuer, was insgesamt 45 000 Dollar für Spezialeffekte ergab.

---

[21] Justman war dafür verantwortlich, den Tonfall und den Hintergrund eines Drehbuchs von Harlan Ellison für diese Serie zu ändern. In der ursprünglichen Fassung wäre eine Verfilmung zu teuer geworden. Justman brachte das ursprüngliche Konzept auf Vordermann und drehte es fast ausschließlich im berühmten Bradbury-Gebäude in der Innenstadt von Los Angeles. Es entstand eine der besten Episoden von *Outer Limits*, »Demon with a Glass Hand«, mit Robert Culp und Arlene Martel, die später in der *Star Trek*-Episode »Amok Time« die Rolle der »T'Pring« spielen sollte.

Red Smith, der bekannte Sportautor, sagte einmal: »Schreiben ist nichts Besonderes. Man setzt sich einfach an die Schreibmaschine und läßt sich zur Ader.« Gene wußte das nur zu gut und gab alles für den Pilotfilm, wie sich in der Anzahl der Überarbeitungen und Änderungen zeigt, die »The Cage« durchmachte. In den Archiven der UCLA finden sich folgen Notizen:

Exposé für den Pilotfilm – erste Fassung	8. 7. 64
Letzte Fassung	22. 7. 64
Überarbeitung	29. 7. 64
Drehbuch – Rohfassung	4. 8. 64
nächste Version	31. 8. 64
Überarbeitung	6. 10. 64
Titel geändert in *Star Trek Voyage One* – »The Menagerie« – und überarbeitet;	16. 11. 64
Name des Captains geändert von James Winter[22] in Christopher Pike.	25. 11. 64
4. Akt teilweise überarbeitet	27. 11. 64
4. Akt teilweise überarbeitet	4. 12. 64
4. Akt teilweise überarbeitet	8. 12. 64
4. Akt teilweise überarbeitet	9. 12. 64
Fünf Seiten (Szenen 56 bis 61) überarbeitet	11. 12. 64

Als wäre die Entwicklung, das Schreiben, Produzieren und die Sicherstellung, daß der Pilotfilm auch in Farbe gedreht wurde, nicht genug, um Gene auf Trab zu halten, waren da auch noch die Leute vom Network, die sich zu allem äußerten, egal, ob sie darum gebeten wurden oder nicht. Abgesehen von den Studiobossen, die die Serie kaufen sollten und zu allem eine Meinung hatten, gab es auch noch das Standards und Practices Department[23] des Networks. Während das Datum für den Beginn der Dreharbeiten immer näher kam, schickte Don Bay, der Zensor von NBCs S & P Department, seine Bemerkungen zum Dreh-

---

[22] Es gibt kein genaues Datum, wann aus Robert April James Winter geworden ist, aber Winter wurde nur kurze Zeit verwendet.
[23] Jedes Network verfügte über eine solche Abteilung, die verantwortlich war, sämtliche Drehbücher gemäß den Richtlinien der National Association of Broadcasters und dem eigenen Anspruch der Gesellschaft auf Eignung und guten Geschmack zu prüfen.

buch. (Um den Lesefluß nicht zu bremsen, wurden aus dem folgenden Text die Hinweise auf Drehbuchseite und Szenennummer gestrichen.)
Bay schrieb:

Streichen Sie bitte Aprils »Mein Gott« und ersetzen Sie den Ausruf durch etwas ähnlich Klingendes.

Üben Sie bitte äußerste Vorsicht bei der Maske der diversen abscheulichen Monster. Der NAB-Code[24] besagt: »Der Einsatz von Horror um seiner selbst willen wird untersagt; die Verwendung von optischen oder akustischen Effekten, die den Zuschauer schockieren oder beunruhigen können, ... ist unzulässig.«

Vorsicht ist geboten bei Vinas verführerischem Verhalten in Aprils Anwesenheit. Vermeiden Sie Dialoge und Bewegungen, die zu deutlich eine sexuelle Bedeutung haben können.

Mäßigen Sie sich in der Darstellung, wenn die Charaktere sich vor telepathisch erzeugten Schmerzen winden. Vermeiden Sie auch hier Elemente, die den Zuschauer schockieren oder beunruhigen können. Vermeiden Sie Sensationsmache.

Vorsicht beim Kostüm von Vina. Das zerrissene Kleid sollte nicht die Grenzen des guten Geschmacks überschreiten.

Bitte ersetzen Sie die unterstrichenen Passagen in Vinas Rede durch die in Klammern gesetzten Worte: »*Um Gottes willen* (Bitte), stoppen Sie ihn. Wissen Sie nicht, was sie mit *Frauen* (uns) machen?« Außerdem Vorsicht bei der Verletzung auf Aprils Stirn. Vermeiden Sie übertriebene Blutrünstigkeit.

Bitte vermeiden Sie Kameraeinstellungen, die den Speer zeigen, wie er aus dem Rücken der riesigen Kreatur herausragt. Wenn April den Schild dreht, um den Speer abzuwehren, müssen wir nicht sehen, daß der Schaft tiefer in das Fleisch eindringt (mit anderen Worten: wir können sehen, wie der Schild den Schaft trifft, aber nicht, wo dieser in der Kreatur steckt). Lassen Sie Vorsicht walten, wenn die Kreatur auf das Gehege darunter stürzt.

Vorsicht beim Kostüm der grünen Frau, bleiben Sie bitte innerhalb der Grenzen des Anständigen.

Vorsicht bei den Bewegungen der Frau zum barbarischen Rhythmus. Der NAB-Code besagt: »Die Bewegungen von Tänzerinnen ... sollen im Rahmen des Züchtigen bleiben.«

Wegen der masochistischen Andeutung im Dialog streichen Sie

---

[24] National Association of Broadcasters

bitte die unterstrichenen Passagen aus Vinas Rede: »Laß nicht zu, daß ich dich verletze. *Nimm die Peitsche... bändige mich.*« Außerdem Vorsicht in der Darstellung von Vina, wenn sie April kratzt. Wir müssen nicht wirklich sehen, wie die Frau ausgepeitscht wird.

Lassen Sie bitte Vorsicht walten in den Bemerkungen über April und eine Frau, die für Fortpflanzungszwecke benötigt werden. Außerdem streichen Sie bitte die unterstrichenen Passagen aus der Rede des Wächters: »Ihr Vorteile bestehen in ihrer Jugend und ihrer Stärke, *zudem in einem ungewöhnlich starken Paarungstrieb, der...*«

Bitte streichen Sie Aprils Ausspruch: »So wie in: ›Alle Schiffsärzte sind schmutzige alte Männer!‹«

Gene machte sich zu Bays Memo seine Gedanken. Am 8. Oktober jagte er ein Memo an Herb Solow raus, den Assistenten von Oscar Katz.

Bezugnehmend auf Don Bays Memo kann ich alles akzeptieren, bis auf die folgenden Punkte:

Aprils Ausruf »Mein Gott« geschieht in einem Zusammenhang und einer Weise, die keinen Hauch von Gottlosigkeit besitzt.

Bezüglich der Talosianer und Monster, der »Bestrafung« in der Traumsequenz usw.: Auch wenn dies einen gewissen Schockeffekt besitzt, beabsichtigen wir nicht, »Horror um seiner selbst willen« einzusetzen.

Bezüglich Vinas Satz: »Um Gottes willen, stoppen Sie ihn!« Ich halte auch dies nicht für blasphemisch, werde aber Ihre Entscheidungen akzeptieren. Im Rest des Satzes – »Wissen Sie nicht, was sie mit Frauen machen?« – sehe ich aber keine sexuelle Anspielung, daher kann ich nicht verstehen, warum er gestrichen werden soll.

Am stärksten jedoch wehre ich mich dagegen, wie Aprils Ausspruch – »So wie in: ›Alle Schiffsärzte sind schmutzige alte Männer!‹« – beurteilt wird. Das ist ein humorvoller Satz, der überhaupt keine zweideutigen Untertöne besitzt.

Aber nicht nur der Kampf um die Geschlossenheit von Genes Vision, sondern auch seine Suche nach Schauspielern dauerte an. Gene war wählerisch, was die Darsteller anging, die seine »Kinder« spielen sollten. Die zentrale Figur, der Captain des Schiffs, hieß ursprünglich Robert April. Daraus wurde James Winter und schließlich Christopher Pike.[25] Der Captain war die heldenhafte Figur, auf der die Serie aufbaute. Jeder Darsteller, der diesem Typ gerecht wurde, wurde begutachtet. Ein Besetzungsberater legte eine Liste von vierzig Namen vor, von denen einige heute noch bekannt sind: Nick Adams, Jack Cassidy, Cameron Mitchell, Ray Danton, Peter Graves, Efrem Zimbalist jr., Jason Robards jr., Rod Taylor, Earl Holliman, Robert Loggia, Sterling Hayden, Steve Forrest, Howard Duff, Jack Lord, Robert Stack, Leslie Nielsen, Mike Connors, Hugh O'Brien, William Shatner, George Segal, Frank Converse, Guy Stockwell, Liam Sullivan[26], Warren Stevens[27], Skip Homeier[28], Rhodes Reason[29] und ironischerweise auch Ed Kemmer, der in *Space Patrol* Commander Corry spielte.

Gene studierte jede der vorgelegten Listen und teilte NBC einige Namen mit, damit man sich dort dazu äußern konnte. Zu dieser kürzeren Liste gehörten Tom Tyron, Dan O'Herlihy, Patrick O'Neal, Jeff Hunter und James Coburn. Coburn stand auf der Liste, weil Majel ihn Gene wärmstens empfohlen hatte. Coburn wurde aber abgelehnt, da er »nicht attraktiv genug« sei. Dazu Majel knapp: »Was die schon wissen!«

Am nächsten Tag teilte Herb Solow Gene mit, daß NBC sich »entschieden gegen« Jeff Hunter und zwei weitere auf seiner Liste ausgesprochen habe. NBC schlug Patrick McGoohan, Mel Ferrer

---

[25] Später wurde Robert April als der erste Captain der Enterprise in der *Star Trek*-Zeichentrickserie in der Episode »The Counter-Clock Incident« (US-Ausstrahlung am 12. Oktober 1974) genannt. Als Tribut an Gene montierte das Autorenehepaar Denise und Michael Okuda (ebenfalls hervorragend grafische Designer bei *Star Trek - The Next Generation* und *Star Trek - Deep Space Nine*) in ihrer erschöpfenden Darstellung der Geschichte des *Star Trek*-Universums, *Star Trek Chronology* (New York, Pocket Books, 1993), per Computer ein Foto von Genes Gesicht in das eines zuvor unveröffentlichten Publicity-Fotos von Jeffrey Hunter aus »The Cage«. Sie veröffentlichten es ohne Erläuterung als ein Foto von »Robert April, erster Captain der Enterprise«.
[26] Liam Sullivan war Gaststar als Parmen in »Plato's Stepchildren«, Drehbuch von Meyer Dolinsky, ausgestrahlt am 22. 11. 1968.
[27] Warren Stevens war Gaststar in »By Any Other Name«, Drehbuch von D. C. Fontana und Jerome Bixby, ausgestrahlt am 23. 2. 1968.
[28] Skip Homeier war Gaststar in »Patterns of Force«, Drehbuch von John Meredyth Lucas, ausgestrahlt am 16. 2. 1968 und in »The Way to Eden«, Drehbuch von Arthur Heinemann, ausgestrahlt am 21. 2. 1969.
[29] Rhodes Reason war Gaststar als Flavius in »Bread and Circuses«, Drehbuch von Gene L. Coon und Gene Roddenberry, ausgestrahlt am 15. 3. 1968.

und einige andere vor. Das Memo endete mit: »James Coburn und Patrick O'Neal sind auf große Zustimmung gestoßen.«

Am 4. November standen die ersten beiden Schauspieler für den Pilotfilm fest, Gene schickte folgendes Memo an Perlstein in der Abteilung Desilu Business Affairs.

> Bitte schreiben Sie, wie zuvor besprochen, einen Vertrag für Majel Barrett als »Nummer Eins« und für Leonard Nimoy als »Mister Spock«.

Die Rolle der »Nummer Eins«, der gefühllosen Ersten Offizierin der Enterprise, war für Majel geschrieben worden, keine andere Schauspielerin wurde je für die Rolle in Erwägung gezogen.

Für die Rolle des »Mr. Spock« standen zahlreiche Namen auf der Liste der bereits in der engeren Wahl befindlichen Akteure, darunter Leonard Nimoy, Rex Holman[30], DeForest Kelley und Michael Dunn[31]. Majel hatte Gene an Nimoy erinnert, einen Schauspieler, den sie beide von einem Gastauftritt in *The Lieutenant* kannten. Als Gene Nimoy, sein schmales Gesicht und seine scharfgeschnittenen Gesichtszüge sah, kam kein anderer Schauspieler mehr in Betracht.

Am 17. November suchte Gene noch immer nach jemandem, der den »Doc« spielen sollte. Er schickte ein Memo an den Besetzungsberater und teilte ihm mit, daß er gerne David Opatoshu[32] in der Rolle sehen würde. Er bat auch den Regisseur Bob Butler, sich einen Film mit DeForest Kelley anzusehen. Das Memo endete mit: »Ich habe hier den Namen Mike McDonald. Haben Sie ihn vorgeschlagen? Das gleiche gilt für Carol (sic) O'Connor.«

Zu dieser Zeit wandte sich Gene an seinen alten Freund Joe D'Agosta, den Besetzungsleiter, den er von seiner Serie *The Lieutenant* bei MGM kannte. D'Agosta hatte es nach *The Lieutenant* zu Fox verschlagen. Eines Nachmittags erhielt er einen Anruf von

---

[30] Holman spielte in der Episode »Spectre of the Gun« die Rolle des Wyatt Earp.
[31] Dunn war kleinwüchsig und spielte später die Rolle des Alexander in »Plato's Stepchildren«.
[32] Opatoshu kam in der Rolle des Anan 7 schließlich doch noch zu *Star Trek*, in der Episode »A Taste of Armageddon«. Er war auch für eine Rolle in *Star Trek - The Next Generation* vorgesehen, erkrankte jedoch, die Rolle wurde umbesetzt.

Gene, der ihm erzählte, daß er den Pilotfilm für eine Serie namens *Star Trek* verkauft hatte. Ihm fehlte noch der Besetzungsleiter, mit den Leuten aus dem eigenen Haus waren sie nicht glücklich. Gene wollte ihn als Besetzungsleiter für *Star Trek*. Bedauerlicherweise hatte D'Agosta eine Festanstellung und konnte nicht wegen *einer möglichen* Serie aufhören. Er sagte, er würde Gene gerne telefonisch beraten, um seinem alten Freund einen Gefallen zu tun. D'Agosta erinnert sich:

»Ich gab Gene eine Liste geeigneter Schauspieler für die verschiedenen Rollen. Jeffrey Hunter war bereits unter Vertrag genommen worden, bevor ich dazustieß. Das war eine Entscheidung von Network, Produzent und Desilu, die vor meiner Mitwirkung getroffen wurde. Später war ich erschrocken, als ich einen Scheck über 750 Dollar erhielt. Ich hatte weder darum gebeten noch damit gerechnet. Aber plötzlich war er in meiner Post.

Nachdem die Serie verkauft worden war und in Produktion gehen sollte, wandte sich Gene an Herb Solow. Desilu produzierte zu der Zeit *Star Trek, Mission: Impossible* und *The Lucy Show*. Gene sagte Solow, daß sie ein Besetzungsbüros benötigten und daß ich es leiten sollte.

Desilu war der Ansicht, sich nicht für jede Serie einen eigenen Besetzungsleiter leisten zu können. Also fragten sie Bruce Geller, den Produzenten von *Mission: Impossible*, ob er wisse, wer Joe D'Agosta ist. Durch Zufall hatte ich mich zuvor für ihn bei *Rawhide* um die Besetzung gekümmert. Geller sagte: ›Der ist einzigartig.‹ So bekam ich den Job. Als Paramount später Desilu aufkaufte, wurde ich schließlich dort Besetzungsleiter.«

Da tänzerisches Können gefragt war, erwies sich die Rolle der Vina als besonders schwierig zu besetzen. Am 30. Oktober schickte Gene das folgende Memo an Herb Solow und einige andere, das sich mit den Schauspielerinnen befaßte, die für die Rolle der Vina in Frage kamen.

Ich habe die folgenden Informationen von Kerwin Coughlin über
    Schauspielerinnen, die wir für »Vina« in Erwägung gezogen haben:
Janice Rule: verfügbar.
Anne Francis: wahrscheinlich verfügbar; dreht am 11. November
    einen Pilotfilm, Ableger von *Burke's Law*.
Elizabeth Ashley: nicht verfügbar; dreht zur Zeit einen Kinofilm.

Stella Stevens: nicht verfügbar; dreht zur Zeit einen Kinofilm.
Barbara Eden: verfügbar; hervorragende Tänzerin.
Jane Fonda: nicht verfügbar; möchte zur Zeit nicht fürs Fernsehen arbeiten.
Diana Millay: verfügbar; keine Angaben, ob sie tanzen kann oder nicht.
Piper Laurie: verfügbar.
Maggie Pierce: verfügbar; wird als gute Schauspielerin eingeschätzt, ist aber nicht die Kategorie, die wir zur Zeit ansprechen wollen.
Anne Helm: verfügbar; wie oben.
Yvette Mimieux: verfügbar; würde fürs Fernsehen arbeiten, wenn es eine große Rolle ist.
Carol Lawrence: nicht verfügbar; schwanger.
Susan Oliver: verfügbar; ihre Agentur sagt, sie sei eine hervorragende Tänzerin.
Dyan Cannon: verfügbar; hat 16 Monate lang in »How To Succeed« mitgespielt.
Yvonne Craig[33]: verfügbar; hervorragende Tänzerin.
Suzanne Pleshette: verfügbar; kann sich gut bewegen, würde die höchste Gage verlangen.
Joan Blackman: verfügbar; tanzte in »Blue Hawaii« (Presley-Film).
Jean Seberg: nicht verfügbar.

Gene suchte weiter nach seiner Vina.

Die Figur des Spock war ein ähnliches Dilemma. Er war ursprünglich als rötlich gefärbter Marsianer geplant, aber Gene gab zu bedenken, daß - sollte die Serie ein Erfolg werden - es passieren könnte, daß die Menschen tatsächlich auf dem Mars landen, während die Serie noch läuft. Also wurde Spocks Herkunft auf einen anderen, unbekannten Planeten verlegt. Auch die Idee, daß er durch eine Platte in seinem Bauch Energie zu sich nehmen sollte, wurde nach einer intensiven Diskussion mit Sam Peeples fallengelassen. Der vertrat die Ansicht, daß Spock mehr menschliche Eigenschaften besitzen sollte, um ihn zu einer interessanteren Figur und seine Bemerkungen glaubhafter zu machen. Auch nachdem Spock vollständig entwickelt worden war, sprach sich

---

[33] Yvonne Craig spielte letztlich auch in *Star Trek* mit, wo sie ironischerweise das gleiche grüne Make-up trug wie Vina, die grüne Sklavin von Orion. In »Whom Gods Destroy« spielte sie die Rolle der Marta.

NBC gegen ihn aus. Sein satanisches Äußeres störte NBC, ein Erscheinungsbild, das Gene aufgrund einer Karikatur entworfen hatte, die Emmanuel Schifani in seinen Tagen als Flugkadett gezeichnet hatte.

Oscar Katz begann zu vermitteln.

»Wir hatten Probleme mit NBC. Ich weiß nicht mehr, wer es war – auf keinen Fall war es Grant –, der sagte, daß der Typ mit den Ohren jedes Kind in Amerika zu Tode ängstigen würde. Nachdem ich mit Gene in meinem Büro jedes Detail der Serie diskutiert hatte, wußte ich, welche Rolle er [Spock] spielen sollte. Ich sagte NBC, daß sie es nicht verstanden hatten. Spock war Genes Gegenstück des Halbbluts. In den alten Western gab es oft eine Figur, die zum Teil Weißer, zum Teil Indianer war. Spocks Ohren sollten zeigen, daß er von einem anderen Planeten kam und kein Mensch war. Was er verkörperte, war ein weiterer Aspekt des Themas ›Frieden auf Erden‹: Wir haben nicht nur Schwarze an Bord, sondern auch Außerirdische, die mit ihren Kameraden zusammenarbeiteten. Wir gewannen diese Schlacht – recht einfach, wie ich mich heute erinnere –, und Spock blieb.«

Die Filmindustrie konnte am 5. November durch Army Archerds Variety-Kolumne »Just For Variety« einen Blick auf das werfen, was sich bei Desilu ereignete. Archerds ließ sie nicht nur wissen, wie beschäftigt das Studio war, er half durch seine Kolumne auch, Gerüchte über einen Verkauf von Desilu zum Verstummen zu bringen.

> Unterdessen bereitet Desilu fünf Pilotfilme vor: »Star Trek«, »Police Story«, »April Savage«, »Recruiters« und »His Highness O'Hara«. ... Falls es nicht sofort ins Auge springt: Lucy hat nicht die Absicht, das Studio zu verkaufen. »Aber«, fügt sie hinzu, »ich höre mir jedes Angebot an. Meist sind es Fusionsangebote – aber sie wollen von mir, daß ich das Geld aufbringe, die gesamte Arbeit erledige und das Ganze weiterhin leite! Nein, ich habe nicht den Wunsch, das Studio loszuwerden. In den letzten drei oder vier Jahren habe ich eine Menge gelernt. Ich kann mich nun auf mein eigenes Urteilsvermögen verlassen.« Also hat sie auch nicht die Absicht, in den Ruhestand zu gehen. »Was sollte ich denn tun? Es gibt so viel Arbeit, so viele Her-

ausforderungen. Und wenn es keine Herausforderung gibt, dann erfinde ich eben eine.«

Am 6. November schickte Project Unlimited, Inc., ein Unternehmen, das sich mit der Konstruktion von Requisiten befaßte, ein Memo mit den Preisen für die ungewöhnlichen Requisiten, die Gene benötigte.

Spinnenmann
1. (Verwendung eines vorhandenen Affenkostüms)
Schaffung eines neuen Kopfs, neuer Hände, Brustbereich
wird für neue Figur überzogen   350 $

An den linken Rand schrieb Gene »vielleicht«.

2. Schaffung eines neuen Torsos (obere Hälfte), um ihn mit
der existierenden unteren Kostumhälfte zu kombinieren, Schaffung
eines neuen Kopfs, existierende Hände werden überarbeitet   450 $

Gene schrieb »zuviel«.

Ohraufsätze:
erster Satz   80 $
jeder weitere Satz   8 $

An den linken Rand schrieb Gene »ok«.

Laserkanone
(wird auf ein existierendes Stativ montiert und an eine
existierenden Kontrollbox angeschlossen) mit leuchtenden
Spulen und blinkenden Lichtern   450 $

Gene vermerkte »nein«.
Am 13. November schickte Project Unlimited eine zusätzliche Liste:

I. musikalische Blumen
(1) 6 Pflanzen mit durchschnittlich je 6 Blättern,
jedes mit eingebauter Vibration, batteriebetrieben   350 $
(2) wenn weniger als 6: jeweils   80 $
(3) 3 funktionierende & 3 andere Dummies   275 $

II. Kommunikationsgeräte (6)
(1) blinkende Lichter* 35 $
* (wenn wir batteriebetriebene
Weihnachtsbaumbeleuchtung bekommen können)
5 Dummies – 15 Dollar pro Stück[34] 75 $
III. Laserkanone, neues Design (13. 11. 64)
mit Radarantenne 225 $

Die beiden letzten Positionen und die musikalischen Blumen für 80 Dollar versah Gene mit einem »ok«.

Es bleibt nicht aus, daß ein solches Projekt zahlreiche Probleme mit sich bringt, aber niemand hätte erwarten können, daß jemand seine Arbeit *zu gut* machen würde. Vina, die grüne Sklavin vom Orion, fiel unter diese Ausnahme. Majel stand auf der Honorarliste und übernahm so die Tests für die Farbgebung von Vina. Fred Phillips, der Maskenbildner trug die Farbe auf Majels Gesicht auf, sie wurde fotografiert, gut einen Tag später sollte man das Ergebnis begutachten können. Leider zeigte sich die grüne Farbe aber nicht auf dem entwickelten Film. Majel sah bei jedem Test völlig normal aus. Irgend etwas lief offenbar falsch. Jeden Tag wurde immer mehr grünes Make-up in immer dickeren Schichten aufgetragen, aber Majel sah jedesmal wie eine ganz normale, gesunde Frau von der Erde aus.

Schließlich wurde jemandem klar, daß man den Laboranten nichts vom Zweck dieses Tests gesagt hatte. Sie hatten die Farbe immer wieder korrigiert, weil sie glaubten, der Film sei falsch belichtet worden. Ein weiterer Test wurde durchgeführt, dann konnte jeder sehen, wie gut sich die Sklavin vom Orion auf Film machte. Majel war erleichtert. Die nächste Make-up-Schicht hätte nämlich mit der Maurerkelle aufgetragen werden müssen.

Mitte November war die Suche nach Vina vorüber. Oscar Katz erinnert sich:

---

[34] Ein Kommunikator aus der Kostümsammlung des Bill Theiss, der in der Classic-Serie benutzt worden war, wurde im Dezember 1993 auf einer Auktion für 4500 Dollar versteigert.

»Gene wollte, daß Susan Oliver die Rolle übernimmt. Sie war eine Pilotin, die ihre eigene Maschine flog. Sie hatte gerade die Arbeit an einem Film beendet und war im Begriff, eine ein- oder zweiwöchige Flugreise zu machen. Der Pilotfilm überschnitt sich damit.

Ich sagte zu Gene: ›Bring sie in mein Büro, und ich überrede sie.‹ Also brachte er sie in dieses luxuriöse Büro, das ich bereits beschrieben habe. Obwohl ich auf Frauen nicht so betörend wirke, gelang es mir, sie für die Rolle zu überreden. Ihre Entscheidung beruhte zum Teil darauf, daß ich ihr erklärte, es würde sehr leicht sein – sie würde das Ganze mit links machen können.

Der Pilotfilm wurde in Desilu Culver in einem sehr großen Studio gefilmt, damals eines der größten. Dort bauten wir die Bühnenbilder für den Planeten, der Kontrollraum wurde in einer anderen Ecke konstruiert.

Als sie feststellte, daß man sie grün anmalen würde und daß die Rolle keineswegs so leicht war, wie ich sie beschrieben hatte, war sie völlig sauer auf mich. Ich wußte, daß sie mir gegenüber nicht wohlgesonnen sein würde, also mußte ich am ersten Drehtag auf meinen üblichen Besuch im Studio verzichten. Ich hatte es mir angewöhnt, am ersten Drehtag eines Pilotfilms anwesend zu sein, um zu zeigen, daß der Chef des Studios bei ihnen war. Bei *Star Trek* blieb ich fern.

Susan fragte ständig: ›Wo ist Oscar?‹ Schließlich ging sie zu Gene und sagte, daß er mich herkommen lassen sollte. Gene rief an und sagte, es gebe irgendeinen Notfall im Studio. Ich setzte mich in meinen Wagen und fuhr widerstrebend dorthin. Im Studio wurde ich von Susan Oliver und zwei anderen Mädchen in knappen Kostümen begrüßt, die ein Schild mit der Aufschrift ›Oscar, wo bist du?‹ trugen. Und dann waren da auch noch drei Frauen, die die Bewohner dieses Planeten spielten und die ein Schild mit der gleichen Aufschrift hielten.«

Susan Olivers Vertrag lief vom 23. November 1964 bis 14. Dezember 1964. Sie sollte in der Titelsequenz in der gleichen Schriftgröße wie Jeffrey Hunter, der Star, als Gaststar genannt werden.

Das Budget für die Besetzung und die Zeit, für die jeder einzelne unter Vertrag genommen wurde, gestaltete sich wie folgt:

Jeffrey Hunter als Captain Pike	16 Tage	10000 $
Susan Oliver als Vina	16 Tage	7500 $
Leonard Nimoy als Mister Spock	16 Tage	2500 $
Majel Barrett als Nummer Eins	16 Tage	2250 $
Laurel Goodwin als Yeoman Colt	15 Tage	2000 $
Peter Duryea als Jose Tyler	16 Tage	2000 $
John Hoyt als Dr. Phillip Boyce	9 Tage	1500 $
Adam Roarke als C.P.O. Garrison	5 Tage	750 $
Meg Wylie als Wächter	3 Wochen mindestens bei 400 $ pro Woche	
Edward Madden als Geologe	1 Woche mindestens bei 650 $ pro Woche	

Die Stimme des Wächters war nicht die der Schauspielerin. Obwohl er nicht genannt wurde, erhielt Malachi Throne 350 Dollar für einen Tag Aufnahmezeit der Texte des Wächters.

Hunter wurde für seine Arbeit sehr gut bezahlt. So war es 1964 zum Beispiel möglich, für rund 15 000 Dollar in Südkalifornien ein neues Landhaus zu kaufen.

Am 27. November, einen Tag nach Thanksgiving, begannen endlich die Arbeiten in Desilus Culver City-Anlage an der Produktion #6149, »The Cage«. Der Produktionsbericht führt die folgenden Namen auf: Produzent: Gene Roddenberry; Beteiligter Produzent: Byron Haskin; Regie: Robert Butler; Regieassistent: Robert H. Justman; Produktionsleiter: James Paisley.

Die ersten Szenen, die auf Bühne 16 gedreht wurden, waren die Innenaufnahmen des Transporterraums, die in Szene 15 so beschrieben wurden: »Gruppe macht sich fertig für die Reise – Transporterchef bedient die Kontrollen – Gruppe verschwindet.« Die »Gruppe« bestand aus dem Captain, Spock, Tyler, Boyce, dem Ersten Offizier und dem Geologen. Auf Bühne 14 wurden die Tanzszenen 86 bis 91 geprobt.

An dem Tag, an dem die Dreharbeiten begannen, erschien das Folgende in Hank Grants Kolumne »On the Air« in *The Hollywood Reporter*:

> Produzent Gene Roddenberry kalkuliert mit einem satten zweiwöchigen Drehplan für Desilus Pilotfilm zu *Star Trek*, der heute in Desilu Culver beginnt. Die Stars Jeffrey Hunter und Susan Oliver fahren für drei Tage nach Arizona für Außenaufnahmen. NBC ist der Geldgeber. ...

Während die Produktion lief, suchte Gene noch immer jemanden, der die Musik komponieren würde. Eine Notiz vom 8. Dezember führte einige seiner Möglichkeiten und deren momentanen Status auf:

> Jerry Goldsmith: nicht verfügbar.
> Elmer Bernstein: interessiert, macht gerne Pilotfilme, möchte Drehbuch lesen.
> Harry Sukman – MGM: verfügbar.
> Les Baxter: verfügbar.
> Dominic Fronteri: verfügbar.
> Franz Waxman: verfügbar.
> Sy Coleman: Vorschlag von Oscar Katz.
> Alexander Courage: junger Komponist, aufstrebend.
> Hugo Friedholder: hat einen Teil der Originalmusik für *Voyage to the Bottom of the Sea* geschrieben.
> David Raxton: hat *Laura* geschrieben, arbeitet eng mit dem Produzenten zusammen.
> Johnny Green: würde gerne für eine Serie komponieren, hat Musik für Empire geschrieben.
> Leith Stevens: komponiert *Novak*, komponierte die ersten Serien für Empire, komponierte einen Film mit Science Fiction-Thema.
> Johnny Williams[35]: hat *Checkmate* geschrieben, komponiert zur Zeit für den Pilotfilm zu »Baby Makes Three« für die Bing Crosby Productions.
> Jack Elliot: Vorschlag von Oscar Katz; glaubt, er besitze großes Talent.
> Will Markowitz: wird geprüft.
> Lalo Shifrin: von Wilbur Hatch und Herb Solow empfohlen.
> Nathan Van Cleave: wird geprüft.

Gene entschied sich für Alexander Courage und besprach mit ihm, was er haben wollte.

Bei Desilu herrschte reges Treiben. Eine Anzahl unabhängiger Gesellschaften hatte Studioräume gemietet. In der zweiten Dezemberwoche waren folgende Serien in Arbeit: *The Lucy Show, My Favorite Martian, My Living Doll, My Three Sons, Ben Casey, The*

---

[35] Williams schrieb das Thema für *Lost in Space* und komponierte später unter andere die Musik für *Star Wars* und *E.T.* Er wurde Dirigent des Boston Pops Orchestra.

Bing Crosby Show, And Baby Makes Three (ein Pilotfilm), *The Andy Griffith Show, Gomer Pyle, USMC, The Joey Bishop Show* sowie in Desilu Culver *Frank Merriwell* (ein Pilotfilm, der sich nicht verkaufte), *Lassie, Kentucky Jones* und der Pilotfilm zu *Star Trek*.

Die Dreharbeiten mit den Schauspielern endeten am 11. Dezember mit der Picknick-Szene zwischen Pike und Vina.

Aufzeichnungen im Archiv der UCLA zeigen, daß Gene permanent Teile des Drehbuchs umschrieb. Der 4. Akt schien besonders problematisch, er wurde am 27. November sowie am 4., 8. und 9. Dezember überarbeitet. Schließlich wurden fünf Seiten des Drehbuchs, die Szenen 56 bis 61, über Nacht für den letzten Drehtag überarbeitet. »The Cage« trat in die Phase der Nachbearbeitung ein, was aber für Gene keineswegs eine Verschnaufpause bedeutete. Am 28. Dezember hatte er einen Rohschnitt gesehen und eine Manöverkritik verfaßt, die sich über drei einzeilig beschriebene Schreibmaschinenseiten erstreckte.

In der Eröffnungssequenz würde ich gerne ein stärkeres Gefühl der Dringlichkeit sehen, insbesondere was den Captain angeht. Etwas geschieht, andere sehen zu ihm, um seine Reaktion festzustellen. Als er nichts tut, beäugen sie ihn und dann sich gegenseitig nervös. Etwas in dieser Art. Mit anderen Worten, es sollte vom ersten Moment an klar sein, daß Christopher Pike der Captain der Enterprise und damit die zentrale Hauptfigur einer Fernsehserie ist.

Nachdem wir den Captain als zentrale Figur in diesem kleinen Eröffnungsdrama etabliert haben, in dem sich etwas Unbekanntes dem Schiff nähert, sollten wir die Reaktionen zeigen, wenn wir feststellen, daß es sich um Radiowellen handelt. Also eine Bestätigung, daß Captain Pike recht hatte, indem er nichts unternahm. Während alle anderen in Panik ausbrechen wollten, saß er nur ruhig da. Jetzt ist der Beweis erbracht, daß das genau die richtige Maßnahme war.

Gibt es eine Möglichkeit anzudeuten, daß Nummer Eins gerne mit ihm das Schiff verlassen möchte und daß er zögert und sich unwohl fühlt, wenn er ihr sagen muß, daß er sie auf dem Schiff zurückläßt? Wir sollten das Gefühl haben, daß sie genauso eifrig ist wie Jose und Spock, daß der Captain diese Tatsache anerkennt und daher mit sich ringt, als er entscheidet, daß sie diejenige ist, die an Bord bleibt.

Was den nächsten Schnitt angeht: Können wir auf der Oberfläche von Talos IV die Glocken auslassen? Weihnachten ist inzwischen ohnehin vorbei.

Und so ging es zwei Seiten lang weiter.

Die Arbeit am Pilotfilm dauerte bis in den Januar 1965 hinein an. Am 18. Januar war sie beendet. Gene drückte seine Empfindungen in einem Brief an Sam Gold aus, einen befreundeten Cutter. Wie üblich äußerte sich Gene in philosophischer Weise über das Business.

> Du wirst es vielleicht nicht glauben, aber Du hast mir in diesen letzten zwei Wochen ganz beträchtlich gefehlt. Mit anderen Worten: Der Pilotfilm war zu lang und zu komplex – er hätte den Sam-Gold-Touch nötig gehabt. Da wir den aber nicht hatten, konnten wir das nur durch Zeit wettmachen; die tägliche Arbeit lief daher von 9 Uhr am Morgen bis um 1 Uhr in der Nacht. Letztlich haben wir es noch rechtzeitig geschafft. Hoffe ich jedenfalls.
> Warum hat man bloß beim Fernsehen nie genug Zeit? Nach der letzten Fassung ist jeder Beteiligte so groggy, daß es unmöglich ist, die geleistete Arbeit sachlich zu beurteilen.
> Vielleicht ist das aber auch gut so. Wenn wir noch einmal urteilen könnten, würden wir wahrscheinlich alles wieder anders schneiden.
> Es ist seltsam. Wenn man am letzten Tag der Dreharbeiten das Studio verläßt, dann liebt man den Regisseur. Aber eine Woche später im Schneideraum verflucht man ihn. Vermutlich werden die Leute vom Ton den Cutter ein paar Wochen später ebenfalls verdammen. Und so geht es immer weiter. Ich glaube, das größte Wunder in unserer Branche ist, daß wir letzten Endes etwas haben, was Sinn ergibt und manchmal sogar unterhaltsam und großartig ist.
> Tatsächlich scheint es so zu sein, daß unser Business eine Grundregel verletzt, die für jede andere Branche Gültigkeit besitzt, nämlich die, daß gemeinschaftliche Arbeit niemals wirklich etwas erreichen kann. Bei jeder anderen Tätigkeit reduziert sich die Kreativität am Ende auf einen einzigen Mann, der seine Arbeit macht. Hier haben wir ein halbes Dutzend oder mehr Personen, die alle etwas dazu beisteuern. Der Produzent kann sie anleiten, aber viel mehr sollte er nicht wagen. Ich beginne zu verstehen, daß das Problem eines Produzenten darin besteht, die Trennlinie zu kennen, jenseits derer seine Führungsversuche anfangen, die Kreativität zu ersticken.
> Für den *Star Trek*-Pilotfilm habe ich mich viel mit Spezialeffekten beschäftigen müssen. Mit das faszinierendste waren die optischen Effekte. Ich habe viel Zeit bei der Anderson Company verbracht, der Effektegesellschaft hier bei Desilu, ich habe zugesehen und gelernt. Die-

ser Pilotfilm, wie Du beim Lesen zweifellos bemerkt hast, ist voll von Szenen und Übergängen, die optische Effekte erforderlich machen.

Wir hatten das Glück, einen hervorragenden Künstler[36] für unsere Matte-Zeichnungen und für unser Design der Bühnenbilder zu haben. So scheinen viele Dinge im Film real zu sein, die nicht in jedem Fall glaubhaft geworden wären.

Aber manchmal sind es die einfachsten Dinge, die die größten Schwierigkeiten mit sich bringen, wie sich in dem folgenden Memo an die Abteilung Business Affairs vom 28. Januar zeigt.

> Hiermit wird bestätigt, daß Malachi Throne für einen zweiten Tag (15. Januar) zurückgekehrt ist, um in den Glen Glenn Studios seine Texte für den *Star Trek*-Pilotfilm zu komplettieren.
>
> Wie ich bereits Bill Heath sagte, ist der Hauptgrund für seine Rückkehr defekte Ausrüstung bei Glen Glenn, die es Throne unmöglich machte, seinen Text komplett an einem Tag zu sprechen. Ich meine, wir sollten von Glen Glenn dafür ein wenig Entschädigung erhalten, zumindest einen Verzicht auf die Gebühren für den zweiten Tag.
>
> GR

Der Pilotfilm wurde den NBC-Verantwortlichen gezeigt, die ihn einerseits mochten, andererseits auch nicht. Gerüchte machten die Runde; es hieß, daß NBC *Star Trek* freitags um 20 Uhr ins Programm nehmen würde. In der zweiten Februarwoche war die Sendung vor einem Erwachsenen-Publikum getestet worden. Oscar Katz erklärt dazu:

»Der Pilotfilm war fertig und erfüllte alle unsere Hoffnungen. Er wurde vor einem NBC-Publikum getestet. Ich beschäftigte mich sehr genau mit den Testergebnissen, da das ein Bereich war, den ich kannte, seit ich in der Marktforschung angefangen hatte. Entweder ging ich selbst zum Test, oder ich schickte Herb Solow. Jedenfalls schnitt der Pilotfilm nicht gut ab, da die gesamte Prozedur falsch ablief. Sie zeigten einen Testfilm, um eine ›Norm‹ festzulegen, dann einen Testcartoon, dann zwei einstündige Serien und dazwischen Werbung. Dann zeigten sie *Star Trek*. Ich glaube, *Star Trek* schnitt bei diesem Test nicht besonders gut ab, aber so

---

[36] Albert Whitlock, einen mit Oscar-Ehren ausgezeichneten Künstler.

ergeht es vielen Serien vor einem Testpublikum, auch *All In The Family*.

Ich machte bei NBC einen großen Aufstand, und man war einverstanden, *Star Trek* bei dem Test zu Anfang zu zeigen, nicht zum Schluß.«

Das Resultat war gemischt; eine Quelle sagte, daß es Unterschiede von zwanzig Punkten bei der Bewertung in den beiden Tests gab. Das Management von NBC nahm sich Zeit, um zu einer Entscheidung zu kommen.

In dieser Zeit der Ungewißheit schüttete Gene sein Herz am 12. Februar 1965 in einem ungewöhnlich offenen Brief einem Freund und Kollegen aus.

Ich habe soeben mit Oscar Katz in New York über die Zweifel hinsichtlich *Star Trek* gesprochen. Ich hatte das Gefühl, daß jeder außer mir etwas von sich hat hören lassen, und ich schuldete es Oscar, damit er meine Gefühle versteht. Und natürlich möchte ich auch Dich an dieser Unterhaltung teilhaben lassen, daher wiederhole ich sie hier in diesem Brief. ...

Zunächst einmal zum *Star Trek*-Pilotfilm selbst. Ob es nun die richtige Geschichte für einen Verkauf war oder nicht – es war in jedem Fall die richtige, um tausend Fragen über Science Fiction im Fernsehen zu klären. Die Story ist großartig und hat uns in eine Position gebracht, die ersten zu sein, die jemals erfolgreich eine Science Fiction-Fernsehserie gemacht haben, die ein breites Publikum anspricht und dennoch die Chance auf Qualität und Networkruhm hat.

Wir haben die Gelegenheit, so wie »Gullivers Reisen« vor über hundert Jahren, spektakuläre Unterhaltung für die breite Masse mit bedeutungsvollem Drama und etwas Substantiellem zu kombinieren.

Diese spezielle Handlung war – ungeachtet aller anderen Verdienste – ein ideales Medium, um uns selbst diesen Punkt zu beweisen. Und wenn das Network bei einem derartigen Unternehmen unser Partner sein will, dann muß es einen Teil der Schmerzen, der Verantwortung und des Risikos bei dieser Art von Planung teilen. Oder sie bekommen Kopien anderer Serien, die nichts bewegen – dafür ohne Schmerz und ohne Risiko. Ich bin durchaus bereit – und wohl auch fähig –, ihnen das eine oder das andere zu liefern. In gewisser Weise ist dies auch ein Test für mich, ob irgendeine der mutigen Aussagen, die ich gehört habe, wahr ist.

Nun zur Länge des Pilotfilms usw. Ich sehe ein, daß er kürzer sein muß und anders geschnitten sein sollte, um ein anderes Tempo zu erreichen. Es ist mein Fehler, daß es so gekommen ist, da ich mich von einem willkürlich gesetzten Abgabetermin habe mitreißen lassen. Ich hätte einen Tag freinehmen und dann mit neuer Energie den ganzen Film betrachten sollen, bevor es ans Schneiden ging. Das wird nicht noch einmal passieren. In Zukunft werde ich das Risiko eingehen, gegen Vertragsbedingungen zu verstoßen, anstatt ein Produkt abzuliefern, das in mehreren Wochen entstanden ist, in denen jeder Tag 16 Arbeitsstunden hatte. Die Agentur kann in der frühen Planungsphase des Pilotfilms behilflich sein, indem sie das Network während der ersten Schritte unter Druck setzt, in denen die Bosse drei, vier oder fünf Wochen verstreichen lassen, bevor sie zu diesem und jenem ihre Zustimmung geben. Das spielt eine sehr große Rolle dabei, daß am Ende Produktionsfristen entstehen, die unweigerlich Probleme mit sich bringen.

Ich wurde weder von Katz noch von Solow unter Druck gesetzt. Anders als die meisten Studiobosse ließen sie mich in Ruhe und begnügten sich damit, lediglich auf die vertraglich vereinbarten Abgabetermine hinzuweisen. Solow, mit dem ich am engsten zusammengearbeitet habe, war überaus hilfsbereit. Einer der angenehmsten und begabtesten Männer in der Branche, mit denen zu arbeiten ich das Vergnügen hatte.

Alles in allem ist der Pilotfilm ein Produkt von hoher Qualität.

Was diejenigen bei NBC angeht, denen er nicht gefällt, die ihn nicht kapieren, die nicht daran glauben, daß er den Zuschauern gefällt, so beklage ich mich nicht, daß sie den Daumen nach unten richten. Ich habe gelernt, Menschen zuzustimmen, die Entscheidungen treffen. Aber ich respektiere und toleriere es nicht, wenn Leute sagen »Wenn er doch ein paar Minuten kürzer wäre ...« oder »Ja, aber er ist so hochtrabend ...« oder anderen Müll von sich geben. Wenn man diese Denkweise tolerieren oder als Kompromiß betrachten will, wird das nur dazu führen, daß wir aus etwas, was gut hätte sein können, eine schlechte Serie machen. Mit anderen Worten, ich stehe jeder Kritik und jedem Vorschlag offen gegenüber, aber nicht solchen Leuten, die glauben, daß die Antwort auf irgendwelche Probleme darin besteht, jemandem an Bord einen Hund zu geben oder die Mannschaft um einen niedlichen Elfjährigen zu erweitern.

Ich will damit nicht sagen, daß irgend jemand etwas Derartiges vorgeschlagen hat. Aber ich bin jetzt lange genug im Geschäft, um zu wissen, daß Serien manchmal hektische Momente erleben, in denen solche Dinge geschehen. Es ist nur fair, Dich wissen zu lassen, daß ich nicht so begierig bin, die Serie zu verkaufen.

Was wohl mein wichtigster Punkt sein dürfte. Es scheint ein beliebter Irrglauben zu sein, daß Networks den Menschen einen Gefallen tun wollen, wenn sie eine Serie kaufen. Ich glaube, die Wahrheit liegt in völlig anderer Richtung – daß ein Mann, der eine Serie schafft und einen Großteil seines Lebens dafür opfert, um sie zu produzieren, viel mehr anbietet, als die Networks ihm zurückgeben können. Daher ist es für mich logisch, daß diese Seite auch ein Recht auf gewisse Bedingungen hat.

Meine Bedingungen haben sich nicht geändert. Und ganz gleich, wie schwierig oder ermüdend die Verkaufsverhandlungen auch werden mögen, sie werden sich nicht ändern.

Wir benötigen ein angemessenes Budget, um eine derartige Serie zu produzieren – ansonsten ist der gesamte Aufwand vergeblich.

Das Network muß frühzeitig erklären, daß es eine Serie kauft, oder zumindest einen frühen Auftrag für Episoden vergeben, damit Drehbücher in Arbeit gehen können.

Das Network muß zustimmen, daß jegliche Mitteilung über eine Zusage oder Ablehnung frühzeitig erfolgen muß. Zusätzliche Aufträge für Drehbücher müssen früh genug erfolgen, um eine ordentliche Einhaltung der Planungen zu ermöglichen.

Ohne diese Dinge ist ein Verkauf für mich völlig bedeutungslos. Ich habe nicht die Absicht, Herzattacken oder Magengeschwüre zu riskieren, ohne zumindest eine kleine Chance zu bekommen, Unterhaltung zu produzieren, auf die ich stolz sein kann. Wenn die Bedingungen anders lauten sollten, werde ich alles tun, einen Produzenten zu finden, der anders denkt.

Zufälligerweise haben sowohl Oscar als auch Herb Solow und ich genug von Testvorführungen. Die Tatsache, daß es bei den beiden *Star Trek*-Tests zu einem Bewertungsunterschied von 20 Punkten kam, muß jedem aufmerksamen Menschen zu erkennen geben, daß diese Leute fähig sind, grobe Fehler zu machen. Und wenn sie ganz offensichtlich dazu in der Lage sind, beharre ich darauf, daß bei diesem letzten Test *Star Trek* an erster Stelle läuft, damit es zu einem fairen Vergleich mit dem letzten Test kommen kann. Keine noch so statistisch untermauerte Argumentation wird mich von dieser Haltung abbringen. Wenn sie schon diese Tests verwenden (wir wissen beide, daß sie ihnen große Bedeutung zumessen, egal was sie sagen), dann sollen sie uns wenigstens eine faire Chance bieten.

Auch wenn ich nervös war, was diese Wochen der Entscheidung für *Star Trek* bringen würden, war es tatsächlich für mich eine gute Sache. Wie bei einem Fieber, das einen kritischen Punkt erreicht und dann sinkt. Zum ersten Mal glaube ich, daß ich unser sonderbares Medium exakt so sehe, wie es ist. Es war sehr gut und es kann sehr gut sein – und wenn jemand mir beweist, daß ich mich an diesem Niveau versuchen kann, dann werde ich das gerne tun. Andererseits – ohne diesen Beweis – beabsichtige ich, mich auf narrensichere Imitationen bereits existierender Erfolge zu verlegen – mit dem Ziel, es um zwei oder drei Prozent besser zu machen als ein anderer, damit die Arbeit und der Gewinn immer da sind und damit ich jeden Tag mit meinen Kindern um 6 Uhr zu Abend essen kann. Und damit ich jede Woche zwei freie Tage habe. Und um alles zu tun, um in ein anderes Medium zu wechseln.

Sorry, ich wollte kein Epos aus diesem Brief machen. Vielleicht ist es nur eine Katharsis. Aber ich glaube, es ist mehr.

Mit freundlichen Grüßen
Gene

Ende Februar testete NBC immer noch den Pilotfilm, bei Desilu sanken die Hoffnungen, daß die Serie es ins Herbstprogramm schaffen würde.

Der größte Teil der Fensehbranche erfuhr von *Star Treks* Schicksal aus der Presse. Am 15. März bemerkte Hank Grant in seiner Kolumne »On the Air« in *The Hollywood Reporter*:

Die launische Verschrottung von Pilotfilmen, die es nicht ins Herbstprogramm schaffen, mag ein Ding der Vergangenheit sein, wenn die beiden anderen Netze der neuen Argumentation von NBC folgen. ... In der Erkenntnis, daß sie nicht alle ins Programm nehmen können, hat NBC in eine Rekordzahl von 31 Serienprojekten Geld investiert, die für Herbst 1965 vorgesehen sind und von denen die Hälfte (ein überraschend großer Prozentsatz) fest ins Programm genommen wird. Üblicherweise verschwinden die abgelehnten Pilotfilme auf Nimmerwiedersehen oder werden im Rahmen einer Anthologiereihe im Sommer ausgestrahlt. Aber NBC wird sich diesmal für keine der beiden Alternativen entscheiden. Vielmehr wird das Network an den Gescheiterten festhalten, nach dem Motto, daß das, was im Herbst '65 keinen Sponsor begeistert hat, bessere Verkaufschancen im Herbst '66 hat oder sogar als Ersatz für mitten in der Season abgesetzte Serien dienen kann. Somit hat der Sender eine zweite Garde auf der Bank sitzen, um die Opfer der ersten Garde zu ersetzen – viel vernünftiger, als sich nur auf die erste Garde zu verlassen. Wenn einer von denen stürzt, wird dann nämlich der Panikknopf gedrückt und praktisch alles, was gerade verfügbar ist, springt für das Opfer ein. ... Also sollten Sie die Herbstversager wie »Kissin' Cousins«, »The Good Old Days«, »Star Trek« und »The Ghostbreakers« noch nicht für gestorben erklären. Sie kämpfen weiter ums Überleben!

Wie recht Grant haben sollte! NBC teilte Katz mit, man werde die Serie nicht kaufen, weil man nicht glaube, daß genug Sponsoren die Serie kaufen würden. Die Entschuldigung »zu anspruchsvoll« wurde herangezogen, damit das Network sein Gesicht wahren konnte.

Katz sagte:

»NBC betrachtete den Pilotfilm als den Episodentyp, der alle fünf oder sechs Wochen auftauchen würde, nicht aber als Musterepisode

Es war nicht die Qualität der Serie, gegen die sie sich aussprachen, ihnen gefiel der Typ Geschichte nicht, den wir erzählt hatten.

Ich glaube, daß sie diesen Typ aussuchten, um Desilu auf die Probe zu stellen, indem sie das Studio das schwierigste Drehbuch produzieren ließen – wegen des Rufs, den Desilu hatte. Als sie es sahen, waren sie beruhigt, daß Desilu in der Lage war, qualitativ hochwertiges Material zu produzieren. Aber es war der falsche Typ Handlung, um Werbeagenturen zu begeistern und Werbezeit zu verkaufen. Es war zu weit entfernt vom Bekannten. Sie betrachteten es nicht als typische Episode.

Drei Dinge waren entscheidend: a) der Ruf von Desilu, b) wie sie aus ausgesuchten Geschichten Pilotfilme machen und c) wie in dieser Zeit Serien verkauft wurden.[37]

Also sagte ich: ›Hey, Jungs.‹ Und Sie müssen bedenken, daß

---

[37] Katz bezog sich darauf, wie gesponsertes Fernsehen begann, wobei das gleiche Muster wiederholt wurde, das dreißig Jahre zuvor schon beim Radio Einzug gehalten hatte. Unternehmen, die im Fernsehen werben wollten, kauften vom Network Zeit en bloc und lieferten dann eine Sendung, die sie durch ihre Werbeagenturen von unabhängigen Produzenten gekauft hatten, wie zum Beispiel von Desilu, Bing Crosby Productions oder Danny Thomas Productions. Network-Planungen waren stets ein Provisorium, wenn sie bekannt wurden: eine Kombination von bereits verkauften Sendeplätzen – gesponserte Sendungen – und jenen, die vom Network angeboten wurden. Wenn sich angekündigte Serien nicht verkauften, auch nicht zum Schleuderpreis, wurden sie aus dem Programm genommen und durch andere ersetzt.

Dieses System funktionierte, solange die Preise für die Produktion von Sendungen niedrig waren. Mit steigenden Kosten waren die Werbenden immer weniger dazu zu bewegen, viel Geld auszugeben, um eine halbe oder eine ganze Stunde Sendezeit blockweise zu kaufen. Recht bald kauften sie mehrere Serien und teilten sich die Kosten mit anderen Sponsoren. Schließlich – durch steigende Kosten und Gehälter sowie teurere Werbezeit – entstand das heutige System, in dem die Networks Werbespots von 30 oder 60 Sekunden Länge verkaufen und die Werbenden keine Verantwortung für den Inhalt einer Sendung tragen.

ich mit ehrenwerten Typen sprach. ›Ich habe Euch davon abgeraten. Ihr seid die Typen, die das ausgewählt haben.‹ Sie erwiderten: ›Das wissen wir. Darum werden wir Ihnen den Auftrag geben, für die nächste Season einen zweiten Pilotfilm zu produzieren.‹«

Am Freitag, den 26. März 1965 schrieb NBC Fernsehgeschichte, als ein zweiter Pilotfilm in Auftrag gegeben wurde.

Während sich dieses Drama an beiden Küsten der USA abspielte, ereignete sich ein anderes kleines Schauspiel einen Tag zuvor in einem Desilu-Vorführraum. Gene hatte Jeff Hunter, dessen Frau und einige andere Leute zu einer Vorführung des Pilotfilms eingeladen. In seiner Einladung an Hunter vom 19. März schrieb Gene – vor der Entscheidung von NBC, einen zweiten Pilotfilm zu ordern:

> Sonderbarerweise besteht beim Network immer noch Interesse. Es scheint so, als befinde man sich in einer Zwickmühle, da man Angst hat, etwas so Ungewöhnliches zu kaufen, und zugleich ebensoviel Angst hat, es fallenzulassen und zu verlieren. Gut. Ich liebe es, wenn Menschen in Führungspositionen sich mit etwas herumquälen.

Die Vorführung war kein Erfolg. Oscar Katz erinnerte sich später, daß Hunters Frau den Film haßte. Hunter, ganz der pflichtbewußte Ehemann, schloß sich ihrer Meinung an. Innerhalb von zwei Wochen machte Hunter seine Ansicht publik. Gene, der immer noch hoffte, Desilus große Investition retten zu können, antwortete am 5. April mit einem Brief, der die Tür offenhalten sollte.

> Ich habe erfahren, daß Sie sich entschieden haben, nicht bei *Star Trek* weiterzumachen. Das ist natürlich Ihre persönliche Entscheidung, die ich respektieren muß.
>
> Sie können sicher sein, daß ich Ihnen gegenüber keinen Groll hege. Ich werde auch weiterhin in der Öffentlichkeit und im privaten Kreis erkennen lassen, daß ich Sie während der Produktion unseres Pilotfilms sehr schätzen gelernt habe.
>
> Ich habe eine Bitte. Wie Sie aus eigener Erfahrung während der Produktion erkannt haben, knauserte ich nicht mit Zeit und Geld, um das zu tun, was für Sie und für die Serie am besten war. Sie werden sich erinnern, daß ich während der Dreharbeiten erwähnte, es gebe

für uns beide Dinge, die wichtiger sind als das Budget. Ein Resultat ist, daß wir enorm viel in ein Projekt investiert haben, das nur auf zwei Arten gerettet werden kann:
1. Erweiterung des gegenwärtigen Filmmaterials durch Archivmaterial und erhebliches Umschneiden in ein »akzeptables« Filmformat.
2. ein oder zwei Drehtage für zusätzliche Actionszenen für die Eröffnung, die zu einem schnell geschnittenen, aufregenden Film führen können. Die zweite Lösung scheint mir diejenige zu sein, die dem Ruf aller Beteiligten am besten dient. Gewiß – vorausgesetzt, die zusätzliche Produktion kann arrangiert werden – wäre es die beste für die Leute, die beträchtliche Summen investiert haben.

Dies ist ein persönliches Schreiben, ich schicke davon keine Kopien an Agenturen oder an Desilu. Ich weiß nicht einmal, ob die Ausgaben für eine zusätzliche Szene in den Augen der beteiligten Geschäftsleute Sinn ergeben. Sollte aber dieses Thema aufgeworfen werden, hoffe ich, daß Sie innerhalb akzeptabler Größenordnungen kooperieren können, im Interesse, eine Investition zu schützen, die in gutem Glauben gemacht wurde. So wie der Film gegenwärtig geschnitten ist, würde ich lieber die Szenen straffen, anstatt gezwungen zu sein, den Erfordernissen der Laufzeit eines Films entsprechend, die Szenen durch Archivmaterial zu strecken.

Ich weiß nicht, welche rechtlichen Aspekte damit verbunden sind, und es ist mir auch egal. Ich bin sicher, daß wir eine gemeinsame Überzeugung teilen – daß das erste und wichtigste Interesse stets der Stolz auf den Beruf und die Verpflichtung dem Beruf gegenüber sind.

Viel Glück für Ihre Pläne in der Zukunft.

Mit freundlichen Grüßen
Gene

Gene ließ keinen Augenblick ungenutzt, um die Grundlage für einen erfolgreichen zweiten Versuch zu schaffen. Fast sofort wies er seinen Produktionsassistenten Morris Chapnick an, kritische Kommentare aus dem Produktionsbüro, der Crew und verschiedenen Abteilungen bei Desilu zusammenzutragen. Der Bericht war schnell zusammengestellt und vorgelegt. Er datiert vom 6. April 1965 und war nicht gedacht als eine Kritik an irgendwen bei Desilu; und es zeigte sich, daß ein großer Anteil an den Kommentaren sich mit den Aufgaben des Produktionsstabes befaßte. Jeder, der um einen Kommentar gebeten wurde, sollte sich ohne Vorbehalte äußern, alle Kommentare wurden anonym zusammengestellt.

Die Kritik reichte von den Tontechnikern – »wegen des Gefälles der Bühnen 15 und 16 mußten Fundamente gebaut werden, um ein ebenes Bühnenbild zu erhalten. Unglücklicherweise waren die Fundamente und die Bühnenbilder nicht mit einem Isolator ausgelegt worden. Wir hatten auch keine zweischichtige Bodenkonstruktion. Jede Bewegung von Mensch und Maschine, egal wie unbedeutend, wurde von den Mikrofonen aufgezeichnet. Wir sollten eine Art Teppichboden bei den zentralen Bühnenbildern in Erwägung ziehen«, – bis hin zu scheinbaren Kleinigkeiten wie Stufen: »Anstelle der vorhandenen beiden, weit voneinander entfernt liegenden Treppen, die in die Kommandosektion führen, sollte es vier geben. Das würde es möglich machen, daß die Schauspieler nicht durch das halbe Bühnenbild laufen müssen, um in diese Sektion hinabzusteigen.« So ging es dreizehn Seiten lang weiter, was dazu beitrug, die Produktion, die da noch »Star Trek No. 2« genannt wurde, reibungslos zu machen.

Nachdem er den Bericht erhalten hatte, schickte Gene ein Memo an Bob Justman.

Hier die aktuelle Lage in Sachen *Star Trek*: Wir beabsichtigen, am 5. Juli[38] mit den Dreharbeiten zu beginnen. Um Dich mit genügend Zeit für die Vorbereitung zu versorgen, würde ich bis auf weiteres einplanen, daß Du Dich am 7. Juni bei mir meldest. Das ist eine Woche mehr, als im Budget vorgesehen. Wenn wir uns mehr Zeit für die Nachbearbeitung nehmen, könnte es zu Schwierigkeiten kommen. Die könnten aber gelöst werden, indem Du insgesamt als beteiligter Produzent arbeitest und während der Dreharbeiten als Regieassistent. Bereitet das Probleme?

Wir sollten uns in jedem Fall bald zusammensetzen und das Ganze besprechen, und außerdem über die Honorare und andere Bedingungen sprechen, damit ich sie den Geschäftsleuten hier vorlegen kann. Auch würde ich Deine Kommentare hinsichtlich gefährlicher Produktions- und Kostenbereiche schätzen, sobald ich einige grundsätzliche Geschichten habe, an denen ich und zwei andere Autoren arbeiten können.

Der zweite Pilotfilm sollte einen anderen Handlungstyp präsentieren, von dem Desilu und NBC glaubten, daß er besser geeignet

---

[38] Wurde später um zehn Tage nach hinten verlegt.

war, die Serie zu verkaufen. NBC sollte die Wahl haben. Gene schrieb Exposés für zwei Geschichten, »The Omega Glory« und »Mudd's Women«; für die erste schrieb er das Drehbuch, die zweite gab er weiter an Stephen Kandel. Für die dritte Geschichte – einschließlich Drehbuch – holte Gene seinen alten Freund Sam Peeples hinzu. Peeples erhielt zu der Zeit mehr Geld für das Schreiben von Drehbüchern, als das *Star Trek*-Budget sich leisten konnte. Aber dies war eine Gelegenheit, anspruchsvolle Science Fiction zu schreiben, ein Genre, das Peeples liebte. Und er tat es für einen guten Freund, dessen Programmformat er mitentwickelt hatte. Er gab sich mit einem geringeren Honorar zufrieden.[39]

Peeples erinnert sich, daß er in Genes Büro saß, und daß sie mit einer Reihe von Ideen herumspielten, von denen eine den Titel »Where No Man Has Gone Before« trug. Gene mochte den Titel und die Idee und sagte Peeples, er solle daran arbeiten.

Am 10. Juni erhielt Gene ein Memo von Herb Solow, in dem Solows Gespräch mit NBC-Verantwortlichen an diesem Morgen zusammengefaßt wurde. Stephen Kandel war erkrankt, wodurch sich die Fertigstellung von »Mudd's Women« verzögerte. Solow hatte eine Entscheidung getroffen, die weitere Verzögerungen unmöglich machte, und legte NBC lediglich die Drehbücher von Peeples und Roddenberry vor.

Solow erklärte, er vertrete die Auffassung, daß – nachdem er Kandels ersten Entwurf gelesen hatte – »Mudd's Women« für die Pilotepisode ein »wenig zu locker und seicht war und kein gutes Beispiel für die Serie insgesamt bieten würde«.

NBC bevorzugte Genes Drehbuch, aber von »dem Standpunkt aus, ein geradlinigeres Abenteuer zu verfilmen, waren sie der Ansicht, daß Peeples' Drehbuch den ersten Pilotfilm besser ergänzen würde und auch die unterschiedliche Bandbreite der Serie besser zeigen würde. Wie Du weißt, war das auch unsere Ansicht.«

Solow bemerkte noch, NBC sei bekannt, daß Gene das Drehbuch überarbeiten und die Geschichte so verändern würde, daß

---

[39] In dieser Phase seiner Karriere erhielt Peeples mindestens 7500 Dollar für ein Drehbuch, oft um einen Bonus ergänzt, was zu Honoraren von bis zu 12 000 Dollar führte. Den zweiten Pilotfilm schrieb er für 5000 Dollar und fühlte sich damit gerecht behandelt.

die Charaktere früher die Planetenoberfläche erreichten. Er schloß, Gene sollte »Sam Peeples' Drehbuch vorbereiten, sobald Du die Gelegenheit bekommen hast, es umzuschreiben«.
Gene antwortete am nächsten Tag.

Wie schon gesagt, es gibt hier keine Ressentiments dahingehend, welches Drehbuch sie auswählen. Dieses Büro begibt sich nun mit Höchstgeschwindigkeit an die Besetzung und die Vorbereitung. Und mit Enthusiasmus. Unser Ziel ist es, eine Episode zu machen, die *Star Trek* verkaufen wird.

Zu unseren ersten Schritten gehört die Vorbereitung einer Produktionsüberarbeitung des gegenwärtigen Drehbuchs. Damit meinen wir eine schnelle Überarbeitung mit dem Ziel, fotografische Effekte, Spezialeffekte, Bühnenbilder und Drehzeit in eine Form zu bringen, die die Praktikabilität vom Produktionsblickwinkel aus berücksichtigte.

Auch wenn es einige drastische Überarbeitungen geben wird, halten wir es für notwendig, die Produktionsüberarbeitung so schnell wie möglich als Mimeo[40] zu bekommen.

Mit etwas Glück werden wir die Mimeographie noch in dieser Woche erhalten.

Durch den anschließenden Erfolg des Drehbuchs von Peeples entstand später eines der gehässigsten und hartnäckigsten Gerüchte in der *Star Trek*-Mythologie: die Behauptung, Gene habe *Star Trek* von Sam Peeples gestohlen. Sam hatte dazu nur dies zu sagen:

»Nachdem Gene gestorben ist, haben mich Leute aus Hollywood angerufen und gesagt: ›Also Sie haben doch den Bastard Gene gekannt, Sie wissen, was er Ihnen angetan hat‹ Meine Reaktion ist immer die gleiche: ›Hey, Moment mal! Er war ein enger Freund, und er hat mir nie etwas angetan. Und wenn er das doch getan haben sollte, dann geschah es nicht mit Absicht. Und wenn ich ihm etwas getan haben sollte, dann geschah es gleichfalls nicht mit Absicht. Der Mann lebt nicht mehr, er kann sich nicht mehr

---

[40] Das war in den Tagen vor der Xerographie. Mehrere Kopien, also mehr als mit Kohlepapier erreicht werden konnten, wurden durch den mimeographischen Prozeß erstellt, indem eine Wachsmatrize beschriftet wurde, von der Abzüge gemacht wurden.

rechtfertigen. Und ich werde ganz sicher nicht zu denen gehören, die ihn jetzt in die Pfanne hauen.‹«

Sam Peeples unternahm nie irgendwelche rechtlichen Schritte in Verbindung mit *Star Trek*, und er ist heute glücklich und stolz, von sich sagen zu können, daß Gene und er Freunde waren. Peeples betont auch, daß *Star Trek* Genes Schöpfung war, und daß er (Peeples) geholt worden war, um ein Drehbuch zu schreiben, das auf Genes Vorgaben beruhte, die Jahre zuvor entstanden waren.

Es steht außer Frage, daß Sam Peeples mit zur Entstehung von *Star Trek* beigetragen hat, da er ein Experte auf dem Gebiet der Science Fiction und – noch viel wichtiger – ein Freund war, dessen Meinung Gene schätzte. Die beiden führten oft hitzige Diskussionen über die Definition und die Grenzen purer Science Fiction als Gegenstück zur Fantasy. Aber diese Diskussionen bewegten sich auf dem gleichen Niveau wie die Streitgespräche, die Gene mit Chief Parker führte – eifrige intellektuelle Gefechte, die nie persönlich waren.

Peeples erinnerte sich an ein Buch, das eine wesentliche Rolle in der Entwicklung des Science Fiction-Formats spielte: *Last and First Men* von Olaf Stapledon. Es erschien erstmals 1930 und war nur schwer aufzutreiben. Peeples erinnert sich, wie Gene ein Exemplar erhielt:

»Ich hatte bei 20th Century Fox an einem Kinofilm gearbeitet. Das war im Oktober '63, und ich glaube, es war in dieser Zeit oder vielleicht ein wenig später, als er bei mir vorbeikam, um einen Blick auf die Magazine zu werfen. Ich wußte bereits von dem Projekt [*Star Trek*], weil Dorothy Fontana mich angerufen und nach einem Exemplar von *Last and First Men* gefragt hatte. Ich sagte, ich besitze ein Exemplar. Ich zögerte aber, es auszuleihen, weil es nur noch schwer erhältlich war. Gene rief mich an und fragte, ob er es sich ausleihen dürfe. Ich war einverstanden. Wenn ich mich richtig erinnere, schickte ich einen Begleitbrief, in dem ich hervorhob, daß die Idee der ›Future History‹ (›Geschichte der Zukunft‹), wie sie sich in *Last and First Men* fand, ein Science Fiction-Standard sei. Robert Heinlein hatte zum Beispiel seine ›Future History‹. Ich kannte beide sehr gut, so daß ich von Freunden sprechen kann. Ich glaube, daß niemand von ihnen – Gene Roddenberry eingeschlossen – dem guten alten Stapledon etwas schuldete, auch wenn die grundsätzliche Idee wohl aus seinem Buch *Last and First Men* stammte.«

Sam Peeples arbeitete auch in den frühen siebziger Jahren mit Gene zusammen, als er die Pilotepisode für die *Star Trek*-Zeichentrickserie schrieb, dann noch einmal später in den siebziger Jahren, als er mit Gene zusammen an *The Tribunes* arbeitete, einem Pilotfilm, der sich nicht verkaufte. Und noch einmal bei *Spectre*, eine Fantasy-Geschichte, die in England gedreht und als »Film der Woche« ausgestrahlt wurde.

Ohne einen Star mußte Gene eine neue Gruppe Schauspieler für seinen zweiten Pilotfilm zusammenbekommen. Die Suche nach dem Captain begann wieder von vorne. Außerdem hatte NBC Bedenken gegen die Rolle der »Nummer Eins« angemeldet, die daraufhin zwar aus dem Konzept gestrichen wurde, aber viele Charakterzüge an Mr. Spock vererbte, der nach wie vor von Leonard Nimoy gespielt wurde. Er war damit der einzige Schauspieler, der aus dem ersten Pilotfilm übernommen wurde. NBC sprach sich auch gegen diese Figur aus, aber Gene, der von Oscar Katz Rückendeckung erhielt, blieb hart – sowohl Spock als auch seine Ohren blieben erhalten.

Das bedeutete nicht zwangsläufig, daß Leonard Nimoy von der Aussicht begeistert war, im Fernsehen mit spitzen Ohren aufzutreten. Gene versprach ihm, nach ein paar Episoden einen Weg zu finden, seine Ohren zu »stutzen«[41], wenn er die Ohren wirklich so haßte. Nimoy war ein seriöser Schauspieler, der ganz in seiner Arbeit aufging, wie sich in seiner Autobiographie *I Am Not Spock* von 1977 zeigte:

> Viele Jahre lang machten die PR-Leute in Hollywood der Öffentlichkeit weis, daß Stars auf der Straße entdeckt werden. Das war sehr gute Öffentlichkeitsarbeit. Es brachte jeden jungen Mann und jede junge Frau dazu, von der Möglichkeit zu träumen, »entdeckt« zu werden. Das war zwar gut für die Kinokassen, aber es machte Schauspielerei als Kunstform zum Gespött der Leute.

---

[41] NBC wartete nicht so lange, sondern veröffentlichte mindestens ein PR-Foto, auf dem Spocks Ohren und Augenbrauen per Airbrush »normalisiert« worden waren.

Tracy und Cagney konnten die Frage »Wie machen Sie das?« sehr einfach beantworten. Diese Einfachheit zeigte sich ganz wunderbar in ihrer Arbeit. Denn dahinter steckten Jahre der Anstrengung, des Lernens, des Versuchens und Versagens, bis der ganze Ballast, mit dem die meisten Schauspieler anfangen, abgeworfen worden war und nur die Klarheit der zur Perfektion entwickelten Arbeit übrigblieb.

Natürlich ist jede Karriere auch mit Glück verbunden. Viele sehr gute Schauspieler erhalten nie die Gelegenheit, breite Anerkennung zu erzielen. Das geschieht nur dann, wenn sich für die richtige Rolle im richtigen Medium der geeignete Darsteller findet.

Es schien so, als habe Nimoy die richtige Rolle im richtigen Medium gefunden, auch wenn er das nur zögernd akzeptieren wollte. Möglicherweise mehr als jeder andere *Star Trek*-Schauspieler sollte Nimoy für den Rest seines Lebens mit seinem vulkanischen Alter Ego verbunden sein.

Die wichtigste Rolle, die des neuen Enterprise-Captains James T. Kirk, ging an den gebürtigen Kanadier William Shatner. Shatner hatte einen guten Ruf beim Studio und beim Network, und das aus gutem Grund. Seine Rollen vor *Star Trek* waren sehr beeindruckend. Shatner war Teil einer Schauspielergruppe, er hatte solide Arbeit geleistet in Bühnenrollen, Filmen und anspruchsvollen dramatischen Fernsehproduktionen. In seinem ersten Film im Jahr 1958, *The Brothers Karamazov*, spielte er die Rolle des Alexei. Zu seinen Fernsehauftritten zählten *Playhouse 90, Armstrong Circle Theater, Goodyear Playhouse* sowie eine Reihe von Gastauftritten in den besseren Serien, die das Fernsehen zu bieten hatte, darunter in *The Twilight Zone*.[42] Auch wenn er nicht über die breite Bekanntheit verfügte, die sofort das Interesse des Publikums für die Serie wecken würde, hatte er etwas, was fast so gut war: Anerkennung bei den Studio-Obersten. Shatner zu bekommen, würde für *Star Trek* ein wahrer Coup sein. Shatners dreizehnteilige Serie *For the People* war gerade ausgelaufen und wurde trotz der guten Kritiken nicht verlängert, somit stand er zur Verfügung. Joe D'Agosta erinnert sich, daß »Shatner sich

---

[42] Shatner spielte den Passagier in der *Twilight Zone*-Episode »Nightmare at 20.000 Feet«. Der Flugzeugpilot war Ed Kemmer, der in *Space Patrol* die Rolle des Commander Corry spielte.

im gleichen Aufwind befand wie Clint Eastwood und Steve McQueen«.[43] Shatner besaß auch noch einen anderen Vorteil: Er wurde von Ashley Famous vertreten, der gleichen Agentur, bei der auch Desilu und Gene waren.

Shatners Agentur erzielte den größtmöglichen Vorteil, indem sie eine stattliche Gage und einen Bonus aushandelte, der sich letztlich bezahlt machen sollte: Der Vertrag brachte Shatner pro Woche 5000 Dollar ein, zudem zwanzig Prozent seiner ursprünglichen Gage für jede der ersten fünf Wiederholungen sowie den Bonus – zwanzig Prozent des Reingewinns, wenn die Serie jemals auf Sendung gehen sollte.[44] Sollte sich die Serie als erfolgreich erweisen und fortgesetzt werden, würde Shatner für jedes Jahr pro Episode 500 Dollar mehr bekommen.

Die anderen Schauspieler, die unter Vertrag genommen wurden, waren nicht so bekannt und besaßen nicht Shatners Ruf. Daher erhielten sie so wenig wie möglich. Ein Produktionsmemo vom 31. Mai 1966 zeigt die ungleiche Verteilung.

Leonard Nimoy, der Nebendarsteller und noch weit davon entfernt war, bekannt zu sein, der aber schon bald ein landesweites Phänomen werden sollte, erhielt 1250 Dollar pro Woche. Die Vergütung für Wiederholungen errechnete sich nach den Sätzen der Screen Actors Guild (SAG, die Schauspielergewerkschaft): zusätzlich zehn Prozent. DeForest Kelley erhielt 850 Dollar pro Episode, für die Wiederholungen erhielt er die Hälfte der ursprünglichen Gage. Grace Lee Whitney erhielt 750 Dollar und eine Vergütung für Wiederholungen nach der Gebührenverordnung der SAG, George Takei erhielt 600 Dollar pro Episode und SAG-Vergütung, James Doohan 850 Dollar pro Episode und SAG-Vergütung in Höhe von 11 Prozent für Wiederholun-

---

[43] D'Agosta war der Ansicht, daß *Wanted: Dead or Alive* und *Rawhide* McQueens bzw. Eastwoods Karriere einen maßgeblichen Auftrieb versetzte. Shatners Karriere dagegen endete mit *Star Trek*. McQueens und Eastwoods Fernseharbeiten blieben einfach nur in guter Erinnerung, Shatner wurde Zeit seines Lebens mit seiner Rolle identifiziert.

[44] Der Gewinn wurde folgendermaßen verteilt: je 26 $\frac{2}{3}$ Prozent für NBC, Desilu und Norway Corporation (Genes eigener Dienstleistungsgesellschaft); die verbleibenden 20 Prozent gingen an Shatner. Shatners Scheidung von seiner Frau Gloria halbierte zwar letztlich diesen Bonus, aber viele Jahre später warf der Vertrag einen Gewinn ab, der immer noch eine Menge Geld bedeutete.

gen. Nichelle Nichols erhielt zwischen 600 und 800 Dollar pro Episode.

So wie jeder Produzent arbeitete Gene kostenbewußt, drehte jeden Cent zweimal um und versuchte, seine Ressourcen so weit wie möglich zu strecken. Am 6. Juli schickte er eine kurze Notiz an Alexander Courage, der die Musik produzierte.

> Beigefügt übersende ich ein Drehbuch unseres neuen *Star Trek*-Abenteuers »Where No Man Has Gone Before«.
> Es war für mich nie eine Frage, daß Sie der richtige Mann für diesen Job wären. Ich hoffe, daß diese Episode uns über den Berg bringen und der Anfang einer langen Zusammenarbeit sein wird.
> Wie Sie vielleicht wissen, ist eines der wichtigsten Dinge, die wir mit dieser Episode beweisen müssen, daß wir *Star Trek* innerhalb des gesetzten Budgets fertigstellen können. Ich hoffe, daß wir mindestens die Hälfte der Musik aus dem ersten Pilotfilm verwenden können und den Rest mit einem Blick darauf entwickeln, das Bestmögliche mit so wenig Leuten wie möglich in der kürzestmöglichen Zeit zu tun. Weil dies so wichtig ist, ist es wohl sinnvoll, wenn Sie dieses Drehbuch frühzeitig erhalten, damit Sie sich darüber Gedanken machen können.

Aufgrund verschiedener Verzögerungen begann die Produktion von »Where No Man Has Gone Before« erst am Donnerstag, dem 15. Juli 1965. Gene war Produzent, James Goldstone der Regisseur, Robert Justman der Regieassistent, James Paisley der Produktionsleiter. Die Dreharbeiten begannen am folgenden Montag, dem 19. Juli, in Desilus Culver City-Anlage im Studio 15 mit Innenaufnahmen vom Besprechungsraum des Schiffs, von den Korridoren und vom Transporterraum. Die zweite Pilotfilm, für den viele bereits für den ersten Film gebaute Bühnenbilder verwendet wurden, kostete weniger als 300 000 Dollar.

Star Trek war nicht das einzige Projekt, mit dem sich Gene in dieser Zeit beschäftigte. *Assignment 100* wurde, nun mit dem Titeländerung *Police Story*, im August gedreht. Beim Pilotfilm führte Vincent McEveety Regie, der in dieser Position später auch sechsmal bei *Star Trek* tätig werden sollte. DeForest Kelley, Grace Lee Whitney und Malachi Throne als Polizeichef spielten in diesem letztlich erfolglosen Pilotfilm. Daß es kein Erfolg wurde, lag aber nicht etwa daran, daß Gene sich nur halbherzig damit befaßt hatte. Auch in diesen Pilotfilm hatte er viel Arbeit und Zeit investiert und seine Beziehungen spielen lassen, um Throne mit einem echten Polizeichef zusammenzubringen, weil er hoffte, daß dies der Serie größere Realitätsnähe verleihen würde. Am 12. August schrieb Gene einen Brief an Chief Parker, in dem er sich für dessen Hilfe bedankte. So wie üblich – wenn er mit einem Freund korrespondierte – ließ Gene einen Teil des Denkprozesses erkennen, der hinter seiner Kreativität steckte.

> Wie ich Ihnen vor kurzem in unserem Telefonat bereits angedeutet habe, hatte wir nicht die Absicht, mit dieser Rolle »William H. Parker« darzustellen. Aber ich bin bestrebt, daß das Büro unserer Hauptfigur die vielfältigen Belastungen und Aufgaben eines echten Polizeichefs zeigt, und daß seine Darstellung einen Mann erkennen läßt mit einer emotionalen und intellektuellen Stärke, die Sie verkörpern. Ich habe gehört, daß Sie heute vierzehn Jahre im Amt sind. Ich bin sicher, daß Sie sich noch besser als ich an jene Zeitungsberichte erinnern, die Ihnen keine sechs Monate gaben. Ich weiß nicht, ob ich Ihnen gratulieren oder kondolieren soll. Denn da ich einige Zeit für Sie gearbeitet habe, kann ich nachempfinden, wie schlimm es war.
> Was die Polizeiserie angeht, würde ich sie gerne an einem Ihnen genehmen Termin besprechen. Auch wenn wir in manchen Dingen so anderer Meinung sind, so wissen Sie auch, daß wir uns in vielen anderen viel näher sind, als Sie ahnen.
> Und ich betrachte mich gerne als durch und durch professionellen Autor, dessen Figuren viele Ansichten verkörpern und dessen Drehbücher kein Medium für persönliche Propaganda sind, sondern die Auseinandersetzung mit verschiedenen Blickwinkeln.

Als würde *Police Story* und *Star Trek* Gene nicht auslasten, hatte er seinem guten Freund Sam Rolfe – dem Autor und Produzenten von *Have Gun Will Travel* – versprochen, daß er den Pilotfilm für Rolfes jüngstes Werk produzieren würde, *The Long Hunt of April Savage*. Damit verbunden waren zwei Wochen Dreharbeiten in den Bergen um Big Bear im Angeles National Forest, der sich 150 Kilometer von Los Angeles entfernt befand.

Nebenbei schaffte es Gene auch noch, sich die Zeit zu nehmen, um Leonard Nimoy einen Gefallen zu tun. Die beiden hatten über Nimoys Ambitionen gesprochen, sich in Richtung Regie und Produktion zu orientieren. Um diesem Ziel näherzukommen, schickte Gene einen Brief an seinen alten Freund bei MGM, Norman Felton, den Produzenten von *The Man from U.N.C.L.E.*

> Lieber Norman,
> Leonard Nimoy – ich glaube, Du kennst ihn, und ich habe bereits meinen Respekt für sein Talent und sein Potential angedeutet – strebt ernsthaft danach, später einmal von der Schauspielerei zur Regie oder zur Produktion zu wechseln. Er hat eine hohe Meinung von Dir – und von der Tatsache, daß Du und David Victor sich für junge Leute mit Potential und Ambition interessieren. Er hat mich um Erlaubnis gebeten (und sie erhalten) bei einer unserer Episoden zuzusehen[45], und er hat mich gebeten, Dir ein Empfehlungsschreiben in dieser Sache zu schicken.
> Fühle Dich bitte nicht aus persönlichen Gründen mir gegenüber verpflichtet. Ich kenne, mag und respektiere Nimoy, aber ich verweise ihn an Dich ausschließlich auf einer beruflichen Grundlage als jemand, der mehr als durchschnittliches Talent in dieser Richtung zeigt.

Einen ähnlichen Brief schickte er an David Victor, einen anderen Freund und Produzenten von *U.N.C.L.E.* Der reagierte mit einer kurzen Notiz, daß er sich freuen würde, Leonard Nimoy bei einer ihrer *U.N.C.L.E.*-Episoden volontieren zu lassen. Victor fügte hinzu: »Ich hoffe, daß er eines Tages ein sehr erfolgreicher Regisseur sein wird.«

Im Oktober äußerste sich Gene zur öffentlichen Präsentation des ersten *Star Trek*-Pilotfilms durch NBC.

> Eine Sache, die wir bislang bei all unseren *Star Trek*-Drehbüchern entdeckt haben, ist die Tendenz, etwas zu komplex und Science Fiction-haft zu werden. Das ist gewiß auch meine Schuld, da ich die Serienbeschreibung verfaßt habe. Und im ersten Pilotfilm mußten wir eine Menge Science Fiction-Geschwafel auf dem Boden des Schneideraums zurücklassen, um eine Geschichte über Menschen entstehen zu lassen, nicht eine über Theoreme und technische Spielereien.

---

[45] Im wesentlichen als ein nicht bezahlter Praktikant, der zusieht und Fragen stellt, aber nicht mitwirkt.

Ich habe mit Bleistift ein paar Veränderungen an der NBC-Präsentation vorgenommen – vermutlich werden Sie selbst noch mehr finden. Es sind nur Vorschläge, entstanden aus unserer eigenen Erfahrung. Ich hoffe, sie sind hilfreich.

Ansonsten sieht es aufregend und nützlich aus. Viel Glück.
Herzliche Grüße
GR

Anfang Dezember beendete Gene die Arbeit am Text zum *Star Trek*-Thema und schickte ihn an Ed Perlstein. Die Texte sollten nur eine winzige Einnahmequelle sein, aber sie reduzierten die Honorare für den Komponisten Alexander Courage auf die Hälfte und führten zu einiger Verbitterung auf dessen Seite. Zweieinhalb Jahre später, am 3. Oktober 1967, schrieb Gene an Courage in dem Versuch, Klarheit zu schaffen:

Lieber Sandy,
nach unserem Telefonat habe ich mich hingesetzt und einige Zeit damit verbracht, alte Unterlagen durchzusehen und mein Gedächtnis auf Trab zu bringen hinsichtlich unserer so lange zurückliegenden Unterhaltung über die *Star Trek*-Musik. Vielleicht wird das folgende Dein Gedächtnis auffrischen: In meinem alten Büro, dem kleinen Bungalow gegenüber dem Studio, saßen wir an einem Nachmittag zusammen und vereinbarten, die Urheberschaft für die Musik zu teilen. Ich erinnere mich noch ganz genau, daß Du den Kopf schütteltest und sagtest, daß Du es natürlich vorziehen würdest, das Geld für das Thema nicht zu teilen. Aber da wir bei dem Konzept so eng zusammengearbeitet haben, würdest Du damit einverstanden sein. Vielleicht erinnerst Du Dich, daß ich Dich kurz darauf mit der Musik zu *Police Story* beauftragte, die sich leider nicht verkaufte, und dabei nicht um eine ähnliche Vereinbarung bat, da ich keine konkrete Vorstellung von der Musik hatte und nicht erwartete, daß wir ähnlich eng zusammenarbeiten würden.

Ich glaube, Du weißt, daß es nie meine Art gewesen ist, unfair zu sein. Auf der anderen Seite habe ich einen Handschlag stets als so verbindlich wie eine schriftliche Vereinbarung betrachtet – oder als noch bindender. Ich bin sicher, Du empfindest so wie ich und beabsichtigst nicht, gegen eine solche Abmachung zu verstoßen.

Ich übersende Dir das Beigefügte, in der Hoffnung, daß ein Hinweis auf Deine alten Notizen zum Thema Dich an diese Unterhaltung erinnern wird.
Mit freundlichen Grüßen

Der zweite Pilotfilm wurde NBC übergeben, wo man sah, daß er das Versprechen einer Action/Abenteuer-Handlung erfüllte, das Gene und Desilu gegeben hatten. Im Februar 1966 teilte NBC Desilu mit, daß man die Serie kaufen werde. NBC war der Ansicht, daß man sie an die Werbestrategen verkaufen konnte, und nahm sie ins Herbstprogramm auf.

KAPITEL 9

Gene hatte nun knapp sechs Monate Zeit, um ein Team auf die Beine zu stellen, das jede Woche eine neue Episode produzieren konnte, auf einem qualitativen Niveau, das dem des Pilotfilms entsprach. Es war eine unmögliche Aufgabe.

Er wollte seinen Produktionsstab nicht blind aussuchen und zog es vor, mit bekannten Größen zu arbeiten. Er beabsichtigte darüber hinaus, intelligente Leute um sich zu scharen. Als Autor wußte Gene, daß jede gute Serie beim Drehbuch beginnt. Ohne die solide Grundlage einer guten Geschichte und eines guten Dialogs würde das beste Produktionsteam der Welt nichts Konkurrenzfähiges zustande bringen.

Morris Chapnick, Genes Produktionsassistent, sprach privat mit einer Reihe von Produzenten und Redakteuren in der Stadt, um ihre Meinung über Autoren zu hören. Nachfolgend ein Auszug aus der sich daraus ergebenden Liste und die allgemeinen Kommentare:

Robert Culp	Hervorragender Autor, der etwas mitzuteilen hat
Peter A. Fields[1]	hervorragend – im Aufstieg
Dean Hargrove	hervorragend, ein aufstrebendes Talent
Ken Kolb	hervorragend, ein aufstrebendes Talent
Alvin Sapinsley	hervorragend, ein Poet

So ging es einige Seiten lang weiter.

Gene nahm mit einem Freund Kontakt auf, der seine Beurteilung wie folgt zusammenstellte:

---

[1] Schrieb für *The Next Generation* das Drehbuch zu »Half A Life« und schreibt jetzt für *Deep Space Nine*.

Robert Sheckley	sehr gut
Ray Russell	Ehemaliger *Playboy*-Redakteur, zur Zeit bei Warner Brothers. Sprich ihn auf Science Fiction-Autoren an!
Harlan Ellison	sonderbar, aber talentiert
Poul Anderson	sehr produktiv
George Clayton Johnson	Hat gerade eine Episode für *Mr. Novak* geschrieben, lebt in Pacoima.

Robert A. Heinlein, Isaac Asimov, Richard Matheson und Arthur Clarke wurden ebenfalls aufgeführt, aber nicht kommentiert.

Am 15. März hatte Gene eine weitere Informationsbroschüre für Autoren und Regisseure erstellt, die an potentielle Autoren für seine Serie verschickt werden sollte. Er versuchte weiter angesehene Science Fiction-Autoren zu beschäftigen, machte sich aber Sorgen über mögliche negative Auswirkungen. Am 22. März 1966 schrieb er an Bernie Weitzman in der Abteilung Business Affairs.

> Lieber Bernie,
> ich habe das kürzlich in einer *Star Trek*-Produktionsbesprechung angemerkt und möchte hiermit noch einmal betonen, daß wir unsere Versicherungsbedingungen für Plagiate prüfen und analysieren sollten.
>
> Es geht darum, daß ich von einer Reihe befreundeter Science Fiction-Autoren gewarnt worden bin: Die gesamte Science Fiction-Autorenschar ist in heller Aufregung, weil sie einen großangelegten Diebstahl ihrer Science Fiction-Geschichten durch das Fernsehen und das Kino befürchtet. Einige aus dieser Gruppe sind dabei sehr unsachlich. Ich glaube, wir müssen akzeptieren, daß die Science Fiction ein ganz spezieller Bereich ist, in dem bestimmten Themen und Situationen wieder und wieder auftauchen. Beispielsweise wurde meine eigene »Mann im Käfig«-Idee von *Star Trek #1* [also im ersten Pilotfilm »The Cage«] in der Science Fiction zweifellos Dutzende Male behandelt. Es ist sehr seltsam, daß Plots, die sich in mehreren Western wiederfinden, offenbar niemanden stören, während bereits grundlegende, keinem Copyright unterliegende Situationen in der Science Fiction Probleme mit sich bringen.
>
> Wir können so viele Science Fiction-Originalideen kaufen, wie wir

wollen, und werden uns trotzdem selbst unter den bestmöglichen Umständen und mit der besten Kontrolle überdurchschnittlich viele Klagen einhandeln. Ich möchte noch einmal betonen, daß Science Fiction eine sehr sonderbare Gattung ist, bei der völlig andere rechtliche Konsequenzen zu erwarten sind als bei anderen Serientypen.

Gene Roddenberry

Am 22. März hatte Gene die folgenden Autoren gewonnen:

John D. F. Black	Richard Matheson
Robert Bloch	Jerry Sohl
Oliver Crawford	Adrian Spies
Harlan Ellison	Barry Trivers
Lee Erwin	A. E. Van Vogt
George Clayton Johnson	Shimon Wincelberg
Norman Katkov	

Der prominenteste Science Fiction-Autor in dieser Gruppe war Van Vogt, einer der Autoren, die das Golden Age der Science Fiction mitbegründeten, das seinen Ursprung in dem 1939 von John W. Campbell herausgegebenen Magazin *Astounding Science Fiction* hatte. Van Vogt war ein Meister der verzwickten und abstrakten Space Opera und einer von vielen angesehenen Science Fiction-Autoren, die nicht in der Lage waren, sich auf das Medium Fernsehen umzustellen. Seine verwickelten Handlungsstränge, die den Leser in weite, unerforschte Gebiete der Phantasie zu entführen vermochten, konnten einfach nicht fürs Fernsehen umgesetzt und an die engen finanziellen und zeitlichen Limits dieses Mediums angepaßt werden.

Während die Autoren an ihren eigenen Handlungsideen arbeiteten, machte sich Gene über andere Bereiche von *Star Trek* Gedanken, die er am 14. April 1966 in einem Memo, das sich mit der Figur der Yeoman befaßte, an Bob Justman erläuterte.

Wir haben uns damit beschäftigt, der Yeoman zusätzliche Aufgaben zu geben, ihre Rolle etwas ausgewogener zu machen und ihr Aufgaben zu geben, die sie zu einem glaubwürdigen Teil von Landetrupps machen, wo wir sie ja auch haben wollen. Nun wurde vorgeschlagen, daß sie als Teil ihrer Standardausrüstung ein über die Schulter zu tragendes Aufzeichnungsgerät/Kamera erhält, mit dem sie Logbucheintragungen des Captains jederzeit aufzeichnen kann, sowie elektronische Bilddokumente von Gegenständen, Orten etc. Ich habe mir noch keine Gedanken gemacht, wie das aussehen sollte, aber vielleicht sollte es auch als Spielzeug für Mädchen geeignet sein.

Am 20. April 1966 schickte Gene ein langes, detailliertes Memo an alle Beteiligten, in dem die Stammbesetzung endgültig festgelegt wurde. Damit ergänzte er seine vorherigen Informationen für Autoren und Regisseure vom 15. März 1966. In diesem Memo hatte Gene das Problem des oben angesprochenen Geräts für die Yeoman gelöst und beschrieb es als »eine kleine, über die Schulter zu tragendes Kassette, einen ›Tricorder‹, so groß wie eine kleine Handtasche, eine elektronische Tonband-Kamera-Kombination, ein Gerät der Zukunft, mit dem der Captain jederzeit Logbucheintragungen und andere Aufzeichnungen vornehmen kann. Diese werden später in den Schiffscomputer übertragen und sind ein Teil des regulären Logbuchs des Captains.« Gene änderte auch seine Meinung und benannte den »Transicator« in »Kommunikator« um, jenes Gerät, das in der Hand gehalten und dazu verwendet wurde, um von Person zu Person oder von einem Planeten mit dem Schiff zu kommunizieren.

Auch wenn die ersten Memos sehr detailliert und umfassend schienen, erkannte Gene, daß seine Informationen für Autoren und Regisseure nicht ausreichend waren. Am 2. Mai 1966 verschickte er einige ergänzende Seiten mit dem Hinweis: »Nach einer Reihe von Exposés und frühen Drehbuchentwürfen ist offensichtlich geworden, daß wir einige grundlegende Aspekte nicht erläutert haben.« Zu den ersten Punkten gehörte die Frage: »Was macht das *Star Trek*-Drehbuchformat aus?«

    a. Teaser. Vorzugsweise drei Seiten oder weniger. Captain Kirks Stimme als Off-Kommentar eröffnet die Episode, erklärt kurz, wo wir uns befinden und wie die Lage ist. Dem folgt üblicherweise eine kurze Spielszene, die mit dem »Haken« am Teaser-Ende schließt.
    b. Titelsequenz.
    c. Vier Akte. Captain Kirks Off-Kommentar ist für die Eröffnung der Akte nicht zwingend vorgeschrieben, aber empfehlenswert. Das gibt *Star Trek* nicht nur eine persönliche Note, sondern hilft uns auch, Erklärungen schnell hinter uns zu bringen und zur Tat zu

schreiten. *Hinweis:* Unsere wichtigste Handlungsunterbrechung, die jedes Exposé enthalten *muß*, befindet sich am Ende des zweiten Aktes. Hier ist ein Spannungsmoment als Köder unbedingt erforderlich. Captain Kirks Off-Kommentar kann auch innerhalb eines Aktes nützlich sein, wenn er die Handlung voranbringt und hilft, einen Zeitsprung oder Wechsel des Ortes zu überbrücken.
    d. Epilog. Wahlweise. Wenn er eingesetzt wird, sollte er knapp gehalten werden, nicht mehr als ein oder zwei Seiten.

Zahlreiche weitere Fragen wurden gestellt und beantwortet. Dann fuhr der Text fort:

Haben sich in Ihren frühen Geschichten und Exposés grundsätzliche Probleme gezeigt?
    a. *Unglaubwürdigkeit der Charaktere oder der Motive.* Aus irgendwelchen Gründen tendieren einige Autoren dazu, die Glaubwürdigkeit zu vernachlässigen, wenn die Geschichte in der Zukunft spielt. Science Fiction unterscheidet sich nicht von den Geschichten der Gegenwart oder der Vergangenheit – *die zentralen Figuren und die Crew unseres Raumschiffs müssen aus glaubwürdigen Motiven heraus handeln. Die Zuschauer müssen sich mit ihnen so identifizieren können wie mit den Figuren, die in einer Polizei-, Krankenhaus- oder Westernserie agieren.*
    b. *Unlogische Situationen.* Es wäre wohl kaum glaubhaft, wenn sich auf einem Schiff der Marine zahllose Abtrünnige oder Meuterer befinden würden. Oder daß ein Captain der Navy sein Schiff und seine Crew wegen einer philosophischen Meinungsverschiedenheit mit einem fremden Land in Gefahr bringen würde. Wir wollen das Exotische, das Unerklärbare, das Furchtbare – aber nicht auf der U.S.S. Enterprise, in ihrer Organisation und auf ihrer Mission. *Das Schiff und seine Figuren sind die Verbindung unserer Zuschauer zur Realität.*
    c. *Intellektuelle anstelle von körperlichen oder emotionalen Konflikten.* Es ist schwierig, aus philosophischen Konflikten eine gute Geschichte zu entwickeln. Wir hatten einige interessante Analysen möglicher fremder Zivilisationen, sozio-ökonomische Spekulationen, die uns hervorragend erschienen. Aber die Charaktere »saßen und redeten« vorwiegend, anstatt zu »fühlen, sich zu bewegen und etwas zu tun«. Sie scheitern an einer grundlegenden Frage: Würde die *grundsätzliche Handlung* ohne den Science Fiction-Aspekt für eine andere, Nicht-Science Fiction-Serie eine gute Episode abgeben? Lachen Sie nicht. Versuchen Sie es.

Können uns die Science Fiction-Profis irgendwelche hilfreichen Hinweise geben?
Folgendes: Hüten Sie sich, von dem Wunderbaren mitgerissen zu werden! Binden Sie die Handlung an die Figuren, an ihre Bedürfnisse, Ängste und Konflikte; die Qualität einer Science Fiction-Geschichte ist immer umgekehrt proportional zum Anspruch, den ein Autor ihr beimißt.

Und schließlich:

Müssen die Besatzungsmitglieder des Raumschiffs vollkommen sein?
Nein, Sie laufen Gefahr, *zu* optimistisch zu sein. Wir wollen Figuren mit jeder glaubwürdigen Kombination aus Stärken, Schwächen und Vorlieben. Glaubwürdigkeit ist hier wieder das Schlüsselwort. Welcher Typ Mensch ist als Besatzungsmitglied eines solchen Schiffs geeignet? Ganz offensichtlich wird die Crew besser ausgewählt und ausgebildet sein als die wild zusammengewürfelte Gruppe in *Mister Roberts*. (Comedy/Abenteuer-Serie, 1965-66, die im Zweiten Weltkrieg spielt; Anm. d. Übers.) Auf der anderen Seite hoffen wir aber auch, daß sie nicht zu steif sind, um sich die Freiheit zu nehmen, die besonderen Annehmlichkeiten in einer exotischen Stadt zu genießen. (Möglicherweise steckt darin ja schon eine Geschichte.)

Am gleichen Tag, an dem diese Ergänzung verschickt wurde, verteilte Gene auch seine Charakteranalyse von Mr. Spock - eine interessante Entwicklungsstufe der Figur zu diesem frühen Zeitpunkt.

Mr. Spock ist der Wissenschaftsoffizier des Schiffs, er betreut alle wissenschaftlichen Abteilungen und das wissenschaftliche Personal auf der U.S.S. Enterprise. In dieser Funktion ist er der zweithöchste Offizier des Schiffs.

Dann folgt eine detaillierte Beschreibung seiner Aufgaben und der Arbeitsstation sowie seiner Vorgeschichte.

Mr. Spocks Mutter war ein Mensch, sein Vater stammte von einem anderen - noch nicht mit Namen versehenen - Planeten.[2] Diese

---

[2] Dies ist angesichts des Memo-Datums ein wenig irreführend. Ein anderer Briefwechsel, der mit einem Memo von Bob Justman am 3. Mai 1966 begann, befaßt sich ausführlich mit dem Namen der Heimatwelt von Spock: Vulkan.

Kombination aus Mensch und Außerirdischem führt zu Mr. Spocks leicht exotischem Aussehen, mit der gelblichen Hautfarbe und satanisch spitzen Ohren. Er ist daher biologisch, gefühlsmäßig und sogar intellektuell ein Halbblut.

Wir wissen einige Dinge über Mr. Spocks Welt, andere Dinge werden wir im Lauf der Serie entwickeln. Beispielsweise sind die etwas größeren und gewölbten Ohren durch die physikalische Tatsache begründet, daß die Atmosphäre auf seiner Heimatwelt etwas dünner als auf der Erde ist – was ein empfindlicheres Gehör erforderlich macht. Daher sind seine Sinnesorgange besser ausgebildet als unsere. Da sein Heimatplanet trockener und heißer als die Erde ist, kann Spock sich höheren Temperaturen aussetzen und länger ohne Wasser auskommen.

Als Gegensatz zu seinem satanischen Äußeren ist Mr. Spock ein erklärter Vegetarier. Der Gedanke, tierisches Fleisch zu sich zu nehmen – ob gekocht oder nicht –, widerstrebt ihm zutiefst. Sogar seine vegetarische Ernährung ist beschränkt auf die einfachsten pflanzlichen Lebensformen.

Hypnose ist auf Spocks Heimatwelt alltäglich und eine Folge der intellektuellen Intensität der dortigen Kultur. Sie ist ein Teil des ökonomischen, gesellschaftlichen und sexuellen Lebens. Er besitzt diese Fähigkeit – doch wenn wir sie einsetzen, begeben wir uns nie in Hypnose-Phantasien. Er setzt diese Fähigkeit aber nur selten ein; das mußte Spock versichern, um in seine gegenwärtige Stellung gelangen und unter Menschen leben zu können.

Zu Spocks Heimatwelt: Die kulturelle Vorgeschichte ist stoischer Art, vielleicht ähnlich der Richtung, die einst von unserer griechischen Zivilisation eingeschlagen wurde. Aber über die Jahrhunderte hinweg hat sich Spocks Planet noch weiter entwickelt – Gefühle wurde immer stärker unterdrückt, bis sie zu etwas Bösem, sogar Schmutzigem wurden und den Punkt erreichten, an dem niemand zu seinen Gefühlen steht und man sogar stolz darauf war, keine Gefühle zu empfinden. Das führte wahrscheinlich zum Bedürfnis nach Hypnose als Teil des Geschlechtsaktes, und wir erfahren möglicherweise mit der Zeit, daß die Liebe auf Spocks Welt etwas brutaler ist, als es unter ästhetischen Gesichtspunkten der Menschen angenehm ist. (Solange NBC seine Einstellung nicht ändert, werden wir wahrscheinlich nicht sofort ein Drehbuch verfilmen können, das sich mit diesem Thema beschäftigt.)

Spocks »hypnotisches« Aussehen spricht allerdings die Frauen der Erde stark an. Er übernimmt alle denkbaren Anstrengungen, um den Kontakt mit ihnen zu vermeiden. Dazu gibt es auch eine Vorgeschichte: Viele Jahre zuvor, als Mr. Spock seinen Dienst aufnahm, ging er mit dieser Wirkung unvorsichtig um, vielleicht genoß er sogar diese sonderbare Wirkung auf Frauen von der Erde. Aber daraus entstanden schnell persönliche und dienstliche Probleme. Seine »Liebe« überstieg bei weitem das, was Menschen akzeptierten, und die Auswirkungen auf Erdfrauen hielten länger an, als ihm recht war. Das Zölibat wurde eines von vielen Zugeständnissen, das er machen mußte, um im Dienst zu bleiben.

Mr. Spocks Halbblutnatur führte zu seiner wissenschaftlichen und Raumschiffkarriere. Auf seiner Heimatwelt wie auf der Erde fühlte er sich fehl am Platz. Während sich Spocks Planet und die Erde gegenseitig respektieren, schränkten die großen Unterschiede hinsichtlich der Gefühle körperliche Nähe sehr ein. Die Wissenschaften waren eine perfekte Berufswahl, Wissenschaftsoffizier auf einem Schiff sogar eine noch bessere Wahl. In der künstlichen Gesellschaft einer halbmilitärischen Organisation konnte er sein eigenes Leben führen.

Bereits in dieser Entwicklungsphase definierte Gene die Beziehung zwischen Kirk und Spock und legte so bestimmte Maßstäbe und Grenzen fest.

Zwischen Kirk und Spock besteht eine Art Freundschaft, obwohl der Wissenschaftsoffizier jede Form der »Zuneigung« bestreiten würde. Er argumentiert, daß sein Interesse lediglich der Tatsache gilt, daß Captain Kirk ein ungewöhnlich guter Kommandant ist und die Chancen gering sind, einen besseren Ersatz zu finden. Tatsächlich werden wir erkennen, daß Spock »fühlt«, aber da er von Kindheit an so erzogen worden ist, verwirft er das und findet einen »logischen« Grund für jedes Gefühl, das er empfindet.

Er definierte auch die Beziehung zwischen Spock und Dr. McCoy, die im Lauf der Jahre so gut funktionieren sollte.

Es besteht eine gewisse Form von Abneigung zwischen Dr. »Pille« McCoy und Mr. Spock. Der Doktor ist wie die meisten Zyniker tief in seinem Herzen ein Humanist. Spock betrachtet McCoy als einen altmodischen, wichtigtuerischen Landarzt, der gewöhnlich ein Heilmittel nur mit viel Glück findet. McCoy wiederum betrachtet Spock lediglich als ein manchmal nützliches Teil einer Computerausrüstung. Aber obwohl sie permanent unterschiedlicher Meinung sind, arbeiten sie im Ernstfall hervorragend zusammen. Daher können wir nie ganz sicher sein, ob sich hinter der gegenseitigen Ablehnung nicht eigentlich Zuneigung verbirgt.

Es folgte ein Charakterzug, der niemals aufgegriffen und weitergeführt wurde:

Die einzige Person, die mit Mr. Spock scherzen kann, ist Yeoman Janice Rand. Möglicherweise verbirgt sich unter ihrem heiteren Auftreten ein mütterlicher Instinkt für einsame Männer. Yeoman Rand kann Spock gegenüber Dinge erwähnen, die sonst niemand zu äußern wagen würde. Spock verhält sich ihr gegenüber logischerweise genauso. Wenn er sie aber während einer Unterhaltung zu lange oder zu intensiv ansieht, wird sie seine hypnotischen Fähigkeiten spüren und zurückweichen – und Spock wird seinen Blick abwenden. Sie haben ein stille Vereinbarung, daß sie es nur so weit kommen lassen.[3]

Das Memo endet mit weiteren Erklärungen zu Spocks Persönlichkeit.

Spocks Schwäche ist, daß er sich intellektuell stets überlegen fühlt. Es fällt ihm schwer, nicht abfällig dreinzuschauen, wenn andere Entscheidungen treffen, die nicht ausschließlich auf kalter Logik beruhen. Möglicherweise macht Spocks Qual, ein »Halbblut« zu sein und nur ein »halbes Leben« zu führen, es für ihn notwendig, sich zumindest in manchen Dingen überlegen zu fühlen. Es ist eine Einsamkeit, ähnlich der Einsamkeit des Captains, aber ohne deren Vorteile.
Spocks Stärken sind sein Mut und seine uneingeschränkte Loyalität gegenüber Captain Kirk, dem Schiff und der Crew. Es besteht nicht der geringste Zweifel daran, daß er jederzeit sein Leben opfern wird, um eine Mission zu erfüllen – ob es nun logisch ist oder nicht.

In keiner der frühen Richtlinien oder Ergänzungen wird der Name von Mr. Spocks Heimatwelt erwähnt. Der erscheint in einem Memo von Bob Justman an Gene Roddenberry und stammt vom Tag nach der Charakteranalyse. Justman erinnert sich, daß der Name »Vulkan« Genes Idee war und daß er ihn

---

[3] Nichts davon wurde in einem Drehbuch realisiert, da Yeoman Rand aus der Serie gestrichen wurde.

schon einige Wochen vor seinem Memo vom 3. Mai verwendet hatte. Justman erklärte, daß die zusätzlichen Richtlinien und die zusätzlichen Informationen zu den Figuren aus Notizen und Material zusammengestellt wurden, die möglicherweise einige Wochen alt waren.

Die Entwicklung der Figur und ihrer Vorgeschichte, die Gene anfangs für unnötig gehalten hatte, verdeutlicht die besondere Form der »gemeinschaftlichen Kreation«, die in der Produktion von Fernsehserien zu finden ist. Für die Entwicklung der Details mußte alles durch einen Filter laufen, nämlich Gene Roddenberry selbst, der darüber entschied, ob er eine bestimmte Idee aufnehmen würde oder nicht. Ein Autor merkte an, daß Gene so viel Zeit im 23. und 24. Jahrhundert verbracht hatte, daß er mit einem Autor über den Nutzen einer Idee in der Art stritt, als sei er wirklich dort gewesen.

Gene hatte sein Gefühl für die »Logik der Zukunft« bis zur Perfektion entwickelt. Später sagte er: »Wer entscheidet, was *Star Trek* ist? ICH!« Und das tat er wirklich, womit er zugleich den Gemeinschaftsprozeß ins Rollen brachte.

Gene las und kommentierte jedes Exposé und jedes Drehbuch. Am 19. Mai 1966 schrieb er ein Memo zum ersten Entwurf für die Episode »Miri«[4]

> Ein guter erster Entwurf, einer der besten, die wir erhalten haben. Besitzt das Potential für eine höchst ungewöhnliche und mitreißende Episode. Aber wie bei allen ersten Drehbüchern für eine neue Serie müssen viele kleine Dinge korrigiert werden, hier und da muß etwas verändert werden, damit Geschichte und Figuren unseren Vorstellungen entsprechend handeln.
>
> Der neue Planet sollte viel weiter als 4 Millionen Meilen von der Erde entfernt sein ... wohl eher »Hunderte Lichtjahre entfernt«.
>
> Seite 5: McCoys Vermutung einer »globalen Epidemie« ist schwer zu glauben.
>
> Die Auswahl eines Landetrupps sollte Routine sein; sie sollte uns den Eindruck einer bestens eingeübten, disziplinierten Gruppe vermitteln, die das schon viele Male gemacht hat. Wenn Kirk erklärt,

---

[4] »Miri«, Drehbuch von Adrian Spies, Regie: Vince McEveety, ausgestrahlt am 27. 10. 1966.

warum er unsere Hauptpersonen mitnimmt, dann werden die Zuschauer nur viel zu deutlich darauf aufmerksam gemacht.

Dialoge: Klingen zeitweise ein wenig zu sehr nach 1966. Beispielsweise Rankins Text auf Seite 2, in dem der Begriff ›kookie‹ (›irre‹, z. B. im Sinne von »Ist ja irre.« – Anm. d. Übers.) verwendet wird. Findet sich mehrfach im gesamten Drehbuch.

Wir sollten auch sehr sorgfältig die Texte der Kinder überprüfen. Mir ist klar, daß Adrian eine authentische Kindersprache im Sinn hat, was er auch sehr gut beherrscht. Aber er schweift oft ab in eine äußerst zeitgenössische Terminologie, die die Glaubwürdigkeit in Zweifel zieht. Denn auch wenn der Planet so ist wie die Erde, wird man kaum glauben wollen, daß die Umgangssprache *exakt* der in unserer Zeit entspricht. Nur als Warnung... bitte sorgfältig prüfen.

Beziehung zwischen Yeoman Rand und Captain Kirk: Ich schlage vor, wir lassen Adrian noch einmal die Information über Janice Rand lesen. Sie wirkt viel zu »kumpelhaft« im Umgang mit dem Captain. Wir haben entschieden, in eine völlig andere Richtung zu gehen – sie verhält sich ihm gegenüber absolut professionell, er benimmt sich im Gegenzug ziemlich kühl.

Wenn die Geschichte für die beiden eine enge Beziehung mit sich bringt, sollte dies nur eintreten, wenn es durch beträchtliche Spannung und eine Krise hinreichend begründet werden kann.... Selbst dann sollte es nur ein vorübergehende Beziehung sein, bei der beide erkennen, daß sie wieder zu ihrer ursprünglichen beruflichen Beziehung zurückkehren müssen.

Genes Kommentare, Beobachtungen und Analysen erstreckten sich über weitere fünf Seiten, einzeilig mit Schreibmaschine verfaßt.

Gene brachte auch einiges aus seiner eigenen Vergangenheit in *Star Trek* ein. Wie bereits erwähnt, entstand Mr. Spock zum Teil aus Chief William H. Parkers schweigsamer Persönlichkeit (auch wenn diese von der Figur der Nummer Eins aus dem ersten Pilotfilm auf ihn übertragen worden war). Aber das war noch nicht alles.

»Scotty« entstand nach dem Vorbild eines Kameraden in seiner B-17, Harry Scotidas.

In der Classic-Episode »Return of the Archons« stammte der Name »Archons« von einem Club, dem Gene am Los Angeles

City College angehört hatte. In seiner Sammlung von Fotos und Andenken findet sich eine kleine Auszeichnung, die ihm am 1. April 1940 von den Archons, der Men's Honorary Service Society, verliehen worden war.

Gene war auch stets in der Lage, in letzter Minuten auftretende Bedürfnisse zu stillen. In der Episode »Charlie X« wurden die Texte für das Lied, das Uhura im Gemeinschaftsraum sang, von Gene geschrieben. In der gleichen Episode, etwa nach 20 Minuten Handlung, erhält Captain Kirk über Interkom eine Mitteilung aus der Schiffsküche. Die Stimme, vermutlich die des Kochs, erklärt aufgeregt: »Sir, ich habe Fleischbällchen in den Ofen geschoben. Jetzt sind Truthähne drin, richtige Truthähne!« Die Stimme ist eindeutig als die von Gene zu identifizieren. Als Richard Arnold, ehemaliger *Star Trek*-Archivar von Paramount, ihn auf diese Entdeckung ansprach, erhielt er ein rätselhaftes Lächeln als Antwort und Genes Zugeständnis, daß dies sein »kleines bißchen Hitchcock« gewesen sei.[5]

Als Produzent erhielt Gene stapelweise Post, vor allem von Agenturen, die ihren Schauspielern Arbeit verschaffen wollten. Es war ein Zeichen der Zeit, daß einige der Agenturen auf ihren Listen die Namen schwarzer Darsteller mit dem Klammerzusatz »Neger« versahen, während keiner der übrigen als »Weißer« spezifiziert wurde. Andererseits vertrat auch nicht jede Agentur farbige Schauspieler.

Gene mußte sich aber auch mit den trivialsten Dingen befassen, wie ein Memo von Ende Mai 1966 zeigt:

> Nach Gesprächen mit allen Betroffenen haben wir das Problem der Frisuren für die männlichen Darsteller gelöst. Anstatt sie zu bitten, die von ihnen bevorzugte normale Frisur zu ändern, wird eine einfache und leicht zu erreichende Veränderung dadurch vorgenommen, daß sie sich Koteletten wachsen lassen, die spitz zulaufend rasiert werden.
> Bei denjenigen, die nur einmal mitspielen, kann das entweder durch den natürlichen Haarwuchs binnen weniger Tage erreicht wer-

---

[5] Gene absolvierte auch einen ungenannten Off-Kommentar im Fernsehfilm *Spectre*.

den oder durch den Einsatz eines Make-up-Stifts. Bei Akteuren, die sehr weit im Hintergrund auftreten, könnte es ausreichen, nur mit dem Make-up-Stift zu arbeiten und tatsächliches Rasieren unnötig zu machen. Wir würden aber grundsätzlich – auch bei Statisten – ordentliche Arbeit bevorzugen.[6]

Gene mußte sich aber nicht nur mit den Schauspielern und ihren Frisuren beschäftigen, sondern auch hart mit dem Autoren umgehen. Geschichten wurden genehmigt und zu Drehbüchern umgearbeitet, aber das Science Fiction-Format von *Star Trek* war etwas, das eine große Zahl hochangesehener Autoren entmutigte. Mitte 1966 schrieb Gene an einen befreundeten Agenten, der einen Autor vertrat, mit dem Gene nicht glücklich war.

Uns gefällt, was dieser Autor uns geliefert hat, aber offensichtlich will er uns austricksen. Ich bin selbst schon zu lange Autor, als daß ich es nicht erkennen würde, wenn jemand den Produzenten dazu bewegen will, für ihn das Denken zu übernehmen. Normalerweise entsteht das aus zu vielen Aufträgen gleichzeitig, was angesichts des Drucks, der durch den Streik der Writers' Guild entsteht, in gewissem Maß verständlich ist. Aber bei jeder Besprechung hat er immer wieder zu verstehen gegeben, daß für ihn »Science Fiction so unglaublich fremd« ist, daß es vielleicht besser wäre, ihm ein *volles* Honorar für eine grundsätzliche erste Drehbuchfassung zu zahlen und alle Überarbeitungen selbst durchzuführen. Natürlich haben wir uns geweigert.
Jetzt haben wir von ihm einen überarbeiteten Entwurf vorliegen. Ich möchte betonen, daß er trotz seiner früheren Einwände hart ge-

---

[6] Das sollte nicht das letzte Mal sein, daß sich Gene mit Haar befassen mußte. Am 5. Februar 1968 erhielt er von Justman das folgende Memo:
Falls Du es noch nicht gehört hast, wir vermissen einige Perücken und Haarteile.
Bill Shatner hat seine vier Haarteile mitgenommen, nachdem wir die Dreharbeiten beendet hatten. Es gibt zwei neue und zwei alte Haarteile. Die neuen sind etwa 200 Dollar pro Stück wert, die alten etwa 100 Dollar pro Stück. Wenn *Star Trek* in eine neue Season geht, werden wir gezwungenermaßen für Bill wieder neue Haarteile herstellen müssen, da er bis dahin die alten und neuen Teile so oft benutzt haben wird, daß sie nicht mehr verwendet werden können.
Majel Barretts Perücke ist verschwunden. Niemand – auch Majel nicht – weiß, was mit ihr geschehen ist.
Nichelle Nichols' Perücke ist ebenfalls verschwunden. Sie hat sie mitgenommen, als sie die Arbeit beendet hat, behauptet jedoch, daß sie sie zurückgegeben hat. Aber weder Freddie noch Pat Westmore wissen davon etwas.

arbeitet hat. Bis dahin ist alles in Ordnung. Aber er hat seine Hausaufgaben nicht gemacht, er hat die Informationen, die wir ihm mitgegeben haben, nicht gelesen und nicht verarbeitet. Er hat offensichtlich auch nicht das andere Drehbuch gelesen, das wir ihm als Muster übersandt haben, damit er unsere Bühnenbilder, unsere Figuren usw. richtig einsetzen kann.

Hier ist der Punkt erreicht, an dem ich Deine Hilfe benötige. Wir haben von diesem Autor nicht mehr verlangt, als von jedem anderen Autor bei jeder neuen Serie gefordert wird, mit anderen Worten: ein intensives Studium dessen, was über die Figuren und ihre Beziehungen untereinander bekannt ist. Also exakt das, was man auch zu Beginn einer Western-, Krankenhaus- oder Krimiserie machen muß.

Entweder ist der Autor erstarrt, weil er Angst hat, von Science Fiction überwältigt zu werden, oder er nimmt das einfach als Vorwand, um seine Hausaufgaben nicht machen zu müssen, wie sie von jedem Autor bei einer neuen Serie erwartet werden. Du mußt uns hier irgendwie behilflich sein.

Wenn es nur darum ginge, die korrekten Szenenbeschreibungen einzusetzen, Nomenklatur, Terminologie usw., sind wir gerne dazu bereit – ja, sogar bestrebt zu helfen. Wir verlangen nur, daß er die Charaktere gut darstellt, daß er unsere Personen untereinander agieren läßt. Wir haben ihn reichlich mit Informationen versorgt, damit er den »Geist« ihres individuellen Stils versteht, damit der Captain (so wie Matt Dillon[7] oder sogar Dr. Kildare) sich so *benimmt*, wie er ist. Darüber hinaus – und hier soll er wieder den Aspekt der Science Fiction vergessen – sollten wir wenigstens einfache Logik und den gesunden Menschenverstand des 20. Jahrhunderts anwenden, wenn es darum geht, daß unsere Figuren etwas suchen, etwas kommentieren, was sie überrascht, wie sie sich schützen und so weiter.

Beispielsweise – wie Du im Drehbuch sehen kannst – befinden wir uns in einer Stadt, aus der das Leben vor einigen Jahrhunderten verschwunden ist. Als sie aber in der Stadt landen, macht niemand eine Bemerkung über das antike Aussehen. Um Gottes willen! Wenn Matt Dillon in ein Indianerdorf kommt, das seit drei oder vier Jahren leer steht, dann nehmen er oder Chester diese Tatsache wenigstens zur Kenntnis, vor allem, wenn es wie hier um einen maßgeblichen Punkt in der Handlung geht. Und wenn Matt Dillon mit einem ganzen Aufgebot eine unbekannte Umgebung nach einer rätselhaften Gefahr

---

[7] Hauptfigur der Westernserie *Gunsmoke*. Auch »Chester« (siehe folgender Absatz) stammt aus dieser Serie. Dr. Kildare ist die Hauptfigur der gleichnamigen Krankenhausserie.

durchsucht, dann würde der Autor wenigstens eine intelligente Verwendung für die vielen Leuten andeuten, aus denen das Aufgebot besteht, indem er einige Leute ausschickt, damit sie sich um dieses und jenes kümmern.

Ich möchte noch einmal betonen, daß der Autor uns eine anständige Überarbeitung insofern geliefert hat, daß er auf einige Kommentare und Vorschläge gehört und sie einzuarbeiten versucht hat. Aber was die die Figuren und den gesunden Menschenverstand betrifft, so liefert er nicht annähernd die Qualität, die ich eigentlich von ihm aus zahllosen Krankenhaus-, Polizei- und Westernserien gewohnt bin.

Ich halte zuviel von ihm, um über ihn bei einem anderen als bei Dir herzuziehen. Und ich respektiere ihn zu sehr, als daß ich nicht alles Verfügbare einsetzen würde, um ihn zu fordern, damit er die preisgekrönte Arbeit abliefert, die dieses Drehbuch sein könnte und die ihm bei seinem Talent möglich sein sollte.

Hochachtungsvoll
Gene Roddenberry

Und dann gab es da noch den Fallstrick des verletzten Egos, mit dem Gene zu ringen hatte. Er hatte von einem Autor einen Brief erhalten, in dem er sich darüber beklagt hatte, daß er kaltgestellt worden sei. Gene nahm sich die Zeit, einen ehrlichen Brief zu schreiben, in dem er die Situation offenlegte und gleichzeitig versuchte, das verletzte Ego des Autors zu besänftigen.

Niemand hat Sie »kaltgestellt«. Da wir nur für eine gewisse Anzahl Episoden Geld zur Verfügung und das große Glück hatten, daß alle Spitzentalente des Fernsehens und der Science Fiction für uns schreiben wollen, waren unsere Aufträge viel schneller als erwartet vergeben. Viele herausragende Leute, die wir einsetzen wollten, konnten wir nie anrufen, weil wir mehr Geschichten als erwartet in überraschend kurzer Zeit erhielten.

Wir hoffen und gehen davon aus, daß weitere Episoden in Auftrag gegeben werden. Dann werden wir uns auch mit einigen anderen Autoren zusammensetzen. In welcher Reihenfolge?

Erstens wären wir schön dumm, wenn wir den Autoren, für die wir uns bei der ersten Runde entschieden haben, nicht einen zweiten Auftrag geben würden. Dann hat eine Reihe von Autoren eine kurzgefaßte Idee vorgelegt, von denen einige sehr interessant sind. Wahrscheinlich werden wir uns als nächstes mit ihnen in Verbindung setzen. Dann gibt es noch Kurzgeschichten, die bereits veröffentlicht und uns vorgelegt worden sind, damit ihre Autoren sie zu Episoden umschreiben.

Trotz eines sehr hektischen 12-Stunden-Tages beabsichtige ich nicht, in Panik zu geraten angesichts der Tatsache, daß ich einige Leute verpasse, ein paar Fehler mache und einige Gelegenheiten ungenutzt lasse.

Die Serie wird von der Ashley Famous Agency betreut, unser persönlicher Kontakt ist Eddie Rosen. Die Rechtsabteilung des Studios und Versicherungsbestimmungen machen es erforderlich, daß alle Vorschläge über ihn an uns gerichtet werden. Er liest, kommentiert, leitet weiter. Ich weiß nicht, ob das der beste Weg ist, aber so läuft es nun einmal.

Ich danke Ihnen für Ihre guten Wünsche. Ich hoffe, daß wir uns spätestens im Herbst auf der Science Fiction Convention sehen werden.

Endlich erreichten die langwierigen vorbereitenden Arbeiten ihr Ende. Am 24. Mai 1966 ging *Star Trek* als reguläre Serie in Arbeit. Um ein Mindestmaß an Reibungslosigkeit zu gewährleisten, schickte Gene das folgende Memo an alle Beteiligten. Achten Sie besonders auf den zweiten und vierten Absatz. Auch wenn Gene die meiste Zeit im Büro verbrachte, war er im Geiste immer im Studio bei seinem »Kind«.

Mit Beginn dieses ersten Produktionstages halte ich es für sinnvoll, einige Routinen festzulegen, die für uns während der Dreharbeiten von Wert sein können.
1. Der Regieassistent sollte in meinem Büro oder, während meiner Abwesenheit, sich im zuständigen Büro melden, und zwar jeweils am Vormittag und am später Nachmittag, bevor das Büro geschlossen wird: eine einfache mündliche Mitteilung, wie viele Seiten erledigt worden und ob Probleme aufgetreten sind.
2. John D. F. Black sollte eine Routine festlegen, am Morgen und am Nachmittag das Studio zu besuchen, um festzustellen, ob die gefilmten Szenen sich allgemein im Rahmen des Drehbuchs und unserer Gespräche mit dem Regisseur bewegen. Sollte das nicht der Fall sein, müssen er und ich uns sofort zusammensetzen.
3. Nichts von dem oben Genannten soll R. Justmans übliche Produktionszuständigkeit ersetzen oder übergehen.
4. Kameraleute und Drehbuchüberwacher sind angewiesen worden, dieses Büro sofort zu benachrichtigen, sobald der Regisseur deut-

lich von Dialogen oder Darstellungen der Figuren abweicht. Sollte ich nicht anwesend oder nicht verfügbar sein, wird John D. F. Black sich in geeigneter Weise mit der Angelegenheit befassen.
5. Mitteilungen aus dem Studio über Abweichungen vom Produktionsplan oder von der Routine werden von R. Justman bearbeitet.
6. Um uns von den Problemen der Schauspieler abzuschirmen und unsere gute Beziehung zur Besetzung nicht zu stören, sollten Beschwerden, ungewöhnliche oder besondere Bitten der Schauspieler wenn möglich an Morris Chapnick im Büro von Herb Solow weitergeleitet werden.

Kurz gesagt, für größte Effizienz und ein Minimum an Ärger sollten wir vom *Star Trek*-Stab mit der Serie und die Crew mit einer geplanten Routine und Verteilung der Zuständigkeiten beginnen, damit wir alle in einem Jahr Champagner trinken und uns zufrieden zurücklehnen können.

Gene Roddenberry

An diesem Nachmittag erhielt Gene ein Autogramm.

Hab einen guten Start, alles Gute für einen langen und erfolgreichen Zug zu den Sternen.

Majel

Anfang August nahm Shatner den Eröffnungstext auf, der später weltberühmt werden sollte: »Space, the Final Frontier...« (Die wörtliche Übersetzung lautet: »Der Weltraum, die letzte Grenze...«; Anm. d. Übers.) Aber er fing zunächst ganz anders an. Eine der frühen Versionen lautete so:

»Dies ist die Geschichte des United Space Ship Enterprise. Auf einer fünf Jahre währenden Patrouille durch unsere Galaxis besucht das gigantische Raumschiff Erdkolonien, regelt den Handel und erforscht fremde neue Welten und Zivilisationen. Dies sind ihre Reisen... und ihre Abenteuer.«

Am 2. August schickte Justman ein Memo mit seiner Idee an GR:

Lieber Gene,
hier ist der Text, den Du für unsere Standarderöffnung einsetzen solltest:
»Dies ist die Geschichte des Raumschiffs Enterprise. Seine Mission: Wissen zu sammeln, Kontakt mit fremden Lebensformen aufzu-

nehmen und intergalaktische Gesetze durchzusetzen ... fremde neue
Welten zu erforschen, die noch nie ein Mensch zuvor gesehen hat.«

Grüße
Bob

Am Fuß der Seite findet sich eine Vielzahl von Formulierungen,
die Gene notierte. Einige von ihnen strich er wieder durch:

> Wo nie noch zuvor ein Mensch gewesen ist. Der Weltraum, ~~dies ist die USS Enterprise~~. Fortwährend ... neue Planeten, exotische Lebensformen, seltsame fremde Zivilisationen.
> Dies ist die Geschichte des ~~USS~~ Raumschiffs Enterprise ... dies sind seine Reisen ... seine Abenteuer.

Am gleichen Tag schickte John D. F. Black ein Memo an Gene mit
seinen Überlegungen.

> Gene ...
> Ich glaube, die Eröffnung muß dramatischer sein.
> Nachfolgend ein Beispiel, wie ich mir das vorstelle ... etwa 15 bis 17 Sekunden lang:
> KIRKS STIMME
> Der Weltraum ... die letzte Grenze ... endlos ... still ... lauernd. Dies ist die Geschichte des United Space Ship Enterprise ... seine Mission ... eine fünf Jahre währende Patrouille durch die Galaxis ... um alle fremden Lebensformen zu suchen und mit ihnen Kontakt aufzunehmen ... um zu erforschen ... um durch die Weiten der Galaxis zu reisen, die noch nie ein Mensch zuvor gesehen hat ... ein Zug zu den Sternen.
> Oder (knapp 11,5 Sekunden) wie wäre es hiermit:
> KIRKS STIMME
> Die U.S.S. Enterprise ... ein Raumschiff ... seine Mission ... eine fünf Jahre währende Patrouille, um alle fremden Lebensformen zu suchen und mit ihnen Kontakt aufzunehmen ... um die unendlichen Weiten der Galaxis zu erforschen ... die noch nie ein Mensch zuvor gesehen hat ... ein Zug zu den Sternen.
> JDFB

Am 10. August 1966 schrieb Gene dann endlich:

> Der Weltraum ... die letzte Grenze. Dies sind die Reisen des Raumschiffs Enterprise. Seine fünf Jahre währende Mission

... fremde neue Welten zu erforschen
... nach neuem Leben und neuen Zivilisationen zu suchen
... mutig dorthin vorzustoßen, wo noch nie zuvor ein Mensch gewesen ist.[8]

Andere Vereinbarungen nahmen ebenfalls Gestalt an. Einen Monat bevor die Serie auf Sendung ging, Anfang August, schickte Ed Perlstein einen Brief an die Licensing Corporation of America, um ihr mitzuteilen, daß er zwei voneinander unabhängige Abkommen mit AMT Corporation in Verbindung mit Modellspielzeug geschlossen hatte.

Der erste Vertrag befaßte sich mit den Beträgen, die von AMT an die LCA gezahlt wurden. Der zweite besagte, daß AMT auf eigene Kosten ein komplettes Modell und die gesamte Inneneinrichtung des Galileo-Shuttles bauen würde. Die geschätzten Kosten beliefen sich auf 24 000 Dollar.[9] Das Memo befaßte sich detailliert mit den zu zahlenden Tantiemen, aber im wesentlichen sollte AMT das große Modell bauen, das von Desilu für Dreharbeiten verwendet wurde, und erhielt im Gegenzug die Rechte an dem Modell. Es wurde in Arizona gebaut und dann zum Desilu-Gelände transportiert.

Während die Serie gefilmt wurde, wurde hinter den Kulissen analysiert. Die Nebendarsteller wurden aufmerksam beobachtet, D'Agosta schickte Gene seine Memos. Jeder Schauspieler hatte einen Vertrag, der festlegte, an wie vielen Tagen er für welche Gage arbeiten mußte. Zusätzliche Tage bedeuteten, daß mehr Gage gezahlt werden mußte. Zusätzlich hatte jeder eine Garantie erhalten, daß er in einer bestimmten Anzahl der ersten dreizehn Episoden mitwirken würde. Nimoy und Shatner hatten beispielsweise die Zusage, in allen von dreizehn Episoden mitzuwirken. Für die anderen waren die Vereinbarungen nicht so gut.

DeForest Kelley erhielt 850 Dollar für jeweils fünf Tage Arbeit bei sieben von dreizehn Episoden. Der Berater bemerkte: »De-Forest hat sich zu einem wertvollen Mitglied unserer Gruppe ent-

---
[8] Die Zeiten ändern sich: Aus der Formulierung »nie ... ein Mensch« wurde das neutrale »niemand«.
[9] Später stiegen diese Kosten auf 65 000 Dollar.

wickelt, so daß ich der Ansicht bin, wir sollten seinen Vertrag neu aushandeln und ihn an mehr Tagen für eine entsprechende Gage beschäftigen. Das würde uns von Überstunden und entsprechenden Freizeiten befreien. Erreicht werden kann das durch die Zusage, ihn für mehr Episoden mit einer höheren Gage an mehr Tagen pro Episode als bisher einzusetzen.«

Grace Lee Whitney[10] war mit einer Gage von 750 Dollar für vier Tage bei sieben von dreizehn Episoden unter Vertrag genommen worden. Die Analyse ihrer Auftritte ergab, daß sie in den sieben Episoden insgesamt neun Tage zusätzlich, zugleich – also bei einigen anderen Episoden – aber auch drei Tage zuwenig beschäftigt worden war. Die Empfehlung war: »Grace hat uns sehr viel gekostet, wenn man berücksichtigt, wie wenig sie in den Episoden eingesetzt worden ist. Würde man diese Rolle mit einer Freiberuflerin besetzen, würde sie viel weniger kosten und genauso viel bringen. Ich schlage vor, daß wir sie auf einer freiberuflichen Basis weiterbeschäftigen, um sie einzusetzen, wenn und sofern sie verfügbar ist. Die andere Lösung wäre, ihren Vertrag neu zu verhandeln und den Gegebenheiten anzupassen oder die Rolle mit einer Schauspielerin zu besetzen, die nicht eine so hohe Gage erfordert.«

George Takei erhielt 600 Dollar für fünf Tage bei sieben von dreizehn Episoden. Die Empfehlung: »George ist ein guter Schauspieler, der gut eingesetzt wird und eine gute Position in der Gruppe einnimmt. Da wir ihn aber vorrangig auf der Brücke einsetzen, bezahlen wir ihn meistens für mehr Tage als nötig.

Ich schlage vor, daß wir gegen ihn optieren und ihn auf einer freiberuflichen Basis weiterbeschäftigen, um ihn einzusetzen, sofern er verfügbar ist. Die andere Lösung wäre, seinen Vertrag auf einer ›variablen Basis‹ neu zu verhandeln, ähnlich dem per Handschlag geschlossenen Vertrag mit Nichelle Nichols, nur mit dem Unterschied, daß wir ihn immer noch an die Serie binden wür-

---

[10] Zusammen mit DeForest Kelley und James Doohan war Grace Lee Whitney eine der Schauspielerinnen der Serie, die die meiste Erfahrung vorweisen konnte, da sie schon seit Jahren im Geschäft war. So trat sie z. B. als Meerjungfrau in einem Werbespot für Thunfisch der Marke Chicken of the Sea auf. In ihrem Privatleben gab es zwar viel Unruhe, aber niemand erinnert sich, daß sich das auf ihre Arbeit auswirkte. Sie war immer absolut professionell.

den. Bei diesem Vertrag könnten wir ihm nach wie vor sieben von dreizehn Episoden garantieren und ihn nach der Anzahl der Arbeitstage bezahlen. In vielen Fällen würde uns das für die Phasen von sechs bis sieben Tagen Drehzeit mehr kosten. Aber wir würden viel sparen, wenn wir ihn nur zwei oder drei Tage benötigen.«

James Doohan besaß keinen Vertrag, aber der Berater bemerkte, daß sie die per Handschlag geschlossene Abmachung erfüllt hatten, ihn in fünf von dreizehn Episoden für eine Gage von 850 Dollar pro Episode einzusetzen. Die Empfehlung lautete: »Wir können Jim entweder auf einer variablen Basis – wie bei George Takei vorgeschlagen – weitermachen lassen oder mit ihm eine variable Lösung ohne Vertrag vereinbaren, wie es bei Nichelle Nichols der Fall ist.«

Der Berater schloß mit der Aussage: »Falls wir eine der vorgeschlagenen Nachverhandlungen in Angriff nehmen, riskieren wir, den Schauspieler zu verlieren.«

Die Empfehlung, die bezüglich Grace Lee Whitney ausgesprochen worden war, besiegelte zusammen mit der Richtung, die die Serie einschlagen sollte, ihr Schicksal. Am 8. September 1966 wurde von der Business Affairs an Legal ein Memo mit der Anweisung geschickt, man solle Whitneys Agenten informieren, daß ihr Vertrag ausgelaufen war. Gene äußerte sich dazu in einem Memo vom 28. Oktober 1966 an Gene Coon.

> Bob Justman und ich denken, daß wir nach einer Gelegenheit Ausschau halten sollten, um Grace Lee Whitney als »Yeoman Rand« in späteren Episoden zurückkehren zu lassen. Wir sollten bei dieser Gelegenheit überlegen, ob wir es mit einer anderen Frisur versuchen können, etwa in der Art, wie sie die Haare in *Police Story* trug. Das ließ sie viel jünger aussehen.

Fernab von allen Gerüchten und Andeutungen war der wahre Grund, warum Grace Lee Whitney die Serie verließ, ein finanzieller. Die Figur war zu teuer und wurde eliminiert – in Hollywood etwas Alltägliches.

Obwohl die Serie noch nicht ausgestrahlt wurde, erhielt sie schon erste Publicity. Am 21. August 1966 präsentierte das Magazin

Herald-Examiner TV Weekly aus Los Angeles eine Übersicht über die neuen Fernsehserien des kommenden Herbstes. Über zwei Seiten erstreckte sich der rund 200 Wörter lange Artikel, der auch vier Fotos enthielt – zwei kleine Fotos von »Len Nimoy, Wissenschaftler«, »Grace Whitney, Yeoman« und »William Shatner als Captain«. Außerdem ein zweispaltiges, über die halbe Seite sich erstreckendes Foto der Enterprise, auf dem Kopf stehend abgedruckt.

Eine andere Veröffentlichung brachte einen zweispaltigen Artikel über die anstehende Serie. Gene schrieb dem Redakteur, um sich zu bedanken – und sich gegen eine Unterstellung zu wehren.

> Dennoch möchte ich mich auf freundlicher Basis in eine Auseinandersetzung über das einlassen, was Sie in Ihrer Einleitung sagen: »... *Star Trek* ... schlägt in der Fernsehwoche als eine *Lost in Space*-Version für Erwachsene ein.« *Star Trek* mag vieles sein, aber es ist in keiner Hinsicht eine Version von *Lost in Space*.
>
> Ich bin sicher, daß Sie diese Bemerkung nicht sarkastisch meinten. Dennoch sind wir verständlicherweise bestrebt, daß man *Star Trek* nicht für eine Kopie irgendeiner anderen Serie hält. *Star Trek* war lange vor *Lost in Space* entwickelt worden und existierte bereits ein Jahr früher in Drehbuchform. Wir kritisieren nicht diese Serie, aber *Star Trek* hat so wenig mit ihr gemein wie *Gunsmoke* mit *Lassie*.
>
> Viele talentierte und pflichtbewußte Menschen sind an der Produktion von *Star Trek* beteiligt, und wir alle glauben, daß wir etwas haben, auf das wir stolz sein können und das für das Fernsehen neu ist.
>
> Mit freundlichen Grüßen

Es gab natürlich auch gute Publicity, und Gene erhielt einen enormen Auftrieb, als er als Gast auf der 24th Annual World Science Fiction Convention in Cleveland, Ohio, teilnahm, fünf Tage vor der Premiere der Serie auf NBC.

Autor Allan Asherman, der diese Convention besuchte, beschrieb es so:

> »Ein großer Mann betrat den vorderen Teil des Raums. Obwohl er gewaltig aussah, war seine Stimme überraschend sanft. Er klang fast schüchtern, als er sich als Gene Roddenberry vorstellte, Science Fiction-Fan von Kindheit an. Er erzählte dem Publikum, daß er einen

neuen Pilotfilm produziert hatte, der von NBC angenommen worden war und als Serie mit dem Namen *Star Trek* ausgestrahlt werden sollte. Die Serie sollte in der kommenden Woche gesendet werden, doch unsere Meinung war ihm äußerst wichtig. Mr. Roddenberry war nach dem Verkauf der Serie zweifellos sehr beschäftigt, und doch war er hier. Er selbst hatte den Film mitgebracht, um uns nach unserer Meinung zu fragen.«[11]

Gene verließ die Bühne, »Where No Man Has Gone Before« wurde einem 500-Personen-Publikum gezeigt. Einige Zuschauer waren sich nicht mehr sicher, ob Gene wirklich gesagt hatte, daß dies fürs Fernsehen gedacht war.

Als der Film zu Ende war, kehrte Gene auf die Bühne zurück. Die allgemeine Stille wurde nur durch das aufgeregte Geflüster einzelner Zuschauer unterbrochen.

»Dann beendete Roddenberry die Stille. Er fragte nach unserer Meinung und wurde durch Standing Ovations belohnt. Wir waren nahe daran, Gene Roddenberry auf unseren Schultern aus dem Raum zu tragen.«[12]

Endlich – nach zwei Pilotfilmen, in die Gene zwei Jahre seines Lebens und insgesamt fast eine Million Dollar Studiogeld gesteckt hatte, war es soweit. Am Donnerstag, 8. September 1966, um 20.30 Uhr strahlte NBC »The Man Trap«[13] aus.

Gene sah die Sendung zusammen mit seiner Frau Eileen und den beiden Töchtern im Wohnzimmer. Die beiden Mädchen, zu der Zeit zwölf und achtzehn Jahre alt, hatten nie Horrorfilme sehen dürfen und waren daher gefesselt von dem Salzmonster. Gene, wie sein Vater ein Freund grober Scherze, sah die Gele-

---

[11] *The Star Trek Compendium* von Allan Asherman, New York, Simon & Schuster, 1981.
[12] Ebenda. Asherman berichtet zudem, daß Gene auf Anfrage eine ebenfalls mitgebracht Schwarzweißfassung von »The Cage« vorführte.
[13] Drehbuch von George Clayton Johnson, Regie: Marc Daniels. Es war tatsächlich die sechste gefilmte Episode – oder die vierte, wenn man die beiden Pilotfilme nicht mitrechnet. Daniels war bei Desilu eine Institution, er hatte während der ersten Season von *I Love Lucy* Regie geführt. Lawrence Olivier gehörte zu denjenigen, die unter seiner Regie auf der Theaterbühne standen. Er war hochangesehen.

genheit, mit seinen beiden Töchtern etwas Schabernack zu treiben. Er hockte sich hinter sie, während sie gebannt auf den Fernsehbildschirm starrten, und griff nach ihnen, als die Handlung ihren Höhepunkt erreichte. Darleen und Dawn schrien vor Schreck auf. Noch Jahre später wunderte sich Darleen, daß die Nachbarn nicht die Polizei gerufen hatten.

Während die beiden Roddenberry-Mädchen entsetzt waren, verliebten sich Science Fiction-Fans in die Serie. Bedauerlicherweise waren die Kritiker nicht sonderlich beeindruckt.

Die Besprechung in *Daily Variety* war besonders ironisch, da eine der Klagen über den ersten Pilotfilm die war, daß er »zu anspruchsvoll« gewesen sei. Der Kritiker schrieb, daß die Serie sich »nicht für die breite Masse eignete, die weniger anspruchsvolle geistige Übungen bevorzugte« Der Kritiker kam zu dem Schluß, daß die Serie die Zuschauer nicht an sich würde binden können.

Louise Sweeney, die in *Christian Science Monitor* schrieb, bewies etwas mehr Weitblick, auch wenn sie dem Schiff einen falschen Namen gab: Explorer statt Enterprise. Sie glaubte an einen Erfolg der Serie ähnlich dem von *The Green Hornet*, *Time Tunnel* und *Love on a Rooftop*; die Lebenserwartung machte sie davon abhängig, welche Richtung die Serie zukünftig einschlagen würde.

Die *Chicago Tribune* stellte fest: »Produzent Gene Roddenberry hat versprochen, daß diese Science Fiction-Serie sich auf Geschichten für ein erwachsenes Publikum spezialisieren würde, geschrieben von hervorragenden Autoren. Nach dieser ersten Episode zu urteilen, muß er noch eine beträchtliche Strecke gehen, bevor er dieses Ziel erreicht hat.«

Bill Ornstein von *The Hollywood Reporter* war der zuversichtlichste: »Da gab es ein wenig Spannung, Tricks und technische Spielereien, die den Sci-fi-Fans zweifellos gefallen werden.« Er beschrieb den Regisseur der ersten Episode als jemanden »mit einem Auge für zunehmende Spannung«. Ornstein war auch derjenige, der unumwunden vorhersagte, die Serie »dürfte eine todsichere Sache sein«.

Später in der Season legte Cleveland Amory seine Meinung auf den Seiten des *TV Guide* dar. Nachdem er eine Reihe Episoden gesehen hatte, schrieb er: »Die Enterprise besucht zahlreiche unterhaltsame Orte, und sie hat die dazu passenden unterhaltsamen Figuren.« Seine Lieblingsepisode war »Shore Leave«[14], in der sich dieser Ausspruch von Captain Kirk findet: »Augen geradeaus. Nicht reden. Nicht denken. Nicht atmen.« Amory erklärte, daß dies »die beste Art für einen Erwachsenen sei, sich diese Serie anzusehen«.

Nach noch bissigerer Kritik mußte Gene nicht lange suchen. Sein Vater mochte das futuristische Drama nicht und erklärte seinen Nachbarn gegenüber, sein Sohn werde bald wieder »richtig« fürs Fernsehen schreiben. »Richtiges« Fernsehen waren für ihn Western. Genes Mutter gibt zu, daß sie sich nie wirklich für *Star Trek* interessierte. Sein Bruder Bob konnte sich nur begeistern, wenn eine Episode action-orientiert war.

Aber es gab eine wichtige Person, die schätzte, was Gene und seine Crew vollbracht hatten. Am 5. Oktober wurde ein kurzer Brief im Produktionsbüro abgegeben. Es gab keinen Absender, und als Briefkopf diente nur ein Vorname, der mit der Unterschrift übereinstimmte. Es gab keinen Zweifel daran, wer ihn geschickt hatte.

Lieber Gene und alle ihr anderen hart arbeitenden Leute ...
Habe soeben die guten Neuigkeiten gehört und möchte Euch wissen lassen, wie stolz und glücklich ich bin.
Sieht so aus, als hättet Ihr einen Erfolg vor Euch. Wir alle wissen Eure Anstrengungen zu schätzen.
In Liebe
Lucy

Gene hatte einen Weg gefunden, um den ersten Pilotfilm zu einem Teil der Serie zu machen, auch wenn er eine andere Crew hatte. Auf seine Anweisung hin hatten sich mehrere Autoren damit befaßt, eine Rahmenhandlung zu schreiben, in die der Pilotfilm eingebettet werden konnte. Sie hatten keinen Erfolg, also setzte sich Gene hin und schrieb innerhalb einer Woche das passende Drehbuch. Es erhielt den Titel »The Menagerie« und wurde der einzige Zweiteiler der Classic-Serie.

Am 18. Oktober wurde ein Memo mit dem Hinweis an Desilus

---

[14] »Shore Leave« von Theodore Sturgeon, ausgestrahlt am 29. Dezember 1966.

Rechtsabteilung geschickt, daß mit den Beteiligten des ersten Pilotfilms bestimmte Vereinbarungen getroffen worden waren.

Die Regisseure waren kooperativ. Bob Butler, der beim ersten Pilotfilm Regie geführt hatte, wollte lediglich beim zweiten Teil alleine genannt werden, weil er der Ansicht war, daß dieser seine ausschließliche Arbeit war. Marc Daniels, Regisseur der Rahmenhandlung, wollte für den ersten Teil allein genannt werden.

Jeffrey Hunter erhielt zusätzlich 5000 Dollar für die Verwendung des Original-Filmmaterials. Die anderen Nebendarsteller erhielten jeweils 750 Dollar. Lediglich bei Susan Oliver gibt es keine Aufzeichnungen darüber, was mir ihr vereinbart wurde.

Die Rahmenhandlung war tückisch. Um sicherzugehen, daß sie ihren Zweck erfüllen würde, schickte Gene am 24. Oktober ein Memo an Ed Milkis:

Lieber Eddie,
wegen der Besonderheiten von »The Menagerie« hatte ich bestimmte, sehr entschiedene Vorstellungen im Sinn, als ich die Episode in der Episode schrieb. Sorge bitte dafür, daß ich jeden Meter Film zu sehen bekomme, bevor er kopiert wird. Egal was auch passiert, ich verlasse mich auf Dich, daß Du mich daran erinnerst und mich zwingst rüberzukommen.

Grüße

Die Rahmenhandlung wurde innerhalb von fünf Tagen gedreht, der Zweiteiler wurde am 17. und 24. November 1966 ausgestrahlt.

Gene zog rasch Nutzen aus dem, was er für den Anfang einer Bewegung hielt. Am 28. September 1966 schickte er das folgende Memo an alle Betroffenen:

Es scheint so, als hätten wir ein nützliches Schlagwort aus *Star Trek* in unserem Titel abgeleitet. ›Starbase‹ für die Kommandobasen auf verschiedenen Planeten, ›Star cut‹ als Beschreibung für die spitz zulaufenden Koteletten, ›Starship‹ natürlich als allgemeine Bezeichnung für die Enterprise, ›Star Command‹ für das Flottenhauptquartier usw. Zweifellos werden Ihnen noch andere Dinge auffallen. So wie bei ›Batman‹ das ›Batmobil‹ zu finden ist, könnten wir durch geschickte Wortwahl für unsere Serie eine eigene Terminologie entwickeln.

Gene Roddenberry

Am nächsten Tag schickte Gene dem Komponisten Wilbur Hatch eine Notiz über seine Gedanken zu Uhuras Lied in »Conscience of the King«, da selbst die Musik glaubhaft bleiben sollte.

Lieber Will,
wie ich Dir bereits gesagt habe, halte ich Deine Musik für Uhura für außergewöhnlich! Wenn wir aber alles in Erwägung ziehen, was wir darüber wissen, wie unsere Zuschauer Musik und Kunst schätzen, muß ich Gene Coon zustimmen, daß wir vielleicht besser nicht so »abgehoben« sein sollten und eine Melodie nehmen, die mitgesummt oder mitgesungen werden könnte.

Die Tatsache, daß wir sehr viele Briefe erhalten haben, in denen um mehr Informationen über Uhuras »Spock und Charlie X«-Lied gebeten wurde, bestärkt uns und NBC in unseren Überlegungen.

Tatsächlich ist es mein Fehler, daß ich nicht weit genug vorausgedacht habe. Wir haben durch unsere Versuche festgestellt, daß *Star Trek* ein größeres Publikum anspricht, wenn wir die »abgehobenen« Aspekte im Hintergrund lassen und statt dessen die Identifizierung des Publikums mit vertrauten Dingen - wie der Terminologie (Marine), Nahrung (keine Science Fiction-Pillen [also konzentrierte Nahrung]), emotionalen Reaktionen (im wesentlichen die eines Menschen des zwanzigsten Jahrhunderts) usw. - fördern. Wir hatten das gleiche Problem mit den Kostümen. Wenn wir dabei zu futuristisch werden, beginnen wir die Identifizierungsmöglichkeit und die Glaubwürdigkeit zu verlieren.

Ich bin sicher, Du erkennst, daß dies weder eine Kritik an Deinem Talent noch an Deiner hervorragenden Arbeit ist.

Gene Roddenberry

Gene lebte und arbeitete in einer Branche, die oft unnötigerweise paranoid erschien, aber jahrelange Erfahrung hatte den Rechtsabteilungen der Studios gezeigt, daß scheinbare Übervorsichtigkeit keinesfalls fehl am Platz war. Klagen von Personen, die unverlangt Drehbücher eingeschickt hatten, waren Realität; daher wurde streng darauf geachtet, daß Drehbücher und Ideen aus unbekannten Quellen als Tabu behandelt wurden.

Am 4. Oktober schickte Gene Bernie Weitzman eine Notiz, die ein unverlangt eingesandtes Buch betraf. Das Buch war als Päckchen angekommen, das Gene geöffnet hatte, da er nicht wußte, welcher Inhalt sich darin befand. Bei diesem Buch befand sich ein Vorschlag für eine Fernsehserie. Gene schickte es an Weitzman, damit der es den Vorschriften entsprechend bearbeitete. Gene beendete sein Memo mit dem Satz: »Es gefällt uns nicht, und wir sehen keinen Wert darin.«

Eine Woche später erhielt Gene ein Memo von einem der Anwälte aus der Rechtsabteilung, mit der Bitte, alle derartigen Sendungen sofort an sie zu schicken. Der Anwalt machte auf eine Reihe von rechtlichen Besonderheiten und Problemen aufmerksam, die entstehen konnten, wenn die Angelegenheit nicht exakt den Vorschriften folgend behandelt wurde. Ihm mißfiel, was Gene in dem Memo geschrieben hatte. »Ich weiß nicht, ob Ihr letzter Satz ernst gemeint ist oder nicht. In jedem Fall läßt er eine unbekümmerte Haltung in einer Sache erkennen, die wir alle sehr ernst nehmen müssen. Lesen Sie bitte kein unverlangt eingesandtes Material. Wenn Sie es nicht gelesen haben, schreiben Sie bitte keine internen Mitteilungen, die den Eindruck erwecken, daß Sie es gelesen haben.«

Der Anwalt schloß mit der Bemerkung: »Gene, ich habe miterlebt, wie ein Fernsehproduzent mitten im Jahr die Kontrolle über eine große Serie verlor. Es war das Ergebnis eines kleinen Fehlers eines Mannes, der für ihn arbeitete. Das könnte auch uns widerfahren. Kooperieren Sie bitte mit uns und weisen Sie Ihre Mitarbeiter entsprechend an.« Gene befolgte die Anweisungen.

Star Trek war Genes Baby. Er reagiert prompt, wenn öffentliche Informationen falsch waren. Am 25. Oktober schrieb er einen Brief an den *Herald Examiner TV Weekly* – an die gleichen Leute, die das auf dem Kopf stehende Foto der Enterprise abgedruckt hatten.

> In Ihrer Ausgabe vom 23. Oktober fragte ein Leser an, wie es sein kann, daß Mr. Spock einen vulkanianischen[15] Vater hat, der eine Frau von der Erde geheiratet hat. Ihre Antwort lautete, es sei »eine gefühllose Ehe« gewesen, doch das ist nicht korrekt.
> Tatsächlich ist es so, daß die Ehe mit einer Frau von der Erde für

---

[15] Diese Bezeichnung für die Bewohner des Planeten Vulkan wurde später fallengelassen.

Mr. Spocks Vater zu dieser Zeit eine logische Entscheidung war. Es ist in der ganzen Galaxis eine wohlbekannte Tatsache, daß Vulkanianer auf alle Frauen extrem anziehend wirken, ganz besonders auf Frauen von der Erde. Was Mr. Spocks eigene Gefühle angeht, möchte ich aus seiner Biographie zitieren: »Auf seinem Planeten wird es als die größte Sünde betrachtet, wenn man Gefühle zeigt...« Aber er wird in den kommenden *Star Trek*-Episoden sehr viel sündigen.

Mit freundlichen Grüßen
Gene Roddenberry
Ausführender Produzent
Star Trek

Ganz gleich, wie viele Science Fiction-Fans die Serie liebten, sie waren nicht zahlreich genug, um die Quoten in die Höhe zu treiben. *Star Trek* war insgesamt kein voller Erfolg. Gene fürchtete, daß NBC die Serie stoppen könnte, bevor sie sich etabliert hatte. Also begann er eine Aktion gegen die – wenn auch nicht gerade unvermeidbare, doch zumindest recht wahrscheinliche – Aussicht auf Streichung. Auch wenn sich später viele damit rühmten, den Protest und die »Rettet *Star Trek*«-Kampagne organisiert zu haben, ist es in Wahrheit so, daß solch eine Aktion von Anfang an Genes Plan war, indem er hinter den Kulissen arbeitete.

Gene hatte mit Harlan Ellison Kontakt aufgenommen, um herauszufinden, ob der bereit war, seinen Namen unter die Briefe zu setzen, die verschickt wurden, um die Serie zu retten. Harlan war dazu bereit und nahm zudem mit anderen Autoren Kontakt auf. Am 18. November 1966 schickte Gene ein Memo auf dem Briefpapier von Desilu Productions Inc. an Howard McClay von Desilus Abteilung Öffentlichkeitsarbeit – betreff: beigefügte Briefe/Publicity für *Star Trek*.

Lieber Howard,
dies ist meine letzte Überarbeitung. Harlan Ellison wird sich mit Dir über Dorothy [Fontana] in Verbindung setzen, was die Überarbeitungen durch Dich oder ihn angeht.

Es ist unwichtig, ob der Brief so bleibt oder ob er durch Dich oder Harlan überarbeitet wird – ich bin der Ansicht, daß er sofort in Arbeit gehen sollte. Dorothy fügt eine überarbeitete Kopie des grundsätzlichen Plans und der Marschrichtung bei, die ich entworfen habe und die Adressen aufführt, an die wir uns sofort wenden können.

Wie Du siehst, gibt es einen Typ A und einen Typ B. Einer ist für Magazine und Verleger, der andere für die Fans und das Fandom.

Es gab fünf Anlagen zu Genes Memo: ein Brief an Lloyd Biggle[16], überarbeitete Pläne und Marschrichtungen – Publicity, Brief A, Brief B und Versandhinweise.

Der Brief, der an Verleger und Herausgeber von Science Fiction-Magazinen ging, las sich wie folgt:

Liebe(r) ...,
wir benötigen Ihre Hilfe. Die Unterzeichner, die eine große Gruppe professioneller Autoren repräsentieren, interessieren sich für eine Fernsehserie namens *Star Trek*, die Anzeichen erkennen läßt, daß sie ein völlig neues, beträchtlich großes Publikum für Science Fiction gewinnen kann. Sie sind besorgt über die Zukunft dieser Serie. Sie wird unter beträchtlichen Schwierigkeiten produziert und zeigt echte Science Fiction. Außerdem verzeichnet sie einen ständig umfangreicher werdenden Posteingang, der nicht nur von Profis oder Collegestudenten stammt, sondern auch von einer überraschend großen Zahl Durchschnittszuschauer, denen bis dahin die Existenz der Science Fiction überhaupt nicht bewußt war.

Ich glaube, ich muß nicht darauf hinweisen, warum das für uns alle gut und wichtig ist. Jeder Versuch eines Massenmediums, die engen Grenzen des traditionellen SF-Publikums zu durchbrechen, kann neue Käuferschichten für Science Fiction-Bücher und -Magazine gewinnen. Zudem kann er zu verstärktem Weiterverkauf bereits veröffentlichter Geschichten führen, möglicherweise zu Kinoverfilmungen, womit das Publikum noch weiter wachsen würde.

Aber *Star Trek* ist für niemanden aus unseren Reihen eine Konkurrenz. Es ist vielmehr ein willkommener Durchbruch, und möglicherweise sogar ein wichtiger.

Das Problem: Gegenwärtig sieht die Zukunft der Serie düster aus. Wenn nicht etwas geschieht, wird sie entweder aus dem Programm genommen, oder die Androhung der Streichung wird als Mittel eingesetzt, um sie in die Kategorie »Kindersendung« abzudrängen. In

---

[16] Lloyd Biggle, jun., Schatzmeister der Science Fiction Writers of America, geistiger Vater des Nebula Award.

jedem Fall könnte der »Beweis« erbracht werden, daß echte Science Fiction keine besonders vermarktungsfähige Ware und tatsächlich ein unwichtiger Literatursektor ist.

Wir benötigen Ihre Hilfe, um die Fans zu erreichen, die aber keinen Standardbrief schicken, sondern mit eigenen Worten ausdrücken sollen, was sie von *Star Trek* halten. Das Fernsehen ist nun einmal ein Massenmedium und achtet sehr genau auf Zuschauerreaktionen. Die Briefe sollten gerichtet werden an:
- lokale Fernsehsender, die *Star Trek* ausstrahlen;
- Sponsoren, die bei *Star Trek* werben;
- Fernsehkolumnisten;
- *TV Guide* und andere Fernsehzeitschriften.

Die Situation ist kritisch; im nächsten Monat ist es bereits zu spät. Es ist nicht nur ein würdiges Projekt, um gleichgesinnte Profis zu unterstützen, die aufrichtige Anstrengungen in diesem Bereich unternehmen. Eine erfolgreiche Briefkampagne würde sich für uns alle auszahlen. Können wir auf Ihre Hilfe zählen?

Mit freundlichen Grüßen
Harlan Ellison

Der Brief an die Leiter von Fanclubs und die Herausgeber von Fanmagazinen las sich folgendermaßen:

Liebe(r) ...,
wir benötigen Ihre Hilfe. Seit einiger Zeit hat die Science Fiction ein Medium benötigt, um einer breiten Zuschauerschaft bekanntgemacht zu werden, um ihr ihren rechtmäßigen Platz als äußerst unterhaltsame und wichtige Literaturgattung einzuräumen. Die Fernsehserie namens *Star Trek* hat für uns alle einen Anfang gemacht. Sie wird unter erheblichen Anstrengungen und mit Stolz produziert. Und sie hat begonnen, unser Genre für eine neue Zuschauerschaft interessant zu machen. Das ist im Begriff zu geschehen, es ist für uns alle gut, aber wir haben erfahren, daß ihr sehr gesundes Wachstum für die nervösen Networkbosse immer noch zu langsam ist.

Wenn nicht *schnell* etwas geschieht, wird *Star Trek* entweder zum Jahresende gestrichen - oder dies zumindest angedroht, um sie in ein Format à la *Lost in Space* zu bringen. Beides wäre katastrophal, da derartige Geschehnisse nur denjenigen nützen würden, die trotz aller gegenteiligen Beweise Science Fiction schon lange als »unwichtiges und eng begrenztes« Genre abgetan haben. Was noch schlimmer wäre: Das Ergebnis würde benutzt, um das »Versagen« der echten

Science Fiction zu beweisen. Oder um alle späteren Versuche in die Kategorie »Kindersendung« abzudrängen.

Wir brauchen Briefe! Von wichtigen Personen in diesem Genre wie Ihnen, und von jedem Fan und Fernsehzuschauer, den wir durch unsere Veröffentlichungen und persönlichen Kontakte erreichen können. Keine Standardbriefe! Die Schreiber sollten ihre eigenen Worte benutzen und ihre ehrliche Einstellung ausdrücken. Sie sollten sich wenden an:
- lokale Fernsehsender, die *Star Trek* ausstrahlen;
- Sponsoren, die bei *Star Trek* werben;
- Fernsehkolumnisten;
- *TV Guide* und andere Fernsehzeitschriften.

Die Situation ist kritisch, es muß *jetzt* etwas geschehen, sonst ist es zu spät. Wir geben, was wir nur können. Wir hoffen, daß wir dabei auch auf Sie zählen können.

Mit freundlichen Grüßen
Harlan Ellison, Vorsitzender
Theodore Sturgeon
Richard Matheson
A. E. Van Vogt
Robert Bloch
Lester del Rey
Phil Farmer
Frank Herbert
Poul Anderson

Nicht ganz einen Monat später verschickte Ellison die Briefe auf einem Bogen mit dem Briefkopf »The Committee«, auf dem die oben genannten Autoren präsentiert wurden. Es war natürlich keine Überraschung, daß fünf der acht Unterzeichner Autoren waren, die für die Serie schrieben. Ellisons Brief war vier Absätze lang und datierte vom 1. Dezember 1966. Der erste Absatz war fast komplett Ellisons Aussage, verwendete aber einige von Genes Formulierungen aus dessen Musterbriefen. Der dritte und vierte Absatz waren Genes Werk.[17]

Obwohl eine unbekannte Anzahl Briefe verschickt wurde und

---

[17] Noch 1987 versäumte Ellison es, Genes Beteiligung oder seine Formulierungen für die Briefkampagne zu erwähnen, als er in seiner Kolumne »Harlan Ellison's Watching« (in *Fantasy & Science Fiction*, Mai 1987, S. 109-115) über diesen Augenblick in der Fernsehgeschichte schrieb.

auch einiger Fanprotest bei NBC eintraf, war doch die allgemeine Reaktion in der Science Fiction-Gemeinde nicht gerade enthusiastisch. Ein weiblicher Fan, der einen Brief erhielt, reagierte mit der Aussage, daß der Brief sich mit den Bedürfnissen des kleinen Anteils professioneller Science Fiction-Autoren beschäftige, aber nichts dafür tue, die Fans zum Schreiben zu bewegen.

Die Serie wurde verlängert, aber das Network spielte die Briefkampagne herunter. So berichtete Sheila Wolfe in der *Chicago Tribune* im Mai 1967: »Berichte, daß *Star Trek* gestoppt werden sollte, führten zu viel Post, aber die Autoren hätten sich nicht sorgen müssen. NBC erklärte, daß man niemals geplant hatte, die Serie aus dem Programm zu nehmen.«

Eine Mitarbeiterin, die eine wichtige Position einnahm und die zu der Zeit in den *Star Trek*-Büros zugegen war, sagte, daß sie das Ganze für einen Teil des Pokerspiels zwischen Produzenten und Networks hielt. Massen von Briefen hätten Desilu möglicherweise in eine bessere Verhandlungsposition für die zweite Season gebracht.

Unabhängig davon, welche Ansicht den Tatsachen entsprach, wurde die Serie verlängert. Gene schrieb, schrieb um und produzierte eine weitere Season.

KAPITEL 10

Im Verlauf der ersten Season hatte *Star Trek* die Aufmerksamkeit der Science Fiction-Gemeinde auf sich gelenkt. Isaac Asimov schrieb für den *TV Guide* einen Artikel, auf den Gene Ende November 1966 reagierte, indem er über *TV Guide* eine Brief an Asimov richtete. Die beiden Männer waren sich einmal auf einer Science Fiction-Convention flüchtig begegnet, bevor *Star Trek* ins Programm genommen wurde. Gene hatte großen Respekt, wenn nicht sogar regelrechte Ehrfurcht vor Asimov, doch hielt ihn das nicht davon ab, ihm seine Gedanken über den Artikel mitzuteilen. Es war das zweite Mal, daß er Asimov in seine Schranken verwies, aber erstmals geschah es mit voller Absicht. Während der Convention, auf der Gene »The Cage« einem begierigen Publikum vorführte, redete ein Mann unaufhörlich weiter, während der Film bereits lief. Gene wurde laut und rief: »Heh, Mann, halten Sie den Mund. Hier läuft gerade mein Film.« Der Angesprochene verstummte, Gene erhielt von seinem Platznachbarn ins Ohr geflüstert, er habe soeben Isaac Asimov zurechtgewiesen. Gene wollte sich entschuldigen, aber Asimov gestand ein, daß er selbst sich falsch verhalten hatte.

Genes Brief ist ein Musterbeispiel dafür, wie man jemanden auf zivilisierte Weise »ins Gebet nimmt«.

Lieber Isaac,
es tut mir leid, daß ich Dir diesen Brief auf einem solchen Umweg zuschicken muß, aber ich habe Deine Adresse nicht. Und Harlan Ellison, der vielleicht hätte helfen können, arbeitet für uns an einer letzten Drehbuchfassung und ist schon eine Woche über die Zeit. Daher möchte ich seine Aufmerksamkeit nicht für eine Sekunde ablenken.

Wenn ich so darüber nachdenke, könnte es sein, daß er sogar einen oder zwei Monate über die Zeit ist.

Ich wollte mich zu Deinem *TV Guide*-Artikel »What Are A Few Galaxies Among Friends?« äußern.

Er hat mir so gut gefallen wie alles, was Du schreibst. Und er wird als Quelle für diejenigen Autoren dienen, die für *Star Trek* schreiben, denen aber das Science Fiction-Hintergrundwissen fehlt.

Aber um ehrlich zu sein: Auch Autoren mit dem entsprechenden Hintergrundwissen und der Erfahrung machen immer wieder die gleichen Fehler. Ich bin zu der Ansicht gelangt, daß auch die beste Science Fiction kein Garant für wissenschaftliche Genauigkeit ist.

Wenn man etwas schreibt, sollte man sich mit den Fakten auskennen. Daher – so sehr ich Deinen Artikel auch genossen habe – verfolgt mich der Drang, Dir zu schreiben, daß einige der von Dir genannten Fakten nicht korrekt waren.

Und so, wie jeder Autor, der über Wissenschaft schreibt, wissen sollte, was eine Galaxis ist, so ist auch jeder Autor, der über das Fernsehen schreibt, verpflichtet, sich mit gewissen Aspekten dieses Gebietes vertraut zu machen. In aller Freundlichkeit und mit dem Dank für Hunderte wundervoller Lesestunden, die Du mir beschert hast – es scheint mir so, als übersiehst Du in Deinem Artikel völlig die praktischen, faktischen und wissenschaftlichen Probleme, die damit verbunden sind, eine Serie im Fernsehen etablieren. Das Fernsehen verdient viel Kritik, nicht nur die Science Fiction, sondern das Fernsehen insgesamt. Doch diese Kritik sollte gezielt sein, nicht blindlings abgefeuert werden. Beispielsweise scheiterte *Star Trek* beinahe daran, daß wir nicht auf eine Linie für Jugendliche einschwenken wollten, weil wir »Lassie« nicht zum Bestandteil der Schiffsbesatzung machen wollten und weil wir darauf beharrten, Leute wie Dick Matheson, Harlan Ellison, A. E. Van Vogt, Phil Farmer und andere zu bekommen. (Nicht jeder von ihnen schaffte es, weil Fernsehdrehbücher etwas besonders Schwieriges sind. Vielen gelang aber der Sprung.)

Ich muß Dir zustimmen, daß die Bemerkung in *Star Trek* über eine Wolke, die sich »ein halbes Lichtjahr außerhalb der Galaxis befindet«, schlecht formuliert war. Aber auf der anderen Seite wurde dieses Detail auch von dem Wissenschaftler der Rand Corporation übersehen, der von uns beauftragt ist, alle Geschichten und Drehbücher zu prüfen. Ebenso von Kellum de Forest Research, die für den gleichen Zweck beschäftigt werden.

Daß auch ich übersehen habe, muß ich wohl nicht noch betonen.

Wir geben jede Woche einige hundert Dollar aus, um wissenschaftliche Exaktheit zu gewährleisten. Und weitere Hunderte von Dollars, um auch in anderen Bereichen Exaktheit zu gewährleisten. Bevor wir die Produktion aufnahmen, erstellten wir einen »Writer's Guide«, der sich mit diesen Dingen befaßt. Den ergänzen wir permanent um zusätzliche Seiten, Korrekturen, Änderungen in der Terminologie, Auszüge aus wissenschaftlichen Artikeln usw. Diese Ergänzungen gehen an die Autoren und Regisseure. Und spezielle wissenschaftliche Informationen gehen an unsere Schauspieler, je nachdem welche Rolle sie spielen. So stellen wir zur Zeit eine spezielle medizinische Akte für DeForest Kelley zusammen, der auf der *Enterprise* den Schiffsarzt spielt. William Shatner, der Captain James Kirk darstellt, und Leonard Nimoy, der die Rolle des Mr. Spock spielt, verbringen viel Zeit damit, Artikel, Ausschnitte, Science Fiction-Geschichten und anderes Material zu lesen, das wir ihnen zusenden.

Trotzdem unterlaufen uns Fehler, und das wird uns wohl auch weiterhin passieren. Der Grund dafür ist folgender: Der Donnerstag hat die unangenehme Art, Woche für Woche einmal auf uns zuzukommen. Fünf Tage Arbeit an einer Episode sind eine erdrückende Last, eigentlich eine Unmöglichkeit. Was dabei verwundert, ist nicht die Tatsache, daß wir Fehler machen, sondern daß wir in der Lage sind, einmal pro Woche Science Fiction produzieren, die – wenn wir den Science Fiction-Autoren und -Fans Glauben schenken dürfen, die uns Woche für Woche in immer größerer Zahl schreiben – die erste wirkliche Science Fiction-Serie darstellt, die je fürs Fernsehen geschaffen worden ist. Wir wollen sehr gerne glauben, daß dem so ist. In jedem Fall ist es das, wonach wir streben und worauf wir stolz sind; und wir reagieren auch mit beträchtlicher Empfindlichkeit, wenn wir glauben, daß wir – wie im Falle Deines Artikels – zu Unrecht kritisiert werden. Um es mit den Worten von Ted Sturgeon zu sagen, der seinen ersten Drehbuchversuch für uns wagte (und jetzt eine feste Größe ist, was seine Beiträge fürs Fernsehen betrifft), war es im Grunde unmöglich:
- *Star Trek* im Programm unterzubringen,
- eine derartige Serie mit dem fürs Fernsehen üblichen Budget zu produzieren,
- die breite Masse zu erreichen, ohne es sich mit der Science Fiction-Zuschauerschaft zu verscherzen,
- sich nicht dem Druck des Networks zu beugen und die Serie »jugendlicher« zu gestalten,
- die Sendung im Programm zu halten.

Alles das haben wir geschafft. Vielleicht hätte ein anderer es besser machen können, aber niemand hat es überhaupt gemacht.

Wenn wir also den Briefen Glauben schenken wollen (die bereits in die Tausende gehen), sprechen wir sehr viele Leute an, für die Science Fiction zuvor etwas Fremdartiges oder keine Unterhaltung darstellte. Tatsächlich ist es so, daß wir neue Fans »werben« – und damit zukünftige Käufer von Science Fiction-Magazinen und -Romanen – und letztendlich die Grundlage für zukünftige Science Fiction-

Filme schaffen. Ich bin sicher, daß wir neue Käuferschichten für die »Foundation«-Romane, für »I, Robot«, »The Rest of the Robots« und Deine anderen exzellenten Arbeiten ansprechen. Wir – und ich persönlich – arbeiten so hart und mit so viel Stolz wie jeder andere Science Fiction-Autor in diesem Land – auf unsere Art und mit den diesem speziellen Medium eigenen Problemen.

So sehr ich auch Dich und Deine Arbeit bewundere, fühlte ich mich doch zu einer Erwiderung verpflichtet. Und ich glaube, daß die Öffentlichkeit zu diesem Thema einen genaueren Artikel verdient.

Mit freundlichen Grüßen

Asimov machte sich Vorwürfe für das, was er geschrieben hatte, möglicherweise ausgelöst durch die harsche Kritik, die er von einem engen Freund erhalten hatte, der ein Fan der Serie war. Er schrieb Gene sofort einen Brief, der sich mit Genes Brief überschnitt. Gene erhielt Asimovs Brief wenige Tage, nachdem er seinen abgeschickt hatte.

Sehr geehrter Mr. Roddenberry,
in einer kürzlich erschienenen Ausgabe des *TV Guide* habe ich mich über wissenschaftliche Fehler lustig gemacht, die sich in der gegenwärtigen Masse der Science Fiction-Fernsehserien finden. Dabei habe ich völlig zu erwähnen versäumt, daß mir *Star Trek* sehr gut gefällt. Tatsächlich habe ich das beiläufig erwähnt, aber es ist praktisch nicht aufgefallen.

Einige meiner Freunde, die *Star Trek*-Fans sind (ich habe intelligente Freunde), haben mich mit sehr drastischen Worten auf mein Versagen aufmerksam gemacht. Und nun, nachdem ich meinen Artikel noch einmal gelesen habe, bin ich sehr beschämt, daß ich die Chance vertan habe, gute Science Fiction vor einer breiten Öffentlichkeit zu fördern, weil ich so sehr darauf aus war, witzig zu sein.

Ich werde versuchen, auf der Leserbriefseite des *TV Guide* meine Meinung über *Star Trek* kundzutun, aber das könnte nicht ausreichen. Kann ich irgend etwas Sinnvolles tun, um meine Wertschätzung Ihrer Anstrengungen auszudrücken, eine qualitativ hochwertige Science Fiction-Serie für ein erwachseneres Publikum zu produzieren?

Asimov

Einige Tage später erhielt Gene einen zweiten Brief von Asimov.

Lieber Gene,
zwei Tage, nachdem Du mir Deinen Brief vom 29. November über *TV Guide* zugeschickt hast, habe ich Dir - gleichfalls über *TV Guide* - einen Brief geschickt.

Ich hoffe sehr, daß Du ihn erhalten hast. Nur für den Fall, daß das noch nicht geschehen ist, wiederhole ich hier meinen Brief, den ich (um nochmals darauf hinzuweisen) abgeschickt habe, bevor ich Deinen Brief erhalten habe:

[Es folgt der komplette erste Brief, dann fährt Asimov fort.]

Nun, Dein Brief an mich war viel milder und freundlicher, als ich es verdient habe. Mr. Samuel Peeples schrieb mir einen viel direkteren, den ich meinerseits im gleichen Tonfall beantwortet habe, aber nach einem weiteren Briefwechsel glaube ich, daß wir noch immer Freunde sind.[1]

Ich würde liebend gerne dazu beitragen, *Star Trek* zu fördern. Falls Du es möchtest, würde ich gerne bei *TV Guide* anfragen, ob ich einen Artikel über *Star Trek* schreiben kann. Besser wäre es allerdings, wenn Ted Sturgeon diesen Versuch unternehmen würde. Er kennt die Serie, er kennt jetzt auch das Hollywood-System. Er könnte es viel aussagekräftiger machen als ich. (Ich will mich aber nicht vor meiner Verantwortung für meine Sünden drücken. Ich werde *Star Trek* bei jeder Gelegenheit lobend erwähnen und der Serie helfen, so gut ich es nur kann. Tatsächlich kommt im nächsten Januar eine neue Science Fiction-Serie, *TV Guide* hat bereits vorsichtig die Fühler für einen Artikel darüber ausgestreckt, der aber nicht Wirklichkeit werden muß. Wenn ich einen solchen Artikel schreibe, werde ich ein Lob für *Star Trek* einbauen, so schwierig das auch sein wird.)

Du hast natürlich völlig recht, daß ich nichts von den praktischen Aspekten weiß, die das Schreiben und Produzieren von Fernsehserien betrifft. Als ich mit dem Artikel begann, war es lediglich meine Absicht, locker und humorvoll zu sein - aber es ist mir entglitten.

Ich wünschte fast, ich wäre in Hollywood, um mitanzusehen, wie eine Serie produziert wird - doch das wird nicht geschehen. Ich reise nicht und werde nie nach Hollywood kommen.[2]

Dein
Isaac

---

[1] Asimov und Peeples waren seit einiger Zeit befreundet. Die Freundschaft überstand diesen Briefwechsel unbeschadet.
[2] Asimov verließ New York City nur für kurze Strecken, verreiste aber niemals. Er gestand sogar einmal, daß er in den vielen Jahren, in denen er in seinem New Yorker Apartment gewohnt hatte, niemals auf den Balkon gegangen war.

Trotz des unnachsichtigen Zeitplans fand Gene die Zeit, um Fans zu schreiben, die »intelligente« Briefe schickten. Am 6. Dezember erklärte er das System der Sternzeit, das in der Serie benutzt wurde, außerdem Details in der Ausstattung der *Enterprise.* Und er teilte seine Ideen über die Figur mit, die der zentrale Charakter der Serie werden sollte.

> Mr. Spock ist angelegt als ein Musterbeispiel für Widersprüche. Er ist halb Mensch und halb Vulkanier, was zu einem anhaltenden Kampf führt zwischen dem, was ihn über die »unmoralische« Emotionalität gelehrt wurde – die in seinem irdischen Teil steckt – und der »Moral« und Logik seiner vulkanischen Abstammung väterlicherseits. Er ist sehr stolz auf seine Kameraden, zugleich schämt er sich dieser Gefühle. Dann wieder gefällt es ihm auf eigenartige Weise.
> Spocks Blut ist grün wegen der Spuren von Nickel und anderen Metallen, die sich in unserem Blut nicht finden. Der Unterschied ist aber nur geringfügig, es ist mit irdischem Blut kompatibel, wenn Befruchtung und Schwangerschaft gründlich geplant und durch Techniken der vulkanischen Medizin kontrolliert werden – so wie unsere Medizin derzeit daran arbeitet, die Probleme mit dem Rhesusfaktor in den Griff zu bekommen. Es besteht absolut kein Widerspruch darin, daß man einen Puls von 242 Schlägen in der Minute hat, nach unseren Maßstäben aber praktisch kein Blutdruck feststellbar ist. Der durchschnittliche Durchmesser seiner Arterien ist größer als bei einem Menschen; sein Herz schlägt schneller und mit weniger Druck, bewegt dabei in etwa die gleiche Blutmenge wie unser langsameres, dafür mit höherem Druck arbeitendes System.
> Wir zeigen humanoide Außerirdische, da wir (den Studien von Cal Tech und anderen entsprechend) an eine parallel verlaufende Evolution glauben. Die Naturgesetze regeln die Entstehung von Leben so, wie andere Naturgesetze Zeit, Raum und Atome steuern. Es gibt in der Natur keine »Unfälle«, wahrscheinlich auch nicht in der gesellschaftlichen Entwicklung. Jede Wirkung hat eine Ursache. Es ist unser Unglück auf der Erde, daß wir heutzutage Ursache und Wirkung im Leben und in der sozialen Entwicklung praktisch nicht verstehen.
> Ich möchte Ihnen nochmals für Ihren äußerst interessanten Brief danken.
> Mit freundlichen Grüßen

In Hollywoods Stenosprache war Gene ein »Bindestrich«: ein Autor-(Bindestrich)-Produzent. Während sich die Tätigkeitsbereiche eines Autors von selbst erklären, ist das bei einem Produzenten nicht so offensichtlich und bekannt. Während Regisseure und Autoren kommen und gehen, trägt ein Produzent die Verantwortung, die gesamte Vision und die Kontinuität einer Serie, der Figuren und der Geschichten zu bewahren. Da Gene *Star Trek* erfand, schrieb und produzierte, war er ein doppelter »Bindestrich«.

Zusätzlich zu seinen festen Aufgaben fügte Gene in Augenblicken der Verzweiflung seinem Titel eine weitere Aufgabe hinzu: Kindermädchen für die Egos der Schauspieler.

Als sich seine Serie etabliert hatte, sah sich Gene mit einer unausweichlichen Metamorphose konfrontiert: Aus Schauspielern, die dankbar waren, einen Job zu haben, wurden Schauspieler, die immer mehr wollten – mehr Geld, mehr Text, mehr Kamerazeit, mehr Nahaufnahmen, mehr Geltung etc.

Film- und Fernsehstudios sind kleine Schlachtfelder, in denen Einzelpersonen und Gruppen um Macht ringen, um Einfluß, Geld und Prestige. Auch wenn *Star Trek* in einer Roddenberryschen Zukunft spielte, entsprach die tägliche Routine voll und ganz den Zuständen in der zweiten Hälfte des 20. Jahrhunderts. Hier war jeder Mann, jede Frau und jeder Außerirdische auf sich allein gestellt.

Auch wenn die meisten Schauspieler wissen, daß ihr Job nur einer der Beiträge von vielen Menschen zu einem Ganzen ist – darunter die Autoren, die die Rolle schaffen und ihr den Text geben; die Kostümdesigner, die für die richtige Bekleidung sorgen; der Beleuchter, der sie aus der Dunkelheit holt; der Kameramann, der sie richtig filmt –, gibt es doch ein paar Schauspieler, die das Publikum gerne glauben lassen, daß sie ins Studio gehen, vor der Kamera agieren, ihre gesalbten Worte für die Ewigkeit sprechen und dann wunderbarerweise irgendwie auf dem Fernsehbildschirm erscheinen, um ihre Fans zu erfreuen. Auch wenn sie möglicherweise die Leistung der anderen anerkennen, wissen sie tief in ihrem Herzen, daß es allein ihre Darstellung ist, die über Gedeih und Verderb einer Serie entscheidet. Manche von ihnen wollen nicht, daß die Zuschauer Regisseure, Produzenten, Handwerker oder Autoren für wichtig oder sogar für erforderlich halten.

Manchmal befinden sie sich im Recht – ihre Darstellung ist wichtig für den Erfolg oder Mißerfolg einer Serie. Umgekehrt sind die Figuren manchmal so gut gezeichnet, so kraftvoll, daß das Publikum in ihnen seine Grundbedürfnisse entdeckt. Solche Rollen wiegen weit schwerer als jedweder Schauspieler dahinter. Die Figur ist so kraftvoll, daß jeder fähige Schauspieler durch sie erfolgreich sein würde. Henry Hathaway, Regisseur in den vierziger Jahren, sagte einmal: »Es ist nie der Schauspieler, es ist immer die Rolle.« Vermutlich liegt die Wahrheit irgendwo in der Mitte.

Kunst und Handwerk einmal außer acht gelassen, sind Studios immer nur wirtschaftliche Unternehmen, die möglichst alles aus ihren Beschäftigten herausholen wollen. Sie wollen bei möglichst niedrigen Kosten ein Produkt schaffen, das so attraktiv wie möglich ist, um ein möglichst breitgestreutes Publikum anzusprechen. Schauspieler und andere in dieser Branche arbeiten nach einer einfachen Regel: die höchstmögliche Gage, die sie bekommen, ist die niedrigste, die sie zu akzeptieren bereit sind. Also versuchen Schauspieler, Autoren, Produzenten und die Studios alles, um den für sie besten Vertrag abzuschließen. Aus diesem Mahlstrom unterschiedlicher Interessen heraus entstehen Fernsehserien.

Studios sind von ihrer Art her nicht großzügig (was nicht heißen soll, daß einzelne Studiochefs nicht extrem großzügig und aufmerksam sein können). Studios arbeiten sehr sorgfältig mit ihrem Geld, sie trennen sich nicht ohne weiteres davon. Aber sobald sich die Umstände ändern, ändert sich auch die Auffassung über Werte und Vergütungen.

Bei Leonard Nimoy trat ein solcher Fall ein. Nimoy, ein empfindsamer und intelligenter Mann, war und ist zutiefst dem Schauspielerhandwerk verpflichtet. Nur mit dieser Hingabe konnte ein Mann wie Nimoy die Entbehrungen seiner frühen Jahre erdulden, als es nur wenige Angebote gab und man nahm, was sich bot, um die Familie zu ernähren. In einer frühen Nimoy-Biographie in den *Star Trek*-Archiven findet sich eine Auflistung einer Reihe von Rollen – jedoch fehlt eine Erwähnung des Republic-Serials *Zombies of the Stratosphere*, das inzwischen immer wieder auf dem Sci-Fi Channel gesendet wird, wobei Nimoy angesichts seiner Rolle überproportional in den Vordergrund geschoben wird. Nimoy hatte darin nur eine kleine Rolle; in den dreizehn Episoden hatte er nur ein paar Sätze zu sprechen und war in ein oder zwei Großaufnahmen zu sehen.³ In dieser frühen Biographie fehlt auch sein wahrscheinlich erster Fernsehauftritt: 1953 spielte er in *Dragnet* einen jungen Gauner, er hatte keinen Text, genannt wurde er als letzter. Nimoy spielte eine Vielzahl von Fernsehrollen, darunter einen Revolverhelden in *Gunsmoke* und den hochgelobten *Kid Monk Baroni*. Roddenberry wurde erstmals durch eine Gastrolle in *The Lieutenant* auf ihn aufmerksam.

Nach allem, was bekannt ist, war Leonard glücklich, daß er einen Job hatte. Doch seine ernsthaften Ansichten über die Schauspielerei und wohl auch die Erinnerung an seine Auftritte in dem erwähnten Republic-Serial ließen ihn einen Moment innehalten, bevor er sich für eine Rolle entschied, deren Ohren seiner Karriere schaden konnten.

Aber die Rolle war für Nimoy auch ein großer Schritt nach vorn. Es war eine Gelegenheit, in einer Fernsehserie mitzuwirken und gut bezahlt zu werden. Obwohl die Kritiker einige seiner Rollen lobten, definierten die Nimoys und ihre beiden Kinder »Ausgehen« dergestalt, in eine China-Restaurant zu gehen, zwei Essen zu bestellen und mit den Kindern zu teilen. Da der zweite Pilotfilm ein Erfolg war und Leonard für fünf Jahre unter Vertrag genommen wurde, zeigte sich am Horizont ein deutlicher Silberstreif.

In seiner Autobiographie *I Am Not Spock*⁴ schrieb er:

Als die Figur des Spock so erfolgreich wurde, begann ich mich wie ein Sohn zu fühlen, der für die Familie sorgen muß. Die Rechtsabteilung des Studios betrachtete mich als Bedrohung: »Er wird beliebter, er wird mehr haben wollen, als sein Vertrag ihm einräumt. Das bringt Ärger.«

---

³ Nimoy mochte gewisse Bedenken wegen der Rolle des Mr. Spock haben, wenn er an seine frühere SF-Erfahrung zurückdachte, *The Brain Eaters*, ein Billigfilm, der von American International Pictures produziert wurde und 1958 Premiere feierte. Laut *Fantastic Cinema Subject Guide* von Bryan Senn und John Johnson (North Carolina, McFarland & Co., Jefferson, 1992) war der Film eine nicht als solche gekennzeichnete »Bearbeitung« des Romans *The Puppet Masters* von Robert Heinlein, der deswegen Klage einreichte.

⁴ *I Am Not Spock* von Leonard Nimoy, New York, Ballantine Books, 1977, Seite 80.

In seinem Buch beschreibt Nimoy dann etwas, was er mit Blick auf den Etat für die Beantwortung seiner Fanpost als »interessantes Spiel« bezeichnet. Doch es gab auch andere »Spiele und Späße«, auf die er nicht einging.

Nach den Dreharbeiten zu schätzungsweise fünf Episoden der ersten Season – noch bevor die Serie auf Sendung ging – setzte Alex Brewis, der Agent von Leonard Nimoy, eine Besprechung an. Bei dieser Besprechung waren Gene, Brewis und Morris Chapnick anwesend, Genes Produktionsassistent bei *The Lieutenant* und den ersten beiden *Star Trek*-Pilotfilmen. Jetzt war Morris Herb Solows Assistent. An die Besprechung erinnert er sich noch heute.

Die Drehbücher, die zu der Zeit verfilmt wurden, ließen deutlich erkennen, daß Spocks Bedeutung für die Handlung fast der des Captains entsprach. Spock war nicht nur ein unbedeutender Nebendarsteller, folglich wollte Nimoy mehr Geld. Chapnicks Erinnerung zufolge war Gene geneigt, ihm zuzustimmen, aber Morris war anderer Ansicht. Zu dieser Zeit hatte Desilu durch *Star Trek* und *Mission: Impossible* dreizehn Schauspieler fest unter Vertrag. Chapnick argumentierte, daß – würde man *einem* Schauspieler eine noch so geringe Gagenerhöhung zugestehen – auch die zwölf anderen das gleiche fordern würde.

Morris verwarf die Forderung, die Nimoys Agent aufgestellt hatte. Das führte zu einer leichten Verstimmung zwischen Morris und Gene, da Gene zuerst glaubte, daß Morris sich gegen etwas wende, was er – Gene – für gerecht hielt. Später wurde ihm klar, daß Morris nur seine Arbeit machte. Brewis sollte das Thema zu geeigneter Zeit noch einmal zur Sprache bringen: vor Beginn der Dreharbeiten zu einer möglichen zweiten Season – was er dann auch tat.

Mindestens einer der Beteiligten machte die Feststellung, daß Nimoy als Schauspieler in den ersten drei Wochen der ersten *Star Trek*-Season wahrscheinlich mehr verdiente als im gesamten vorangegangenen Jahr. Seine Forderung nach mehr Geld sollte aber nicht als ein Zeichen für Gier gewertet werden. Spock war für die Serie von großer Bedeutung, und Leonard erkannte die Gelegenheit, sich in eine bessere Position zu bringen. Er war zweifellos der Ansicht, daß seine Arbeit mehr wert war, zumal er nur ein Viertel dessen erhielt, was Shatner gezahlt wurde.

Am 17. März 1967 kam es zu einem Treffen zwischen Alex Brewis und Ed Perlstein von Desilus Abteilung für geschäftliche Angelegenheiten. Vor dem Treffen hatte Perlstein Nimoys Agenten über Desilus Absichten informiert, was die Gagenerhöhung für Nimoy anging: Sein Honorar, das laut Vertrag in der zweiten Season um 500 Dollar erhöht wurde, sollte um weitere 250 Dollar aufgestockt werden. Außerdem war das Studio bereit, Nimoy weitere 100 Dollar pro Sendung zu zahlen, damit der die Bearbeitung seiner Fanpost bezahlen konnte.

Laut Vertrag erhielt Nimoy in der Season 1966/67 für sieben Tage Arbeit pro Episode 1250 Dollar. Für die Season 1967/68 sollte dieser Betrag um 500 Dollar auf 1750 Dollar erhöht werden. Danach sollte er für jedes weitere Jahr 250 Dollar pro Episode mehr bekommen. Anstelle der vereinbarten 1750 Dollar war das Studio bereit, Nimoy 2000 Dollar und 100 Dollar »Fanpost«-Zulage zu zahlen.

Nimoys Agent machte sein Gegenangebot: Leonard sollte pro Episode 4500 Dollar erhalten, und zwar für sechs, statt bisher sieben Arbeitstage. Sein gesamtes Originalhonorar sollte ihm für jede der ersten fünf Wiederholungen gezahlt werden, womit er zu Shatner aufschließen würde. Aber es sollte noch besser kommen: Leonard wollte die Zusicherung, bei mindestens einer von jeweils dreizehn Episoden Regie zu führen – die erste zum Mindesthonorar, alle weiteren für eine Spitzengage[5]; sollte irgendeine der Episoden im Kino gezeigt werden[6], wollte Nimoy das Fünffache seiner normalen Episodenvergütung haben oder 25 000 Dollar, je nachdem welcher Betrag der höhere war. Bei persönlichen Auftritten wollte er erster Klasse befördert und untergebracht werden – das sollte für seine Frau gelten. Er wollte eine Garderobe, die groß genug war, um auch noch als Büro benutzt zu werden; er wollte auf Kosten des Studios ein Telefon in seiner Garderobe installiert bekommen (für Ferngespräche würde er selbst bezahlen);

---

[5] *Star Trek*-Regisseure erhielten pauschal 3000 Dollar für bis zu 13 Tage Arbeit – sechs Tage Vorbereitung und sieben Tage Dreharbeiten. Bei *Star Trek: The Next Generation* erhielt ein Regisseur für die gleiche Arbeit 22 500 Dollar.

[6] Bei einigen Fernsehserien, zum Beispiel bei *The Man from U.N.C.L.E.*, wurden zwei Episoden zusammengeschnitten und im Ausland als Kinofilm auf den Markt gebracht.

er würde die 100 Dollar pro Episode für Sekretariatsarbeiten annehmen und er erwartete, daß das Studio ihn mit dem erforderlichen Bürobedarf und den Fotos versorgen würde, damit er seine Fanpost beantworten konnte. Wenn er über Nacht nicht in Los Angeles war, entweder aufgrund der Serienproduktion, aufgrund persönlicher Auftritte oder anderer Notwendigkeiten, wollte er einen Tagessatz, der so hoch war wie der höchste Tagessatz, der irgendeinem anderen Schauspieler der Serie gezahlt wurde. Dem ganzen folgten noch einige kleinere Forderungen.

Jeder gute Verhandlungspartner weiß natürlich, daß Forderungen stets weit über das hinausgehen, auf das man sich verständigen wird. Und Perlstein reagierte so wie jeder gute Studioboß in einer solchen Situation: er tobte. Jeder spielte seine Rolle so, wie man es von ihm erwartete. Perlstein erklärte Nimoys Agent, daß die Forderungen indiskutabel waren, daß er sie aber weiterleiten würde. Perlstein machte Leonards Agenten auch darauf aufmerksam, daß das Studio nur eines machen mußte: den Vertrag unter den Bedingungen zu erfüllen, zu denen sich Leonard für fünf Jahre gebunden hatte. Dann müsse er spielen. Natürlich will jedes Studio, daß seine Beschäftigten glücklich sind, vor allem die, die das Publikum kennt. Aber dieses Glück wird von den Studios nicht so ausgelegt, daß man ihnen alles gibt, was sie wollen und wenn sie es wollen.

Perlstein besprach die Angelegenheit mit Gene und anderen Verantwortlichen bei Desilu; am 29. März sprach er wieder mit Brewis. Er sagte, das Studio habe sich mit einem Telefon in Leonards Garderobe bereiterklärt – wobei Leonard die Ferngespräche zahlen würde –, außerdem mit einigen kleineren Zugeständnissen. Leonards Gage sollte für die Season 1967/68 pro Episode 2500 Dollar betragen.

Perlstein erklärte, das sei alles, was das Studio zugestehen würde. Es würde keine Nachverhandlungen geben, das Studio habe sich weit über die zuvor vereinbarten Bedingungen hinausbewegt. Sollte Leonard diese Bedingungen nicht akzeptieren, würde das Studio unter den ursprünglichen Bedingungen mit ihm weiterarbeiten: Leonard würde 1750 Dollar pro Episode erhalten, ob es ihm nun gefiel oder nicht.

Wenn Brewis von dieser Haltung des Studios beeindruckt war,

ließ er es sich zumindest nicht anmerken. Er besprach sich mit Nimoy, dann rief er Perlstein an und sagte: »Ihr Angebot taugt nichts.« Er wollte ein Gegenangebot unterbreiten. Perlstein erklärte, er interessiere sich nicht für ein Gegenangebot, er werde es nicht akzeptieren, lediglich weiterleiten. Eine Kopie dieses Memos findet sich immer noch in Genes alten Akten, zusammen mit Notizen zu Leonards Forderungen, die er offenbar handschriftlich vorgenommen hatte. Das Folgende ist die exakte Wiedergabe von Perlsteins Memo, in dem er die Forderungen des Agenten an Gene weiterleitet, gefolgt von Genes Notizen.

1. Was die Regiearbeit angeht: Leonard beharrt darauf, ihm sei zugesichert worden, daß er im zweiten Jahr Regie führen sollte, was er auch tun will. Er besteht darauf, in diesem Jahr bei mindestens einer, lieber natürlich bei zwei oder drei *Star Trek*-Episoden Regie zu führen.
   [Am linken Rand neben diesem Absatz befindet sich ein großes, mit Bleistift geschriebenes »X«.]
2. Leonard verlangt 3750 Dollar pro Episode bei jeweils maximal sechs Drehtagen während der Season 1967/68, 4500 Dollar pro Episode bei jeweils maximal sechs Drehtagen während der Season 1968/69, 5000 Dollar pro Episode bei jeweils maximal sechs Drehtagen während der Season 1969/70 sowie 5500 Dollar pro Episode bei jeweils maximal sechs Drehtagen während der Season 1970/71.
   [Gene vermerkte am linken Rand »2500 7 Tage«.]
3. Für Wiederholungen verlangt Leonard für die erste 35%, für die zweite 25%, für die dritte 20% und für jede weitere Wiederholung 10%.[7]
   [Am oberen rechten Rand war mehr Platz, dort schrieb Gene: »50%/17, 12,5, 7, 6,75, 6,75.«]
4. Leonard verlangt eine eindeutige schriftlich Festlegung, daß ohne seine Zustimmung die gegenwärtige Nennung seines Namens nicht geändert werden darf.
   [Gene vermerkte: »OK, keine Änderung ohne Zustimmung.«]
5. Leonard wünscht, daß der Vertrag ausdrücklich erklärt, daß die Garderobe aus zwei Räumen und einer Toilette besteht, zudem

---

[7] Diese Vergütung für unendlich viele Wiederholungen war in jenen Tagen gänzlich unbekannt. So etwas erhielten nicht einmal die Erfinder einer Serie. Wenn Nimoy sich hätte durchsetzen können, wäre er viel früher ein reicher Mann geworden.

verlangt er ein Telefon in seiner festen Garderobe sowie ein Telefon in der Garderobe des Aufnahmestudios.
[Gene schrieb: »Meine Antwort: zweite Etage, Gebäude E.«]
6. Was Werbespots angeht, bei denen Leonard einen Off-Kommentar spricht, möchte er uneingeschränkte Vollmacht, ausgenommen wenn ein Konflikt mit dem Sponsor auftreten würde.
[Gene schrieb: »Keine Konflikte mit der Serie oder dem Sponsor, kein Mister Spock.«]
7. In Verbindung mit Gastauftritten – zusätzlich oder als Teil der drei von jeweils 13 eingeräumten Episoden – und falls *Star Trek* früher enden sollte als die anderen einstündigen Desilu-Serien, möchte Leonard als erstgenannter Gaststar bei den Serien mitwirken, die noch gedreht werden.
[Gene schrieb: »Nein! Werde aber mein Möglichstes tun.«]

Mit anderen Worten: Gene würde alles tun, um Leonard Gastauftritte zu ermöglichen, aber es sollte nicht Bestandteil des Vertrags sein. Ironischerweise war es die andere große Desilu-Serie, die zu der Zeit gedreht wurde, *Mission: Impossible*, der sich Nimoy unmittelbar nach dem Ende seiner Reisen durch das All anschließen würde.

Perlstein beendete das Memo mit einer Erklärung seines untypischen Verhaltens: »Üblicherweise bin ich ein sehr friedlicher und ruhiger Mensch, aber ich muß sagen, daß ich Alex jede dieser Forderungen abgeschlagen haben. Ich glaube nicht mehr, daß nur Leonard krank ist. Ich bin der Ansicht, daß die gleiche Beobachtung auch für Alex und für Leonards Manager Gültigkeit besitzt.«

Perlstein war bereit, den Vertrag des Studios zu vollziehen, sollte Leonard nicht wie mitgeteilt am 27. April zur Arbeit erscheinen.

Irgendwann am gleichen Tag, also am 30. März, übersandte Joe D'Agosta – Besetzungsleiter für *Star Trek* – Gene ein Memo. Es trug die Überschrift »Mögliche Vulkanier« und war in drei Kategorien unterteilt, eine A-, eine B- und eine C-Liste. Mit diesem Memo machte D'Agosta Vorschläge für neue Vulkanier.

Die A-Liste wies Namen auf wie John Anderson, Michael Rennie, Edward Mulhare, Lloyd Bochner und David Carradine. Nummer eins auf der A-Liste war Mark Lenard.

Vielleicht wußte Nimoy von der Liste, als er den nächsten Zug machte, am Nachmittag des 30. März. Er rief Perlstein an und heizte die ganze Angelegenheit weiter auf.
Perlstein beschrieb am nächsten Tag das Telefonat in einem Memo.

> Gestern nachmittag erhielt ich einen Anruf von Leonard Nimoy, in dem er andeutete, daß wir an weiteren Verhandlungen nicht interessiert seien und beabsichtigten, seine Option gemäß unserem Vertrag auszuführen. Er erklärte mir offiziell, daß er nicht zur Arbeit erscheinen werde, ungeachtet der Konsequenzen, die wir gegen ihn erwirken werden. Leonard erklärte auf sehr arrogante Weise, daß die Schauspielerei nicht die einzige Einkommensquelle sei, die er in seinem Leben haben werde. Ich sagte ihm, er werde nie wieder als Schauspieler Arbeit finden, wenn wir Regreßansprüche bei der Schauspielergewerkschaft in der Form stellen, ihn auf Lebzeiten wegen vorsätzlicher Vertragsverletzung auszuschließen. Leonard wies noch einmal darauf hin, daß er dieses Risiko eingehen würde.
>
> Ich sagte Leonard, wenn er beabsichtige, andere Wege in dieser Branche einzuschlagen, wird Desilu alle Forderungen anderen Produzenten und Mitgliedern der Unterhaltungsindustrie mitteilen, um alle davon in Kenntnis zu setzen, was er getan hatte und was er zu tun beabsichtigte.

Perlstein hatte das Gefühl, daß Leonard noch immer verhandlungsbereit war, aber er [Perlstein] erklärte ihm, Desilu werde nicht weiter verhandeln. Man war nach nochmaliger Prüfung der vorangegangenen Forderung bezüglich einer Gagenerhöhung zu dem Entschluß gekommen war, ihm 2500 Dollar pro Episode zu zahlen, außerdem in jedem der vertraglichen vereinbarten fünf Jahre 500 Dollar mehr.

Nimoy verfolgte mit seinem Anruf noch einen zweiten Zweck. Er wollte wissen, ob Desilu nach wie vor wünschte, daß er die Tagung der National Association of Broadcasters in Chicago besuchte. Leonard wollte sich eine Hintertür offenhalten. Perlstein meinte, er solle gehen. Das Spielchen ging weiter.

Am 6. April schickte Nimoy einen eingeschriebenen Brief mit Rückschein an Perlstein, in dem er ihm seine Position darlegte. Er teilte Perlstein mit, daß er sich nicht in der Lage sehe, die Aufgaben wahrzunehmen, die das Studio von ihm erwartete. Seine Vertreter waren bereit und gewillt, mit Desilu über jede Vorstellung zu sprechen, die das Studio in der Angelegenheit haben könnte, aber er zeigte sich festentschlossen und schrieb:

> Da das Studio sich entschlossen hat, eine unverrückbare Haltung einzunehmen, bin ich bereit, mich allen »Konsequenzen« zu stellen, die aus meinem Verhalten erwachsen, sofern es denn welche geben sollte.

Es war nicht das erste Mal, daß Perlstein sich mit einem widerspenstigen Schauspieler befassen mußte. Er machte rasch den nächsten Zug. Am 10. April schickte er eine Kopie des Briefs an Chet Migden von der Screen Actors Guild. Perlsteins Brief war knapp und treffend.

> Ich würde es sehr schätzen, wenn Sie mit Leonard Nimoy Kontakt aufnehmen könnten, um mit ihm über seine beabsichtigte Vertragsverletzung und die Konsequenzen zu sprechen.

Wir wissen nicht, was Migden Nimoy sagte und wie Nimoy das aufnahm. Doch der nächste Aktenvermerk in einem Memo von Perlstein an die Rechtsabteilung vom 14. April – also vier Tage nach seinem Brief an Migden – befaßt er sich mit den Bedingungen für Nimoys neuen Vertrag. Nimoy erhielt 2500 Dollar für bis zu sieben Arbeitstage für die Season 1967/68, zudem bis 1970/71 jeweils 500 Dollar pro Jahr mehr. Für die ersten fünf Wiederholungen erhielt er 20 Prozent, 15 Prozent, 7 Prozent, 4 Prozent und 4 Prozent, also insgesamt 50 Prozent. Nimoy erhielt für die Season 1967/68 100 Dollar pro Episode für die Sekretariatsarbeiten, außerdem den höchsten Tagessatz, wenn er über Nacht nicht in Los Angeles sein sollte; seine Namensnennung würde ohne seine Zustimmung nicht verändert werden können; er erhielt das Recht, als Sprecher für Werbespots zu arbeiten, ausgenommen Beschränkungen durch den Sponsor, die Zeit oder das Network, ohne die Stimme der Figur zu verwenden, die er in *Star Trek* spielte. Nimoy bekam auch eine größere Garderobe, die sich als sehr stickig erwies – eine Klimaanlage war aber nicht Bestandteil des Vertrags, und so wich er auf einen Trick aus. Nimoy berichtet in seiner Autobiographie, daß seine Sekretärin erst eine Ohnmacht vortäuschen und von einer Krankenschwester behandelt werden mußte, damit das Management eine Klimaanlage einbauen ließ.

Shatner mochte mit dem Geld zufrieden sein, aber er hatte eine allzu hohe Meinung über sich selbst, sein Talent, seinen Platz in der Serie und seine Zukunft in Hollywood. Die Crew fand schnell einen Spitznamen für ihn, wie sich eine Besucherin des Studios Jahre später erinnerte.[8]

Shatner spielte eine der zentralen Figuren in *Star Trek*, und Gene arbeitete intensiv daran, das so zu belassen, obwohl Spock zunehmend beliebter wurde. Gene erkannte, wie schnell die Serie aus dem Gleichgewicht geraten konnte, wenn er eine der beiden Figuren bevorzugte. Im Juni 1967 schrieb er in einem Brief an Asimov über dieses Problem.

> Lieber Isaac,
> ich wünschte, Du wärst hier. Ich würde liebend gerne mit Dir über die Serie diskutieren. Es geht um Captain Kirk und natürlich auch um den Schauspieler, der diese Rolle spielt: William Shatner. Bill ist ein guter Schauspieler, der am Broadway Hauptrollen gespielt und hervorragende Filme gemacht hat. Er wird im allgemeinen als großartiger Schauspieler eingestuft. Aber wir können ihn nicht so einsetzen, wie es der Fall sein sollte, doch es ist nicht sein Fehler. Es ist leicht, für Spock eine gute Szene und einen guten Text zu schreiben. In geringerem Umfang gilt das auch für den reizbaren Dr. McCoy. Ich glaube, es wäre das gleiche, wenn man eine Szene mit einigen Geschäftsleuten und einem Eskimo drehen wollte. Die besten Texte gingen an den Eskimo. In unserem Fall also an die Eskimos.
> Und doch braucht *Star Trek* eine starke Führungspersönlichkeit, einen Menschen von der Erde. Aber ohne die Bedeutung der zweitrangigen festen Figuren zu schmälern. Doch das Problem, das sich uns stellt, ist immer das gleiche: Wenn wir Kirk als wahren Schiffscommander darstellen, hart und stark, karriereorientiert, dann wird er zu oft unsympathisch. Wenn wir ihn dagegen zu gütig und freundlich zeigen, heißt es schnell: »Wie konnte so ein Typ nur Commander eines Schiffs werden?« Es scheint, daß es so oder so falsch ist.

---

[8] »Shat«, erklärte sie. »Und das war keine freundliche Verkürzung seines Namens«.

Tatsächlich – auch wenn die breite Zuschauerschaft das nicht bemerkt – ist es Kirks Art und Weise, wie er mit seiner schwierigen Rolle umgeht, die es Spock und den anderen erlaubt, in ebenso gutem Licht dazustehen. Aber Kirk verdient mehr, und mit ihm auch der Schauspieler. Ich befinde mich ein wenig in einem Dilemma. Irgendeine Idee?

Asimov antwortete sofort, das Briefdatum legt den Schluß nahe, daß er noch an dem Tag zurückschrieb, an dem er Genes Brief erhalten hatte.

In gewisser Weise ist das ein Beispiel für das altbekannte Problem von erster Geige/zweiter Geige. Der Star muß ein vollkommenes Individuum sein, während der Nebendarsteller »humoristisch« sein kann. Er kann sich spezialisieren. Da seine Rolle kleiner und unbedeutender ist, kann er wesentlich reifer sein, aber seine Eigenheiten und sein Humor können ihm eine breite Anhängerschaft bescheren, weil sie so markant und sogar vorhersagbar sind. Die erste Geige wird nicht beachtet, weil sie die Serie trägt und viele Dinge auf vielerlei Arten erledigen muß. Der Beweis ist, daß eine zweite Geige selten in der Lage ist, in seiner bisherigen Rolle auf einmal die Serie zu tragen. Es gibt Ausnahmen. Gomer Pyle schaffte es als Gomer Pyle (und bekam in der Person des Sergeant seine eigene zweite Geige).

Zweifellos ist es für die erste Geige (die wie jeder andere Schauspieler auch über ein gesundes Maß an Unsicherheit verfügt und durch das Publikum kontinuierlich bestätigt werden muß) schwierig, sich [nicht] ausgelaugt zu fühlen. Jeder an dieser Serie Beteiligte weiß, wie wichtig und wie gut Mr. Shatner ist. Das wissen auch die anderen Schauspieler, selbst Mr. Shatner weiß es. Wenn aber die Fanpost an Mr. Nimoy geht und Artikel – so wie mein eigener – sich auf ihn konzentrieren, kann man nicht anders, als sich zurückgesetzt fühlen. (Andy Griffith mußte damit fertig werden, als die Emmies an Don Knotts gingen; Sid Caesar erging es so mit Carl Reiner usw.)

Was tun? Nun, ich werde darüber nachdenken und Dir in ein paar Tagen wieder schreiben. Ich glaube nicht, daß ich eine wunderbare Lösung kenne, aber Du weißt ja, daß ein verirrter Gedanke meinerseits Dich auf eine Idee bringen könnte. Wer weiß ...

Einige Wochen später schickte Asimov einen weiteren Brief.

... Ich habe Dir versprochen, mich bei Dir zu melden, was die Überlegungen bezüglich Mr. Shatner betrifft. Und damit das Dilemma, als Hauptrolle gegen einen exzentrischen Charakter wie »Mr. Spock« anzuspielen.

Je länger ich darüber nachdenke, um so eher glaube ich, daß es ein psychologisches Problem ist. *Star Trek* ist erfolgreich, und ich glaube, daß das dritte Jahr leichter wird als das zweite. Der Hauptgrund für diesen Erfolg ist Mr. Spock. Die exzellenten Geschichten und die guten Schauspieler bringen der Serie die intelligenten Zuschauer (die allerdings nicht zahlreich genug sind, um die Einschaltquoten zu beeinflussen), aber Mr. Spock spricht die Teenager an, durch die die Quoten nach oben schießen. Daran kann und sollte nichts geändert werden. (Nebenbei bemerkt ist Mr. Spock eine wunderbare Figur, und ich würde mich sehr dagegen aussprechen, ihn zu verändern.)

Das Problem ist daher folgendes: Wie kann man die Welt und Mr. Shatner davon überzeugen, daß Mr. Shatner die Hauptrolle spielt?

Mir scheint, daß das einzige, was man tun kann, ist, seine Stärken hervorzuheben. Mr. Shatner ist ein vielseitiger und talentierter Schauspieler, und das sollte vielleicht deutlich gemacht werden, indem man ihm die Gelegenheit gibt, eine Vielzahl von Rollen zu spielen. Mit anderen Worten: Man sollte den Versuch unternehmen, gute Geschichten zu entwickeln, in denen Mr. Shatner die Gelegenheit erhält, in Verkleidungen zu schlüpfen oder ungewöhnliche Rollen zu übernehmen. Eine bravouröse Präsentation seiner Vielseitigkeit wäre sicherlich beeindruckend und würde Mr. Shatner wahrscheinlich sehr viel Spaß machen. (Er sollte auch darüber nachdenken, daß die Zurschaustellung einer gewissen Vielseitigkeit für ihn von Nutzen sein wird, wenn die Zeit – die traurige Zeit – gekommen ist, das *Star Trek* sein Serienleben aushaucht und er sich nach etwas Neuem umsehen muß.)

Es dürfte auch von Nutzen sein, das Team Kirk/Spock ein wenig mehr aneinanderzubinden, indem sie sich gemeinsam den verschiedenen Gefahren stellen und sich gegenseitig das Leben retten. Die Absicht dahinter ist, daß die Leute gleichzeitig an Kirk denken, wenn sie an Spock denken.

Zum Schluß der wichtigste Vorschlag überhaupt: Ignoriere diesen Brief, es sei denn, er ergibt für Dich irgendeinen Sinn.

Isaac

Einige Tage nach Asimovs Ratschlag antwortete Gene.

Deine Bemerkungen über Shatner und Spock waren sehr interessant, ich habe sie an Gene Coon und die anderen weitergegeben. Eine Idee haben wir sofort für eine der kommenden Episoden aufgegriffen, nämlich die, daß Spock das Leben des Captains rettet. Ich werde Deinem Rat folgen, sie stärker als Team auftreten zu lassen. Was Shatner betrifft und Deinen Rat, ihn abwechslungsreichere Rollen spielen zu lassen, haben wir uns bereits umgesehen und werden es auch weiterhin tun. Aber ich glaube, der wichtigste Kommentar ist der, sie zu einem Team zusammenzuschweißen. Shatner wird daraus Nutzen ziehen, indem er zeigt, daß er das Idol der Teenager schätzt; Spock wird sich von der besten Seite zeigen, indem er seine große Loyalität gegenüber seinem Captain erkennen läßt. So werden wir *eine* Hauptperson bekommen: das Team.

Aber auch wenn »das Team« zusammenarbeitete, war Nimoy der einzige Schauspieler, der einmal in der Woche seine Säcke voller Fanpost im Studio direkt vor Shatner und den anderen Schauspielern abladen ließ. Nimoy verdiente zwar nicht annähernd so viel wie Shatner, aber er wollte sicherstellen, daß Shatner wußte, wie beliebt er – Nimoy – in der Serie war.

Kreativität ist in Hollywood eine gut verkäufliche Ware, aber damit verbunden ist, daß diese Kreativität öffentlich gemacht wird. Je öfter man genannt wird, um so mehr Leute kennen einen als Autor, um so gefragter kann man sein, um so mehr Geld verdient man, um so mehr Leute kennen einen als Autor, um so gefragter ist man ...

Gebührend erwähnt zu werden, ist nicht immer eine Leichtigkeit. In Hollywood ist der Pfad zum Erfolg ein Labyrinth ohne Plan, wie dieser Brief von Gene Coon, dem Produzenten von *Star Trek*, vom 19. September 1967 an die Writers Guild zeigt.

> Betr.: »Bread and Circuses«
> Zuerst einige erklärende Worte zu dieser komplizierten Angelegenheit.
> Gene Roddenberry und ich setzten uns zusammen und entwickelten diese Idee, die Ihnen inzwischen zusammen mit anderen dazugehörigen Materialien vorliegt. Wir wandten uns dann an John Kneubuhl, gaben ihm die Geschichte, die noch nicht komplett, aber doch bereits grundlegend entwickelt worden war. John fügte der Ge-

schichte ein paar Seiten hinzu, wir ließen sie absegnen, dann begann er mit der Arbeit am ersten Entwurf, danach mit dem zweiten Entwurf. Er hatte aber zahlreiche Probleme und gesundheitliche Schwierigkeiten. Also rief er mich an und erklärte, daß er das Drehbuch nicht beenden könne und von dem Projekt zurücktreten möchte.

Das wurde ihm erlaubt. Ich kehrte zur Originalgeschichte zurück, die Roddenberry und ich geschrieben hatten, und schrieb eine völlig neue erste Fassung, anders strukturiert, andere Dialoge, andere Entwicklung der Figuren usw. Das können Sie aus der ersten Kopie des Drehbuchs ersehen. Nachdem ich den ersten Entwurf, eine Umarbeitung und eine Überarbeitung erledigt hatte, trat Gene Roddenberry auf den Plan und steuerte eine grundlegende Umarbeitung bei, mit neuer Struktur und neuen Figuren, alles NICHT AUF DER BASIS DES DREHBUCHS VON KNEUBUHL, sondern auf meinem Drehbuch basierend, bei dem es sich wiederum um ein Original handelte, nicht jedoch einfach um eine Umarbeitung der Kneubuhl-Arbeit.

Für gewöhnlich hole ich nicht so weit aus, aber da John Kneubuhl das Drehbuch vollständig aufgegeben und die Arbeit an uns zurückgegeben hatte – nicht lediglich unerledigt, sondern noch gar nicht in Angriff genommen, da er meines Wissens seine Umarbeitung nicht geschrieben hatte –, möchte ich sichergehen, daß die Schiedsstelle die gesamte Vorgeschichte kennt.

Genaugenommen weiß ich nicht, warum die Schiedsstelle überhaupt angerufen wird. Schließlich ist »Bread and Circuses« eine Original-Geschichte, mit der die Produzenten der Serie sich befassen können. Das gesamte Endprodukt wurde vollständig neu geschrieben... nicht umgeschrieben, sondern geschrieben... von den beiden Produzenten der Serie. Roddenberry und ich streiten ganz sicher nicht darum, genannt zu werden.

Nach ernsthaften Überlegungen sind wir der Ansicht, daß kein anderer Autor erwähnt werden sollte, da alle Aspekte der letzten Fassung von uns stammen. Obwohl John Kneubuhl sich von dem Projekt zurückzog, erhielt er das volle, vertraglich vereinbarte Honorar – obwohl er strenggenommen die Bedingungen seines Vertrages nicht erfüllt hatte.

Wir bitten nicht um einen Schiedsspruch zwischen Gene Roddenberry und Gene Coon. ... Wir haben beide in gleichem Maß zum Drehbuch beigesteuert, und da wir beide Produzenten sind und uns – anders als viele Autoren – nicht als Feinde betrachten, hoffen wir auf eine ruhige und vernünftige Entscheidung. Wir würden uns sehr freuen, wenn die Nennung so wie vorgeschlagen festgelegt wird. Angesichts der Umstände sind wir nicht einmal sicher, ob es notwendig

Gene mit 18 Monaten (1923)
(Mit freundlicher Genehmigung von Caroline Glen Roddenberry)

Seine Mutter Caroline Glen Goleman Roddenberry, etwa 1926.

(Mit freundlicher Genehmigung von Caroline Glen Roddenberry)

Genes Vater Eugene Edward Roddenberry, etwa 1926.

(Mit freundlicher Genehmigung von Caroline Glen Roddenberry)

Das High-School-Abschlußporträt.
(Mit freundlicher Genehmigung von Caroline Glen Roddenberry)

Der 18jährige Gene zeigt stolz sein Sweatshirt der Los Angeles City College Associated Men.
(Mit freundlicher Genehmigung von Caroline Glen Roddenberry)

Genes und Eileens Verlobungsparty. V. l. n. r.: Gene, Eileen, Pat MacDonald und Bob Atchison.
(Mit freundlicher Genehmigung von Bob Atchison)

Gene und Eileen, 1945.
(Mit freundlicher Genehmigung von Bob Atchison)

Gene im Südpazifik, 1943.

(Mit freundlicher Genehmigung von Caroline Glen Roddenberry)

Die Überreste des Pan Am-Flugzeugs nach dem Absturz am 19. Juni 1947, bei dem 14 Menschen starben. Gene half mit, einige der insgesamt 19 Überlebenden zu retten.

(Mit freundlicher Genehmigung von Anthony Volpe)

Anzeige der Mutual of New York, die 1961 im Magazin Life erschien.

(Foto: Elliott Erwitt. Mit freundlicher Genehmigung von Mutual of New York)

Ein sanft dreinblickender Gene in einer Anzeige von Guinness Stout.

(Foto: Victor Skrebneski. Mit freundlicher Genehmigung von Guinness Import und The Marketing Centre.)

Dezember 1964: Talosianer mit Gene (links) und Bob Butler, dem Regisseur des ersten Star Trek-Pilotfilms (der später den Titel ›The Cage‹ erhielt). Der gesuchte Oscar ist der Chef von Desilu, Oscar Katz.
(Mit freundlicher Genehmigung von Oscar Katz)

Berühmtes, aber selten gezeigtes Foto von 1966, das Nimoy als Mr. Spock mit runden Ohren zeigt. NBC machte sich Sorgen über sein satanisches Aussehen und ließ Ohren und Augenbrauen retuschieren.
(Mit freundlicher Genehmigung von Richard Arnold)

Fackelzug/Protestmarsch im Januar 1968 zu den NBC-Studios in Burbank.
(Mit freundlicher Genehmigung von Wanda Kendall-La Vita)

Gene während der Party im Anschluß an den Protestmarsch.
(Mit freundlicher Genehmigung von Wanda Kendall-La Vita)

Gene und Majel während der shinto-buddhistischen Zeremonie in Japan am 6. August 1969.
(Mit freundlicher Genehmigung von Majel Roddenberry)

Isaac Asimov zusammen mit Gene auf der ersten Star Trek-Convention 1972 in New York.
(Mit freundlicher Genehmigung von Majel Roddenberry)

Roddenberry mit der Originalbesetzung von Star Trek während der Taufe des Space Shuttles auf den Namen Enterprise am 17. September 1976 auf der Edwards Air Force Base, Kalifornien.
(Mit freundlicher Genehmigung der NASA)

Wagen der Rose Parade, gesponsort von Nestlé Food Company; Titel: ›Space ... the Final Frontier‹ (1. Januar 1992). Das Shuttle wurde als postume Ehrung auf den Namen Roddenberry getauft.
(Mit freundlicher Genehmigung von Pasadena Tournament of Roses)

Zu Hause in die Arbeit vertieft.
(Mit freundlicher Genehmigung von Majel Roddenberry)

Ein Schnappschuß.
(Mit freundlicher Genehmigung von Majel Roddenberry)

Gene, Sohn Rod, Majel (späte siebziger Jahre)
(Mit freundlicher Genehmigung von Majel Roddenberry)

Einige Mitglieder der Roddenberrys (v. l. n. r.): Bruder Bob Roddenberry, Schwester Doris Willowdean, ihre Mutter Caroline Glen und Gene (Anfang der achtziger Jahre).
(Mit freundlicher Genehmigung von Majel Roddenberry)

Gene und seine älteste Tochter Darleen Roddenberry (späte achtziger Jahre).
(Mit freundlicher Genehmigung von Majel Roddenberry)

Gene und Majel in Palm Desert, 1990.
(Mit freundlicher Genehmigung von Majel Roddenberry)

Gene erhält seinen Stern auf dem Walk of Fame am 4. September 1985.

(Foto: Buzz Lawrence)

Am Steuer seines Bootes Star Trek.
(Mit freundlicher Genehmigung von Majel Roddenberry)

ist, diese Angelegenheit der Schiedsstelle vorzulegen, aber wir wollen gegen keine Bestimmung der Guild verstoßen.

Mit freundlichen Grüßen
Gene L. Coon
Produzent
Star Trek

Als der Prozeß abgeschlossen war, hieß die sendefähige Nennung für diese Episode: »Von Gene L. Coon und Gene Roddenberry. Buch: John Kneubuhl.«

Manchmal war es schwierig, großzügig zu sein, obwohl Gene nicht davor zurückscheute, Roß und Reiter zu nennen, wenn er es für angebracht hielt. Am 3. Juni 1966 schickte Gene ein Memo und drei Kopien von jeder Fassung eines Drehbuchs an die Writers' Guild, wobei er vorschlug, daß die Nennung für »Mudd's Women« wie folgt lauten sollten: »Buch: Gene Roddenberry; Drehbuch: Stephen Kandel, John D. F. Black, Gene Roddenberry.«

Am 21. Juni 1966 antwortete Mary Dorfman, die für die Namensnennungen zuständige Mitarbeiterin der Writers Guild:

Das Schiedskomitee der Writers Guild hat nach sorgfältiger Begutachtung des gesamten vorgelegten Materials im Falle von »Mudd's Women« entschieden, daß die Autorennennung so lauten sollte:
Drehbuch: Stephen Kandel
Buch: Gene Roddenberry.

Gene leistete viel Arbeit, die zwar bezahlt, aber nicht erwähnt wurde. In den Akten der UCLA findet sich ein Memo, das Gene an Desilu wegen verschiedener Umarbeitungen und Überarbeitungen geschickt hatte. Es gab einige Unstimmigkeiten darüber, wann solche Umarbeitungen genehmigt werden sollten.

In den Akten findet sich auch diese zweite Seite eines Memos von Gene, in dem er einige seiner Arbeiten spezifiziert:

Überarbeitung von »Catspaw« – 750 Dollar.
Völlige Umarbeitung von »Friday's Child« – 2750 Dollar.
Ausarbeitung der Vorlage für »Who Mourns For Adonais?« (Nen-

nung im Film lautet: »von Gilbert Ralston und Gene L. Coon«) – 750 Dollar.
Ausarbeitung der Vorlage für »Amok Time« – 750 Dollar – Überarbeitetes Drehbuch – 750 Dollar. (Filmnennung lautet »von Theodore Sturgeon«).
Überarbeitung von »Wolf in the Fold« – 1000 Dollar.
Ausarbeitung der Vorlage für »I, Mudd« – 750 Dollar –- Überarbeitung – 750 Dollar (Nennung im Film lautet »von Stephen Kandel und David Gerrold«).
Ausarbeitung der Vorlage für »Bread & Circuses« – 750 Dollar. Komplette Umarbeitung – 2500 Dollar.
Komplette Umarbeitung und neues Drehbuch für »A Private Little War« – 3000 Dollar.
Überarbeitung von »Obsession« – 2500 Dollar (Nennung lautet »von Art Wallace«).

Mitte April 1967 schickte Gene ein Memo an alle Beteiligten, in dem es um die Effizienz auf der Brücke und um Disziplin im Studio ging. Es war ein Memo, das nur von jemandem kommen konnte, der so wie Gene Erfahrung als militärischer Kommandeur besaß. Es ist ein weiteres Beispiel für die Aufmerksamkeit, die Gene den Details schenkte und die *Star Trek* einen großen Teil der Glaubwürdigkeit verliehen.

> Zum Ende der letzten Season und in vielen Erstfassungen der diesjährigen Drehbücher finden wir nichts von der »Effizienz einer ausgebildeten Gruppe«, die selbst für eine Brücke des 20. Jahrhunderts typisch sein sollte, erst recht natürlich für unsere U.S.S. *Enterprise*. Beispielsweise meldet viel zu oft jemand dem Captain, daß sich etwas dem Schiff nähert. Der Captain fragt, wie weit es entfernt ist und erhält eine Antwort. Dann muß der Captain fragen, ob die Größe bestimmt werden kann, wieder erhält er eine Antwort. Dann fragt er Mr. Spock nach dessen Meinung und erhält eine Antwort. Das ist wohl kaum die trainierte und erfahrene Koordination, die man von einer Gruppe zukünftiger Raumfahrer auf einem Schiff wie der U.S.S. *Enterprise* erwartet.
>
> Kirk sollte niemals diese Fragen stellen müssen. Sulu sollte wissen, welche Angaben auf seinen Instrumenten er sofort dem Captain mitteilen muß. Das gleiche gilt für jeden anderen auf der Brücke. So wie ein Co-Pilot in einem heutigen Flugzeug weiß, daß er dem Captain permanent mündlich über die Anzeigen auf seinen Instrumenten etc. berichten muß.

Warum ist das für uns so wichtig? Wieder ist es die Glaubwürdigkeit! Unsere Zuschauer werden einfach nicht glauben, daß dies die Brücke eines Raumschiffs ist, solange die Personen nicht annähernd so koordiniert und tüchtig wirken wie die blinkenden Lichter und die Instrumente, die sie umgeben. Und wir werden unseren Figuren nichts glauben, solange es nicht dauernd erkennbar ist, daß sie tatsächlich so ausgebildet sind, wie es für die Verantwortung erforderlich ist, die ihre Posten mit sich bringt. Das gleiche gilt für die Verhaltensweisen untereinander während einer Landung auf einem Planeten.

Zugegebenermaßen ist es in erster Linie ein Drehbuch- und Dialogproblem. Wir werden darauf ein wachsames Auge haben. Doch werden wir den kreativen Beistand unserer Regisseure benötigen, die uns Bewegung und Tempo geben, wodurch die Brücke und alle Routineaufgaben glaubhaft werden.

Gene Roddenberry

Gene hatte das Glück, daß er über eine beträchtliche Energie verfügte und nur fünf oder sechs Stunden Schlaf benötigte, was ihm zusätzliche Zeit gab, um zu schreiben. Mitte 1967 arbeitete Gene an einem Robin Hood-Drehbuch, das vom 25. August 1967 datierte. Zwei Wochen zuvor hatte er einem Freund einen Brief über dieses Projekt geschickt.

Durch einen sonderbaren Zufall erreichte mich Dein Brief, als ich einen Pilotfilm für eine »Robin Hood«-Serie vorbereitete. In dem Moment kämpfte ich mit dem Problem von Held und Antiheld. Ich erkannte, daß Robin Hood nicht auf dem heutigen Fernsehmarkt Erfolg haben würde, wenn er die weinerliche Art von Held war. Wie weit konnte ich aber in eine andere Richtung gehen, ohne vollständig die Bedeutung dieser legendären Figur zu zerstören? Ich glaube, ich habe das Problem gelöst. Aber es wäre schön, wenn Du hier wärst, damit ich mit Dir bei einer Tasse Kaffee alle damit verbundenen Fragen diskutieren könnte.

Ein Autor, der sehr gefühlsbetonte Charaktere und Situationen erschafft, kann großen Erfolg haben. Aber es kann auch äußerst schwierig sein, mit ihm unter den traumatischen Umständen zu arbeiten, die die Produktion einer wöchentlichen Fernsehserie mit den spezifischen, nur für dieses Medium geltenden Beschränkungen mit sich bringt. Einige erkannten diese Probleme, andere nicht. Letztere entwickelten einen lebenslangen Haß auf Gene. Daß man eine Science Fiction-Kurzgeschichte oder einen Science Fiction-Roman schreiben kann, bedeutete nicht automatisch, daß man das Talent besitzt, für ein visuelles Medium wie das Fernsehen zu schreiben, das seine eigenen Gesetze hat. Die Geschichte muß in Akte eingeteilt werden, es müssen Pausen für die Werbeblöcke berücksichtigt werden, es müssen einfache Geschichten sein, die innerhalb eines bestimmten zeitlichen und finanziellen Rahmens erzählt werden können. Gene achtete zudem genau darauf, daß die Prinzipien und Ehrenkodizes – die »Logik« des Universums, das er geschaffen hatte – befolgt wurden. Ganz gleich, was geschrieben wurde, es *mußte Star Trek* sein. Einige große Namen in der Science Fiction versuchten sich und scheiterten, da sie feststellen mußten, daß die zeitlichen und finanziellen Vorgaben ihre Art, Geschichten zu erzählen, zu sehr einengten.

Einige Verwirrung und weit mehr als nur geringfügige Feindseligkeiten entstanden über eine spezielle Science Fiction-Episode: »The City On the Edge of Forever«. Die ursprüngliche Geschichte wurde von Harlan Ellison[9] geschrieben und befaßte sich mit Drogenhandel und Erpressung durch ein Besatzungsmitglied aus der Maschinencrew der Enterprise.[10] In der Geschichte tauchten außerdem noch komplexe Außerirdische auf. Obwohl die Geschichte insgesamt gut war, wurde sie aus zwei Gründen so nicht verfilmt: 1. Sie war nicht *Star Trek*. 2. Sie überstieg das normale Budget. Laut Bob Justman hätte die Episode das Budget um mindestens 100 000 Dollar übersteigen. Ellison sollte die Geschichte umschreiben, war aber nicht in der Lage, ein Drehbuch vorzulegen, das den Anforderungen der Serie entsprach. Ein oder zwei andere Autoren wurden auf das Projekt angesetzt. Als auch sie scheiterten, nahm Gene die Sache selbst in die Hand. Um die Verwirrung zu vertiefen, ereignete sich das alles innerhalb weniger

---

[9] Der Originalentwurf wurde entweder gestohlen oder im UCLA-Archiv falsch abgelegt. Er wurde ersetzt durch eine Kopie aus den Unterlagen des Autors.
[10] Nach über zwanzig Jahren hatte Gene die exakten Details vergessen und sagte in einem Interview versehentlich, daß Scotty mit Drogen hätte dealen sollen. Das war nicht richtig und er korrigierte sich, als er darauf aufmerksam gemacht wurde, wobei er erklärte, daß viele Jahre vergangen seien, seit er die Originalgeschichte gelesen hatte.

Monate, als Ellison mit der bereits erwähnten Briefkampagne und mit seiner Arbeit im »Komitee« beschäftigt war.

Ellison hat über die Jahre hinweg lang und breit über die Episode gesprochen. Einmal forderte er, daß sein Name entfernt und durch sein bei der WGA registriertes Pseudonym Cordwainer Bird ersetzt wurde. Diese Forderung wurde später zurückgezogen, sein Name blieb auf dem Drehbuch.[11] Harlan Ellison ist der einzige Name, der in diesem Drehbuch auftaucht.[12]

Die Episode wurde mit einigen Auszeichnungen belohnt. Ellison nahm den Writers Guild Award für sein Originaldrehbuch in Empfang, nicht für das letztendlich verfilmte Drehbuch – eine gängige Vorgehensweise.[13]

Diese Episode gewann auch den Hugo Award des Jahres 1968. Damit verbunden ist eine der wenigen öffentlichen Bemerkungen, die Gene über diese Angelegenheit machte.

Ende 1968 erhielt Gene einen Brief von Alan E. Nourse, dem damaligen Präsidenten der Science Fiction Writers of America. Nourse erinnerte Gene daran, daß sie während der Baycon Science Fiction Convention in Berkeley über Beschwerden gesprochen hatte, »die verschiedene SFWA-Mitglieder ihm gegenüber geäußert hatten wegen des Verkaufs von Kopien der *Star Trek*-Drehbücher, von denen sie glaubten, daß sie ein Anrecht auf eine Vergütung hatten«.

Dann kam Nourse zum wahren Grund seines Schreibens:

Ich habe von einem unserer Mitglieder, Mr. Harlan Ellison, erfahren, daß seit zwölf Monaten Kopien von *Star Trek*-Drehbüchern verkauft

---

[11] Außer dem Originalentwurf fehlen drei Briefe von Ellison in dem Ordner, dem sie dem UCLA-Index zufolge zugeordnet wurden. Sie standen dem Autor bei der Vorbereitung dieses Buchs nicht zur Verfügung.

[12] Das spielte sich Anfang Februar 1967 ab. Ende Februar berichtete mindestens ein Fanzine, daß Ellison »Hollywood verlasse«. Der Herausgeber erlaubte sich, seine persönlichen Gedanken zu äußern, als er sagte: »Meiner Meinung nach hat Ellison extrem überreagiert. Oder er wurde mit Buchverträgen überschüttet und entschied sich, sich aus einem Gebiet zurückzuziehen, nämlich aus Hollywood, um sich ganz dem Verfassen von Büchern zu widmen. Das dürfte er in einer Weise gemacht haben, die einen spontanen Impuls vermuten läßt. Bei Harlan Ellison kann man nur schwer entscheiden, was plausibler klingt.«

[13] Bob Justman, der mit Gene an einem Tisch saß, erinnert sich, daß Ellison ihnen mit der Auszeichnung zuwinkte, während er die Bühne verließ.

werden, die er verfaßt hat, er aber von Paramount keine Verkaufszahlen erfahren und auch keine Vergütung erhalten hat.

Gene diskutierte nur selten über seine Umarbeitungen und rechtfertigte sich auch vor niemandem. Aber in diesem Fall machte er eine Ausnahme und antwortete einen Tag nach Erhalt des Briefs von Nourse.

> Vielen Dank, daß Sie mich auf die Verspätung aufmerksam machen. Ich möchte Sie jedoch davon in Kenntnis setzen, daß sie keineswegs zwölf, sondern etwa sechs Monate beträgt, seit wir tatsächlich mit dem Verkauf der Drehbücher begonnen haben. Es dürfte Sie auch interessieren, daß Lincoln Enterprises keine von Mr. Harlan Ellison geschriebenen Drehbücher verkauft. Ferner dürfte es Sie interessieren und sogar amüsieren, wenn Sie ihn auf seine »Autorenschaft« ansprechen, auf deren Grundlage er kürzlich den Hugo gewonnen hat.
> Lincoln Enterprises bereitet zu diesem Thema gegenwärtig einen Bericht für Paramount Pictures vor. Zweifellos wird man sich dort mit der Writers Guild of America West in Verbindung setzen, die die Autoren in solchen Bereichen vertritt.

Genes Freund zu sein, schützte niemanden vor seinen Überarbeitungen. Sogar Don Ingalls, der seit der LAPD-Zeit mit Gene befreundet war, bekam das zu spüren. Sein erstes *Star Trek*-Drehbuch, »The Alternative Factor«[14], wurde nur geringfügig umgeschrieben. Aber sein zweites, »A Private Little War«, das speziell als Kritik am Vietnamkrieg entwickelt worden war, wurde so erheblich umgeschrieben, daß Don über Gene zutiefst verärgert war. Über ein Jahr lang herrschte zwischen den beiden dicke Luft. Zudem verlangte Don, daß er bei dieser Episode unter einem Pseudonym geführt wurde. Er wählte »Judd Crucis« aus, die lateinische Variante für »Jesus Christus«, womit er zeigen wollte, daß er bei dieser Episode regelrecht gekreuzigt worden war.

Als ausführender Produzent gab es gewisse Verantwortlichkeiten, denen selbst Gene nicht entkommen konnte. Eine davon war, Autoren zu tadeln, die nicht termingerecht ablieferten. Theodore Sturgeon wurde einmal so beschrieben: »Man könnte sagen, daß

---

[14] Ausgestrahlt am 30. 3. 1967, Gaststar war Robert Brown als Lazarus A und B.

er eine binäre Karriere hatte. Entweder schrieb er gar nicht, oder er arbeitete auf Hochtouren.«[15] Asimov erzählte gerne die Geschichte, daß Sturgeon seine Termine nur einhalten konnte, indem er sich von Freunden zum Verleger fahren ließ, während er auf der Rückbank wie wild schrieb, um seinen Auftrag abzuschließen.

Er war zwar ein guter Autor, aber Sturgeons Temperament eignete sich nicht für die Fernseharbeit. Kurz gesagt, er war sehr langsam. Am 3. April 1968 schickte Gene ein Memo an Fred Freiberger und Bob Justman.

> Ich habe gerade ein Ferngespräch mit Ted Sturgeon geführt und ihm unmißverständlich klargemacht, daß unser neuer Produzent Fred Freiberger keine Sekunde zögern wird, um die vertragliche Vereinbarung hinsichtlich des Abgabetermins durchzusetzen. Freiberger ist kein Monster, aber ein sehr praxisorientierter Produzent und Geschäftsmann. Sturgeon sollte sich besser beeilen, sonst gerät er durch verspätete Geschichten, Drehbücher oder Überarbeitungen an einen Punkt, an dem er ausgeschlossen wird und kein Honorar erhält.
>
> Gene Roddenberry

Da wundert es nicht, daß Sturgeon nur zwei Episoden schrieb, auch wenn es zwei der besseren Episoden waren.

Durch seine beiden Töchter wurde Gene auf einen Trend in der Popmusik aufmerksam, die sogenannte »britische Invasion«. Die bemerkten auch andere Fernsehproduzenten und Networks und sprangen schnell mit auf den Zug. Inspiriert durch den Beatles-Film *A Hard Day's Night* von 1964 startete NBC *The Monkees*, eine »künstliche« Popband, die zwei Schauspieler und zwei Musiker in einer Reihe flotter Abenteuer zeigte. *The Monkees* startete auf NBC am 12. September 1966, am Montag nach der *Star Trek*-Premiere. Zehn Tage nach der ersten Ausstrahlung von *The Monkees* schickte Gene das folgende Memo an Joe D'Agosta, in dem es um einen bestimmten Typ von Besatzungsmitglied ging, den die Serie benötigte.

---

[15] The Encyclopedia of Science Fiction, 1993, hrsg. von John Clute und Peter Nicholls, Orbit, a Division of Little, Brown and Company, London.

Angesichts unseres jugendlichen Publikums und angesichts momentaner Trends sollten wir uns umsehen nach einem jungen, ungestümen »Beatle«-Typ mit englischem Akzent, möglicherweise in einer wiederkehrenden Rolle. So wie der kleine Typ [Davy Jones], der in *The Monkees* erfolgversprechend aussieht. Ich persönlich halte diesen Typ für temperamentvoll und erfrischend, und ich glaube, daß unsere Episoden einen derartigen »Aufschwung« gebrauchen könnte. Wir sollten darüber reden.

Gene Roddenberry

Der englische Akzent dieses neuen Typs wurde letztlich durch einen russischen ersetzt, um zwei Fliegen mit einer Klappe zu schlagen, wie ein Brief erkennen läßt, den Gene am 10. Oktober 1967 an Michail V. Zimjanin, Herausgeber der *Prawda*, schrieb:

Lieber Mr. Zimjanin,
vor etwa zehn Monaten teilte uns einer der Stars unserer Fernsehserie *Star Trek* mit, er habe gehört, in einer Ausgabe der Prawda für junge Leser sei ein Artikel erschienen, in dem bemängelt wurde, daß auf der U.S.S. als einziger ein Russe fehle. Wir fühlten uns sehr geschmeichelt, daß wir sogar in solchen fernen Regionen Beachtung finden, und haben uns gefragt, ob Sie einen solchen Artikel bestätigen und uns möglicherweise eine Kopie zusenden können.

Übrigens haben wir die Besatzung sofort um eine russische Figur ergänzt, nachdem wir das gehört haben. Er heißt Chekov und ist unserer Ansicht nach eine Bereicherung für unsere Serie.

Mit freundlichen Grüßen
Gene Roddenberry

Es gibt keinen Beweis, daß diese Geschichte wirklich in der *Prawda* erschien. Wir wissen auch nicht, ob Gene jemals eine Antwort auf seinen Brief erhielt. Aber Fähnrich Pavel Chekov bekam auf der U.S.S. *Enterprise* einen festen Platz, zum ersten Mal wirkte er in der Episode »Amok Time« mit, die am 15. September 1967 ausgestrahlt wurde. Chekov war in 19 von 25 Episoden der zweiten Season sowie in 13 von 24 Episoden der dritten Season zu sehen.

Um eine bestimmte *Star Trek*-Episode ist ein wahrer Mythos entstanden: »Plato's Stepchildren«.

Die Geschichte begann als Exposé mit dem Titel »Sons of Socrates«, geschrieben von Meyer Dolinsky. In Dolinskys Geschichte trifft die *Enterprise* auf eine kleine Gruppe humanoider Lebewesen auf dem Planeten Platonius. Die Wesen haben ihre Gesellschaft nach Platos Vorstellungen gestaltet; sie besitzen auch psychokinetische Kräfte – alle, bis auf den Zwerg und Hofnarren Alexander.

Die Platonier sind grausam, arrogant und erholen sich nur schwer von Verwundungen. Ihr Anführer Parmen leidet an den Folgen einer entzündeten Schnittverletzung; in seinem Delirium hat er die *Enterprise* mit seinen unkontrollierten psychokinetischen Kräften beschädigt. Der Zwerg zeigt als einziger einen Funken Menschlichkeit und riskiert sein Leben, als er hilft, Parmen zu betäuben.

Als Dr. McCoy ihn geheilt hat, ist Parmen dankbar und entscheidet, ihn in seiner Gemeinschaft zu behalten, für den Fall, daß sich wieder einmal jemand verletzt. Kirk, Spock und der Rest des Landetrupps haben keine Wahl, da Parmen seine geistigen Fähigkeiten gegen sie einsetzt. Schließlich agieren sie wie Marionetten, die von Parmen und den anderen kontrolliert werden.

Der Landetrupp besteht aus drei Männern und drei Frauen. Unter anderem werden Kirk und Uhura gezwungen, sich zu umarmen und zu küssen.

Viel ist darüber geschrieben worden, wer wen küssen sollte, mit hitzigen Diskussionen zwischen dem Studio und Gene, wobei letzterer stur darauf beharrte, daß Kirk Uhura küssen sollte. Nichts könnte weiter von der Wahrheit entfernt sein.

Dolinskys erstes Exposé[16] datiert vom 10. Juni 1968 (fünf Monate vor Ausstrahlung der Episode) und zeigt deutlich die Absichten des Autors. Auf Seite 20 dieses Exposés wird Mr. Spock mit Schwester Chapel zusammengebracht (in der Tradition des durchgehenden Handlungsfadens der Serie), Captain Kirk mit einer jungen, hübschen Yeoman und Dr. McCoy mit Lieutenant Uhura. »Schwester Chapel bettet währenddessen ihren Kopf verträumt an Mr. Spock Brust.«

---

[16] Zur Zeit in Box 23, Aktenordner 7 des Roddenberry/*Star Trek*-Archivs an der UCLA.

Spock küßt, streichelt und umarmt Schwester Chapel. Die Yeoman wird dann aus Kirks Armen gerissen, Lieutenant Uhura landet auf seinem Schoß. »Uhura versucht, Kirks Kopf während eines Kusses nach hinten zu drücken, als er plötzlich die psychokinetische Kraft erhält.«[17] So wird es im ursprünglichen Exposé beschrieben.

In der ersten Drehbuchfassung vom 9. Juli 1968 landet Uhura auf Kirks Schoß, nachdem er die Yeoman geküßt hat. In der letzten Fassung, nach der die Episode gedreht wurde, küssen sich dann Kirk und Uhura. Sonst ist nichts von dem übrig geblieben, was der Autor im Exposé geschrieben hatte.

Wieviel Theater machte NBC wegen dieser Angelegenheit, wieviel Besorgnis ließ das Network erkennen? Die Antwort findet sich im Roddenberry-Archiv in einem Brief und in zwei Memos der Broadcast Standards and Practices. (Siehe Kapitel 8, Fußnote 23)

Der Brief stammt von Stanley Robinson, Leiter der Filmprogrammabteilung bei NBC. Sein Brief wurde an dem Dienstag abgeschickt, der einem Gespräch mit Fred Freiberger (der Produzent geworden war) am Freitag, 21. Juni, folgte. In diesem Gespräch hatte Robertson der Geschichte unter gewissen Vorbehalten zugestimmt.

In seinem Brief vermerkt Robertson, daß er seit Beginn der Serie jeden *Star Trek*-Vorschlag gelesen hatte. Sein Kommentar zu Dolinskys Exposé war, daß »es einer der sehr, sehr raren Momente [war], in denen es mir nicht möglich ist, die Geschichte, die der Autor erzählt, umfassend zu verstehen«.

Robertson betonte vor allem das Fehlen der Glaubwürdigkeit. Seinen Brief beendete er mit einer Analyse der Lösung in Dolinskys Geschichte: »Abschließend möchte ich Sie noch einmal auf meine Anmerkung aufmerksam machen, daß jeder Hinweis auf die Idee des Autors, unsere Helden sollten zur Unterhaltung [der Platonier] ›gezwungen werden, miteinander zu schlafen‹, für NBC vollkommen außer Frage steht. Außerdem sollte der Zwerg Alexander sehr behutsam eingesetzt werden. Man sollte sich also nicht über seine körperlichen Defizite lustig machen.«

---

[17] Letztlich entwickeln Kirk, Spock und McCoy die Kraft durch ein Element, das McCoy im Wasser entdeckt hat.

Kein Wort, was den berühmten Kuß zwischen Weiß und Schwarz betraf. Und das, wo Robertson einer der hochrangigsten Schwarzen in der NBC-Hierarchie war!

Die folgenden zwei Memos stammen von Jean Messerschmidt, der Repräsentantin von Broadcast Standards and Practices bei NBC, der Zensorin von NBC. Das erste Memo datiert vom 27. Juni 1968. Ms. Messerschmidt schreibt, daß sie das Exposé für »The Sons of Socrates« gelesen hat und Folgendes mitteilen möchte:

Das erzwungene Liebesspiel muß gestrichen werden. Da der Plot entsprechend Mr. Robertsons Brief an Mr. Freiberger vom 25. Juni geklärt und in anderen Punkten bearbeitet werden muß, wird die Behandlung des Konflikts, der aus dem Einsatz psychokinetischer Kräfte entsteht, nach Erhalt des Drehbuchs begutachtet.

Als sie das Drehbuch erhielt, schickte Ms. Messerschmidt am 4. September das folgende Memo:

Lassen Sie bitte durchgängig Sorgfalt walten, um sicherzustellen, daß der Zwerg Alexander nur entsprechend dem Plot unwürdig behandelt wird – also durch seine Herren, durch Schurken –, damit die Zuschauer, die ähnlich betroffen sind, sich nicht beleidigt fühlen. Vorsicht auch bei den Kostümen, damit sie sich innerhalb der Grenzen des guten Geschmacks im Fernsehen bewegen. Ebenfalls bei der Auswahl der Statuen, damit der Zuschauer nicht mit ihm peinlichen Dingen konfrontiert wird.

Sorgen Sie bitte dafür, daß Parmens entzündetes Bein nicht schockiert oder beunruhigt.

Wenn die psychokinetische Kraft offenbart wird, gelten die üblichen Einschränkungen bezüglich der Reaktionen auf Schläge und Stöße, so als handele es sich um sichtbare Schläge und Stöße. Sie werden dementsprechend beurteilt. Stellen Sie bitte auch sicher, daß Reaktionen wie Krümmen, Würgen und Winden nicht grotesk wirken und der Zuschauer nicht schockiert wird.

Bitte streichen Sie das Unterstrichene in McCoys Text: »Das Fieber sinkt. *Mein Gott,* was für unglaubliche Heilkräfte!«

Sämtliche Archivmusik sollte auf freie Verfügbarkeit geprüft werden.

Kirks Blutergüsse müssen minimal ausfallen, wenn sie überhaupt gezeigt werden müssen. Natürlich wird kein Blut zu sehen sein.

Besondere Sorgfalt muß zum Zuge gekommen, wenn diese Szenen vorbereitet werden, damit offensichtlich wird, daß es die Absicht der Platonier ist, andere zu erniedrigen. Es darf nicht das geringste Anzeichen für Voyeurismus geben. Vorsicht bei den Körperhaltungen und Aktionen unserer vier Hauptfiguren, damit nicht der Eindruck von Unschicklichkeit entsteht. Die Umarmungen dürfen den Zuschauern nicht peinlich sein, es darf keinen Zungenkuß geben. Zudem muß deutlich gemacht werden, daß Kirks und Uhuras Dilemma keine rassistischen Untertöne aufweist.

Das ist die gesamte Besorgnis auf der NBC-Seite: ein Satz am Ende eines typischerweise pedantischen Memos von Standards and Practices, bei dem es vor allem darum geht, daß es keinen Zungenkuß gibt und der Zuschauer durch nichts schockiert wird.

Im Oktober schrieb Gene als der ausführende Produzent an Fred Freiberger. Er kommentierte »Plato's Stepchildren« und machte sich wie immer Gedanken über den Handlungsverlauf und seine Glaubwürdigkeit, aber in keiner Weise über zwischenrassische Techtelmechtel.

Es sollte eine ungewöhnliche und herausragende Episode ergeben. Sie hat mir viel Spaß bereitet, als ich sie ohne Toneffekte und Musik gesehen habe. Was die Musik angeht, glaube ich nicht, daß diese Episode mit bestehender Musik unterlegt werden kann. Ich bin völlig einer Meinung mit Bill Hatch, daß sie eine eigene Musik benötigt, da es sich um eine absolut ungewöhnliche Episode handelt.

Auch wenn mir die Episode ganz hervorragend gefällt, werde ich mich wie üblich auf das Negative konzentrieren.

Meine größte Kritik an »Plato's Stepchildren« ist die, daß der erste Filmstreifen eher an *Lost in Space* erinnert. Das sollte Dich wachrütteln, weil Du Dich nun fragen mußt, wie etwas, das mit Geschmack und Talent geschaffen worden ist, mit gerade dieser speziellen Kinderserie verglichen werden kann. Der Grund ist, daß wir in unserer Episode unseren Zuschauern nicht die mindeste vernünftige Erklärung liefern, wer diese Humanoiden sind, wie sie hierher gekommen sind, warum ihnen die griechische Philosophie und die Kleidung dieser Ära der Erdgeschichte so gut gefallen. So wie die Episode anfängt, bekommt man den Eindruck, daß Captain Kirk und die anderen sagen: »Ah ja, hier sind wir auf einem weiteren Planeten zum Thema griechische Philosophie.« Erinnerst Du Dich, wie *Lost in Space* in einer Woche in einer Art Chinatown spielte, in der nächsten in Griechenland, dann in einer Western-Umgebung ohne eine logische Erklärung der jeweiligen Umstände?

Um *Star Trek*, Kirk, das Schiff, die Crew und die Erde in ihren richtigen Relationen zu belassen, müssen wir immer daran denken, daß die Erde nur eine von Zehntausenden bewohnten Welten ist. Auch wenn die Erde ein wichtiger Faktor der Föderation ist, stellt sie in der Weite des Alls doch nur ein Staubkorn dar. Die Geschichte der Erde, ihre Gebräuche usw. sind nur ein unendlich kleiner Bruchteil der enormen Bandbreite verschiedener Lebensformen, Gebräuche und Gesellschaften in der Galaxis.

Wenn – wie in dieser speziellen Episode – unser Raumschiff einen abgelegenen Planeten besucht, auf dem die Bewohner Platos Philosophie vollständig übernommen haben, dann wäre das eine große Überraschung und würde Fragen ohne Ende aufwerfen.

Mit anderen Worten fürchte ich bei dieser Episode – anders als bei einigen anderen –, daß wir es uns mit unseren Zuschauern verscherzen, denen wir das Weltall und die sonderbaren Dinge zeigen wollen, die man dort findet. Unser Captain scheint zu sagen: »O ja, wieder eine von diesen Welten.« Aber er sollte sagen: »Wow! Das ist ja auf den ersten Blick unglaublich. Damit müssen wir uns eingehender beschäftigen.«

Wir haben es hier mit einer hervorragenden Episode zu tun, aber sie wäre noch besser, wenn unsere Zuschauer *glauben* könnten, daß dieser Ort und diese Leute existieren. Ein Weg ist, daß dieser ungewöhnliche Zufall auch von unserem Captain und dem Landetrupp als ebensolcher erkannt wird. In unseren besten Episoden haben wir immer wieder gesagt: »Es scheint unmöglich, daß so etwas existiert. Und doch existiert es. Also muß es dafür einen Grund geben.« Das Publikum langweilt sich nicht, wenn unsere Personen versuchen, ein solches Rätsel zu lösen.

Gene Roddenberry

Die unspektakuläre Wahrheit ist, daß die Schauspieler das taten, was ihnen gesagt worden war. »Plato's Stepchildren« wurde so gefilmt, wie es im Drehbuch stand, natürlich unter Berücksichtigung der Bedenken von NBC. Wie Gene sich später erinnerte, gingen zu dieser Episode nur wenige negative Briefe ein.

Am vielsagendsten ist wohl die Tatsache, daß niemand sich gegen die Aktivitäten zwischen Mr. Spock und Schwester Chapel aussprach: nämlich den ersten Kuß zwischen verschiedenen Spezies im Fernsehen.

Während die Produktion der Serie voranschritt, änderte sich das Gesamtbild. Paramount Pictures, Desilus Nachbar, gehörte seit Oktober 1966 zu Gulf + Western Industries, Inc. Am 15. Februar wurde verkündet, daß Desilu von Gulf + Western Industries, Inc., durch eine Übernahme der Anteile für 17 Millionen Dollar gekauft worden war. Lucille Balls 60-Prozent-Anteil am Desilu brachte ihr die hübsche Summe von 10,2 Millionen Dollar in Gulf + Western-Anteilen ein.

Die neuen Eigentümer stellten neue Spielregeln auf. Die private Atmosphäre, die für Desilu kennzeichnend gewesen war, machte einer rauheren Geschäftsmentalität Platz. Eine Woche nach der Fusion befaßte sich Charles Bludhorn, Eigentümer von Gulf + Western, mit den Kosten und rief Ed Holly mitten in der Nacht an.

»Ich hörte nur: ›Was habt ihr mir verkauft? Ich lande noch im Armenhaus!‹ Ed Holly erwiderte: ›Charlie, du mußt dir *Star Trek* und *Mission: Impossible* ansehen. Diese Serien kosten fast auf den Dollar genau das, was wir kalkuliert haben. Du und deine Leute waren der Ansicht, das sei in Ordnung.‹«

Offensichtlich war Mr. Bludhorn der Meinung, daß seine Leute ein falsches Urteil gefällt hatten, und ließ etwas verlauten, das zum folgenden Memo vom 20. September 1967 von Gene an alle Betroffenen führte.

Der neue Paramount-Desilu-Konzern hat sich ausgiebig mit den Serien befaßt, die hier produziert werden, und ist zu dem – wie ich finde gerechten – Schluß gekommen, daß Fernsehserien zu einem Preis produziert werden müssen, der sich daran orientiert, was man auf lange Sicht an Einnahmen erwarten kann.

Unsere Herausforderung (und das betrifft Euch): Dreht *Star Trek* so gut wie immer, aber in kürzerer Zeit und mit weniger Aufwand und geringeren Kosten. Wenn ich die Fakten und Zahlen richtig interpretiere, die in den jüngsten Besprechungen zu diesem Thema vorgelegt worden sind, können wir dieses Ziel erreichen, ohne spürbare Abstriche bei der Qualität unserer Serie machen zu müssen. Nach den mir vorliegenden Informationen müssen wir keine drastischen Veränderungen am Format der Serie vornehmen. Es scheint, daß wir das Management von Paramount-Desilu gütlich stimmen zu können, wenn wir alles etwas straffen und vor allem dafür sorgen, daß unsere drehfertigen Drehbücher sich im Episodenbudget bewegen und wir innerhalb von sechs Tagen an jeweils zehn Stunden filmen und rechtzeitig fertig werden.

John Reynolds, der Chef der Fernsehabteilung von Paramount-Desilu, verspricht, er werde dafür sorgen, daß das Studio uns auf halbem Weg entgegenkommt, indem wir durch die einzelnen Abteilungen verstärkt unterstützt werden und ein doppeltes Kontrollsystem erhalten, das dafür sorgt, daß unsere Kosten innerhalb des Branchenüblichen liegen.

Kurz gesagt, es hat den Anschein, daß das Studio eine vernünftige Bitte äußert und bereit ist, uns zu helfen, diese Bitte zu erfüllen. Im Gegenzug haben wir erklärt, daß wir das unsrige dazu beitragen. Dafür brauchen wir Eure Hilfe. Es ist eine doppelte Verpflichtung, und wir benötigen (a) Eure Anstrengungen, uns dabei zu helfen, unsere Pflichten ihnen gegenüber zu erfüllen, und (b) Eure Hilfe, Paramount-Desilu wissen zu lassen, wann und aus welchen Gründen sie ihren Pflichten uns gegenüber nicht nachkommen.

Nur ein Memo zu verschicken und sorgfältiger auf die Zahlen unter dem Strich zu achten, war nicht genug. Gene sah sich mit einem Frontalangriff von oberster Stelle konfrontiert. Zu der Zeit produzierte Irwin Allen bei Fox die Serie *Voyage To The Bottom of the Sea*, die auf seinem Science Fiction-Film aus dem Jahr 1961 basierte. Irgend jemand in der Chefetage kam auf die glorreiche Idee, die Kosten der beiden Serien zu vergleichen und Gene das Ergebnis vorzulegen, verbunden mit der Frage: »Warum könnt ihr eure Serie nicht für weniger Geld produzieren?« Daß die beiden Serien in praktisch jeder Hinsicht unterschiedlich waren und daß Allen viele Dekorationen aus seinem Film übernommen hatte, wurde dabei nicht berücksichtigt. Beide Serien waren Science Fiction, und das genügte offenbar, um sie zu vergleichen.

So wie andere vor und nach ihm, die mit Gene zusammentrafen, war Reynolds vermutlich nicht auf das vorbereitet, was dann kam: ein detailliertes, einzeilig geschriebenes, vier Seiten langes Dokument. Gene hatte Bob Justman instruiert, sich die Budgets von *Voyage To The Bottom of the Sea* kommen zu lassen und einen detaillierten Vergleich der beiden Serien zu erstellen. Gene gab dem Ganzen seine persönliche Note und schickte es an Reynolds.

Lieber John,

nachfolgend einige Budgetinformationen, die Dich interessieren dürften.

Vor kurzem führten wir ein Gespräch über Budgetvergleiche zwischen *Star Trek* und anderen Serien, insbesondere *Voyage To The Bottom of the Sea*. Das Ergebnis dieses Gesprächs war, daß wir bei *Star Trek* sofort damit beginnen, unsere Drehbücher zu überarbeiten und unsere Anstrengungen neu zu organisieren, um *Star Trek* in sechs Tagen zu je zehn Stunden zu drehen, womit wir den Branchendurchschnitt oder -standard erreichen. Wie Du weißt, arbeiten wir mit aller Kraft daran.

Beim Vergleich von *Star Trek* und *Voyage To The Bottom of the Sea* gibt es aber noch einige Fakten, über die Du informiert sein solltest:

1. *Voyage* berücksichtigt kein Budget für den ausführenden Produzenten. Er existiert jedoch und muß daher ein Gehalt bekommen, das aber in keinem Budget ausgewiesen ist.
2. *Voyage* reist nie zu einem anderen Planeten und nie in eine andere Zeitperiode, die sich sehr von 1967 unterscheidet. Daher können sie feste Bühnenbilder verwenden und Außenaufnahmen machen. Sie haben sehr wenige schwierige Bühnenbilder oder Konstruktionsprobleme.
3. *Voyage* verbringt mehr Zeit im U-Boot als *Star Trek* an Bord des Raumschiffs. Wir beabsichtigen, mehr Aufnahmen an Bord der U.S.S. *Enterprise* zu drehen. Dabei brauchen wir aber Eure Hilfe, da NBC uns konstant bedrängt, daß wir Woche für Woche neue und andersartige Planeten besuchen sollen, was zu Lasten der Raumschiffszenen geht.
4. Die Kopierkosten sind bei *Voyage* viel niedriger als bei *Star Trek*, was für uns Anlaß ist für die Vermutung, daß Fox andere Einrichtungen anbietet, die Paramount uns nicht zur Verfügung stellt.
5. Fox berechnet nichts für den Mann, der den Studiogenerator bedient. *Star Trek* wird mit mindestens 90 Dollar pro Episode belastet.
6. *Voyage* verwendet zeitgenössische Kostüme. Ihre Uniformen beispielsweise bestehen aus Hemd und Hose im Stil von 1967. Wenn sie Personen außerhalb des U-Boots zeigen, tragen die ebenfalls im allgemeinen zeitgenössische Kostüme. *Star Trek* dagegen muß fast für jede Episode neue Kostüme entwerfen und anfertigen lassen.
7. *Voyage* kalkuliert einen Maskenbildner für sechs Tage ein und

einen Friseur für drei Tage. In der Kalkulation findet sich kein Posten für Garderobe. Hier fehlen eindeutig einige Positionen, was zeigt, daß Fox Geld ausgibt, das in den Budgets nicht erscheint. Denk bitte auch daran, daß die Make-up-Anforderungen bei *Star Trek* durch den Aspekt der »anderen Welten« viel größer sind.

8. *Voyage* kalkuliert nichts für Öffentlichkeitsarbeit ein. *Star Trek* kalkuliert 1886 Dollar für diese Position ein. Ohne Zweifel wird die Öffentlichkeitsarbeit für *Voyage* durch die Gemeinkosten abgedeckt.
9. *Voyage* berücksichtigt im Serienbudget nichts für Außenaufnahmen. *Star Trek* macht das aber.
10. *Voyage* kalkuliert nichts für die Besetzungsauswahl ein, *Star Trek* 553 Dollar pro Episode für diese Arbeit.
11. *Star Trek* kalkuliert 75 Dollar pro Episode für Bürobedarf ein, *Voyage* nichts.
12. *Star Trek* kalkuliert 600 Dollar pro Episode für Telefon- und Telegraphiekosten ein, *Voyage* nichts.
13. *Star Trek* kalkuliert 250 Dollar pro Episode für Produktionsmimeographien ein, *Voyage* nichts.
14. *Star Trek* kalkuliert 175 Dollar pro Episode für Studiomahlzeiten ein, *Voyage* nichts.
15. *Star Trek* kalkuliert 25 Dollar pro Episode für das Copyright ein, *Voyage* nichts.
16. *Star Trek* kalkuliert pro Episode 220 Dollar mehr für Versicherungen ein als *Voyage*.
17. *Voyage* kalkuliert pro Episode 2302 Dollar Amortisierung ein, *Star Trek* allein für die Vorbereitung schon mehr.
18. *Voyage* hat keine Allgemeinkostenposition. *Star Trek* kalkuliert 810 Dollar pro Episode für diese Position ein.
19. *Star Trek* kalkuliert 29,5 Prozent für all Lohnnebenkosten ein, *Voyage* wird dafür mit lediglich 25,3 Prozent belastet.
20. *Voyage* hat keine Einschränkungen, was die verfügbare Studiofläche betrifft. Das trifft auf *Star Trek* nicht zu.
21. *Voyage* wird nicht mit Bildkosten belastet. *Star Trek* wird dagegen belastet.
22. Bei *Voyage* werden die Bühnen kostenlos mit Klimaanlagen ausgestattet, ausgenommen Montage. *Star Trek* wird mit den Kosten für Klimaanlagen belastet.
23. *Voyage* arbeitet mit einer Fox-Vereinbarung, die Kosten für Transport, Fahrzeuge und Fahrer auflistet, die alle niedriger sind als die in diesem Studio festgelegten.

24. *Voyage* hat den Vorteil, daß die Bühnen, Büsche und Pflanzen dem Studio gehören. Und die Produktion wird mit einer Pauschale von weniger als 33,5 Prozent belastet. Im Vergleich dazu wird *Star Trek* mit dem vollen marktüblichen Satz belastet, hinzu kommen Studiokosten.
25. Alle Dinge, die für die Serie gekauft werden, werden bei *Voyage* mit den exakten Kosten abgerechnet. *Star Trek* wird mit dem Listenpreis belastet (ohne Rabatt, obwohl bei manchen Dingen ein Rabatt erreicht werden könnte), zuzüglich einer Pauschale von 20 Prozent.
26. *Voyage* wird mit pauschal 15 Prozent auf alle direkten Kosten belastet, was sich auf 21 715 Dollar beläuft. *Star Trek* wird bei einer durchschnittlichen Episode mit 3200 Dollar mehr belastet, auch bei einer erst kürzlich vorgenommenen Reduzierung um 10 000 Dollar.

Dies sind einige der auffälligeren Unterschiede. Es gibt noch andere, die den Fox-Gesellschaften nützen und den Paramount-Desilu-Gesellschaften schaden. Ich bin gerne bereit, sie auszuführen und an Dich weiterzuleiten, wenn Du es wünschst. Ich muß nicht erwähnen, daß solche Positionen unmittelbare Auswirkungen auf zukünftige Gewinne haben. In der Zwischenzeit jedoch dürften Dir diese Zahlen bei künftigen Diskussionen mit dem Paramount-Desilu-Management über Serienbudgets hilfreich sein.

Mit freundlichen Grüßen
Gene Roddenberry

Mitte Oktober 1967 schrieb Gene einen Brief an Asimov:

Du hast von mir nichts zu dem Filmprojekt gehört, weil ich in Verhandlungen mit Paramount (das vor kurzem Desilu aufgekauft hat) darüber stand, wie lange ich unter welchen Bedingungen bei welchen Projekten zur Verfügung stehen würde. Die typischen miserablen Verhandlungen, die in dieser verrückten Branche erforderlich werden, sobald sich in den Studios Veränderungen ergeben. Ich weiß nicht, wohin das alles führen wird. Wenn ich bei Paramount bleibe, will ich ein paar Kinofilme machen. Wenn ich aber zu NBC oder einem anderen Studio gehen sollte, muß ich ihnen neue Projekte präsentieren.

Ich werde Dich wissen lassen, sobald sich etwas bewegt.

Star Trek macht sich am Freitagabend nicht so gut. Ich kann nicht behaupten, daß mich das überrascht, da wir über diese Veränderung sehr besorgt waren. *Tarzan* ist wahrlich nicht die ideale Einführung für unsere Serie, da sich dieses Publikum kaum für *Star Trek* interessieren wird – und umgekehrt. Im zweiten Jahr in Folge haben wir eine Serie im Anschluß, die sich nicht etablieren konnte. Und dann folgt die *Bell Telephone Hour*, die alles andere als ein Zuschauermagnet ist. Gegen uns werden Filme wie *The Great Escape* und *North By Northwest* angesetzt.

Dennoch bemüht sich *Star Trek*, NBCs Freitagabendserie mit hohen Einschaltquoten zu sein. Aber das Freitagsprogramm ist so schlecht, daß hohe Einschaltquoten an diesem Abend uns kein besonders starkes Gefühl der Sicherheit vermitteln. Zur Zeit machen wir uns dafür stark, auf einen anderen Tag verlegt zu werden.

Gene hatte aber mehr als nur letzteres im Sinn, während er sich darauf vorbereitete, NBC dazu zu bewegen, die Serie vom Freitagabend auf einen anderen Termin zu verlegen. Während sich die zweite Season ihrem Ende näherte, war Gene besorgt, daß sie möglicherweise nicht für eine dritte Season verlängert würde. Sein Versuch, eine breite Basis zu schaffen, hatte im Vorjahr nicht viel bewirkt, aber ein zweiter Anlauf war nichtsdestotrotz in Arbeit. Wieder arbeitete Gene hinter den Kulissen, damit er nicht öffentlich mit den Bemühungen zu Rettung der Serie in Verbindung gebracht werden konnte.

Gene hatte ein Telegramm geschrieben, das er gerne mit Asimovs Namen versehen verschicken wollte. Er las Asimov den Text am Telefon vor und erhielt kurz darauf eine telegraphierte Erlaubnis. Das Publicity-Telegramm las sich so:

Im Auftrag des Komitees informiere ich hiermit die führenden Unternehmen der Raumfahrtindustrie, daß die Fernsehserie *Star Trek* in Gefahr ist, aus dem Programm genommen zu werden. Jüngste Kürzungen haben deutlich gemacht, daß das Weltraumprogramm diese Art von Massenpublikum benötigt. Bitte an Sie und Ihre Kollegen, sich umgehend bei NBC oder der Muttergesellschaft RCA Gehör zu verschaffen.

Isaac Asimov

Gene nutze einige persönliche Kontakte. Er schrieb an den Science Fiction-Autor G. Harry Stine, der antwortete, daß er sich mit Fred Durant vom Air and Space Museum in Verbindung setzen und die in der Raumfahrt Tätigen organisieren würde. Stine rief auch John W. Campbell an, der versprach, sofort mit NBC und RCA Kontakt aufzunehmen, und ihnen Vorabexemplare seines *Analog Magazine*[18] mit Harrys Artikel über *Star Trek* zuschickte.

Stine sprach auch mit dem Trekker Bob Amos, Leiter des Rechnungswesens bei Chevrolet, der »sich in den erlesenen Kreisen des 30 Rockefeller Plaza bewegt und der uns helfen wird«.

Die Studenten des California Institute of Technology waren ebenfalls aktiv. Anfang November 1967 hatten Clyde Chadwick, seine Freundin Wanda Kendall und eine Reihe weiterer »Techers« während der Dreharbeiten zu »A Piece of the Action« das Studio besucht. Sie waren von Gene geführt worden, der dafür gesorgt hatte, daß man sich aufmerksam um sie kümmerte. Er hatte ihnen gesagt, daß es um die Zukunft der Serie nicht allzu gut bestellt sei. Auf dem Heimweg beschäftigten sich die Studenten mit der Idee eines Protestmarsches. Dieser Gedanke wurde Gene mitgeteilt, der diese Absicht unterstützte.

Es war die Zeit der Studentenaktivitäten und der Studentenproteste gegen den Vietnamkrieg, also war ein Protestmarsch zugunsten von *Star Trek* für die Studenten am führenden College des Landes auf diesem Gebiet eine Selbstverständlichkeit. Andee Reese-Maddox, Gene Coons Sekretärin, kannte Thom Beck, Sprecher des lokalen Radiosenders in Pasadena. Sie rief ihn an, das Anschließende wurde rasch auf die Beine gestellt. KRLA sprang auf den Zug mit auf, indem Ankündigungen produziert und gesendet wurden, um eine große Teilnehmerzahl zu erreichen.[19] Zufälligerweise war der Manager des Senders ein Fan der Serie.

An mehreren Tagen vor dem Marsch hörten die Zuhörer von KRLA zur Titelmusik von *Star Trek* die Worte des Sprechers:

»KRLA ist stolz darauf, sich den mutigen Wissenschaftlern des California Institute of Technology in ihrem Kampf anzuschließen, *Star Trek* vor der Absetzung zu bewahren. Schulter an Schulter

---

[18] Vormals *Astounding*.
[19] Es war nicht der erste Protestmarsch. Tim Courtney und eine Gruppe der Gesellschaft für kreativen Anachronismus (zu der auch Bjo und John Trimble gehörten) marschierten zu einem früheren Zeitpunkt zu KRON-TV in Oakland, als sie erste Gerüchte über eine Absetzung hörten.

werden sich unsere Stimmen zu einem kraftvollen Protestchor verbinden, der sich an General Bob Sarnoff richtet.[20] Rettet *Star Trek* vor der Absetzung! Schließt euch dem Fackelzug an und marschiert zu den NBC Studios in Burbank an diesem Samstagabend. Mit Plakaten und Fackeln bewaffnet werden wir triumphieren! Unser Marsch beginnt um acht Uhr im Verdugo Park. Rettet heute abend *Star Trek*!«

Zu dieser Zeit wurde Cal Tech nur von männlichen Studenten besucht. Eine der beiläufigen Attraktionen des Protestmarsches war, Mädchen zu treffen. Um das zu erreichen, mußten sie Demonstranten von anderen Schulen ansprechen, was mit der dritten Ankündigung versucht wurde. Sollte es bis dahin irgendeinen Zweifel an der ironischen Art des Protestes gegeben haben, räumte die folgende KRLA-Ankündigung jeden Zweifel aus:

»KRLA ist stolz darauf, sich den heldenhaften jungen Wissenschaftlern des Cal Tech in ihrem Kampf anzuschließen, *Star Trek* vor der Absetzung zu bewahren. Was hat General Bob Sarnoff gegen Mr. Spock? Mag er nicht die Art, wie er sich kämmt... oder wie er seine Ohren spitzt? Mr. Spock hat zugegebenermaßen kein Herz, aber hat General Sarnoff eines? Schließt euch heute abend KRLA und dem ›Rettet *Star Trek*-Komitee‹ bei dem Fackelzug zu den NBC Studios in Burbank an. Bringt Plakate und Fackeln um acht Uhr in den Verdugo Park. Helft heute abend mit, *Star Trek* zu retten!«

Und dann ein letztes Mal mit dem Bemühen, die Studenten der USC zur Teilnahme zu bewegen:

»Inspiriert von der Führungsrolle des Cal Tech schließen sich jetzt andere Colleges und Universitäten der Kampagne an, *Star Trek* vor der Absetzung durch NBC zu bewahren. Von der UCLA, von Irvine, vom Pasadena College und von praktisch allen anderen Colleges (natürlich nicht vom USC) schließen sich Delegationen dem heutigen Fackelzug zu den NBC Studios in Burbank an. Helft mit, dieses Science Fiction-Meisterwerk vor dem Fernsehfriedhof zu retten. Bringt Plakate und Fackeln um acht Uhr in den Verdugo Park. Helft heute abend mit, *Star Trek* zu retten!«

Die Durchsagen waren ein Erfolg. Am 8. Januar 1968 versam-

---

[20] Damaliger Präsident von NBC.

melten sich fast tausend Studenten von über zwanzig Schulen im Verdugo Park und marschierten die kurze Strecke hin zu NBC. Neben Cal Tech kam die größte Gruppe vom USC, aber der Großteil der Teilnehmer kam von überall her. Darunter waren auch drei Studenten von der University of Arizona und einige von der University of Nevada, Las Vegas.

Die Protestierenden verhielten sich ordentlich, waren für Collegestudenten relativ gut gekleidet und verhielten sich den Polizisten gegenüber höflich, die für Ordnung sorgen sollten. Eine Petition wurde einem der NBC-Repräsentanten überreicht, der zufälligerweise aus New York zu Besuch gekommen war. Er nahm sie mit ein wenig bemühter Freundlichkeit an und erklärte wiederholt, daß *Star Trek* nicht abgesetzt worden sei. Vermutlich war ihm nicht klar, daß die anwesenden Studenten nicht die Absicht hatten, das Gebäude in Schutt und Asche zu legen, wenn sie etwas hörten, das ihnen mißfiel.

Kaum beachtet wurde am Ende der Menge ein Mann so groß wie ein Bär, mit zottigem braunem Haar. Er fuhr auf einem Motorrad und beobachtete den ganzen Marsch. Am nächsten Tag schrieb dieser Mann einen Brief an einen Freund in New York.

Lieber Isaac,
das Folgende wird Dich bestimmt erfreuen und amüsieren. Am Samstagabend marschierten 300 Studenten vom California Institute of Technology zusammen mit Studenten von anderen regionalen Colleges zum NBC West Coast-Hauptquartier in Burbank.

Obwohl wir wußten, daß der Marsch stattfinden würde, war es die Idee der Studenten gewesen. Wir haben sehr sorgfältig darauf geachtet, nicht gesehen zu werden. Ich fuhr mit meinem Motorrad dorthin, durch Helm und Visier getarnt, und sah mir das ganze aus der Ferne an. Ich war in völliger Sicherheit, da ich eher wie ein Mitglied der »Hells Angels« aussah. Das ist kaum das Bild, das die NBC-Verantwortlichen von einem ihrer Produzenten haben. Ich bin fast erfroren, da der Marsch um acht Uhr abends begann und es in Burbank zu dieser Zeit eisig kalt wurde.

Ziemlich aufregend. Sie marschierten von einem nahe gelegenen Park los und waren schon einige Häuserblocks entfernt zu hören, wie sie verschiedene Slogans sangen. Es war ein äußerst ordentlicher und beherrschter Fackelzug. Sie hatten eine Erlaubnis vom Police Department in Burbank, an den Kreuzungen wurde der Verkehr angehalten. Die Polizei war sehr entgegenkommend. Die Studenten waren – wie man es vom Cal Tech erwarten darf – sehr klug im Umgang mit ihren Schildern, ihrer Musik und ihren Proklamationen, die an die NBC-Verantwortlichen in einer netten kleinen Zeremonie übergeben wurden. Plakate waren zu sehen mit Texten wie »Wir wissen, daß Mr. Spock kein Herz hat – aber hat General Sarnoff eines?«, »*Star Trek* ... si! ... Neilson ... no!« und »Mr. Spock for President!«. Wir fühlten uns alle geehrt, da wir von keiner anderen Fernsehserie wissen, die ihren eigenen Studentenmarsch hatte.

Die Asimov-Telegramme gingen planmäßig raus. Rund 250 Stück. So wie bei dem Studentenmarsch und anderen Dingen müssen wir uns natürlich im Hintergrund halten und völlige Ahnungslosigkeit vortäuschen, wenn wir vom Feind, dem Network, darauf angesprochen werden. Wenn sie wüßten, daß wir in irgendeiner Weise daran mitgearbeitet haben, wäre das ganze nutzlos. Aus irgendeinem sonderbaren Grund habe ich bei den Unschuldsbeteuerungen von unserer Seite in keiner Weise das Gefühl, etwas Unmoralisches zu tun. Die Networks haben dieses alberne Spiel erfunden und die Regeln aufgestellt. Sie vermuten offenbar nicht, daß ich tief in das Ganze verwickelt bin, da ich eine Reihe von Filmangeboten erhalten habe. Ihre simple wirtschaftliche Denkweise läßt sie wohl annehmen, daß ich an den größeren Gewinnen interessiert bin, die mit einem Wechsel zum Film verbunden sind.

Während Gene sorgsam darauf achtete, sich bei der Demonstration im Hintergrund zu halten, besuchte er so wie Jimmy Doohan die anschließende Party. Wanda Kendall[21] spielte auch eine Rolle in dieser historischen Stunde. Sie fungierte als Vizepräsidentin und Sprecherin des protestierenden Komitees. Genes Büro nahm mit ihr Kontakt auf und fragte sie, ob sie nach New York City fliegen und dort protestieren wolle.

Genes Assistent, Rick Carter, traf sich mit Wanda am Flughafen, gab ihr das Ticket, einen kleinen Betrag für Spesen und eine große Schachtel mit »Mr. Spock for President«-Autoaufklebern.[22]

Wanda hatte keine Ahnung, wie sie vorgehen sollte, und NBC würde ihr in keiner Weise helfen. Sie kam bei Freunden unter und suchte nach Möglichkeiten, sich an die Öffentlichkeit zu wenden.

---

[21] Heute Wanda Kendall-Le Vita.
[22] Entgegen anderen Berichten war »Mr. Spock for President« der einzige Autoaufkleber, den es zu der Zeit gab.

Wanda, eine schüchterne junge Frau, hatte das Gefühl, auf einer – wie sie es formulierte – »Mission« zu sein und wuchs über sich hinaus. Wanda erinnert sich:

»Ich verteilte die Aufkleber auf der Straße, wurde von einigen Zeitungen interviewt, war aber der Ansicht, daß ich in der Lage sein sollte, diese Aufkleber an den Wagen anzubringen, die zählten: Wagen von NBC-Verantwortlichen. Natürlich würden sie mich nicht auf den NBC-Parkplatz lassen, also beobachtete ich, was ablief. Ich sah, daß die Fahrer der Limousinen oft anhielten, ausstiegen und mit der Wache am Tor sprachen, bevor sie hineingingen und ihren Passagier abholten.

Ich wartete ab, bis wieder einer genau das tat. Als die Limousine leer war, kletterte ich mit allen meinen Aufklebern in den Fond und versteckte mich, während der Wagen hineingefahren wurde. Als der Fahrer ausstieg, sprang ich heraus und klebe so viele Sticker auf, wie ich nur konnte.

Auf diese Art war ich auch in der Lage, zum Parkplatz der Leitenden Angestellten zu gelangen. Ich passierte mindestens eine Wache, aber da ich mich auf dem Gelände befand, gab es für die Wachleute keinen Grund mehr, mich anzuhalten. Ich benahm mich so, als gehörte ich dorthin. Ich verbrachte viel Zeit auf dem Parkplatz und dekorierte zwischen 200 und 300 Stoßstangen mit den Aufklebern, fast ausschließlich Lincolns und Cadillacs.

Später stieß ich auf ein paar *Star Trek*-Fans, die mich in die Chefetage brachten. Ich wurde in Büros gebracht, in denen ich den Sticker auf die Schreibtische legte. Ich klebe sie nicht fest. Ich machte sie auch an allen Schwarzen Brettern fest, die ich finden konnte.

Ich ging mit Geld sehr sparsam um. Während ich auf dem College war, habe ich immer gearbeitet, daher war ich sehr sorgsam. Ich glaube, sie gaben mir damals 300 Dollar mit. Da ich bei *Star Trek*-Fans und bei Freunden wohnte, kehrte ich mit 225 Dollar zurück. Ich versuchte, es Gene zurückzugeben. Aber er sagte: ›Hast du eine Ahnung, welche Probleme du mir bereitest, wenn du mir das Geld zurückgibst? Ich habe das im Budget berücksichtigt, ich kann es nicht zurückgeben. Behalte es einfach.‹«

Gene erhielt einige Anrufe von hochrangigen NBC-Mitarbeitern, die über Probleme klagten, die Aufkleber wieder zu entfernen. Neben den Erinnerungen der Beteiligten existiert auch ein

Memo, das Gene am 12. März an Emmet Lavery, jun., einen leitenden Angestellten bei Desilu, schickte und das ihn mit der Kampagne in Verbindung bringt:

Lieber Emmet,
bezugnehmend auf unser Gespräch hier nun eine Liste der Ausgaben, die ich persönlich für die ›Rettet *Star Trek*‹-Kampagne aufgewendet habe.

1/68	Copy Master – 5000 Aufkleber – Mr. Spock for President	303,52 $
11/67	A.A.A. Glass Co – 54 Sets *Star Trek*-Gläser – für Publicity, Fans, PR, Presse (Geschenke)	263,00 $
12/67	Round Trip Air Fare – Miss Wanda Kendall LA-NY-LA (›Rettet *Star Trek*‹-Kampagne und Spesen)	350,00 $
11/67	Pacific Athletic Company – *Star Trek* T-Shirts für Werbezwecke	60,60 $
	Gesamt:	977,12 $

Gene Roddenberry

Während Gene verstohlen hinter den Kulissen die Fäden zog, um eine Verlängerung für das dritte Jahr zu bewirken, erhielt er ironischerweise das folgende Memo aus der Abteilung Öffentlichkeitsarbeit von Desilu.

Ich freue mich, Ihnen mitteilen zu dürfen, daß *Star Trek* in diesem Jahr die Führungsposition vor allen anderen Desilu-Serien einnimmt, was den Umfang der Fanpost angeht. *Star Trek* hat zu *The Untouchables* aufgeschlossen, die einer unserer Dauerbrenner in Sachen Fanpost war.

Abgesehen von der Tatsache, daß Bill Shatner und Leonard Nimoy einen großen Teil dieser Briefe erhalten, ist es interessant zu sehen, daß Tausende von Zuschauern voll des Lobes über *Star Trek* als Serie sind.[23] Diese Post hat nichts mit der üblichen Art von Anfragen im Stile von »Schicken Sie bitte ein Foto« zu tun, sondern läßt eine bewußte und intelligente Reaktion seitens der Zuschauer in bezug auf den Unterhaltungswert der Serie erkennen.

---

[23] Während Nimoy und Shatner um die Vorherrschaft bei der Fanpost kämpften, scherzte Gene gerne, daß die *Enterprise* von allen die meiste Fanpost erhielt.

Auf den ersten Blick würde ich sagen, daß die Post eine große Altersspanne repräsentiert, ein weiteres Anzeichen dafür, daß *Star Trek* für alle etwas zu bieten hat.

Aber nicht für jeden, wie es schien. Ende Januar antwortete Gene einem Fan, der ihm einen Brief geschrieben hatte und ihn zu einer Reihe von Themen zur Rede stellte. Wie üblich übertraf Genes Erwiderung den Umfang einer einfachen Antwort.

Vielen Dank für Ihre Anmerkungen. In den meisten Punkten stimmen wir mit Ihnen überein. Tatsache ist, daß wir die Dienste von wissenschaftlichem und Forschungspersonal in Anspruch nehmen, um jedes Drehbuch gründlich unter die Lupe nehmen zu lassen.

Wo aber übersehen wir etwas? Meist ist es weniger ein »Übersehen« als eine vorsätzliche Entscheidung. Wenn unsere Geschichten auf Kosten von Regie und Drama ultra-wissenschaftlich werden, würden wir sofort die Anziehungskraft für die breite Masse verlieren. Und ob es uns nun gefällt oder nicht, wir machen unsere Serie für ein Medium, das sich an die breite Masse richtet. Ich würde gerne eine Serie ausschließlich für Menschen wie Sie machen, aber von Ihrer Sorte gibt es nur gerade einmal eine Million vor den Fernsehgeräten. Wenn unsere Serie nicht fünfzehn oder sechzehn Millionen Menschen wöchentlich erreicht, wird das Ganze eine sinnlose Übung. Ich verteidige nicht dieses System, ich weise lediglich darauf hin, daß es existiert.

Heutige wissenschaftliche Entwicklungen zu ihrem logischen Schluß zu führen, würde *Star Trek* eines Großteils der »Identifizierung« durch das Publikum berauben. Die Zuschauer könnten sich davor sogar fürchten oder davon abgestoßen werden. Viele, wenn nicht sogar alle Aspekte des Lebens – Ehe, Moral, Essen, Wirtschaftssysteme – werden sich in den nächsten Jahrhunderten drastisch verändern. Es ist möglich, daß Schiffe wie die *Enterprise* viel stärker automatisiert sein werden, es ist sogar vorstellbar, daß nicht einmal Menschen an Bord sein müssen, da sie es vorziehen, in der relativen Sicherheit ihrer eigenen Welt zurückzubleiben. Ausblicke, Gerüche und das körperliche Erleben des Fluges werden ihnen durch eine bestimmte Form der Kommunikation unmittelbar an ihre Sinnesorgane weitergeleitet. Viel gesünder, als seinen eigenen zerbrechlichen Körper ins All zu schicken.

Bei der Produktion einer Fernsehserie (und ganz besonders bei dem Versuch, ein solches Konzept an ein Network zu verkaufen) ist es erforderlich, dem Zuschauer etwas zu bieten, das ihm vertraut ist und mit dem er sich identifizieren kann. An die Stelle einer kompakten und völlig automatisierten Brücke haben wir eine Art »Familie« zusammengestellt, die uns Interaktionen zwischen den Personen ermöglicht. Denn ohne solche Personen gibt es kein Drama. Wir haben ein großes Schiff mit einer großen Zahl Besatzungsmitglieder, weil wir die Vertrautheit einer heimatlichen Basis benötigten. Übrigens mußten wir die Anzahl der Bildschirme und »Fenster« stark beschränken wegen der enormen Kosten für die Herstellung von Bildern, die benötigt werden, wenn Außenansichten zu sehen sind oder man durch die Fenster nach draußen blickt.

Vielleicht interessiert es Sie zu erfahren, daß diese Episoden innerhalb von sechs Tagen entstehen, annähernd ein halber Kinofilm pro Woche. Dabei müssen Sie aber bedenken, daß sogar »B-Filme« normalerweise acht bis sechzehn Wochen Dreharbeiten erfordern. Wenn einer unserer Fehler durch und durch ein Fehler ist und keine bewußte Entscheidung, dann ist er oft das Ergebnis des Zeitdrucks, der damit verbunden ist, die Planungen einzuhalten.

Vielen Dank für Ihre äußerst interessanten Anmerkungen. Wir hoffen, daß wir einige Ihrer Fragen beantworten konnten.

Ende Januar 1968 berichtete *Newsweek* über den Caltech-Marsch, über die Briefe, die bei NBC eingegangen waren, und über die Tatsache, daß zwanzig Prozent der dem Network angeschlossenen Stationen am Freitagabend anstelle von *Star Trek* die Sendung *Grand Ole Opry* im Programm sehen wollten. Gene wurde mit den Worten zitiert: »Was mir Angst macht, ist, daß das, was wir im Fernsehen zu sehen bekommen, davon abhängt, ob man damit ein Deodorant verkaufen kann.«

Mehr als ein witziger Brief traf in Genes Büro ein. Ende Januar 1968 schrieb ihm ein Colonel, der eine Base befehligte. Er lud Nimoy und Shatner ein, die Base zu besuchen und der Abschlußzeremonie sowie der Aushändigung der Auszeichnungen beizuwohnen. »Der Stab und die Studenten werden die Winteruniform der Air Force tragen. Wir würden uns sehr freuen, wenn die Herren Shatner und Nimoy ihre Raumschiff-Galauniform tragen würden. Wenn das nicht genehm ist, ist eine schwarze Krawatte angemessen.«

Gene war sich der Loyalität einer Reihe wichtiger, hartgesottener Science Fiction-Fans gewiß, die das mochten, was er schrieb und produzierte, und die ihn mochten, weil er zu der Zeit der einzige Produzent war, der sich mit seinem Produkt direkt an die Fans auf Science Fiction-Conventions wandte. Er hatte um den Rat von Fans gebeten, die Autoren geworden waren, und sich selbst zur Verfügung gestellt. Diese Anerkenntnis des Wertes, den das Fandom besaß, brachte ihm eine treue Gefolgschaft ein, die sich bald auszahlen sollte. Neben Genes Manövern hinter den Kulissen gab es eine Basisbewegung, die *Star Trek* retten wollte – angeführt von zwei langjährigen Science Fiction-Fans: John und Bjo Trimble.[24]

Die Trimbles lebten in Oakland und hielten Gene über ihre Aktivitäten auf dem laufenden. Während Gene aktiver beteiligt werden wollte, schlugen Bjo und John vor, daß die Kampagne wirkungsvoller sein würde, wenn sie spontan zu sein schien. Bjo verbrachte einige Zeit damit, die ihr bekannten Sekretärinnen und eine Anzahl von Assistenten aus den Chefetagen der Studios zu bearbeiten, um herauszufinden, »was einen dazu veranlaßt, von der gesamten eingehenden Post einen Teil wegzuwerfen, einen Teil beiseite zu legen und schließlich diesen einen Brief an den Chef gelangen zu lassen«.

Mit dieser Information ausgerüstet, schrieb Bjo einen detaillierten Brief an die Fans, in dem sie ihnen das Problem schilderte und zugleich erklärte, daß sie es lösen konnten, indem sie an NBC, die Sponsoren und Desilu schrieben. Sie gab Hinweise, wie ein solcher Brief geschrieben werden sollte, dann sollte der Empfänger ihren Brief kopieren und ihn an zehn Bekannte schicken. Damit nahm die Fan-Pyramide ihren Lauf. Natürlich schrieb nicht jeder einen Brief, aber – so Bjo – »von den zehn Leuten, die man anspricht, schreiben vier tatsächlich einen Brief und fordern andere ebenfalls dazu auf. Von den verbleibenden sechs werden zwei niemals etwas tun, die anderen fühlen sich irgendwann mitunter schuldig genug, daß sie zwar nicht selbst einen Brief schreiben, aber zwanzig andere Leute dazu auffordern.«

---

[24] Als wahrer Fan ist sogar ihr Name eine Science Fiction-Erfindung, geschaffen von ihrem Freund Forrest J. Ackerman, Literaturagent, Verleger von Famous Monsters of Filmdom und zugleich der Mann, der den Begriff »Sci-fi« schuf. Ackermans Erfindung »Bjo« ist eine verkürzte Form von Betty Joanne, die Bjo bevorzugt.

Bjo stellte mehrere Adressenlisten zusammen, und Gene versorgte sie stillschweigend mit Säcken von Fanpost, von denen Bjo, John und die Freiwilligen Namen und Adressen abschrieben, wodurch sie insgesamt etwa 4000 Namen zusammentrugen.[25] Die Trimbles bezahlten zu Anfang das Porto aus der eigenen Tasche. Als sich das aber herumgesprochen hatte, erhielten sie von treuen Fans ganze Briefmarkenrollen.

Die Kampagne wuchs, und die Fans begannen, an das Network und an die Trimbles zu schreiben. Bjo erinnert sich an die Zeit, als die Kampagne auf dem Küchentisch ihren Anfang nahm:

»Unsere größten Ausgaben waren der Druck und das Porto. Das war lange bevor es an jeder Ecke ein Kopiercenter gab. Wir hektographierten die ersten Briefe auf einer Maschine, die der Los Angeles Science/Fantasy Society gehörte. Da wir sie zu Hause hatten, war es recht einfach; als es aber immer mehr wurde, mußten wir auf Kopien umsteigen.

Einer der größten Vorteile dieser Kampagne war die Tatsache, daß wir Menschen aus dem ganzen Land kennenlernten. Viele von ihnen waren sensible und interessante Menschen, die unsere Freunde wurden. Was mich am meisten an dieser Verunglimpfung der ›Trekkies‹ stört, ist die Tatsache, daß dies hier keine Leute waren, die wie ein Schwarm Flamingos herumliefen und ›Spock‹ schrien. Es waren intelligente Menschen, die glücklich waren, daß es endlich intelligente Science Fiction-Unterhaltung im Fernsehen gab.«

Die Briefkampagne hatte einen interessanten und unerwarteten Nebeneffekt, der die Beliebtheit der Serie auf Jahre hinaus beeinflussen sollte. Bjo fährt fort:

»Ohne es zu planen, begann ich, das *Star Trek*-Fandom zu organisieren. Um verstehen zu können, was ich tat, muß man wissen, daß der durchschnittliche Fanclub aus einem Kern von drei oder fünf Leuten besteht. Oft will derjenige, der den Club leitet, die Macht so wenig wie möglich teilen. Alles dreht sich um den

---

[25] Zu dieser Zeit befanden sich auf der Liste der Science Fiction Writers of America etwa 300 Namen. Einige tausend Namen kamen von der Liste der World Science Fiction Convention, eine geringe Anzahl wurde von einem SF-Versandhändler beigesteuert, der Rest kam von den Fans, die Briefe an die Serie schickten.

festen Kern. Das bedeutet, daß der Kontakt mit der Person, die Gegenstand des Fanclubs ist, über den Präsidenten erfolgt und nur selten das typische Mitglied erreicht.

Durch die Briefe, die wir verschickten, brachte ich die Leute in Kontakt mit anderen. Wenn jemand beispielsweise aus Pittsburgh schrieb, legte ich meinem Brief einen Hinweis bei: ›Wußtest Du, daß es in Deiner Region acht andere Leute gibt, die sich für *Star Trek* interessieren? Hier sind ihre Namen.‹ Die Fans kamen zusammen und bildeten kleine Clubs. Gelegentlich schrieben sie mir und fragten, wie sie mit weiteren Leuten in Kontakt kommen könnten. Ich gab ihnen Tips. Die Bewegung wurde immer größer. Bevor wir erfuhren, daß die Serie gerettet war – also innerhalb einiger Monate, nachdem wir angefangen hatten –, wußte ich, daß sich 25 Clubs gebildet hatten.

Trek-Fans lernten von den Science Fiction-Fans, wie man Fan-Magazine verlegt, die sogenannten ›Fanzines‹.[26] Die Magazine reichten von grobschlächtig bis anspruchsvoll, aber eines war ihnen allen gemein: die Liebe zu *Star Trek*. Die Clubs, die in den Colleges ihren Ursprung hatten, breiteten sich aus, als die Studenten nach Hause gingen und dort neue Clubs gründeten.

Ich kann keine genauen Zahlen nennen. Niemand besitzt Aufzeichnungen darüber, wie viele Leute im Fandom organisiert waren und wie viele Clubs es gab.

Einige Clubs waren unglaublich erfolgreich. Die Basta-Mädchen in Michigan waren sehr aktiv. Zum Ende der dritten Season hatte dieser Club 300 Mitglieder. Als die Mädchen schließlich das Handtuch warfen (der Club war so groß geworden, daß sie die damit verbundene Arbeit nicht mehr bewältigen konnten), waren es rund 1200 Mitglieder. Die Arbeit hatte sie einfach erdrückt.

Damals begann das, was wir heute als *Star Trek*-Fandom kennen.

Zu der Zeit, als die Briefkampagne ihren Höhepunkt erreichte, wurde das Geld knapp; also gingen wir zu Gene und sagten ihm, daß wir knapp bei Kasse waren. Er fragte, wieviel wir benötigten, wir antworteten, 400 Dollar. Das war das einzige Mal, daß wir Geld von ihm erhielten. Wir hatten nicht das Gefühl, daß er uns

---

[26] Auch »Zines« genannt. Zines-Verleger halten sogar ihre eigene Convention ab.

etwas schuldete. Wir machten es freiwillig, und wir zogen es durch.

Ich habe das noch niemals erzählt, aber ich hatte nicht das Gefühl, daß wir die Serie retten würden. Wir dachten, wir würden soviel Geschrei machen, damit NBC merkte, daß wir absolut wütend waren und das nicht länger mitmachen würden. Wir rechneten mit ein paar tausend Briefen, die ihnen zeigen sollten, wie sauer wir waren. Das wäre dann auch alles.

Etwa auf halber Strecke erkannten wir, daß wir vor etwas Größerem standen. Fans schickten uns Kopien von Petitionen mit Hunderten von Namen und von den Briefen, die sie an das Network, an die Sponsoren, einfach an jeden Beteiligten schickten. Kleine Meldungen erschienen in der Hauszeitung von Kodak, in einem Mensa-Bulletin usw. Es breitete sich immer weiter aus.«

Zu dieser Zeit bestätigte NBC, daß rund 6000 Briefe pro Woche eintrafen. Da dies wertvolle Mitarbeiterzeit in Anspruch nahm, versuchte man herauszufinden, wer dafür die Verantwortung trug. Da er der logische Sündenbock war, konzentrierte sich NBC auf Gene. Da er aber von den Trimbles weit entfernt war, stand Gene mit völlig weißer Weste da.[27]

Bjo fährt fort:

»Es gab eine Menge Leute in Genes Umfeld, die nicht wußten, was wir taten. Wenn wir zu Besuch waren, achtete Gene stets darauf, es als ›Fanbesuch im Studio‹ zu verkaufen. Wir hielten es genauso. Wir wußten alle, daß wir nichts mehr würden erreichen können, wenn unsere Namen publik wurden.

NBC beschuldigte Gene nach wie vor und suchte bei Paramount nach demjenigen, der das ganze steuerte, aber niemand wußte wirklich etwas. Nur Majel und ein oder zwei andere Menschen, die in enger Verbindung zu Gene standen, wußten es.

Inzwischen hatten die Nachrichtenmedien Wind von der Aktion bekommen, woraufhin NBC beharrlich abstritt, daß man Post in einem Umfang erhalten würde, der sich auf die Entscheidung des Senders auswirken könnte.

---

[27] Der Autor und Herausgeber Fred Pohl erinnert sich, daß sich NBC schließlich auf ihn festlegte. Pohl hatte zwar einen Brief unterzeichnet und andere zum Schreiben ermutigt, aber er war nicht Teil des Plans gewesen.

Hintenrum erfuhren wir, wie viele Briefe NBC tatsächlich erhielt. In meinem Brief an die Fans war meine erste Empfehlung, typische Geschäftsumschläge zu verwenden. So konnte NBC nicht zwischen Geschäftspost und den *Star Trek*-Protestbriefen unterscheiden.

NBC kam zu dem Schluß, daß man den demographisch perfekten *Star Trek*-Fan ermitteln konnte, wenn man die gesamte Post analysiert. Wie man das machen wollte, war allen ein Rätsel, reichten die Briefeschreiber doch von Doktoren über Feldarbeiter bis hin zu Kindern und Großmüttern. NBC wollte Computer benutzen; dabei muß man bedenken, daß Computer damals noch eine Seltenheit waren. Die meisten großen Unternehmen verfügten nicht über einen Computer. Sie nutzten die Dienste spezieller Unternehmen, die sich die Computerarbeit bezahlen ließen. NBC schickte alle Briefe an ein solches Unternehmen.

Monate später begegnete ich einem Mitarbeiter des Unternehmens, das für NBC arbeitete. Er erklärte mir, daß sie eine Million Briefe verarbeitet hatten. Und dabei zählten sie Petitionen als *einen* Brief! (Ich erfuhr, daß sich unter einer Petition aus einer Kleinstadt fast 2500 Namen befanden.) NBC belog jeden.

Wenn man zurückblättert und sich die Interviews der Network-Bosse durchliest, die sie über die Jahre hinweg gegeben haben, dann fällt auf, daß sich die Zahl der Briefe dramatisch veränderte. Zu Anfang waren es 10 000 bis 15 000, dann 50 000 und schließlich 150 000. Aber sie gingen nie über 250 000 Briefe hinaus. Sie glaubten, daß sie uns entmutigen würden, wenn sie mit kleinen Zahlen arbeiteten. Aber ich dachte: ›Wunderbar. Wenn wir die Welt durch 50 000 Briefe verändern können, dann ist das großartig!‹«

Am 1. Februar 1968 schrieb Asimov an Gene, um ihn aufzumuntern.

> Ich habe gehört, daß *Star Trek* abgesetzt worden ist, aber der Kampf geht offenbar weiter. Zwei Zeitungen haben sich bereits an mich gewandt und mich gefragt, ob es das wert sei. Ich habe beiden was erzählt.
>
> Wenn der schlimmste aller Fälle eintritt, hoffe ich, daß alle, die an *Star Trek* beteiligt waren, genug Geld und Ruhm geerntet haben, um ohne Schwierigkeiten weitermachen zu können.

Bei Leonard Nimoy zum Beispiel bin ich da ganz sicher, er muß für jeden Businessbereich zehnmal so viel wert sein wie vor zwei Jahren. Du hast ebenso unmißverständlich Deinen Wert unter Beweis gestellt, Shatner ebenfalls.

Ich glaube, daß es auch allen Nebendarstellern etwas eingebracht hat, und ich habe das Gefühl, daß *Star Trek* ihnen auch für die Zukunft geholfen hat.

Mein größtes Mitgefühl gilt den Science Fiction-Autoren. Ich bin sicher, daß sie für andere Serien schreiben können, aber es wird gewiß nicht annähernd so befriedigend sein.

Bitte halte mich in Sachen *Star Trek* und in allem anderen auf dem laufenden.

Isaac

Am 19. Februar schrieb Gene zwei Briefe, einen an Asimov und einen an einen Autor, der mit einem lobenden Artikel über *Star Trek* geholfen hatte.

Gene an Asimov:

Ende der letzten Woche haben wir 10 000 Dollar Vorschuß für Drehbücher für eine dritte Season von *Star Trek* erhalten. Auch wenn das nichts Endgültiges bedeutet, sind wir wieder in der Programmplanung, was alles viel besser aussehen läßt. NBC ist berühmt-berüchtigt für seine Sparsamkeit, und ich kann mir nicht vorstellen, daß sie 10 000 Dollar ausgeben, wenn sie nicht auch ernsthafte Absichten für eine dritte Season hegen.

Das jüngste Gerücht besagt, daß wir fest in die Planung aufgenommen worden sind (nachdem wir sieben oder acht Wochen zuvor noch eindeutig nicht mehr eingeplant waren) und daß wir möglicherweise montags um 20 Uhr oder freitags um 19.30 Uhr ausgestrahlt werden. Der Montagtermin scheint gegenwärtig das Rennen zu machen.

Gene an seinen befreundeten Autor:

Von einer Quelle in New York (vermutlich zwei Namen auf einer der vielen Petitionen) haben wir gehört, daß das Network über *eine Million* Briefe erhalten hat! Diese Zahl ist kaum vorstellbar, und ich versuche, das zu prüfen. Aber egal, wie die genaue Zahl lautet – wir wissen, daß die Briefe an NBC vor einigen Monaten immer zahlreicher wurden. Einmal hörte ich, daß sie über 2000 an einem Tag erhalten hatten. Es ist offensichtlich, daß dies die größte Fanreaktion aller Zeiten und aller Serien ist, darunter auch die »Großen« wie *Playhouse 90, Robert Montgomery* und andere. Einige glauben sogar, daß diese Briefe das Vertrauen des Networks in die Nielson-Quoten erschüttert haben. Vor ein paar Monaten war ich dort, unterhielt mich mit einem NBC-Experten für Statistik und Zuschauererhebungen und erhielt den gleichen Eindruck. Vor sechs bis acht Wochen wurden wir aus dem Programm gestrichen, wir waren erledigt, wir waren Geschichte. Aber die Briefe rissen nicht ab, es wurden immer mehr statt weniger. Dies irritierte sie so sehr, daß sie ein Komitee aus sechs Network-Vizepräsidenten bildeten, das die Angelegenheit untersuchen sollte. Kurze Zeit später waren wir wieder ins Programm aufgenommen.

Am 1. März 1968 verkündete NBC über den Sender – zum Ende der Episode »The Omega Glory«, die von Gene geschrieben worden war (sein letztes Drehbuch für die zweite Season) –, daß *Star Trek* verlängert wurde. Gleichzeitig bat man die Zuschauer, keine weiteren Briefe zu schicken. Ein Memo von Gene an Shatner und Nimoy vom 7. März 1968 erklärt den Rest:

Übrigens habe ich einen Anruf von NBC erhalten, in dem wir gebeten wurden, die Fans nochmals aufzufordern, nicht länger Briefe zu schreiben. Offensichtlich sind in den sechs Tagen seit der Ankündigung, daß *Star Trek* im Programm bleibt, *bereits über 70 000 Dankesbriefe eingegangen.*

The Man from U.N.C.L.E. wurde abgesetzt; damit wurde der Sendeplatz am Montag um 20 Uhr frei. Aber getreu Oscar Katz' Vorbehalt, daß Networkplanungen stets mit Bleistift geschrieben werden, waren Veränderungen möglich. Und sie traten auch ein. NBC entschied, den *U.N.C.L.E.*-Sendeplatz an eine neue Serie zu vergeben, *Rowan and Martin's Laugh-In.* Am 15. Januar 1968 entschwand *The Man from U.N.C.L.E.* in den Syndication-Himmel, eine Woche später begann mit *Laugh-In* ein Phänomen.

Am 29. März 1968 schrieb Gene an einen Freund, wobei er versuchte, gute Miene zu einem Spiel zu machen, das in einem Desaster enden würde.

Wie Du wahrscheinlich mittlerweile weißt, hatte das Network uns für montags 19.30 Uhr eingeplant, dann aber im letzten Moment auf freitags 22.00 Uhr verschoben. Ich kämpfte mit allen Mitteln, ich weigerte mich, die Serie unter diesen Umständen zu produzieren, aber sie waren fest entschlossen, so oder so auf diesem Sendeplatz weiterzumachen. Ich willigte schließlich ein, ausführender Produzent zu bleiben, da ich die Serie nicht dem Studio oder irgendeinem anderen überlassen wollte. So kann ich die Serie wenigstens führen, Ratschläge geben, Drehbücher lesen und kommentieren, ohne gleichzeitig die Last zu tragen, *Star Trek* richtiggehend zu produzieren. So habe ich auch Zeit, ein paar Drehbücher für die Serie zu schreiben.

Star Trek hatte ein weiteres Mal überlebt, aber diesmal hatte die Serie nach Genes Ansicht den Todesstoß erhalten. Er war nicht glücklich. Er wußte, daß die Serie dem Untergang geweiht war, ganz gleich, was er dagegen unternahm. Er war aber nicht willens, seine Ansichten in der Öffentlichkeit auszusprechen. Die Arbeitsplätze vieler guter Leute standen auf dem Spiel, also setzte er ein zuversichtliches Gesicht auf und verschickte am 28. März 1968 den folgenden Brief an das gesamte *Star Trek*-Personal.

Ich gehe davon aus, daß das Management von Paramount mit Euch Kontakt aufgenommen hat oder das in Kürze tun wird. Ich freue mich darauf, auch im dritten Jahr von *Star Trek* mit Euch zusammenzuarbeiten.
 Vielleicht habt Ihr gehört, daß wir über unseren Sendetermin am Freitag um 22 Uhr ein wenig enttäuscht waren, aber wir sind auch schon früher enttäuscht worden und haben die Experten verwirrt, indem wir die Spitze erreicht haben. Mit Eurer Hilfe wollen wir das auch diesmal wieder erreichen.
 Soweit wir wissen, ist das gesamte Team wieder mit dabei. Meine Funktion bei der Serie wird die des ausführenden Produzenten sein. Entgegen allem, was Ihr gehört haben könntet, beabsichtige ich, bei der Serie zu bleiben, um sie zu führen und mich liebevoll um sie zu kümmern. Das wird mir auch die Zeit geben, um einige Drehbücher der nächsten Season selbst zu schreiben – und neue Projekte zu entwickeln, an denen wir eines Tages gemeinsam arbeiten könnten.
 Dies markiert das dritte Jahr von *Star Trek* und ich bin voller Hoffnung, daß wir zusammen sein werden, um das Bar-Mizwa (im jüdischen Glauben das Erreichen des 13. Lebensjahrs, wodurch ein jüdischer Junge vollwertiges Mitglied der Gemeinde wird. – Anm. d. Übers.) zu feiern.
                                                                    Herzliche Grüße
                                                                    Gene R.

Kopien wurden verschickt an Mort Werner (Programmchef von NBC), Herb Schlosser (Vizepräsident der Programmabteilung, Westküste) und eine Reihe anderer Personen. Eine Kopie des Briefs kam wenig später zu Gene zurück. Am Fuß der Seite standen zwei Worte, geschrieben mit forscher und kraftvoller Hand – »Gut gemacht«, unterschrieben mit »Herb S[chlosser]«.

Am 18. April 1968 schickte Gene ein Memo an alle Beteiligten. Auch wenn er nicht mehr an der täglichen Produktion beteiligt war, wollte er alle wissen lassen, daß er immer noch da war. Das Memo betraf Kirk, Spock und andere feste Figuren in *Star Trek*. Es ist interessant zu bemerken, daß viel von dem, was Gene über die Charakteristika von Captain Kirks Kommando sagte, genau dem entsprach, was einen guten Produzenten ausmacht.

> Die fortwährende Herausforderung an uns alle ist, daß wir die verschiedenen Figuren wachsen lassen, individuell und gemeinschaftlich... daß wir sie leben lassen.

KIRK

Noch mehr als in der Vergangenheit sollte Captain James T. Kirk ein Schiffscaptain sein, eine starke Führungspersönlichkeit. Durch unseren Wunsch, die Kameradschaft der netten Leute zu betonen, die wir an Bord haben, vergessen wir zu oft die einfachsten Wahrheiten des Kommandos – daß zum Beispiel der Captain einfach nicht zu redselig sein darf: Wenn er einem Mann einen Befehl erteilt, kann er sich darauf verlassen, daß seine Offiziere ein Komitee bilden und alle Befehle diskutiert werden und daß sogar über sie abgestimmt wird. Auch wenn es extrem klingen mag, muß er manchmal wie ein ›Schwein‹ erscheinen. Das Publikum ist sich aber der Tatsache bewußt, daß er ein guter Mann ist, der ein schweres Amt bekleidet, das ein gewisses Maß an ›Schauspielerei‹ erfordert. Er weiß, daß alle Augen ständig auf ihn gerichtet sind. Die Effizienz und sogar die Sicherheit des Raumschiffs können vom Glauben der Mannschaft an ihn abhängen. Er ist so unsicher und voller Zweifel wie jeder Mensch, aber er weiß, daß er nichts davon nach außen dringen lassen darf – außer bei privaten Anlässen, wenn er mit Dr. McCoy oder Mr. Spock, deren Meinung Kirk in höchstem Maße zu schätzen gelernt hat, allein ist.

Eine Beschwerde, die am häufigsten von den Fans an uns herangetragen worden ist, betrifft Kirks Art, zu »lustig« zu sein. Und daß er versucht, Freundschaft mit seinen Untergebenen zu schließen und ihre Zustimmung zu erlangen. Unsere Zuschauer mögen Kirk vor allem dann, wenn er am härtesten ist. Und dann mögen sie diese privaten Szenen, in denen wir erfahren, daß er nicht so hart ist, wie er vorgibt.

Hier können wir Kirks Kommentar aus dem Off wirksamer einsetzen. Unser Publikum will, daß er bereit ist, Fehler später einzugestehen ... auch wenn er das nur sich selbst gegenüber macht. Nicht, weil er Angst davor hat, der Welt zu zeigen, daß er fehlbar ist ... sondern weil er Angst hat, was mit dem Schiff und den 430 Besatzungsmitgliedern geschieht, wenn der Anführer nicht voll und ganz der Anführer ist. Die beste Vorgabe ist immer noch C. S. Foresters »Captain Horatio Hornblower«.

MR. SPOCK

In den ersten *Star Trek*-Epsidoen war Mr. Spock der Typ, der gelegentlich »unlogisch« sagte, und das war es dann auch. Wir haben alle sehr hart daran gearbeitet, aus ihm eine lebendige Figur zu machen. Das haben viele Leute – darunter Leonard Nimoy – erreicht. Aber wir sollten uns vor Augen halten, daß es schwierig ist, ihn ordentlich darzustellen. Unsere Autoren, so wie alle anderen auch, neigen bedauerlicherweise dazu, diesen Schwierigkeiten aus dem Weg zu gehen.

Spock braucht in dieser Season wieder unsere Hilfe und Kreativität. Wir müssen aufmerksam sein, immer wieder zu betonen, daß Spock der stellvertretende Kommandant der U.S.S. *Enterprise* und zugleich der Wissenschaftsoffizier des Schiffs ist. Das ist auf einem Schiff, dessen Hauptaufgabe es ist, die Galaxis zu erforschen, keine leichte Aufgabe.

Spocks Rolle sollte weit darüber hinausgehen, den Captain auf Anfrage mit Informationen zu versorgen. In unseren besten Drehbüchern hat er ungefragt Informationen erteilt, seine Meinung kundgetan, den Captain gedrängt, mit ihm gestritten. ... Es gibt ganz gewiß kein Gesetz bei *Star Trek*, daß Spock nicht gelegentlich im Recht und Kirk im Unrecht sein kann.

Wir sollten uns auch wieder mehr mit den farbenfrohen Aspekten unseres Vulkaniers beschäftigen. Beispielsweise der wiederkehrende Witz jener Schachspiele, in denen Spock unweigerlich den menschlichen, unlogischen Zügen des Captains unterliegt. Spock bestimmt korrekt, was Kirk tun *sollte*. Aber Kirk macht immer wieder einen

»falschen« Zug, mit dem er Spock besiegt. In einer frühen Episode haben wir auch festgelegt, daß Spock eine sonderbar aussehende vulkanische »Harfe« spielt, was er im übrigen sehr gut kann. Wir haben auch festgelegt, daß Spock seltsame Speisen zu sich nimmt, enorm einsam ist, sich in seinem Quartier mit wundersamen wissenschaftlichen Berechnungen beschäftigt und so weiter.

Es gibt keinen Grund, warum die Anzahl der Kirk-Szenen reduziert werden muß, wenn Spock mehr Szenen bekommt. Je vielschichtiger der eine wird, um so aufregender wird der andere. Außer wenn es für die Geschichte von Bedeutung ist, sollte Spock niemals in Kirks Befehlsgewalt eingreifen. Kirk sollte sich wiederum niemals in Spocks wissenschaftliche Aufgaben einmischen.

McCOY

Die am häufigsten und hartnäckigsten vorgebrachte Beschwerde aus allen Altersgruppen war die, daß Spock und McCoy nicht mehr so »kämpfen«, wie sie es einmal getan hatten. Niemand hat diese Idee fallenlassen, niemand ist zu beschuldigen. Wir haben einfach nicht erkannt, wie gut das funktionierte und wie sehr die Fans diese kleinen Wortgefechte liebten. Niemand glaubt auch nur im Traum daran, daß sie sich tief in ihrem Inneren nicht mögen. Aber wenn wir sie das zeigen lassen, erhalten wir unweigerlich Reaktionen von irritierten Fans. Das ist wohl die Art der Fans zu sagen, daß sie keinen Anschauungsunterricht in Kameradschaft sehen wollen ... sie wollen, daß unsere Figuren stolze Individuen sind, die verschiedene Ansichten und Meinungen haben. Sie wollen, daß unsere Leute Menschen sind, die den Mut haben, anderer Ansicht zu sein, ohne unbedingt in der letzten Szene sich unter Tränen in die Arme zu fallen und dafür zu entschuldigen, wie grob sie zuvor miteinander umgegangen sind.

ANDERE MITGLIEDER DER CREW

Für sie trifft das gleiche zu. Belassen wir Jimmy Doohan als den mürrischen Schotten, der sogar den Besuch des Captains im Maschinenraum als unerwünschtes Eindringen betrachtet. Jimmy Doohan ist in der Lage, alles umzusetzen, was wir ihm zuspielen. Je mehr er sich um seine Maschinen kümmert und je mehr er auf seine Rechte als Chefingenieur pocht, um so besser scheint diese Figur zu funktionieren. Nichelle Nichols und George Takei verdienen in diesem Jahr ebenfalls größere Aufmerksamkeit. An ihnen sollten wir noch arbeiten, um sie lebendiger zu machen.

Ich schlage vor, daß wir für sie zusätzliche Stärken und Schwächen finden, besonders einige der persönlichen Eigenarten, die uns so sehr helfen, sie als die individuellen Mitglieder der »Fernsehfamilie« zu bewahren, die wir auf unserem Raumschiff geschaffen haben.

CHEKOV

Es könnte sein, daß sich Chekov als unsere wichtigste Nebenrolle in dieser Season erweisen wird, ganz gewiß als jemand, der es der Jugend leichter macht, Zugang zu unserer Serie zu finden. Das Studio war von der Fanreaktion auf Chekov beeindruckt genug, um ihm einen Vertrag zu geben, einer der wenigen Nebencharaktere, dem wir so für unsere dritte Season eine Option gegeben haben.

Die meisten von uns neigen (wegen unseres eigenen Alters) dazu, zu vergessen, daß Kirk und Spock und die anderen für den großen jugendlichen Anteil unter unseren Zuschauern ziemlich »alt« sind. Wir benötigen dringend einen jungen Mann auf der Enterprise – wir brauchen junge Einstellungen und Ansichten. Chekov kann hier massiv eingesetzt werden.

In der Vergangenheit war Chekov zu oft einfach nur der junge Mann, der sagt: »In Rußland wurde das zuerst erfunden.« Das war noch nie ein wirklich guter Witz – genaugenommen widerspricht er sogar der internationalen Philosophie, die wir in *Star Trek* aufzubauen versucht haben. Wenn wir diesen Witz weiterhin verwenden, sollten wir dafür sorgen, daß er auch als Witz ankommt, aber nicht als eine dümmliche chauvinistische Ansicht des Autors oder Produzenten der Episode.

Unser ursprünglicher Plan (den wir nie in Angriff genommen haben) war von vornherein, Chekov als einen außergewöhnlich begabten jungen Mann darzustellen – in mancher Hinsicht mit Spock vergleichbar. Aber auch wenn er am Rande der Genialität steht, kommen ihm seine jugendliche Unerfahrenheit, seine Taktlosigkeit, sein jugendlicher Trieb, sich zu beweisen, sein Streben nach Bestätigung, sein völlig normales jugendliches Verlangen nach Frauen usw. in die Quere. Kirk erkennt diese Fähigkeiten und kann für ihn die »Vaterfigur« spielen, die ihn abwechselnd zurechtweist und dann wieder lobt, so wie es kluge Captains tun, wenn sie in einem jungen Fähnrich das Potential für einen guten Captain entdecken. Man könnte auch einen interessanten wiederkehrenden Witz, den das jugendliche Publikum nachempfinden kann, mit Chekovs permanentem Interesse an jungen Frauen verknüpfen, mit seinem fortwährenden Scheitern und der damit verbundenen Niedergeschlagenheit – zweifellos eine übliche Erfahrung, die alle jungen Männer in diesem Alter machen. Das könnte den weiteren Vorteil mit sich bringen, das Publikum auf die Existenz hübscher Crew-Mitglieder und anderer attraktiver Frauen an Bord unseres Schiffes aufmerksam zu machen.

Gene Roddenberry

Um sich auf die dritte Season vorzubereiten, reiste Gene mit Majel und mit acht Drehbüchern nach Palm Springs. Er fühlte sich in ihrer Gegenwart sehr wohl – eine Tatsache, die schon bald große Bedeutung erlangen sollte.

KAPITEL 11

Gene war ein erfolgreicher Produzent, der seine Schöpfung kontrollierte, so gut es ging. Aber der Erfolg übertrug sich auf sein Privatleben nur in materieller Hinsicht. Er hatte das große Haus, das große Auto, Kleidung en gros und teure Möbel. Und er hatte das, wovon andere Männer träumen: eine wunderschöne Frau und zwei reizende Töchter. Aber so sah es nur nach außen hin aus. Gene war zu Hause sehr unglücklich. Sein Privatleben wurde ein Schlachtfeld, und er verbrachte immer mehr Zeit im Studio, um sich um die tausend Details zu kümmern, die die Produktion einer komplexen Serie wie *Star Trek* mit sich brachte. Eileen ging mit den Mädchen oft in Lucys Restaurant El Adobe gegenüber den Paramount-Studios, damit die Familie gemeinsam zu Abend essen konnte. Anschließend kehrte Gene ins Studio zurück und arbeitete bis spät in die Nacht.

Die Anforderungen, die die Serie an ihn stellte, kamen ihm zu dieser Zeit durchaus gelegen. Einigen engen Freunden gegenüber hatte er gestanden, daß seine Ehe mit Eileen bereits seit Anfang der fünfziger Jahre in der Krise steckte. Jetzt, zum Ende der sechziger Jahre, wurden die Bemühungen, die Fassade einer glücklichen Ehe nach außen hin aufrechtzuerhalten, zunehmend durchschaubar. Seine Kinder waren Teenager, die ihr eigenes Leben zu führen begannen. Gene war dieser Ehe überdrüssig. Immer weniger hielt ihn zu Hause.

Pat und Bob Atchison waren zwei der ältesten Freunde von Gene, sie kannten sich seit den Tagen an der Franklin High School. Sie begleiteten Gene und Eileen bei deren erstem Rendezvous, später gingen sie oft gemeinsam aus. Sie waren mehr als Freunde, sie waren Vertraute. Pat Atchison erinnert sich:

»Gene sagte einmal zu mir: ›Weißt du, Pat, was Eileen von mir will, ist, daß ich um sechs Uhr zu Hause bin, ein oder zwei Cocktails trinke und wir dann zu Abend essen.‹ Sie wollte ein einfaches geordnetes Leben. Aber Gene war ein Typ, der um Mitternacht anrief und ihr sagte, daß er seine Kollegen mitbringe, sie soll Sandwiches vorbereiten. Das war nicht ihre Art.«

Am 4. Juli 1968 verbrachten Gene und seine Familie den Nachmittag mit Bob und Pat. Als er mit ihm allein war, sagte Gene traurig zu Bob, daß er und Eileen »über nichts mehr lachten«. Die Dinge begannen sich zuzuspitzen.

Es ist leicht, das Scheitern einer Ehe einem der Beteiligten als »Fehler« unterzuschieben, aber jeder, der so etwas mitgemacht hat, weiß, daß es so einfach beileibe nicht ist. Die Menschen verändern sich, ihre Bedürfnisse verändern sich, sie entwickeln sich in andere Richtungen als ihr Partner. Was einmal befriedigend, akzeptabel oder sogar notwendig war, ist es zu einem späteren Zeitpunkt im Leben nicht mehr. Oder es stellt sich heraus, daß die gemeinsamen Ziele eigentlich nie gemeinsame Ziele waren. So war es auch bei Gene und Eileen.

Freunde und Verwandte beschreiben Eileen als ihrer Mutter in vieler Hinsicht ähnlich: Sie kontrollierte alles, sie war genau, achtete auf Details und hatte feste Vorstellungen davon, »was wie getan werden mußte«.

Gene kam nach seinem Vater, ein Mann, der die Kontrolle über alles und seine eigenen Vorstellungen von der Ehe, vom Sex, von der Kindererziehung und allem andere hatte. In vielen Aspekten, in denen Eileen genau war, war Gene sorgloser.

Pat Atchison erinnerte sich an einen speziellen Vorfall, der diese Unterschiede verdeutlichte:

»Ich werde nie diesen einen Abend vergessen. Wir saßen bei ihnen zum Abendessen zusammen, Leinentischdecke, feines Porzellan und alles, was dazugehört. Und es gab Rotwein. Nun bin ich ein wenig tolpatschig und stieß mein Glas um. Gene sagte: ›Was macht das schon?‹ Mir war das unangenehm, Eileen sah aus, als würde sie gleich der Schlag treffen. Gene sagte: ›Wen stört das schon!‹ Dann kippte er sein Weinglas ebenfalls um. Ich glaube, daß Eileen das nicht für sehr witzig hielt.«

Nicht nur, daß sie in ihrem Wesen nicht zusammenpaßten – da war auch noch der Druck durch eine Schwiegermutter, der mißfiel, wen ihre einzige Tochter sich als Ehemann ausgesucht hatte. Maude Rexroat blickte immer auf die Roddenberrys als einfache

Leute herab, obwohl sie selbst mit einem Zimmermann verheiratet war.[1] Genes Beziehung zur Familie seiner Frau war nicht besonders eng.

Sein Schwiegervater Frank Rexroat war das völlige Gegenteil seines eigenen Vaters. Bekannte beschreiben ihn als Mann, der von seiner Frau beherrscht wurde. Frank hatte große Schwierigkeiten, und eines Tages holte eines dieser Probleme ihn ein, wodurch der Druck auf Gene noch größer wurde.

Frank war ein Exhibitionist und wurde festgenommen, als er sich in der Öffentlichkeit entblößte. Wann und wo das geschah, ist nicht aufgezeichnet. Aber es ereignete sich, nachdem Gene das LAPD verlassen hatte. Wir können nicht nachvollziehen, wie Eileen Gene dazu brachte, sich für seinen Schwiegervater zu verwenden. Doch ein guter Freund von Gene, der im LAPD arbeitete, erinnert sich daran, daß gegen Frank keine Anzeige erstattet und er auf freien Fuß gesetzt wurde, weil Gene die richtigen Freunde in den richtigen Büros hatte. Aber auch einflußreiche Freunde sehen sich mit Grenzen konfrontiert, und Gene wurde gesagt, daß er gar nicht erst anrufen sollte, wenn Frank erneut verhaftet würde.

Die meisten Exhibitionisten mögen Scham empfinden, aber sie zeigen sich nur selten reuig. Sie lieben es zu schockieren, das gibt ihnen Macht über Frauen, die sie in ihrem normalen Leben nicht haben. Therapien verlaufen oft ergebnislos. Wir wissen nicht, wie intensiv Frank seiner Neigung nachging, aber wir wissen von einem anderen Zwischenfall, an den eine ehemalige enge Freundin von Eileen sich erinnert.

Diese Freundin und ihr Mann besuchte die Roddenberrys in deren Beverly Glen-Haus. Zufälligerweise hielten sich Frank und Maude zu einem längeren Besuch dort auf; sie wohnten im Zimmer des Dienstmädchens. Eines Nachmittags wurde Eileens Freundin von Frank – den sie seit Jahren kannte – im Flur überrascht. Die Frau erinnert sich lebhaft daran, daß Frank völlig

---

[1] Frank Rexroat war allem Anschein nach ein recht begabter Zimmermann. Mit Genes Hilfe baute er das Haus in Temple City, in dem Gene und Eileen während seiner Zeit als Polizist lebten. Als die Arbeit fürs Fernsehen sich bezahlt zu machen begann, zogen die beiden Ende der fünfziger Jahre nach Beverly Hills.

nackt war und sich ihr mit einer Erektion zeigte. Er sah sie an, lächelte und sagte: »Sieh mal, was ich für dich habe.« Eileens Freundin rannte fort, so schnell sie konnte.

Ein Ergebnis aus dem sich anschließenden Streit war, daß die Roddenberry-Mädchen nie wieder mit Großvater Rexroat allein sein durften.[2]

Auch wenn er kaum Zeit für seine Familie fand, so fand er doch Zeit für Majel, die oft spät am Abend ins Studio kam, wenn Gene Drehbücher überarbeitete. Majel half ihm, indem sie Dialoge laut vorlas, während er bis in die frühen Morgenstunden auf seine Schreibmaschine einhämmerte. Es war nicht ungewöhnlich, daß Gene die Nacht durcharbeitete und das Studio am Morgen verließ, nachdem er die überarbeiteten Seiten für den jeweiligen Tag abgeliefert hatte, während bereits die ersten Schauspieler eintrafen.[3] Gleichfalls war es nicht ungewöhnlich, daß Gene Aufputschmittel nahm, um sich wachzuhalten. Er wollte dadurch nicht ›high‹ werden. Es war mehr so wie bei einem Fernfahrer, der noch hundert Kilometer weiterfahren möchte, bevor er eine Pause einlegt. Gene war zwar stark und gesund, aber die gelegentlichen Amphetamine und die Zigaretten (erst spät in den siebziger Jahren gab er das Rauchen auf) sollten ihn später teuer zu stehen kommen. Genes Einnahme von Aufputschmitteln war in Hollywood nichts Besonderes, da Termine bindend waren und die Autoren Material liefern *mußten*.

Genes Ehe mit Eileen bestand nur noch auf dem Papier. Dennoch zögerte er, den letzten Schritt zu unternehmen. Genes Ehrgefühl hielt ihn nicht von Affären ab, aber anscheinend hinderte es ihn, eine unglückliche Ehe zu beenden.

---

[2] Frank und Maude Rexroat sind beide schon lange tot, aber Eileen behält noch immer die seit Jahren leerstehende Eigentumswohnung ihrer Eltern. Frank Rexroat steht auch noch immer im Telefonbuch.
[3] Bob Justman sagte, er könne erkennen, wann Gene eine Nacht durchgemacht hatte, um ein Drehbuch zu überarbeiten. Laut Bob war der erste Teil stets phantastisch, aber dann schwand die Qualität, je weiter die Zeit voranschritt – egal, wieviel Koffein oder Tabletten Gene zu sich nahm. Die letzten Teile des Drehbuchs waren nie Genes Bestleistung und mußten später noch einmal überarbeitet werden.

Viele Jahre später äußerte Majel die Ansicht, daß Gene durch ihre Affäre einige Jahre länger zu Hause geblieben war, weil sie ihm die Möglichkeit gab, über seine Gefühle zu sprechen. Sie erinnerte sich auch daran, daß Gene zwischen der ersten und zweiten Season von *Star Trek* geplant hatte, Eileen zu verlassen. Als die Serie aber verlängert wurde, schob er das Unvermeidbare hinaus und entschuldigte das damit, daß er sich nicht gleichzeitig auf die Serie und auf die Scheidung konzentrieren könne. Das sagte der gleiche Mann, der nur kurz zuvor eine Serie geschaffen und zwei Pilotfilme geschrieben, sie produziert und bei einem dritten einem Freund geholfen hatte. Und das alles innerhalb eines Jahres, wobei er zugleich den Anschein eines Familienlebens wahrte, eine Vollzeitgeliebte hatte und daneben auch noch gelegentlich kleine Abenteuer.

Gene vertraute einem Freund an, daß er Majel betreffend einen Entschluß gefaßt habe. Sie kamen sehr gut miteinander aus. Majel war in jeder Hinsicht anders als Eileen. Sie war impulsiv und umgehemmt, mit einer pfiffigen Intelligenz, die sie Situationen schnell einschätzen ließ. Zudem besaß sie einen beißenden Humor, der es mit Genes umfassender Intelligenz aufnehmen konnte.[4] Und schließlich war Majel ausdrucksvoll, gesprächig, völlig in Gene verliebt und sie zeigte die Art von Loyalität, die Gene bei einem Menschen am meisten schätzte.[5]

Gene gestand unter dem Siegel der Verschwiegenheit, daß er sich wünschte, diese Art von Beziehung jede Nacht haben zu können. Plötzlich wurde ihm klar, daß das möglich war. Der Preis dafür war eine Auseinandersetzung mit Eileen. Doch bevor das geschehen konnte, mußte Gene eine familiäre Pflicht erfüllen.

---

[4] Majel gestand einmal ein, daß sie mit Gene vielleicht zehn Minuten überstanden hätte, wäre sie eine Intellektuelle gewesen.
[5] Viele Jahre nach ihrer Hochzeit gaben Gene und Majel eine Party. Während einer Unterhaltung rief Gene Majel zu sich. Er befahl ihr, ihm die Füße zu küssen. Vor Genes sprachlosen Freunden kniete sie sich sofort hin und küßte seine Schuhspitze. Dann stand sie auf, lächelte und ging wieder.
Als der Autor sie darauf ansprach, erklärte Majel einfach: »Es machte Gene glücklich, mir machte es nichts aus.« Für die beiden war es ein kleiner privater Scherz, und jeder, der aus diesem Verhalten Schlüsse auf ihre Beziehung gezogen hätte, hätte vollkommen danebengelegen.

Am Samstag, 27. Juli 1968, heiratete Darleen Anita, Genes älteste Tochter, William Luther »Bill« Lewis II. Es war eine große Hochzeit, die in der Methodisten-Presbyterianer-Kirche auf dem Santa Monica Boulevard in Beverly Hills stattfand. Gene war nicht nur der stolze Brautvater, der Empfang gab ihm auch die Gelegenheit, Eileen bloßzustellen und seiner Frustration über die mißliche Lage Luft zu machen, in der er sich befand. Es war eine Situation, auf die Eileen nicht zu reagieren wußte.

Gene hatte dafür gesorgt, daß eine alte Freundin zum Empfang eingeladen wurde. Sie kam mit einem Nachbarn zur Feier. Gene kannte sie aus einer Zeit, als sie beide noch sehr jung gewesen waren. Die Frau war Anfang Vierzig und sie war bezaubernd: lange dunkelblonde Haare und große, ausdrucksvolle Augen. Ihre Figur war noch immer jugendlich, nichts ließ vermuten, daß sie die Mutter mehrerer Kinder war. Sie hatte sich in Beverly Hills beruflich gut etabliert.

Gene hatte diese Frau im Sommer 1938 am Strand von Redondo kennengelernt. Sie war Mitglied einer Tanztruppe, die Kinder für Tanzszenen in Filmen vermittelte.[6] Er war zu dieser Zeit siebzehn, sie war vierzehn, wirkte aber älter. Während sie sich ihm sofort hingegeben hätte, machte Gene einen Rückzieher, als sie ihm ihr Alter sagte. Sie gingen zwar wie versprochen zusammen aus, aber Gene war so vor den Kopf gestoßen, daß aus der Beziehung nichts wurde, auch wenn er sie bei ihren Eltern in San Fernando einige Male besuchte.

Und nun saßen sie zusammen beim Hochzeitsempfang an einem Tisch mit Eileen und anderen Familienmitgliedern, als Gene detailliert und umfassend die Geschichte erzählte, wie er sich vor Jahrzehnten ein Jahr lang darauf vorbereitet hatte, diese Frau zu verführen. Er erzählte, wie er die ganze Zeit über nur an ihren Körper gedacht hatte. Wie sehr er danach verlangte, sie im kommenden Sommer am Strand wiederzusehen. Und wie sich dann die große Verführungsszene im kommenden Jahr abspielte.[7] Gene ignorierte die romantischen Details der ersten Begegnung

---

[6] Die berühmteste Schülerin, die von dieser Schule kam, war Shirley Temple.
[7] In der Zwischenzeit war er Eileen begegnet und mit ihr ausgegangen, eine Tatsache, die ihm sehr wohl bewußt war, als er diese Geschichte zum Besten gab.

am Strand oder ihr Rendezvous. Statt dessen erzählte er ohne Umschweife, wie er mit ihr in ein abgelegenes Gebiet gegangen war, Feuerholz gesammelt, ein Feuer entzündet hatte und wie er sie dann – in ein großes Badetuch gewickelt – in die Geheimnisse des Sex einführte.

Gene baute die Geschichte so auf, daß man ein bestimmtes Ende erwarten sollte, als er plötzlich einen Richtungswechsel vollzog. Er beschrieb, wie er voller Verantwortung an dem Nachmittag ein Kondom gekauft hatte, wie er aufstand und sich in vorgetäuschter oder wirklicher Bescheidenheit abwandte, um es überzustreifen. Als erfahrener Geschichtenerzähler achtete Gene auf die Details und erzählte, wie das kostbare Verhütungsmittel zu Boden fiel, als er die Verpackung zu hastig öffnete. Als er das Kondom im flackernden Licht des Feuer wiederfand, war es voller Sand und somit ruiniert. Gene beendete die Geschichte mit der deprimierenden Satz: »Ich war ein armer Junge, und das war mein einziger Gummi.«

Die Frau, um die sich die Geschichte gedreht hatte, schien peinlich berührt und wußte nicht, was sie von dem Ganzen halten sollte. Auf jeden Fall wußte sie nichts von den Problemen in seiner Ehe. Sie war verärgert, daß sie als »Mittelpunkt des Geschehens« oder als »Unterhaltung für Genes Freunde« benutzt worden war, entschuldigte sich, da sie dringend telefonieren müsse, und verließ den Tisch.

Gene folgte ihr zum Telefon und versuchte den Augenblick zu nutzen, ohne sein schlechtes Benehmen einzugestehen. Er bot ihr und ihrem Sohn eine Tour durch das *Star Trek*-Studio an. Ganz gleich, was Gene sich erhofft haben mochte, aus der Beziehung entwickelte sich nichts.

Zwei Wochen später, am Freitag, 9. August, zog Gene von zu Hause aus und trennte sich offiziell von Eileen. Er zog ins Century Plaza Hotel, rief Eileen aus der Lobby an und sagte ihr, er werde nicht zurückkommen. Majel kam, blieb über Nacht – und für die nächsten 23 Jahre.

Die Trennung war für Gene nicht einfach. Er machte sich Sorgen, daß Eileen nicht in der Lage sein würde, für sich selbst zu sorgen. Einige Tage, nachdem er sie verlassen hatte, überkamen ihn Zweifel, bis er etwas erfuhr, was eine Freundin der Familie,

Dorothy Parmenter, 23 Jahre später vor Gericht aussagen würde: Eileen hatte ihre Bankschließfächer aufgelöst, die Goldbarren, das silberne Teeservices und andere Kostbarkeiten an einen unbekannten Ort gebracht, sofort nachdem er gegangen war. Von dem Augenblick an waren jegliche Zweifel über Eileen weggewischt. Ebenfalls verschwunden war jegliches noch verbliebene Schuldgefühl, das Gene geplagt hatte.

Dorothy Parmenter war viele Jahre mit Eileen und Gene eng befreundet. Ihr Mann war zusammen mit Gene beim Militär gewesen, die beiden Ehepaare hatten sich nie aus den Augen verloren. Als sie für dieses Buch interviewt wurde, wurde sie auch über die Beziehung zwischen Gene und Eileen befragt, da es den Darstellungen von Freunden und Verwandten zufolge so schien, als harmonierten die beiden nicht miteinander. Eileen wurde als kalter Fisch beschrieben, wogegen man Gene einen unstillbaren Sexualtrieb zuschrieb. Dorothy ging nicht ins Detail, erinnerte sich aber an eine Bemerkung, die Eileen unmittelbar nach der Trennung gemacht hatte und die wohl einen der intimeren Bereiche der Beziehung betrifft: »Ich habe niemals zu etwas nein gesagt, was Gene wollte.«

Die Scheidung war nicht einfach. Und wie so viele andere zuvor und danach glitt sie ab in kleinliches Geplänkel. Als Gene und Majel zum Haus am Beverly Glen Drive fuhren, um einige von Genes persönlichen Dinge zu holen, fanden sie viele davon auf dem Boden, begraben unter einem Müllberg. Am 5. März 1969 schrieb Gene an seinen Anwalt Leonard Maizlish, daß Eileen sein Eigentum zurückhalte. Fast zwei Monate später wiederholte vieler dieser Beschwerden.

> Lieber Leonard,
> hier der neueste Stand über die Verteilung des Hab und Gutes an Eileen und mich, über fehlende Dinge, über Dinge, die versprochen, aber nicht geliefert wurden usw.
> Zunächst einmal: Wenn wir vor Gericht gehen, glaube ich, daß ihr Verhalten einige interessante Schlüsse zuläßt. Beispielsweise warte ich immer noch auf ein Zeichen von ihr, unsere Habseligkeiten zu teilen, selbst wenn es um solche geht, die für mich von sentimentalem Wert sind, für sie aber wertlos.

Du erinnerst Dich bestimmt an meine Bemühungen, von ihr lediglich meine Geburtsurkunde zu erhalten. Sobald ich das Haus verlassen hatte, brachte sie ihr gesamtes Tafelsilber und alle wertvollen Antiquitäten zu ihren Eltern. Sie hat unser gemeinsames Schließfach gekündigt und die darin enthaltenen Wertsachen an einen unbekannten Ort gebracht. Selbst so kleine Dinge wie die gemeinsamen Spirituosen nahm sie mit, als sie ging, ganz gleich, ob es Sorten sind, die sie mag oder verabscheut. Sie ist der Teilung des Eigentums noch nicht nachgekommen, über die wir uns an einem Abend im Haus in der Gegenwart unserer Anwälte geeinigt hatten. Sie muß das Tafelsilber herausgeben, das mir vom Richter zugesprochen worden ist.

Ich schreibe nicht aus Wut, sondern um Dir Informationen zu geben, damit Du unsere Forderungen gründlich vorbereiten kannst und auf jedes Argument ihrerseits entsprechend reagieren kannst. Außerdem bin ich es leid, immer nur zu geben, während sie zurückbehält, die für mich von besonderem Wert sind. Ich möchte diese Dinge zurückbekommen.

Dazu gehört auch eine große Familienbibel, die ein Geschenk von meinen Eltern ist. Eileen hat von ihrer Familie eine eigene Bibel erhalten, und es stand immer außer Frage, daß diese Bibel ein Geschenk für mich war. Außerdem hat sie noch eine neuere Bibel-Ausgabe, die ich von meinem Bruder und meiner Schwester erhalten habe und die ich für vergleichende Recherchen für meine Arbeit benötige.

Außerdem hätte ich gerne mein Schachspiel aus Elfenbein zurück.

Gene setzte die Liste fort mit weiteren Haushaltsgegenständen und erinnerte daran, daß Eileen ihm zugesagt hatte, einen gerechten Anteil an Wäsche herauszugeben. Erhalten hatte er lediglich »vier alte Strandtücher und zwei Handtücher«. Er fuhr fort:

Phils[8] Aufzeichnungen können belegen, daß wir ungewöhnlich hohe jährliche Ausgaben für Schmuck für Eileen hatten. Ich habe zwar nichts dagegen, daß sie über eine vernünftige oder großzügige Schmucksammlung verfügt, aber wir sollten nicht vergessen, daß ein beträchtlicher Teil dieser Anschaffungen im gegenseitigen Einvernehmen als »Investitionen der Familie« getätigt wurden. So zum Beispiel bei dem Fünfkaräter: Wir flogen in der Absicht nach New York, rund 3000 Dollar für ihren Diamanten auszugeben. Letztlich gaben wir

---

[8] Phil Singer, Genes Buchhalter.

12 000 Dollar aus, mit dem Gedanken, daß wir damit etwas haben, was wir wieder verkaufen können, wenn das notwendig werden sollte. Ich habe keine Aufstellung ihres Schmucks, aber ich schätze den Wert – den Fünfkaräter eingeschlossen – auf 25 000 bis 30 000 Dollar. Dazu zählt unter anderem auch eine Kette mit extrem großen Perlen, die gegenwärtig 3000 oder 4000 Dollar wert sein dürfte. Der Schmuck besteht aus Ringen, Armbändern, Broschen, Ansteckern, die alle aus Gold oder anderen wertvollen Materialien hergestellt sind, fast alle sind mit Edelsteinen oder Halbedelsteinen besetzt. Soweit ich weiß, besaß Eileen keinen Modeschmuck.

Gene war besonders verärgert, daß Eileen Erinnerungsstücke und bestimmte, nicht zu ersetzende persönliche Gegenstände zurückhielt.

Ich möchte eine Vereinbarung treffen über die 16-mm-Filme, über Fotoalben und andere Aufnahmen. Ich möchte in vertretbarem Maß Zugriff darauf haben und die Zusicherung bekommen, das sie in gleichem Verhältnis an die beiden Kinder vererbt werden.
 Ein anderes Erinnerungsstück ist ein Sammelalbum, das meine Mutter für mich zusammengestellt und mir geschenkt hatte. Darin finden sich Dinge von der Kindergartenzeit an. Zeitungen, Ausschnitte, Fotos, alle die Dinge, die von hohem sentimentalem Wert sind und die nur eine Mutter für so wichtig halten würde. Das möchte ich gerne haben.
 Eileen hat auch meine Kriegsorden in ihrem Besitz.

Mit freundlichen Grüßen

Gene sah weder die Orden noch das Sammelalbum wieder.

Auch wenn die Scheidung sehr häßlich verlief, machte Gene nur selten abfällige Bemerkungen über seine Ex-Frau, mit der er über 25 Jahre verheiratet gewesen und die die Mutter seiner Töchter war. Eine seltene Ausnahme war ein Brief an eine nicht identifizierte Schwägerin in der Familie seiner Ex-Schwiegermutter. Sie hatte ihm einen Brief geschrieben, in dem sie seine Seite unterstützte und auf den er am 8. September 1969 offen und ehrlich antwortete:

Ich möchte Dich wissen lassen, daß Dein Brief einer der erfreulichsten und willkommensten ist, den ich je erhalten habe. Die Art, wie

Du stets Deine Identität bewahrt hast und Dich geweigert hast, Dich dem Druck der »Familie« zu beugen, hat mir immer gefallen. Es gibt in der Familie einige Ausnahmen – so wie Dich –, aber insgesamt scheint es mir die engstirnigste, kleinlichste und dümmste Familie zu sein, die ich je gesehen habe. Vielleicht weißt Du es nicht, aber ich habe Frank und Maude oft den Zutritt zu meinem Haus verwehrt wegen der intoleranten Aussagen, die sie über andere Rassen und Religionen gemacht haben.

Ich ließ sie so lange nicht rein, bis sie versprochen hatten, in Gegenwart meiner Kinder den Mund zu halten. Als ich merkte, in welche Ansammlung geborener Hasser ich eingeheiratet hatte, waren die Kinder bereits auf der Welt. Und ich machte den Fehler zu glauben, daß ich warten müßte, bis sie erwachsen sind, bevor ich daran etwas ändern könnte. Wenn ich noch einmal von vorne anfangen müßte, hätte ich mich schon vor fünfzehn oder zwanzig Jahren scheiden lassen.

Es brauchte einige Jahre, aber Gene dachte viel über seine Scheidung nach. Im April 1972 schrieb er an Asimov, der zur gleichen Zeit auch eine Scheidung durchgemacht hatte.

Die Trennung und die Scheidung nach 26 Jahren Ehe waren für mich eine traumatische Erfahrung, vor allem wegen meiner Südstaaten-Familientraditionen und meiner Bedenken hinsichtlich der Unverletzlichkeit persönlicher Verträge. Ich sehe jetzt, daß es viel schwieriger war als eigentlich notwendig. Beziehungen können so wie Menschen sterben. Man sollte um sie angemessen trauern, aber dann sollte man sie in angemessener Zeit würdig beerdigen. Ich wünschte, ich hätte das früher erkannt.

KAPITEL 12

Gene suchte immer nach neuen Möglichkeiten außerhalb von *Star Trek*. Ein Projekt, das nie über die Phase des »großen Interesses« hinauskam, aber trotzdem einen großen Eindruck auf ihn machte, behandelte er Anfang 1968 in einem Brief an Asimov.

Ich arbeite mich zur Zeit zum dritten Mal durch deine Roboter-Bücher[1] und beginne mit der Skizzierung der Figuren und der Handlungen, die sich anbieten, um aus den Kurzgeschichten einen längeren, zusammenhängenden Kinofilm zu machen. Sobald wir am Mittwoch die Dreharbeiten zur letzten Episode abschließen, kann ich mehr Zeit damit verbringen und dann schneller etwas auf die Beine stellen. Ich werde Dir einen Entwurf zeigen, bevor ich eine letzte Fassung erstelle, um herauszufinden, wie groß das Interesse an einem Kinofilm ist und was für Dich und für mich dabei herausspringt. Ich habe bei Paramount darüber gesprochen, aber bevor sie nichts auf dem Tisch liegen haben, wollen und können sie nicht mehr tun, als verhalten zu nicken und zu sagen, es klinge »interessant«.

Gene versuchte auch, *Star Trek* als Ausgangsbasis für eine Ablegerserie zu nutzen, was er Asimov gegenüber im gleichen Brief erwähnte.

Übrigens schicke ich Dir mit getrennter Post eine Kopie des filmreifen Drehbuchs zu »Assignment: Earth«, das als Pilotfilm für einen Spin-Off fungiert. Dieses Drehbuch präsentiert eine Figur und eine Situation, die Grundlagen für eine neue Serie sein können. Wenn sich Interesse regt, werde ich eine 15 bis 20 Minuten lange Fassung für eine »Verkaufspräsentation« schneiden müssen, um sie den verschiedenen Networks vorlegen zu können. Außerdem lege ich Dir ein paar »Mr. Spock For President«-Aufkleber bei. (»Dr. Spock For President« gefällt mir auch ganz gut.)

---

[1] Asimovs »I, Robot« und andere.

Assignment: Earth war das Werk von Gene und Art Wallace. Im Mittelpunkt stand eine Figur namens Anthony Seven (die später in Gary Seven umbenannt wurde). Gene schickte die Idee an Herb Schlosser von NBC, damit der sie begutachten konnte. Um die Serie zu verkaufen, griff Gene auf die gleiche Methode zurück, die er und Oscar Katz angewandt hatten, als sie *Star Trek* zu verkaufen versuchten: Sie verwiesen auf erfolgreiche Fernsehserien, die den Entscheidungsträgern vertraut waren. Der Brief, mit dem er die Serie vorstellte, war zugleich ein Mini-Essay über das Fernsehen und den Zeitgeist.

Assignment: Earth könnte auch *Have Gun-Will Travel, 1968* genannt werden. Ja, ich meine es ernst und ich sollte wissen, wovon ich rede. Ich bin nicht nur Mitschöpfer von *Assignment: Earth*, ich war auch als Chefschreiber von *Have Gun-Will Travel* tätig.[2] Die wichtigsten dramatischen Zutaten beider Serien sind fast identisch – beide Serien zeigen eine leicht überlebensgroße Hauptfigur, die Woche für Woche von einer vertrauten »Heimatbasis« aus aufbricht, um in Action-Abenteuer gegen das außergewöhnlich Böse zu kämpfen. Die Spitzenautoren von *Have Gun-Will Travel* wußten (und das wird Dir sicher auch bekannt sein), daß es eine überraschend große Zahl von »Science Fiction«-Zutaten in der Rolle des Paladin[3] gab. Für jemanden, der im Jahr 1872 lebte, war sein Wissen immens, seine Haltung und seine Fähigkeiten entsprachen sehr stark dem eine Mannes »von einem anderen Ort« oder »aus einer anderen Zeit«. Tatsächlich war Paladins wirksamstes Werkzeug seine distanzierte und überlegene, manchmal fast herablassende Perspektive, aus der er die Welt betrachtete. Anthony Seven in *Assignment: Earth* wird vieles davon besitzen. Und weil er ist, was er ist, wird er auch viele dieser Stärken besitzen.

Wird sich das Publikum mit ihm identifizieren? Ich war dabei, als die gleiche Frage über den Superhelden Paladin gestellt wurde. Die Antwort war eine erfolgreiche Serie, die viele Jahre lang mit hohen Einschaltquoten lief. (Ich muß hinzufügen, daß die gleiche Frage seinerzeit über Mr. Spock gestellt wurde, der inzwischen bereits als amerikanischer Volksheld betrachtet wird.) Wenn sich nicht die vielen er-

---

[2] Gene schrieb im Verlauf der fünf Jahre 24 Episoden, aber laut Sam Rolfe, der die Serie geschaffen hatte, gab es keine Position, die den Titel Chefschreiber trug.
[3] Paladin war die Hauptfigur in *Have Gun-Will Travel*. Er wurde von Richard Boone gespielt.

folgreichen Serien irren und wenn nicht John Wayne die ganzen Jahre über das Falsche gespielt hat, dann identifiziert sich das Publikum nicht nur mit den ungewöhnlichen und überlegenen Hauptrollen, sondern zeigt zunehmend Anzeichen, daß solche Helden den realitätsnäheren vorgezogen werden, die in einer Serie nach der anderen gescheitert sind.

Das heutige Publikum sucht mehr und mehr Zuflucht in überlebensgroßen Charakteren, mit denen es sich identifizieren möchte. *Normale* Menschen werden durch eine zunehmend komplexe und erschreckende Welt eingeengt, der Zuschauer weiß, daß Identifizierung und Flucht vor der Realität nur durch Figuren möglich ist, die ungewöhnliche Kräfte und Fähigkeiten besitzen – zum Beispiel: »I Spy«, »Mission: Impossible«, »Harper«, »Our Man Flint«, James Bond. Den gleichen Faktor finden wir in Komödien wie »Bewitched«, »Get Smart« und anderen.

Zeitpunkt der Krise: Die späten sechziger und die siebziger Jahre sind die kritischsten Jahre, mit denen sich die Erde jemals konfrontiert sehen wird. Unser Publikum, ob Hausfrau, Collegestudent oder Wissenschaftler, weiß das und identifiziert sich damit. Eine bekannte Persönlichkeit wurde vor kurzem folgendermaßen zitiert: »*Ich scherze nicht, wenn ich sage, daß ich jeden Abend bete, es möge irgendwo auf der Erde Besucher von einer hochentwickelten Rasse geben, die uns helfen, dieses Dilemma zu überwinden.*«[4]

Wenn Du nicht glaubst, daß diese Möglichkeit (oder Hoffnung) in den Köpfen des durchschnittlichen Publikums umherschwirrt, solltest Du an die immer wiederkehrenden Berichte über »Besucher in fliegenden Untertassen« denken, die regelmäßig durch die Presse wandern. (*Look* brachte ein Sonderheft zu diesem Thema heraus und verkaufte die gesamte erste Auflage binnen weniger Stunden!)

Wenn es eine Rasse geben sollte, die uns helfen möchte, wie würde sie das dann anstellen? Ein logischer Weg wäre der, den wir in unserer Geschichte eingeschlagen haben. Kurz gesagt, die Hauptfigur in *Assignment: Earth* ist kein Außerirdischer und auch kein Roboter, sondern ein Mensch, der großgezogen und dafür ausgebildet wurde, die Vorboten eines Armageddon zu erkennen und zu stoppen, bevor sie uns überrennen. Es kann eine große Geschichte sein, so wie in unserem Pilotentwurf, oder eine kleine Geschichte, in der ein dringend benötigter junger Wissenschaftler gerettet wird, der im Begriff ist,

---

[4] Gene verwendete viele Jahre später eine Variation dieses Themas in *The Questor Tapes*.

sein Leben und seine Karriere zu ruinieren, und dadurch der Erde etwas Kostbares zu nehmen droht, das nur er ihr bieten kann. Der »Feind« kann die Mafia sein, ein gieriger Politiker, ein übereifriger Agent, der im Pentagon oder im Kreml seiner Arbeit nachgeht, oder ein Fehler, der von einem einflußreichen Komitee des Senats begangen zu werden droht. Es kann ein Bakterienexperiment an einer Universität sein, das fehlzuschlagen droht. *Es kann einfach jedes actionorientierte Abenteuer überall auf der Welt sein.*

Ist *Assignment: Earth* Science Fiction? *Nein*, wenn man es danach bewertet, ob fremde Planeten, exotische Außerirdische und Science Fiction-orientierte Geschichten ein Bestandteil sein werden. Die Zeit ist die heutige, unsere Schauplätze sind die der Gegenwart, das Abenteuer spielt sich an Orten ab, die man kennt. Ja, es ist Science Fiction, wenn man an die phantasievollen Geschichten, die aufregenden technischen Spielereien und Geräte und an die außergewöhnlichen Herausforderungen denkt, denen sich ein ebenso außergewöhnlicher Mann stellen muß.

Es ist eine bekannte Tatsache, daß die beim Publikum beliebtesten und erfolgreichsten Episoden die waren, in denen Kirk und Spock auf die Erde des 20. Jahrhunderts zurückkehrten und dort ihr Abenteuer erlebten. Ein Science Fiction-Gerät oder eine Waffe ist dreimal so aufregend, wenn sie nicht auf einem fremden Planeten, sondern in einer vertrauten Erdumgebung benutzt werden. Das maßgebliche Wort ist »Kontrast«.

Da diese Frage ohnehin aufkommen wird, stellen wir sie schon jetzt. Ist *Assignment: Earth* in irgendeiner Weise mit »The Invaders« vergleichbar? Nein, ganz im Gegenteil. QM Productions machte bei der Wahl des wichtigsten Bestandteils der Serie einen grundlegenden Fehler – man suchte den falschen Schurken aus. Eindimensionale »Schurken aus dem All« reichen nur aus für eindimensionale Geschichten. Jeder erfolgreiche Autor sollte wissen, daß der einzige Feind, der in der Lage ist, eine Fernsehserie zu tragen, der *Mensch selbst* ist.

Die Liste der möglichen Feinde des Menschen ist endlos, eine außergewöhnliche Sammlung von Lastern, Schwächen, Überzeugungen, Eifersüchteleien, Haß ... was Du willst. Es hat noch nie ein Buch, Drehbuch, Bühnenstück oder Fernsehspiel gegeben, das ein anderes Thema als »Der Mensch im Kampf mit sich selbst« – oder mit anderen Menschen – aufgegriffen hat und dabei erfolgreich war.

Die Idee war, eine Star Trek*-Episode zum Pilotfilm zu machen – »Assignment: Earth«, mit Robert Lansing als Gary Seven und Teri*

Garr[5] in ihrem Fernsehdebüt als seine Sekretärin Roberta Lincoln. Marc Daniels führte bei der Episode Regie, sie wurde am 29. März 1968 ausgestrahlt.

Genes Plan für ein Ausweichprojekt funktionierte nicht, NBC war an der Serie nicht interessiert.

Wie bereits erwähnt, war Bob Justman einer der größten Pluspunkte für Gene. Justmans Produktionskenntnisse waren von großem Wert; ein Bonus, der damit einherging, war sein Sinn für Humor. Justman schrieb Memos, die sein Augenzwinkern übermittelten. Zum Ende der zweiten Season, noch bevor NBC den Fans unterlegen war und die Serie verlängerte, verschickte Justman das folgende Memo:

> Lieber Gene,
> wie Du weißt, nähert sich unsere zweite Season rasch dem Ende. Da wir nun bereits mit der Produktion der letzten Episode beschäftigt sind, ist es unsere Pflicht, mit der Kündigung verschiedener Mitarbeiter zu beginnen, um die notwendigen Einsparungen zu erreichen. Hab bitte Verständnis dafür, daß die Kündigungen ohne Groll ausgesprochen werden und strikt den üblichen Geschäftspraktiken folgen.
> Daher ist Deine Anstellung mit Wirkung vom heutigen Abend beendet. Ich habe mit Gregg [Peters] und Eddie [Milkis] darüber gesprochen, und wir sind zu dem Entschluß gekommen, daß jede die die Produktion betreffende Entscheidung ohne Schwierigkeiten von jedem von uns dreien im Handumdrehen getroffen werden kann.
> Gregg, Eddie und ich möchten Dir danken, daß Du Dich so sehr für die Serie eingesetzt hast. Wenn das Network von uns eine dritte Season haben will, würde es uns freuen, Dich wieder in unserer Mitte begrüßen zu können.
> Herzlichst
> P.S. Du kannst gerne morgen vorbeikommen und Dein Büro leerräumen.

Eine Kopie dieses Memos ging an Herb Solow, der an Justman schrieb:

---

[5] Sie schrieb sich zu der Zeit noch Terri Garr.

Lieber R. J.,
ich muß unumwunden sagen, daß ich die Art der Enteignung von Mr. Roddenberry kaum gutheißen kann. Die rücksichtslose Art, in der ein Mann, der so viel von sich selbst gegeben hat, behandelt wird, ist ein Musterbeispiel für eine arrogante, negative geistige Haltung gegenüber einem so kreativen Geist, der gehegt und gepflegt, aber nicht mit brutaler Gewalt zertreten werden sollte .
Mit freundlichen Grüßen
P.S. Jetzt, da Ihr ihn los seid, kann ich seinen Schreibtisch haben?

Gene hatte gleichfalls einen ausgeprägten Sinn für Humor, der sich in ausgefeilten Streichen äußerte. Einer, den er sich bei Besuchern leistete, ereignete sich einige Jahre zuvor und wird von Genes alten Freunden Nick Agid und Marta Houske erzählt:
»Gene erwartete die Ankunft eines Besuchers aus dem Mittleren Westen der USA. Der Typ hatte mit Gene darüber gesprochen, wie es ist, ein Produzent zu sein, und er wollte, daß Gene ihm die richtigen Kniffe beibringt. Gene bereitete für ihn einen speziellen Tag vor.
Der Typ kam in Genes Büro, wo Gene gerade den Reißverschluß seiner Hose hochzog, während seine ›Sekretärin‹ das Zimmer verließ. Er hängte sich ans Telefon, legte die Füße auf den Tisch, fluchte und warf mit Obszönitäten um sich, während er ein paar Telefonate erledigte. ›Du wirst nie wieder in diesem gottverdammten Business arbeiten.‹ ›Scheiß drauf!‹ ›Leck mich am Arsch!‹ ›Zieh sie jetzt über den Tisch, Gedanken kannst du dir später machen!‹ Die ganze Zeit über rauchte er riesige Zigarren und blies den Rauch jedem ins Gesicht, der Sekretärin in den Ausschnitt usw.
Die ›Sekretärin‹ war eine aufgedonnerte Schauspielerin, die sehr freizügige Kleidung trug und ihre Rolle voll ausspielte, indem sie Gene ›Sugar‹ und ›Honey‹ nannte. Sie lehnte sich vor, gewährte ihm einen tiefen Blick in ihren Ausschnitt und drückte sich an Gene.
Gene hatte zudem dafür gesorgt, daß einige ›Prominente‹ anrufen würden – wirklich große Namen, zu denen er mal rüde war, dann wieder einschmeichelnd, Namen von Schauspielerinnen, denen gegenüber er eindeutige Bemerkungen losließ, zum Beispiel über ein Treffen im Hotel. Am späten Vormittag konnte

der Besucher seinen Mund vor Staunen nicht mehr zubekommen.

Die ›Sekretärin‹ kam herein und erklärte, daß die ›Schauspielerin‹ eingetroffen sei, die für eine Rolle vorsprechen sollte. Die ›Schauspielerin‹ betrat das Büro, und Gene sagte: ›Okay, Baby, zeig etwas mehr Bein.‹ Sie zog ihren ohnehin schon kurzen Rock höher und ließ erkennen, daß sie darunter nichts trug. Genes Gast hatte inzwischen Stielaugen bekommen.

Dann gingen sie zum Mittagessen in die Kantine. Während sie darauf warteten, an den Tisch geführt zu werden, kam Linda Evans mit einer dringenden Mitteilung für Gene. Sie ignorierte die Tatsache, daß Gene in Begleitung war, und schrie: ›Oh, Gene, ich bin schwanger! Es ist dein Kind! Was soll ich nur tun?‹ Gene konterte: ›Ach, halt die Klappe, Baby. Woher weiß ich, daß es meins ist?‹ Daraufhin suchte sie das Weite.

Das Spektakel setzte sich fort, indem weitere ›Persönlichkeiten‹ vorbeikamen und ihn begrüßten. Später am Nachmittag beschloß Gene, endlich Klarheit zu schaffen. Als er sagte, daß der ganze Tag nur eine geplante Show war, weigerte sich sein Besucher, ihm das zu glauben. Schließlich zog er selbst nach Los Angeles und wurde Produzent.

Dieser letzte Satz ist aber möglicherweise von Gene als Pointe hinzugefügt worden.«

Wie sein Vater war Gene ein schneller Denker und – mit einem gewissen Funkeln in den Augen – stets bereits, ein wenig Spaß zu haben. Für eine kurze Zeit arbeitete Gene mit Chris Knopf bei Four Star Productions zusammen. Dick Powell hatte die Kontrolle an einen neuen Präsidenten übertragen, der sein Büro mit neuen, kostspieligen Möbeln ausgestattet hatte.

Als sie an einem Freitag spätabends noch arbeiteten, blickte sich Gene um und betrachtete das abgenutzte Mobiliar im Büro des Autors. Er entschied sich für eine Veränderung, sah Chris an und bedeutete ihm, Gene zu folgen. Sie gingen in das Büro des neuen Präsidenten und verbrachten einige Zeit damit, einen Teil der neuen Einrichtung aus seinem in ihr Büro zu schaffen. Sie genossen die neue Einrichtung, und weder Gene noch Chris bemühten sich, die Möbel an dem Abend zurückzubringen. Erst am Montagmorgen war alles wieder an seinem Platz. Niemand verlor jemals ein Wort darüber.

Gene äußerte seine Gedanken darüber, in welche Richtung sich die Charaktere in der dritten Season entwickeln sollten. Am 19. Februar 1968 schrieb er das Folgende an einen Autor, der *Star Trek* unterstützt und eine Geschichte für die Serie vorgeschlagen hatte:

Lieber John!
Vielen Dank für die Kopie des Artikels, den Du für das *Miami Herald Sunday Magazine* über *Star Trek* geschrieben hast. Hervorragend! Wir hier im Produktionsstab wissen das sehr zu schätzen, so wie wir auch Deinen Enthusiasmus für unsere Serie schätzen und die Hilfe, die Du uns gewährt hast...
Ich werde mich in dieser Woche mit der Geschichte befassen, die Du mir geschickt hast. Ich konnte mich einfach nicht dazu überwinden, irgend etwas zu lesen, solange es so aussah, als würden wir eine dritte Season nicht erreichen. In dieser Hinsicht waren Deine Bemerkungen über Spock sehr hilfreich, insbesondere der, daß »Spock die Essenz des Cool-Seins« ist, womit Du ihn mit dem Aufstand der Jugend gegen das Establishment gleichsetzt.
Auch Deine Bemerkungen über Spocks vulkanischen Gruß haben mich darauf aufmerksam gemacht, daß wir den nicht genug eingesetzt haben und daß er wahrscheinlich in der dritten Season zu einer Standardeinrichtung wird.
Deine Aussage: »Daher fühlt sich Kirk zwischen zwei Faktoren hin- und hergerissen – der kalten Logik (Spock) und der Menschlichkeit (McCoy) – und muß in der Mitte zwischen beiden Stellung beziehen«, ist genau das, wonach wir streben. Dein Kommentar hat mich daran erinnert, daß wir diesen Aspekt im dritten Jahr stärker betonen müssen. Ich werde mich zu diesem Thema mit den Schauspielern zusammensetzen.
Was das dritte Jahr angeht, besteht NBC darauf, daß eine dritte Season für *Star Trek* von meiner Funktion als aktiver Produzent der Serie abhängt. Das soll nicht bedeuten, daß sie mit Coon und Lucas nicht zufrieden gewesen wären. Wir waren ohne jeden Zweifel froh, daß wir sie hatten. NBC ist aber der Ansicht, daß der Urheber der Serie sie im dritten Jahr wieder unter seine Obhut nehmen, sie kritisch betrachten und auf dem aufbauen sollte, was wir zur Zeit haben. Das soll keine Andeutung großer Veränderungen sein, ich

habe darum gekämpft, daß unsere festen Charaktere alle bleiben, ich weigerte mich, einen Weltraumkadetten oder eine »Lassie« oder ähnliches aufzunehmen. Was wir aber forcieren werden, sind »Themen-Episoden« - so zum Beispiel eine, die der Frage des »Was wäre wenn« auf einem der Erde sehr ähnlichen Planeten nachgeht, auf dem die Polizisten nach einem Prinzip ausgewählt werden wie bei uns Ärzte und Wissenschaftler und auf dem jedes vorstellbare wissenschaftliche Gerät zu ihrer Verfügung steht.[6] Da der Gesetzesvollzug die Öffentlichkeit heutzutage sehr beschäftigt, könnte das sehr interessant sein. Ich möchte auch eine Episode über eine Hirntransplantation[7] machen, da dies seit Dr. Christiaan Barnards Herztransplantation auch im Bewußtsein der Öffentlichkeit präsent ist. Das bezieht sich auf Deine Bemerkungen, daß »das Morgen jetzt ist«.

Nochmals vielen Dank für alles.

Von Anfang an gab es Pläne, *Star Trek* zu vermarkten, wie sich aus verschiedenen Memos ersehen läßt. AMT Corporation brachte eine erfolgreiche Reihe mit Modellbausätzen auf den Markt, die bis zum heutigen Tag produziert wird. Bücher waren eine Selbstverständlichkeit, und 1967 verarbeitete James Blish zum ersten Mal eine Reihe von Episoden zu Kurzgeschichten.[8] Bedauerlicherweise hatte Blish aber nie *Star Trek* gesehen und schrieb seine Kurzgeschichten nicht nach verfilmten Drehbüchern oder fertigen Episoden. Folglich verwendete Blish oft Material, das nicht im Fernsehen zu sehen gewesen war. Gene war verärgert, daß die Geschichten oft von dem abwichen, was ausgestrahlt wurde. Schließlich verfügte Gene, daß kein Lizenznehmer irgend etwas anderes als endgültige Drehbücher erhalten sollte - und das auch erst nach Ausstrahlung der betreffenden

---

[6] Das wurde zwar bei *Star Trek* nie verwendet, aber Gene bewahrte diese Idee auf und entwickelte zusammen mit Sam Peeples ein Pilotdrehbuch mit dem Titel *The Tribunes*.
[7] »Hirn *und* Hirn! Was ist Hirn?«
[8] *Star Trek* von James Blish (New York, Bantam, 1967). Kurzgeschichtenfassung von sieben Episoden der Serie. Blish veröffentlichte weitere Anthologien: 1968 mit acht Kurzgeschichten, 1969 mit sieben, 1971 mit sechs und 1972 vier Bücher mit je sieben Episoden. Dann wurde der Ausstoß etwas langsamer. 1973 erschienen zwei Bücher mit je sechs Geschichten, 1974 ein Buch mit sechs Episoden. Die letzte Anthologie mit fünf Episoden erschien erst 1977 in Zusammenarbeit mit J. A. Lawrence.

Episode. Gene war über Blishs Arbeit unglücklich, und einige Jahre später erzählte er dem Science Fiction-Autor Hal Clement, daß er ihm die Bearbeitung anvertraut hätte, wäre er gefragt worden.

Ein anderes Projekt war ein *Star Trek*-Roman, den Mack Reynolds[9] schrieb und der auf ein jugendliches Publikum ausgerichtet war. John Meredyth Lucas hatte ein Memo an Desilu Business Affairs und einen Durchschlag an Gene geschickt, in dem er sich Gedanken über Reynolds' Arbeit machte. Lucas gefiel nicht, was er gelesen hatte. (Gemeint ist hier der Roman *Mission to Horatius*, der 1970 als deutsche Ausgabe im Franz Schneider Verlag erschien und zwangsläufig sehr stark von der Serie abwich, da *Star Trek* erstmals 1972 in Deutschland ausgestrahlt wurde. Darüber hinaus wurde er inhaltlich dahingehend verändert, daß einem Kapitel der für viele US-Serien mindestens einmal verarbeitete, obligatorische Nazi-Touch genommen wurde. – Anm. d. Übers.)

Mack Reynolds' *Star Trek*-Roman ist, thematisch betrachtet, nicht schlecht, aber er ist äußerst langweilig und für ein Jugendbuch schlecht geschrieben (gerade ein Jugendbuch sollte besser geschrieben sein). Zudem enthält er einige Ungenauigkeiten, die nach Möglichkeit geändert werden sollten. Spocks Volk sind die Vulkanier, nicht die Vulkanianer. Soweit ich weiß, wurde darauf aufmerksam gemacht und in der zweiten Blish-Anthologie die richtige Formulierung verwendet.

Es folgt einige Kritik, die die Verletzung der Ersten Direktive betrifft, und dieses:

Seite 10 der Inhaltsangabe: Mr. Spock rezitiert *niemals* Gedichte. So etwas ist schon aus unzähligen Drehbüchern gestrichen worden. Das ist eine Charaktereigenschaft von Spock. Jeder andere darf Gedichte rezitieren, aber niemals Spock.
An anderen Stellen bezieht sich Mr. Reynolds auf Sulu als einen kleinen Orientalen; auf Uhura als Negerin, was er noch steigert, indem er sie ein Spiritual singen läßt.

---

[9] Pseudonym für Dallas McCord Reynolds (1917–1983).

Wir haben eine integrierte Crew in einem integrierten Jahrhundert, wir sollten also diese speziellen Stereotype gerade in einem Jugendbuch vermeiden.

J.M.L.

Am 14. November 1967 schickte Gene selbst einen Brief an Ed Perlstein bei Desilu Business Affairs. Er ist eines der frühesten Beispiele dafür, wie sehr sich Gene um Dinge kümmerte, die außerhalb der Fernsehserie den Namen *Star Trek* trugen.

> Ich stimme völlig überein mit John Meredyth Lucas' Bemerkungen zu Mack Reynolds' Roman. Vor allem ärgert und beunruhigt mich die geschmacklose Ausdrucksweise (Uhura als ›Negerin‹, die ein Spiritual singt).
>
> Ich glaube, wir dürfen davon ausgehen, daß *Star Trek* noch viele Jahre im Fernsehen laufen wird, daß es also ein wertvolles Eigentum ist, das geschützt werden sollte. Ich sähe es lieber, wenn ein Vertrag scheitert, anstatt dieses Gut zu beschädigen.
>
> *Ich empfehle eindringlich*, bei diesem Vertrag und allen zukünftigen Buch-, Magazin- oder Comicverträgen darauf zu bestehen, daß wir eine Vorabkopie frühzeitig genug erhalten, um sie sorgfältig prüfen zu können. Ich empfehle weiterhin, daß wir jemanden wie Dorothy Fontana nehmen, die diese Serie umfassend versteht, und fordern, daß alle zukünftigen Verträge einen vertretbaren Betrag enthalten, der Dorothy Fontana (oder einem anderen mit der Serie in Verbindung Stehenden) die Zeit vergütet, die sie damit verbringt, sich mit dem Material zu befassen und den Autor oder die Verleger von technischen Ungenauigkeiten oder Geschmacklosigkeiten abzubringen.[10]
>
> Ed, Du hast eine wunderbare Arbeit geleistet und uns gut behütet. Aber da Du uns nun verläßt, wer wird sich um die Merchandising-Seite kümmern? Ich engagiere mich sehr stark dafür, weil mein Name zwangsläufig mit jedem *Star Trek*-Nebenprodukt verbunden ist.
>
> Mit freundlichen Grüßen

Anfang Februar 1968 schickte Gene eine fünf Seiten lange, einzeilig geschriebene Kritik des überarbeiteten Roman, die noch

---

[10] Das wurde erst Mitte der achtziger Jahre Wirklichkeit, als Gene Richard Arnold als *Star Trek*-Archivar anstellte.

stärker verdeutlicht, wie sehr er darum besorgt war, alle *Star Trek*-Produkte auf einem gleichhohen Niveau zu halten.

Ende Januar 1968 erhielt Gene einen Brief, durch den eine Freundschaft begann und durch den sich ein Kreis schloß. Es war ein Fanbrief des legendären John W. Campbell.[11] Campbell hatte als Autor von Space Operas begonnen und war eine Zeitlang der schärfste Rivale von E. E. »Doc« Smith. Campbell leistete seinen größten Beitrag zur Science Fiction, als er als Herausgeber arbeitete. Er war derjenige, der 1938 als Herausgeber von *Astounding Science Fiction* das sogenannte »Goldene Zeitalter der Science Fiction« ins Leben rief. Campbell belebte die geschriebene Science Fiction, indem er Konzepte beisteuerte und junge Autoren wie Lester Del Rey, Eric Frank Russell, Theodore Sturgeon,[12] Robert A. Heinlein, Isaac Asimov und A. E. Van Vogt ermutigte. Ihre Werke hatte Gene über die Jahre hinweg gelesen, alle hatten ihn in unterschiedlichem Maße beeinflußt.

1968 gab John Campbell noch immer das Magazin heraus, nur der Name war acht Jahre zuvor in *Analog* geändert worden. Campbell hatten Gene geschrieben, um ihm seine Unterstützung für die Serie mitzuteilen und ihm eine Idee für ein *Star Trek*-Produkt vorzuschlagen.

> Lieber Mr. Roddenberry,
> ich schließe mich natürlich der Kampagne an, um *Star Trek* bekannter zu machen – es ist die erste und einzig wahre Science Fiction-Serie der Welt und von wirklich hoher Qualität. (Natürlich sind Sie gezwungen, gelegentlich Abstriche zu machen! Wer ist das nicht?) Ich schreibe einige Briefe – aber ich hatte auch einen Gedanken, der Ihnen vielleicht auf andere Weise helfen könnte.
>
> Es tut mir zwar leid, daß ich erst jetzt schreibe, aber vielleicht ist noch Zeit, um etwas gut und schnell zu tun.

---

[11] John Wood Campbell, jun. (1910–1971). Unter dem Pseudonym Don A. Stuart schrieb er seinen bekanntesten Roman, *The Thing From Another World*, der ursprünglich unter dem Titel »Who Goes There« in *Astounding Science Fiction* abgedruckt wurde. Er war die Grundlage für zwei Filme, *The Thing From Another World* und *The Thing*.
[12] Sturgeon schrieb zwei *Star Trek*-Episoden, »Amok Time« und »Shore Leave«.

Für meine hehre Idee verlange ich ein Honorar von einem Dollar, damit es in vollem Maße als legal betrachtet werden kann.
Gimmick: Wintermützen für Jungs, aus dickem schwarzen Stoff, so geschnitten, daß sie Mr. Spocks Frisur gleichen. Auf die Ohrenklappen sind rosafarbene vulkanische Ohren aufgenäht.[13]

Gene antwortete gutgelaunt.

Lieber John,
Du hast den Vertrag!
Mir gefällt Dein Gimmick, ich habe es an die Merchandising-Leute weitergegeben. Übrigens hoffe ich, daß ich in diesem Bereich im kommenden Jahr stärker mitarbeiten kann, da die Versuche der letzten zwei Jahre ziemlich kitschig waren und unterhalb der Qualität lagen, die wir uns vorstellen. Zu oft wurden altbekannte Weltraumspielzeuge einfach mit einem *Star Trek*-Aufkleber versehen. Aber Deine Idee ist gut und wäre eine gute Werbung für die Serie. Übrigens, wie hoch sind die Anzeigenkosten in Deinem Magazin? Vielleicht kann ich das Studio überreden, ein wenig intelligente Promotion in diese Richtung zu lenken.

Herzlichste Grüße

Im Februar 1968 hatte Campbell den Dollar erhalten und schickte seinen nächsten Brief.

Hiermit bestätige ich den Erhalt des vollständigen Honorars (1 Dollar) für die Merchandising-Idee einer Mütze mit vulkanischen Ohren als Ohrenschützer für Jungs.
Ich bin froh, daß Dir die Idee gefiel, meine Frau und ich fanden sie witzig.
Und ich bin wirklich froh zu hören, daß NBC sich gegen den Trend zu fröhlichen kleinen Serien für fröhliche kleine Idioten stellt.
Gott weiß, daß es zahllose mehr oder weniger standardmäßige Science Fiction-Ideen gibt, mit denen sich *Star Trek* bislang nicht im entferntesten befaßt hat.
So zum Beispiel die der zahlreichen, miteinander verbundenen, gemeinschaftlich handelnden Imperien – eines besteht aus sauerstoff-

---

[13] Campbells Idee ging nie in Produktion. Was ihr am nächsten kam, war eine Baseballkappe mit aufgesetzten Spock-Ohren, die zum zweiten oder dritten Film erschien. Aus offensichtlichen Gründen war sie nicht allzu lange erhältlich.

atmenden Bewohnern eines erdähnlichen Planeten, eines aus Chloratmern, eins aus Ammonium-Methan-Atmern, die Gasriesen von der Größe des Jupiter benötigen. Keines von ihnen kann einen der anderen Planeten gebrauchen – und jedes besitzt Mineralien, die für die anderen von Wert wären.

Gene wurde in seinen Briefen an Campbell untypisch offenherzig. Am 30. Oktober 1968 schrieb er:

Bin am 3. November zu etwas aufgebrochen, was ich schon immer tun wollte. Ich habe eine Einladung erhalten, um eine Woche auf dem Atomkriegsschiff USS *Enterprise* zu verbringen, während es vor der Küste liegt und an Übungsmanövern teilnimmt. Obwohl ich im Zweiten Weltkrieg bei der Air Force war, habe ich die Navy immer beneidet; ich hätte viel lieber dort gedient. Hat was mit Schiffen an sich zu tun, mit alten Traditionen, Etikette und so weiter. Beispielsweise ist mein bevorzugter fiktiver Charakter der nicht allzu bewundernswerte Captain Hornblower. In jedem Fall wird diese Reise mir die Gelegenheit bieten, einen Lebensstil zu sehen, der bald verschwinden wird.

Ich vermute, daß Leute wie Du und ich immer jene »Hornblowers« beneiden werden, ob sie nun real oder erfunden sind. Warum? Einfach, weil wir wissen, daß es schön wäre, sich zurückzulehnen und ein einfaches Leben zu führen. Bonaparte (oder der Kommunismus) ist schlecht, unsere Leute sind gut – auch wenn dies nicht die beste aller denkbaren Welten ist, so ist es doch das Beste, was wir in dieser unvollkommenen Zeit tun können. Möge Gott der Zivilisation helfen, wenn das Establishment unterliegt.

Ich werde nicht mein ›Peace‹-Abzeichen[14] tragen, ich werde nicht Vietnam und die Nürnberger Prozesse in einem Atemzug nennen. Und wenn man mir den Kaffee bringt, werde ich erfreut sein, daß die Philippinen diese Rasse angenehmer, kleiner, brauner Menschen für meine Bequemlichkeit hervorgebracht haben.

Einige Wochen später, am 3. Dezember 1968, berichtete Gene von den Ergebnissen des Besuchs auf der *Enterprise* auf einem Briefbogen mit dem Kopf von National General Production, Inc.

---

[14] Das Symbol wurde in den späten vierziger Jahren von Bertrand Russell entworfen, der die Buchstaben »N« und »D« kombinierte, die Abkürzung für »Nuclear Disarmament« [= Atomare Abrüstung].

Er äußerte sich zu Gedanken, die tief in seinem Inneren verborgen waren.

Lieber John,
die Reise auf der *Enterprise* war in vieler Hinsicht erfolgreich. Nicht besonders angenehm, einfach nur erfolgreich. So wie ein Besuch in San Quentin für einen Dramatiker äußerst nützlich sein kann. Er kann das, was er gelernt hat, als nützliche Informationen in fünfzig verschiedene Situationen einbringen.

Die *Enterprise* ist – egal
wie man es betrachtet – so wie zweifellos jedes andere Schiff einem Gefängnis sehr ähnlich. Ich war nicht besonders überrascht, als der Public Affairs Commander anmerkte, wie wunderbar es ist, dort zu leben, keine Streiks, keine Hippies, kein Chaos. Ich nehme an, daß er das sagen mußte. Obwohl mir viele bissige Erwiderungen auf seinen Vergleich einfielen, sagte ich nichts. In der einen oder anderen Form hörte ich diese Bemerkung auch von praktisch jedem Senioroffizier, dem ich an Bord begegnete. Bis auf den Captain. Aber das ist eine andere Geschichte, auf die ich gleich zu sprechen komme.

Ich vermute, daß der Aufstieg in den Rang des Field Grade oder des Marineäquivalents diese besondere Einstellung über die wichtigen Dinge im Leben erforderlich macht. Sonst würde er zweifellos als Abtrünniger oder Quertreiber auffallen, versetzt oder degradiert werden, bevor er eine Auszeichnung erhält. Wenn er bleiben und erfolgreich sein will, muß er eine Denkweise entwickeln, durch die er diese Art zu leben willentlich und sogar enthusiastisch akzeptiert. Oder man kommt ihm auf die Spur und wirft ihn hochkantig raus. Für die Bedürfnisse der Navy ist es ohne jeden Zweifel so, wie es sein muß. Aber das gesamte System des Offizierslebens an Bord riecht nach »Rückzug in den Mutterleib«. Ich will nicht sagen, daß es im Mutterleib nicht angenehm und sicher wäre. Aber der und jede andere Art von Gefängnis sind nichts für mich.

Captain Lee benutzte nie die dümmlichen Vergleiche von der »perfekten Ordnung« an Bord und dem Chaos an Land. Tatsächlich betraf seine erste Frage einen sonderbaren Aspekt in der Philosophie des Franzosen Albert Camus, auf die ich keine Antwort hatte. Wir verbrachten viele Stunden damit, über die Frage der Führungskräfte zu diskutieren.

So sehr ich mich für seine Arbeit interessierte, so sehr war er daran interessiert, welche Techniken ein Produzent anwendet, um die besten Männer für die richtige Arbeit zu bekommen und sie zu halten, zu überwachen usw. Wir kamen zu der Ansicht, daß unsere Jobs fast identisch sind. In der Tat verwendeten er und ich die gleichen schändlichen Tricks, um das nützliche und notwendige Bild von uns selbst zu schaffen, die Loyalität der Untergebenen zu fördern und zu wahren sowie einen Mitarbeiter nicht nur nach seiner gegenwärtigen Tüchtigkeit zu bewerten, sondern sein Potential einzuschätzen, wenn er mit genügender Motivation zur Leistung angetrieben wird. Und wir stellten sogar fest, daß wir beide das stets gegenwärtige Problem haben, die Mitarbeiter nicht zu schnell zu befördern, weil das der Struktur einen tödlichen Stoß versetzt. Wenn man die Leute mit dem größten Potential aussucht und sie so schnell befördert, wie sie es verdienen, dann leitet man plötzlich eine Angestelltenagentur, anstatt den Job zu tun, für den man bezahlt wird.

In einem Brief zuvor hatte Campbell sonderbare Behauptungen eines Bekannten beschrieben, der sich mit dem Übersinnlichen befaßt. Gene äußerte sich dazu:

Ich glaube, daß wir etwas besitzen, was allgemein und nicht ganz zutreffend als »sechster Sinn« bezeichnet wird. Ich glaube auch, daß es Dinge wie Hellsehen und Psychokinese gibt. Aber wenn wir von dem Typ sprechen, der auf 1000 Kilometer Entfernung Käfer tötet, wenn er deren Bild betrachtet – und dabei auch noch so gezielt vorgeht, daß es nur die auf dem einen Blatt trifft, nicht aber die anderen –, dann führt meine Erfahrung mich zu dem Schluß, daß das unmöglich ist. Ich habe genügend Beispiele gesehen und genug Berichte gelesen, die sich mit Telepathie, Hellseherei und Psychokinese befassen, um sagen zu können, daß wir sicherlich latent dafür begabt sind, aber noch nicht wissen, wie wir diese Fähigkeiten nutzen können. Die Vorfälle, die sich ereignen, geschehen weitgehend planlos. Oder die »Kraft« wechselt in einem Maß, in dem sie nicht ausreichend kontrolliert werden kann, um langfristige oder bemerkenswerte Ergebnisse bei einem wissenschaftlich kontrollierten Test zu liefern. Daher kann ich mir einen Mann, der sich ein Bild ansieht und ›zap‹ sagt, nur schwer vorstellen. Wenn er das immer dann kann, wenn er es auch will, und wenn er das 26 Mal einmal in der Woche für eine halbe Stunde im Fernsehen macht, dann kann ich ihm eine halbe Million Dollar bar zahlen. Wenn ihn das Geld nicht interessiert, dann können wir ihn dafür einsetzen, sich um verwundete vietnamesische Kinder oder andere wohltätige Zwecke zu kümmern.

Ich will damit nicht sagen, daß es völlig unmöglich ist. Ich möchte damit nur zum Ausdruck bringen, daß ich nichts kenne, was mich glauben läßt, so etwas könnte auf einer regelmäßigen und derart kontrollierten Grundlage möglich sein. Mein Vater hat von Zeit zu Zeit etwas, was er einen ›Blitz‹ nennt. Zum Beispiel wußte er genau, an welchem Tag Eisenhower in Europa einfallen würde. Es »kam zu ihm« mit solcher Gewißheit, daß er es akzeptierte und nicht den leisesten Zweifel hatte – und recht behielt. Ich spielte mit ihm Poker, als es ihn traf, und dann wußte er mit einem Mal, welches die nächste Karte sein würde. Und wenn er erklärt, daß die »Macht« ihn wieder verlassen hat, dann kann man darauf wetten, daß seine Glücksträhne abrupt endet.

Wir vermuten, daß der K-2-Quotient, den ich neulich erwähnte, irgendwie mit all diesen Dingen verbunden ist. Es scheint, daß einige Menschen bessere Fähigkeiten besitzen, um zu kommunizieren, zu senden oder zu empfangen. Unsere Vorfahren sagten, daß einige »Gott näherstanden« als andere. In Indien glaubt jeder, ob er religiös veranlagt ist oder nicht, daß es wirklich Heilige gibt. Jeder erfahrene Lehrer, ob im Kindergarten oder an der Universität, erklärt, daß es unter tausend Studenten immer ein paar gibt, die »aufeinander eingestimmt« sind, und einige, die entschieden »verstimmt« sind. Und 96 oder 97 Prozent werden so viel praktische Information ansammeln, daß sie etwas zu essen haben, nicht frieren und ein vertretbares Alter erreichen werden, ohne jemals wirklich zu denken oder etwas zu verstehen. Man könnte sie vielleicht wachrütteln, wenn man den genauen Zeitpunkt und die richtige Methode wüßte – aber das weiß niemand. Wir testen ihr Allgemeinwissen, und wenn wir feststellen, daß sie nicht die Hände auf rotglühende Herdplatten legen und Warnhinweise auf Tablettenpackungen lesen, ordnen wir ihnen einen passablen IQ zu. Die zwei oder drei Prozent der Denker unter ihnen, haben wahrscheinlich keinen höheren IQ als die breite Masse. Offenbar gibt es etwas, was wir nicht messen können, was wir aber identifizieren müssen, um es messen zu können.

Campbell schrieb 1968 einen Brief zurück, der verlorengegangen ist. Gene antwortete zum gleichen Thema.

Ich stimme mit Dir überein, daß sich auf mentaler Ebene Phänomene ereignen. Aber ich kann nicht hinnehmen, daß sie sich kontrollieren lassen. Sonst müßte ich mich fragen, warum Zwangsarbeiter in Hitlerdeutschland darauf zurückgreifen mußten, in den Tank zu spucken, um Piloten zu töten. Es dürfte unauffälligere und wirksamere Methoden geben, an andere Leute heranzukommen, wenn bei den Phänomenen auf mentaler Ebene gegenwärtig eine gewisse Kontrolle möglich wäre.

Aber vielleicht geschieht das ja die ganze Zeit über, deshalb gewinnen auch immer die Guten. Tun sie doch, oder nicht? Aber wenn Japan gewonnen oder zumindest aus dem Zweiten Weltkrieg Nutzen gezogen hätte, dann hätten wir wahrscheinlich dort drüben eine sehr solide (und mittlerweile vermutlich auch antifaschistische) großasiatische, dem Wachstum zugetane Sphäre – aber nicht Vietnam in Flammen, ein gequältes China und ein im Zerfall begriffenes Indien.

Campbell bezog Stellung zum Thema Sklaverei, das er mit Gene diskutiert hatte. Campbell griff diese Diskussion auf und schrieb:

Schließlich hat keiner von uns die geringste Gelegenheit bekommen, über das zu reden, was »Chancengleichheit« wirklich bedeutet, und was dafür getan werden kann und sollte. Was wirklich von großer Bedeutung ist, ist die Bemerkung von Schwarzberg [einem weiteren Gast, der bei dem Gespräch anwesend war] (die zu meinem eigenen Schluß paßt), daß *Sklaverei für ein Volk in vieler Hinsicht von Nutzen ist*. Aus dem Blickwinkel des Individuums ist sie natürlich eine schlimme Sache – aber sie kann für ein Volk von enorm großem Nutzen sein. Sie ist äußerst lehrreich. Aus folgenden Gründen:

Ein Sklave ist ein wertvolles Besitztum, der Eigentümer hat in den Kauf ein beträchtliches Kapital investiert, was bedeutet, er muß dafür sorgen, daß sein Sklave gut ernährt wird, gut untergebracht und gekleidet ist, in erforderlichem Umfang medizinisch versorgt wird und in guter geistiger Verfassung bleibt – alles im Rahmen der zeitgemäßen Technologie und Soziologie.

Es hat in der Geschichte nur eine Zivilisation gegeben, die absolut keine Rassendiskriminierung an den Tag gelegt hat. Ob Schwarz, Weiß, Gelb oder Grün mit Punkten – es gab keinen Unterschied. Der Mann, der als Sklave geboren wurde, konnte ein hochrangiger Direktor werden, sein Sohn konnte zum Sklaven werden. Und da ein gebildeter Sklave mehr wert war als ein Idiot, wurden die klugen Sklaven verdammt gut ausgebildet. Es herrschte hinsichtlich der vertikalen Bewegung in dieser Kultur völlige Freiheit – zum größten Teil, weil es Sklaverei gab.

Das war die Kultur des Islam. Man betrieb harte Rassentrennung und stellte ausgeprägte Diskriminierung zur Schau, aber ausschließlich auf der Grundlage der individuellen Fähigkeiten. Was ein Mann sich verdienen konnte, das konnte er auch bekommen – und was er sich nicht verdienen wollte, bekam er nicht.

Gene äußerte seine Ansicht dazu in seinem folgenden Brief an Campbell.

Ich stimme Deinen Bemerkungen über die Sklaverei zu, aber mit der einen Ausnahme, daß die Zeit der Sklaverei vorüber ist. Daß diese Institution schon ganz verschwunden ist, kann ich aber nicht sehen. Wenn Glück und Zufriedenheit Maßstab dafür sind: Ich glaube nicht, daß Nat Turner oder seine Verwandten in irgendeiner Weise glücklich oder zufrieden waren, und ich sehe auch bei seinen Nachfahren in Watts heutzutage nicht viel Glück oder Zufriedenheit. Was das angeht (obwohl der weiße Arbeiter oder Angestellte materiell beträchtlich mehr akkumuliert hat), scheint mir der Durchschnitt an seine Beschäftigung und seinen sozialen Stand so gebunden wie jeder Sklave in alten Zeiten. Ich begann mit der Überarbeitung eines *Star Trek*-Drehbuchs, um diesen Kommentar einzuarbeiten, das mit der Entdeckung einer »Americanium 1968« zu tun hat. Ich kam aber zu der Einsicht, daß ich - um es ordentlich zu machen - genausogut eine völlig neue Geschichte anfangen und diese Episode im wesentlichen unverändert lassen konnte. Meine Idee war, daß wirtschaftliche Fesseln viel wirkungsvoller sind und viel leichter manipuliert werden können als Eisenketten. Indem ich eine Parallelwelt zeigen würde, in der Rom nicht unterging und immer noch die Sklaverei herrschte, hatte ich geplant, den Gedanken zu verarbeiten, daß Sklaverei nur unterging, weil sie zu teuer und nicht wirkungsvoll genug geworden war, um Menschen in Fesseln zu halten. In diesem geplanten Drama wollten wir Sklaven haben mit sozialer Absicherung, mit Gehalt, mit Rentenansprüchen usw., während der Rest der Bevölkerung daran arbeitete, die Sklaven so zu belassen, wie man sie gewöhnt war. Ich hatte sogar mit dem Gedanken gespielt, daß der Prokonsul plant, seinen Job hinzuwerfen und in die Sklaverei zu wechseln. Aber es scheint so, daß die Geschichten, die wir nicht verwirklichen, besser klingen als die, die es schaffen.

Campbell muß darauf mit einem Brief geantwortet haben – der nicht mehr auffindbar ist –, da Gene in einem weiteren Brief die Diskussion fortsetzte.

Ich glaube, Du hast meine Aussage über Sklaverei nicht verstanden. »Sklaverei« ist nichts weiter als ein bestimmtes Maß an Kontrolle über unser Leben durch andere. Wenn man nicht selbst seine Frau auswählen darf, wenn man seine eigenen Kinder nicht behalten darf, wenn man nicht ein wenig Geld unter der Matratze verstecken darf und wenn andere Einschränkungen ein gewisses Maß erreichen, wird das als »Sklaverei« anerkannt. Aber die Wahrheit ist, daß viele »freie« Menschen unter stärkerer Bevormundung leben müssen als die meisten Sklaven der Vergangenheit. Es wird immer die eine oder andere Form von Sklaverei geben. Es ist nur so, daß die Ketten und die Peitschen fehlen. In unserer komplexen Gesellschaft gibt es viel bessere Methoden, die Arbeiterklasse unter Kontrolle zu halten und sie zu bestrafen, wenn jemand aus der Reihe tanzt.

Welche äußeren und inneren Kennzeichen trennen einen Sklaven von einem Nicht-Sklaven? Glück? Ein Lachen? Wieviel davon finden wir heute in einer typischen Gegend in Encino oder Des Moines, verglichen mit den Sklavenvierteln von gestern in Griechenland oder Rom oder Alabama?

Übrigens erkannte mein erwähnter römischer Konsul, daß er bereits ein Sklave war, was ihn nicht glücklich machte oder lachen ließ. Er mußte unzählige Male schwerer arbeiten als die Sklaven, die für ihn arbeiteten, also dachte er an einen Tausch. Er wollte nicht von der Wiege bis ins Grab in völliger Absicherung leben.

Soweit es das Lernen, die Arbeit und die Leistungen angeht, hat eine Vielzahl von Sklaven in der Geschichte mehr gelernt und gearbeitet und erreicht als ihre Herren.

In gewissem Maße ist jeder ein Sklave: Wieviel Geld man jährlich nach Hause bringt, hat nicht viel damit zu tun, welchem Maß an Sklaverei man ausgesetzt ist. Man kann eine Million verdienen und dabei völlig versklavt sein, während ein Farmer in Montana mit einem Pferd praktisch frei sein kann. Andererseits stehe ich nicht zu der Theorie, daß Millionäre grundsätzlich unglücklich sein müssen.

Die letzte Korrespondenz ist ein Brief, den Campbell am 20. Februar 1969 an Gene bei National General Productions schickte. Campbell hatte ursprünglich vor, in Richtung Westen zu reisen, um den Start einer Rakete mitzuerleben. Der Start war aber nach Cape Kennedy verlegt worden, also befand er sich nun auf dem Weg dorthin. Er freute sich, daß er dort den Start von Apollo IX miterleben würde, war aber zugleich verärgert, daß er Gene nicht würde besuchen können.

Campbell wußte, daß Gene sich zu der Zeit immer weniger mit *Star Trek* befaßte, und bezog sich auf den letzten Brief, den er von Gene erhalten hatte. Obwohl Gene ausführender Produzent geblieben war, mißfielen Campbell Inhalt und Tendenz dessen, was das neue Produktionsteam auf die Beine stellte. Er schrieb:

Meine Bemerkung darüber, Deinen Namen für die neue *Star Trek*-Version nicht mehr herzugeben, war übertrieben. Ich weiß, daß Du einen verdammt guten Grund hast, den Titel zu behalten! Aber ich fürchte, daß ich *Analog* nicht wieder benutzen kann, um *Star Trek* zu unterstützen. Die Serie hat in fast jeder Episode den Bereich der Science Fiction verlassen.[15] (Die vom 14. Februar von Jerry Bixby[16] war eine Rückkehr zur Science Fiction, aber ein wenig lahm. Es war dennoch ein Science Fiction-Thema. Leonardo als multitalentiertes Allroundgenie war eine gute Idee.)

Campbell fuhr mit seinen Überlegungen darüber fort, was eine erfolgreiche Geschichte ausmacht – Prinzipien, die Gene bestens vertraut waren –, und über »Antihelden«, die zu der Zeit beliebt waren:

> Aber jedes große Werk der Literatur, das der Mensch je erschaffen hat, erzählt von Helden und Heldentaten.
> Ich wiederhole: *Die Odyssee* hat seit 3000 Jahren jede Sprachbarriere und jede kulturelle Hürde überwunden und wird heute an jedem Flughafen als Taschenbuch angeboten, weil es eine Geschichte über einen Helden ist.
> Kein Antiheld hat sich lange gehalten.

Nach einer langen, produktiven Karriere, die Hunderte von Autoren und die Entwicklung der Science Fiction beeinflußt hatte, starb John W. Campbell 1971.

Ende Februar 1968 hatte Gene erfahren, daß *Star Trek* mit dem Photoplay Award ausgezeichnet worden war. Bill Shatner und Leonard Nimoy sollten ihn in der *Merv Griffin Show* entgegennehmen, daher brachte Gene sie mit dem folgenden Memo auf den neuesten Informationsstand, was die Fanreaktionen betraf:

> Es ist anzunehmen, daß Ihr als Gäste bei der *Merv Griffin Show* auf die Fanpost angesprochen werdet, auf den Umfang, auf das breite Spektrum der Absender, auf die Studentenmärsche usw. Ich bin sicher, daß Ihr mit mir übereinstimmt, daß die eine Million Briefe, die

---

[15] Wenn Campbell alle neuen Episoden der dritten Season mitverfolgt hatte, dann konnte er zur Zeit seines Briefs neunzehn gesehen haben. Es gab nur fünf Episoden, die noch nicht ausgestrahlt worden waren.
[16] »Requiem for Methuselah« von Jerome Bixby.

NBC erhalten hat, und andere damit verbundene Aspekte sehr aufregend sind und sehr stark für die Serie und für Euch sprechen.

Auch wenn die Mehrzahl der Briefe unterstützend war, tauchten gelegentlich doch Briefe auf, die das völlige Gegenteil darstellten. Anders als bei anderen Serien, bei denen ein kritischer Brief mit einem Formschreiben beantwortet wurde, nahm sich Gene oft die Zeit für eine persönliche – und manchmal recht leidenschaftliche – Antwort. Mitte April 1968 erhielt er einen intelligent geschriebenen Brief, der ihn in vielen Punkten kritisierte.

> Mir ist gerade bekanntgeworden, daß über ein Dutzend der besten Drehbuchautoren von Hollywood – darunter preisgekrönte Autoren wie John D. F. Black, Harlan Ellison, Don Ingalls, George Clayton Johnson, Boris Sobelman und Barry Trivers – sich geweigert haben, in Zukunft noch einmal für *Star Trek* zu schreiben. Grund dafür ist die Art, wie Sie ihre Arbeiten behandelt haben.
> Ich weiß nicht, was Sie dadurch beweisen möchten, daß Sie intelligent geschriebenes Drama in irgendeine Art von weinerlicher Freakshow umschreiben. Außer, daß der Hollywood-Mentalität nichts heilig ist, nicht einmal die hochtrabenden Ambitionen möglicher Innovatoren.

Drei Wochen später schickte Gene eine direkte und ungeschönte Antwort ab.

> Sie haben meine Absichten falsch verstanden.
> Bezüglich der erwähnten Autoren glaube ich, daß Sie keine Grundlage besitzen, auf die Sie eine wirkliche Beurteilung ihrer Fähigkeiten stützen könnten – außer, Sie haben Auszüge ihrer *Star Trek*-Drehbücher gesehen. Der einzige akzeptable erste Entwurf aus der Gruppe kam von Harlan Ellison. Dessen Entwurf erforderte aber ein Budget, das unser verfügbares um fast 100 000 Dollar überstieg. Außerdem setzte er die Figuren nicht den Vorgaben entsprechend ein. Da er keine brauchbare Überarbeitung abliefern konnte, überarbeitete ich das Drehbuch, um es an das Budget und an das *Star Trek*-Format anzupassen. Es geht hier nicht darum, daß Sie eine Erklärung verdienen. Vielmehr möchte ich Ihnen zu verstehen geben, daß es albern ist, Dinge zu verallgemeinern, wenn man nicht alle Tatsachen kennt.
> Ich schätze Sie als Fan, aber ich kann Ihnen nicht versprechen,

daß wir Woche für Woche ein »kleines Juwel« schaffen können. Zeitvorgaben und Budgets im Fernsehen gestatten so etwas einfach nicht. Vielleicht kann Ihre Liste der »besten Drehbuchautoren von Hollywood« das leisten, was wir nicht schaffen. Vielleicht ist es Zeit, daß sie aufhören zu reden und zur Tat schreiten.

Und bis jemand beweist, daß er es besser kann, halte ich es für besser, wenn unsere Fans nicht auf ihn hören.

Gene stand nicht nur seinen Fans zur Verfügung und vertrat unverhohlen seine Standpunkte, er hatte auch keine Schwierigkeiten, sich den Organisatoren von Science Fiction-Conventions mitzuteilen. An einen solchen Organisator schickte er im Mai 1968 einen Brief, in dem er sich zunächst allgemein zu Conventions äußerte, dann aber zum Kern seines Schreibens kam:

Ich muß ehrlich sagen, daß ich auf vergangenen Conventions schlecht behandelt, beleidigt und bloßgestellt worden bin, und ich habe nicht die Absicht, das noch einmal über mich ergehen zu lassen. Ich sollte darauf hinweisen, daß dies nicht durch die Fans oder die vielen Freunde geschah, die ich auf Conventions gewonnen habe, sondern durch die verschiedenen Organisatoren und Mitarbeiter. Zum Beispiel wurde mir vor zwei Jahren eine Medaille verliehen, die ich nicht erhalten habe. Im letzten Jahr wurde mir nicht einmal mitgeteilt, daß ich den Hugo gewonnen hatte. Hätte Isaac Asimov mir nicht geschrieben, dann hätte ich das nicht einmal gewußt. In beiden Fällen stellte ich Filmmaterial und jede gewünschte Unterstützung zur Verfügung, aber ich erhielt nicht ein einziges »Danke« und auch keine Hilfe bei der Zusammenstellung der Dinge, um die man mich gebeten hatte. Ich erwarte keine Auszeichnung oder Standing Ovations, wenn ich behilflich bin, aber ich kann die gleiche Höflichkeit erwarten, die ich selbst praktiziere.

Ja, wir mögen die Fans, und wir sind bereit, Sie bei Ihrer Convention da zu unterstützen, wo wir davon ausgehen können, daß etwas für uns dabei herausspringt. Ich muß Zeit und Ausgaben dem Studio gegenüber rechtfertigen, das letzten Endes solche Dinge absegnen und die Schecks unterzeichnen muß. Paramount Studios (vormals Desilu) ist bei *Star Trek* mein Partner, und es ist mir – wie auch dem Studio – nicht gestattet, einseitige Entscheidungen zu treffen. Eine Sache, die wir gerne hätten, ist ein Stand auf einer Convention, an dem wir *Star Trek*-Souvenirs anbieten können, die entweder direkt verkauft oder bestellt werden können. Wir erwarten nicht, damit viel

Geld zu machen, vielmehr hat der Bestellaspekt bei jeder Fernsehserie einen beträchtlichen Werbeeffekt.

Ich mag unsere Fans wirklich, ich halte sie für die größten. Ich schätze sogar unsere ärgsten Kritiker, ihre Kommentare werden im Mitarbeiterstab weitergeleitet. Wir sind Profis, und darauf sind wir stolz.

Mit freundlichen Grüßen

Und dann gab es da noch ein paar Bitten von Gleichgestellten, auf die Gene gerne antwortete. Roy Huggins war und ist ein sehr produktiver und erfolgreicher Produzent.[17] Ende April schrieb er an Gene und bat um Unterstützung bei der Arbeit an einem Papier. Anfang Mai antwortete Gene und schickte ihm ein Mini-Essay mit seinen Gedanken und Ansichten über das Business.

Lieber Roy,
es freut mich, von Dir zu hören. Gemeinsame Freunde halten mich über Dich und Deine Projekte auf dem laufenden, und ich wünsche Dir weiterhin viel Glück. Ich weiß nicht, inwieweit ich Dir bei der Vorbereitung Deines Papiers helfen kann, aber ich möchte es wenigstens versuchen.

Ich glaube, das Fernsehen hat auf die Zuschauer eine beträchtliche Wirkung. Ein Medium, das sich Woche für Woche aus so etwa einer Milliarde Sendestunden zusammensetzt, kann es kaum vermeiden, in irgendeiner Weise beim Publikum eine Wirkung zu erzielen.

Zunächst einmal: Hat das Fernsehen irgend jemandem etwas Gutes getan oder hat dazu beigetragen, ein bedeutendes nationales Problem zu lösen?

Jede Antwort auf diese Frage muß wie jede Fernsehfrage in zwei Teile zerlegt werden: a) Nachrichten und öffentliche Angelegenheiten, und b) Drama. Obwohl ich im Bereich Nachrichten und öffentliche Angelegenheiten kein Experte bin, bin ich sicher, daß es eine *bedeutende* Auswirkung auf das amerikanische Volk gegeben hat durch eine Reihe von Nachrichten- und Informationssendungen wie zum Beispiel Edward R. Murrows mutige Position gegen Senator Joe McCarthy.

Die Aufsplittung des Fernsehens in diese zwei Gruppen hat die Networks unglücklicherweise schizoid werden lassen, da sie dem Irr-

---

[17] Er schuf *77 Sunset Strip, Maverick, The Fugitive, Run for Your Life, The Rockford Files* und eine Reihe anderer guter Serien.

glauben erlegen sind, daß sie durch die guten Dinge, die sie in den Nachrichtensendungen tun, in ihren Dramen Verantwortung für die dort gezeigte Dummheit und regelrechte soziale Sittenlosigkeit vermeiden müssen. Es ist ebenfalls bedauernswert, daß sie (und einige andere) offenbar erkennen, daß Drama beim Publikum die größte Wirkung überhaupt erzielt. So wie in den gedruckten Medien, wo die Fiktion (das Drama) eine hundertfach stärkere Wirkung hat als Dokumentationen.

Nun zum Fernsehdrama: Auch wenn es wenig gibt, zu dem man den Networks, Agenturen und Studios gratulieren kann, können wir auf Fernsehautoren stolz sein. Obwohl sie gezwungen sind, sich seit den Anfangstagen des Fernsehens der kommerziellen Zensur zu unterwerfen, haben sie es immer geschafft, in ihren Drehbüchern Botschaften zu verpacken, wie zum Beispiel die, daß »Anderssein nicht zwangsläufig bedeutet, daß man bösartig ist«. Diese und andere Konzepte werden vielleicht eines Tages von Historikern als wichtig betrachtet, um den Jugend- und gesellschaftlichen Unruhen den Weg zu ebnen, die sich heute in Amerika ereignen. So schlimm Serien wie »Mr. District Attorney« waren, die Ideen waren doch immer vorhanden – auch wenn sie üblicherweise getarnt wurden, um von den Geschäftsleuten und Zensoren nicht entdeckt zu werden. Ich meine das völlig ernst. Ich glaube wirklich, daß diese »Botschaften«, die sogar geschickt in die frühen Western eingearbeitet wurden, die wir beide schrieben, über die Jahre hinweg einen kumulativen Effekt auf die Haltung der Menschen hatten, wie bei meinen eigenen, recht sonderbaren Verwandten in unserer Heimatstadt in Georgia. Das wurde von fast jedem Autor, den ich kenne, permanent gemacht. Und auch wenn sie nicht so wie Du oder ich die Gelegenheit hatten, hin und wieder dem Network eine Geschichte mit einem angemessenen Thema aufzuzwingen, hat dieser ständige Gedankenfluß doch dazu beigetragen, Vorurteile und Intoleranz soweit abzubauen, daß die gegenwärtigen größeren Durchbrüche möglich wurden.

Darüber hinaus – von einigen Ausnahmen abgesehen, die wir beide kennen – glaube ich, daß der größte Teil der Fernsehdramen ein Schandfleck für unsere Nation und in der Zukunft ein Quell großer Peinlichkeiten sein wird. Hier bestätigt sich auch die Tatsache, daß kommerzielle Zensur noch gefährlicher und heimtückischer ist als behördliche Zensur, auch wenn ich beide hasse.

Ich stimme mit Dir überein, daß ein Produzent oder Autor nicht anders kann, als die eine oder andere Aussage zu machen, die sein Publikum beeinflußt. Wenn ein Schöpfer dagegen versucht, überhaupt keine Aussage zu machen, begeht er eine Sünde, da er dem Publikum tatsächlich erklärt, es gebe keine Themen und Probleme, mit denen die Zuschauer sich befassen müssen. Das ist möglicherweise das Schlimmste an unserem kommerziellen Fernsehen. Die kreativen Leute haben nicht zugelassen, daß so etwas ausnahmslos geschieht, aber es kommt oft genug vor, um sich Gedanken machen zu müssen.

Meine Einstellung zum Fernsehen? So wie jeden, den ich zur Zeit in der Branche respektiere, möchte ich um jeden Preis dieses Medium verlassen – und werde es wahrscheinlich auch tun. Aber es nagen Zweifel an mir, was mit dem Medium geschehen wird, wenn wir alle gehen und es denen überlassen, die sich über die Wirkung auf die Menschen keine Gedanken machen. Es klingt banal, daß alles erst schlechter werden muß, bevor es besser werden kann. Und es kommt mir so vor, als könnte das Fernsehen gar nicht schlechter werden, doch ich vermute, daß genau das noch geschehen muß. Ich hoffe inständig, daß die Menschen aufhören, so viel Zeit vor der Glotze zu verbringen, damit fast jeder, der in diesem Medium in einer Machtposition sitzt, aus seinem Sessel gestürzt und verstoßen wird. Ich habe vor allem etwas gegen die Television Academy, die sich gerne groß in Pose wirft, dabei aber völlig versagt, irgendeines der Themen in den Griff zu bekommen.

Die Schande bei dem Ganzen ist, daß Networks, Agenturen und ihresgleichen einige ziemlich gebildete, recht anständige Menschen repräsentieren, die Anstrengungen unternehmen, versagen, dann Kompromisse schließen und mitlaufen. Sie glauben anscheinend, sie werden durch ihre Theorie geschützt, daß sie keine persönliche Verantwortung übernehmen müssen, da ein Kollektiv keine gesellschaftliche oder moralische Verantwortung besitzt. Daher sind sie als Individuen ebenfalls davon befreit. Diese angenehme Vorstellung beschränkt sich natürlich nicht nur auf die Fernsehbranche.

Gene war optimistisch, was seine Vereinbarung mit *Star Trek* und Paramount anging. Am 7. Mai schrieb er an Asimov, und zum ersten Mal ließ er erkennen, wieviel Zeit seines Lebens er eingesetzt hatte, damit *Star Trek* ein Erfolg werden würde. Absatz sechs zeigt, wie sehr Gene Asimov bewunderte und ihm vertraute.

Entschuldige bitte meine verspätete Antwort. Wir stecken bis zum Hals in der Arbeit, da wir versuchen, genügend Drehbücher fertigzustellen. Wenn am 21. Mai die Dreharbeiten für die neue Season beginnen, müssen wir ein ausreichendes Maß an Filmmaterial vorliegen haben, um am 20. September wieder auf Sendung gehen zu können.

In diesem Jahr werde ich mich von der tatsächlichen Produktion der Serie zurückziehen und versuchen, wirklich als ausführender Produzent zu agieren und mich auf die Verwaltung und die Abläufe zu beschränken. Unser neuer Produzent ist Fred Freiberger[18], der bereits »Ben Casey«, »Slattery's People« und andere hervorragende Serien produzierte. Er ist ein erfahrener Mann, der einen ausgezeichneten Geschmack zu haben und sehr fähig zu sein scheint. Um ihn zu unterstützen, habe ich Robert Justman zum Co-Produzenten befördert. Als Drehbuchredakteur haben wir uns für Arthur Singer entschieden, der die gleiche Position bei »Studio One«, »U.S. Steel Hour« und vielen anderen guten Serien innehatte. Wenn es überhaupt jemand kann, dann sollte dieses Team in der Lage sein, *Star Trek* zu produzieren.

Wenn sie es nicht können? Ich weiß es nicht, Isaac. Ich hatte NBC angeboten, es selbst zu produzieren, wenn wir einen guten Sendeplatz bekommen. Aber Du weißt ja, was daraus geworden ist. Ich war zu dem Schluß gekommen, daß es den lähmenden Zeit- und Energieaufwand nicht wert wäre, wenn ich nicht einen Programmplatz bekommen könnte, der uns wenigstens eine faire Gelegenheit geben würde, eine große Zuschauerschaft anzusprechen und so weitermachen zu können. In den drei Jahren seit dem Pilotfilm hat *Star Trek* beinahe meine Gesundheit ruiniert. Diese Serie ist so sehr mein Kind, daß ich mich nicht auf 10 oder 12 Stunden Arbeit am Tag beschränken konnte. Statt dessen arbeitete ich oft mehrere Nächte am Stück durch, ohne zum Schlafen nach Hause zu gehen. Verständlicherweise konnte ich es ohne einen guten Sendeplatz nicht rechtfertigen, das ein viertes Jahr fortzusetzen. Außerdem litten unter der Arbeitsbelastung andere Karrierepläne und Projekte.

Als ausführender Produzent kann ich nun auch Filmangebote annehmen, an anderen Projekten arbeiten und wieder etwas schreiben. Und was das Roulettespiel Fernsehen angeht, ist es zumindest *möglich*, daß der Termin am Freitagabend um 22 Uhr aus irgendeinem sonderbaren Grund funktioniert oder daß wir mitten in der Season verlegt werden. Ich hoffe, es klappt. Ich hoffe, ich kann das neue Team so steuern, daß die Qualität der Serie erhalten bleibt. Ich hoffe,

---

* [18] Laut Allan Asherman in *The Star Trek Compendium* (New York, Simon and Schuster, 1981) zählten zu Freibergers anderen Science Fiction-Arbeiten die Mitautorenschaft am Drehbuch zu *The Beast from 20,000 Fathoms* und *The Beginning of the End*. Letztere Arbeit war besonders bemerkenswert aufgrund ihrer »Nicht-Spezialeffekte« von »gigantischen« Heuschrecken, die vor Bildern der Chicagoer Skyline herumlaufen.

daß *Star Trek* noch fünf oder zehn Jahre weiterlebt. Für den Augenblick glaube ich, ich kann zu Recht sagen, daß ich verdammt noch mal alles für die Serie und dafür getan habe, was ich für Science Fiction halte.

Vielen Dank für Deine Ideen. Ich mag besonders den dramatischen und den unterhaltenden Wert, der sich in William Shatners Auftritt als Vulkanier und in Nimoys Kommentaren dazu findet. Ich leite es an Freiberger und Justman weiter in der Hoffnung, daß sie es entweder verwenden oder in irgendeine in Arbeit befindliche Geschichte aufnehmen.

Dein Brief hat mich veranlaßt, die Leute vom Studio zu fragen, ob es einen Grund gibt, daß Du keine *Star Trek*-Geschichte für irgendeine Publikation schreiben kannst, wenn Du das gerne tun würdest. Niemand hat bislang gute *Star Trek*-Geschichten in Roman- oder Kurzgeschichtenform verfaßt. Ich glaube, Du könntest das, wenn Du Lust hättest und es sich für Dich lohnen würde. Die Haltung des Studios ist die, daß man nichts von Dir zurückerwarten würde, keinen Anteil an Deinem Honorar, da ›Asimov‹ für *Star Trek* Werbung und Publicity genug wäre. Wenn Dir dieser Gedanke gefällt, laß es mich wissen, damit ich dafür sorgen kann, daß eine schriftliche Erlaubnis abgefaßt wird.

Ich habe mit einigen Studios über die Möglichkeit eines »I Robot«-Kinofilms gesprochen und bin auf Interesse gestoßen, hatte aber bis jetzt noch nicht die Gelegenheit, das Ganze weiter voranzutreiben. Nun sieht es so aus, daß ich wohl einige Filmverträge abschließen und mich eingehender damit befassen kann. Ich werde es Dich natürlich wissen lassen, sobald sich in dieser Richtung etwas regt. Es wäre toll, wenn sich das arrangieren lassen könnte.

Als ausführender Produzent hatte Gene Zeit für andere Projekte und nutzte die Gelegenheit, einen großen Schritt nach vorne zu machen. 1968 begann seine Tätigkeit in der Filmbranche, ein Schritt, von dem viele Autoren/Produzenten träumen. Ganz gleich was über die Verdienstmöglichkeiten beim Fernsehen gesagt wird – Film ist das Prestige-Medium. Man denke nur an die endlosen Versuche von Fernsehschauspielern, zum Film zu wechseln. Die Macht in diesem Business, das Mehr an Geld, die größere Anerkennung aus den eigenen Reihen – es war der logische nächste Schritt, und Gene hatte entsprechende Angebote.

National General Pictures gab ihm einen Vertrag über zwei Filme. Die Tür zu noch größerem Erfolg öffnete sich vor ihm.

Nur ein oder zwei erfolgreiche Filme, und Genes Karriere würde eine völlig andere Richtung einschlagen. Aber auch wenn er sich dem Film zuwandte, verlor er *Star Trek* nicht aus den Augen. Im Juni 1968 reiste er nach Mexico, um sich nach geeigneten Drehorten umzusehen. Nachdem er zurückgekehrt war, schrieb er an Fred Pohl, Herausgeber des Science Fiction-Magazins *Galaxy*, und umriß seine gegenwärtige Situation.

> Ich war einen Monat lang von der Bildfläche verschwunden, während ich versuchte, den Termin für einen Drehbuchentwurf einzuhalten. Ich habe mit National General Pictures einen Vertrag über zwei Kinofilme abgeschlossen und mich bereit erklärt, einen Tarzan-Film zu machen und einen zweiten Film nach eigenem Belieben auszuwählen. Die Tarzan-Sache interessiert mich tatsächlich, da ich schon lange der Ansicht bin, daß das Thema im Film niemals richtig verarbeitet worden ist. Der einzige Weg besteht darin, so weit wie möglich zum Originalkonzept von Burroughs zurückzukehren. Ob es ein Erfolg wird oder nicht, hängt von vielen Dingen ab, darunter auch vom Budget, das man mir zugestehen wird. Mehr dazu, wenn es Fortschritte macht.

Gene wiederholte viel von dem, was er Asimov geschrieben hatte – über seine neue Position als »ausführender Produzent«, über den Rückzug von der Verantwortung der täglichen Produktionsarbeit und über das Problem des Sendetermins am Freitagabend um 22 Uhr. Dann fuhr er fort:

> Ich bin sicher, daß einige Fans das oben Genannte nicht verstehen werden, und ich gehe davon aus, daß ich mich gegen Kritik zu diesem Thema abhärten muß. Aber ich habe den Beweis erbracht, daß es möglich ist, anständige Science Fiction auf Film zu bannen – nicht als Zufallsprodukt, sondern auf einer methodischen, professionellen Grundlage. Ich glaube, daß dem überwältigenden Erfolg von »Planet of the Apes« und dem unerwarteten Kinohit »Odyssey«[19] in gewisser Weise der Weg durch *Star Trek* geebnet worden ist. Ganz zu Anfang sagte ich, daß ein Erfolg von *Star Trek* zu einem neuen Publikumsinteresse an Science Fiction-Filmen, -Büchern, -Magazinen und anderen Medien führen könnte. Ich hoffe, daß diese jüngsten erfolgreichen

---

[19] Gemeint ist Stanley Kubricks Film *2001: A Space Odyssey*, der 1968 in die Kinos kam.

Filme nur der Anfang eines neuen Interesses sind, das allen zugute kommt, die in diesem Genre tätig sind.

Mit freundlichen Grüßen

Neben seinen Verpflichtungen für *Star Trek* arbeitete Gene weiter an dem Tarzan-Drehbuch.

Er hatte Morris Chapnick zu sich geholt, der nicht mit Herb Solow zu MGM gewechselt war.[20] Morris machte die Arbeit mit Gene Spaß, so wie er die Arbeit in der Branche an sich genoß.

Morris beschreibt Genes Drehbuch:

»Gene wollte *Tarzan* beschreiben, den König der Waziri, Lord Greystoke, einen Diplomaten, der Französisch spricht und ein Herrenhaus am Rand des Dschungels besitzt. Die Waziri sind seine ›Prätorianer‹. So sollte es im wesentlichen sein. Wir vertieften nicht alles, soweit ich mich erinnere.

Tarzan ist ein Rassist. Gene machte das deutlich, indem er Tarzan ungerührt zusehen ließ, wie ein Eingeborener gefoltert wird. Wenn er sich langweilt, zieht er sich zurück. Daß die Eingeborenen mißhandelt werden, macht ihm nicht viel aus. Dann begegnet er einem weißen Mann und rettet ihn. Dieser Mann ist Belgier und spricht Französisch. So lernt Tarzan Französisch. Das ist typisch Gene.«

Eine Frage bleibt jedoch unbeantwortet: Welchen Einfluß hatte Genes schmutzige Scheidung auf die sexuelle Symbolik in seinem *Tarzan*-Drehbuch. Chapnick fährt fort:

»Die Geschichte verlief im Drehbuch, soweit ich das noch weiß, so, daß eine Frau nach Afrika kommt, um nach ihrem Vater zu suchen. Sie geht zu einem Tempel, in dem die Eingeborenen einmal im Jahr die zehn schönsten Frauen einer Kreatur opfern, die zu dieser Zeit zum Leben erwacht. Es mußten die schönsten, exotischsten und attraktivsten Frauen sein. Und natürlich mußten sie sehr knappe Kostüme tragen. Ich bin sicher, daß das etwas für Gene war. Jede von ihnen sollte in einem eigenen Käfig gefangen sein. Das war wohl Genes Traum, glaube ich.«

---

[20] Auf Empfehlung von Oscar Katz erhielt Solow dessen Position, als ersterer Desilu verließ, um Agent zu werden.

Gene zeigte Tarzans animalische, direkte Art in der folgenden Szene, die Morris beschreibt:

»Gene hatte eine Szene, in der Tarzan sich schlafen legt, sich umdreht und zu der Frau sagt: ›Möchtest du dich paaren?‹ Sie ist schockiert und weist ihn zurück. Tarzan dreht sich um und schläft ein.[21]

Der Film sollte in Kenia gedreht werden, die Innenaufnahmen in Italien, wo wir die Bühnenbilder von *Cleopatra* verwenden sollten, zum Beispiel für den Tempel. Das war der grundsätzliche Plan.

Meine Aufgabe war es, Tarzan und die zehn schönsten Frauen der Welt zu finden. Man soll es nicht glauben, aber nach einer gewissen Zeit wurde es langweilig. Einige der Frauen, die sich vorstellten, entsprachen überhaupt nicht ihren Fotos. Und wir besuchten das olympische Trainingslager in Lake Tahoe, um nach Tarzan Ausschau zu halten.«

Gene war zu der Zeit nicht der einzige, dessen Privatleben sich im Umbruch befand. Morris fährt fort:

»Ich hatte einige Probleme in meiner Ehe. Und ich hatte keine Erfahrung, mit anderen zu kommunizieren, ohne ihr Ego zu verletzen. Ich weiß noch, wie ich zu Gene sagte: ›Ich glaube, diese Leute wollen den Film überhaupt nicht machen.‹ Er fuhr mich an. Ich glaubte das, weil die zuständige Abteilung kein Budget für uns kalkulierte. Also errechnete ich ein Budget. Wenn ich es schneller konnte, als die Leute, die dafür zuständig waren, dann sagt das schon was aus.

Ich weiß nicht, was mein Budget taugte, aber die Verantwortlichen hatten sich noch immer nicht darum gekümmert. Außerdem dauerte es ewig, ehe die Produktionsleitung meine Anrufe beantwortete. Im Studiosystem erkennt man seinen Status sehr schnell daran, wie lange der Pförtner benötigt, um die Schranke zu öffnen, und wie lange es dauert, bis Leute zurückrufen.

---

[21] Gelegentlich bediente sich Gene beim wahren Leben. Ein Mann, mit dem er an der Originalserie gearbeitet hatte, erfuhr Jahre später von seiner Frau, daß Gene einmal beim Mittagessen neben ihr gesessen, sie angelächelt und gesagt hatte: »Dich würde ich gerne mal ficken.« Diese Anmache funktionierte von Zeit zu Zeit, aber nicht diesmal.

Wir legten schließlich ein Budget vor. Soweit ich weiß, sollten wir den Film für zwei Millionen Dollar machen. Bei National General hieß es daraufhin, daß es mit diesem Budget nicht möglich sein würde, den Film zu produzieren.«

Morris erinnert sich, daß Genes Verhältnis zum Studio mit Fortschreiten des Projekts immer schlechter wurde.

»Er wurde vom Studio wie ein Bürger zweiter Klasse behandelt. Meines Wissens waren ihm bestimmte Dinge versprochen worden, dann mußte er feststellen, daß sie so nicht eintraten.

Ich weiß, daß wir im Drehbuch einen riesigen Waldbrand hatten – der fiel heraus. Wir sollten nicht mehr in Italien drehen. Ich glaube, es ging Gene auf die Nerven. Dann brachten sie einen Produktionsmanager hinzu, ein neues Budget wurde ermittelt, das ebenfalls als zu kostspielig beurteilt wurde.

Weitere Abstriche wurden gemacht. Für die Tieraufnahmen sollte das zweite Kamerateam nach Afrika reisen und die Szenen mit einem Double für Tarzan filmen. Die Innenaufnahmen sollten hier in Los Angeles gedreht werden. Uns wurde gesagt, MGM habe die Technik der Hintergrundprojektion so sehr perfektioniert, daß nun ein umfassenderes Bild möglich sei. Wir sollten bei MGM einen Dschungel nachbauen und die Szenen mit dem Material kombinieren, das in Afrika gefilmt würde. Daraufhin überprüfte ich den Palace of Fine Arts in San Francisco als mögliche Umgebung für die Tempelszenen.

Das Budget schrumpfte immer mehr, das Drehbuch wurde immer dünner. Es war nicht mehr der Film, den Gene hatte produzieren wollen. Es muß Gene in kreativer und persönlicher Hinsicht sehr gestört haben, weil ich glaube, daß er ein hohes Maß an künstlerischer Integrität besaß. Das, was er schrieb, bedeutete ihm auch etwas.[22]

Schließlich bewegten wir uns bei 1,2 Millionen Dollar. Wir versuchten, mit dem Studio wegen der Zinsen,[23] der Ausgaben,

---

[22] Morris' Eindrücke führten 1993 zu einem Brief an *TV Guide*, in dem er gegen Aussagen protestierte, die William Shatner in seinem Buch *Star Trek Memories* gemacht hatte.
[23] Auf die Darlehen, mit denen dieser Film finanziert wurde.

wegen all der Dinge, die in ein Studiobudget einfließen, Vereinbarungen zu treffen. Die Studiokosten konnten sich auf 10 bis 15 Prozent belaufen, dazu kamen die Zinsen, unvorhergesehene Mehrausgaben und so weiter. Das Studio wollte die Zinsen an oberste Stelle setzen, noch über die unvorhersehbaren Kosten, und dann noch andere Dinge aufschlagen.«

Beschwerden und Budgetprobleme spitzten sich schließlich zu.

»Etwa Ende November 1968 gab es ein Treffen. Wir gingen zum Hauptquartier der Gesellschaft und trafen uns nicht mit der Nummer Eins des Studios, sondern mit der Nummer Zwei. Als er den Raum betrat, trug er kein Jackett, er hatte die Ärmel hochgekrempelt, klatschte in die Hände und sagte: ›Auf, auf. Laßt uns die Sache hinter uns bringen.‹ Gene wollte diesen Film wirklich machen und hatte 45 Minuten gewartet, bis dieser Kerl endlich erschien.

Gene war ein bekannter Produzent, eine angesehene Persönlichkeit, und er wurde wie ein Angestellter behandelt, nicht wie ein schöpferisches Talent.«

Es ist unklar, ob dieses Projekt als Kinofilm begann – das schien Gene jedenfalls zu glauben – und dann als Fernsehfilm endete. Morris erinnert sich aber genau an den Höhepunkt des Treffens:

»Das Ergebnis des Gesprächs war, daß NBC der Produktionsgesellschaft [National General] lediglich 750 000 Dollar für einen Fernsehfilm zur Verfügung stellte, und daß die Gesellschaft sich um den Differenzbetrag kümmern würde, ich glaube, es waren 250 000 Dollar. Diese beiden Zahlen sind mir im Gedächtnis geblieben.

Entweder wurde die Entscheidung direkt getroffen oder Gene ließ es sie später durch seinen Agenten wissen, daß der Film für diesen Preis nicht realisiert werden konnte.«

Es gab möglicherweise noch einen anderen Grund, warum National General Genes Drehbuch nicht verfilmen wollte: Tarzans Textzeile, die Chapnick weiter oben zitierte. Gene hatte bei Tarzan sehr stark den sexuellen Aspekt betont. So sehr, daß der Film 1968 nicht im Fernsehen hätte gezeigt werden können. Wenig später wurde einem bekannten Autor angeboten, das Ende des Drehbuchs zu »korrigieren«. Er sollte 20 000 Dollar dafür bekommen, das Ende umzuschreiben. Er war ein Freund von Gene und lehnte ab. Der Film ging nie in Produktion.[24]

In der Zwischenzeit wurde deutlich, daß *Star Trek* von verschiedenen Leuten geleitet wurde.

Im Januar 1969 schrieb Gene an einen Freund, in dem er ihm für Kopien eines Zeitungsartikels dankte und dann fortfuhr:

> Bei *Star Trek* ist die Situation derzeit so, daß wir die Dreharbeiten für das Jahr abgeschlossen haben und ich sehr stark daran zweifele, daß wir eine vierte Season erleben werden. Wie ich bereits vor Monaten angedeutet habe, ist der Sendeplatz am Freitagabend um zehn Uhr für eine solche Serie unmöglich. Es hat uns einen schweren Schlag versetzt. Ich habe gehört, daß die Fans eine neue Rettungskampagne für *Star Trek* starten wollen. Das freut mich, auch wenn sie vielleicht nicht mehr bewirken wird, als NBC erheblich auf die Nerven zu gehen.

Viel ist geschrieben worden über dieses Kapitel der *Star Trek*-Geschichte: Gene habe die Serie »aufgegeben«, er sei nicht zurückgekommen, um sie zu retten usw. Es war ein grundlegender Zug seiner Persönlichkeit, daß Gene nie seine Entscheidungen erklärte oder rechtfertigte. Und seine Freunde fragten ihn nicht oft nach seinen Gründen. Glücklicherweise stellte John W. Campbell in einem Brief Anfang Januar 1969 diese Frage. Die dritte Season war knapp sechzehn Episoden alt, und Campbell fragte das, was die Leute in den folgenden Jahren immer wieder wissen wollten. Da Campbell ein Freund war und in der Science Fiction eine einzigartige Position innehatte, antwortete ihm Gene am 27. Januar 1969 offen und ehrlich, wobei er seine Gründe und seine privaten Beziehungen zu NBC enthüllte.

---

[24] Majel erinnert sich daran ein wenig anders. In ihrer Erinnerung brachte Burroughs' Nachlaß den Vertrag zu Fall, nachdem man erkannt hatte, wieviel Sex Gene in Tarzan eingebracht hatte. Von anderer Seite, die sowohl engen Kontakt mit Gene als auch mit Burroughs' Sohn hatte, wurde gesagt, daß die Erben kein Vetorecht gegen die Filmversion besaßen. Es ist möglich, daß Gene das Projekt aufgab, als daraus eine Fernsehproduktion wurde, da er zu der Zeit versuchte, sich aus dem Fernsehgeschäft zurückzuziehen.

Lieber John!

Ja, mein Stolz rät mir, meinen Namen von der Serie zurückzuziehen, seit sie von einem anderen gemacht wird und in wichtigen Punkten völlig anders ist als die Art, wie ich sie mir vorgestellt hatte. Praktische Erwägungen – wie Wohnung, Auto, Essen – haben mich aber bei der Stange gehalten, da mein einziges nennenswertes Einkommen davon abhängt, daß ich durch den Titel »ausführender Produzent« mit der Serie verbunden bin. Es ist einfach so, daß ich ein Jahreseinkommen in dieser Größenordnung benötigte, um mir den Wechsel vom Fernsehen zum Film zu ermöglichen.

Ja, ich bin traurig, wenn ich an die aufmerksamen Fans und an die Science Fiction-Profis denke, die nicht wissen, daß »ausführender Produzent« eine Art Ehrentitel ist. Sie müssen annehmen, daß ich die Serie immer noch kontrolliere, aber meine Ideen und Einstellungen grundlegend geändert habe. Ich möchte, daß sie gut von mir denken. Auf der anderen Seite möchte ich nicht den Mann öffentlich bloßstellen oder verurteilen, der die Serie jetzt produziert. Er arbeitet hart und macht die Art von Serie, die im Fernsehen als gut betrachtet wird. Vielleicht hätte ich ihn mitten in der Season rausschmeißen sollen, aber es war niemand in Sicht, der ihn hätte ersetzen können.[25] Die Art von Kreativität und Phantasie, wie sie *Star Trek* im ersten Jahr zeigte, ist schwer zu finden. Es gibt nur ein paar, die sie besitzen und unter Beweis gestellt haben. Aber die sind für das Fernsehen zu teuer geworden.

Ich hätte auch gerne die Möglichkeit gehabt zu erklären, daß ich *Star Trek* ursprünglich nicht als Sprungbrett ins Filmgeschäft benutzen wollte. Zu Beginn der dritten Season war ich bereit, die Serie zu produzieren, und ich plante auch, für viele Jahre eng mit ihr verbunden zu bleiben. Das Network hat mit mir falsches Spiel getrieben, indem man sie auf Freitagabend 22 Uhr verlegte, ein Termin, von dem ich wußte, daß jede Anstrengung, eine vernünftige Quote zu erreichen, vergebens sein würde. Meine einzige Munition gegen das Network war die Weigerung, die Serie persönlich zu produzieren, wenn sie nicht einen guten Sendeplatz erhalten würde. Es war eine große Schlacht, bei der das Network sogar einmal andeutete, ich würde nie wieder fürs Fernsehen arbeiten. Ich blieb stur, aber die an-

---

[25] Gene bezieht sich auf Fred Freiberger. Als der zwanzigste Geburtstag von *Star Trek* vorbereitet wurde, stutzte Gene bei der Einladungsliste nur bei zwei Namen. Sollten Fred Freiberger oder Herb Solow erscheinen, würde er, Gene, sich nicht blicken lassen. Wir wissen nicht, was zwischen Gene und Herb Solow vorgefallen ist. Gene starb, bevor er seine Version dem Autor erläutern konnte.

deren blieben auch stur. Offensichtlich hatten sie Werbeinteressenten und Talente an der Hand, die von größerem Gesamtwert waren als *Star Trek*. Also blieb es bei Freitagabend, 22 Uhr. Viele Schauspieler und viele aus der Crew meinen, ich hätte einlenken und die Serie in jedem Fall produzieren sollen. Doch die meisten Menschen, vor denen ich Respekt habe, stimmten mir zu, daß ich auf diese Weise für immer meine Position geschwächt hätte. Ich fühle mich wesentlich besser, weil ich weiß, daß ich den anderen und mir selbst gegenüber treu geblieben bin. Der Preis dafür war hoch, aber ich mußte es abwägen gegen die vielen angenehme Dinge, die die Serie mir gebracht hatte.

Genug davon. Ich glaube, es ist Zeit, *Star Trek* hinter mir zu lassen. Ich kenne viele, die in ihrem Leben einmal etwas Interessantes oder halbwegs Erfolgreiches getan haben und ewig davon zehren, anstatt erneut etwas Kluges oder Mutiges zu tun. Davor habe ich Angst, und ich muß aufpassen, daß ich nicht in die gleiche Falle laufe.

Gene schrieb den Brief an Campbell, bevor NBC die Serie offiziell strich. Wir wissen nicht, ob Gene von der bevorstehenden Ankündigung wußte. Aber für jeden, der sich in diesem Business auskennt, waren die Quoten ein sicheres Zeichen. Gene war von dem Unvermeidbaren, das kommen würde, nicht überrascht.

Die letzte Episode, »Turnabout Intruder«, wurde Anfang Januar 1969 gedreht. Die dritte Season bestand aus 24 Episoden, während die erste aus 28[26](»The Menagerie« zählte als zwei Episoden) und die zweite aus 26 Episoden bestand.

Am Freitag, den 20. September 1968, um 22 Uhr begann die dritte Season von *Star Trek* offiziell mit der Ausstrahlung von »Spock's Brain«, geschrieben von »Lee Cronin« (Gene L. Coon), unter der Regie von Marc Daniels. Vielen Fans ist diese Episode eine der unbeliebtesten *Star Trek*-Geschichten der gesamten drei Jahre.

Wie mit einem ungeliebten Kind trieb NBC mit *Star Trek* Schindluder, indem neue Episoden am 13. und 27. Dezember 1968, am 3. Januar und 7. Februar 1969 gesendet wurden. Nach der Ausstrahlung von »All Our Yesterdays« am 14. März 1969 wurde die letzte Episode erst am Dienstag, den 3. Juni 1969 gesendet.

---

[26] Nummer eins und zwei waren Pilotfilme.

Die Welt erfuhr von dem Schicksal, das *Star Trek* getroffen hatte, Mitte Februar, als NBC eine Presseveröffentlichung herausgab, die alle Serien auflistete, die gestorben waren. *Star Trek* war auf dem Weg zum NBC-Henker und wurde begleitet von *Get Smart, Jerry Lewis, The Outsider, The Ghost and Mrs. Muir, The Mothers-in-Law* und *My Friend Tony*.

In einem Artikel der *New York Times* wurde ein NBC-Chef mit den Worten zitiert, daß keine der Serien »wirklich schlecht« abgeschnitten hatte. Aber keine von ihnen hatte die durchschnittlichen dreißig Prozent des verfügbaren Publikums an sich binden können, »was notwendig war, um in der Prime Time überleben zu können«.

Gene hatte natürlich sein Bestes gegeben, um NBC zu verstehen zu geben, daß die Entscheidung, *Star Trek* zu einer Zeit auszustrahlen, zu der praktisch das gesamte Publikum nicht zu Hause war, eine Garantie dafür war, daß sie nicht in der Lage sein würde, die erforderliche Quote zu erreichen. Gene hatte von Anfang an gewußt, daß die Serie dem Untergang geweiht war.

Star Trek wurde am 19. September 1969 durch *Bracken's World* ersetzt, ein Melodrama, das in einem Filmstudio spielte und durch Auftritte echter Filmstars aufgelockert wurde. Die Serie überdauerte ein Jahr.

Natürlich gab es eine neue Briefkampagne, aber ihr fehlte der Eifer des vorangegangenen Anlaufs. Diejenigen, die schrieben, erhielten von NBC folgendes Antwortschreiben:

Lieber Zuschauer,
wir wissen Ihre Loyalität zu *Star Trek* zu schätzen, und wir möchten Sie wissen lassen, daß wir ebenfalls enttäuscht sind, daß die Serie es nicht geschafft hat, den breiten Zuspruch zu finden, der erforderlich ist, um sie im Programm zu halten.

Ein landesweites Network wie NBC muß als Programmanbieter für Hunderte von Sendern im ganzen Land landesweite Programmvorlieben berücksichtigen, insbesondere was den Unterhaltungsbereich angeht. Diese Vorlieben zu ignorieren, die uns durch permanente Marktuntersuchungen vorliegen, wäre Millionen Zuschauern gegenüber unsensibel.

Wir sind außerdem verpflichtet, unsere Sendezeit durch Programminnovationen aufzufrischen, was wir tun, wenn wir *Star Trek* im Herbst ersetzen. Es war genau dieser Prozeß, durch den *Star Trek* überhaupt erst in unser Programmschema gelangte.

Auch wenn uns klar ist, daß ein Brief wahrscheinlich nicht Ihre Verärgerung mildern wird, möchten wir Ihnen doch danken, daß Sie uns geschrieben und so die Möglichkeit gegeben haben, unseren Standpunkt zu erläutern.

Star Trek war nicht mehr, die Serie trug das Etikett des Versagers, sowohl beim Network als auch bei Paramount. Da die Serie an das Network für zwei Drittel der Episodenkosten verkauft worden war, stand sie noch mit schätzungsweise 4,7 Millionen Dollar in der Kreide und machte wenig Hoffnung, jemals Gewinn einzuspielen. Sie wurde in die Syndication gegeben, die eine Sargasso-See für alte Serien war, die ihre Jahre, umgeben vom Nebel des Vergessens, bei unabhängigen Stationen und den dem Network angeschlossenen Stationen verbrachten. *Star Trek* sollte das aber ändern.

Die Serie sollte sich als Goldesel für Paramount erweisen, aber nicht – wie man vielleicht annehmen sollte – für Gene und für die Schauspieler. Jeder von ihnen erhielt für Wiederholungen die vertraglich festgelegten Honorare, die nach zwei Jahren komplett bezahlt waren. Von da an waren mit *Star Trek* nur noch die Kosten verbunden, die für neue Kopien und für andere Aufwendungen entstanden, um sie auf den verschiedenen Märkten zu verkaufen.

Star Trek hatte nie den Quotenwettlauf gewonnen,[27] aber statistische Erhebungen waren damals nicht so ausgefeilt wie heute. In den NBC-Büros erfuhr man die Wahrheit über *Star Trek*. Gene erinnert sich:

»Dieser Statistik-Typ kam ins Büro des Vizepräsidenten von NBC und sagte: ›Glückwunsch, Sie sind soeben Ihre wichtigste und erfolgreichste Serie losgeworden.‹ Der Vizepräsident hatte keine Ahnung, wovon der Kerl sprach.

Er erklärte, daß die Leute, die der Statistik zufolge *Star Trek* sahen, die jungen Leuten waren – diejenigen, die neue Autos kauften, neue Häuser bauten und so weiter. Das Network hatte

---

[27] Die Serie schaffte es in keinem der Network-Jahre in die »Top 20« der A.C. Nielsen Company.

nur die absoluten Zahlen betrachtet. *Star Trek* erreichte ein Publikum, das man zuvor nicht für wichtig gehalten hatte, eine eng umrissene Käuferschicht, die zu der Zeit einen großen Teil der Kaufkraft im Land ausmachte.

Bei NBC diskutierte man fast ein Jahr lang, dann war es zu spät, *Star Trek* zurückzubringen. Ich hätte es geschätzt, wenn sie mir darüber etwas gesagt hätten. Mein Ego machte einen Sturzflug, nachdem *Star Trek* beendet worden war. Ich brauchte etwas, das mich aufbaute.«

Leonard Nimoy formulierte es wohl am treffendsten, als er schrieb:

> Die Arbeit an *Star Trek* hielt drei Seasons lang an: 1966, 1967 und 1968. Ich hatte das Gefühl, daß die ersten beiden Seasons die besten Arbeiten vorweisen konnten. Die Drehbücher und die Produktion während des dritten Jahres spiegelten in keiner Weise die qualitativ hochwertigste Arbeit dar, um es milde auszudrücken.[28]

Die vielleicht größte Ironie ereignete sich, als die Serie gerade zum letzten Mal ausgestrahlt worden war. 47 Tage nach der letzten *Star Trek*-Episode zog eine andere »Weltraumsendung« ein deutlich größeres Publikum an: Auf der ganzen Welt saßen die Menschen vor dem Fernseher und sahen zu, wie Neil Armstrongs erster Schritt auf dem Mond übertragen wurden.

Science Fiction war zur Realität geworden.

---

[28] *I Am Not Spock* von Leonard Nimoy (New York, Ballantine, 1977), S. 121.

KAPITEL 13

Gene hatte das Fernsehen in Richtung Film verlassen. Sein erster Versuch, ein Tarzan-Film, hatte es nicht weiter gebracht als bis zum Drehbuch und zu der ersten Planungsphase, aber das gehört zum Filmgeschäft. Es ist nicht ungewöhnlich, daß ein Autor oder Produzent jahrelang für einen Film kämpft. Und selbst nach Fertigstellung des Films kann es passieren, daß er in eine Warteschleife gerät, während der Vertrieb geregelt wird – ein Prozeß, von dem man weiß, daß er Jahre dauern kann.[1] Laut den Zahlen, die in den letzten Jahren publik geworden sind, spielen sieben von zehn Filmen Verluste ein, zwei spielen ihre Kosten ein und einer bringt Geld. Es ist schon ein Wunder, daß angesichts solcher Chancen überhaupt jemand Filme produziert. Aber wenn der Film ein Publikumshit wird, können die Einnahmen astronomische Höhen erreichen: Man denke an *E.T.*, *Star Wars* und *Home Alone* – Filme, die mit einem bescheidenen Budget und ohne große Stars gedreht wurden und die phänomenale Einnahmen bescherten.

Gene war nun bei MGM, dem angesehensten Studio in ganz Hollywood, und arbeitete für Herb Solow. Auf Katz' Empfehlung hatte Solow von ihm den Job als Chef von Desilu übernommen, als Katz ging. Später wechselte Solow zu MGM in die Position eines Vizepräsidenten. Viele sahen in ihm den nächsten Irving Thalberg und hofften, er würde das Studio vor dem Untergang bewahren.

Im August 1969 hielt sich Gene in Japan auf, um Ausschau nach Drehorten für ein Filmprojekt zu halten. In einem Land, das als das Traumland eines jeden Chauvinisten gelten dürfte, war Gene einsam. Ihm fehlte Majel, und er entschied, etwas dagegen zu tun. Er rief sie an und bat sie, seine Frau zu werden. Eigentlich sagte er ihr, sie solle »ins nächste Flugzeug springen«. Bedauerli-

---

[1] Das hat sich heute durch die Aufnahme direkt auf Magnetband geändert.

cherweise besaß Majel keinen Reisepaß und mußte sich zunächst zur zuständigen Behörde im Zentrum von Los Angeles begeben.

Dort sprach sie mit einem Angestellten, einem »sehr netten Mann«, wie sie sich erinnert. Genaugenommen sprach sie nicht sehr viel, sondern heulte ihm ihre Probleme vor, nachdem sie erfahren hatte, daß es üblicherweise zehn Tage dauerte, ehe man einen Reisepaß ausgehändigt bekommt. »Aber das ist unmöglich. Ich muß morgen abreisen (schnief), um zu heiraten (heul, schnief).« Majel erhielt ihren Reisepaß am gleichen Tag – wie sie glaubt, wohl nur, »damit sein Büro nicht überschwemmt wurde«.

Genes Sekretärin Anita Doohan (Jimmy Doohans Ex-Frau) half ihr bei der Planung und buchte einen Flug für die nächste Maschine nach Tokio. Die äußerst mitgenommene, ein wenig hysterische zukünftige Braut wurde in eine bereits wartende Maschine auf dem Los Angeles International Airport verfrachtet. Niemand hatte sich aber die Mühe gemacht, Majel zu sagen, daß dieser Flug nicht wie üblich über Hawaii führte, sondern eine andere Route nahm.

Nachdem die Maschine gestartet war und sie sich beruhigt hatte, hieß der Pilot über die Bordsprechanlage seine Passagiere willkommen: »Guten Morgen, willkommen auf dem Flug soundso, wir fliegen in einer Höhe von 31 000 Fuß und werden in Anchorage, Alaska, voraussichtlich um...«

»ANCHORAGE, ALASKA!« schrie Majel, die sicher war, daß sie sich im falschen Flugzeug befand. Zu ihrem Glück fuhr der Pilot fort und erklärte, daß Anchorage der erste Halt auf der Polarroute nach Japan war, bevor sie einen Fallschirm verlangen konnte.

Während das Flugzeug in Anchorage aufgetankt wurde, entdeckte Majel ein Telefon und rief Gene in Japan an. Sie war der Ansicht, daß, »wenn sie durch diese Hölle gehen mußte, auch Gene seinen Teil dazu beitragen konnte«. Es war in Japan vier Uhr am Morgen.

Das Hotel weckte ihn auf und erklärte ihm, daß eine Miss Barrett aus Anchorage, Alaska, ein R-Gespräch angemeldet hatte. Als Gene das Gespräch entgegennahm, sagte Majel: »Liebling, ich habe die falsche Maschine erwischt.« Es folgten einige Sekunden Totenstille, dann erwiderte Gene mit einem grauenhaften deutschen Akzent: »Na gut, du machst folgendes: Du kehrst zurück in das Flugzeug, fliegst nach Los Angeles und fängst noch mal ganz von vorne an!«

Dann erst erklärte Majel ihm die Lage, warum sie in Alaska war und – das wichtigste von allem – wann er mit ihr rechnen konnte.

Am 6. August 1969[2] nahmen Gene Roddenberry und Majel Barrett, geborene Majel Lee Hudec, an einer Shinto-Buddhismus-Zeremonie teil. Es war ein traditioneller Gottesdienst mit zwei Priestern, zwei Brautjungfern und zwei Musikern. Zu den Klängen klassischer japanischer Musik leisteten Gene und Majel, in Kinomos gekleidet, ihren Treueschwur. Sie beachteten die Tradition in jeder Hinsicht. Majel trug ein kleines Messer, um ihre Ehre zu verteidigen, sollte der nervöse Bräutigam vor der Zeremonie irgend etwas versuchen. Einige Jahre später erklärte Gene:

»Na ja, vielleicht glaube ich – wie man in *Star Trek* sehen kann –, daß alle Menschen, Gebräuche, Rituale und so weiter gleich sind. Ich kann mir nicht vorstellen, daß Gott meinen Baptistenhintergrund aus den Südstaaten einem japanischen Buddhisten vorzieht. Es wäre also unsinnig gewesen, einen meiner eigenen Prediger zu holen, wo sie doch dort genug haben. Majel war der gleichen Ansicht.«

Ihre Flitterwochen verbrachten sie auf einer Reise durch Japan. Am 11. August 1969 schrieb Gene aus Kyoto an seine Eltern und brachte seine tiefsten Empfindungen zum Ausdruck.

Liebe Mutter, lieber Vater,
Kyoto ist Japans älteste Hauptstadt, bevor der Herrscher im letzten Jahrhundert nach Tokio (Edo) zog. Es wurde im Zweiten Weltkrieg wegen seiner Kunstschätze und historischen Schätze nicht bombardiert. Daher ist hier alles sehr alt und sehr schön. Viele der anderen großen Städte wurde 1945 ausgelöscht, daher sind ihre Gebäude recht modern.

Majel und ich sind vor einer Stunde angekommen, und wir freuen uns darauf, die nächsten zwei Tage in Tempeln und an anderen historischen Stätten zu verbringen.

Wie Ihr oben an der verschmierten Tinte sehen könnt, ist es hier

---

[2] Dies war zufällig der 25. Jahrestag des Atombombenabwurfs auf Hiroshima.

heiß und stickig. Aber wir haben jetzt die Klimaanlage im Zimmer eingeschaltet, und es wird kühler.

Ich nehme an, Ihr habt jetzt ein oder zwei Postkarten bekommen. Aber ich möchte Euch noch mal für das wunderbare Telegramm danken, das meine Frau sehr glücklich gemacht hat. Sie ist sehr aufgeregt, Euch zu treffen, Eure Glückwünsche haben ihr ein wenig die Nervosität genommen.

Ja, wir sind in den Flitterwochen. Wir haben uns entschlossen, weitere zehn Tage zu bleiben. Herb Solow, der Vizepräsident von MGM, hat darauf bestanden. Er war sehr glücklich, da er uns beide mag. Und er hatte sich schon gefragt, warum wir das nicht schon längst gemacht haben.

Das ist für mich eine wertvolle und zugleich erleuchtende Erfahrung. Ich wußte nicht, daß es möglich sein kann, sich so sehr um einen anderen zu sorgen und im Gegenzug so sehr geliebt zu werden. Es ist ja nicht so, daß ich erst 21 und in die Liebe verliebt bin. Ich hatte schon vorher Sex, und nicht zu wenig. Aber solche Zuneigung, solche Freundschaft, solch selbstlose völlige Liebe habe ich nie gekannt.

Natürlich hat auch Majel ihre Fehler, und, wie jedes Ehepaar, streiten auch wir uns ab und zu. Aber selbst wenn ich jemanden finden würde, der vollkommener wäre, würde ich Majel nicht hergeben. Und ich weiß, daß ich Fehler machen kann, ohne daß sich ihre Gefühle mir gegenüber ändern. Durch dieses Wissen sind wir beide in der Lage, uns zu entspannen und uns an dieser Verbindung von zwei unvollkommenen Hälften zu einem glücklichen Ganzen zu erfreuen.

Ich nehme an, daß das alles sehr verliebt klingt. Gut! Wir sind beide sehr erwachsen und haben viel vom Leben gesehen. Und wenn wir noch so empfinden können, dann müssen wir sehr vom Glück verwöhnt sein.

Unser Zimmer hier in Kyoto ist japanisch eingerichtet, was bedeutet, daß wir keine Stühle und Tische und auch kein Bett haben. Wir schlafen auf Futons, die auf dem gewebten Schilfrohrboden ausgerollt werden. Aber ist es wirklich reizend mit den verschiebbaren Wänden aus Reispapier und dem natürlichen Holzdekor. Im Badezimmer gibt es eine tiefe Wanne, in der man bis zum Hals in heißes Wasser eintauchen kann.

Wir sind mit einem Hochgeschwindigkeitszug gefahren und werden in ein paar Tagen auf einem Binnensee mit einem Dampfschiff fahren. Heute morgen haben wir Ise Jingu besucht, Japans allerheiligsten Schrein, und für unser beider Glück gebetet.

Ach ja! Wir haben an Euch ein großes Farbfoto geschickt, auf dem wir in unseren Hochzeitskimonos zu sehen sind. Ich war als Samuraikrieger gekleidet. Majel trug allerdings als einzige eine Waffe, ein Messer in ihrer Schärpe, mit dem sie – wie man uns erklärte – ihre Ehre schützen kann, falls ich versuchen sollte, sie vor dem Ende der Zeremonie zu verletzen. Toho Film aus Japan schickte drei Kameraleute, um die Hochzeit in 16 mm-Farbe zu filmen. MGM schickte außerdem einen Fotografen, der Farbdias machen sollte. Ich glaube, es war die meistfotografierte Hochzeit in Japan seit Jahren.

Majel hat mit ihrem Brief an Euch begonnen. Ich nehme an, daß wir zum Teil über das gleiche schreiben werden.

Auf jeden Fall haben wir viel zu erzählen und zu zeigen, wenn wir zurück sind.

Endlich beginne ich zu verstehen, was Ihr füreinander empfindet. Ihr seid auch sehr glücklich.

In Liebe
Gene

Später schrieb Gene an den Chronisten seiner Familie:

Als wir in Tokio waren und heiraten wollten, war es unseren Ansichten entsprechend das richtige, in der Form und nach den Gebräuchen des Landes zu heiraten, in dem wir in diesem Moment lebten. ... Wir stellten fest, daß unser Treueschwur sich nicht allzu sehr von denen unterscheidet, die wir in einer protestantischen oder katholischen Kirche in den Vereinigten Staaten abgelegt hätten. Es gab aber einige »Extras«, die mit der Verantwortung für Nachkommen aus der Ehe, für die Gemeinschaft und für unsere Verwandten zu tun hatten.

Es war wunderbar. Es war romantisch. Es war nicht legal. Genes Scheidung von Eileen war noch nicht rechtskräftig. Ihre japanische »Hochzeit« war eine Zeremonie, die ihre gegenseitige emotionale Bindung besiegeln sollte. Sie besiegelte keine rechtsgültige Beziehung. Das war Gene und Majel voll bewußt, als sie sich dafür entschieden. Diesen kleinen technischen Fehler sollten sie am Montag, den 29. Dezember 1969, beheben, zwei Tage nachdem seine Scheidung rechtsgültig geworden war.

Wenn eine »Hochzeit« eine emotionale Verbindung ist, dann hatten Gene und Majel in Japan ihre Hochzeit. Auch wenn es nicht der Beginn ihrer rechtlichen Beziehung war, so war der 6. August doch das Datum, an dem sie »ihren« Jahrestag feierten.

Nach der Rückkehr kümmerte sich Gene zunächst um die Korrespondenz. An einen Freund schloß er mit den Worten:

> Ich glaube, Du wirst meine neue Frau mögen. Wir lieben uns seit sechs oder sieben Jahren und sind jetzt unglaublich glücklich. Meine jüngste Tochter Dawn hat sich entschlossen, bei uns zu leben, was mir natürlich sehr zusagt.

Die Flitterwochen hielten an. Im April 1972 schrieb er an Asimov:

> In diesem Augenblick hat mich Majel glücklicher gemacht als jede andere Frau, die ich gekannt habe. Sie war Mitte Dreißig, nie verheiratet, eine Frau, die in ihrer eigenen Arbeit erfolgreich war. Sie ist mir in vielen Dingen ebenbürtig, wie ich Tag für Tag entdecke. Auch wenn sie darauf beharrt, daß ich der Traumprinz bin, auf den sie immer gewartet hat, ist diese Ehe vor allem auf einem hohen Maß an Freundschaft und gegenseitigem Respekt aufgebaut. Und sie hat mich erkennen lassen, daß Freundschaft der wichtigste Bestandteil ist. Daraus entstanden sind Aufrichtigkeit und viele andere erfreuliche Dinge.

Ende September 1969 kehrte Gene von einem Angelausflug vor Mexiko zurück, als er frontal mit der republikanischen Bürokratie kollidierte. Richard Nixon hatte eine harte Position gegen den Drogenschmuggel bezogen und durch die Zollabfertigung die »Operation Intercept« ins Leben gerufen, die die Grenzen angeblich undurchlässig machte. Zöllner auf dem Los Angeles International Airport kamen ihren Pflichten eifrig nach. Dieser Eifer gab Gene das Gefühl, daß man ihm Unrecht angetan hatte. Er sann auf Wiedergutmachung und auf eine Entschuldigung und benutzte die einzige greifbare Waffe – Worte. Er schrieb eine Reihe von Briefen, was zu einem Kampf führte, in dem festgestellt werden sollte, wer der größere Starrkopf war: Gene oder die Regierungsbürokratie. Am 23. September 1969, wenige Minuten, nachdem er zu Hause angekommen war, feuerte Gene seine erste Salve auf den Bezirksleiter der Zollbehörde ab:

> Ich möchte vorausschicken, daß man mich auf dem Gebiet der Narkotika durchaus als bewandert bezeichnen kann. Vor Jahren war ich

als Leiter des Bereichs dem Chief des Los Angeles Police Department unterstellt, außerdem bin ich Verfasser einer Studie, *Youth and Narcotics*, die in kalifornischen öffentlichen Schulen und anderen Organisationen im ganzen Land (vielleicht auch in Ihrer eigenen Organisation) jahrelang benutzt wurde. Außerdem bin ich in den letzten dreißig Jahren in gut fünfzig Länder gereist und dabei den Methoden der Zollbehörde unter einer Vielzahl von Bedingungen begegnet.

Ich habe auch Länder besucht, in denen eine Diktatur oder eine andere nichtdemokratische Regierungsform existierte, aber meine Behandlung durch Mr. Carter [den Zollinspektor] im besonderen und durch den Zoll des L.A. International Airport im allgemeinen zeichnet sich als schlimmstes Beispiel aus, was Unprofessionalität, kleinlichen Diensteifer und großmäulige Dummheit angeht, das ich je mitgemacht habe.

Das Ganze spielte sich in etwa so ab:

Offensichtlich unter der Anweisung, eine Art von »Antidrogenschmuggelkampagne« durchzuführen, nahmen die Zollbeamten eine gründlichere Durchsuchung meines Gepäcks vor, als sonst üblich. Das ist immer ärgerlich, vor allem, wenn die sorgfältig gepackte Habe durchwühlt wird. Aber ich reagierte zuerst gutgelaunt und machte deutlich, ich würde den Buchstaben des Gesetzes entsprechend mitarbeiten, obwohl ich meiner persönlichen Ansicht Ausdruck verleihen wollte, daß solche Kampagnen ineffizient und eine Verschwendung von Arbeitskräften sind. Ich wurde angewiesen, meine Meinung für mich zu behalten, und erwiderte, mir sei klar, daß die Zöllner ihre Anweisungen zu befolgen hatten. Tatsächlich hatte ich Mitgefühl angesichts der zusätzlichen Arbeit, die ihnen aufgebürdet worden war, aber sie sollten auch erkennen, daß es in einem freien Land Bürgerpflicht ist, seine Meinung zu äußern, wenn dies angemessen erscheint.

Niemand kann erwarten, daß unsere politischen Überzeugungen bei jedem beliebt sind, doch die meine ließ die Dinge in dem Moment zunehmend interessanter werden. Es ist offensichtlich, daß nicht wenige US-Zollbeamte politische Ansichten als etwas betrachten, das unter ihre Zuständigkeit fällt. Ich sah mich sehr schnell einer noch gründlicheren Durchsuchung meines Gepäcks gegenüber und spürte, daß sich Verärgerung breitmachte, da keine Schmuggelware gefunden wurde. (Ich hatte nahe einem kleinen mexikanischen Dorf geangelt, in dem es kaum die Möglichkeit gab, überhaupt irgend etwas zu kaufen.) Dann endlich wurden in meinem Rasierset ein paar Tabletten gefunden. Ich erklärte, es handele sich um verschriebene Medikamente, die ich unter ärztlicher Anweisung nehme, vor allem wenn ich mich Hunderte von Kilometern vom nächsten Arzt entfernt befinde. Es handelte sich unter anderem um vier Schlaftabletten, und vier Tabletten gegen Heuschnupfen. Nein, ich wußte nicht, daß es erforderlich war, ein Rezept mitzuführen, bezweifelte aber, daß diese Nachlässigkeit sowie die lächerlich geringe Menge an Tabletten mich ernsthaft mit Rauschgift- oder Drogenschmuggel in Verbindung bringen konnten. Mr. Carter, der hinzugerufen worden war, wurde sofort laut und wollte mit drohendem Unterton wissen, wo sich der Rest meiner Schmuggelware befinde. Er machte von der niedersten Form der polizeilichen Einschüchterung Gebrauch, von der ich glaubte, daß sie in den dreißiger Jahren ausgestorben war. Er unternahm keinen Versuch, sich über meinen Ruf, meinen gesellschaftlichen Status, meinen Beruf zu informieren – wohl weil ich, der Natur meiner Reise entsprechend, ziemlich alte Kleidung trug. Das ist allerdings kaum eine Entschuldigung für Mr. Carter, da alle Bürger gleich behandelt werden sollten. Als ich ihn bat, alle Tabletten zurückzugeben, die genaugenommen nicht illegal waren, erwiderte er scharf, daß »oberlehrerhafte Bemerkungen« mich schnell in die Arrestzelle bringen könnten, was er jederzeit tun konnte, wenn ihm danach war. Er zog tatsächlich ernsthaft in Erwägung, mich ins Gefängnis zu stecken, und wollte von mir wissen, ob ich da wirklich hin wollte. Er setzte seine Beschimpfungen und Arrestandrohungen fort, während er befahl, mich gründlich zu filzen, und er mich persönlich durchsuchte.

Auch wenn ich nicht die Gelegenheit hatte, Ihre Inspektoren an allen Zollstationen zu beobachten, scheint es doch offensichtlich, daß die Überlegung eines Schulungsprogramms für US-Zollbeamte angebracht ist. Es ist unübersehbar, daß die momentane Ausbildung ihnen nicht richtig vermittelt, welche Einstellung in ihrer zugegebenermaßen schwierigen Funktion in einer freien Gesellschaft von ihnen verlangt wird. Mindestens im Fall von Mr. Carter hat die Schulung versagt.

Ich würde sehr gerne von Ihnen hören, ob meine Erfahrung zu irgendwelchen Maßnahmen auf diesem Gebiet geführt hat.

Mit freundlichen Grüßen

Gene ging weiter, indem er eine Kopie dieses Briefs an den demokratischen Senator Alan Cranston in Kalifornien schickte, zusammen mit einem weiteren Brief, in dem er seine Behandlung als »Krimineller« kritisierte.

Der beigefügte Brief bedarf keiner großen Erklärung.
Ich weiß nicht, ob Sie sich erinnern, aber ich arbeitete mit Chris Knopf und anderen Mitgliedern der Writers Guild of America an

der Unterstützung Ihrer Kandidatur. Das werde ich auch wieder machen, ganz gleich, wie Ihre Reaktion auf den beigelegten Brief ausfällt. Aber ich glaube, daß er ein Beispiel ist für die Art von kleinlicher, einschüchternder Bürokratie, die Sie ebenso ärgert wie uns alle.

Die Effizienz von Mr. Nixons momentaner »Rauschgiftaktion« an der kalifornisch-mexikanischen Grenze wird von vielen bezweifelt, die etwas über Narkotika und Drogenhandel wissen. Ich tendiere zu der Ansicht, daß es wahrscheinlich zu einem großen Teil nur ein Plan ist, die Wählerschaft davon zu überzeugen, daß unser neuer Präsident aufräumt, so wie er es 1968 versprochen hat. Insgesamt eignet sich diese Kampagne gegen Drogenschmuggel so gut wie gegen Schwangerschaft. Leider wird diese gegenwärtige Grenzkomödie lediglich den Blick auf die Realität des Drogenhandels und auf die Abhängigkeit verschleiern.

Was meinen beigefügten Brief angeht, so erzählt er, wie ich beinahe für ein »Verbrechen« ins Gefängnis ging, nur weil ich für einen Angelausflug nach Mexico einen Vorrat recht gewöhnlicher Medikamente für vier Tage mitnahm, die mein Arzt mir verschrieben hat. Während dieser Begegnung brüllte mich der US-Zollbeamte wütend an, ich verstehe offenbar nicht, daß er nur meine Kinder schützen wolle. Ich glaube, daß unsere Kinder von einem solchen Mann mehr befürchten müssen als von allem Rauschgift, das jemals angebaut wird. Es ist vermutlich mein Glück, daß ich diesen Gedanken nicht aussprach, ansonsten würde ich diesen Brief ohne Zweifel aus dem Gefängnis schreiben.

Einen ähnlichen Brief schickte er an den republikanischen Senator George Murphy in Kalifornien, einen Hollywood-Veteranen, der Politiker geworden war. Gene schloß seine kurze Notiz an Murphy mit:

Ich glaube, daß mein gegenwärtiger Ruf in der Unterhaltungsbranche sowie mein früherer Ruf im Gesetzesvollzug Taten und eine Antwort durch Ihr Büro nach sich ziehen wird.

Gene war keine Anhänger von Murphy und hatte dessen Kampagne nie Geld gespendet, daher war Murphys Formschreiben keine Überraschung, aber trotz allem eine Beleidigung. Gene schrieb wütend zurück:

Ich kann diese Antwort auf meinen Brief vom 23. September 1969 nicht hinnehmen.
Solange Ihr Mitarbeiterstab nicht so ausgerüstet ist, daß er eine ordentliche Antwort schicken kann, solange sollten Sie den Steuerzahlern die Kosten für den Antwortbrief ersparen und mir die Zeitverschwendung, Ihnen zu schreiben.

Wenn schon ein republikanischer Senator keine Hilfe war, konnte ein republikanischer Abgeordneter nicht viel besser sein, wie Genes Antwort auf einen Brief des Zollbeauftragten vermuten läßt:

> Ich kann Ihre Bemerkung nicht hinnehmen, daß die Existenz der ›Operation Intercept‹ in irgendeiner Weise den Diensteifer und die Drohungen rechtfertigt, die ich von Ihrem Flughafenpersonal in Los Angeles wie geschildert erfahren habe. Gerade angesichts der Schwierigkeit des Gesetzesvollzugs sollte ein Verwaltungsbeamter mit Ihrer Verantwortung ganz besonders an Hinweisen interessiert sein, wenn ein Untergebener auf Druck in einer emotionalen Art und Weise reagiert.
>
> Niemand hat mir bislang die Frage beantwortet, warum nichtverschreibungspflichtige Medikamente mir abgenommen und dann vernichtet wurden. Auch weiß ich nicht, warum ich dreimal mit Gefängnis bedroht wurde, weil ich auf eine Quittung für diesen Verlust bestand.
>
> Es ist offensichtlich, daß Ihr Mitarbeiterstab Sie nicht mit allen Fakten versorgt hat, die Sie in die Lage versetzen, »den Bericht über diesen Zwischenfall aufmerksam zu berücksichtigen«.

Der letzte Brief in dieser Akte kam im folgenden Januar vom Acting Commissioner of Customs. Er schrieb, daß nach erneuter Untersuchung des Vorfalls Gene »nicht in einer unangemessenen oder unhöflichen Weise von einem der Zollbeamten bei der Ausübung seiner Dienstpflichten behandelt worden« sei.

Auch wenn man sich weigerte zuzugeben, daß Gene ungebührlich behandelt worden war, so gab es doch einen winzigen bürokratischen Riß im Brief, jenes Indiz des Sieges, das Gene sehen wollte:

> Wir erkennen jedoch das Problem, mit dem Sie und auch andere sich konfrontiert sahen, was das Mitführen einer kleinen Menge Tabletten

für medizinische Zwecke zur Zeit der Ankunft an einem US-Flughafen. Wir haben an unsere Büros vor Ort entsprechende Anweisungen erteilt, Abhilfe zu schaffen.

Ich danke Ihnen dafür, daß Sie unsere Aufmerksamkeit auf dieses Problem gelenkt haben.

Gene machte zahlreiche weitere Angelausflüge, wurde aber nie wieder vom Zoll belästigt.

Im Oktober waren Gene und Majel in ein Haus am Leander Place in Beverly Hills gezogen, wo sie den größten Teil ihrer Ehe verbringen sollten. Etwa zur gleichen Zeit begann Paramount mit der Syndication von *Star Trek*.

Eine Fatalist würde sagen, daß jedes Glück mit einer Tragödie aufgewogen werden muß. Es war der 14. Dezember, als Genes Vater an Krebs starb. Er hatte nicht viel Zeit gehabt, um Majel kennenzulernen, aber das, was er erlebt hatte, gefiel ihm.

Nach der Beerdigung schrieb Gene an einen Verwandten:

Dad hatte sehr hohe Ideale, und auf seine Weise war er ein sehr ehrenhafter und sehr religiöser Mann; aber er war der Ansicht, daß Religion eine Herzensangelegenheit war, nicht aber notwendigerweise komplizierte Zeremonien beinhalten mußte. Er glaubte, daß man sich an die Menschen für das erinnern sollte, was sie im Leben waren, und daß es albern sei, viel Zeit, Geld und Gefühle darauf zu verwenden, um die sterblichen Überreste zu betrauern.

Wir sind alle sehr stolz auf Mutter, die das Ganze mit großer Würde bewältigt hat. Sie sagte mir, daß sie im Privaten trauerte, viele Nächte lang. Aber sie fühlte keine Verpflichtung, ihre Tränen anderen zu zeigen. Sie liebte ihn, er wußte es, und sie fühlte keine Verpflichtung, das irgend jemandem zu beweisen, indem sie einen Zusammenbruch erlitt.

Vielleicht hilft es Dir zu wissen, daß Dad den Punkt erreicht hatte, an dem er sterben wollte, und daß er den Tod begrüßte wie jemand, der sehr müde ist und sich schlafen legen möchte. Er machte uns allen deutlich, daß der Tod so natürlich und normal wie eine Geburt ist. Oder wie eine Ehe, die Vereinigung zweier Menschen zu einer Einheit. Er war glücklich, daß er meine Frau Majel kennenlernte, die beiden kamen sehr gut miteinander aus. Beide bedauerten es zutiefst, daß sie sich nicht länger und unter gesundheitlich besseren Umständen gekannt hatten. Sie ist von ganzem Herzen Anglerin, und Dad war selbst ein großer Angler, wie Du weißt. Die beiden wären gerne auf den Ozean oder auf einen See hinausgefahren, um in einen Wettbewerb zu treten. Bevor er ins Krankenhaus ging, verbrachten die beiden viele Stunde im Schlafzimmer, wo sie über das Leben, die Liebe und Gott weiß was sonst sprachen.

Die Roddenberrys schienen dazu bestimmt, überall das Ende mitzuerleben. Genes Vater war Teil der Suche nach Pancho Villa gewesen, dem letzten Einsatz der Kavallerie; Genes Kampfeinsätze ereigneten sich, als die B-17-Bomber zum letzten Mal bei Luftschlachten im Südpazifik eingesetzt wurden; die Entwicklung und Produktion von *Star Trek* ging vonstatten, als Desilu von Paramount Pictures einverleibt wurde. Jetzt, 1970, war Gene bei MGM – während der düsteren Jahre dieses Studios. Es war eine traurige Zeit für Hollywoods größtes Studio, das einmal damit geprahlt hatte, »mehr Stars zu haben, als es Sterne am Himmel gibt«.

Kirk Kerkorian verkaufte Studioeigentum, um ein Hotel mit Kasino in Las Vegas zu finanzieren. Auf den Grundstücken sollten Eigentumswohnungen entstehen, doch bevor das geschehen konnte, mußte etwas mit den sieben Lagerhallen geschehen, bei denen es sich um alte Studios handelte, die mit altem Studio-»Müll« vollgepackt waren. Sie mußten leergeräumt werden, bevor sie abgerissen werden konnten. Der »Müll« war eine einzigartige Sammlung; über Jahrzehnte hatten sich dort Kostüme, Requisiten und Memorabilia von Hunderten der besten Filme angesammelt. Auch wenn es wie ein Klischee klingt, so paßt doch die Formulierung, daß »es der Stoff war, aus dem die Träume gemacht waren«. Für Kerkorian war das alles nur ein Hindernis für seine Planungen, und er wollte es aus dem Weg geräumt sehen. Also verkaufte er alles für 1,5 Millionen Dollar an einen Auktionator.[3] Im Mai 1970 war MGM Schauplatz der größten Auktion dieser Art. Es ging durch die Zeitungen in aller Welt, sogar in der *seriösen The Times* in London nahm man davon Kenntnis. Rhys Thomas druckte in seinem Buch *The Ruby Slippers of Oz* einen kurzen Auszug aus dem *Times*-Artikel »Tatters of an Empire« ab:

---

[3] Für weitere Einzelheiten siehe *The Ruby Slippers of Oz* von Rhys Thomas (Los Angeles; 1989, Tale Weaver Publishing).

Auktionen sind immer melancholisch. Es sind die Geschwindigkeit und Unabwendbarkeit, mit denen die Spuren eines Lebens ausgelöscht werden. Vielleicht ist der Grund, warum dieser Verkauf melancholischer ist als die meisten anderen, weil uns die Träume so viele Jahre lang von einem Hollywood geliefert wurden, das nie wieder so sein kann. ... Früher verkauften sie Schatten, jetzt verkaufen sie die Fetzen dieser Schatten.

Das Projekt, für das sich Gene in Japan umgesehen hatte, wurde fallengelassen oder zurückgestellt, oder ein Studioboß änderte seine Ansicht – die Einzelheiten sind nicht mehr nachvollziehbar –, aber MGM hatte ein neues Projekt für ihn.

Das Studio befand sich seit einiger Zeit auf Talfahrt, und Solow wollte es mit neuem Leben erfüllen, indem er die Rechte an ungewöhnlichen Arbeiten kaufte, um daraus Filme zu machen. Eines dieser Projekte war ein Roman von Francis Pollini mit dem Titel *Pretty Maids All In a Row*. Wie Gene einem Freund sagte, hatte MGM einiges für das Buch ausgegeben: zuerst für die Sicherung der Rechte, dann für den Fehlversuch, daraus ein Drehbuch zu entwickeln. Das Projekt fiel Gene zu, der aus dem Buch ein verfilmbares Drehbuch machen und den Film produzieren sollte.

Etwa zur gleichen Zeit wurde James Aubrey, vormals Präsident von CBS – und einer der Männer, die Gene und Oscar Katz *Star Trek* nicht abgekauft hatten –, Präsident des Studios.

Im Verlauf vieler Monate machte Gene aus dem Buch, das er später als »vulgär« bezeichnen sollte, ein Drehbuch. Es war der Beginn der »Swinging Seventies«, und Gene schrieb etwas, was er als Sex-Komödie bezeichnete. Als Regisseur engagierte das Studio Roger Vadim, dessen Ehe mit Jane Fonda dem Ende entgegenging.

Gene hoffte, daß der Film zu einem Wendepunkt in seiner Karriere würde. Mitspielen sollten Rock Hudson, Angie Dickinson, Telly Savalas und Roddy McDowall, außerdem Jimmy Doohan, Keenan Wynn und eine ganze Reihe hübscher Mädchen. Da der Film an einer High School spielte, war sogar eine winzige Rolle für Genes Tochter Dawn drin.

Die Geschichte war sehr direkt: Ein junger Mann mit Hormon-Stau sieht sich an einer High School von einer scheinbar endlosen

Parade junger Frauen umgeben, die alle von Bill Theiss in sehr kurze Miniröcke gesteckt wurden. Unerfahren wie er ist, lernt er über das Leben und die Liebe von seinem Sportlehrer und Studienberater, dessen Hobby es ist, High School-Mädchen zu verführen. Als eine der jungen Frauen den Entschluß trifft, von ihrer Affäre zu erzählen, sorgt der Lehrer dafür, daß sie schweigt, indem er sie umbringt. Weitere Mädchen werden getötet.

Auch wenn Sex in diesem Film nicht offen gezeigt werden sollte, so würde es doch einige Nacktszenen geben – eine ungewöhnliche Angelegenheit für diese Zeit und ganz gewiß für ein großes Studio. Jeder bewegte sich auf Neuland, ausgenommen vielleicht Roger Vadim. Er war Franzose.[4]

Vadim, der Brigitte Bardot entdeckt und mit ihr Filme gedreht hatte, spielte im Studio gerne ein kleines Spielchen. Es hieß, daß er unter seinen engen Hosen nie Unterwäsche trug. Wenn er mit einer jungen Schauspielerin arbeitete, setzte er sie auf einen Stuhl und sprach mit ihr, während er ihr gegenüberstand und sich an der Rückenlehne eines anderen Stuhls abstützte, wobei er manchmal die Beine ein wenig spreizte. Sein Schritt war für sie genau auf Augenhöhe. Dann sprach er mit ihr ruhig über die Szene, während er beobachtete, wie ihre Blicke hinauf- und hinabwanderten. Es entsprach dem Verhalten einer wohlgeformten Frau, die einen tiefen Ausschnitt trug und dabei die Blicke eines Mannes studierte.

Vadim hatte zwar in Europa bei Nacktszenen Regie geführt, aber für MGM war das unerforschtes Territorium. Die »hübschen Mädchen«, die dem Film seinen Titel gaben, waren eine Gruppe von acht jungen Schauspielerinnen, denen bei Vertragsunterzeichnung ausdrücklich bekannt war, daß sie in Nacktszenen auftreten sollten. Teil der Publicity-Kampagne sollte ein *Playboy*-Fotobericht sein; jedem war von Anfang an klar, daß Nacktheit ein unabdingbares Muß war. Leider waren diese Umstände aber so neu, daß niemand daran dachte, das schriftlich festzuhalten. Heutige Schauspielerverträge enthalten eine Klausel, daß man mit Nacktszenen einverstanden ist.

---

[4] Eine Person, die an dem Film mitarbeitete, ließ verlauten, daß Vadim im Studio als der »Famous French Fucker« bekannt war. Das war kein abschätziger Titel.

Eine Schauspielerin änderte ihre Meinung und wurde Gegenstand einer ganzen Welle von Memos. Die Jungdarstellerin hatte die täglichen Aufnahmen der Nacktszenen von einigen ihrer Kolleginnen gesehen, fünf Tage bevor ihre Szenen gedreht werden sollten. Sie besprach das sofort mit ihrem Agenten und ihrem Anwalt, aber keiner von beiden machte sich die Mühe, ihre ablehnende Haltung irgend jemandem im Studio mitzuteilen.

Erst nach ihrer Todesszene, nachdem sie sechs Wochen an dem Film mitgearbeitet hatte und ihre Rolle fester Bestandteil des Films war, äußerte sie unmittelbar vor dem Drehbeginn der Nacktszene ihren Meinungsumschwung.

Der Zeitplan bei Dreharbeiten ist sehr eng. Notfälle und höhere Gewalt können die Dreharbeiten unterbrechen, aber ansonsten sollte keine Verzögerung eintreten. Es ist das amateurhafteste Verhalten überhaupt, wenn ein Schauspieler sich weigert, eine Szene zu drehen, mit der er zuvor einverstanden war. Die Produktion wird dadurch verzögert, kostbare Zeit geht verloren, wie das folgende Memo zeigt:

> Vadim mußte die Szene umstellen und den Aufbau der ganzen Sequenz neu gestalten. Verbunden mit den Besprechungen hinsichtlich unserer Rechte und dem Grad der Nacktheit, den sie zugestehen würde, führte das zu einem Verlust von einem halben Drehtag und zu einem anderen Aussehen der Szene, als wir es uns vorgestellt hatten.

Der Verfasser des Memos schloß mit dem Hauptproblem der Situation:

> Es geht hier nicht um ihre moralischen Vorstellungen über Nacktheit, sondern um ihren Mangel an Professionalität und um die Täuschung, die an den Tag gelegt wurde und die eine unnötige Unterbrechung der Produktion mit hohen Kosten für MGM nach sich zog. Hätte sie uns zu der Zeit informiert, als ihr Bedenken kamen – fünf Tage vor dieser Szene –, hätten wir rechtzeitig Änderungen vornehmen können, sei es, daß wir sie ersetzt hätten, sei es, daß wir die Lage akzeptiert und entsprechende Umstellungen durchgeführt hätten.

Da Vadim die junge Schauspielerin nicht umstimmen konnte, war es an James Aubrey, dem Präsidenten des Studios, die Angelegenheit zu klären. Begleitet vom Besetzungsleiter besuchte Aubrey die junge Frau in ihrer Garderobe, zusammen mit ihrem Anwalt und ihrem Agenten. Kurze Zeit später kam Aubrey wieder heraus und informierte den Besetzungsleiter über die neue Situation. Der erinnert sich, daß Aubrey sagte: »Vadim soll die Szene umarrangieren. Wir können hier nicht gewinnen. Wie soll das aussehen, wenn der mächtige Löwe eine Zwanzigjährige verklagt, um ihre Titten zu sehen?«

Die Dreharbeiten gingen weiter, die junge Frau zog sich nicht aus, aber ihre Schauspielkarriere nahm ein rasches Ende.

Gene liebte es, wenn er um Rat gebeten wurde. Ein Mentor zu sein, war für Gene etwas völlig Selbstverständliches. An einen jungen Verwandten schickte er folgenden Ratschlag.

Was Dein Interesse am Schreiben angeht, so habe ich ein paar *Star Trek*-Drehbücher und anderes Material für Dich in die Post gegeben. Ich glaube, daß es Dich interessieren wird. Vor allem der *Star Trek Writers Guide*, den alle Berufsschreiber lesen und in sich aufsaugen mußten, bevor wir sie überhaupt für eine Episode der Serie unter Vertrag nahmen. Wenn Du das liest, dann denk aber bitte daran, daß *Star Trek* – so wie der größte Teil der Science Fiction – eine untypische Serie ist und daß viele der besonderen Regeln nicht zwangsläufig auf andere Serienformen zutreffen.

Da ich gerade beim Thema Schreiben bin, möchte ich Dir das Buch *The Art of Dramatic Writing* von Laos Egris empfehlen. Dieses Buch wird von den meisten professionellen Autoren in dieser Stadt verwendet. Seine Regeln sind es wert, auswendig gelernt zu werden. Leider untermauert es seine Argumente mit Zitaten aus Dramen von Autoren wie Ibsen, anstatt auf bekanntere Werke zurückzugreifen. Aber selbst das Durcharbeiten dieser Passagen ist die Mühe wert, da das, war für Ibsen gilt, auch für Romane, Drehbücher und fürs Fernsehen gilt, sogar für Serien wie die *The Beverly Hillbillies*, so lächerlich das auch klingen mag.[5]

Bevor ich mich mit Deinen detaillierten Fragen und Sorgen befasse, möchte ich noch meine Erleichterung äußern, daß Du Dich von dieser Frau lösen konntest, die Dir Ärger bereitete. Für zu viele Män-

---

[5] Es ist interessant, daß Gene gerade dieses Beispiel benutzt. Majel erinnert sich nämlich, daß dies eine seiner Lieblingsserien war.

ner – ob jung oder alt – führt ihre Neigung, ein »netter Kerl« zu sein, zu äußerst komplizierten Situationen. Es scheint eine Regel zu sein, daß ein Individuum um so stärker seine Entscheidungen nach den Bedürfnissen anderer ausrichtet statt nach den eigenen, je ehrenhafter es ist. So hart das auch klingen mag – die Tatsache, daß eine Frau Dich braucht oder will, ist völlig zweitrangig bei der Beurteilung dessen, was *Du* brauchst oder willst. Über die Jahre hinweg habe ich auch festgestellt, daß eine überraschende Anzahl Männer aus purer Feigheit heiratet – sie haben einfach nicht den Mut, einer Frau zu sagen, daß es aus ist. Ich glaube, daß Männer diese Verpflichtung viel stärker verspüren als Frauen. Das sogenannte schwache Geschlecht ist geschickt genug, daß wir uns verpflichtet fühlen.

Jeder, der ein ernsthaftes Interesse oder wahre Lust am Leben empfindet, ist meistens ein Arschloch, wenn er heiratet, bevor er mindestens Mitte Zwanzig ist. Auch würde ich niemandem (auch nicht meiner Tochter) empfehlen zu heiraten, wenn man nicht zumindest eine Zeitlang mit dem Partener zusammengelebt hat. Majel und ich lebten voller Stolz fast ein Jahr zusammen, bevor wir diesen Schritt unternahmen.

Nun zur Schauspielerei und dem Grad der Aktivitäten in dieser und den verwandten Branchen. Ich kenne nur wenige Schauspieler, die mit ihrer Rolle im Leben zufrieden sind. Die übrigen, denen ich begegnet bin – darunter äußerst interessante Menschen –, betrachten das Ganze gewöhnlich als eine Sackgasse. Sie sind sehr stark damit beschäftigt, ihr Hauptinteresse auf das Schreiben oder Produzieren zu verlagern. Von einigen sehr glücklichen Ausnahmen abgesehen, kann dieser Beruf ein elendes Leben bedeuten, da der Schauspieler nicht wirklich etwas schafft. Er kann nicht selbst Projekte anregen, er ist immer abhängig von Autoren, Regisseuren und Produzenten. Mit anderen Worten, Du kannst nicht in Dein Zimmer gehen und »schauspielern«. Das gleiche gilt für die Regiearbeit und in geringerem Maße auch für das Produzieren, obwohl Produzenten manchmal noch etwas bewirken, Projekte auf die Beine stellen, indem sie eine Literaturvorlage, einen Autor mit einem Regisseur zusammenbringen und den Ball ins Rollen bringen. Von allen Beteiligten kann sich nur der Autor zurückziehen und in aller Abgeschiedenheit seine Arbeit erledigen.

Ich will damit nicht sagen, daß der Autor zwangsläufig kreativer ist als der Regisseur, insbesondere nicht bei Kinofilmen, wo der Regisseur traditionell den größten Einfluß auf den Film nimmt. In gewisser Weise »schreibt« er mit seiner Kamera und den Schauspielern. Jedenfalls macht das ein guter Regisseur; ein schwacher Regisseur dagegen interpretiert einfach nur das geschriebene Wort, das ihm vorgelegt wird. Beim Fernsehen ist der Produzent eher als das kreative Element zu betrachten, da er fest mit der Serie verbunden bleibt, während Autoren und Regisseure permanent kommen und gehen, sobald sie ihre Arbeit getan haben. Daher wird ein Produzent benötigt, der das Flair der Serie wahrt und die Richtung beibehält, in die sich die Serie von Woche zu Woche bewegt.

Wenn ich über das Schreiben, das Produzieren und Regiearbeit rede, will ich nicht damit sagen, Schauspielerei sei für Dich nicht das richtige. Das mußt Du ganz alleine entscheiden. Sie kann sehr erfreulich sein, auf einer Amateurbasis oder als Nebenbeschäftigung sogar lohnend. Aber bevor Du Dich ausschließlich darauf einläßt, möchte ich Dich auf einige Fallstricke aufmerksam machen. Erstens - und das ist der Punkt, mit dem wir bei unserer Arbeit am häufigsten konfrontiert werden - zieht dieses Business eine überraschende Zahl an Menschen mit persönlichen Problemen an. Verallgemeinert kann man sagen, daß sie sehr spezielle Bedürfnisse haben, die sie sich durch die Schauspielerei erfüllen können. Oft haben sie keine eigene Identität oder kein Vertrauen in eine eigene Identität. Da aber jeder Mensch eine Identität besitzen muß, machen sie sich etwas vor, indem sie die Identität annehmen, die ihnen von Autoren und Regisseuren in Form einer Rolle verliehen wird. Manchmal schauspielern sie, weil sie äußert unsicher sind und verzweifelt den Applaus benötigen, der zur Schauspielerei gehört. Andere sind unreif und wollen nicht mit dem wahren Leben in Berührung kommen, also wenden sie sich der Traumwelt zu, die das Kino in Hollywood oder die Bühne in New York verkörpert. Dort können sie sich vor all den rauhen und unveränderlichen Spielregeln des Lebens drücken, bis sie alt sind. Dann aber holt das Leben sie oft genug in erschreckender Weise ein.

Und natürlich gibt es Schauspieler und Entertainer, die im wahrsten Sinne des Wortes Profis sind. Sie sind oft reizende und interessante Menschen, ob aus ihnen nun Stars geworden sind oder nicht. Doch sie sind selten zu finden. Ich möchte jedem raten, der in der Schauspielerei seine Lebensaufgabe sieht, sehr sehr sicher zu sein, daß es exakt das ist, was er vom Leben will, ganz gleich, ob aus ihm ein Star oder ein Kleindarsteller wird.

Das soll natürlich nicht heißen, daß es nicht einigen von ihnen gelingt, gleichzeitig Schauspieler, Regisseur, Produzent, Bühnenschriftsteller und vieles andere zu werden. Denk aber daran, daß das nur wenigen gelingt. Und diejenigen, die es schaffen, haben enorm viel dafür gearbeitet, um sich auf diese unterschiedlichen Gebiete vorzubereiten. Solche Dinge »geschehen nicht einfach«. Das geht genausowenig wie bei einem Rechtsstudenten, der sich entschließt, der neue Clarence Darrow zu werden, und am nächsten Tag ist er das auch.

Denk bitte auch daran, daß ein Jurastudium eine hervorragende Grundlage für viele Interessen ist, zumal Du selbst sagst, daß es Dich noch immer interessiert. Menschen mit Abschlüssen in Recht führen Universitäten, archäologische Expeditionen und sind an hundert anderen Unternehmungen beteiligt. Mit anderen Worten: Selbst wenn Du kein Anwalt werden willst, sind diese vier Jahre aber keine Verschwendung. Sie sind eine hervorragende Zeit, um Reife zu erlangen. Denk auch daran, daß Deine Jugend ein großer Vorteil für Dich ist, weil Du weitermachen und ein paar Jahre in einer Kanzlei verbringen kannst. Dann kannst Du immer noch zur Schule zurückkehren, um das zu lernen, was Dich dann begeistert.

Ich glaube, das Aufregendste an allem ist, daß Du für viele Jahre tausend Möglichkeiten haben wirst, solange Du Dir einen klaren Kopf, Freiheit und einen gesunden Lebenshunger bewahrst.

Anfang 1970 freundete sich Gene mit Jake Ehrlich an, dem berühmten Prozeßanwalt aus San Francisco. Gene schrieb im März einen Brief, der eine Antwort auf einen früheren Brief und ein kleines Geschenk von Ehrlich war.

Heute morgen habe ich mich mit einer Ausgabe Deiner Anmerkungen »An American Message« befaßt. Sie erreichte mich mitten in den Arbeiten, um einen Drehbuchtermin einzuhalten. Ich mußte sie zur Seite legen, weil ich Dir dafür danken wollte. Ich wünschte, ich könnte meinen Schreibtisch so ordentlich halten wie Du.

Meine erste Reise nach Washington vor vielen Jahren hatte einen Moment der Wirkung auf meine Gefühle und meinen Geist, den ich nie vergessen werde – als ich das Dokument sah, das so stolz mit den Worten »Wir, das Volk ...« beginnt. Natürlich kann man von keinem Volk erwarten, allen Versprechen gerecht zu werden, die darin gegeben werden, aber ich bin überzeugt, daß wir mehr als nur einen gutgemeinten Versuch unternommen haben. Die Frage scheint nun zu lauten: Können wir darauf aufbauen und es noch besser machen? Oder wird unser ursprünglicher revolutionärer Geist durch Größe, Komplexität und Fett zerdrückt?

Wenn wir nicht unseren Mut verloren haben, dann sollten wir in der Lage sein, Mittel und Wege zu finden, die Leidenschaft zu ergreifen und zu benutzen, die sich in den extremen Splittergruppen unserer vielen Rassen und Altersgruppen findet. Ich glaube, wir müssen anerkennen, daß – so sehr wir auch Gewalttaten der einzelnen

Gruppen bedauern – es nicht völlig »sinnlose« Gewalt ist, zumindest bis zu dem Grad, da sie Protest gegen soziale oder andere Bedingungen darstellt, an denen die gewaltlose, nichtbeteiligte Mehrheit etwas hätte ändern sollen. Der Watts-Zwischenfall[6] zum Beispiel beunruhigt mich. Wir können solche Dinge einfach nicht zulassen! Auf der anderen Seite bin ich – als langjähriges Mitglied dieser Gesellschaft und auch als Ex-Polizist in Los Angeles – sicher, daß nur wenig von dem getan worden wäre, um untolerierbare Zustände in Watts zu lindern, wenn es nicht das Drama und die Angst der Öffentlichkeit gegeben hätte, die von den Unruhen und dem Feuer ausgelöst wurden.

So wie viele nachdenkliche Bürger sehe ich mich selbst auch mitten in diesem Dilemma. Einerseits lehne ich Gewalt rigoros ab, auf der anderen Seite bin ich auch entschieden dagegen, gewisse Zustände in unserer Gesellschaft weiterhin zu dulden. Ich möchte nicht, daß irgendein Geschäft niedergebrannt und geplündert wird. Aber noch mehr mißbillige ich das ursprüngliche Watts, in dem Menschenwürde, Ambitionen und oft sogar das Leben eine Unmöglichkeit waren! Mißachtung der Gesetze und eine Flucht in die Gewalt werden zweifellos jede soziale Struktur vernichten. Aber es ist eine unbequeme Tatsache, daß sie weit öfter das Ergebnis sind, nicht aber der Auslöser.

Auf meine persönlichen Verhältnisse bezogen möchte ich, daß meine aufgeweckte, sechzehn Jahre alte Tochter unsere Gesetze achtet. Ich möchte aber nicht, daß sie das als eine Pawlowsche Reaktion auf Erziehung und Disziplin macht, sondern weil es die intelligente Lösung ist. Also muß ich sie davon überzeugen, daß unser System lebensfähig ist und daß es Wege in unserem System gibt, über die sie die gesetzten Ziele auf anständige Weise erreichen kann. Aber angesichts von Vietnam, der dortigen amerikanische Massaker und bestimmter Übergriffe der Black Panther, die ein unfaßbares Panorama der Gewalt auf der Seite des Gesetzes darstellen, habe ich Schwierigkeiten, sie davon zu überzeugen, daß die gefährlichste und schlimmste Gewalt die ist, die angewandt wird, um »Christus den Römern zu entreißen«.

Dein Freund

Am 8. Juni 1970, während die Arbeit an *Pretty Maids* voranschritt, schickte Gene einen Brief an seinen Freund Fred Durant III., zu der Zeit Direktionsassistent der Raumfahrtabteilung am Smithsonian Institut.

---

[6] Der Watts-Aufstand ereignete sich im August 1965.

Bei MGM arbeite ich im Moment daran, einen Kinofilm vorzubereiten, der *Pretty Maids All In A Row* heißen wird. Der begann als Sex-Komödie, aber ich habe gehofft, ihn so überarbeiten zu können, daß er auch ein wenig Sinn bekommt und etwas über die heutige Welt aussagt. Genaugenommen geht es darin um High Schools, und ich bin der Ansicht, daß wir mit unseren High Schools im Moment ziemlich schlecht umgehen. Womöglich werden wir eines Tages feststellen, daß wir eher die Kreativität zerstört und die Kinder entmenschlicht haben, anstatt ihnen zu helfen.

Ich habe versucht, mich vom Fernsehen fernzuhalten, seit *Star Trek* eingestellt wurde. Die Beherrschung des Mediums durch den Kommerz macht es etwas schwierig, enthusiastisch zu sein. Darum habe ich mich auf Kinofilme konzentriert und trotz der schlechten wirtschaftlichen Lage ziemliches Glück gehabt. ... Im Kino entwickelt sich eine neue Ehrlichkeit. Nach der Phase der Nacktheit befindet sich die Branche auf einem Zickzackkurs hin zu Filmen, die gegenwartsbezogene Aussagen machen. Es gibt auch mehr Ehrlichkeit in der Art, wie wir unsere Filme drehen, schneiden usw. Filme werden jetzt mehr und mehr vom Talent kontrolliert, und immer weniger von den Geschäftsleuten und der Werbeabteilung. Ein großer Teil der Beschäftigungslosen setzt sich aus Minimaltalenten (manchmal noch weniger), Geschäftemachern usw. zusammen, die für die Schwierigkeiten verantwortlich sind, unter denen die Filmindustrie gelitten hat. Die neuen Filmemacher sind Menschen, die wissen, wie man jeden einzelnen Dollar verwenden muß – sonst bleiben sie nicht lange im Geschäft. Kurz gesagt, mir scheint, daß diese gesamte Branche der visuellen Literatur namens Kino endlich erwachsen wird.

Zurück zum Fernsehen. Es dürfte Dich interessieren, daß ich mich in St. Louis mit Masters und Johnson getroffen haben, um mit ihnen Möglichkeiten zu besprechen, wie man bestimmte Bereiche ihrer Arbeit korrekt und ansprechend im Fernsehen präsentieren kann. Sie sind zwei der nettesten Menschen, die mir je begegnet sind, äußerst warmherzig und zugleich völlig begeisterte Wissenschaftler. Wir haben uns bestens verstanden. Ich war erstaunt, daß Virginia Johnson ein *Star Trek*-Fan ist, ebenfalls der Vizepräsident der Bank. Das Ausmaß dieses Fandoms setzt mich immer wieder in Erstaunen, und es läßt mich wünschen, daß ich diese Serie nicht einmal pro Woche hätte herunterschreiben müssen.

Größere Schlachten wurden über Genes Kopf hinweg ausgetragen, Umstände, auf die er keinen Einfluß hatte, sollten sich schon bald auswirken. Es schien so, als sei Kerkorian nicht sehr daran interessiert, daß MGM Filme machte. Seine Neigungen gingen in andere Richtungen.

Gene hatte mit Vadim Meinungsverschiedenheiten. Gene hatte eine Sex-Komödie geschrieben, und seiner Sicht nach setzte Vadim nicht Genes Vorstellung um. Vielleicht ging bei der Übersetzung etwas verloren. Ein langjähriger Mitwirkender im Filmgeschäft sagte: »Vadim konnte nie eine Geschichte erzählen.« Allen Unzulänglichkeiten Vadims zum Trotz ist ein Film das Medium des Regisseurs, und das Studio stellte sich hinter ihn. Gene ging. Er ging nach Süden und blieb in La Costa, in der Nähe von San Diego. Er wies seine Sekretärin an, niemandem zu sagen, wo er sich aufhalte. Die Stimmung wurde so gereizt, daß Vadim angeblich jedesmal, wenn Genes Sekretärin ins Studio kam, sagte: »Ah, wir haben einen kleinen Spion unter uns.«

Herb Solow rief fast jeden Tag an und wollte wissen, wo Gene war, aber der kehrte nicht zurück, bis die Dreharbeiten so gut wie beendet waren. Er war erst bei der Nachbearbeitung wieder anwesend. Anfang Januar 1971 schrieb er an einen Freund:

> Der Film nähert sich der letzten Fassung, wir fangen jetzt mit der Titelsequenz, Musik usw. an. Wegen Vadims Art der Regieführung war das Schneiden die Hölle. Vadim war ein wenig in Panik, daß die ganze Sache danebengegangen sein könnte. Aber wir haben den Film in sechs Wochen harter Arbeit geschnitten, und es sieht jetzt so aus, daß wir doch noch etwas daraus machen können.

Am selben Tag schrieb er an einen weiteren Freund:

> Die erste Fassung des Regisseurs funktionierte nicht so gut. Eine Zeitlang herrschte Panik, bis ich zu eine neue Rohfassung schneiden ließ, die mehr in die Richtung geht, die ich für passend halte. Es wird kein großartiger Film sein, aber ich glaube, daß wir jetzt die Chance haben, etwas Amüsantes und Unterhaltsames zu schaffen.

Gene erwähnte auch, was er in der nahen Zukunft machen wollte – eine Idee für einen Film, die nie verwirklicht wurde –, der aber der die Grundlage für seine Kommentare über gesellschaftliche Zustände geworden wäre.

Was mein nächstes Projekt angeht, bin ich mir nicht sicher. Ich arbeite an einem Drehbuch für eine Komödie, mit einer kleinen Prise Science Fiction. Es beginnt damit, daß die Persönlichkeiten eines jungen New Wave-Filmregisseurs und eines Captains der Polizei versehentlich vertauscht werden. Das amüsante Potential wird sofort erkennbar ... Es gibt auch einige ernsthafte Elemente, die ich in das Drehbuch einbringen möchte – vor allem den Umgang mit der anhaltenden Polarisierung unserer Gesellschaft.

Am 19. März 1971 war *Pretty Maids* abgeschlossen, Gene schrieb an einen Freund, mit dem er bei MGM zusammengearbeitet hatte.

Gestern (Donnerstag) wurde ich aufgefordert, mein Büro zu räumen. Neue Vorgehensweise – sobald Du den Film freigegeben hast, bist du raus. Zweifellos MGMs Art, Warmherzigkeit und Loyalität zu fördern. Am Abend rief mich mein Agent an und sagte, daß wir mit MGM einen Vertrag für ein Originaldrehbuch machen und, wenn es ihnen gefällt, daraus einen Film produzieren. Also nehme ich an, daß ich in einem der Büros bleiben werde. ... Wenn *Pretty Maids* Erfolg hat, dann können wir ein wenig die Muskeln spielen lassen. Von den 700 Autoren in der Stadt bin ich wohl einer von einem knappen Dutzend, das jetzt wirklich an einem Kinofilm arbeiten.

Ende Juni äußerte er seine Meinung über den Film gegenüber einem Freund.

Mein Film erwies sich nicht als zufriedenstellend, aber es scheint, daß MGM Geld damit verdient, was an sich in der heutigen Zeit schon ungewöhnlich ist. Ich schrieb ihn als Komödie, aber ich fürchte, daß der Regisseur nicht viel von den Eigenschaften einer amerikanischen Komödie verstanden hat. Ich sehe mich jetzt intensiv nach einem neuen Film um, der sich mit Recht und Unrecht in unserer heutigen Gesellschaft befassen wird. Im Augenblick fahre ich abends in Polizeiwagen mit, um nach interessanten Informationen Ausschau zu halten.

Im Sommer schrieb er an einen anderen Freund in Santa Barbara, wobei er eine unverblümte Selbstbeobachtung machte:

Nein, sieh Dir *Pretty Maids* nicht an. Es gibt nichts Schlimmeres, als etwas zu schreiben, das sehr geistreich sein soll, aber vom Regisseur nicht richtig umgesetzt wird.

Was Deine zweite Frage angeht: *Pretty Maids* spielt aus irgendeinem Grund Geld ein; das hat MGM ermutigt, mir einen zweiten Auftrag zu erteilen. Es geht darum, was an der Polizeiarbeit gut und was schlecht ist. Jedenfalls hoffe ich, daß es sich so entwickeln wird, da ich im Moment nur mit dem Exposé beginne. Viel schlimmer ist, daß ich im Augenblick keine Diätpillen nehme, nachdem ich selbst erkannt habe, daß ich es übertrieben habe. Ich fühle mich zur Zeit so sehr am Boden, daß Dein Gruß ›Live long and prosper‹ einen bitteren Nachgeschmack ausgelöst hat.

Ich werde zurückkommen.

                                  Mit wahrhaft herzlichen Grüßen

Ein Jahr später nahm Gene an einem Briefinterview mit einer Gruppe Studenten von der Southern California High School teil. Sie schickten ihm ihre Fragen, er nahm die Antworten auf Tonband auf. Dabei sprach er auch kurz über seine Filmerfahrung:

»In [*Pretty Maids*] waren eine Menge nackter High School-Mädchen zu sehen sowie ein High School-Berater, der von Rock Hudson gespielt wurde. Er versuchte, sie auf den rechten Pfad zu bringen, indem er lieber ihren warmen jungen Körper manipulierte, nicht aber ihren Geist. Es hat mir viel Spaß gemacht, den Film zu produzieren. Es war kein großartiger Film, aber er hat an den Kinokassen immerhin ein wenig eingespielt.

Ich glaube, das Drehbuch war besser als der Film. Das Drehbuch war wirklich sehr lustig.

High School-Studienberater haßten mich dafür, daß ich ihnen unterstellte, einer von ihnen könnte so unprofessionell sein. Vielleicht hatten sie recht. Obwohl ich es begrüßt hätten, wenn sie ihn mit dem gleichen Sinn für Humor gesehen hätte, mit dem ich ihn geschrieben habe. Ich betrachte Sex nicht als etwas so Schreckliches.

Ich glaube, daß brutale Filme und Kriegsfilme viel widerwärtiger sind – Szenen, in denen Menschen getötet und verstümmelt werden. Dank einer sonderbaren geistigen Verwirrung scheint es akzeptabel zu sein, daß Menschen mit Maschinengewehren abgeschlachtet werden, während es einfach schrecklich zu sein scheint, die Titten einer Frau zu zwicken.«

Anfang September schrieb Gene an einen Freund, der sich in Palm Springs von einer Operation erholte. Genes soziales Bewußtsein zeigte sich in seinen Filmprojekten genauso wie in seinen Fernsehserien.

Ich habe mich in letzter Zeit ein wenig versteckt, während ich an einem schwierigen Filmdrehbuch gearbeitet habe. Daher kam die Nachricht von Deiner Operation als völlige Überraschung.
 Ich glaube, daß Dich dieses Filmdrehbuch interessieren dürfte. Seit einiger Zeit habe ich mir Gedanken gemacht über die Polarisierung der Polizei in eine Art »Minderheitenkomplex« parallel zur Polarisierung der Farbigen. Aber mit etwas Glück bringe ich einen Film zustande, der die Dummheit auf beiden Seiten zeigt.
 Darleen ist schwanger, und ich hoffe, daß mein zweites Enkelkind ein Junge sein wird. [So war es auch.] Ich halte es für gut, daß sie ihre Familie so plant, daß zwischen den Kindern nie mehr als ein oder zwei Jahre liegen. In der Zwischenzeit redet Majel davon, daß sie mir helfen will, eine zweite Familie zu gründen, was mir zugleich gefällt und auch Angst macht. Aber warum nicht? Ich bin letzten Monat fünfzig geworden, und es ist wahrscheinlich an der Zeit, daß ich mir Gedanken darüber mache, was ich tun werde, wenn ich erwachsen bin. Es würde mir nichts ausmachen, wenn ich ein Gefühl des Wunders, der Neugier, der Liebe und andere besondere Eigenschaften der Jugend behalten kann, die Du immer so gut zum Ausdruck gebracht hast.

Gene und Majel entschieden sich für ein Kind, aber die Entscheidung war noch das leichteste. Die Schwangerschaft war für Majel ein illusorisches Ziel. Ein Kind zu bekommen, sollte ein langwieriges Projekt werden.

Ende Dezember 1971 schrieb Gene an einen Fan, mit dem er sich angefreundet hatte:

Um ehrlich zu sein, schwankt mein Eindruck von Geschäftsleuten zwischen Säbelzahntigern und den Erbauern von Amerika. Das hängt für gewöhnlich vom jeweiligen Status meines anhaltenden Kampfes mit diversen Studios über den Unterschied zwischen ihrem Bruttogewinn und meinem Nettogewinn und meiner (in dieser Branche einzigartigen) Behauptung, Diebstahl per Taschenrechner sei nicht harmloser als Diebstahl mit Hilfe einer Pistole.
 Ich nehme an, daß die *Star Trek*-Episoden etwas von beiden Standpunkten in sich trugen, da es die Funktion des Dramatikers die ist

darzustellen, was er für die Wahrheit hält. Im Prozeß des Schreibens entdeckt er für gewöhnlich, daß es zu jedem Thema viele Wahrheiten gibt. Im Leben und in der Arbeit bekannter Autoren ist es tatsächlich möglich, daß das denkbar Schlimmste für sie die Überzeugung ist, endlich die Wahrheit gefunden zu haben und nicht länger suchen zu müssen.

Während Gene *Pretty Maids* schrieb und produzierte und sein neues Familienleben genoß, war Paramount eifrig damit beschäftigt, *Star Trek* in die Syndication zu schicken. Auch wenn alles langsam angefangen hatte, nahm die Bewegung zu, als die Menschen die Serie allmählich entdeckten. Da Syndication üblicherweise bedeutet, daß eine Serie zu einer Zeit außerhalb der *Prime Time* gesendet wurde – oft um 18 Uhr –, waren mehr Menschen in der Lage, die Serie zu sehen, in vielen Fällen während des Abendessens. Manche Sender zeigten die Serie sogar an fünf Tagen in der Woche. Besonders College-Studenten begannen überall im Land, die Serie zu entdecken. Im Januar 1972 berichtete *Variety*, daß *Star Trek* in den USA von über einhundert und in Übersee von siebzig Sendern ausgestrahlt wurde.

Januar 1972 war zudem die Zeit, als das *Star Trek*-Fanphänomen sich in einer neuen Form manifestierte.

KAPITEL 14

Es war in der Geschichte des Fernsehens ein einzigartiges Ereignis: eine Convention zu Ehren einer einzigen Serie, zudem noch einer Serie, die drei Jahre zuvor abgesetzt worden war.

Science Fiction-Conventions an sich waren ein alter Hut, sie wurden schon seit Jahren veranstaltet. Die *Science Fiction Encyclopedia* erklärt, daß »amerikanische Science Fiction-Fans die erste Convention dem Jahr 1936 zurechnen, als eine Gruppe aus New York einen Tag mit einer Gruppe aus Philadelphia verbrachte«. Doch »die erste geplante Convention fand 1937 im englischen Leeds statt. Die erste... Weltcon, heute das Spitzenereignis, fand 1939 statt. Auf der Weltcon werden die Hugo Awards vergeben.«

Die Weltcons (und die Awards) sind grundsätzlich gedacht für Science Fiction, die in Büchern und Magazinen veröffentlicht worden ist. Ein Hugo für »Dramatische Darstellung« wurde bis 1958 nicht vergeben.[1] Eine große Zahl *Star Trek*-Fans war zum Science Fiction-Fandom gestoßen, die Nachfrage nach *Star Trek* als Gegenstück zu geschriebener Science Fiction wuchs und wuchs. (Einige Hardcore-Science Fiction-Fans wurden ärgerlich und unterstellten, *Star Trek* sei keine echte Science Fiction und daher nicht würdig, Bestandteil einer Science Fiction-Convention zu sein.)

Joan Winston, eine der Organisatorinnen der 72er Convention, schrieb: »*Star Trek*-Fans wurden auf den üblichen Science Fiction-Conventions stets mehr oder weniger geduldet. Also kamen wir auf die Idee, daß sich ein paar hundert *Star Trek*-Fans treffen und über *Star Trek* reden konnten, ohne daß jemand sie verspotten würde.«[2] Ein Kern bildete sich, zu dem Elyse Pines, Eileen

---

[1] *Star Trek* gewann je einen Hugo für »The Menagerie« (1967) und »The City on the Edge of Forever« (1968).
[2] *Star Trek Lives!* von Jacqueline Lichtenberg, Sondra Marshak und Joan Winston (New York: Bantam Books, 1975).

Becker, Allan Asherman, Regina Gottesman, Joyce Yasner, Devra Langsam, Debbid Langsam, Steve Rosenstein und Stuart Hellinger gehörten. Al Schuster wurde Vorsitzender, weil er »mehr Convention-Erfahrung besaß«.

Mit viel Krafteinsatz, Begeisterung und Ausdauer und mit der Naivität eines Judy Garland/Mickey Rooney-Musicals fand die Gruppe eine »Scheune« und stellte ein Programm zusammen. Ein Vorgeschmack auf das Interesse am Programm kam auf, als eine »Talkrunde«, die im Brooklyn College stattfinden sollte, in einem Saal angesetzt wurde, der 350 Personen Platz bot. Über 700 Leute kamen – ein Vorzeichen der Dinge, die sich auf der Convention ereignen sollten.

Einige Mitarbeiter von Paramount unterstützten die Gruppe, lieferten Hinweise und Vorschläge. Ein Artikel in *Variety* zog eine Lawine von Anrufen der Medien nach sich – und somit mehr Publicity als erwartet. Anmeldungen kamen sogar aus Kalifornien und Kanada – die Bewegung wurde größer.

Man wandte sich an die NASA, mit der Bitte um ein »kleines Ausstellungsstück«. Die NASA schickte ein Modell der Mondlandekapsel und ein Modell des LEM im Maßstab 1:3, außerdem einen lebensgroßen Raumanzug mit einem Modellastronauten darin: über 1800 Kilogramm, verpackt in sieben gigantische Kisten, die allesamt zwei Tage zu früh angeliefert wurden, während es im Hotel keine Lagermöglichkeit gab. Es folgten ein paar hastige Telefonate, und die NASA erklärte sich einverstanden, die Lagergebühren zu übernehmen.

Das Statler-Hilton in New York und die Convention-Veranstalter waren darauf vorbereitet, mit bis zu 1800 Besucher zurechtzukommen. Da das Komitee bereits 800 Voranmeldungen erhalten hatte, hatte man eine Vorstellung von den Dingen, die kommen würden. An dem Tag, an dem die Convention eröffnet wurde (offiziell am Mittag), hatte die Telefonzentrale des Hotels Anrufern mitgeteilt, daß sie sich ab 8.30 Uhr registrieren lassen konnten. Um 9 Uhr warteten bereits 400 Leute. Gene und Majel kamen um 11 Uhr an und gerieten in das Chaos.

Joan Winston erinnert sich:

»Bedauerlicherweise waren die am Empfang nicht genügend vertraut mit den Gästen, um sie zu erkennen. Als Gene und Majel versuchten, den Händlerraum zu betreten, wollte einer der Jungs ihre Anstecker sehen. ›Sie können hier ohne Badge nur rein, wenn Sie ein Mitglied des Komitees sind oder mit *Star Trek* zu tun haben.‹ Genes Erwiderung war ein Klassiker. ›Ich bin *Star Trek*‹, verkündete er und schritt majestätisch an der sprachlosen Gruppe vorüber.«

Nachdem er mehrere Stunden umhergegangen war und die Ovationen für *Star Trek* entgegengenommen hatte, konnte Gene nur eines sagen: »Ich kann es nicht glauben. Alle diese phantastischen Leute sind hier, um *Star Trek* zu ehren.«

Das Ereignis hatte die Medien angezogen, Fernsehreporter berichteten davon, so gut das im Gedränge und Geschiebe der Massen eben ging. Teams von ABC und CBS waren anwesend, aber NBC, das Network, bei dem *Star Trek* gelaufen war, glänzte sonderbarerweise durch Abwesenheit. Als Joan mit ihnen Kontakt aufgenommen hatte, hieß es, man sei »völlig desinteressiert«.

Nicht völlig, wie sich herausstellte.

Joan Winston erinnert sich:

»Wir erfuhren später, daß sie ein paar Leute geschickt hatten, um sich ›umzusehen‹. Sie waren am Samstag da, ›sahen sich um‹, wurden aschfahl und gingen. Ich glaube, sie hatten Angst, man würde sie lynchen, wenn irgend jemand feststellte, daß sie von dem Network waren, das *Star Trek* abgesetzt hatte. Sie könnten recht gehabt haben.«

Die Convention schrieb Geschichte. Für Freitag wurden 1200 Besucher vorgemerkt, für Samstag weitere 1000. Zeitweise waren es aber über 3000, die um gute Plätze kämpften. Am Sonntag, bevor Asimov seine Rede hielt, wurden 500 oder 600 gezählt. Danach, so erinnert sich Joan, gaben sie es auf und ließen jeden hinein, wobei sie den Preis senkten, da sie es für unfair hielten, für die restlichen Stunden den vollen, für ein dreitägiges Programm kalkulierten Preis zu fordern. Drei Stunden vor Ende der Convention hatten sich vor dem Gebäude weitere 500 Fans versammelt, die verärgert waren, daß sie nicht früher von der Convention erfahren hatten.

Die Organisatoren hatten weit mehr erreicht, als sie sich vorgenommen hatten. Sie hatten nur eine Convention auf die Beine stellen wollen, damit ein paar hundert Fans eine abgesetzte Fernsehserie feiern konnten. Letzten Endes war es aber die bis dahin größte Science Fiction-Convention geworden – und sie war ein deutliches Zeichen für Gene, daß *Star Trek* in den Herzen und den Köpfen vieler Menschen lebendig war.

Gene hatte den Besuch der Convention mit einem Treffen mit Networkbossen in New York City verbunden, damit die Convention-Veranstalter nicht für seinen Flug und sein Hotel aufkommen mußten. Als er nach Los Angeles zurückkehrte, schrieb er an die ehemalige *Star Trek*-Redakteurin Betty Ballantine:

> Ich habe mit CBS eine Horrorserie und mit NBC eine Art Science Fiction-Idee besprochen. Letzteres wäre mir lieber. Es soll so etwas sein wie der Science Fiction-Film der Woche, aus dem die eine oder andere Serie entstehen könnte. Das wäre zumindest das, was mich mit einem Freudenschrei zum Fernsehen zurückbringen würde. Ich werde Dich wissen lassen, wenn sich irgend etwas ergibt. Vielleicht hast Du ja Bücher, die Du vorschlagen möchtest.

Am nächsten Tag antwortete er auf eine Anfrage der Reece Halsey Agency, die ein Drehbuch von Alan Dean Foster betraf. Gene erwähnte, daß »ein Vertrag für einen möglichen *Star Trek*-Film in Erwägung gezogen wird. Aber das Interesse könnte sich abkühlen und das ganze Projekt könnte sterben.« In diesem Brief vom März 1972 wurde zum ersten Mal ein möglicher *Star Trek*-Film erwähnt – abgesehen von vertraglichen Erwägungen aus der alten Desilu-Zeit.

Mitte März schrieb Gene an einen Freund und brachte ihn auf den neuesten Stand. Gene interessierte sich wieder mehr fürs Fernsehen und machte sich über andere Projekte Gedanken.

> Ich vergaß in meinen letzten Briefen zu erwähnen, daß mein Anwalt J. D. Salingers *Catcher in the Rye*[3] geprüft und festgestellt hat, daß er frei ist. Ohne weitere Details zu nennen, teilte er mir mit, daß eine Reihe von Einzelpersonen und Organisationen immer wieder Interesse an dem Buch zeigten, aber Probleme damit haben. Es könnte durchaus sein, daß Du derjenige bist, der das ganze richtig angeht.

---

[3] Nach seiner Erstveröffentlichung in den fünfziger Jahren verkaufen sich von Salingers Meisterwerk noch heute 400 000 Exemplare pro Jahr.

Dennoch bleibe ich bei meiner Ansicht, daß es zur Zeit kein genügend großes Publikum für dieses Projekt gibt.

Die Dinge entwickeln sich hier ziemlich schnell. Das aufregendste von allem ist, daß NBC erklärt hat, man wolle *Star Trek* wieder ins Fernsehen bringen. Ob es zu einem Vertrag zwischen dem Network und Paramount (die mit mir zusammen Rechteinhaber sind) kommt, kann ich zur Zeit nicht sagen. Aber es scheint, daß diese Sache eine Dynamik erreicht hat, die es über solche Hindernisse hinwegtragen wird. Außerdem diskutiere ich mit NBC einen Vertrag über eine Projektentwicklung, mache für CBS einen Horror-Pilotfilm und habe zwei Zeichentrickprojekte, die vielversprechend aussehen.

Gene hatte in New York einige Zeit mit Asimov verbracht; Ende April schrieb er an ihn:

Es war sehr schön, daß wir uns in New York getroffen haben. Ich hoffe, daß wir diesmal nicht so lange ohne Kontakt bleiben. Grund dafür ist sowohl persönliche Sympathie als auch das Geschäft, obwohl ich mich ohne Zögern für ersteres entscheiden werde, wenn nichts geschieht, was letzterem einen Sinn gibt.

Der Grund, warum ich das Geschäftliche erwähne, ist der, daß ich überzeugt, ja sogar fest davon überzeugt bin, daß sich Film und Fernsehen zunehmend »phantastischen« Themen zuwenden, in dem die außergewöhnliche Vielfalt der Science Fiction-Literatur vielleicht endlich von Investoren und Produzenten erkannt wird. Lange Zeit wurden *Star Trek* und *Odyssey 2001* als Außenseitererfolge betrachtet. Aber die große Wirkung von Filmen wie *Silent Running*, *Clockwork Orange* und anderen macht sich jetzt bemerkbar. Einige erkennen endlich, daß sich in Science Fiction, Fantasy und verwandter Literatur mehr Realitätsbezug und Tiefgang findet als in den ziemlich tristen, gegenwärtig wichtigen Filmen. Und viel mehr Unterhaltung! Ich habe einem Studio bereits vorgeschlagen, daß ein Mann von Deinem Ruf der ideale Präsentator einer Science Fiction-Anthologieserie im Fernsehen wäre. Damit habe ich natürlich nicht gesagt, daß Dich so etwas überhaupt interessieren würde, aber ich glaube, daß meine Absicht verstanden wurde. Sicher wärest Du ein unschätzbar wichtiger Berater bei einem großen Science Fiction-Filmprojekt, auch wenn Du nicht gewillt oder in der Lage bist, Dich intensiver mit etwas Derartigem zu befassen – vielleicht in der Art, wie Clarke es getan hat. Ich würde es sehr schätzen, wenn Du mich wissen lassen könntest, in welchem Maß Du an solchen Dingen interessiert bist oder ob es Dir lieber wäre, daß Dein Name nicht fällt. Ich glaube, daß es mit dem ehrlichen Respekt vor

Deinem Werk zu tun hat – und natürlich auch mit meinem Ego –, wenn ich sagen kann, daß ich Isaac Asimov kenne und mit ihm in Kontakt stehe.

Asimov fühlte sich geschmeichelt, daß er als »Alfred Hitchcock der Science Fiction« betrachtet wurde, und schrieb zurück, er sei »nicht weniger fotogen als Hitchcock und kein schlechterer Schauspieler«. Asimov machte Gene auch darauf aufmerksam, daß er Manhattan nicht verlassen würde, um eine Fernsehserie zu präsentieren. Die Kamera mußte schon zu ihm nach New York kommen. Er blieb dem Vorschlag gegenüber aufgeschlossen und beendete seinen Brief mit den Worten: »Ich möchte aber eindeutig klarstellen, daß – wenn es nicht dazu kommt, daß mich jemand anspricht – ich Dich schuldlos halten werde.«

Auf der New Yorker Convention war auch Harry Stubbs anwesend, der unter dem Namen Hal Clement schreibt. Er und Gene hatten auf der Convention nur einige Minuten miteinander gesprochen. Ohne Zeit, seine Gedanken zu ordnen, schrieb Gene an Stubbs einen Brief, formulierte einige Fragen und machte dann diese Beobachtung:

> Wir hatten nach der Rückkehr zur Westküste ein Gespräch mit NBC; mindestens ein Kommentar wird Dich vermutlich amüsieren. Die Bosse äußerten die Ansicht: »Vielleicht haben wir *Star Trek* zu früh aus dem Programm genommen.« Ist es das, was man einen Pyrrhussieg nennt? Ich glaube, ich hätte lieber die Schecks für die gesamten fünf Jahre.

Stubbs schrieb zurück, äußerte seine Meinung und schloß mit der Frage, inwieweit die Originalbesetzung verfügbar wäre. Bei seiner Antwort machte Gene eine interessante Bemerkung über Kirk, zu der keine weiteren Details verfügbar sind.

> Deine Kommentare waren sehr hilfreich. Übrigens war Frederick Browns Story die Vorlage für *Arena*, wir haben ihn angemessen bezahlt. Was *The Doomsday Machine* angeht, glaube ich, daß die Episode uns vom Autor als Originalidee vorgelegt wurde. Zumindest beklagte sich niemand, also kann ich annehmen, daß die Angelegenheit ohne Probleme geklärt wurde. Wir stellten einen recht beneidenswerten Rekord auf, den ich gerne einmal erwähnt sehen würde: *Star Trek*

wurde niemals des Plagiats bezichtigt, worauf ich immer stolz gewesen bin (obwohl ich in diesem Augenblick auf Holz klopfe). Nicht, daß alles jungfräulich war, aber die Dinge (zum Beispiel der Transporterraum) waren ein Ergebnis der Erinnerungsfragmente, die jemand mit sich herumträgt, der sein Leben lang Science Fiction gelesen hat. Kein bedeutender Teil wurde komplett übernommen. Tatsächlich ist es, daß einige der Ideen sich später als Kindheitserinnerung herausstellten, die aus irgendeiner Ausgabe von *Astounding Stories* stammten.

Es wird Dich interessieren, daß NBC mich ohne Umschweife darauf angesprochen hat, *Star Trek* wieder ins Programm zu nehmen. Offensichtlich hat der Network-Präsident die Programmabteilung angewiesen, sich darum zu kümmern. Das Problem ist, daß die Paramount Studios nun die Rechte an *Star Trek* besitzen (da sie sie beim Kauf von Desilu miterworben haben). Die zentrale Frage ist nämlich die, inwieweit Paramount bereit ist, das notwendige Geld zu investieren, um die Serie in angemessener Form wieder ins Fernsehen zu bringen. Ich glaube, Du verstehst, warum ich es entweder richtig oder gar nicht tun möchte.

Ich werde an das denken, was Du mir über die Besetzung gesagt hast, aber ich habe das Gefühl, daß NBC etwas an Kirk ändern will. Es ist noch nichts entschieden, aber es ist ein Gefühl, das ich bekomme, wenn sie die Erkenntnisse ihrer Marktforschungsabteilung über die Einstellung des Publikums gegenüber den verschiedenen Schauspielern sammeln. Auch habe ich das Gefühl, daß Bill sich aus verschiedenen Gründen weigern wird, wieder mitzuspielen – sowohl aus persönlichen als auch aus Gründen, zu denen nur er selbst sich äußern kann. Leonard Nimoy ist derjenige, von dem jeder glaubt, daß er die größte Stütze für eine neue Serie sein dürfte. Er ist aber auch der meistbeschäftigte, was Probleme mit sich bringen kann. Ich habe mich kürzlich mit ihm zum Essen getroffen. Leonard ist voller Hingabe an die Rolle des Spock und an die Serie. Er machte klar, daß er zurückkehren würde, wenn es mit seinen beruflichen Bedürfnissen und Plänen vereinbar ist.

Majel war ein Fan der Dodgers, und von Zeit zu Zeit besuchten sie und Gene ein Spiel. Ein Freund schickte ihnen Karten, und Gene schrieb ihm, um sich zu bedanken und zu erläutern, warum er nicht öfter mit Majel zu Spielen ging.

> Nochmals vielen Dank für die Karten. Sie kosteten mich nur die übliche Rechnung über zwanzig Dollar für die Reinigung, als meine ra-

sende Frau uns beide mit Bier überschüttete, nachdem unser Team das Ergebnis ausgeglichen hatte. Mein Fehler. Ich hätte schon vor Jahren lernen sollen, ihr Getränk festzuhalten, wenn die Dodgers am Schlag sind.[4]

Anfang der siebziger Jahre war die Entwicklung von Pilotfilmen so teuer geworden, daß die Networks es sich nicht mehr leisten konnten, einen Pilotfilm zu finanzieren, nur um zu sehen, ob sich die Idee fürs Fernsehen eignet. Sie suchten nach Möglichkeiten, sich die Investition zurückzuholen. Es war daher nur ein logischer Schritt, Pilotfilme als Fernsehfilme zu drehen. Das sollte schon bald ein fester Bestandteil der Branche werden.

Anfang Mai 1972 ließ sich Gene im Studio von Warner Bros. nieder, um dort Fernsehserien zu entwickeln. Es war kein Exklusivvertrag, so daß er in der Lage war, auch für andere Studios zu arbeiten.

Genes nächstes Projekt wandte sich wieder mehr der Science Fiction zu: *Genesis II*. Im Jahr 2133 angesiedelt, erzählt die Serie, wie sich die Erde langsam von einem Atomkrieg erholt. Menschen und durch die Strahlung Mutierte existierten in unabhängigen Stadtstaaten. Der Anfang der Serie befaßte sich mit der Wiederbelebung des NASA-Wissenschaftlers Dylan Hunt, der 154 Jahre in künstlichem Tiefschlaf gelegen hatte. Es gibt zwei Wege, um Hunt zum Leben zu erwecken: Injektion von Hirnstimulantia oder – typisch Roddenberry – Sex. Dieses Handlungselement zeigt Gene bei dem, was er nach Möglichkeit immer tat: die Grenzen zu erweitern.

Es war Teil von Genes Persönlichkeit: Wenn man ihm sagte, er könne etwas Bestimmtes nicht tun, dann suchte er nach einem Weg, um es doch zu tun. Es war zum Teil Trotz, zum Teil geistige Übung, zum Teil künstlerische Integrität. Ein Großteil seiner künstlerischen Karriere war eine einzige umfassende Kampfansage gegen die Autoritäten, die die freie Äußerung von Ideen und den künstlerischen Gesichtspunkt zu ersticken versuchten.

---

[4] Gene erzählte auch gerne, daß er sie einmal zu einem Konzert in der Hollywood Bowl mitnahm. Während der musikalischen Darbietung verfolgte Majel über einen Ohrhörer ein Spiel der Dodgers.

Diese Unabhängigkeit zeigte sich bei Four Star und als er Captain Pike mit Jeff Hunter besetzte – gegen den Willen des Networks. Gene schrieb ein Szenario, das es ihm erlaubte, seinen Willen durchzusetzen und die Zensoren des Networks zufriedenzustellen, während er ihnen gleichzeitig eine lange Nase drehte.

Gene benutzte Außerirdischer oder »Außenseiter« in seinen Serien, um Konflikte zu erzeugen, und als Vehikel, um sich über die Natur der Menschen zu äußern. Für *Genesis II* schuf er Lyra'a, eine menschliche Mutantin mit überlegenen körperlichen und geistigen Fähigkeiten. Nachdem der Anatomieunterricht der Networks nie einen Nabel gezeigt hatte, versah Gene seine Mutantin gleich mit zweien.

Lyra'a, die von Mariette Hartley[5] gespielt wurde, erweckt Hunt, gespielt von Alex Cord. Zwar wird den Zuschauern gesagt, daß sie ihn erwecken kann, weil ihre Leute mutierte Pflanzen zu medizinischen Zwecken einsetzen können. Aber das Publikum ist nie völlig sicher, ob Lyra'a die Pflanzen nicht persönlich unterstützen mußte, um das Wunder zu ermöglichen. Gene hatte seine Idee an den Network-Zensoren vorbeigeschmuggelt, aber sonst nicht viel erreicht.

Anfang 1976 erklärte Gene in einem Interview:

»Als *Genesis II* vorgestellt wurde, wollte ich Lloyd Bridges für die Hauptrolle. Die Fernsehleute zückten ihre Statistikunterlagen – die Liste, die von den Werbefachleuten benutzt wird, weil sie durch sie erfahren, wer was wie verkauft – und sagten mir, daß Lloyd Bridges in einer Science Fiction-Fernsehserie nicht derjenige war, von dem man glaubte, er würde die vorgesehenen Produkte verkaufen können. Auf die gleiche Weise verwarf man meine gesamten zwölf Vorschläge. Sie suchten einen sehr fähigen Schauspieler aus – Alex Cord –, der sich aber nicht für diese Serie eignete, wie sich später herausstellte.«[6]

Der Pilotfilm wurde in den Burbank Studios Ende 1972 und Anfang 1973 gedreht. Der letzte Drehtag war der 18. Januar

---

[5] Ms. Hartley hatte auch die Rolle der Zarabeth in der *Star Trek*-Episode »All Our Yesterdays« gespielt, die am 14. März 1969 ausgestrahlt wurde. In *Genesis II* spielte auch ein anderes vertrautes Gesicht mit: Ted Cassidy, der in »What Are Little Girls Made Of?« mitgewirkt hatte.
[6] *The Monster Times*, Mai 1976.

1973. Jeder glaubte, etwas Besonderes geleistet zu haben: eine weitere erwachsene Science Fiction-Serie, die funktionierte und die Geschichten über Menschen erzählte. Gene war bereit für einen Serienstart, er hatte sogar fünfzehn *Genesis II*-Drehbücher vorbereitet. Der Pilotfilm wurde am 23. März 1973 ausgestrahlt und gut aufgenommen. Aber dann wurde alles durch eine Horde sprechender Primaten zunichte gemacht.

Gene beschrieb das Schicksal von *Genesis II* während einer Vorlesung an der Stanford University:

»Als Pilotfilm für eine potentielle Science Fiction-Serie bot er eine Bandbreite von Geschichten, die der von *Star Trek* ähnlich war. Wir hatten die Serie versuchsweise an CBS verkauft. Dann strahlte das Network einen kostspieligen, gut gemachten Film namens *The Planet of the Apes* aus. Es war harte Konkurrenz für uns. Bis dahin hatten wir die höchste Einschaltquote auf dem Sendeplatz am Donnerstagabend. Aber *The Planet of the Apes* überholte uns.

»Die Zuschauer flippten aus. Der Programmchef des Networks schrie: ›Affen!‹ Ich sagte: ›Wartet mal! Ich dachte, wir hätten uns darauf geeinigt, über Science Fiction zu reden.‹ Und sie sagten: ›Roddenberry, Sie Dummchen! Science Fiction ist gleichbedeutend mit Affen!‹ Bei Warner Bros., wo wir den Pilotfilm gedreht hatten, kam beträchtliche Panik auf. Sie sagten: ›Roddenberry, Sie müssen *Genesis II* retten! Können Sie *Genesis II* nicht um ein paar Affen erweitern? Paviane oder Orang-Utans oder sonst was?‹

Gleichzeitig machte einer der Juniorchefs den wunderbaren Vorschlag, ich solle mich mit der Idee auseinandersetzen, daß der beste Freund des Menschen sich zu einer Spezies auf den Hinterpfoten laufender, sprechender Hunde entwickelt hat. Ich wollte sarkastisch sein, als ich sagte: ›Nein, ich habe eine bessere Idee. Ich denke an eine Art Schildkrötenmensch. Das könnte noch besser werden, weil es unserer Serie die Unterwasserdimension verleiht.‹ Ich wußte, daß alles vorüber war, als sie diesen Vorschlag ernst nahmen.«

Und so wurde die anspruchsvolle Science Fiction namens *Genesis II* von den Network-Bossen umgebracht. Gene warnte den Network-Verantwortlichen, daß Affen, die sich wie Menschen verhielten, kein Serienformat darstellen würden, sondern ein Witz seien. Aber sie wollten Affen. Sie erhielten Affen. Am 13. September 1974 debütierte *Planet of the Apes* auf CBS. Vierzehn Episoden später hatten die Affen die Quoten doch nicht nach oben getrieben und starben schnell aus.

Gene versuchte einen zweiten Anlauf mit *Genesis II*, es war eine umgestaltete Version mit dem Titel *Planet Earth*. Alex Cord wurde durch John Saxon ersetzt, aber auch dieser Versuch verkaufte sich nicht. Gene hatte sich natürlich auch über diese Version seine Gedanken gemacht:

»In *Planet Earth*, dem zweiten *Genesis II*-Versuch, war die Besetzung der Rollen der reine Horror. Sie lehnten jeden meiner Vorschläge ab. Der Produktionsbeginn war so knapp, daß sie mit meinen Leuten nicht einmal Testaufnahmen machten.«[7]

Das Studio oder das Network versuchte sich an einer weiteren Variation des Formats, produzierte eine andere Version ohne Genes Namen und nannte es *Strange New World*. Es war in jeder Hinsicht unqualifiziert. Genes Konzept, zerhackt und ohne seinen Namen ausgestrahlt, war ein schmachvolles Ende für Genes Traum von einer ausgereiften Science Fiction-Serie.

Gene war voller Energie. Ein weiteres Projekt war in der Entwicklung, fast zur gleichen Zeit wie *Genesis II*.

Mitte Mai 1972 hatte Gene an Asimov geschrieben:

Ich habe gerade etwas erfunden, um es bei der Vorstellung einer Fernsehserie zu benutzen. Ich nenne es »Asimovs Regel«, da ich zu bescheiden bin, um etwas so Schlaues mit meinem Namen zu versehen. Sie lautet:

»Die innovative Qualität und das Unterhaltungspotential eines jeden Science Fiction-Exposés ist umgekehrt proportional zur Anzahl der gelehrten Personen, die darauf bestehen, daß es nicht funktioniert.«

Auf anderen Gebieten hast Du mich schändlich im Stich gelassen. Auf Bitten der Universal Studios habe ich mit der Arbeit an einer Serie begonnen, in der ein Roboter die Hauptrolle hat, aber ich habe nur wenig gefunden, was ich aus Deinen zwei Büchern, die Du mir

---

[7] Ebenda.

gegeben hast, stehlen konnte. Bis auf die Tatsache, daß er kein menschliches Wesen verletzen kann. Das wiederum habe ich von jemandem gestohlen, der die Idee bei Dir geklaut hat. Eines Tages wird jemand einen Menschen erfinden, der keinen anderen Menschen verletzen kann. Aber wer würde das schon glauben?

Ich hatte gehofft, bald wieder in New York zu sein. Aber mit Warner Bros. ergibt sich die Möglichkeit eines Vertrags. Es scheint, daß wir eine Abmachung haben. Daher werde ich die nächsten Wochen damit verbringen, dort einzuziehen und einige Projekte ins Rollen zu bringen. Außerdem hoffe ich, einen Scheck in Empfang zu nehmen.

Schreib mal, wenn Du die Gelegenheit hast.

Gene R.

Bevor Asimov antworten und auf den Fehler in Genes Formel aufmerksam machen konnte, schickte Gene schnell einen weiteren Brief:

In meinem letzten Brief hätte ich »direkt proportional« schreiben müssen, nicht »umgekehrt proportional«. Bei der Serienpräsentation habe ich es richtig gesagt, und Du kannst Dir nicht vorstellen, wie viele Leute in Hollywood Dich heute zitieren.

Ich habe Universal Studios empfohlen, sich *I, Robot* als Idee für einen Film anzusehen. Sie schienen beeindruckt, aber bei den Studiobossen weiß man nie.

Im August hatte sich die Serienidee mit einem Roboter in der Hauptrolle zu einem Androiden namens Questor entwickelt, dessen ursprünglicher Titel *Mister Q* gelautet hatte. Geschichte und Serienkonzept stammten von Gene, aber er holte seinen Freund Gene Coon, damit der das Drehbuch schrieb. Dann wurde daraus ein Drehbuch von Gene Coon und Gene Roddenberry mit Überarbeitungen. Ein Drehbuch erlebte neun Überarbeitungen zwischen November 1972 und Anfang Februar 1973. Wichtige Handlungselemente wurden in dieser Serie untersucht, Elemente, die später bei Data, dem Androiden von *Star Trek: The Next Generation*, wiederauftauchen sollten.

Die Geschichte beginnt mit Michelangelos Erschaffung des Adam, womit eines der Hintergrundthemen der Serie angesprochen wird. Anstelle von Gott, der Adam nach seinem Ebenbild schafft, haben wir den Menschen, der Questor schafft, einen Androiden, der ein perfektes Ebenbild des Menschen darstellt, aber ausgestattet mit außergewöhnlichen Kräften und Fähigkeiten. Questor war von dem mehrfachen Nobelpreisträger Dr. Emile Vaslovik konstruiert worden, finanziert von einem Konglomerat aus fünf Nationen.[8] Doch Vaslovik war vor Beginn der Handlung und vor Abschluß der Arbeiten an Questor verschwunden.

Vasloviks Assistent war Jerry Robinson, ein schüchterner und etwas introvertierter »Liebhaber technischer Spielereien«, der eigentlich ein unerkanntes Genie war – unerkannt, außer von Vaslovik. Robinson ist ein sehr moralbewußter Mann, der menschliches Leid sehr bewußt wahrnimmt.

Bei einem erfolglosen Versuch, Questors Programme zu entschlüsseln, löschen die Wissenschaftler aus fünf Nationen versehentlich einen Teil der Startbänder. Questor wird aktiviert, aber er ist nicht komplett. Er besitzt keine Emotionen und kann keine moralischen Bewertungen vornehmen. Auch weiß er nicht, wer er ist und warum er überhaupt existiert. Während Robinson ihn über Gefühle und zwischenmenschliches Verhalten unterrichten soll, macht sich Questor auf die Reise, um von seinem vermißten Schöpfer zu erfahren, wer er ist und warum er existiert. Questor sucht nach Antworten auf fundamentale Fragen der Menschheit.

Auf seiner Suche nach Vaslovik begegnet Questor einer Freundin seines Schöpfers, der Gene den Namen Lady Helena Alexandria Trimble gab – nach seiner Bekannten Bjo Trimble. Questor versteht ihre Absichten falsch und glaubt, er solle mit ihr schlafen, um die Informationen zu erhalten, die er benötigt. Es verlautete, daß Gene mit den Network-Zensoren darüber in Streit geriet, aber das war möglicherweise nur ein Publicity-Trick. Es ist unwahrscheinlich, daß Gene angesichts des Stimmung jener Zeit und der konservativen Network-Verantwortlichen jemals geglaubt haben könnte, eine Liebesszene zwischen einem Menschen und einem Androiden durchsetzen zu können.

Vierzehn Jahre vor Datas berühmtem Satz in *Star Trek: The Next Generation* sagt Questor zu Lady Trimble: »Wenn es für den Informationsaustausch erforderlich ist, bin ich in jeder Hinsicht funktionsfähig.« Es war ein Zeichen der Zeit, daß Questors Funktions-

---

[8] Majel Barrett spielte die Vertreterin der USA.

fähigkeit keine Verwendung fand, anders als im Fall von Data und Lieutenant Tasha Yar.

Es gibt auch eine Szene in *Questor*, die Gene bei *The Next Generation* in der Episode »The Royale« wiederverwendete. Beide Androiden waren in der Lage, ihre außergewöhnlichen Fähigkeiten zu nutzen, um beim Würfeln jede gewünschte Augenzahl zu werfen.

Als sie Dr. Vaslovik in einer Höhle am Berge Ararat finden, erfahren sie, daß auch er ein Androide ist, einer aus einer langen Reihe von Wächtern, die vor Jahrtausenden von einer nicht genannten Rasse auf der Erde stationiert wurden. Während Vaslovik sich dem Ende seines Lebens nähert (nachdem er über zwei Jahre lang auf Questor gewartet hat), erklärt er Questor das Wesentliche seines Auftrags:

»Seit dem Beginn dieser Welt haben wir der Spezies Mensch gedient. Wir beschützen, aber wir mischen uns nicht ein. Die Menschheit muß ihren eigenen Weg gehen. Wir führen sie, dienen ihr, helfen ihr. Aber die Menschheit weiß nichts davon.«

Questor sollte der Letzte seiner Art sein, seine Lebensspanne sollte 200 Jahre betragen. Dann, so Vaslovik, wird die Menschheit bereit sein, eigenständig zu leben.[9]

Diese Serie bot viele Entwicklungsmöglichkeiten. Universal gab grünes Licht für den zweistündigen Pilot- bzw. Fernsehfilm und besetzte ihn rasch ohne Genes Zutun. Robert Foxworth, der bei Universal unter Vertrag war, erhielt die Rolle des Questor. Mike Farrell, gleichfalls bei Universal unter Vertrag, wurde für Jerry Robinson genommen. Auch wenn Gene stets sagte, daß Foxworth und Farrell hervorragende Arbeit leisteten, war er verärgert, daß man ihn nicht zur Besetzung gefragt hatte. Er hatte das Drehbuch geschrieben und bei der Rolle des Questor an Leonard Nimoy gedacht.

Um Kosten zu sparen, wurden der Schauplatz für *Project Questor* vom schweizerischen Genf nach Pasadena in Kalifornien verlegt, das California Institute of Technology diente als Kulisse.

Während der Außenaufnahmen am Cal Tech entwendeten einige Studenten das Schild, das eines der Gebäude als Heimat von

---

[9] Diese Zeitspanne von 200 Jahren hätte die Serie bis in das Zeitgefüge von Genes *Star Trek*-Universum gebracht.

»Project Questor« auswies. Gene fand das amüsant und orderte vom Studio einen Ersatz, nachdem das Schild nicht auffindbar war. Das Schild, das er bekam, trug aber den falschen Schriftzug »Questor Project« und wurde nicht benutzt.

In einem zuvor unveröffentlichten Interview, das während der Dreharbeiten gemacht worden war, beschreibt Mike Farrell das Leitthema von Questor: »Daß es Hoffnung für die Menschheit gibt – daß die Menschheit nicht dem Untergang geweiht ist, indem sie sich selbst in die Luft sprengt. Ganz gleich, ob ihr dabei von dieser überlegenen Rasse geholfen wird, die ihre Androiden geschickt hat, oder ob sie sich selbst hilft.«

Während Farrell Parallelen zwischen den Figuren Spock und Questor erkannte, machte er eine Beobachtung, die zu einer Vorhersage werden sollte:

»Ich glaube, die Serie besitzt ein enormes Potential. Die Frage ist aber, ob man uns gestattet, das auszuführen und zu erkennen. Wir können es, glaube ich, auf zwei Arten erreichen. Wenn eine Serie daraus wird, können wir weiterhin Dinge sagen, die über die Menschheit gesagt werden müssen, über Menschlichkeit und über die Beziehung zwischen Mensch und Maschine. Oder wir machen eine weitere Abenteuerserie daraus, was wirklich eine Tragödie wäre, wenn das geschieht.«

Der Pilotfilm wurde Ende des Sommers 1973 abgeschlossen. Allen – ob Network, Studio oder Darstellern – schien er zu gefallen, und er wurde verkauft. NBC erteilte den Auftrag und setzte die Serie für Freitagabend um 21 Uhr an, direkt nach ihrer neuen Serie *The Rockford Files*. Ein Dutzend Episoden wurde bestellt, Gene entwarf eine »Bibel« – den Writers and Directors Guide. Die Handlungselemente wurden stärker ausgearbeitet, neue Figuren wurden hinzugefügt, neue Möglichkeiten wurden erforscht und dann – geschah etwas. Irgend jemand irgendwo in der großen Maschinerie des Networks kam zu dem Entschluß, der Serie *seine* Ideen aufzudrücken. Diese »Vorschläge« liefen darauf hinaus, das Format »nur ein bißchen« zu ändern.

Am 7. November 1973 gab es ein neues Serienformat für *Questor*. Auf der ersten Seite des »neuen Formats« findet sich die beiläufige Bemerkung: »Wir ignorieren das Ende des Pilotfilms, wo [Questor] Vaslovik findet und eine vollständige Erklärung seines Sinns und Zwecks erhält.« Wohl nur der Chef eines Networks konnte dem Urheber einer Serie sagen, er solle fünfzig Prozent der Pilotfilm-Handlung, die Lösung des Problems des gesamten Dramas und die Basis für die Fortführung des Konzepts als Serie ignorieren.

Es genügte aber nicht, die Hälfte des Pilotfilms zu ignorieren: Die Figur des Jerry Robinson, jene Hälfte der Partnerschaft, die das emotionale Gegengewicht zu Questors kalter und präziser Logik darstellte, wurde gestrichen. Damit entfielen dramatische Situationen, in denen Questor jene Art tiefblickender gesellschaftlicher Kommentare abgeben und Kritik äußern konnte, für die Spock berühmt geworden war und die Gene mit Vorliebe schrieb.

Das »neue Format« führte aus, daß Questor eine Serie mit *einem* Star sein sollte. Die Rolle des Robinson wurde mit einem Satz fallengelassen: »Es ist anzunehmen, daß wir eines Tages eine Geschichte finden, die Jerry Robinson zu Recht berücksichtigt. Das wird jedoch voll und ganz vom Wert einer solchen Geschichte abhängen.«[10]

Das Network wollte eine Kombination aus *Fugitive/Run For Your Life/Six Million Dollar Man*. Gene wollte nichts davon haben, aber sein Protest fand kein Gehör. Er ging, das Projekt brach zusammen, und Questor wurde ins Archiv gebracht. Am 24. Januar 1974 wurde schließlich der Pilotfilm ausgestrahlt und erreichte respektable, zu der Zeit aber bereits bedeutungslose Einschaltquoten. Die letzte Ausschlachtung der Idee war ein Roman zum Film. Wie so viele andere potentiell köstliche Mahlzeiten wurde auch Questor durch zu viele Möchtegernköche verdorben. Es war zudem ein teures Mal. Majel meint, daß Gene etwas aufgab, das eine Million Dollar hätte einbringen können.

Ein Teil von Genes Zeit wurde Anfang der siebziger Jahre wieder von *Star Trek* in Anspruch genommen: als ausführender Berater der Zeichentrickserie. Sie brachte nicht viel Geld ein, pro Episode erhielt er ein Beraterhonorar von 2500 Dollar. Dorothy Fontana, die bei der Originalserie Redakteurin und Autorin war,

---

[10] Farrell wurde aus dem Vertrag entlassen und übernahm 1975 die Rolle des Captain B. J. Hunnicut in *M*A*S*H*.

wurde Redakteurin und Produzentin der Zeichentrickserie. Andere Drehbuchautoren der Originalserie schrieben erneut Drehbücher, und Sam Peeples, der seinerzeit den zweiten Pilotfilm geschrieben hatte, wurde unter Vertrag genommen, um die Pilotepisode der Zeichentrickserie zu schreiben.

Die Zeichentrickserie wäre beinahe nicht zustande gekommen, wie Gene Anfang der siebziger Jahre in einem Interview mit der Zeitschrift *Show* erläuterte:

»Zum Beispiel war eine *Star Trek*-Zeichentrickserie im Gespräch, aber Paramount weigerte sich, mir die vollständige künstlerische Kontrolle darüber zu geben. Ich weigerte mich, ihnen *irgend etwas* zu geben. Das Projekt wurde so lange zurückgestellt, bis sie vor kurzem kapitulierten. Nun wird die Zeichentrickserie im Herbst auf Sendung gehen. Ich wollte einfach nicht, daß Weltraumkadetten durch die *Enterprise* rannten und Unsinn redeten. Diese Zeichentrickserie gibt mir einen entscheidenden Vorteil: Wenn das Drehbuch ein dreiköpfiges Wesen erfordert, können wir das für den gleichen Preis bekommen wie ein Wesen mit einem oder zwei Köpfen.«

Als er über das Niveau der Zeichentrickversion befragt wurde, erwiderte Gene:

»Das war einer der Gründe, warum ich die künstlerische Kontrolle haben wollte. Es gibt schon genug Einschränkungen durch den Sendeplatz am Samstagmorgen. Wir müssen einen Teil der Gewalt weglassen, den wir am Abend hätten haben können. Sex wird wahrscheinlich kein Thema sein, aber es wird *Star Trek* sein, keine stereotype Kinderserie.«

Exakt sieben Jahre nach dem Debüt von *Star Trek* bei NBC stellte sich die Zeichentrickserie mit Peeples' Episode »Beyond The Farthest Star« vor – nur nicht in Los Angeles.[11]

Die Episoden wurden unter anderem geschrieben von Marc Da-

---

[11] Dort kandidierte George Takei für ein politisches Amt. Seine Gegner hatten sich bei der FCC beklagt; Grundlage für diese Beschwerde war die Vorschrift über gleichmäßig verteilte Sendezeit. Die FCC, die offenbar besorgt darüber war, wie dreißig Sekunden von Georges einschmeichelnder Stimme sich auf die Wahlberechtigten auswirken würden, die sich die Cartoons am Samstagmorgen ansahen, forderte den Ersatz durch eine andere Episode für Los Angeles, wo die Zuschauer »Yesteryear« von Dorothy Fontana zu sehen bekamen. Die Pilotepisode wurde am 22. Dezember 1973 ausgestrahlt – nach der Wahl.

niels – Regisseur bei der Originalserie –, Walter Koenig – dem Schauspieler, der Chekov gespielt hatte – und dem angesehenen Science Fiction-Autor Larry Niven. Bis auf Walter Koenig versahen alle Schauspieler der Originalserie die Zeichentrickfiguren mit ihrer Stimme.[12] Jedoch wurden die Dialoge nicht gemeinschaftlich aufgenommen. Statt dessen erhielten die einzelnen Schauspieler zwei oder drei Drehbücher und nahmen ihre Texte auf Tonband auf. Im Studio wurden die Texte dann zusammengeschnitten. Was für die Schauspieler bequem war, führte aber dazu, daß die Interaktion zwischen den Figuren fehlte, ein Markenzeichen der Originalserie.

Fans von Zeichentrickfilmen liefen nicht Gefahr, die Serie mit einer Filmproduktion zu verwechseln: Die Szenen bestanden aus deutlich weniger Einzelzeichnungen. Sie reichten aus, um das Gefühl von Bewegung und Action zu vermitteln, aber sie besaßen nicht die glatte Qualität, für die andere Zeichentrickproduktionen berühmt waren. Die *Star Trek*-Zeichentrickserie war generell gut produziert, aber die Qualität fand sich eher in den Drehbüchern als in der Tricktechnik – auch wenn eine halbstündige Episode angeblich 75 000 Dollar kostete. Ein weiterer Nachteil war die Standardisierung der Posen und Kostüme der Figuren: Lieutenant Uhura trug in allen 22 Episoden die gleichen Ohrringe.

Ein unübersehbarer Vorteil des Zeichentricks waren die unbegrenzten Möglichkeiten. Keine teuren Kostüme, keine Gaststars, keine fotografischen Effekte – nur Tinte und Farbe auf Zelluloid. Dank dieser Freiheit wurden zwei neue Crewmitglieder geschaffen: Lieutenant Arex, der drei Arme und drei Beine besaß und dem die vielseitigen Stimmbänder von James Doohan seine Stimme gaben, und Lieutenant M'Ress, ein weibliches Katzenwesen, das in vier Episoden zu sehen war. Die Stimme der M'Ress stammte von Majel Barrett.[13] Der Rest der Besetzung synchroni-

---

[12] Berichten zufolge wurde die Zahl der Schauspieler, die als Sprecher arbeiten durften, durch Vorschriften geregelt. Gene gefiel es offenbar nicht, daß Chekov ausgeschlossen wurde, und holte Koenig, damit der eine Episode schrieb: »The Infinite Vulcan«, ausgestrahlt am 20. Oktober 1973.

[13] Majel Barrett ist die einzige Schauspielerin, die in (fast) allen Inkarnationen von *Star Trek* mitgespielt hat: im ersten Pilotfilm, in der Originalserie, in der Zeichentrickserie, in zwei Kinofilmen, in *Star Trek: The Next Generation* und *Star Trek: Deep Space Nine*. Lediglich *Star Trek: Voyager* fehlt noch zur Vollständigkeit.

sierte die eigene Rolle, während Doohan eine Vielzahl von Figuren sprach. Ein paar Schauspieler nahmen ihre Gastrollen aus der Originalserie wieder an, darunter Stanley Adams als Cyrano Jones, Mark Lenard als Sarek und Roger C. Carmel als Harcourt Fenton Mudd. Neben der Originalbesetzung wurden unter anderem 75 Künstler beschäftigt, die für jede Episode 5000 bis 7000 Einzelzeichnungen anfertigten.

Die Kritiken waren breit gefächert. Cecil Smith schrieb am 10. September 1973 in der *Los Angeles Times*, daß die Serie am Samstagmorgen fehl am Platz war, und verglich sie mit einem »Mercedes in einem Seifenkistenrennen«. Smith schlug vor, NBC solle sie auf die beste Sendezeit verlegen, und merkte an, das Network habe »nie die Anziehungskraft der Liveserie verstanden« und würde das wahrscheinlich auch niemals tun. Das Niveau der Zeichentricktechnik stünde über dem sonst im Fernsehen üblichen Standard und sei mit »grandiosen Effekten [versehen], die auf einer Bühne niemals verwirklicht werden könnten«.

Aber da war auch die andere Seite. Ein Kritiker schrieb in der *Chicago Tribune*, daß die »Fans« von *Star Trek* richtigerweise als »Fanatiker« bezeichnet werden sollten, da sie sich »landesweit lauthals« beschwerten, daß die *Star Trek*-Zeichentrickserie als Kindercartoon bezeichnet wurde.

Um die Verwirrung noch zu verstärken, stellte Tom Zito – der in der *Washington Post* eine Reihe von Samstagmorgen-Cartoons besprochen hatte – fest, die Zeichentrickserie sei »faszinierend«. Dennoch fragte er sich, ob die Zielgruppe der vier bis acht Jahre alten Kinder in der Lage sein würde, die Themen der Serie zu verstehen.

Filmation produzierte 22 Episoden.[14] Die Serie wurde mit einem Emmy für die Kategorie Kinderserie ausgezeichnet und

---

[14] Laut *Star Trek*-Archivar Richard Arnold gab es keine Episode 13. Als die Cartoon-Episoden auf Video erschienen, wurden sie mit 1-2, 3-4, 5-6, 7-8, 9-10, 11-12, 14-15 usw. numeriert.
Dazu Richard Arnold: »Ich rief Dorothy [Fontana] an, um herauszufinden, was geschehen war. Sie sagte, daß es eine Episode gab, die von [Filmation] gekauft worden war, aber nie das Licht der Welt erblickte. Sie mußte eingeplant worden sein, aber niemand befaßte sich mit ihr. Daher wurde diese eine Episode nie fertiggestellt. Das ist eines von diesen Rätseln.«

kurz darauf von NBC aus dem Programm genommen. Die letzte neue Episode - »The Counter-Clock Incident«[15] - wurde am 12. Oktober 1974 ausgestrahlt. Paramount Home Video veröffentlichte alle Episoden im Juni 1989, am gleichen Wochenende, an dem *Star Trek: The Final Frontier* in die Kinos kam. Es war die zweite Serie, die Gene geschaffen hatte und die wegen eines schlechten Sendeplatzes eingestellt worden war. Später erklärte Gene, daß er die Zeichentrickserie niemals genehmigt hätte, wenn er damit hätte rechnen können, daß *Star Trek* nochmals als Liveserie ins Fernsehen kommen würde. Er betrachtete sie nicht als Teil von *Star Trek*.

Seine Karriere in der Filmbranche hatte nicht gezündet, aber Gene hatte dadurch eine Lektion gelernt: Fernsehen ist das Medium des Produzenten, weil er die eine Konstante bei der Produktion einer Serie ist. Regisseure und Autoren kommen und gehen, aber der Produzent wahrt den Geist der Serie. Beim Film ist es der Regisseur. Es ist egal, wie brillant ein Buch geschrieben ist oder welche Möglichkeiten ein Drehbuch bietet, es ist allein die Aufgabe des Regisseurs, das Potential zu erkennen.

Gene hatte immer noch ein As im Ärmel: *Star Trek*. Obwohl die Produktionsschulden unergründlich langsam abgetragen wurden und obwohl Gewinne in ferner Zukunft lagen - wenn sie denn überhaupt erreicht wurden -, gewann die Serie beständig an Popularität. Und das gleiche widerfuhr Gene. Neben den Fanclubs für die verschiedenen Schauspieler gab es die Gene Roddenberry Appreciation Society, ohne jeden Zweifel der erste Fanclub für einen Autor/Produzenten.[16] Durch einen Freund erfuhr Gene, wie er diese Popularität für sich und Majel nutzen konnte.

Arthur C. Clarke ist einer der herausragenden Science Fiction-Autoren der Welt. Er war immer von der Wissenschaft fasziniert gewesen, was sich in seinen Werken und während seiner Zeit als

---

[15] Geschrieben von Fred Bronson (unter dem Namen John Culver).
[16] Das Buch *The Making of Star Trek*, das veröffentlicht wurde, während die Serie noch lief, hatte seinen Ruf gefestigt, da er den Fans verdeutlichte, was ein Autor/Produzent macht.

Präsident der British Interplanetary Society von 1946 bis 1947 und von 1950 bis 1953 zeigte. Seine erste professionelle Science Fiction-Geschichte wurde im Mai 1946 in *Astounding Science Fiction* abgedruckt. Die *Encyclopedia of Science Fiction* läßt erkennen, warum er und Gene Freunde wurden.

> Durch »The Sentinel«[17] wurde zum ersten Mal das Arthur C. Clarke-Paradox offensichtlich: Der Mann, der von allen Science Fiction-Autoren am stärksten mit kenntnisreicher, technologischer Science Fiction identifiziert wird, ist zutiefst dem Metaphysischen, ja sogar dem Mystischen verbunden. An den Mann, der in der Science Fiction oft für den unbegrenzten Optimismus des emporstrebenden menschlichen Geistes steht und für den Gedanken, ... daß es nichts gibt, was die Menschheit nicht erreichen kann, erinnert man sich vor allem wegen des Menschheitsbilds, das die Menschen als Kinder zeigt, wenn man sie mit der alten, unergründlichen Weisheit außerirdischer Rassen vergleicht.

Gene hatte eine von Clarke gehaltene Vorlesung über Astronomie besucht. Während des anschließenden Besuchs hatte ihm Gene erzählt, daß die Dinge nicht so gut liefen und sie möglicherweise das Haus verlieren würden. Zudem hatte Genes Scheidung von Eileen ihm eine monatliche Unterhaltszahlung von 2000 Dollar aufgebürdet, und Eileen mochte es nicht, auf ihren Scheck warten zu müssen.[18]

Clarke stellt Gene seinem Agenten für die Vermittlung von Vorlesungen vor, Bill Leigh. Gene besuchte Leighs Büro in New York City für ein Treffen, über das er Jahre später dem Clarke-Biographen Neil McAleer berichtete: »Ich hatte das Gefühl, daß das Fernsehen Leigh nicht sehr vertraut war. Es kam mir eher so vor, als würde er denken: ›Wenn Arthur ihn empfohlen hat, werden wir natürlich versuchen, mit ihm zurechtzukommen.‹«

Ende 1974 schrieb Gene an einen Freund:

---

[17] Die Kurzgeschichte, die die Grundlage für den Film *2001: A Space Odyssey* bildete.
[18] Es war möglicherweise einer der unfaßbarsten Vorschläge aller Zeiten, als Gene Eileen anbot, ihr bei einer Kürzung der monatlichen Unterhaltszahlung auf die Hälfte seine Gewinnanteile an *Star Trek* abzutreten. Sie lehnte den Vorschlag ab.

Ich nahm mir Arthur Clarkes Ratschlag zu Herzen und unterschrieb bei seiner Agentur, dem Leigh Bureau. Ab dem 4. September bin ich für etwa 40 Vorlesungen überall im Land vorgesehen, vorwiegend an Universitäten. Die Studenten scheinen mich aus irgendwelchen Gründen sehen und hören zu wollen. Das gibt mir den doppelten Vorteil, daß ich mit der jüngeren Generation in Kontakt bleibe und mitbekomme, was sich außerhalb von Hollywood abspielt. Außerdem erhalte ich Honorare, die das Einkommen als Autor ausgleichen, das ich während der Reisen verliere. Paramount muß mir immer noch die Gewinne aus Wiederholungen und dem Merchandising zahlen. Aber da man behauptet, daß *Star Trek* noch immer mit einigen Millionen in der Kreide steht, sind andere Einkommensquellen nach wie vor ein Thema.

In dem Maße, in dem *Star Trek* beliebter wurde, gewann auch Gene an Popularität, vor allem an den Universitäten. Zunehmend mehr Studenten wollten hören, was der Mann zu sagen hatte, der *Star Trek* erfunden hatte. Gene hielt Vorlesungen an Universitäten im ganzen Land. Er sprach über *Star Trek*, er zeigte die »Bloopers« (jene Fehler, die sich während der Dreharbeiten für die Serie ereignet hatten), er sprach über seine Karriere und über die Zukunft - jenen Ort, an dem er die meiste Zeit des Tages verbrachte. Genes Botschaft an die Collegestudenten war die von Hoffnung und Vertrauen - Hoffnung auf die Zukunft und Vertrauen in die Menschheit, Vertrauen in uns selbst.

Im Juni 1973 erhielt er einen Ehrendoktor vom Emerson College in Boston, den ersten von insgesamt drei, die ihm in seinem Leben verliehen werden sollten.

Ein alter Reiseslogan sagte, »anzukommen sei nur halbe Vergnügen« - und so war es die meiste Zeit auch für Genes und Majels Versuche, eine Familie zu gründen. Spaß, ja, aber letztendlich frustrierend. Nach Dutzenden von Fruchtbarkeitstests und drei Fehlgeburten gaben sie es auf, enttäuscht, aber mit dem Wissen, alles Menschenmögliche versucht zu haben. Jedenfalls glaubten sie das. Dann setzte bei Majel zweimal die Periode aus, aber sie machte sich keine Gedanken. Das war auch schon früher einmal vorgekommen, ohne daß sie schwanger war. Eines Tages begann sie, sich seltsam zu fühlen. Sie dachte sofort an Krebs und ging zum Arzt.

Der Arzt konnte nichts feststellen, bis jemand vorschlug, einen Schwangerschaftstest zu machen. Der Test fiel positiv aus. Niemand konnte mit Sicherheit sagen, seit wann sie schwanger war, daher wurde das Alter des Fötus zu einem regelrechten Ratespiel.

Anders als zuvor verlief die Schwangerschaft relativ ereignislos, von einem ungewöhnlichen Umstand abgesehen: jede Bewegung des Ungeborenen verursachte sofort Schwindel und Erbrechen. Es gab keine warnenden Vorzeichen. Ohne jede Vorwarnung brach es einfach aus Majel hervor. Gene beklagte sich, weil er irgendeine Form von Warnung geschätzt hätte, wenn sie mit dem Auto unterwegs waren, aber sie konnte ihm diesen Wunsch einfach nicht erfüllen. Das garantierte ein interessantes Gesellschaftsleben und abenteuerliche Autofahrten.

In einer Nacht während Majels Schwangerschaft hatte Gene einen sehr real wirkenden Traum, daß sich jemand auf seinen Rücken erbrach. Als er erwachte, fühlte er sich sonderbar durchnäßt. Er blickte über die Schulter, um festzustellen, daß es nicht nur ein Traum gewesen war. Majel hatte so fest geschlafen, daß sie von dem Ganzen nichts mitbekommen hatte.

Auch wenn das Alter des Ungeborenen nicht exakt bekannt war, kamen die Ärzte schließlich zu der Erkenntnis, daß Majel neun Tage überfällig war. Sie entschlossen sich, die Geburt künstlich einzuleiten. Gene, der bald stolzer Vater eines Sohns sein sollte – das Geschlecht war einige Zeit zuvor bei einer Untersuchung festgestellt worden –, ging mit einem Bekannten aus und betrank sich in der Nacht zuvor. Er sollte sie am nächsten Tag ins Krankenhaus fahren und beharrte darauf – bevor er ausging –, daß er bis dahin wach sein würde. Majel wußte es besser und bereitete ihre Tasche für den Aufenthalt im Krankenhaus vor. Gene schwor, daß er sie hinfahren würde.

Am nächsten Morgen verschlief Gene den Wecker. Majel stand auf, zog sich an, nahm ihre Tasche, küßte ihn auf die Wange und fuhr selbst ins Krankenhaus.

Gene wachte später auf – verwirrt und verkatert – und war erschrocken, daß Majel nicht da war. Er stolperte umher und bestellte ein Taxi, da er wußte, daß ihr Wagen am Krankenhaus stand und er mit ihm zurückfahren konnte. Er wies den Taxifahrer an, ihn ins Queen of Angels Hospital zu fahren. Kurze Zeit später stürmte ein großer, verkaterter, unrasierter, zerstreuter Fernsehproduzent in die Aufnahme und wollte wissen, wo seine Frau sei. Als man ihm sagte, daß eine Mrs. Roddenberry nicht bekannt sei, wurde Gene hektisch und verlangte, man solle seine Frau finden. Plötzlich wurde ihm klar, daß er sich zum Cedars of Lebanon hätte begeben müssen, nicht zum Queen of Angels. Er hatte den Taxifahrer zum falschen Krankenhaus geschickt.

In der Zwischenzeit hatte Majel Medikamente erhalten, die die Wehen einleiten sollten. Ein Monitor überwachte ihren Zustand. Doch für die Geburt war der Muttermund noch nicht weit genug geöffnet. So ging es neun Stunden lang weiter. Sie hatte beträchtliche Schmerzen und war über die Situation alles andere als glücklich.

Schließlich entschied der Arzt, einen Kaiserschnitt vorzunehmen, und verabreichte ihr eine Spinalanästhesie. Vielleicht lag es an der plötzlichen Erlösug von den Schmerzen oder am Medikament, das man ihr verabreichte, daß Majel mit einem Mal sehr geschwätzig wurde, während sie die Operation in der verchromten Oberfläche einer Lampe mitansah. Ihrer eigenen Beschreibung nach quasselte sie praktisch unaufhörlich während der gesamten Operation.

Als die Schwester ihr das Baby vors Gesicht hielt, lächelte Majel, da sie glücklich war, daß alles endlich vorüber war. Schweißgetränkt und ausgepumpt von ihrem langwierigen Martyrium, sah Majel ihr neugeborenes Kind an und sagte mit der Zärtlichkeit einer jungen Mutter: »Nun, er ist auf jeden Fall gut abgehangen!« Dann wurde sie bestückt.[19]

---

[19] Natürlich war ihr nicht klar, daß die Genitalien bei praktisch jedem Neugeborenen durch die mütterlichen Hormone während der Schwangerschaft überdurchschnittlich groß sind.

KAPITEL 15

Die Rückkehr von *Star Trek* verlief auf einem langen und gewundenen Pfad. Die ersten Conventions 1972 hatten das Interesse verstärkt, die Serie wiederzubeleben, aber es gab, wie Gene später erklärte, Hindernisse auf dem Weg. Und zur Verteidigung aller Beteiligten muß man erwähnen, daß es nie zuvor so etwas wie das Phänomen *Star Trek* gegeben hatte. Für jeden war es Neuland, auch für die Studiobosse. Sie hatten nicht erkannt, daß *Star Trek* im Begriff war, Teil der amerikanischen Kultur zu werden. Es war keine Modeerscheinung, aber bei einigen Verantwortlichen lauerte die Angst im Hinterkopf, der Trend könnte den Höhepunkt bereits überschritten haben, womit alle Gelder verloren wären, die in neue Projekte gesteckt worden waren. Jeder wollte auf der sicheren Seite sein. Niemand wollte auf der Grundlage einer falschen Entscheidung seinen Job oder gar seine Karriere aufs Spiel setzen.

In einem Interview Mitte der siebziger Jahren ließ Gene verlauten, daß »NBC darum gebeten hat, einen neuen Pilotfilm zu liefern. Paramount erwiderte, daß die Neukonstruktion der Bühnenbilder sowie neue Kostüme und Requisiten 750 000 Dollar kosten würden. Bei einem solchen Preis würde man nur mitmachen, wenn NBC *vier* Episoden in Auftrag gab. NBC ließ die Angelegenheit komplett fallen, und ich fuhr in Urlaub, um etwas Neues zu erträumen.«

Es gab auch einen anderen, rein wirtschaftlichen Grund, warum das Studio sich zurückhielt, was die Produktion einer neuen *Star Trek*-Serie betraf. Diese neue Serie bedeutete, daß man mit Schauspielern verhandeln mußte, die wesentlich teurer waren als noch vor einigen Jahren. Paramount war zu Recht zögerlich, Geld in etwas zu investieren, das sich womöglich nicht rentieren würde.

Außerdem argumentierte Paramount damit, daß jede neue *Star Trek*-Serie den Wert dessen drücken würde, was einige in der

Chefetage als »Paramounts 79 Juwelen« bezeichneten. Die erschienen nämlich wie eine nicht versiegende Geldquelle, für die man nur wenig ausgeben mußte, um sie weiter sprudeln zu lassen – wenn man von der neuen Kopie absah, die von Zeit zu Zeit gezogen werden mußte.[1]

Das Magazin *Show* berichtete 1973: »Überraschenderweise wächst die Zuschauerschaft dieser Serie auch, obwohl sie nirgendwo auf dem NBC-Netz mehr läuft. Der Grund ist, daß auf lokalen Sender alle drei Seasons der Serie mit phänomenalen Quoten laufen – und mit phänomenalen Einnahmen für den Sender.«

Gene erklärte dem *Show*-Reporter in einem Anflug von Offenheit: »Das ist der Grund, warum alle Gespräche über neue Episoden auf Eis liegen. Die Leute bei NBC sind an dem Punkt angelangt, an dem sie bereit sind, Geld für einen neuen – zweistündigen – Pilotfilm auszugeben, aber die hohen Tiere bei Paramount zögern mit der Zusage. Sie sagen, daß durch die Produktion neuer Episoden die alten nicht mehr die hohen Verleihgebühren wert sein werden und die Nachfrage zurückgehen wird. Daher befinden wir uns wieder in einer Pattsituation.«

In den folgenden Jahren spiegelte Genes Korrespondenz seine Gedanken über eine neue *Star Trek*-Serie wider, und ebenso Gedanken, die die ursprüngliche Serie zutage gefördert hatte.

An seinem Geburtstag im Jahr 1974 schrieb Gene an Margaret und Laura Basta, zwei der aktivsten und treuesten Fans, und brachte sie auf den neuesten Stand, was die Rückkehr von *Star Trek* anging und wie die funktionieren könnte.

> Die Aussichten, einen *Star Trek*-Kinofilm zu produzieren, haben sich erheblich verbessert. Zur Zeit laufen die Verhandlungen zwischen unseren Anwälten. Wenn wir feststellen, daß wir tatsächlich über die gleiche Sache reden, werde ich schon bald damit beginnen, die Geschichte für den Film zu schreiben. Kurz gesagt, lege ich mein

---

[1] Selbst das wurde zu einem Marketinginstrument. Jahre nachdem die Serie in die Syndication gewechselt war, ließ Paramount neue Kopien herstellen und verkündete diese Tatsache im ganzen Land. Noch ein weiterer Grund, um *Star Trek* zu sehen: qualitativ bessere Bilder. Die Lokalsender und die Werbestrategen liebten diese Kampagne.

Hauptaugenmerk darauf, es richtig zu machen – mit einem Filmbudget, das einem ordentlichen Nachbau der Bühnenbilder, Requisiten, Kostüme usw. angemessen ist. Außerdem haben wir uns darauf verständigt, daß die Finanzierung all dieser Dinge durch ein Filmbudget die Möglichkeit einer Rückkehr von *Star Trek* ins Fernsehen wahrscheinlicher macht. Wenn die Bühnenbilder und alles andere bereits bezahlt sind, könnten wir sogar bei den heutigen höheren Produktionskosten gute Episoden machen. Anders formuliert: Wir müßten nicht den Großteil des Episodenbudgets ausgeben, um die enorme Kosten für die Neukonstruktion zu bezahlen. Wir könnten es statt dessen für wichtige Dinge wie Geschichten, Autoren, gute Schauspieler und gute Regisseure verwenden.

Die nächste Hürde wird das Exposé sein oder vielleicht sogar das komplette Drehbuch, anhand dessen Paramount dann die Herstellungskosten des Films kalkulieren und bestimmen könnte, ob die zu erwartenden Einnahmen es wert sind, diesen Geldbetrag zu riskieren. Glücklicherweise kommen sie mehr und mehr zu der Einsicht, daß es da draußen durchaus eine Anzahl Fans gibt, die fast mit Sicherheit eine Kinokarte kaufen werden, um einen wie auch immer gearteten *Star Trek*-Film zu sehen. Natürlich würde ich mir wünschen, ihn so gut wie möglich zu machen, aber Paramount muß die Möglichkeit berücksichtigen, daß ein Kinofilm manchmal nicht das wird, was man sich erhofft hat, ganz gleich, wie hart man daran gearbeitet hat. Meine Antwort darauf ist schon immer gewesen, daß die Fans sich den Film so lange ansehen werden, so lange wir ernsthafte Anstrengungen unternehmen, um ihnen *Star Trek* zu zeigen, ohne zu mogeln. Besonders, wenn wir ihnen auch die Originalschauspieler zeigen – zumindest so viele, wie verfügbar sind.

Wenn das Budget abgesegnet wird, würden wir natürlich ein Produktionsdatum festlegen und mit den Vorbereitungen beginnen, um zeitig die Kameras anlaufen zu lassen. Wenn alles gut verläuft, wird Paramount mehrere Möglichkeiten in Erwägung ziehen. Zuerst – denke ich – wären das wohl die Vor- und Nachteile, ähnlich wie bei *Planet of the Apes* eine Serie von *Star Trek*-Kinofilmen zu produzieren. Paramount Television würde zur gleichen Zeit überlegen, ob *Star Trek* in seiner ursprünglichen einstündigen Form zurückkehren sollte oder ob 90- bzw. 120-Minuten-Filme besser wären, die einmal jährlich als ›Film der Woche‹ gesendet werden. Natürlich sind das zur Zeit alles Spekulationen, und es ist schwer einzuschätzen, wie die endgültige Entscheidung ausfallen würde.

Anfang März 1975 schrieb Gene an seinen Cousin John in Honolulu und bedankte sich bei ihm und seiner Frau Iko für die Geschenke und die Gastfreundschaft.

> Was unsere Pläne angeht, habe ich den Film für Twentieth Century Fox fertiggestellt, zumindest den ersten Entwurf [entweder *Battleground Earth* oder *Spectre*]. Ich werde in Kürze mit dem *Star Trek*-Film beginnen, der ins Kino kommen wird, wenn alles problemlos verläuft. Das bedeutet – ungeachtet möglicher Komplikationen –, daß ich die Arbeit an der Handlung im Mai beenden werde. Das sollte es mir ermöglichen, rüberzukommen und dort einen Teil der Arbeit zu erledigen, während sich Mom, Majel und Rod auf der ganzen Insel in Schwierigkeiten bringen werden. Ich verspreche, daß ich mir Zeit nehmen werde, um meine Spesen bei einer ›ehrlichen‹, von Deiner Gang kontrollierten Pokerpartie einzutreiben.

Eine Woche später schrieb er an einen anderen Freund:

> Was den Kinofilm angeht, scheint es so, daß wir jetzt eine Vereinbarung mit Paramount erreicht haben. Allem Anschein nach sieht es so aus, daß sie daraus einen großen Kinofilm mit stattlichem Budget und einer Vielzahl namhafter Gast-Stars machen wollen. Die Hauptfiguren werden natürlich die Originalschauspieler aus der Fernsehserie verkörpern.

Star Trek und die Projekte bei Twentieth Century Fox gingen weiter ihren Gang, während Gene seinem Interesse an ESP und Psi-»Phänomenen« nachging, indem er die Bekanntschaft von Andrija Puharich und einer Gruppe von »Lab Nine« in Ossining, New York, machte, als er dort für eine Pilotfilm-Idee recherchierte. Am 2. April 1975 schrieb Gene an John Whitmore bei Lab Nine:

> Ich lehne nicht die Möglichkeit ab, daß andere Formen von Intelligenz in Kontakt mit der Menschheit oder einzelnen Menschen stehen können. Auch kann ich nicht die Möglichkeit ausschließen, daß andere Lebensformen sogar unter uns leben. Es würde mir recht außergewöhnlich vorkommen, wenn dies der einzige Platz im Universum wäre, auf dem intelligentes Leben entstanden ist. Auch kennen wir nicht die wahre Natur der Zeit und wissen nicht, ob sie und der Raum immer linear und konstant verlaufen.
> Andererseits habe ich dafür noch nie einen Beweis gesehen oder

zumindest etwas, was ich als Beweis dafür ansehen könnte, daß andere intelligente Lebensformen existieren oder mit uns in Verbindung stehen oder standen. Auch habe ich noch nie einen Beweis dafür sehen können, daß andere Naturgesetze existieren.

Zwei Wochen später veranstaltete Genes Franklin High School eine kleine Convention, die vom Science Fiction Club der Schule organisiert wurde. Gene besuchte die Convention und schrieb später an den Sponsor des Clubs, den Lehrer Bill Lomax:

Ich wollte Sie wissen lassen, daß ich von der FHS Science Fiction Club Convention zutiefst beeindruckt war. Die ganze Atmosphäre der Schule hat sich anscheinend seit meinem letzten Besuch vor etwa sechs oder acht Jahren enorm verbessert. Ich bin sicher, daß dieses neue Gefühl der Begeisterung am Lernen phantasievollen Programmen wie dem Ihren und erfindungsreichen Dozenten wie Ihnen entspringt.

Ich habe Franklin nie als sehr gute Schule betrachtet. Zumindest schien es dort wenig zu geben, das den Verstand der Studenten stimulieren konnte, als ich diese Schule besuchte. Diejenigen, die Phantasie besaßen und den Wunsch hatten, etwas zu lernen, wurden von den meisten für ein wenig sonderbar gehalten, bedauerlicherweise auch von einer großen Anzahl Lehrer. Vor allem, wenn sie die bestehende Ordnung in Frage stellten. Hier und da gab es einen Lehrer, der diese Studenten schätzte, aber der wurde seinerseits auch als ein wenig »sonderbar« angesehen.

Daher war ich erfreut über die völlig neue Atmosphäre. Sie können zukünftig auf meine Unterstützung für solche Veranstaltungen zählen.

Gene stürzte sich auf das Drehbuch. Anfang Juni schrieb er an einen anderen Cousin:

Das *Star Trek*-Filmdrehbuch kommt so gut voran, wie man es vom Hin und Her des ersten Entwurfs erwarten kann. Ich hoffe, daß ich diesen Teil in etwa einem Monat abgeschlossen habe. Währenddessen habe ich alle Reisen und Vorlesungen ausgesetzt, vermutlich werde ich bis zum Winter nicht viel raus- und rumkommen. Ich habe mich sogar dabei ertappt, daß ich Einladungen zum Abendessen abgelehnt habe. Meiner Sekretärin habe ich einen Großteil der Korrespondenz übertragen, die ich ansonsten selbst bearbeiten würde. Aber ein Kinofilm ist tatsächlich so arbeitsintensiv ein Roman, zudem muß ersterer in viel kürzerer Zeit erledigt werden.

Gene hörte von einem weiteren Cousin, Julien Roddenbery aus Cairo, Georgia. Julien war etwas jünger als Genes Vater, und Gene behandelte ihn mit Respekt.[2] Er antwortete auf Juliens Brief auf seiner eigenen Schreibmaschine, die einen markanten Schrifttyp hatte.

Meine gegenwärtige Situation ist die, daß ich mich inmitten der Arbeit am Drehbuch für einen Kinofilm befinde, das mich für die nächsten zwei oder drei Monate vollständig in Anspruch nehmen wird. Damit in Zusammenhang steht ein knapper Abgabetermin, und das wird einen beträchtlichen Kräfte- und Zeitaufwand erforderlich machen. Ich mußte sogar vorübergehend die Vorlesungstour an den Universitäten unterbrechen, bei der ich die erfreuliche Begegnung mit Ledford Carter [dem oben erwähnten Cousin] hatte. Ich erwähne diese Dinge nur, damit Du verstehen kannst, warum Du zu diesem Zeitpunkt keinen umfangreicheren Brief erhältst. Ich bin in einer Branche, deren Arbeitsbedingungen man am besten als »Schwelgen oder Hungern« bezeichnen kann, und in der es entweder »Beeil dich« oder »Warte ab« heißt. Im Moment heißt es nur »Beeil dich«. Aber wenigstens bringen solche Phasen das Brot auf den Tisch und überbrücken die »Warte ab«-Phasen.

Das aufregendste Mitglied der Roddenberry-Familie ist (natürlich aus meiner Sicht) Eugene Wesley Roddenberry jun., der jetzt sechs Monate alt und vermutlich in der Lage ist, eine Roddenbery-Zuckerrohrplantage[3] in Rekordzeit niederzuwalzen. Ich werde ihn irgendwann nach Georgia mitbringen, falls der Staat in der Lage ist, mit einem kleinen Hurrikan fertig zu werden.

Obwohl er zutiefst in das *Star Trek*-Drehbuch verstrickt war, fand Gene stets Zeit, um an Asimov zu schreiben und ihm seine Gedanken mitzuteilen. Am 6. Oktober 1975 schrieb er auf seiner eigenen Schreibmaschine an Isaac:

---

[2] Genes erste Wahl für den Vornamen des Captain Picard (in *Star Trek: The Next Generation*) war Julien.
[3] Die Roddenberys – mit einem ›r‹ – waren eine bekannte Familie in Georgia, ihre Produkte waren in der ganzen Region legendär.

Jemand hat mir eine Kopie Deiner Besprechung zu »Space 1999« in der *New York Times* geschickt. Ich wollte Dir schreiben, um Dir zu sagen, daß es aus meiner Sicht eine der bestdurchdachten und kenntnisreichsten Analysen der Fernseh-SF ist, die ich je gelesen habe.

Hast Du jemals irgendwelche Artikel über dieses Thema im allgemeinen verfaßt? Wenn nicht, wünschte ich, daß Du es in Erwägung ziehen würdest, das gesamte Thema der Übertragung von Science Fiction auf Kino und Fernsehen unter Beschuß zu nehmen. Das würde der Gemeinschaft der SF-Autoren und letztlich auch den Fans einen großen Dienst erweisen. Es scheint unter den Autoren weitgehend Einigkeit darüber zu bestehen, wie Science Fiction auf dem Papier funktioniert, aber ich habe das Gefühl, daß zu viele unserer besten Sci-Fi-Autoren es nicht verstehen, diese Prinzipien auf den Film zu übertragen. Es ist eine unglaublich schwierige Sache, verbunden mit enormen Problemen, die Glaubwürdigkeit zu bewahren.

Ich glaube, daß ich immer noch zu wenig Distanz zu *Star Trek* habe, um eine solche Arbeit ordentlich zu erledigen. Wenn es jemals richtig getan werden soll, dann ist ein Beobachter notwendig, wie Du einer bist.

Im Oktober hielt Gene Vorlesungen in der Gegend um San Diego. Er war stets bereit, philosophische Gedanken auszutauschen. Anfang November erhielt er einen Brief von Bernard Rimland, Doktor der Philosophie, dem Direktor des Institute of Child Behavior Research in San Diego.

Ich tendiere zum Grübeln. Daher habe ich über verschiedene Bemerkungen nachgedacht, die Sie während Ihres Besuchs gemacht haben.

Ich erinnere mich nicht an die exakten Worte, aber beim Gespräch über die Massen von Studenten, die herkommen, um Ihren Reden zuzuhören, merkten Sie mit einer Spur von Verärgerung an, daß die Kinder nach einer Art Gott suchten und daß Sie nicht interessiert seien, diese Rolle zu übernehmen. Das hat einen Gedankengang ausgelöst, der mich gefesselt hat. Warum sollen uns andere nicht wie Götter betrachten oder sogar so behandeln? Warum sollten wir uns nicht selbst als Gottheiten betrachten? Und warum sollten wir nicht auch jeden anderen – die Collegestudenten eingeschlossen – als Gottheiten behandeln? Man könnte von einer Vielzahl von Standpunkten aus argumentieren, nicht nur, daß jeder einzelne von uns ein Gott oder zumindest in vieler Hinsicht gottähnlich ist. Sondern auch, daß die Welt ein viel schönerer Ort wäre, wenn jeder sich und die anderen als Gottheiten betrachten würde, die ein wenig Ehrfurcht und Respekt verdienen.

Am 20. November schrieb Gene zurück:

Was die Behandlung als Gott angeht, teile ich Ihren Glauben, daß wir alle ein Teil der schöpferischen Urkraft des Universums sind. Wenn man das als »Gottheit« beschreiben kann, dann steckt davon zweifellos ein wenig in jedem von uns. Ich glaube, daß viele der Probleme in unserer Welt gelöst wären, wenn wir uns selbst und andere mit der Ehrfurcht behandeln würden, die dieser Vorstellung angemessen ist. Vielleicht werden wir damit beginnen, wenn sich unsere Rasse dem Erwachsensein nähert. Ich glaube, daß wir uns gegenwärtig in einer Art Kindheit befinden, mit all den Fehlern und der Aggressivität, die Teil des Probierens, Lernens und Wachsens zu sein scheinen. Wir sollten lernen, diese Dinge mit der gleichen Geduld und Liebe zu betrachten, die gute Eltern empfinden, wenn sie mitansehen, wie ihre Kinder diese Phasen durchleben.

Ich nehme an, wenn es so etwas wie extraterrestrische Lebensformen gibt, die uns in unserer momentanen Phase beobachten, dann werden sie uns wahrscheinlich mit der gleichen Haltung und dem gleichen Gefühl betrachten – daß wir wohl zu etwas Bedeutendem heranwachsen werden, wenn wir reif dafür sind. Wenn das wahr ist, dann hoffe ich, daß sie uns zwar unsere Fehler machen lassen, daß sie aber auch helfend eingreifen werden, wenn wir durch unsere überschäumende jugendliche Aggressivität Gefahr laufen, uns selbst zu verletzen. Ich glaube, es ist nicht unmöglich, daß sie tatsächlich von Zeit zu Zeit eingreifen, vielleicht so, daß wir es nicht einmal bemerken. Ich würde den Gedanken verabscheuen, daß wir ganz alleine sein könnten.

Rimland berichtet auch gerne von anderen Erfahrungen mit Gene, die einen starken Einfluß auf ihn hatten.

»Eine Universität lud John Ott zu einer Vorlesung ein. Er sollte seine Entdeckungen über die grundlegenden Auswirkungen auf die Gesundheit und das Verhalten von Pflanzen, Tieren und Menschen referieren, wenn diese längere Zeit verschiedenen Lichtquellen ausgesetzt waren. John ist ein Pionier in der Entwicklung der Zeitrafferfotografie, seine Filme lassen deutlich die Auswirkungen der Zusammenhänge erkennen, über die er Vorlesungen hält. Gene war an Johns Arbeit interessiert und begleitete John und mich zur Universität.

Auf unserem Weg zum Vorlesungssaal begegneten wir einem Fakultätsmitglied, das ich kannte, also stellte ich John als den Gastsprecher vor. Der Professor hatte die Ankündigung über Johns Thema gelesen und begann sofort, seiner Skepsis Luft zu verschaffen. Er stellte unverschämte Fragen und machte es John auch in anderer Hinsicht schwer.

Gene hörte ruhig zu, dann hatte er genug. Er sagte: ›Wenn ich Ihnen zuhöre, bekomme ich den Eindruck, daß Sie alles in zwei Kategorien einteilen – die Dinge, die Sie glauben, und die Dinge, die Sie nicht glauben. Ich sehe die Welt anders. Es gibt einige Dinge, an die ich fest glaube, und andere, an die ich überhaupt nicht glaube. Aber dazwischen gibt es eine große Bandbreite von Dingen, die mich in Erstaunen versetzen und die für mich das Leben interessant machen.‹

Genes Bemerkung brachte den Skeptiker verschämt zum Schweigen, während Gene, John und ich unseren Weg zum Vorlesungssaal fortsetzten.«

Am 14. Januar 1976 schickte Gene eine Notiz an Dick Adler von der *Los Angeles Times*, in der er die Darstellung von *Star Trek* durch den Reporter höflich korrigierte.

Vielen Dank für Ihre Erwähnung von *Star Trek* in Ihrem Artikel »Break in Space: 1999« in der *Times*. Wir müssen uns gelegentlich einmal zusammensetzen und darüber diskutieren, ob *Star Treks* Einstellung »optimistisch und sorglos liberal« war oder nicht. Sie machen damit eine stichhaltige Aussage. Dem ist aber nicht so, wenn Sie sie als so beunruhigend wie die Rolle von Amerika in der Welt bezeichnen. Unsere Serie ging davon aus, daß die Menschheit im 24. Jahrhundert tatsächlich eine Ära des Weltfriedens geschaffen hat. Aber wir haben auch im Verlauf der Serie Bezüge zu den rauhen Tatsachen hergestellt, die sich zwischen unserem und diesem Jahrhundert ereignet haben, darunter Verweise auf das »Dunkle Zeitalter«, »Genetische Kriege« und ähnliches. Die optimistische Aussage, die wir machten, ist die, daß trotz all dieser Dinge die Menschheit letztendlich gelernt hat, wie dumm kleinlicher Nationalismus, politische Diskriminierung und Rassenhaß sind, und sie schließlich abgelegt hat. In unserer Serie gibt es keine USA, die Erde ist auch nicht in irgendeiner Weise der »zentrale Planet« der Föderation. Es stimmt, daß wir in der Serie vorwiegend Menschen zu sehen bekamen, aber das hatte mehr mit Budgets und Besetzungsmög-

lichkeiten zu tun als mit irgendeiner Form von Chauvinismus gegenüber irgend jemandem in unserem gegenwärtigen System.
In jedem Fall wollte ich antworten. Diese Antwort will aber nicht behaupten, daß unsere Serie perfekte Science Fiction war.

Zu Beginn des neuen Jahres hatte sich aus dem Filmprojekt, an dem Gene arbeitete, ein Vertrag für eine Serie entwickelt, die in seinen Akten[4] als *Star Trek II*[5] bezeichnet wurde. Eines der frühesten Memos zu *Star Trek II* datiert vom 16. Januar 1976 und nennt detailliert eine Reihe von Schritten, die bei der Entwicklung der Serie gemacht werden müssen.

> Festlegung von fünf Planeten der Föderation, ihrer Bewohner und deren körperlicher Charakteristika.
> Kirk, Spock und die anderen sind zerstreut, aber immer noch befreundet.
> Kirk kehrt von einer Mission vom Planeten Z zurück. McCoy stellt Veränderungen in seinem Verhalten fest. Unter Hypnose (andere Methoden?) äußert er ein ungenaues Gefühl der Bedrohung vom Planeten Z. Genaue Art der Bedrohung und der Z-Rasse werden nach und nach aufgeklärt. Ein Großteil der Information wird hier zurückgehalten.
> Spock wird als Botschafter geschickt: Sucht nach einer Einigung nach dem Motto ›Leben und leben lassen‹. Erfolglos. (Gefährdet? Gefangen? Muß diskutiert werden.)

Gene war mit seinen entfernten Verwandten in Kontakt geblieben und freute sich, wenn er sie traf, sobald eine Reise ihn in ihre Nähe führte. Am 6. Februar 1976 schrieb Gene an einen Cousin, wobei es schien, als rede er über ein Filmprojekt anstatt über eine Serie. Möglicherweise bezog er sich auf den zweistündigen Pilot-

---

[4] Nach dem Tod von Gene hielt Paramount etwa fünfzehn Kisten voller Material zurück, die unter Genes Namen im Studio gelagert worden waren. Nichts von diesem zurückbehaltenen Material war in ein Inventar aufgenommen wurden, und als einige der Kisten an Majel übergeben wurden, nachdem die Anwälte von Paramount sie durchforstet hatten, vermochte niemand zu sagen, was Paramount einbehalten hatte.
[5] Im Gegensatz zum Kinofilm *The Wrath of Khan*, der auch als *Star Trek II* bekannt ist. Das erste Projekt zur Rückkehr der Serie wurde »Star Trek II« genannt. Um die Verwirrung noch zu vergrößern: Der zweite Pilotfilm nach Peeples' Drehbuch hieß *Star Trek 2*.

film; es könnte Pläne gegeben haben, den Pilotfilm in Übersee als Kinofilm zu verkaufen.

> Die Situation des *Star Trek*-Films ist unverändert. Wir haben den 15. Juli als Drehbeginn festgesetzt, aber ich habe einige Schwierigkeiten, mit Paramount bei der Auswahl des Drehbuchs übereinzukommen. Die meisten Probleme sind die, die es beim Film schon immer gegeben hat, also Einmischung des Managements in künstlerische Fragen. Ich glaube, wir werden letztlich einen guten Film auf den Weg bringen, aber ich bezweifele, daß wir so rasch mit der Produktion beginnen werden, wie sie glauben.

Am selben Tag korrespondierte Gene mit George L. Thurston III., der im Begriff war, Herausgeber der Roddenber(r)yschen Familiengeschichte zu werden. Gene lieferte biographische Informationen – die Geburtsdaten der Kinder, Hochzeits- und Scheidungsdatum – und erläuterte seine persönlichen Überzeugungen und die, die in *Star Trek* Ausdruck fanden:

> Meine zweite Frau Majel Lee (Hudec) und ich wurden beide als Protestanten erzogen, verließen aber noch, bevor wir uns begegnet waren, die protestantische Kirche zugunsten eines konfessionslosen Glaubens, der den Respekt gegenüber allen anderen Religionen beinhaltet, aber die Vorstellung von Gott als zu groß und zu umfassend betont, um von einer einzelnen Glaubensrichtung vereinnahmt zu werden. Als wir uns begegneten, stellten wir fest, daß wir beide an die große Familie aller Lebensformen glaubten, ob menschlich oder nichtmenschlich. Verschiedene Aspekte des Buddhismus verliehen einigen unserer Ansichten Ausdruck, aber auch einige Aspekte des Neuen und Alten Testaments sowie anderer Bücher und Philosophien.
> Es dürfte Sie auch interessieren, daß die »Namensgebung« für unseren Sohn durch einen Jesuitenpriester, einen Rabbi und einen protestantischen Geistlichen vorgenommen wurde. Diese drei Herren, welche die Religionen und Glaubensrichtungen der meisten unserer Freunde und Verwandten repräsentierten, vollzogen jeder eine Zeremonie, einer nach dem anderen, und betonten, daß wir alle zu einer Familie unter einem Schöpfer gehören.[6]

---

[6] »Rod's« Patenonkel ist der ehemalige kalifornische Gouverneur Edmund »Pat« Brown, seine Patentante ist Lillian Finan, eine alte Freundin der Familie und angesehene Anwältin.

Möglicherweise fanden einige dieser Gedanken Eingang in *Star Trek*, in die Philosophie der Toleranz und des Respekts gegenüber dem Leben, die ich in den Episoden aufzunehmen versuchte. Diesem Brief ist eine Kopie eines Artikels über die »vulkanische Religion« beigefügt, den ich während der Serie verfaßte und der viel von dem enthält, was ich oben zu unserem Glauben geschrieben habe.

Später im gleichen Jahr schickte Gene eine Notiz an seine Cousine, eine katholische Nonne in Atlanta, Georgia. Sie waren sich kurz zuvor begegnet.

... [Ich] schreibe Dir und Andy, damit Ihr wißt, welches Vergnügen es mir bereitet hat, Euch und alle Verwandte zu treffen. Es ist ein gutes Gefühl, wenn man feststellt, daß man Verwandte hat und daß sie alle so nette Leute sind. Ihr macht mich alle sehr stolz, ein Mitglied der Roddenber(r)y-Familie zu sein.

In Denver stellte mir jemand die Frage: »Welcher Religion gehören Sie an?« Meine Antwort lautete: »Ich gehöre keiner Kirche an, aber ich betrachte mich selbst als gläubigen Mann. Ich glaube, daß ich ein Teil von Ihnen bin und Sie ein Teil von mir sind... also ein Teil der schöpferischen Macht und Intelligenz hinter dem Leben. Wenn wir also ein Teil von Gott sind, dann ist unser Leben keine kurze, bedeutungslose Sache, sondern besitzt eine große Wichtigkeit und Bedeutung. Wir alle und jeder einzelne.«

Zusätzlich zur Überwachung des Films gab es einen anderen Aspekt im *Star Trek*-Universum, um den sich Gene sorgte. Das brachte er am 27. Februar 1976 in einem Memo an einen leitenden Angestellten von Paramount zum Ausdruck:

Seit meinem letzten Memo an Sie bezüglich der *Star Trek*-Conventions scheint sich die Lage rasch und deutlich verschlechtert zu haben. Sie könnte jetzt eine noch größere Bedrohung für die Promotion des Films werden. Wir haben jetzt von einem geplanten *Star Trek*-»Zirkus« gehört, der im Juni oder Juli in Chicago stattfinden soll, von einer Reihe von *Star Trek*-Veranstaltungen in der Planungsphase, einer weiteren Convention in diesem Jahr in New York, einer Mammutveranstaltung in Denver, Washington usw.

Zusätzlich habe ich eine Reihe von Anrufen erhalten von Mitgliedern der Presse, in denen es Andeutungen gab, das gesamte *Star*

Trek-Fanphänomen würde allmählich lediglich dazu benutzt, die Kinder auszunehmen.

Ohne dem Ganzen zu viel kostbare Zeit zu widmen – die ich besser darauf verwende, die Filmhandlung festzulegen und mit der Vorbereitungsphase zu beginnen –, halte ich es doch für wichtig, daß jemand feststellt, welche dieser Veranstaltungen lizensiert oder genehmigt worden sind. Sollten sie das nicht sein, so sollten durch Paramount Kontrollmechanismen und Richtlinien festgelegt werden. Es gibt nichts annähernd so Gefühlloses und Altbekanntes wie »die Manie von gestern« (man betrachte nur Batman). Die Welle von Veranstaltungen, die mit *STAR TREK* Kasse machen, könnte uns in die gleiche Kategorie manövrieren.

Mitte 1976 kam Gene zu der Ansicht, daß eine besprochene Schallplatte eine gute Möglichkeit sei, um die Fragen zu beantworten, die ihm auf Conventions und in Briefen immer wieder gestellt wurden. Er arbeitete mit Columbia Records und dem Produzenten Ed Naha zusammen.

Naha erinnert sich an das Projekt:

»Jeder in meiner Abteilung glaubte, das sei die schlechteste Idee, die jemals aus der Chefetage gekommen war. Also ging ich zum Präsidenten der Gesellschaft, Bruce Lundvall, einem netten Mann mit einer Schwäche für solche Alben. Er hatte bereits einige W. C. Fields-Alben veröffentlicht, die auf alten Radiosendungen basierten.

Er gab mir grünes Licht für dieses Projekt, das zu der Zeit als ›Nahas Narretei‹ bekannt war, da niemand verstehen konnte, warum ein Rock 'n' Roller so etwas machen wollte. Ich hielt es für unterhaltsam und sicherte mir die Hilfe eines wunderbaren Technikers namens Russ Payne. Wir hatten schon zuvor für Audiopräsentationen anläßlich von CBS-Veranstaltungen zusammengearbeitet. Ich sprach mit Gene ein paar Mal am Telefon und wir einigten uns darauf, daß ich ihn bei einer *Star Trek*-Convention in New York treffen würde.

Ich ging früh am Morgen hin und fand Gene völlig verstört vor. Es stellte sich heraus, daß in der Nacht zuvor, während Gene und Majel beim Abendessen gesessen hatten, jemand in ihr Zimmer eingebrochen war, ihr Kindermädchen bedroht hatte und wissen wollte, wo sich der Schmuck befand. Außerdem hatte man die gesamte Kleidung gestohlen. Die einzige Kleidung, die Gene zu der Zeit noch besaß, war die, die er am Leib trug. Gene sah mich an, während wir im Aufzug nach unten fuhren, und er murmelte: ›Wenn ich mich kurz fasse, wird mich vielleicht niemand bemerken.‹

Unterwegs sprachen wir über dieses Album. Wir einigten uns darauf, daß Gene viele der Fragen beantworten würde, die ihm über *Star Trek* gestellt worden waren. Außerdem würde er versuchen, so viele der Originalschauspieler wie möglich für kleine Anekdoten zusammenzubekommen. Diese sollten sich mit den Charakteren befassen, die sie gespielt hatten. Was die Science Fiction insgesamt anging, wollte er sich mit Leuten wie Ray Bradbury oder Isaac Asimov unterhalten.

Dann begann der Alptraum, der auf den Namen Logistik hört. Gene lebte an der Westküste, ich war an der Ostküste. Die Hälfte der Colleges, die er auf seinen Reisen besuchte, verfügte nicht über die Möglichkeit, das erforderliche Aufnahmeequipment einzurichten. Schließlich fanden wir ein passendes College, das nicht allzuweit von New York entfernt war, und nahmen dort eine von Genes Vorlesungen komplett auf. Zu der Zeit ahnten wir nicht, daß wir die Aufnahmen in drei verschiedenen, über ganz Amerika verteilten Studios mischen würden.

Nun war die Zeit gekommen, die Schauspieler und diverse andere Mitwirkende zusammenzuholen. Leonard Nimoy antwortete mit einem unverblümten ›Nein‹. Shatner war frei, aber es war schwierig, ihn aufzuspüren.

Jedes kleine Segment, das Gene verfaßt hatte, bestand aus einem drei oder vier Seiten langen Manuskript. Je nachdem, wie die Aufnahme verlief, konnte man sich entweder an das Manuskript halten oder ein wenig davon abweichen, wenn sich ein interessantes Thema ergab, um dann wieder zum Manuskript zurückzukehren.

Gene bereitete das alles äußerst präzise vor. Die gesamte technische Seite überließ er mir, zum Beispiel die richtige Position des Mikrophons, die sehr schwer zu ermitteln ist, wenn die Gesprächsteilnehmer sitzen. Um eine entspanntere Atmosphäre zu schaffen, stellten wir zwei Sessel und einen Tisch auf, auf dem sich Tischmikrofone befanden. Das schöne daran ist, daß man entspannt ist *und* das Manuskript vor sich hat. Der Nachteil besteht darin, daß man die Tonspur zu *Godzilla* erhält, sobald jemand an den Tisch stößt oder das Mikrofon bewegt.

DeForest Kelley und vor allem Mark Lenard waren mit dieser Technik bestens vertraut. Bei Shatner gestaltete sich die Situation völlig anders.

Wir warteten die ganze Zeit über darauf, daß Shatner auftauchte, während die Studiozeit ungenutzt verrann und die Kosten stiegen. Endlich ließ er sich in seiner weißen Tenniskleidung und mit Schläger blicken. Gene fragte ihn, ob er das Manuskript gelesen habe, woraufhin Shatner nur erwiderte: ›O nein. Wir plaudern einfach ein wenig.‹ Genes Augen wurden immer größer, während sich seine Wangen knallrot verfärbten.

Ich hatte ein Manuskript für Shatner. Als wir aber das Band starteten, begann er mit einem fünfminutigen Monolog über Zen, einfach so. Gene wußte nicht, was er machen sollte.

Ich hielt das Band an und schlug vor, wir sollten doch versuchen, ein wenig näher am Manuskript und bei *Star Trek* zu bleiben. Das geschah dann auch endlich, und wir brachten die Bänder zurück nach New York.

Wir nahmen Mark Lenards Segment auf – ohne das geringste Problem.

DeForest Kelley war einfach wunderbar, aber er hatte gerade etwas an seinen Zähnen machen lassen. Man braucht normalerweise eine Zeitlang, um sich an eine solche Veränderung zu gewöhnen. Das Vorlesen war in Ordnung, aber er neigte dazu, von Zeit zu Zeit zu zischen. Wir wußten nicht, was wir tun sollten. Man kann ja nicht einfach sagen: ›Könnten Sie bitte Ihre Zähne herausnehmen?‹

Schließlich nahmen wir es Satz für Satz auf.

Der höllischste Aspekt des ganzen Albums war die Tatsache, daß wir die Original-Titelmusik von *Star Trek* verwenden wollten. Wir schafften es, einige lizenzfreie Geräusche zu verwenden, außerdem übernahmen wir ein wenig Synthesizermusik von einem veröffentlichten Columbia-Album. Paramount jedoch gehörte zu der Zeit nicht zu Genes größten Bewunderern, daher erlaubten sie es uns nicht, die Originalmusik zu verwenden.

Nach etwa einem Monat hieß es dann, daß wir die Musik doch

einsetzen dürften - allerdings zu einer Gebühr, die höher war als das Gesamtbudget des Albums. Ich glaube, sie wollten 15 000 oder 20 000 Dollar.

Gene beschaffte daraufhin die Noten des Titelthemas, zu dem er den Text geschrieben hatte. Mein Chef brachte uns in Kontakt mit einem Arrangeur namens Charles Collela, der an vielen Columbia-Produktionen mitgearbeitet hatte. Von unserem Budget war so gut wie nichts mehr übrig, daher war das Äußerste, was wir uns leisten konnten, ein halber Tag im Studio mit etwa fünfzehn Musikern und einem Sänger, um das Thema aufzunehmen.

Wir erhielten eines der alten Studios von Columbia, nebenan wurden gleichzeitig einige Gebäude abgerissen. Während wir also versuchten, innerhalb von vier Stunden unsere Arbeit zu erledigen, zertrümmerte nur fünf Meter weiter die Abrißbirne eine Wand. Die meisten Musiker waren schon seit *The Jazz Singer* bei Columbia und hatten hiervon keine Ahnung. Sie konnten *Star Trek* nicht von Fußpilz unterscheiden. Es gab ein paar Typen, die sich auskannten und die sagten: ›Yeah, das habe ich gesehen. Und *The Man From U.N.C.L.E.*‹

Wir hatten einen Typen am Glockenspiel, der so auf das Instrument einschlug, daß es wie eine Türklingel in der Hölle klang. Ich saß da und war den Tränen nah. Gott sei Dank hatten wir einen Techniker, der mit den meisten Musikern in den alten Tagen der Columbia Big Band zusammengearbeitet hatte.

Wir brachten es hinter uns und mischten es dann in einem alten Raum bei Columbia ab, der nicht größer war als ein Schrank. Wir nahmen das Bestmögliche und verwendeten die Geräuscheffekte, um alles miteinander zu verbinden. Gene hielt irgendwo im Süden eine Vorlesung, also mußte ich mit dem Band dorthin fliegen und ein Studio mieten, damit Gene es sich anhören und absegnen konnte - was er dann auch tat.

Jetzt mußten wir uns nur noch um das Coverdesign kümmern, für viel Publicity sorgen, Begleittexte schreiben, und dann würde das Album in ein paar Monaten erscheinen. Für Begleittexte war aber kein Geld mehr übrig, also schrieb ich sie selbst. Für das Cover nahmen wir eine Zeichnung, die die Enterprise wie auf einem Zeichenbrett aussehen läßt.

Als das erste Paket mit Alben ankam, sah ich mir das Cover an.

›Inside Star Trek‹ war darauf zu lesen, in der unteren rechten Ecke wurden der Name des Produzenten und des Technikers genannt. Genes Name stand an letzter Stelle. Ich bekam einen Anfall.

Ich hatte die Pressemappen bereits zusammengestellt, und jetzt konnte ich niemandem dieses Album zeigen. Ich konnte es niemandem zuschicken. Ich drehte fast durch. Ich ließ Aufkleber anfertigen, dann schickten wir alles an die Fabrik zurück, wo jedes Album einzeln mit einem Aufkleber versehen wurde. Es war ein Gene-Roddenberry-Album mit William Shatner, Mark Lenard, DeForest Kelley und Isaac Asimov. Sonst hätten die Leute das Album gesehen und gedacht: ›Aha, ein neues Album von Ed Naha.‹

Als das Album endlich veröffentlicht wurde, ließen wir Displays fertigen, die in den Schallplattengeschäften in der Nähe der Kasse aufgestellt werden sollten. Es scheint, daß kein Schallplattenhändler ein derartiges Album in der Nähe der Kasse bewerben wollte, wenn man dort auf die Bestseller aufmerksam machen konnte. Das Album landete in der Abteilung Gesprochenes Wort, da wo man auch ›Boris Karloff liest aus Thriller‹ findet. Das sind tote Ecken.

Es wurde kein Geld für Fernsehwerbung bereitgestellt, wir konnten uns nur auf Mundpropaganda verlassen. Ich glaube, daß sich meine Tantiemen nach rund drei Jahren auf etwa 26 Dollar beliefen!«

Ende Juli 1976 war aus dem Projekt ein Kinofilm geworden. Paramount hatte Chris Bryant und Allan Scott unter Vertrag genommen, die das Drehbuch schreiben sollten. Arbeitsbeginn sollte für sie der 16. August 1976 sein, Ziel war ein Exposé von acht bis zehn Seiten Länge. Dafür wurden ihnen 12 500 Dollar zugesagt, zusätzliche Honorare sollten für die erste Drehbuchfassung und Überarbeitungen gezahlt werden. Jerry Isenberg war als ausführender Produzent vorgesehen, Phil Kaufman als Regisseur. Das Budget des Films belief sich auf 7,5 bis 9 Millionen Dollar.

In einem Interview, das ein Jahr später in *Starlog* abgedruckt wurde, äußerte sich Allan Scott zu den Problemen. Eines bestand darin, »die Unterschiede zwischen Fernsehen und Film« zu bestimmen. Er bestätigte, daß alle festen Rollen aus der Serie zurückkehren würden, zudem einige Neuzugänge als »Zuwachs und Ergänzung«. Scott ließ sich auch noch über ein anderes Thema aus: Eines der Probleme, wenn man SF schreibt, besteht darin, daß der Autor oft sehr viel Zeit darauf verwenden muß, für eine Figur eine Vorgeschichte zu schreiben, die nachher in einer Szene vier Sätze hat und dann nie wieder gesehen wird. Solange man nämlich die Geschichte einer Figur nicht versteht, »wird sie so wirken, als komme sie – lediglich lustig verkleidet – geradewegs aus dem 20. Jahrhundert«.

In einem anderen, Ende 1976 publizierten Artikel war von Plänen für zehn Gastrollen die Rede, aber es gab keinen Hinweis auf die mögliche Handlung, obwohl man bereits von einer Fortsetzung sprach, sollte der Film erfolgreich sein.

Bjo Trimble, die zusammen mit ihrem Ehemann John die Hauptorganisatorin der Rettet-*Star-Trek*-Bewegung war, erhielt eines Tages von zwei Männern einen Anruf, die noch immer ungenannt bleiben möchten. Sie hatten die Idee, man solle doch die erste wiederverwendbare Raumfähre der NASA *Enterprise* nennen, und baten Bjo um Hilfe. Sie erinnert sich, daß diese »Hilfe« binnen einer Woche dazu führte, daß sie das Projekt leitete, während die beiden Männer sich zurückzogen und ihr die Vollendung des Werks überließen.

Nach etwa einem Monat war das gesamte Fandom informiert. Bjo traf sich mit der Kerngruppe der Los Angeles Science Fiction and Fantasy Society; sie stellte eine Briefkampagne auf die Beine, in deren Verlauf über 12 000 Briefe an wichtige Einzelpersonen und Fanclubleiter verschickt wurden. Innerhalb eines Monats nahm die Brieflawine ihren Lauf.

Reporter fragten nach, was zu größerer Publicity führte; die Zahl der Briefe, die ans Weiße Haus geschickt wurden, nahm rapide zu und belief sich insgesamt auf 400 000 bis 500 000 Briefe. Auf jeden Fall war es genug Post, um Präsident Gerald Ford zu überzeugen.

Als er in seiner Pressekonferenz verkündete, das erste Shuttle werde *Enterprise* heißen, stieß er einige NASA-Vertreter vor den Kopf, die mit dem Namen *Constitution* gerechnet hatten. Es gab aber auch viele Leute bei der NASA und in der Weltraumindustrie, die über die Entscheidung erfreut waren. Bjo erinnert sich, daß auf der Cocktailparty vor der offiziellen Taufe einige Dutzend Techniker und Raumfahrtvertreter Buttons unter ihren Revers verborgen hatten. Als sie Bjo sahen und erfuhren, wer sie war, schlugen sie ihre Revers nach vorne und zeigten einen Anstecker mit den Worten »Heimlicher Trekkie«.

Am 17. September 1976 wurde auf der Edwards Air Force Base der Shuttle Orbiter 101 offiziell auf den Namen *Enterprise* getauft. Während das gigantische Raumschiff aus dem Hangar gerollt wurde, spielte die Air Force Band das *Star Trek*-Thema. Die gesamte Originalbesetzung war anwesend, und auch Gene. Die Zeremonie war bewegend, wie Walter Koenig später schrieb:

> Ich kann mich nicht daran erinnern, eine Gruppe von Menschen jemals so bewegt gesehen zu haben, wie die in der Reihe neben mir. Ich spürte, daß ich selbst den Tränen nahe war, aber es war mir nicht im geringsten peinlich.[7]

Es war eine surreale Begegnung von Fiktion und Realität kurz vor dem Ende der Zeremonie, als Gene in der Zuschauergruppe den erzkonservativen Senator von Arizona, Barry Goldwater, erspähte, der in politischen Kreisen als »Mr. Republican« bekannt war. Goldwater war ein charmanter und gütiger Mann, aber seine politische Einstellung war in krassem Gegensatz zu der von Gene.[8]

Goldwater sah Gene, winkte ihm zu und rief: »Ich bin auch ein Trekkie!«

Am 26. Oktober 1976 schickte Gene ein Memo an Allan Scott und Chris Bryant und teilte ihnen seine Anmerkungen zu ihrer Idee mit. Er gab Kopien an Jerry Isenberg und Phil Kaufman, aber an sonst niemanden, da es etwas war, was Gene als »Gespräch unter Autoren« beschrieb. Er wollte die Freiheit besitzen...

---

[7] *Chekov's Enterprise*, von Walter Koenig, Longwood, Florida: Intergalactic Press, 1980, S. 16.
[8] Goldwaters Ansichten zu einer Reihe von Themen scheinen sich mit zunehmendem Alter verklärt zu haben.

... jede Frage zu stellen und jede Kritik zu äußern – ganz gleich, wie bedeutend –, die mir in den Sinn kommt. Wir verstehen, worum es auf dieser Stufe der Kommunikation geht, aber ich möchte sie nicht in den Händen derer wissen, die mehr Probleme hineinlesen könnten, als wirklich existieren.

Deine beiden Autoren sind fast schon zu gut! Die fünfzehnseitige Geschichte ist so mitreißend aufgebaut, daß die Handlungslöcher und Widersprüche fast nicht ins Auge fallen. Viele davon sind bei der Arbeit am Drehbuch auszumerzen, aber bei einer großen Zahl ist das aus meiner Sicht nicht möglich. Jetzt ist die richtige Zeit, sie anzugehen. Manches von dem, was folgt, mag trivial oder besserwisserisch erscheinen, aber ich weiß, daß Du es akzeptieren wirst als meinen Wunsch, einfach nur alles zu besprechen. Ich weiß, daß Ihr, Du und Phil, nicht zögern werdet, mich zu korrigieren, wenn meine Ansichten zu sehr vom Fernsehkonzept von *Star Trek* beeinflußt scheinen.

Dann folgte eine neuneinhalbseitige detaillierte Analyse der Arbeit von Scott und Bryant, mit Fragen und Lösungsansätzen zu bestehenden und potentiellen Problemen.

Anfang November 1976 berichtete *Starlog*, daß der Film, für den die Dreharbeiten am 15. Juli hätten beginnen sollen, noch nicht in Produktion gehen konnte, da es kein Drehbuch gab. Eine Idee von Roddenberry für eine Geschichte, die von Paramount abgelehnt worden war, wurde zitiert. Der Reporter beschrieb die Geschichte als Beschäftigung mit der Bedeutung von Gott und schrieb, daß »Roddenberry glaubt, die Paramount-Verantwortlichen störten sich an einer kurzen Sequenz auf Vulkan, in denen die vulkanischen Meister, unter denen Spock lernt, sagten: ›Wir haben nie wirklich die Legenden der irdischen Götter verstehen können. Besonders, daß so viele eurer Götter gesagt haben: ‚Ihr müßt euch alle sieben Tage vor mir verbeugen und mich anbeten.' Das scheinen uns sehr unsichere Götter zu sein.«[9] Der Artikel besagte ferner, daß die Dreharbeiten zum Film im Januar 1977 beginnen sollten.

Dieses Startdatum war aber unwahrscheinlich, weil Gene zu-

---

[9] Das entstammte vermutlich *The God Thing*, einem kurzen Roman von Gene, den er Paramount als Geschichte für den ersten Film vorgelegt hatte. Paramount verwarf Genes Versuch als zu antireligiös. Der Autor kann allerdings in seiner Manuskriptkopie keinen solchen, von Vulkaniern gesprochenen Text finden.

sätzlich zum *Star Trek*-Film (oder zur Serie, was auch immer es schließlich sein würde) an zwei Projekten für Twentieth Century Fox arbeiten würde. Das eine Projekt kontrollierte er selbst, das andere übergab er einem vertrauenswürdigen Kollegen, Cy Chermak,[10] einem hochangesehenen Produzenten, dessen Ruf qualitativ hochwertiger Arbeit ihm vorauseilte.

Gene hatte das Konzept *Battleground: Earth* an Twentieth Century Fox verkauft. Dort gefiel seine Idee, die Entwicklung der Serie wurde in Angriff genommen. Es war Science Fiction mit einem anderen Kniff. Anders als Genes vorangegangene Versuche spielte *Battleground: Earth* nicht in einer utopischen Zukunft oder in ferner Zeit nach einem Atomkrieg. Die Serie spielte auf der Erde, gerade einmal zehn Jahre in der Zukunft. Invasoren von einem anderen Planeten begannen langsam, die Gesellschaft zu unterwandern und wichtige Persönlichkeiten zu übernehmen. Es sollte eine anhaltende Geschichte vom Kampf gegen außerirdische Invasoren sein.[11]

Gene mochte Chermak und verzichtete auf einen prozentualen Anteil an seinem Gewinn aus der Serie, um ihn als Produzenten zu bekommen, während Gene in England ein Drehbuch produzierte, das er zusammen mit Sam Peeples geschrieben hatte.

Chermak hatten einen Auftrag vom Network, und Zeit war das Maß aller Dinge. Geschichten mußten zu Drehbüchern umgearbeitet werden. Chermak erinnert sich, daß er zehn Drehbuchaufträge an verschiedene Autoren vergab. Kostüme wurden entworfen, und er kümmerte sich um die tausend Kleinigkeiten, die die Entstehung einer Fernsehserie mit sich bringt.

Das Network wollte, daß der Pilotfilm umgeschrieben wurde, also übernahm Chermak diese verantwortungsvolle Aufgabe. Gene gefiel Chermaks Arbeit, er genehmigte sie. Nachdem das Pilotdrehbuch überarbeitet und vom Network angenommen worden war, begann die Suche nach den Schauspielern. Tatsächlich

---

[10] Cy Chermak war ausführender Produzent von *Ironside* und übernahm in der Mitte der Season 1974/75 als Produzent die Serie *Kolchak – The Night Stalker*.
[11] Falls dies vertraut klingt: Es ist das zentrale Handlungselement von *V*, das erstmalig 1984 auf NBC als Miniserie ausgestrahlt wurde und dann ein kurzes Seriendasein fristete.

wurde nur ein einziger Darsteller jemals unter Vertrag genommen. Da er in der Serie einen Außerirdischen spielen sollte, wurde er ins Studio geholt, um das Make-up-Design zu testen.

Cy Chermak erinnert sich besonders an einen Schauspieler, dessen Karriere gerade begann.

»Ein junger Mann, der als Marlboro Man bekannt geworden war, suchte nach Arbeit. Er ging zu vielen Vorsprechterminen. Ich unterhielt mich mit ihm über die Hauptrolle in unserer Serie. Er war sehr deprimiert, da er sich mit vielen Leuten getroffen hatte, aber nichts dabei herausgekommen war.

Ich weiß noch, wie ich ihm sagte, er werde es schaffen. Wenn nicht in meiner Serie, dann in irgendeiner anderen Serie. Aber er werde es schaffen, also sollte er den Kopf nicht hängenlassen.

Er war meine Wahl, aber er hatte keine Erfahrung. Ich konnte nicht sagen, ›es klappt‹, weil das nicht die Art ist, wie Hauptrollen in Pilotfilmen in jener Zeit besetzt wurden. Jeder hatte etwas zu sagen. Der Schauspieler hieß Tom Selleck.«

Gerüchte aus der Chefetage des Networks fanden ihren Weg zu Chermak:

»Ich hörte, daß der damalige CBS-Präsident die Serie für zu realistisch hielt, zu furchteinflößend. Es war zu nah an der Gegenwart, um Science Fiction zu sein. Es war nicht 20, 30 oder 40 Jahre entfernt. Er hatte das Gefühl, daß die Serie so wie *War of the Worlds* die Menschen ängstigen könnte. Und das wollte er nicht.«

Das Ende kam für *Battleground: Earth* schnell und plötzlich. Chermak erinnert sich:

»Ich arbeitete an der Serie, als man mir eines Tages sagte, das Network habe beschlossen, das Projekt zu streichen. Man teilte mir die Begründung des Network-Präsidenten mit, die ich bereits gehört hatte. Niemand hatte weitere Informationen. Ich war der ›Best Man‹ (der Freund des Bräutigams, dem bei der Ausrichtung der Hochzeit die maßgebliche Rolle zufällt. – Anm. d. Übers.) bei der Hochzeit des Chefs der Fernsehabteilung, sogar er hatte keine zusätzlichen Informationen. Ich sprach nie mit Gene darüber, weil alles bereits vorüber war, als er aus London zurückkehrte.«

Während *Battleground: Earth* bei Fox sein kurzes Dasein fristete, hatte sich Gene mit Majel und Klein-Rod auf den Weg nach London begeben. Das Drehbuch, das er mit Sam Peeples geschrieben hatte, war ein okkulter Thriller mit dem Titel *Spectre*. Obwohl er als Film der Woche beworben wurde, war seine ursprüngliche Vorstellung einige Jahre zuvor die einer Serie gewesen.

Die früheste Aufzeichnung ist ein sieben Seiten langer Entwurf, der von Gene geschrieben worden war und vom 14. März 1972 datierte. Er sagte später, Majel habe ihn durch ihren Vorschlag inspiriert, er solle eine Geschichte schreiben über »die Macht übernatürlicher Kräfte, die in der heutigen Gesellschaft gegenwärtig sein könnten«. Obwohl keiner der beiden an solche Kräfte glaubte, erkannte Gene eine gute Geschichte, wenn er sie hörte.

Die Hauptfigur war William Quentin, ein »talentierter Amateurkriminologe, den praktisch niemand mochte«. Quentin war ein finanziell unabhängiges Genie mit fotografischem Gedächtnis und einer Abneigung gegen Zwischenmenschliches. Sein ausschließliches Interesse galt dem Kampf gegen das Übernatürliche. Gene schloß seine Personenbeschreibung mit den Worten: »Das Konzept verlangt eindeutig nach einem Schauspieler mit Mut und Stil, als Kontrast zu den hübschen jungen Männern, die heutzutage in so vielen Serien die Hauptrolle erhalten.«

Das endgültige, gemeinschaftlich erarbeitete Ergebnis schwächte Quentins Charakter ein wenig ab, was seine Abneigungen betraf, aber Genes Besetzungsansprüche wurden respektiert, als die Rolle an Robert Culp ging.

Quentins Kumpel und Assistent war Dr. Peter Hamm, dessen Charakter auch ein wenig geändert wurde. So verschwand der Bart, die Rolle wurde von dem glattrasierten Gig Young gespielt. Und die Beziehung bestand nicht länger in gegenseitiger Abneigung, sondern gestaltete sich als die zweier alter Freunde, die sich gegenseitig nur zu gut kennen.

Es gab noch eine weitere Figur im Originalentwurf: Lace, Quentins Haushälterin. Gene nahm die Rolle heraus und schuf Lilith, speziell für Majel. Majel spielte keine einfache Haushälterin. Lilith schien Quentins ›persönliche Hexe‹ zu sein. Die verfilmte Version beginnt damit, daß Lilith einen Zauber vorbereitet, mit dem sie Dr. Hamms Alkoholismus heilen will. Nachdem sie die Haustür geöffnet und ihn hereingelassen hat, schneidet sie ihm eine Haarlocke ab und verläßt mit einem wissenden Lächeln den

Raum. Gene sagte später, daß es ein Fehler war, die Rolle in der folgenden Handlung nicht mehr zu berücksichtigen.

Außerdem wirkten in diesem Film der angesehene britische Charakterdarsteller Gordon Jackson (einige Jahre, bevor er in *Upstairs, Downstairs* die Rolle des Butlers annahm) und der gleichermaßen hervorragende John Hurt (der später unter anderem in *The Elephant Man* zu sehen war) mit. *Spectre* wurde in Hertfordshire gedreht, einer der Hauptdrehorte war die alte Abtei All Saints Pastoral Center. Die Ausstrahlung erfolgte 1977 als Film der Woche auf NBC.

Die Familie verbrachte drei Monate in London, während der Film gedreht wurde. Als sie nach Los Angeles zurückkehrte, begann Gene mit der Arbeit an einem neuen großen Projekt.

Auf der Grundlage der Wirkung von *Spectre*, das er für Twentieth Century Fox geschrieben hatte, gab man ein weiteres Projekt in Auftrag. Gene kehrte zur Science Fiction zurück und zog alle Register. Er schrieb *Magna I*, eine Geschichte der Erde in einer nahen Zukunft. Die Menschheit ist in zwei Gruppen gespalten: Landbewohner, entmenschlicht durch Überbevölkerung, gemaßregelt durch strenge Gesetze; und Ozeanbewohner, ein winziger Teil der Menschheit, der sich an ein Leben in Harmonie mit und in der See angepaßt hatte. Der Zusammenbruch der Werte für die Landbewohner wurde durch *Magna I* repräsentiert, eine gigantische atombetriebene Tagebaumaschine.

Es gab Intrigen, einen rätselhaften Mord, ein großes Maß an gesellschaftlichen Kommentaren und Philosophie aus Genes Feder, und ein atemberaubendes Duell zwischen dem Helden und der gigantischen Maschine, die die Kinobesucher an den Kinositz fesseln würde. Aber nur, wenn daraus ein Film entstehen würde. Die Betonung lag auf dem Wort ›wenn‹. Die Studiobosse warfen einen Blick auf die Geschichte und sagten Gene, es sei eine der brillantesten und aufregendsten Ideen, die sie je gelesen hätten. Aber sie sagten ihm auch, daß sie den Film nicht produzieren würden.

Was Gene geschrieben hatte, hätte bereits 1976 50 Millionen Dollar gekostet. Und die erforderlichen Spezialeffekte sollten erst in einigen Jahren erfunden werden. *Magna I* war eine großartige Geschichte, die aber der Entwicklung um Jahrzehnte voraus war.

Heute haben Computergrafik und Spezialeffekte einen Stand erreicht, durch den *Magna I* Genes Vision gerecht werden könnte. Das Manuskript liegt in Majels Akten und wartet nur auf einen Filmemacher mit der gewaltigen Phantasie und nicht weniger gewaltiger Brieftasche, der das Potential erkennt.

Die Verwirrung der Öffentlichkeit über die Wiederbelebung von *Star Trek* wurde zusätzlich von sich oft widersprechenden Zeitungsartikeln und Ankündigungen verstärkt, die aus dem Zusammenhang gerissen worden waren.

Am 15. Februar 1977 berichtete die *Washington Post*, Paramount habe einen Kinofilm angekündigt; Drehbeginn solle im Sommer sein, das Budget belaufe sich auf 8 Millionen Dollar, Regie werde Phil Kaufman führen. Der Artikel zitierte Harlan Ellison mit den Worten, er habe das Gefühl, das Phänomen *Star Trek* »ist tot«.

Star Trek war nicht tot, sondern litt unter großer Atemnot, da die Paramount-Verantwortlichen ihre Auffassung über die beste Verwendungsmöglichkeit ihres Eigentums änderten. Sie strebten nach mehr als nach einem Kinofilm. Am 18. April berichtete der *San Francisco Chronicle*, daß das Studio zwar den Film gestrichen habe, *Star Trek* aber im Herbst ins Fernsehen zurückkehren würde, um Paramounts größtes Abenteuer auf den Weg zu bringen: ein viertes Fernsehnetwork. Die Auferstehung von Genes Kreation sollte das Herzstück des Startangebots dieses neuen Networks sein: pro Woche einen Abend Prime Time-Fernsehen. Die Serie sollte im April 1978 Premiere feiern.

Zehn Tage später brachte die *Los Angeles Times* eine Meldung, derzufolge das von Bryant und Scott geschriebene Drehbuch eine »deutliche Überarbeitung« benötigte, auch wenn die grundsätzliche Idee im wesentlichen erhalten bleiben sollte. Der Film wurde damit ein weiteres Mal verschoben. Gene wurde mit den Worten zitiert: »Wenn es nur ein weiterer SF-Film wäre, hätte man ihn sofort drehen können.« Gene sagte zudem, er rechne mit einer neuen Reihe von 90-Minuten- oder Zwei-Stunden-Programmen als Folge eines erfolgreichen Kinofilms. Er würde wieder mit dabei sein, sofern man ihm die Zeit gewährte, die eine Bearbeitung dieser Episoden erfordern würde. Er schloß: »Das ganze

Problem, mit dem wir konfrontiert werden, besteht darin, daß einige Leute aus der Serie mehr gemacht haben, als sie in Wirklichkeit verdient hat. Sie ist sozusagen überlebensgroß geworden. Wenn wir es wieder mit einer Episode pro Woche versuchen würden, wären die Zuschauer enttäuscht. Es wäre vielmehr erforderlich, eine Reihe von Specials zu produzieren.«

Am 3. Mai schrieb Gene an Asimov und verwendete dabei Papier mit dem *Star Trek: The Motion Picture*-Briefkopf:

> Lieber Ike,
> ich war in letzter Zeit ein paarmal in New York, das letzte Mal anläßlich der IEEE-Konferenz, wo ich mich mit Dr. Hal Puthoff und Russell Targ vom Stanford Research Institute getroffen habe, um mit ihm über das Buch *Mind Reach* und andere Arbeiten zu sprechen, die sich mit Laborexperimentieren zur Telepathie usw. befassen. Was diese Dinge angeht, bin ich ja so eine Art praktizierender Ungläubiger, aber ich stoße immer wieder auf einzelne Aspekte des Ganzen und dann auf Berichte von Physiktheoretikern, die zu erklären scheinen, warum das »Unmögliche« ein Mangel unseres vollen Verständnisses der wahren Natur von Zeit und Dimensionen und so weiter sein könnte.
>
> Ich würde sehr gerne Deinen Standpunkt erfahren, wenn wir uns das nächste Mal zusammensetzen. Ich wollte Dich während der letzten Reisen besuchen, aber man hatte mich so verplant, daß ich kaum noch Zeit hatte, um die Toilette zu besuchen. (Was nicht heißen soll, daß ich einen Besuch bei Dir annähernd in die gleiche Kategorie einordnen würde.)
>
> Jedesmal kommt aus dem Publikum die Frage: »Wer sind Ihre bevorzugten Science Fiction-Autoren?« Ich glaube, es wird Dir gefallen, daß jedesmal, wenn ich Deinen Namen erwähne, ein Applaus folgt, der mindestens eine Minute anhält.
>
> Der *Star Trek*-Film? In der kommenden Woche feiere ich den *zweiten Jahrestag* meines Einzugs bei Paramount, um den Film zu produzieren. Es ist eine unglaubliche Geduldsübung.

Gerüchte... Andeutungen... Wunschdenken... das letzte Wort schien am 7. Juni 1977 gesprochen, als der *The San Francisco Chronicle* berichtete, der Film sei nach neun Monaten Vorbereitungszeit und 500 000 Dollar Kosten aufgegeben worden. Phil Kaufman war über die Entscheidung sprachlos. Das Studio arbeitete nun endgültig an einem »neuen Programmkonzept, um mit den anderen Networkprogrammen mithalten zu können«.

Am 25. Mai 1977 feierte ein relativ kostengünstiger Science Fiction-Film ohne große Stars Kinopremiere, und er sollte sehr schnell Geschichte machen – *Star Wars*.

Am 18. Juni 1977 berichtete die *New York Times*, Paramount Pictures habe erklärt, *Star Trek* kehre ins Serienfernsehen zurück, mit Gene Roddenberry als ausführendem Produzenten. Der kurzgefaßte Artikel erwähnte zudem, daß *Star Trek* gegenwärtig landesweit von 137 Sendern ausgestrahlt werde und seit dem Tag, da die Serie in Syndication ausgestrahlt wurde, ohne Unterbrechung gelaufen sei.

Gene stürzte sich wieder in die Arbeit. Am 12. Juli 1977 hatte er verschiedene Leute verpflichtet, darunter Bob Goodwin als Co-Produzenten, Joe Jennings als Art Director und Matt Jeffries als Berater. In einem Memo vom gleichen Tag führte Gene eine Reihe von weiteren Leuten auf, die er sich holen würde, darunter ein Redakteur, ein Überwacher für die Nachbearbeitung und für die Spezialeffekte, ein Kameramann und so weiter. Gene kam auf Touren und zurück in den Produktionsrhythmus.

Im gleichen Memo merkte er an:

Das Drehbuch für den Pilotfilm sollte bald in Arbeit gehen. Ich empfehle, daß drei Ideen an drei Autoren aus meinem Memo vom 8. Juli 1977 in Auftrag gegeben werden. Autoren, die zur Zeit erwogen werden, sind:
Arthur Heinemann
John T. Dugan
Dick Nelson
Ted Sturgeon
Alan Dean Foster
Jerome Bixby
John Meredyth Lucas
Don Belasario

Die Verfügbarkeit der *Star Trek*-Hauptdarsteller im Rahmen unseres Budgets sollte von Paramount so früh wie möglich festgestellt werden. Ob Shatner und Nimoy erwünscht sind, hängt sehr davon ab, ob einer von beiden oder sogar beide verpflichtet werden können. Wenn wir uns bei vergleichbaren Bedingungen für einen entscheiden müssen, dann ist meiner Meinung nach Shatner der wichtigste. Er liefert den Vorspanntext, die vertrauten Off-Kommentare, und er stellt eine direkte Verbindung zur gesamten *Star Trek*-Vergangenheit dar.[12]

Was mein Memo vom 6. Juli angeht, glaube ich, daß wir durch Shatner als Captain die Möglichkeit erhalten, eine neue, junge Hauptrolle zu besetzen, vielleicht einen Lieutenant Commander oder Commander (Stellvertreter des Captains), der mehr und mehr zur zentralen Figur unserer Serie wird und Landeteams anführt usw.[13]

Leonard Nimoy als einziger zurückkehrender Hauptdarsteller würde ebenfalls funktionieren. Das würde bedeuten, daß wir einen neuen »Captain Kirk« aussuchen müßten.

DeForest Kelley wurde in der zweiten und dritten Season als einer der drei mehr oder weniger »gleichberechtigten« Hauptfiguren geführt. (Das Problem, das hieraus entstehen könnte, muß diskutiert werden.)

Der letzte Absatz in diesem Memo enthielt eine Empfehlung, die Genes Energie sowohl als kreatives Individuum als auch als Serienproduzent widerspiegelte. Das Gesicht und die Geschichte von *Star Trek* wären nachhaltig verändert worden, wäre diese Serie in Produktion gegangen.

Ich empfehle, daß wir alle anderen Schauspieler auf einer Basis »sieben von dreizehn Episoden« unter Vertrag nehmen und diese Gelegenheit nutzen, so viele von ihnen wie möglich »von der Brücke« zu befördern und durch junge, unverbrauchte Gesichter zu ersetzen.

GR

Am 13. Juli schickte Gene eine Notiz an Greg Bear,[14] der in der *Los Angeles Times* vom 10. Juli 1977 einen Artikel geschrieben hatte.

Ich habe mit Vergnügen Ihren sehr interessanten und gutgeschriebenen Artikel gelesen. Ich war begeistert, als ich Ihre Aussage las:

---

[12] Während einige leitende Angestellte – sowohl vom Studio als auch vom Network – irrtümlich glaubten, die Geschichten drehten sich um Spock, wußte Gene, daß Kirk die Figur war, die die Geschichte präsentierte. Dies reichte zurück bis zu den Briefen, die Gene und Asimov sich Jahre zuvor geschrieben hatten. Asimovs Ratschlag hatte immer noch Gültigkeit, und Gene wußte das.
[13] Diese Idee wurde zehn Jahre später bei *Star Trek: The Next Generation* berücksichtigt.
[14] Gregory Dale Bear, Schwiegersohn des angesehenen Science Fiction-Autors Poul Anderson, begann 1967, SF zu schreiben; 1975 machte er daraus einen Vollzeitjob. Er schrieb für Pocket Books einen *Star Trek*-Roman.

»Während ein einzelner es schaffen kann, alleine zu Hause an seiner Schreibmaschine, ist es für ein Komitee fast unmöglich, so etwas zu bewerkstelligen.« Das war nämlich genau unser Problem, den *Star Trek*-Kinofilm voranzubringen. Der Gedanke, acht oder zehn Millionen Dollar auszugeben, machte das Studio plötzlich sehr unruhig, woraufhin man begann, jede meiner Entscheidungen in Frage zu stellen.

Die Dinge scheinen einfacher zu laufen, nachdem das Projekt nun darauf abzielt, *Star Trek* ins Fernsehen zurückzubringen. Ihr Überblick über SF in Film und Fernsehen ist umfassend und interessant. Ich würde mit großer Sorgfalt jeden Ihrer Kommentare lesen, den Sie zu einer Rückkehr von *Star Trek* ins Fernsehen machen möchten. Natürlich sind seit den Tagen der Originalserie viele Jahre vergangen, vieles hat sich verändert, und wir werden sehr viele interessante Entscheidungen treffen müssen, hinsichtlich der ständigen Charaktere, des momentanen Alters der Originaltruppe, der wissenschaftlichen Fortschritte bei Instrumenten, Anzeigen, Kontrollen, auch hinsichtlich des ursprünglichen Titelthemas und vieler anderer Dinge.

Nochmals: Ihr Artikel hat mir sehr gefallen.

Am 3. August 1977 wurde ein *Star Trek*-Produktionstreffen einberufen. Die Zusammenfassung dieses Treffens erlaubt einen einzigartigen Einblick in die Entwicklung einer neuen Serie:

Roddenberry erwartet, daß er innerhalb der nächsten zwei Wochen acht bis zehn Autoren haben wird, die an den Episodenhandlungen arbeiten werden. Zur Zeit befassen sich vier Autoren mit dem zweistündigen Konzept.

Aus zwei Gründen muß der zweistündigen Episode unser Hauptaugenmerk gelten: 1. die Eröffnung der Serie; 2. die erste Rückkehr von *Star Trek* verspricht ein enormes weltweites Potential. Der Film muß hervorragend sein.

Roddenberry glaubt, daß wir für den Zweistundenfilm eine um so größere Auswahl haben, je mehr Ideen wir ausarbeiten lassen können. Aus diesem Grund arbeiten alle Autoren an Kurzfassungen, mit der Absicht, das beste Material den etabliertesten Autoren zu geben.

MDE[15] macht sich über die Kosten keine Gedanken; er ist mit allem einverstanden, was notwendig ist, um das bestmögliche Drehbuch zu bekommen, »auch wenn es 100 000 oder 200 000 Dollar kostet«.

---

[15] Michael D. Eisner, Studiochef, wurde später das Wunderkind, das Disney wiederbelebte, indem er den Unternehmenswert von 2 Milliarden Dollar auf 22 Milliarden Dollar hochtrieb; für ihn selbst fielen dabei einige hundert Millionen Dollar ab.

MDE machte ausdrücklich auf das Abgabedatum 1. Februar aufmerksam und auf die Notwendigkeit, daß über die Handlung entschieden werden muß, um eine ausreichende Vorbereitungsphase zu ermöglichen. Fellows berichtet, daß die Vorproduktion schon aufgenommen worden ist, die Bauarbeiten sind im Gange, aber wegen des Mangels an fähigem Personal sind Verspätungen aufgetreten.

Roddenberry warnte an diesem Punkt: »Wir würden euch was vormachen, wenn ich nicht sagen würde, daß wir einige Probleme mit dem Februar-Datum haben, aber wir hoffen, sie zu bewältigen.« Daraufhin erwiderte Eisner: »Wenn das Zweistundendrehbuch gut genug ist, drei Millionen.« Er betonte, er wolle keine Extravaganz fördern, doch er sei darauf aus, daß wir den geplanten Termin einhalten und der Film »optisch wunderbar« werden würde, mit einem Autor, der die Charaktere mit Leben erfüllt, mit einem brillanten Regisseur und einer brillanten Geschichte.

Kalcheim verhandelt für Shatner. Roddenberry sprach heute mit Shatner, der im Film mit dabeisein möchte.

Roddenberry achtet darauf, das Drehbuch so zu schneidern, um Shatner und Nimoy einzuarbeiten. Er würde Nimoy lieber komplett rauslassen. MDE setzt sich sehr stark dafür ein, beide Schauspieler im Film zu haben (zu große weltweite Fangefolgschaft; beide sind äußerst wichtig für diesen Film). Wir müssen dafür sorgen, daß sie ihre Verträge unterschrieben, auch bei völlig überzogenen Gagen. Roddenberry war anderer Meinung. Aufgrund seiner Erfahrung kann er fast die Begeisterung versprechen, die durch die Rückkehr von *Star Trek* mit dem größten Teil der Originalcrew ausgelöst wird. Unterstützt durch eine öffentliche Kampagne, kann das Interesse am »neuen, anderen Typ Vulkanier« angeheizt werden, wodurch jegliche Enttäuschung über Nimoys Abwesenheit ausgeschlossen würde.

Eisner bestand darauf, Nimoy unter Vertrag zu nehmen, notfalls für einige kurze Szenen in der Eröffnungssequenz. Das wäre akzeptabel – und sogar vorzuziehen –, da ein kurzer Auftritt die Zuschauerforderungen befriedigt und zugleich die Freiheit erlaubt, mit den neuen Konzepten der Handlung und der Charaktere zu arbeiten.

Nardino hat ein Angebot an Nimoy zusammengestellt, das den Zweistundenfilm, einzelne Episoden und eine Einigung betreffend seiner Klagen gegen uns umfaßt.[16] Nardino wird dieses Angebot mit

---

[16] Richard Arnold, der *Star Trek*-Berater, erinnert sich, daß es um Merchandising ging und um fehlende Tantiemen aus dem *Star Trek* Blooper-Film, der weithin als 16 mm-Film verbreitet wurde, ohne daß die Schauspieler oder Gene einen Cent dafür erhielten.

einem festen Termin versehen, in der kommenden Woche wird er ein neues Angebot abgeben, in dem die einzelnen Positionen aufgesplittet werden und er nur für den Zweistundenfilm verhandeln wird, ganz gleich, welchen Preis wir bezahlen müssen. Aber der Vertrag mit Shatner muß zuerst abgeschlossen werden, um die Kosten niedrig zu halten. MDE glaubt, daß Nimoy 100 000 Dollar für zwei oder drei Tage Arbeit akzeptieren wird, mit diesem Betrag wäre er erforderlichenfalls einverstanden.

MDE ist von dem beschriebenen Handlungskonzept begeistert (Konzept liegt bei).

Roddenberry stellte nochmals die Dringlichkeit des 1. Februar in Frage. Daraufhin erklärte Eisner, er versuch aus dem Ausland Zusagen zu erhalten, um Geld aufzutreiben, bevor der Film ins Fernsehen kommt. Das Datum ist von wesentlicher Bedeutung, ebenso die Qualität des Films. Er machte deutlich, bei Paramount gebe es nur eine Sache von höchster Priorität: den großen *Star Trek*-Film am 1. Februar. Er hatte uneingeschränkte Zustimmung zu den benötigtem Geldern erhalten, um dieses Ziel zu erreichen. Er wird bis zu drei Millionen Dollar »unter diesen Voraussetzungen [bereitstellen]: hervorragender Regisseur, hervorragender Autor, Nimoy und Shatner«. Eine anschließende Serie muß in Erwägung gezogen werden (geplante Fertigstellung im März), aber die Serienprobleme/-termine dürfen sich nicht auf den Zweistundenfilm auswirken. Zustimmung erteilt, dreizehn Drehbücher in Auftrag zu geben.

Diskussion über Magicam-Prozeß und -Qualität im Verhältnis zu einem Kinofilm. Gene Roddenberry wird es sich ansehen und eine Entscheidung treffen. MDE wird Magicam akzeptieren, wenn »es in der Radio City Music Hall gut aussieht«.

Das Fandom durchlebte eine kleine Krise, um die sich Gene kümmern mußte: das hartnäckige Gerücht, Nimoy werde nicht zurückkehren, und Spock werde im Film keine Rolle mehr spielen. Es war nicht nur Paramounts Wankelmut bei der Entscheidung, was aus dem Projekt *Star Trek* tatsächlich werden sollte. Auch Nimoys Wunsch, sein Leben und seine Karriere voranzubringen (Nimoys Bühnenverpflichtungen überschnitten sich oft mit Drehterminen für Filme), ließ ihn keine Eile verspüren, eine Entscheidung zu treffen.

Am 22. Oktober 1977 schickte Gene einen Brief an Fanclubs und -organisationen, gerichtet an die »geschätzten Nimoy-Spock-

Fans«. Gene erklärte ihnen, daß er Nimoy mochte, gerne mit ihm zusammenarbeitete und ihn als Spock wiederhaben wollte.

> Wurde Leonard Nimoy angeboten, Spock in *Star Trek II* zu spielen?
> Gespräche und Verhandlungen mit Nimoy über die Wiederaufnahme der Rolle in einem *Star Trek*-Film und/oder einer -Fernsehserie laufen inzwischen seit mehr als zwei Jahren! Der beste Beweis, den ich für meine Überzeugung liefern kann, unsere Originalstars zurückzubekommen, ist der, daß ich freiwillig meinen Gewinnanteil reduziert habe, damit er an Nimoy und Shatner gehen kann, um sie weiter zu veranlassen, den *Star Trek*-Film zu machen.

Ende August schickte Gene ein Dankesschreiben an Franz Joseph Schnaubelt. Möglicherweise hatte er einen schlechten Tag im Studio gehabt, als er diesen Brief schrieb, da er bezüglich seiner Ansichten über Paramount kein Blatt vor den Mund nahm.

> Vielen Dank für das Vorabexemplar des *Star Trek Technical Manual*. Ich habe es mir bislang nur flüchtig ansehen können, aber es sieht beeindruckend ein. Ich wünsche Ihnen viel Erfolg damit.
> Ich bin nicht ganz damit einverstanden, daß ich mit Lon Mindling und einem Dutzend anderer Leute in der Rubrik »Dank an ...« genannt werde. Obwohl ich viele der dort Genannten zutiefst respektiere, habe ich Vorbehalte dagegen, daß der Erfinder des grundlegenden *Star Trek*-Konzepts in einer gemeinschaftlichen Art gewürdigt wird. Ich sage das nach wie vor in aller Freundschaft. Möglicherweise spiegelt sich darin ein wenig Verbitterung darüber wider, daß ich nie einen Dollar aus den Gewinnen des *Star Trek*-Merchandising gesehen habe. Es ist mir nicht einmal gelungen, vom Studio eine Zusammenstellung zu erhalten, was überhaupt verkauft worden ist.
> Was den Umgang mit der Begeisterung der Öffentlichkeit angeht oder die Tatsache, wie eine Berühmtheit behandelt zu werden, habe ich noch immer so große Schwierigkeiten, damit zurechtzukommen, daß ich mich kaum in der Lage sehe, gute Ratschläge zu erteilen. Vielleicht hilft eine Erkenntnis: *Star Trek*-Fans sind fast immer freundliche, warmherzige Menschen. Ich habe festgestellt, daß man offen und herzlich zu ihnen sprechen kann, man kann ihnen sagen, wenn man müde ist, erklären, warum man das eine machen wird, das andere nicht machen kann. Im allgemeinen sind sie sehr verständnisvoll. Sie werden rebellieren, wenn sie das Gefühl haben, daß man sie

betrügt. Aber sie werden gleichermaßen mit Leidenschaft auf Ehrlichkeit reagieren.

Herzlichste Grüße

Das grundsätzliche Konzept für den *Star Trek*-Pilotfilm las sich am 3. August 1977 wie folgt:

Nach vielen Jahren im Dienst wird die *Enterprise* völlig umgebaut, die jüngsten technologischen Fortschritte sind berücksichtigt worden. Sie soll als Vorbild für zukünftige Schiffe von Starfleet dienen. Der alternde Kirk hat einen Schreibtischjob erhalten, um das Projekt zu leiten.

Vom anderen Ende der Galaxis nähert sich rasch ein gigantisches Raumschiff, das die Erde bedroht – es hat auf seinem Weg bereits mehrere Schiff vernichtet. Die neue *Enterprise* – ihr Umbau ist zwar abgeschlossen, aber sie befindet sich noch in der ersten Testphase – ist das einzige Schiff, das über die Kapazitäten verfügt, sich dieser Bedrohung in den Weg zu stellen.

Der neue, jüngere Captain der Enterprise (nun der jüngste Captain bei Starfleet) zögert, ein nicht getestetes Schiff zu führen. Er besteht darauf, daß Kirk aufgrund seiner Erfahrung und seines Wissens über das Schiff und die Crew das Kommando übernimmt.

Spock wird gesucht und gefunden, ist aber nicht abkömmlich oder auf andere Weise nicht in der Lage, aktiv teilzunehmen. Kirk besteht darauf, daß er durch einen anderen Vulkanier ersetzt wird, da er sich über die Jahre hinweg an die einzigartige Denkweise des Vulkaniers gewöhnt hat. Er glaubt, das könne in Notsituationen von größter Bedeutung sein.

Ein junger Vulkanier wird gefunden (von Spock eingeführt?). Er sieht sich großer Kritik und Ablehnung seitens der Crew ausgesetzt, die das Gefühl hat, er habe Spock ausgebootet.

Die *Enterprise* startet – der junge Captain ist nun Kirks Stellvertreter – und sieht sich nicht in der Lage, den Eindringling unter Kontrolle zu bringen. Erst wenn die Hälfte der Geschichte erzählt ist, wird uns klar, daß es sich nicht um eine Invasion durch Außerirdische handelt, sondern um eine neue und einzigartige Lebensform, genaugenommen eine Maschine – eine intelligente Wesenheit mit der Fähigkeit, biologische Formen synthetisch zu erschaffen (Schwärme giftiger Bienen, die sich als mechanische Kreaturen erweisen usw.), möglicherweise bis zu dem Ausmaß, einen humanoiden Gegenspieler künstlich zu schaffen.

An einem Punkt der Handlung schließen der *Enterprise*-Computer und die Maschine sich zusammen, was aber nicht verstanden wird – die Crew hält es für eine Fehlfunktion des neuen Systems und für eine große Gefahr.

Durch einen brillanten Trick rettet unser neuer Vulkanier die *Enterprise* und Gene Roddenberrys Ruf.

Der Vulkanier war Xon und sollte von David Gautreaux gespielt werden, der für den Pilotfilm und die Serie eine Vereinbarung auf Probe unterschrieb. Für den Pilotfilm sollte er für vier Wochen 10 000 Dollar erhalten, für jede weitere Episode im ersten Jahr 2500 Dollar, gefolgt von einer deutlichen Erhöhung im zweiten Jahr. In der Vereinbarung ist die Standardklausel von Paramount über Merchandising-Einnahmen enthalten, derzufolge Gautreaux »5 %, reduzierbar auf 2,5 % der Nettogewinne nach Abzug der für Paramount anfallenden Gebühren und Ausgaben in Höhe von 50 %«, erhalten sollte.

Persis Khambatta sollte als Ilia den gleichen Vertrag erhalten, während die alte Crew eine angenehme Erhöhung ihrer Gagen im Vergleich zu den alten Tagen erhielt. Nichelle Nichols, die in der Vereinbarung »Michelle Nichols« genannt wurde, sollte als Uhura zurückkehren und 8000 Dollar für den Pilotfilm und danach 3000 Dollar pro Episode auf der »sieben von 13«-Basis erhalten. Viel Zeit war vergangen, seit sie im ersten Jahr 600 Dollar pro Episode und im zweiten und dritten Jahr den Status erhalten hatte, der ihr nur für den jeweiligen Tag Beschäftigung garantierte. Nichelle sollte so wie die anderen Stammschauspieler einen Sechsjahresvertrag erhalten. DeForest Kelley erhielt ebenfalls eine bessere Vergütung: 17 500 Dollar für vier Wochen Dreharbeiten zum Pilotfilm, dann 7500 Dollar pro Episode. Diese Memos datierten vom 26. September 1977. Während der zwei Monate, in denen sie keine Änderungen erlebten, sahen diese Zahlen für die Schauspieler vermutlich gut aus.

In der letzten Woche des November 1977 hatte die Reinkarnation von *Star Trek* erneut eine Metamorphose durchgemacht. Diesmal sollte es wieder ein Kinofilm sein: ein teurer Film mit einem teuren Regisseur und all dem Drum und Dran, das ein großes Studio bieten kann.

Bill Theiss,[17] Genes Freund und Kostümbildner für die Originalserie, erinnerte sich, daß es nur noch zehn Tage bis zum Drehbeginn des Fernsehfilms waren, als der Befehl kam, das Projekt zu stoppen – ein Befehl, der sich als kostspielig erweisen sollte.

Am 23. November 1977 wurde ein Memo ausgegeben, das finanzielle Verpflichtungen hinsichtlich der folgenden Schauspieler umriß:

DeForest Kelley: Wir haben zur Zeit einen Vertrag für einen Fernsehpilotfilm bei einem Garantiehonorar von 17 500 Dollar (für vier Wochen Arbeit) und dem Drehbeginn 15. November. Versuche, diesen Vertrag umzuwandeln in einen Kinofilmvertrag mit zusätzlicher Zahlung für die Option auf eine Serie und mit einem späteren Drehbeginn waren erfolglos.
Empfehlung: Da wir nun einen Kinofilm drehen, könnten wir DeForest Kelley vermutlich nicht halten, wenn er sich dagegen ausspricht. Ferner könnte er den Standpunkt vertreten, daß wir keine Option auf eine Serie haben, da es ein Kinofilm ist. Meiner Meinung nach sollten wir ihm die 17 500 Dollar auszahlen und versuchen, einen neuen Vertrag für einen Start zwischen dem 1. März und dem 1. April abzuschließen (mit einer Vorankündigungsfrist für den Drehbeginn von 30 Tagen). Ich schätze, das wird 40 000 Dollar kosten (für sechs Wochen Arbeit plus eine Woche Freizeit) sowie 2000 Dollar für die Serienoption. (Diese Beträge sind zusätzlich zur Abstandszahlung von 17 500 Dollar zu zahlen.)
James Doohan: Unser gegenwärtiger Vertrag ist der gleiche wie bei DeForest Kelley, lediglich die garantierte Vergütung beläuft sich auf 10 000 Dollar. Die Probleme sind die gleichen.
Empfehlung: Ich bin der Ansicht, daß wir ihm die 10 000 Dollar auszahlen und einen neuen Vertrag mit dem Startdatum wie bei Kelley abschließen. Der dürfte uns 17 500 Dollar für fünf Wochen plus 2000 Dollar Serienoption kosten. (Zusätzlich zur Abstandszahlung

---

[17] Bill Theiss war 25 Jahre lang mit Gene und Majel befreundet – er war Teil der Familie. Gene verpflichtete ihn für *Pretty Maids, Genesis II* und *Questor*. Gene war einer der wenigen Menschen, denen Bill sein Geheimnis anvertraute, als er ihm 1985 erklärte, er habe AIDS. Dessenungeachtet verpflichtete Gene ihn für die Kostümarbeit für *Star Trek: The Next Generation*. Bill Theiss starb am 10. Dezember 1993.

von 10 000 Dollar.) Weil der neue Betrag unter 25 000 Dollar liegt, werden wir für die Terminüberschreitung eine Verzichtserklärung der Guild einholen müssen; ich bin zuversichtlich, diese zu bekommen.

Persis Khambatta: Das gleiche wie bei Doohan, mit den gleichen Problemen.

Empfehlung: 10 000 Dollar auszahlen und versuchen, einen neuen Vertrag auszuhandeln, der wohl 20 000 Dollar für sechs Wochen sowie 2000 Dollar Serienoption umfassen wird. Gleiches Problem mit der Verzichtserklärung wie bei Doohan.

David Gautreaux: Die gleiche Problemlage und Empfehlung wie bei Khambatta.

George Takei, Nichelle Nichols, Walter Koenig und *Majel Barrett:* Ich hatte ursprünglich einen Vertrag für einen Fernsehfilm (Garantiesumme 8000 Dollar für vier Wochen Arbeit, beginnend am 15. November) abgeschlossen. Gemäß den vorangegangenen Gesprächen mit dem Management habe ich jeden Vertrag in einen Kinofilmvertrag umgewandelt, der jedem 15 000 Dollar für fünf Wochen ab dem 22. November garantiert, zusätzlich jeweils 2000 Dollar Serienoption. Ich empfehle den Versuch, die Verträge auf 8000 Dollar Garantiehonorar umzustellen, jeden auszuzahlen und einen neuen Vertrag mit dem gleichen Starttermin wie bei den obengenannten Darstellern auszuhandeln. Ich glaube, daß ich mit jedem einen solchen Vertrag abschließen kann, zu den gleichen Bedingungen wie bei dem jetzigen Kinofilmvertrag (also 15 000 Dollar plus 2000 Dollar Serienoption).

Wenn alle Auszahlungen durchgeführt werden, wird das insgesamt 79 500 Dollar kosten. Die neue geschätzte Garantiesumme wird sich auf 157 500 Dollar belaufen, zusätzlich 16 000 Dollar Serienoption; also insgesamt 173 500 Dollar.

Majel erinnert sich daran, daß die Schauspieler dreimal ausbezahlt wurden – jedesmal wenn die Verantwortlichen ihre Meinung änderten. Die Summe wurde letztendlich dem Kinofilmbudget zugerechnet.

Die Vielzahl sich widersprechender Zeitungsberichte und eine Reihe von Interviews, die Gene vor und nach dem Film gab, stürzten viele in Verwirrung. Hier nun eine Zusammenfassung der Geschichte des Projekts »*Star Trek*-Kinofilm«:

1. Paramount entschließt sich, einen Kinofilm mit einem mittleren Budget zu produzieren. Wenn die Bühnenbilder erst einmal fer-

tig sind, wäre eine neue Fernsehserie der logische nächste Schritt.
2. Paramount gefällt Genes Drehbuch nicht. Die Drehbuchversuche von anderen Drehbuchautoren verlaufen erfolglos. Paramount bezweifelt, daß der Film ein genügend großes Publikum ansprechen wird.
3. Fans reagieren auf diese Nachrichten und bombardieren Paramount mit Briefen. Die Conventions finden gute Resonanz in der Presse, die *Enterprise* wird permanent im Smithsonian ausgestellt, das erste Space Shuttle der NASA wurde auf den Namen *Enterprise* getauft. Paramount gelangt zu der Überzeugung, daß ein Film ein gutes Geschäft werden müßte.
4. Neues Kinofilmprojekt mit Phil Kaufman als Regisseur und mit einem etwas höheren Budget. Problem: Gene wird zugesichert, er habe die schöpferische Kontrolle; Jerry Isenberg wird das gleiche zugesichert, ebenso Kaufman. Nach neun Monaten und 500 000 Dollar Kosten wird das Projekt aufgegeben.
5. Paramount möchte ein viertes Network aufbauen und *Star Trek* mit einem zweistündigen Pilotfilm für eine Serie als Zugpferd verwenden; man plant entweder eine Reihe von 90-Minuten- bzw. Zweistundenfilmen oder eine wöchentliche, einstündige Serie. Beide Möglichkeiten werden diskutiert. Paramount investiert beträchtliche Summen in dieses Projekt.
6a. Paramount kann die verfügbare Werbezeit nicht komplett verkaufen, das Projekt bricht zusammen.
6b *Star Wars* und *Close Encounters of the Third Kind* erweisen sich als enorme Erfolge.
6c. *Star Trek* würde unter dem Vergleich leiden, ›nur‹ ein Fernsehfilm zu sein. Paramount erklärt sich zu einem teuren Breitwandabenteuer mit einem großen Regisseur bereit.

Es existiert eine scharfe Trennlinie in der Welt der Studios. Auf der einen Seite gibt es Kinofilme: die Filmleute und diejenigen, die in Filmen spielen – die große Leinwand. Auf der anderen Seite sind die Fernsehleute, die Unterhaltung für die breite Masse machen, für den kommerziellen Markt – die kleine Mattscheibe namens Fernsehen. Diese Linie ist nicht einfach zu überschreiten. Auch nicht, wenn man einen Kinofilm gedreht hat. Man muß einen erfolgreichen Film gedreht haben, dann darf mit den Erwachsenen spielen. Genes Erfahrung mit *Pretty Maids* hatte ihm keinen Pluspunkt eingebracht, außerdem machte er Science Fiction. Gene war sich dessen bewußt, was er auch 1980 in einem Interview zum Ausdruck brachte:

»George Lucas mußte den gleichen Kampf austragen. Er hatte das Glück, einen Erfolgsfilm hinter sich zu haben. Er konnte sagen: ›Tut mir leid, so wird's gemacht.‹ Und dann wurde es auch so gemacht. Ich konnte das bei einer Fernsehserie sagen. Ich konnte es nicht bei einem ... Science Fiction-Film sagen. Ich hatte einige Filme produziert, aber ich hatte nie einen Kassenerfolg.«[18]

Robert Wise war der große Regisseur, den das Studio haben wollte. Wise hatte 1933 mit 19 Jahren seine Karriere als Cutter bei RKO begonnen. Ab 1938 schnitt er Filme wie Charles Laughtons *The Hunchback of Notre Dame* (1939) und Orson Welles' *Citizen Kane* (1941). Seine erste Regiearbeit übernahm er, als er Gunther von Fritsch bei *Curse of the Cat People* (1944) ersetzte, der Fortsetzung zu *The Cat People* (1942). Er führte Regie bei einem der Klassiker des Science Fiction-Kinos, *The Day The Earth Stood Still*, außerdem bei *West Side Story* und *The Sound of Music*. *The Haunting* wird von vielen für die beste Geistergeschichte gehalten, die je gedreht wurde.

Gene zog sich langsam zurück. In einem Memo, das er am 2. März 1978 an Jeff Katzenberg schickte, ließ er durchblicken, daß ein anderer leitender Angestellter mit Wise verhandelte und glaubte, Gene sei »an den Gesprächen beteiligt und werde umfassend auf dem laufenden gehalten ...«

Gene schrieb, er sei an keinem Gespräch über Wises Vertrag beteiligt worden und habe auch nie ein Memo »über die Art und die Einzelheiten eines vorgeschlagenen Vertrags mit Wise [erhalten]. Meine einzigen Informationen stammen aus drei Telefonaten, die ich mit Dir über dieses Thema geführt habe.«

Der 28. März 1978 war ein großer Tag auf dem Paramount-Gelände. Die Originalcrew der Enterprise war zum ersten Mal seit dem Ende der Serie im Jahr 1969 wieder versammelt. Gene war da, ebenso Robert Wise und Charles Bludhorn, der Vorsitzende von Gulf + Western.

Michael Eisner, Präsident von Paramount, verkündete: *Star Trek* feiert Wiederauferstehung als Kinofilm mit einem Budget

---

[18] *Starlog*, November 1980.

von 15 Millionen Dollar. Robert Wise würde der Regisseur sein, Gene der Produzent, und Leonard Nimoy würde mitspielen. Nimoy hatte aus verschiedenen Gründen festgestellt, daß er sich doch dazu überreden lassen würde, jene Ohren ein weiteres Mal aufzusetzen. Er hatte seinen Vertrag am Tag vor der Pressekonferenz unterschrieben.

In einem Interview, das nach dem Film veröffentlicht wurde, bezeichnete Gene den Vertragsabschluß mit Nimoy als »Komödie der Irrungen«. Er führte aus, daß das Studio zu einem bestimmten Zeitpunkt den Film nur als zweistündigen Pilotfilm für die neue Fernsehserie produzieren wollte. Nimoy habe wegen Verpflichtungen am Broadway zu Recht seine Mitwirkung absagen müssen. Das Gerücht, Nimoy sei aus der Serie gefeuert worden, entbehre jeder Grundlage. Gene war immer der Ansicht, daß Nimoy und Spock »für die Serie sehr wichtig« waren. Aber er merkte auch an: »Keiner von uns ist wirklich unersetzlich.« Die Besetzungsentscheidungen, so Gene, waren »in Wirklichkeit viel sorgfältiger geführte, geschäftliche Entscheidungen, als die Gerüchte vermuten lassen«.

Allen seinen Leistungen, seinem Talent, den vielen Oscars und dem fachlichen Wissen zum Trotz hatte Robert Wise einen kleinen Fehler, der behoben werden mußte, bevor er mit dem Film anfangen konnte: Er hatte nie zuvor *Star Trek* gesehen.

Als Wise zum Team stieß, bereitete das Studio gerade eine *Star Trek*-Infozettel vor, der folgende Aussagen (basierend auf Daten des Arbitron Rating Service aus dem November 1977) enthielt:

Verkauft an 134 amerikanische und 131 ausländische Sender.
  Wird in den USA 308mal in der Woche gesendet.
  Im neunten Jahr der US-Syndication immer noch auf Platz 1 der Nicht-Network-Serien bei den männlichen Zuschauern zwischen 18 und 49.
  Hat in den letzten Jahren an Beliebtheit zugenommen. Seit 1973 hat sich die landesweite Syndication-Quote um 77 % verbessert.
  Allein in Los Angeles kann *Star Trek* eine 33 % höhere Zuschauerzahl erreichen als noch 1969.
  Allein in New York
   – sehen mehr Erwachsene zwischen 18 und 34 *Star Trek* statt *M*A*S*H*;

- sehen mehr Männer zwischen 18 und 49 *Star Trek* statt *Monday Night Football*;
- sehen mehr Teenager zwischen 12 und 17 *Star Trek* statt *One Day At A Time*.

Laut TVQ, der größten TV-Umfrage, war *Star Trek* im letzten November die beliebteste dramatische Fernsehserie für männliche Zuschauer zwischen 18 und 49 und schlug damit alle aktuellen dramatischen Networkserien.

Star Trek hatte dem Studio seit dem Sprung in die Syndication nur Geld eingebracht – neun Jahre lang. Das Studio bot in seiner Großzügigkeit an, Wise einige ausgewählte Episoden vorzuführen. Man würde Gene lediglich 150 Dollar *pro Episode* für den Filmvorführer und den Vorführraum in Rechnung stellen. Gene war außer sich. Er rief Richard Arnold an[19] und bat ihn, 16 mm-Kopien ausfindig zu machen, die im Besitz von Sammlern waren, die ihrerseits glücklich sein würden, Gene umsonst zu helfen.

Am 10. April 1978 schickte Gene detaillierte Analysen des Drehbuchs an Wise.

Die beste Entscheidung, die Sie und ich getroffen haben, ist die Umstrukturierung des Endes unserer Geschichte. Die letzten 20 Minuten unseres Films, der Höhepunkt des Dramas und der Spezialeffekte, wird sich im Inneren von V'ger abspielen.

Dann folgten 16 Seiten, in denen Gene sich zum zweiten und dritten Akt des Drehbuchs äußerte, wie sie sich zu dem Zeitpunkt darstellten. Er schließt diese frühen Anmerkungen mit den Worten:

Es ist von Vorteil für Spock (und für uns), daß unsere Geschichte sich mit dem Exorzismus (eigentlich der Verdrängung) beinahe seiner gesamten Menschlichkeit befaßt. Maschinenlogik kommuniziert mit Maschinenlogik – V'gers Bewußtsein vernichtet beinahe Spock. Nachdem aber Spock sich davon erholt hat, erkennt er allmählich

---

* [19] Richard Arnold war ein Fan, der seine Zeit und sein Wissen Gene zur Verfügung stellte. Als Gene das Studio später überzeugen konnte, daß ein *Star Trek*-Büro notwendig war, holte er Richard Arnold als seinen Experten vor Ort. Arnolds *Star Trek*-Wissen hat enzyklopädische Ausmaße.

eine gewisse Leere in V'ger. Trotz V'gers unfaßbarer Intelligenz und seiner Logik fehlt etwas. Zudem die allmähliche Erkenntnis, daß Spock durch das Austreiben seiner menschlichen Hälfte die gleiche Leere in sich selbst bewirken könnte. Ist es zu spät? Ist diese Fähigkeit zur Leidenschaft (Schönheit) völlig vergangen, oder kann er ihr noch einmal Leben einhauchen?

Die Gedankenverschmelzung zwischen Spock und V'ger ist der »Sesam, öffne dich!«-Moment in unserer Geschichte. Spocks vulkanische Logik hat die Kommunikation ermöglicht – und die Existenz von Spocks maschinenähnlicher vulkanischer Logik erlaubt es ihm, V'ger davon zu überzeugen, daß die *Enterprise* und die Organismen an Bord mit dem Planeten Erde verbunden sind, den Tasha als die Heimat von V'gers Schöpfer identifiziert hat. (Mit *Tasha* ist an dieser Stelle ganz offensichtlich *Ilia* gemeint. Es ist allerdings unklar, ob der Name Tasha an dieser Stelle lediglich ein Irrtum ist oder ob es sich dabei um eine frühere Namensgebung für Ilia handelt. – Anm. d. Übers.)

Das grundsätzliche Problem, die Umarbeitung eines Fernsehdrehbuchs zu einem Kinodrehbuch, erforderte einige Anstrengungen. Wise hatte seine Ansicht, wie der Film aussehen sollte, die Paramount-Verantwortlichen hatten ihre eigenen Vorstellungen, und Gene hatte natürlich ebenfalls seine Vision von *Star Trek*.

Isaac Asimov wurde als Special Science Consultant für ein Honorar von 5000 Dollar hinzugezogen. Gene sagte später dazu, daß die Paramount-Verantwortlichen davon überzeugt waren, seine Ideen seien Unsinn. Daher wollten sie eine externe Fachkraft, die ihre Ansicht unterstützen sollte. Asimov erhielt das Drehbuch und überraschte die Verantwortlichen mit seiner Analyse. Noch im gleichen Monat schrieb Gene an Asimov:

> Lieber Isaac,
> vielen Dank! Ich glaube, sie waren ziemlich platt, als Du die gleichen Elemente in der Geschichte entdecktest, über die ich mich mit ihnen die ganzen Monate über gestritten habe. Ich sagte ihnen, daß es keinesfalls überraschend sei, da ein großer Teil meiner Science Fiction-Ideen in der Lektüre von Asimovs Büchern und Artikeln seinen Ursprung hat.
>
> Du hast mir wirklich eine schwere Last abgenommen, die ich mit mir herumtragen mußte, dafür bin ich Dir zutiefst dankbar. Was Du zu lesen bekommen hast, war eine grobe Rohfassung, sie muß noch

spürbar verbessert und ausgefeilter werden. Aber wenigstens hat das Management jetzt unsere grundsätzliche Marschrichtung akzeptiert.

Ich tue mehr, als nur ein wachsames Auge auf sie zu werfen. Ich drohe ihnen mit der Rache des Fandoms, wenn sie ihre Vereinbarung mit Dir brechen. Ich bezweifele zwar, daß sie wirklich wissen, was Fandom ist, aber bei diesem Film werden sie sicher nicht Gefahr laufen wollen, es zu beleidigen.

Ich werde Dir die kommenden Drehbuchüberarbeitungen zuschikken, sobald sie fertig sind. In meiner Selbstsucht wünschte ich mir, Du würdest hier im Nebenbüro sitzen.

Herzlichste Grüße

The Washington Post vermeldete, daß der republikanische Senator Strom Thurmond eine Wahlkampagne in South Carolina in einem rot-weiß-blauen Camper begonnen hatte, der »Strom-Trek« genannt wurde.

Es ist weithin bekannt, daß die Spezialeffekte ein Desaster waren und den Film mindestens sechs bis neun Monate Produktionszeit kosteten. Das Premierendatum 7. April 1979 wurde nach einer Marktanalyse auf Dezember verschoben, doch half das nicht, Genes Befürchtungen zu zerstreuen. Er wehrte sich gegen das Datum, da er das Gefühl hatte, den Film nicht in der Weise fertigstellen zu können, die er sich vorgestellt hatte. Nachdem er seine Meinung kundgetan hatte, wurde Gene von der Studioleitung überstimmt. Das Dezember-Datum war unumstößlich.

Die visuellen Effekte wurden in aller Eile fertiggestellt. Ein ehemaliger Paramount-Verantwortlicher erklärte, das Studio habe »jedes Spezialeffekte-Unternehmen auf der Welt zwei-, drei- und in manchen Fällen vierfach gebucht, um diese Effekte rechtzeitig fertigzustellen«. Der Film, dessen Budget zwischen 15 und 20 Millionen Dollar hatten liegen sollen, kostete Berichten zufolge 42 Millionen Dollar. Teil der hohen Ausgaben war das Debakel mit den Effekten, aber ein anderer Teil waren die Entwicklungskosten für alle vorangegangenen Film- und Fernsehprojekte, die auf die tatsächlichen Produktionskosten aufgeschlagen wurden.

Genes Probleme wurden dadurch verstärkt, daß das Drehbuch während des letzten Viertels des Drehplans permanent umgeschrieben wurde. Außerdem waren weitere Kräfte im Spiel, wie Walter Koenig beschrieb:

> Nicht nur, daß die Arbeit vereinbar sein muß mit den ästhetischen Vorstellungen von Paramount, Robert Wise und Genes Co-Autor Harold Livingston (es steht außer Frage, daß es immer einen Punkt gibt, an dem die Ansichten der einzelnen in deutlichem Widerspruch zueinander stehen) – er muß nun auch noch die Vorlieben von Bill [Shatner] und Leonard [Nimoy] berücksichtigen. Aufgrund vertraglicher Klauseln, die zum Teil auf der Länge der Drehzeit beruhen, ist den beiden Schauspielern nun auch ein Mitspracherecht am Drehbuch zuteil geworden.[20]

Die Drehbuchüberarbeitungen waren so zahlreich, daß nicht nur das Datum der Überarbeitung auf dem Drehbuch vermerkt wurde, sondern zusätzlich auch noch die Uhrzeit.

Gene und Wise arbeiteten bis zur letzten Minute an dem Film, wobei sie nicht so sehr den Film wirklich fertig stellten, sondern vielmehr das taten, was ihnen in der verbleibenden Zeit noch möglich war, und dann einfach stoppten. Wise flog nach Washington, D.C., wo am 6. Dezember die Premiere stattfinden sollte.

Jeder, der mit dem Film zu tun hatte, flog am Morgen des 6. Dezember nach Washington D.C., lediglich Gene und DeForest Kelley trafen früher ein. Die besondere Premiere fand im MacArthur Theater statt, danach folgte ein Empfang im Air and Space Museum.

Bevor der Film anlief, wurde das Paramount-Personal zusammengerufen und instruiert, nach der Premiere nicht der Presse gegenüber das Fiasko der Spezialeffekte von Robert Abel zu erwähnen. Paramount würde sich später dazu äußern. Jeder wurde in einer Limousine zum Kino gebracht, die Reihenfolge wurde gemäß der Bedeutung jedes einzelnen für die Kinowelt festgelegt. Genes Limousine fuhr als letzte ab, es regnete.

Nur Wise hatte die letzte Fassung gesehen, aber keiner der Schauspieler oder der Produzenten. Einer der Besucher, der aufgrund weiterhin bestehender Kontakte zur *Star Trek*-Welt anonym bleiben möchte, berichtete:

---

[20] *Chekov's Enterprise*, von Walter Koenig, S. 163–164.

»Der Film begann, und das Publikum war völlig begeistert, von der ersten Szene mit dem klingonischen Schiff, wenn die Kamera sich dreht. Überall im Saal konnte man ›Ooh‹ und ›Aah‹ hören. Es war großartig! Niemand hatte zuvor *Star Trek* auf der Kinoleinwand gesehen. Von da an ging es bergab. Nachdem alles vorüber war, gab es für alle Beteiligten viel Applaus, dann liefen wir in Scharen zurück zu den Limousinen und fuhren zum National Air and Space Museum.

Als wir ankamen, spielte eine Band die Filmmusik, nicht das Originalthema, sondern das neue Filmthema. Wir gingen hinein. Jeder war sehr höflich, aber ich konnte spüren, daß die Leute sich zurückhielten. Ich kann mich an nichts erinnern, was dort gesprochen wurde. Es war eine schöne Party, es wurde sehr spät. Dann kehrten wir ins Four Seasons zurück für ein letztes Zusammentreffen, danach zurück in unsere Hotels und am nächsten Tag zurück nach Hause.«

Auch wenn auf der Party jeder höflich war, traf das auf die Kritiker nicht zu. Vincent Canby schrieb in der *New York Times*, der Besuch des Films »war wie der Besuch eines Klassentreffens nach zehn Jahren im Caesar's Palace. Die meisten Gesichter sind vertraut, aber das Dekor hat wenig mit dem zu tun, was man kennt.«

Charles Champlin von der *Los Angeles Film* meinte, das Ganze sei mehr ein Phänomen denn als einen Film: »das Wiedersehen einer Weltraumfamilie, ein Fantreffen und eine Thanksgiving-Parade, die alle unter einem geräumigen Dach abgehalten werden«. Er machte aber auch darauf aufmerksam, daß er zum ersten Mal erlebt hatte, daß der Name eines Produzenten Applaus ausgelöst hatte, als er auf der Leinwand erschien.

David Denby von *New York* war empört, daß die Produzenten »42 Millionen Dollar ausgegeben und dabei so tief gezielt« hatten. Ihm gefiel auch Wises Arbeit nicht; sie zeige nicht die Art ironischen Bewußtseins oder die Liebe zum Phantastischen, die notwendig sei, um den Film fesselnder zu machen.

Harlan Ellison besprach den Film in *Starlog* und sagte, der Film sei nicht schlecht, es sei aber »auch kein guter Film. Die traurige Wahrheit ist einfach die, daß es ein langweiliger Film ist: ein an vielen Stellen langweilender Film, ein unglaublich absehbarer Film, ein grausam durchschnittlicher Film«. Er beendete seine Besprechung mit den Worten, er hoffe, daß dieser Film als bittere Lektion für alle Hollywood-Bosse dienen und sie ermutigen werde, das *menschliche* Abenteuer beginnen zu lassen.

Gene betrachtete es philosophisch. Für die Öffentlichkeit schrieb er:

> Auch wenn der Film in einigen Bereichen gescheitert ist, in denen ich ihn gerne erfolgreich gesehen hätte, war es aus meiner Sicht eine erfolgreiche Übertragung der Fernsehgeschichte auf die Kinoleinwand. Wir hätten mehr erreichen können – wir hätten aber auch weitaus weniger erreichen können, aber wir taten alles Machbare angesichts der Zeit, Bedingungen und Umstände – und angesichts der Tatsache, daß Gott uns fehlbar gemacht hat.
>
> In Anbetracht der Art und Weise, wie alles gelaufen ist, glaube ich, daß wir einen bemerkenswert guten Film geschaffen haben. Ich bin sehr erfreut darüber, ein Teil davon zu sein. Er hätte besser sein können – ja! Ich rechne auch nicht damit, daß ich jemals auf einen Film zurückblicke und dann nicht sagen werde: »Oh, das und das hätte ich gerne anders gemacht...«[21]

Gene war auch philosophisch, was die Kritiker anging. Er ärgerte sich nicht über diejenigen, denen der Film nicht gefiel. Er war jedoch der Ansicht, daß viele Kritiken unbegründet waren. Da er Ellison kannte, wurde er zu dessen Kritik befragt.

> Ich hielt es für eine herausragende Kritik, außer daß Harlan sich wie immer vor der Tatsache drücken möchte, daß Kinofilme so wie das Fernsehen und der größte Teil der Unterhaltungsbranche eine Mischung aus Kunst und Kommerz sind. Ich wünschte, Harlans jugendliche Träume, Geld sollte nicht länger eine Rolle spielen, würde Wirklichkeit. Aber das ist nicht die Wirklichkeit, in der wir leben.
>
> Ich hatte sehr viele Gelegenheiten, bei *Star Trek* zu sagen: »Wenn ihr es so machen wollt, werde ich meinen Namen vom Film zurückziehen und im Zorn gehen.« Hätte ich das getan, wäre ich schon sehr früh bei diesem Projekt ausgestiegen. Aber so kommt man nicht weiter. Man kann nicht einfach aussteigen, weil die Investoren sicher sein wollen, daß ihr Geld in einer Weise verwendet wird, zu der sie einen Bezug haben. Ich wünschte, dies wäre eine bessere Welt, in der

---

[21] *Starlog*, November 1980.

die Leute den Künstlern das Geld aufdrängen und sagen: »Nun geh schon und sei ein Künstler, ich bezahle dafür.« So etwas kommt nicht allzu oft vor. Nicht jeder kann diese jugendlich-unbekümmerte Haltung einnehmen, die es einem sehr leicht macht, mutig und offen zu sein.[22]

Im Privaten tauschte sich Gene mit einigen Freunden aus. Anfang Januar 1980 erhielt Gene von Asimov einen Brief, nachdem der den Film gesehen hatte:

Janet und ich hatten an dem Abend, für den Du uns die Eintrittskarten geschickt hast, keine Zeit, um *Star Trek: The Motion Picture* zu sehen.
Gestern haben wir es endlich geschafft, und er hat uns sehr gut gefallen.
Ich muß Dir auch sagen, daß ich es zwar genoß, all die alten Freunde von der *Enterprise* wiederzusehen, daß aber die Figur, die ich überwältigend fand, Glatzköpfchen war.
Ich ging mit einem Vorurteil ins Kino und sagte zu Janet, daß mich nichts dazu bewegen könnte, einen weiblichen Kojak sympathisch zu finden. Aber lange vor dem Filmende war sie alles, worauf ich wartete. Sie war wunderhübsch.
Das war übrigens auch mein Name, der richtig geschrieben über die Leinwand zog. Ich habe wie wild applaudiert.
Isaac Asimov

Gene antwortete einige Wochen später.

Lieber Isaac,
wie Du bei »Glatzköpfchen« festgestellt hast, bin ich viel geschickter als Du, was Frauen angeht und was wir an ihnen so anregend finden. Auf allen Gebieten von Wissenschaft und Kunst mache ich vor Dir eine tiefe Verbeugung.
Ich grinse immer noch, wenn ich daran denke, wie Paramount sich heimlich (haben sie gedacht) an Dich wandte, um von einem Experten den Beweis zu bekommen, daß Crazy Gene Unsinn von sich gab, als er darauf beharrte, daß Maschinen lebendig werden könnten, und daß es im Universum mehr Dimensionen geben mag, als uns bekannt sind. Das Ganze wurde noch mal so amüsant, da so viele meiner Gedanken und Theorien aus der Lektüre von Asimovs Schriften ent-

---

[22] Ebenda.

sprangen. Ich werde niemals den Tag vergessen, als einer der jungen Vizepräsidenten von Paramount in mein Büro kam und mir mit erstauntem Gesicht berichtete, daß Du den meisten der von mir vertretenen Handlungselementen zugestimmt hast, um die ich gekämpft hatte. Oh, wie gerne hätte ich all die Energie zurück, die ich für solche Kämpfe in den letzten vier Jahren aufgewendet habe, um diesen Film zu beginnen und abzuschließen.

An den Kinokassen scheint er vollends gut zu laufen. Ich war mit der letzten Fassung des Films nicht vollständig zufrieden, zumal ich der Ansicht bin, daß einige der optischen Effekte zu lang waren und zu Lasten der Figuren ausfielen, die geschnitten wurden, um sie anzupassen. Auf der anderen Seite vollbrachten Robert Wise, Doug Trumbull und alle anderen in der verfügbaren Zeit eine bemerkenswerte Leistung. Ich nehme an, daß ich zufrieden sein darf. Tatsächlich erkläre ich mich gegenüber der Presse zufrieden, aber unter uns beiden bleibt der Wunsch, daß man den Erfinder von *Star Trek* einen letzten Blick auf den Film hätte werfen lassen sollen, bevor er in aller Eile in die Kinos gebracht wurde.

Genes Onkel mütterlicherseits, Albert Golemon, schickte ihm einen Artikel aus der *Houston Post*, in dem die Kinoeinnahmen für die erste Woche mit 17 060 837 Dollar beziffert wurden. Gene schrieb einen Antwortbrief:

Wir hatten quer durchs Land gemischte Kritiken, einige haßten uns, einige liebten uns. Aber so war es mit *Star Trek* schon immer. Glücklicherweise bildet sich das Publikum selbst eine Meinung, daher haben wir im ganzen Land Einnahmerekorde erzielt, was zum großen Teil auch in Übersee geschieht. Ich hoffe, daß es anhält, bis wir einen echten Gewinn machen. Bei etwa 100 Millionen Dollar sollte sich der Film für mich auszahlen.

Ich habe seit der Premiere in Washington fünf Wochen gebraucht, um mich ein wenig zu entspannen. Ich habe so viele Jahre mit der Arbeit an diesem Film verbracht, daß es ein seltsames Gefühl ist, nun einfach dazusitzen und nichts zu tun.

Anfang Februar antwortete Gene auf einen Brief von einem Freund.

Seit kurzem ertappe ich mich dabei, daß ich immer häufiger zum Schreibtisch gehe und irgendwelche Notizen mache. Mein Lesehunger wechselt allmählich von leichter Kost zu hintergründigen Dingen. Auch alle anderen Anzeichen, wieder die Arbeit aufzunehmen, kehren zurück.

Mein nächster Zug wird vermutlich in einem oder sogar mehreren Romanen bestehen, vielleicht in einem *Star Trek*-Roman (für den nächsten Film). Ich bin ein Geschichtenerzähler, der ein wenig müde geworden ist, seine Geschichten stets durch Regisseure, Schauspieler, Studioentscheidungen und Filme usw. erzählen zu lassen. Nicht, daß ich Fernsehen und Film aufgeben will – ich könnte mich sogar innerhalb von zwei Wochen in einem der beiden Bereiche wiederfinden, wenn gewisse Angebote zu gut ausfallen, um sie auszuschlagen. Aber eine Veränderung wäre eine schöne Sache.

Die meisten Kritiken ließ Gene an sich abprallen oder schenkte ihnen wenig Beachtung. Eine Ausnahme war ein Artikel in einer frühen Februar-Ausgabe von *The Christian Science Monitor*. Dessen täglicher religiöser Beitrag befaßte sich am 11. Februar 1980 mit *Star Trek: The Motion Picture*: »Etwas in uns möchte die Begrenzungen von Raum-Zeit und Materie hinter sich lassen. Etwas möchte sich ausbreiten und ohne Grenzen wissen. Kann dieses Verlangen erfüllt werden von einer Supertechnologie und unbegrenztem materiellem Wissen, wie es der Film nahelegt?«

Gene schrieb einfach nur: »Es scheint mir, daß Ihr Verfasser das Thema des Films nicht verstanden hat: ›Das menschliche Abenteuer hat gerade erst begonnen.‹«

Drei Jahre später schrieb Gene den aufschlußreichsten und offensten Brief, den wir haben, was seine Gedanken und Gefühle über den Film angeht. Der Brief war an die Jung-Schülerin Karin Blair gerichtet, die in der Schweiz lebte und die das Buch *Meaning in Star Trek* verfaßt hatte. Am 10. Mai 1983 schrieb Gene ihr Folgendes:

Ich habe nie angemessen auf Ihr ungewöhnliches und scharfsichtiges Buch *Meaning in Star Trek* reagiert. Oh, ich bin sicher, ich habe gut davon gesprochen, als es veröffentlicht wurde. Und ich habe es zweimal flüchtig gelesen. Leider aber fand ich seinerzeit nie die Muße (oder besser gesagt: den inneren Frieden), Ihrem Buch das aufmerksame Studium zuteil werden lassen, das es zu Recht verdiente.

Sie haben davon gesprochen oder geschrieben, daß Sie sich manchmal durch Phasen der Anpassung oder Wiederanpassung an dieses oder jenes kämpfen müssen. Ich habe nie völlig verstanden, was Menschen meinen, wenn sie solche Aussagen machen. Ich vermute, daß meine Persönlichkeit womöglich ein hohes Maß an Anpassungsfähigkeit besitzt. Daher habe ich in meinem Leben nie besonders großen Streß erlebt, wenn ich vom Kampfflieger zum Privatpiloten zum Amateurschriftsteller zum Polizisten zum Profischriftsteller zum Produzenten wechselte, während ich immer wieder eine Reihe von kleinen Umwegen einlegte. Ich habe immer irgendwie erwartet, daß aufregende, gute Dinge geschehen. Und ich hatte sogar dieses Gefühl in bezug auf *Star Treks* Erfolg und auf das sich anschließende Fanphänomen. Ich empfinde noch immer so und frage mich, welche neue Sache mir *die* neue Aufregung bringen wird.

Es wird Sie aber vielleicht interessieren, daß eine beträchtliche und fast schon traumatische »Periode der Anpassung« für mich einsetzte, kurz nachdem Ihr *Meaning in Star Trek* erschien.

Die Produktion des ersten *Star Trek*-Films *Star Trek: The Motion Picture* war für mich keine erfreuliche Erfahrung. Das Hauptproblem lag vermutlich darin, daß ich nicht deutlich erkannte, wie verschieden meine Beziehung zu diesem ›Gut‹ sein würde, als es an die Produktion eines Kinofilms ging. Wie Sie wissen, ist bei einer Fernsehserie wie der unseren der Autor/Produzent oder der ausführende Produzent (was beim Fernsehen meist mit »überwachender Produzent« gleichzusetzen ist) die schöpferische Kraft hinter dem Projekt. Regisseure kommen und gehen beim Fernsehen und können sich höchstens um eine von vier oder fünf Episoden kümmern. Dadurch wird die schöpferische Leitung zwangsläufig die Aufgabe des überwachenden Autors und Produzenten (ganz gleich, wie der genaue Titel lautet), der permanent bei der Serie ist und der die Kontinuität der Charaktere sowie des Stils der Serie bewahren kann.

Obwohl ich zuvor schon Kinofilme produziert hatte und von daher wußte, daß der Regisseur die kreative Kontrolle besitzt, hatte ich Probleme damit, »mein« *Star Trek* in den Händen eines anderen zu sehen, selbst wenn es sich um einen Regisseur wie Robert Wise handelt: vier Oscars, ruhig und gentlemanlike. Ich glaube, wir hätten es letztlich wohl geschafft, auch wenn Kinofilme und Fernsehen sehr verschiedene Dinge sind, an die die Zuschauer überraschend unterschiedliche Anforderungen stellen. Ohne jede Einmischung, glaube ich, hätten unsere kombinierten Fähigkeiten zu einem recht guten Film geführt.

Paramount machte das unmöglich. Wir waren an eine Effekteproduktion gebunden, für die Paramount Millionen Dollar aus unserem Budget zugunsten zukünftiger Vereinbarungen entzog. Und es war bedauerlicherweise ein Effekteunternehmen, das nicht einen einzigen optischen Effekt innerhalb eines Jahres nach Fälligkeitsdatum ablieferte. Es ist unübersehbar, daß in dem Eifer, mit diesem Unternehmen eine Vereinbarung zu treffen, der routinemäßige Check der Vorgeschichte dieses Hauses völlig ignoriert wurde.

Paramount hatte da bereits über 20 Millionen Dollar an Vorauszahlungen von den Kinos akzeptiert, nachdem man ein Lieferdatum zugesagt hatte, das durch das Theater mit den Effekten unmöglich wurde. Schlimmer noch: Der erste *Star Trek*-Film wurde tatsächlich nie wirklich beendet. Der Regisseur mußte ihn sogar ohne die übliche Testvorführung abliefern, etwas, was man in unserer Branche noch nicht gehört hatte. In der Zwischenzeit waren Effektespezialisten auf der ganzen Welt rund um die Uhr in Doppel- und Vierfachschichten damit befaßt, die Effekte noch termingerecht auf die Reihe zu bringen, was die Filmkosten um weitere Millionen erhöhte – und selbst das haben die Einnahmen an den Kinokassen schon wieder hereingeholt.

Wie ich bereits sagte, keine erfreuliche Erfahrung. Wise und seine Leute haben irgendwie den Film zusammenbekommen mit genügend Überraschungen und Effekten, damit das Publikum glaubt, einen fertigen Kinofilm zu sehen. Vielleicht nicht gerade den *Star Trek*-Film, auf den es gewartet hat, aber eine ausreichende Anzahl vertrauter Gesichter und Aufregung geschickt zusammengemixt, um den Film wenigstens »akzeptabel« zu machen.

Hin und wieder werde ich gefragt, warum ich diese spezielle Geschichte geschrieben und warum ich dieses oder jenes nicht ins Drehbuch aufgenommen habe, ohne die Tatsache zu bedenken, daß die Geschichte und das Drehbuch von anderen Leuten geschrieben wurden, da Paramount darauf bestand, daß wir für ein Projekt von dieser Größe »erfahrene Drehbuchautoren« einsetzen anstelle eines ›Nur‹-Fernsehautors.

Dies ist nicht nur eine Entschuldigung dafür, daß ich auf Ihr Buch nicht in angemessener Weise reagiert habe. Zugleich erhalten Sie hiermit auch die Geschichte »hinter den Kulissen«. Sie wurde dem *Star Trek* nicht gerecht, das Sie kennen. Da diese Information vertraulich ist, bitte ich Sie lediglich, davon abzusehen, mich zu zitieren oder darauf hinzuweisen, daß ich Ihre Informationsquelle bin. Der Grund ist recht einfach und verständlich: Ich werde in Kürze gegen Paramount vor Gericht ziehen wegen zahlreicher Punkte, die ihren Ursprung zum Teil in der Originalserie haben. Außerdem geht es um das fortwährende Beharren des Studios, die Fernsehserie habe nie Gewinn eingespielt (von dem ich einen Anteil von einem Drittel bekommen sollte).[23] Meine Anwälte möchten nicht, daß ich irgend etwas sage, was den Eindruck erwecken könnte, ich stelle ihre Buchführung in Frage.

Was die »Periode der Anpassung« angeht, die diese Geschichte auslöste, wurde mir nach der Erfahrung des ersten Films klar, daß ich mir nie wieder gestatten würde, bei neuen *Star Trek*-Filmen so intensiv mitzuarbeiten. Ich werde mich bei ihnen auf die nicht so schlecht bezahlte Rolle des ausführenden Beraters beschränken.

Als mir daraufhin klar wurde, daß ich nach Jahrzehnten *Star Trek* »loswerden« mußte, war es für mich schwierig, mich nicht übermäßig damit zu befassen, was damit geschehen wird, wenn es sich in den Händen anderer befindet, die andere Einstellungen und Wertvorstellungen haben. Endlich ist es mir gelungen, mich daran zu gewöhnen und meine Kräfte nun auf neue Dinge zu konzentrieren.

---

[23] Tatsächlich $26\,^2/_3$ Prozent vom Netto.

KAPITEL 16

Die Jahre der Arbeit und des Kampfes, um seine Vision auf der Kinoleinwand zu sehen, hatten ihren Tribut gefordert. Gene brauchte einige Monate, um den Druck abzuschütteln. Anfang Februar 1980 schrieb er an seinen Freund, den Produzenten Eugene B. Rodney. Jahrelang hatten er und Rodney sich darüber amüsiert, wenn ihre so ähnlich klingenden Namen für Verwirrung sorgten.

> Lieber Gene,
> es freut mich, daß Du Dir den Film ansehen konntest. Nimm so viel von dem Ruhm für Dich in Anspruch, wie Du kannst. Immerhin habe ich jahrelang von Deinem Ruf gezehrt. Von Zeit zu Zeit sprechen mich immer wieder einmal Freunde darauf an, ob es für mich eine Beleidigung sei, wenn ihnen die Serie *Father Knows Best* besser gefällt als *Star Trek*. Ich sage ihnen dann, daß sie auch mir besser gefällt.
>
> Ich war einigermaßen zufrieden mit dem »*Star Trek*«-Film, obwohl ich nie die Gelegenheit bekam, ihm in der endgültigen Nachbearbeitung meine persönliche Note zu verleihen. Unser Zeitplan war einfach zu knapp, und ich wußte, daß Bob Wise mir einen guten Film liefern würde, auch wenn er vielleicht nicht exakt so war, wie ich ihn gemacht hätte. Tatsächlich war die Planung so knapp, daß wir ihn nicht einmal einem Testpublikum zeigen konnten - andernfalls wären wohl einige recht langweilige optische Effekte beträchtlich geschnitten worden. Vielleicht schneiden wir ihn neu und bringen ihn Ende des Jahres noch einmal heraus.

Zur gleichen Zeit schrieb er seiner langjährigen Freundin Janet Quarton in Schottland, mit der er bereits seit Jahren korrespondierte und deren Meinung er schätzte.

> ... Auch mir sind die neuen Uniformen ein wenig zu »militaristisch«. Tatsächlich war es mir gelungen, Bob Wise von einigen höchst militärischen Uniformen abzubringen, die vorbereitet worden waren.

Das kurzärmelige weiße Oberteil und einige andere Kostüme waren entwickelt worden, nachdem ich mich darüber beschwert hatte, daß die ganze Sache allmählich zu preußisch aussehe.

Wenigstens ist das Ganze *Star Trek* geblieben. Dennoch glaube ich, daß wir einen besseren Film erhalten hätten, wenn die Planung so verändert worden wäre, daß der Erfinder von *Star Trek* die Gelegenheit für einen letzten Blick und ein paar letzte Anmerkungen gehabt hätte.

Gene hatte den Roman zum Film geschrieben, der gut ankam und sich sechs Monate lang in der Bestseller-Liste der *New York Times* hielt. Er schickte ein Exemplar an Robert A. Heinlein, dann an die Elite der Science Fiction-Autoren. Heinlein antwortete:

Ich habe nur die beiden Vorworte, das erste Kapitel, Deine sehr nette Widmung und Deine Anmerkungen gelesen. Aber ich kann nicht mit Dir übereinstimmen, daß »ein Buch noch keinen Schriftsteller macht«. Es ist möglich, daß Du nie wieder die Zeit finden wirst, einen Roman zu schreiben, da Du sehr tief in eine andere Form des Geschichtenerzählens verstrickt bist.

24 Stunden später: Ich habe jetzt Dein Buch gelesen. Whew! Gene, es ist grandios! Gerade wollte ich noch etwas in der Art sagen, daß man sich nur selten schrittweise zum Schriftsteller entwickeln kann. Aber das ist jetzt alles graue Theorie. Diese Geschichte spricht für sich. Sie fesselt von der ersten Seite an, und die Spannung steigert sich bis zur letzten Seite. Und nachdem der Plot vollständig gelöst ist, setzt Du noch eins drauf: daß es immer weitergehen wird bis ans Ende der Zeit. Ich bin erfreut.

Glückwunsch
Robert

Star Trek: The Motion Picture hatte weltweit fast 180 Millionen Dollar eingespielt, darin enthalten waren auch 5 Millionen Dollar, die ABC für die Fernsehrechte gezahlt hatte. Das war genug, um die Mächtigen bei Paramount davon zu überzeugen, daß eine Fortsetzung ein Muß war.

Mitte 1981 wurde auf einer Convention in New York eine aufgezeichnete Mitteilung von Gene abgespielt. Gene erklärte, daß man ihm nicht die kreative Kontrolle geben wollte. Daher werde er auch nicht um die Funktion des ausführenden Produzenten ausüben, die ihm vertraglich zustand. Er würde »ausführender

Berater« werden. Es war ein schöner Titel – seine Art, sich mit dem Filmprojekt in Verbindung zu bringen.

Das Studio hatte noch immer nicht die erheblichen Kosten des ersten Films verschmerzt. Ob zu Recht oder nicht – ein großer Teil der Verantwortung war Gene zugeschoben worden. *Star Trek* war sein Kind, und vielleicht war er überbesorgt, was die Qualität des Endprodukts anging. Denn *Star Trek* war für das Studio ein sehr gewinnträchtiges Produkt, das zu den geringstmöglichen Kosten hergestellt werden sollte, um so den höchstmöglichen Gewinn einzuspielen.

Ein neuer Produzent wurde geholt: Harve Bennett. Das war ein Schlag für Roddenberry, da Bennett ein *Fernseh*produzent war ohne jegliche Kinoerfahrung. Ein Artikel im *San Francisco Examiner and Chronicle* vom Juni 1982 berichtet, daß Bennett wisse, wie man »wirtschaftliche Abkürzungen« finden und trotzdem ein erfolgreiches Produkt schaffen könne.

Er ließ sich in der Öffentlichkeit verächtlich über den ersten Film aus. »Meine Kinder wollten dauernd zur Toilette gebracht werden und Popcorn haben«, aber er sah sich alle 79 Episoden der Originalserie an.[1]

Bennett sagte später über seinen Beitrag zum *Star Trek*-Franchise:

> In jenen Tagen mußte man 20 Millionen Menschen erreichen, um mit einer Serie Erfolg zu haben. *Star Trek* schaffte das nie und wurde daher gestoppt. Aber es erreichte 15, 14 oder 10 Millionen. Das war wohl genug, um es in den Siebzigern in der Syndication zu halten. Auf jedem Sender konnte man seine Lieblingsepisode finden. Toll. Alle die Leute, die die Serie liebten, blieben ihr treu. *Star Trek: The Motion Picture* war fast ihr Untergang. Der Film lastete auf der Syndication, er lastete auf allem. Wenn ich also etwas dazu beigetragen habe, dann war es, einen gestrandeten Wal wiederzubeleben.[2]

Um diese Aussage in eine angemessene Relation zu bringen, muß man wissen, daß Bennett einmal von einem Freund Genes als je-

---

[1] *Los Angeles Times* vom 9. Juni 1982.
[2] *Captain's Log: William Shatner's Personal Account of the Making of Star Trek V*, von Lisabeth Shatner, New York, Pocket Books, 1989.

mand beschrieben wurde, »der immer für sich in Anspruch nehmen mußte: ›Ich habe dieses gerettet, oder wir hätten jenes nicht, wenn ich nicht dies und das getan hätte.‹«

Nicholas Meyer wurde als Regisseur unter Vertrag genommen. In einem Artikel in der *New York Times* wurde Meyer als jemand beschrieben, der nie die Originalserie gesehen hatte, kein Science Fiction-Fan war und nichts über Spezialeffekte wußte. Er verfügte nur über einen Vorzug: Der Produzent hatte volles Vertrauen in seine Fähigkeiten.

Gene blieb sich treu und hielt sich im Hintergrund, tat seine Meinung kund, da dies sein Vorrecht als Berater war.

Die ganze Geschichte findet sich in Genes Unterlagen. Vom ersten Film existieren mehrere Kartons voller Material. Mit jedem nachfolgenden Film wurde der Umfang des Materials, das er als Berater verfaßte, kleiner und kleiner. Bei *Star Trek VI: The Undiscovered Country* war es nur noch ein halber Karton, der zum größten Teil mit Drehbüchern und Überarbeitungen gefüllt war.

Ein Memo von Gene an Bennett vom 29. September 1981, das sich mit den Pflichten des Beraters und Drehbuchkommentaren beschäftigt, läßt Rückschlüsse auf das Verhältnis zwischen beiden zu:

> Was Deine gestrige Notiz betrifft, so scheint Deine Wortwahl zu unterstellen, daß ich irgendwie bei meinen Pflichten als *Star Trek*-Berater nachlässig bin. Ich finde das recht sonderbar. Ich habe das Drehbuch vor gerade einmal einer Woche erhalten, mit einem Begleitzettel, auf dem lediglich stand: »Melde Dich bitte bei mir.« Ich habe von Dir oder von Deinen Leuten keine Informationen erhalten, was die Produktionsplanung, Drehtermine und alles andere angeht. Nachdem ich monatelang keine Neuigkeiten erhalten habe und in keiner Weise um Rat gefragt worden bin, ging ich davon aus, daß ich mich eine Woche lang mit dem Drehbuch befassen und meine Anmerkungen vorbereiten könnte.
>
> Nachdem ich nun heute von dem Eintreffen des überarbeiteten Drehbuchs überrascht worden bin, vergleiche ich in aller Eile meine Anmerkungen zu den weißen Seiten mit den Texten der blauen Seiten, was zur Folge hat, daß nur ein Teil meiner Anmerkungen diesem Memo beiliegt. Der größte Teil des Rests wird morgen abgeschickt. Einige Anmerkungen werden erst später in dieser Woche rausgehen, da ich auf Empfehlungen warte, welche Position ich einnehmen soll,

wenn bestimmte Bereiche für Ratschläge tabu sind. Ich möchte anmerken, daß ich nicht nach Problemen suche. Ich sehe auch keinen Grund, warum mögliche Probleme nicht vermieden werden sollten.

Ich möchte nicht mit Dir streiten, Harve. Tatsächlich bin ich mit den beträchtlichen Verbesserungen in dieser Drehbuchfassung sehr zufrieden. Ich habe auch gehört, wie gewissenhaft Du Dir die alten Fernsehepisoden angesehen hast. Ich bin der Ansicht, daß eine solche Anstrengung lobenswert ist. Aber wir sollten zueinander auch insofern ehrlich sein, daß mir nicht unterstellt wird, ich habe mich vor der beraterischen Verantwortung gedrückt. Du hast nie angefragt und es mir noch nicht einmal möglich gemacht, in irgendeiner Weise als »ausführender Berater« bei diesem Film mitzuwirken. Nicht einmal als »gelegentlicher Ratgeber«. Du hast mich nicht um Anmerkungen zur Handlung gebeten, was stets eine kritische Phase bei der Science Fiction-Produktion ist. Auch hast Du mich nicht um einen Kommentar zu den ausgesuchten Autoren gefragt, obwohl ich auf eine lange berufliche Erfahrung mit ihm zurückblicken kann. Wir haben nie über den Regisseur gesprochen, abgesehen von Deinem Anruf – einen Tag, bevor der Name bekanntgegeben wurde. Auch wenn ich mich manchmal gefragt habe, ob Du nicht wenigstens von einem kleinen Teil meiner Erfahrung hättest profitieren können, bin ich weder irritiert noch verärgert über die Art, die Du offensichtlich bevorzugst. Du bist der Mann, der bei *Star Trek II* das Sagen hat, dieses Recht akzeptiere ich.

Was Deine damit verbundenen Verantwortlichkeiten betrifft, glaube ich, daß du gewisse Verpflichtungen geerbt hast, was die Wirkung der Philosophie dieser Serie vor allem auf junge Menschen betrifft. Meine Einstellung ist die, daß ich bestimmte Dinge im Drehbuch für ziemlich unwichtig halte, zum Beispiel die Raumschiffterminologie, die Verwendung bekannter Namen für Dinge an Bord der Schiffe und so weiter. Es wäre schön, wenn Du diese Kontinuität beibehalten könntest. Wenn Du Dich dagegen entscheidest, wird es den Film allerdings auch nicht umbringen.

Es gibt aber auch wichtigere festgelegte Dinge, die wahrscheinlich Auswirkungen auf den Erfolg des Films haben werden, da sie Teil dessen sind, was *Star Trek* so erfolgreich gemacht hat. Beispiele dieser Art sind die Tatsache, daß Starfleet stets sehr deutlich eine *paramilitärische* Organisation gewesen ist. Du wirst Dich daran erinnern, daß sowohl unser Vorspanntext als auch unsere Episoden großen Wert auf die Erforschung und die Suche nach neuem Leben und neuen Zivilisationen als die *Haupt*aufgaben des Schiffs legen.

Wenn *Star Trek* zu einer routinemäßigen »Raumschlacht-Serie« abgleitet (eine SF-Form, die von den Kritikern inzwischen als »ermüdend« betrachtet wird), dann zweifele ich nicht daran, daß es mit *Star Trek* sehr schnell abwärts gehen wird. In diesem Fall mache ich mir um so mehr Sorgen, weil ich ein Interesse daran habe, daß dieses Gut seinen Wert behält.

Es gibt im übrigen noch einige Bereiche im Drehbuch, zu denen ich Anmerkungen für wichtig halte – dazu gehört die Vermeidung von Gewalt als Lösung der Situation, die Bewahrung der Bedeutung der Ersten Direktive. Auch eine andere Denkweise bedeutet nicht, daß jemand zwangsläufig unrecht hat.

Mir scheint es, daß es gerade heute äußerst notwendig ist, den Menschen so etwas zu sagen. Gerade in diesen Bereichen hätte ich mir mehr Gelegenheiten zur Diskussion gewünscht.

Trotzdem: Ich bin weder wütend noch beleidigt und wünsche Dir das Beste bei der Produktion eines unterhaltsamen und erfolgreichen *Star Trek II*. Ich hoffe, daß meine Drehbuchanmerkungen sich als hilfreich erweisen.

Die Beziehung von Gene und Bennett erfuhr keine Verbesserung, als Genes langjährige Sekretärin Susan Sackett auf einer Convention in England öffentlich verkündete, Spock werde in *Star Trek II*[3] in den ersten 15 bis 20 Minuten des Films sterben. Jeder hatte die strikte Anweisung erhalten, nichts über die Filmhandlung verlauten zu lassen, als Sackett diese Neuigkeiten den Fans mitteilte.

Bennett war außer sich und rief Gene an. Bennett wollte Sackett sofort entlassen sehen, aber Gene war nicht der Typ, der Befehle von jemandem wie Harve Bennett entgegennimmt. Und erst recht nicht, wenn es Befehle waren, jemanden aus seinem Mitarbeiterstab zu feuern, ganz gleich, wie gerechtfertigt die Forderung auch sein mochte. Nachdem er den Anruf von Bennett erledigt hatte, hatte Gene eine erbitterte Diskussion mit Sackett.

Die in England von Sackett enthüllten Informationen bewegten sich mit Lichtgeschwindigkeit durch die *Star Trek*-Fangemeinde. Über Nacht entstand eine Gruppe, die sich die *Concerned Suppor-*

---

[3] Der Film hieß zunächst *The Undiscovered Country* und wurde dann in *The Revenge of Khan* geändert. Zur gleichen Zeit bereitete Twentieth Century Fox *The Revenge of the Jedi* vor. Die beiden Studios kämpften um die beiden »Revenge«-Filme und drohten sich gegenseitig mit Klagen. Schließlich wurden beide Filmtitel geändert.

ters of Star Trek nannten. Sie führten eine Untersuchung durch, um die Meinung der Fans zu Spocks Tod zu ermitteln und festzustellen, wieviel Geld Paramount bei der Ausführung dieses Plans verlieren würde. Eine viertelseitige Anzeige in einer Branchenzeitschrift wurde geschaltet, Paramount wurde öffentlich davon in Kenntnis gesetzt, daß Spocks Tod den Verlust von 28 Millionen Dollar zur Folge haben würde. Diese Geschichte schaffte es Anfang Oktober sogar auf die Titelseite des *Wall Street Journal*.

Fans und Medien würden Spock nicht sterben lassen. Am 23. Dezember setzte sich sogar die *New York Times* in einem kurzen Editorial für Spocks Überleben ein: »Der kühle und bedächtige Mr. Spock ist ein Mann des Friedens, den zu verlieren wir uns nur schwer leisten können.«

Gene verstand, daß Schauspieler nicht ewig die gleichen Rollen spielen wollten. Im *Wall Street Journal* sagte er, es gebe Alternativen. Und »in der Science Fiction gibt es Möglichkeiten, das ganze so darzustellen, als sei Spock tot, dabei aber Optionen für die Zukunft offenzuhalten.... Es ist ein wenig ungerecht, wenn jemand eine Figur tötet, die ich geschaffen habe.«

Gene war auch gezwungen, auf Protestbriefe zu reagieren, die an ihn geschickt wurden.

Liebe Freunde,
ich kann mir nicht vorstellen, wie Ihr auf die Idee gekommen seid, ich könnte etwas mit der Idee zu tun haben, Mr. Spock zu töten. Die Wahrheit ist, daß ich alles in meinen Kräften Stehende tun werde, um das zu verhindern....

In diesem zweiten Film mußten wir uns mit der Tatsache auseinandersetzen, daß Leonard Nimoy nicht länger Spock spielen will. Unsere Informationen lauten, Nimoy glaube, daß das zugegebenermaßen überwältigende Spock-Image sich auf seine Karriere auswirkt. Er wird Mr. Spock in diesem Film nur dann spielen, wenn die Figur getötet und dauerhaft aus *Star Trek* gestrichen wird. Paramount und die Filmproduzenten scheinen Leonard Nimoy diesen Wunsch erfüllt zu haben, das jüngste Drehbuch enthält immer noch Spocks Tod. Ich versuche, eine Überarbeitung zu erreichen, in der Spock nicht für immer zerstört wird. Meine Empfehlung – mit Rücksicht auf Nimoys Wunsch – ist, daß Spock scheinbar getötet wird, aber mit der Möglichkeit, daß er eines Tages doch wieder auftauchen kann. Zwar verstehe ich, daß das Spock-Image Nimoy behindert, doch ich halte es für eine unüberlegte Verschwendung, diese zentrale Figur auf Dauer zu töten (und es ist mir gegenüber als dem ursprünglichen Erfinder von Spock ein wenig unfair).

Wie Ihr vielleicht wißt, habe ich mich entschieden, bei diesem *Star Trek*-Film nicht als Produzent zu fungieren, sondern als Berater. In dieser Rolle kann ich Paramount und den Produzenten gegenüber nur Empfehlungen aussprechen, diese Figur nicht zu töten, die für *Star Trek* zu einem Markenzeichen geworden ist. Auch wenn Nimoy nie wieder Spock spielen wird, glaube ich, daß es in vielen Jahren eine wunderbare Sache sein dürfte, *Star Trek* zurückkehren zu sehen mit einer gleichermaßen talentierten neuen Besetzung in den Rollen von Spock, Kirk, Bones, Scotty und allen anderen.

Die Pläne wurden geändert, Spock starb erst kurz vor Filmende, zugleich wurde die Möglichkeit für seine Wiederbelebung im nächsten Film offengelassen.[4]

Es gab einen kleinen Insider-Witz in der verfilmten Version, den nur zwei Beteiligte kannten. Genes alter Freund Sam Peeples schrieb eine frühe Drehbuchfassung für *The Wrath of Khan*. Obwohl seine Arbeit völlig umgeschrieben wurde, blieb ein kleines bißchen von ihm in der letzten Version.

Sam Peeples:

»Wenn man *The Wrath of Khan* sieht, dann reisen wir im Film in eine andere Galaxis namens *Mutara*. Damit ehrten wir Edgar Rice Burroughs, indem wir einen fiktiven Namen aus seinem Werk in eine neue Geschichte einbauten.«

Am 30. Juli 1982 schrieb Gene an Janet Quarton, um über *Star Trek II* zu sprechen.

Wie Du inzwischen sicherlich gesehen haben wirst, wurden viele der Probleme, die Du und ich im Drehbuch gefunden hatten, im Film versteckt oder schnell vertuscht. Der Film ist recht erfolgreich geworden, und viele Fans haben ihn erfreut mit der Original-Fernsehserie verglichen. Ob wir beide nun damit vollständig übereinstimmen oder

---

[4] Nach einem Bericht in *Starlog* vom März 1983 sollte Spock zunächst im ersten Drittel des Films sterben. Meyer hatte vorgeschlagen, Spock in der Eröffnungssequenz sterben zu lassen, Bennett hatte sogar die Auslöschung der gesamten Originalcrew in Erwägung gezogen. Der Druck der Öffentlichkeit zeigte Wirkung, und Bennett half mit, das Drehbuch umzuschreiben.

nicht – es ist eine Tatsache, daß der Film viel Geld einspielt, was bestens in das Wertesystem von Paramount und allen an dem Film Beteiligten paßt.

Ich glaube, sie haben ziemlich gute Arbeit geleistet. Brillante Arbeit? Vielleicht, wenn es darum geht, *Star Trek* auf das Filmformat zu übertragen. Aber sicher nicht darin, einen Weg zu finden, den *Star Trek*-Werten treu zu bleiben. Es wird interessant werden zu sehen, was in *Star Trek III* geschieht.

Im Augenblick werde ich mich – trotz der vielen Punkte in Deinem Brief, die ich gerne mit den Produzenten eines neuen Films besprechen würde – in Geduld üben, da niemand auf ein einziges Wort von mir achten wird, solange die Kinokassen klingeln. Leider ist es genau das, was die meisten Menschen in dieser Branche beherrscht. Auf der anderen Seite kommen aber auch Filme wie *E.T.* dabei heraus. Es ist also nicht alles verloren, und alles ist möglich.

Einige Zeit nach dem Kinostart von *Star Trek II* schrieb Gene an Julien Roddenbery, um ihm mitzuteilen, daß er seinem Vorlesungsagenten strikte Anweisungen gegeben hatte, ihn in der Nähe von Cairo, Georgia, zu buchen, damit er Julien besuchen könne. Er gab ihm auch die Antwort, auf die alle Fans warteten:

Ja, Du hast recht. Ich habe meinen Kampf um »Mr. Spock« in *Star Trek* gewonnen. Auch wenn es so scheint, daß er im letzten Film stirbt, kannst Du sicher sein, daß er in *Star Trek III* zum Leben wiedererweckt wird. Es war nicht allzu schwierig, da weder der Schauspieler noch das Studio dazu fähig waren, die Gewinne zu ignorieren, die sie in Zukunft von der Figur erwarten können. Der allmächtige Dollar ist in Hollywood der einzige wahre Herrscher, so traurig das auch in vielen anderen Aspekten ist. Da ich eine andere Auffassung vertrete, betrachten mich die meisten Studios als eine Art gefährlichen Radikalen.

Wo kann ich übrigens die Roddenbery-Erdnußbutter bestellen? Bitte, das ist kein Wink mit dem Zaunpfahl für kostenlose Muster. Es ist einfach so, daß das Zeug, das ich hier kaufen kann, nicht im entferntesten an das aus der Roddenbery-Heimat herankommt.

Seit Anfang 1981 hatte Gene sporadisch an einem neuen Roman gearbeitet. Er hatte sich Heinleins Anmerkungen zu seinem ersten Buch zu Herzen genommen, die ihn zu einem zweiten Anlauf anspornten.

Nachdem er im Februar 1983 zehn Tage in La Costa verbracht hatte, um sich zu entspannen und an dem Buch zu arbeiten, schrieb Gene an seinen Freund Rupert Evans in England. In diesem Brief beschrieb er, wie er mit Hilfe seines Romans *Star Trek* das richtige Verhältnis zu seinen anderen Arbeiten gefunden hatte.

Ich habe meine Einsamkeit genossen, sehr viel geschrieben, eine Diät durchgehalten, regelmäßiges Training und so weiter. Als ich die letzten Male nach meinem Kopf gesehen habe, schien er fest an seinem angestammten Platz zu sein.

1982 war nicht gerade das bestmögliche Jahr. Das war es auch für einige Freunde nicht, obwohl wir wahrscheinlich dankbar sein sollten für die guten Dinge, die sich in den schwierigen Zeiten verstreut finden. Für mich war es ein Jahr, in dem ich schließlich und endlich *Star Trek* aus meinem Leben ausgetrieben habe. Natürlich gebe ich zu, daß ich der Vater bin, und es freut mich, wenn meine Funktion als »ausführender Berater« mein Bankkonto auffüllt. Es freut mich natürlich auch, wenn ich dadurch eine Einladung zu einer Veranstaltung im Jet Propulsion Lab erhalte, einen zusätzlichen Cocktail im Flugzeug oder einen guten Platz im Restaurant. Was ich mit »ausgetrieben« meine, ist, daß die Serie jetzt nur noch eine Sache ist, an die ich mich erinnere, die aber nicht länger Teil meiner tagtäglichen Planung und Arbeit ist.

Es war nicht einfach, da ich immerhin gut 17 Jahre lang eng mit der Serie verbunden war. Jetzt endlich kann ich Paramount viel Glück wünschen (was ich tatsächlich tue) und hoffen, daß sie ein Filmformat finden, das zu einem noch größeren Erfolg führt. Ich empfinde bei diesem Gedanken nicht die geringste Eifersucht. Mein *Star Trek* gehört der Vergangenheit an, ich fühle mich verdammt gut dabei, weil ich erkenne, daß mir damit auch eine große Last von den Schultern genommen worden ist.

Gene nannte seinen Roman *Report From Earth*, und seine Entscheidung illustriert eine Arbeitsmethode, in der Gene große Fertigkeiten besaß. Jeder Romanautor hat seine eigene Methode, um seine Charaktere und seine Handlung zu entwickeln: einige Autoren entwerfen ein minutiöses Exposé, andere fangen einfach an und lassen sich von ihren Figuren vorantreiben. Asimovs Frau betrat einmal sein Arbeitszimmer und sah, wie er ins All starrte. Als sie fragte, was er da mache, erwiderte er, er »belausche [seine] Figuren beim Gespräch«.

Gene wurde zu den Figuren. Wenn er an Spock arbeitete, war er in der Lage, Fragen zu stellen und »Spock«, der irgendwo in seinem Unterbewußtsein lauerte, würde sich melden und antworten.

Die Hauptfigur in Genes Roman war Gan (später umbenannt in Gaan), ein Außerirdischer, der auf die Erde gekommen war und menschliches Aussehen angenommen hatte, um die Menschen und ihre Kultur zu studieren. Gaan hatte eine völlig andere chemische Zusammensetzung und war auf keine Weise mit der Erde verbunden: Er war in jeder Hinsicht ein Außerirdischer.

Gene erläuterte das in einem Brief an Janet Quarton:

> Das schlimmste an diesem Buch ist wahrscheinlich die endgültige Entscheidung, keine Fernseh- oder Filmaufträge anzunehmen, bis ich mich darin vertieft und es erledigt habe. Es besteht ein gewisses finanzielles Risiko, da ich keine Zusage habe, daß irgend jemand es verlegen oder auch nur ein Exemplar kaufen wird. Aber ich habe das Gefühl, daß ich das Richtige mache.
>
> Ich habe den ersten Monat damit verbracht, die Figur kennenzulernen, woher sie (ich sollte »es« sagen, da es sich nicht um eine in zwei Geschlechter getrennte Spezies handelt) kommt, wie der Planet aussieht, was für eine Art von Gesellschaft es ist, welche anderen Lebewesen dort existieren usw. Vieles davon wird wahrscheinlich nie im Manuskript zu lesen sein.

Gene beschrieb, wie Gaan unsere Welt sah, ohne die Millionen kleiner Vorurteile und Annahmen, die wir alle mit uns herumtragen. Es war für Gene die perfekte Grundlage, um eine seiner Lieblingsübungen auszuführen: gesellschaftlicher Kommentar.

Gene äußerte sich umfassender gegenüber Rupert Evans:

> Wegen der Möglichkeit, wesentliche Fragen zu kommentieren, dachte ich zuerst an ein Buch als eine Art Essaysammlung über verschiedene Dinge, mit denen er hier konfrontiert wird.
>
> Da ich aber viel Zeit auf die Analyse verwende, bekomme ich auch die Gelegenheit, solche Ideen bis zum Ende zu durchdenken und zu erkennen, daß Essays eigentlich ziemlich langweilig sind, ganz egal, für wie schlau man sich hält. Daher ist die Richtung, für die ich mich entschieden habe, das Abenteuer – damit kann ich die Dinge viel aufregender gestalten, als jemandes Bewußtsein in die herrschende Le-

bensform auf einem Planeten zu versetzen, ohne sehr viel über die Gefahren zu wissen, die Gebräuche oder einfach nur über das Essen, das sie zu sich nehmen. Im Vergleich dazu ist Robinson Crusoes Inselabenteuer ein Sonntagspicknick. Zumindest hoffe ich das durch den Einsatz von Spannung, Geheimnissen, Humor und all den Dingen zu erreichen, die dazu beitragen, daß ein Abenteuer funktioniert.

Mein Ziel ist es dann, Gans Abenteuern zu folgen, die mit solchen Augenblicken beginnen wie seiner Erfahrung, daß die Ernährung der Lebensformen auf diesem Planeten ein Prozeß ist, in dem *jeder versucht, alles andere zu essen*! Es wird einen weiteren kleinen Schock geben, wenn Gan (ein eingeschlechtliches Wesen) feststellt, daß für die menschliche Fortpflanzung zwei Geschlechter erforderlich sind, die in einer sehr seltsamen und hektischen Art zusammenwirken. Da er einen perfekt duplizierten Körper besitzt, muß er erkennen, daß auch er einige dieser Nachteile geerbt hat.

... Ich empfinde völlige Begeisterung über die Tatsache, daß ich es so schreiben kann, wie ich möchte, ohne Gedanken über Zensur oder Produktionsbudgets, Regisseure, Schauspieler oder irgend etwas anderes. Nur ich, meine Gedanken und meine Textverarbeitung.

The Wrath of Khan hatte sich als Erfolg erwiesen; *Star Trek III: The Search for Spock* wurde nun vorbereitet. Am 5. Januar 1983 schrieb Gene an Janet Quarton:

Auch die Suche nach der richtigen Geschichte für *Star Trek III* nimmt viel Zeit in Anspruch. Außerdem müssen wir uns über einige sehr komplizierte Schauspielerforderungen einigen.

Leonard Nimoy sollte bei dem Film Regie führen. Gene schickte ihm am 20. Mai 1983 einen Brief.

Lieber Leonard,
ich wollte Dir diesen Brief zukommen lassen, bevor die zweite Fassung des *Star Trek III*-Drehbuchs eintrifft. So wie bei *Star Trek II* werde ich mich verpflichtet fühlen, alle Korrespondenz an Dich über die Produzenten zu leiten.

Ich schreibe dies vor allem, um Dir Deine Arbeit zu erleichtern, indem ich jeden möglichen Zweifel darüber ausräume, wie ich meine Rolle möglicherweise sehen könnte. Ich möchte Dir versichern, daß ich nicht die Absicht und auch nicht den Wunsch habe, irgend etwas anderes zu sein als ein Berater. Es ist interessant, daß wir beide einen ähnlichen Kampf geführt haben, Du mit Spock, ich mit *Star Trek*. Und es scheint, daß wir beide unsere persönliche Bürde abgeschüttelt und in eine vernünftige Relation gebracht haben. Ich betrachte unsere Fernseh-*Star Trek*-Beziehung als einem anderen Projekt auf einem anderen Gebiet zugehörig, einer Vergangenheit, der wir nicht erlauben sollten, sich auf unsere gegenwärtigen Funktionen und unsere Beziehung auszuwirken. Ich sehe als maßgeblich für mich, daß *Star Trek III* so erfolgreich wie möglich wird. Innerhalb der Grenzen meiner Beraterrolle wirst Du mich voller Hingabe finden, dabei zu helfen, daß das geschieht.

Wie Du vermutlich weißt, war ich nicht allzu begeistert davon, daß Du bei diesem Film Regie führst. Ein anderer Grund für diesen Brief ist, Dir zu versichern, daß meine Einstellung nichts mit unseren Meinungsverschiedenheiten oder Mißverständnissen der Vergangenheit zu tun hat. Meine Sorge war, ob Du ausreichend Erfahrung für ein Projekt von dieser Größe hast und ob Deine besondere Beziehung zu unserer Serie, Dein persönlicher Kampf mit der Rolle des Spock und Deine tiefe Freundschaft mit Bill zu viele Schwierigkeiten nach sich ziehen könnten – alles zusätzlich zu den Problemen, die die Paramount-Bosse manchmal in künstlerischer und kreativer Hinsicht verursachen können.

Daß Du nun der Regisseur bist, akzeptiere ich ohne Vorbehalte. Tatsächlich, wie es üblicherweise geschieht zwischen Profis in unserer seltsam wunderbaren Branche, sehe ich nun viele Gründe, darüber begeistert zu sein, Dich in dieser Position zu sehen. Meine einzigen Empfindungen Dir gegenüber sind, Dir alles Gute zu wünschen für einen großen Erfolg, der Dir auch auf dem Gebiet der Regiearbeit einen guten Ruf einbringen wird.

Meine Rolle als ausführender Berater ist – so wie ich die Vereinbarung verstehe – eindeutig definiert. Man erwartet, daß ich in jeder Phase des Films vom ersten Exposé bis hin zur letzten geschnittenen Fassung alles vorgelegt bekomme, was irgendeine Auswirkung auf das *Star Trek*-Format oder -Image haben könnte. Ich werde auch immer dann zur Verfügung stehen, wenn Du oder die Produzenten glauben, daß meine Erfahrungen sich als hilfreich erweisen könnten. Meine Anmerkungen werden in schriftlicher Form erfolgen, und ich werde Harve bitten, alle meine Memos Dir sofort zugänglich zu machen. Im Gegenzug steht es Dir und den Produzenten frei, jeden meiner Ratschläge anzunehmen oder abzulehnen, vorausgesetzt, er ist angemessen behandelt worden.

Umgekehrt würde ich es schätzen, wenn ich so schnell wie möglich informiert werde, sobald eine maßgebliche Empfehlung zurückgewiesen worden ist, damit ich meine Bemerkungen entsprechend anpassen kann. Ich möchte mich nicht an Dingen festbeißen, die nicht mehr gefragt sind. Aber ich möchte auch nicht, daß irgendein guter Ratschlag verlorengeht, nur weil meine Aussage so unklar war, daß sie mißverstanden wurde.

... Du sollst wissen, daß meine gegenwärtige Position als ausführender Berater von mir selbst gewählt wurde, als Folge meiner Entdeckung bei *Star Trek: The Motion Picture*, daß mein einziges Interesse in unserer Branche darin besteht, eine gewisse Kontrolle über den schöpferischen Prozeß zu haben. Dies als Produzent zu erreichen, bedeutet mehr Taktieren und Kämpfen, als ich es mir ein zweites Mal bei *Star Trek* aufbürden möchte. Obwohl mir mein ursprünglicher *Star Trek*-Vertrag das bedingungslose Recht einräumt, jeden *Star Trek*-Kinofilm zu produzieren und zu schreiben, bevorzuge ich die momentane Vereinbarung und hoffe, daß sie auf Dauer die beste Alternative bleibt.

Dieser neue *Star Trek*-Film sollte als Werk des Regisseurs, der Schauspieler, der Produzenten und der wichtigen Produktionsfachleute betrachtet werden. Ich habe nicht das Bedürfnis, ihn dafür zu benutzen, mich verstärkt in den Vordergrund zu stellen. Ich würde es lieber sehen, wenn das Lob vor allem an Dich und Deine Leute geht. Ich erwarte lediglich den angemessenen Respekt und eine Nennung, die meinen geringeren Beiträgen zum Film entspricht.

... Es ist meine Hoffnung, daß diesmal endlich jeder ein angemessenes *Star Trek*-Filmformat im Sinn hat und den besten aller *Star Trek*-Filme machen wird.

Mit freundlichen Grüßen

Gene hatte sich mit einigen Fans angefreundet, mit denen er regelmäßig korrespondierte. Ein Fan war Maria Muhlmann auf Hawaii, die eine Vorlesungsreihe an der dortigen Universität sponsorte. Anfang 1983 teilte er in einem Brief an sie seine Ansichten mit.

Sei bitte nicht traurig darüber, daß ich mich ein wenig von *Star Trek* zurückgezogen habe. Ich werde weiterhin bei jedem Film der ausführende Berater sein. Tatsächlich habe ich erst vor ein paar Tagen eine Überarbeitung des Leonard Nimoy-Fernsehspecials erledigt, das vermutlich *Leonard Nimoy - Memories of Star Trek*[5] heißen wird. Obwohl er mir wenig Anlaß gegeben hat, auf ihn stolz zu sein, verwei-

---
[5] Schließlich hieß das Special *Leonard Nimoy's Star Trek Memories*.

gere ich nie die Hilfe oder die Unterstützung für den »Nimoy, der in *Star Trek* Mr. Spock« ist. Ich behandele diesen Teil als eigenständiges Wesen, das für *Star Trek* wichtig ist.

Dieses erwähnte einstündige Special ist nicht so schlecht, und ich glaube, es wird Dir sogar gefallen, wenn es von einem Sender bei Dir ausgestrahlt wird. Ich wurde dazugeholt, um es umzuschreiben, da er in der Fassung dazu neigte, Beiträge von meiner Seite und von seiten des Produktionsbüros zu ignorieren. Außerdem war er nicht ganz ehrlich, wessen Idee Spocks Tod war. Ich gab ihm eine Überarbeitung, in der er nicht eingestehen mußte, daß es seine Idee war, sondern lediglich einräumt, daß er als Schauspieler müde geworden war, immer wieder die gleiche Rolle zu spielen, und daß er »in Versuchung geraten« war, als er die überzeugend geschriebene Todesszene gesehen hatte. Dann lasse ich ihn darauf hinweisen, daß Bennett und ich es so umschreiben, daß es eine Möglichkeit gab, Spock zurückkehren zu lassen, und ließ Nimoy sagen: »Der Mr. Spock in mir war darüber sehr erleichtert.« Nicht die ganze Wahrheit, aber nahe genug dran, um mir zu genügen und den »Nimoy, der Spock in *Star Trek* spielt« davor zu bewahren, von seinen Fans als Lügner bezeichnet zu werden. Kompromiß wird letzten Endes vom großen Ben Franklin als ein praktisches Schmiermittel empfohlen, um menschliche Beziehungen reibungslos zu halten.

Ende März schrieb Gene an seine Enkelin Tracey Lewis:

Du bist in eine absolut wunderbare Zeit geboren worden, in der Frauen als den Männern völlig gleich behandelt werden (das waren sie zwar schon immer, aber viele Leute hatten es nicht erkannt). Du kannst in diese Welt hinausziehen und alles sein, was Du willst. Und Du wirst dabei entdecken, daß Du viel mehr sein möchtest als nur schön, begehrenswert usw.

Ich schreibe ein Buch über einen außerirdischen Besucher, der von einem anderen Planeten zu Besuch kommt. Es basiert zwar auf etwas, was ich Jahre vor dem Film *E.T.* gemacht habe, aber ich fürchte, meine Hauptperson ist nicht ganz so niedlich. Tatsächlich hat meine Figur einen menschlichen Körper, da sie eine Lebensform darstellt, die in der Lage ist, jeden Körper auf jedem Planeten »herzustellen«, den sie besuchen will. Nach der Fertigstellung überträgt sie lediglich ihr Bewußtsein in das Gehirn dieses Körpers und benutzt ihn so, als sei er ihr eigener. Das mag nicht allzu aufregend klingen, aber Du kannst mir glauben, daß es für meine Figur sehr aufregend ist, die nichts weiß vom menschlichen Körper, von der Erde, von unserer Zivilisation und von allem anderen. Ich werde mindestens dieses Jahr benötigen, um den Roman fertig zu stellen - *wenn* ich hart daran arbeite.

Mitte April schrieb Gene an einen Freund, der sich zu der Zeit in Frankreich aufhielt:

Deine Handlungsidee war sehr interessant, aber Paramount und der ausführende Produzent Harve Bennett waren schon zu sehr mit einer Geschichte befaßt, um noch eine andere Richtung einzuschlagen. Sie waren nicht einmal daran interessiert, daß ich einen Vorschlag machte. Ich ertrage diese Dinge, da ich *Star Trek* hinter mir zurückgelassen habe - es ist etwas, was ich in einem anderen Teil meines Lebens gemacht habe -, etwas, das in leicht veränderter Form weitergehen wird, weil andere Leute jetzt das Sagen haben.

Ich werde als »ausführender Berater« weitermachen, was ich Dir auch schon geschrieben habe. Das bedeutet nur, daß alles, was geschrieben, gefilmt oder geschnitten wird, über mich laufen muß, damit ich es kommentieren kann. Es verpflichtet sie aber nicht, meinen Vorschlägen zu folgen. Was meinen Vorschlag eines wissenschaftlichen Beraters angeht, sehen sie sich auch nicht verpflichtet, auf mich zu hören. Sie haben vielmehr deutlich gemacht, daß sie alle meine Empfehlungen ignorieren würden.

Wenn das alles nichts weiter gebracht hat, so hat es mich doch zumindest von *Star Trek* befreit - jedenfalls von dem gegenwärtigen *Star Trek*.

Im Mai war Gene auf Lesetour, doch der Zeitplan machte ihm zu schaffen, wie er in einem Brief an Lois Roddenberry in Berkeley anmerkte, als Antwort auf ihre Bitte um Eintrittskarten für seine Lesung am Jung Institute in San Francisco.

Die Leute vom Jung Institute haben eine Reihe bekannter Science Fiction-Autoren aufgeboten, die mir zur Seite stehen. Dabei haben sie einen so engen Zeitplan aufgestellt, daß ich bereits darum gebeten habe, von einigen Auftritten befreit zu werden, um zwischen Terminen und Interviews meine dringend benötigte Ruhe zu bekommen. Lois, ich bin erschöpft! Meine Agentur hat mich in diesem Jahr zu viel auf Tour geschickt, und ich zähle bereits die Sekunden, bis ich von dieser Tour nach Hause zurückkehren kann. Dann kann ich mich in mein Versteck zurückziehen, mich auf strenge Diät setzen,

Sport treiben, die Ruhe genießen und nur ein paar Stunden am Tag an meinem Roman arbeiten. Ich will niemanden sehen! Nicht, bis ich wieder in meinen alten Trott zurückgekehrt bin.

Anfang Juli war Gene erkrankt und nahm sich die Zeit, um an Julien Roddenbery in Cairo, Georgia, zu schreiben:

> Ich habe mich letzten Monat hierher zurückgezogen, um ein hartnäckiges Grippevirus zu bekämpfen. Wie es scheint, habe ich mich selbst erfolgreich mit Diät, Sport und heißen Bädern behandelt. Ich bin jetzt ein wenig schlanker und fühle mich wieder fit. Was ich am meisten am Kranksein hasse, ist, wenn meine Arbeit genauso aussieht, wie ich mich fühle.
>
> Das Virus hat auch meine Planung zunichte gemacht, und es sieht so aus, als müsse ich die Sommermonate damit verbringen, hier meinen Verpflichtungen nachzukommen. Meine Frau Majel hat unseren Sohn Rod ins Sommerlager geschickt, in der Hoffnung, dies würde uns die Freizeit geben, nach Cairo zu reisen. Es tut uns beiden leid, daß wir das verschieben müssen. Aber es scheint so, als nahe bereits ein gutes Datum. Ich bin eingeplant für die programmatische Rede auf einer Veranstaltung einer Computergesellschaft am 9. September. Eine passende Gelegenheit, Dich zu besuchen, wäre einige Tage danach. Die Convention findet in New Orleans statt, was Majel freut, da sie das Essen und die Stadt liebt. Es sollte nicht so schwer sein, sie zu der Zeit zu einer Reise zu überreden.
>
> Was Golf angeht, habe ich es wegen meiner Erkrankung aufgegeben. Und ich werde mich vermutlich so lange davon fernhalten, bis mein Roman wieder im Zeitplan liegt. Majel dagegen kann kaum vom Golfspielen ferngehalten werden. Es wäre wohl am besten, wenn Du Golferinnen und Golfer gleichermaßen warnst, daß sie eine Tigerin ist – auch wenn sie, den Tränen nahe, darauf beharren wird, daß ihr Handicap unmöglich niedrig ist und daß sie *nie* so gut spielt. Oder vielleicht solltest Du es nicht allen Männern sagen, damit Du und ich zusehen können, wenn ein Verlierer sie zu einer Wette überreden will. Vielleicht glauben die Männer da unten nicht, daß Frauen golfen können. Ich vermute, der Süden ist noch nicht ganz so »frei«. Aber vielleicht bin ich das auch nicht – Majel behauptet stets, ich rede von völliger geschlechtlicher Gleichberechtigung, setze die aber in meinem eigenen Haus nicht in die Tat um. Seltsamerweise klingt das manchmal so, als ob es ihr gefalle – aber nur in meinem Fall. Von anderen Männer fordert sie volle Gleichberechtigung, obwohl es mir gefällt, daß sie höflich genug bleibt,

diese Gefühle gegenüber anderen nicht auszusprechen, die anders darüber denken könnten.

Mir scheint, daß die »sexuelle Revolution« am Ende das Land wohl stärker verändern wird als die Befreiung der Schwarzen und jede andere gesellschaftliche Veränderung. In New York und an der Westküste kann man mitansehen, wie schnell es geschieht. Paramount Pictures zum Beispiel hat jetzt ein Dutzend Vizepräsidentinnen für dies und jenes, und ich muß zugeben, daß ich sie mindestens für so fähig halte wie die Männer, mit denen ich in den gleichen Positionen zu tun gehabt habe – vielleicht sogar besser als die meisten anderen. Ich vermute, die Erklärung liegt in der Tatsache begründet, daß Frauen im allgemeinen besser sein müssen, um bei einer Beförderung die gleichen Chancen zu haben. Nicht, daß es mir hin und wieder nicht doch etwas ausmacht. Aber ich muß feststellen, daß es mir immer leichter fällt, je mehr ich mich daran gewöhne. Tatsächlich sind mir heute einige meiner früheren Ansichten und Verhaltensweisen zu diesem Thema ein wenig peinlich – vermutlich so, wie sich andere für ihre frühere Einstellung gegenüber Schwarzen schämen. Ich stelle fest, daß ich mit jedem Jahr, das verstreicht, weniger und weniger über andere urteile – allerdings in vernünftigen Maßen. So wie wir Dinge entdecken werden, die unsere Bewunderung verdienen, so müssen wir vielleicht auch immer die Stärke besitzen, um uns gegen das auszusprechen, was wir für wahrhaft böse halten.

Am 16. August schrieb er an Rupert Evans in England.

Gestern begannen die Dreharbeiten für *Star Trek III*. Wenn dieser Brief bereits auf dem Weg zur Post ist, werden wir uns die Dailies (Das Material, das am jeweiligen Tag gefilmt worden ist. – Anm. d. Übers.) des ersten Tages ansehen. Ich bezweifele, daß sie uns viel sagen werden – es wird vermutlich eine Woche dauern, ehe wir ein Gefühl dafür bekommen, wie der Film sein wird. Gestern morgen um neun Uhr bin ich auf die Bühne gegangen, habe Leonard Nimoy die Hand geschüttelt und ihm für den Film alles Gute gewünscht. Ich ging am Sonntag sogar zu einer »Drehstart«-Party bei Harve Bennett zu Hause, damit die Besetzung und die Crew wissen, daß es unser gemeinsamer Wunsch ist, einen guten Film zu bekommen. Ich wünschte, das Drehbuch würde mir besser gefallen. Aber ich habe alles getan, was ich konnte. Sie haben einige meiner vorgeschlagenen Änderungen akzeptiert, anderen haben sie ignoriert. Aber ich schätze, das ist alles, was ich erwarten kann, wenn ich nicht die Last auf mich nehmen will, den Film selbst zu produzieren.

Gene vergaß offenbar, eine Frage zu beantworten, die Rupert gestellt hatte. Zwei Wochen später holte er das nach.

O ja. Ich erinnere mich jetzt, daß Du in einem der Briefe gesagt hast, Du wärest gerne in der Lage, mich zu entschädigen (oder irgendeinen derartigen Unsinn). Ich wollte Dich an unsere Vereinbarung erinnern, daß Freundschaft durch Freundschaft in einer Weise vergolten wird, die man in keiner Buchhaltung festhalten kann.

Wir beenden gerade die zweite Woche der Dreharbeiten für den Film, und die Dailies sehen weiterhin gut aus. Auch wenn Nimoy einige Male ungerecht und störend gewesen ist, sehe ich doch gerne, daß er als Regisseur bis jetzt gute Arbeit leistet. Ich wünsche ihm das Beste. Niemand hat etwas davon, wenn der Film schlecht ist.

Die Arbeit am Roman kam langsamer voran. Am 26. August 1983 schrieb Gene an Dr. Charles Muses:

Es ist interessant, daß Sie einmal einen Roman mit dem Titel *Diary of a Martian* in Erwägung gezogen haben. Mein *Report From Earth* ist ein ähnlicher Versuch, um diese Art von objektiver Basis zu schaffen. Aus verschiedenen Gründen geht es langsamer voran, als mir recht ist. Ein grundsätzliches Problem ist die Tatsache, daß ich in der ersten Person schreibe, wodurch mein Alien zunächst auf das beschränkt ist, was er von der Erde weiß. Das bedeutet, daß er zwar das komplette Wissen der englischen Sprache besitzt, daß sein begrenztes Hintergrundwissen über die Erde ihn daran hindert, viele der Adjektive, Vergleiche und Analogien und so weiter zu verwenden, die unserer Sprache das gewisse Etwas verleihen und sie flüssig klingen lassen. Meine Absicht ist, daß sich das ändert, wenn er länger hier lebt, da seine bemerkenswerte Intelligenz und Scharfsinnigkeit ihn solche Dinge sehr schnell aufnehmen lassen. Trotzdem bezweifele ich, daß es mir gelingen wird, ihn durch die Erzählweise in der ersten Person jemals völlig menschlich zu gestalten.

Was das oben Genannte angeht: Wußten Sie, daß Mr. Spock in einem der frühen Serienentwürfe als vom Mars kommend bezeichnet wurde? Glücklicherweise war ich hinsichtlich des Raumfahrtprogramms optimistisch und entschied, seine Heimat vorsichtshalber etwas weiter weg anzusiedeln.

Eine andere Sache, an die ich mich gerne erinnere, ist meine Weigerung NBC gegenüber, die Brückencrew solle rauchen – trotz der in jenen Tagen allgegenwärtigen Fernsehwerbung für Zigaretten und trotz der Tatsache, daß die meisten von uns, die die Serie machten, zu der Zeit nikotinabhängig waren. NBC schlug sogar eine Art »Kompromiß«-Lösung vor, derzufolge ich eine Art »futuristische Zigarette« erfinden sollte.

Was Ihre Frage hinsichtlich der Kontrolle angeht, so nehme ich an, daß ich nicht die Kontrolle über *Star Trek* hätte verlieren müssen, wenn ich bereit gewesen wäre, wieder zu den alten 10- bis 12-Stunden-Tagen zurückzukehren, jeden Aspekt des Films zu überwachen und mit der Chefetage einen permanenten Krieg zu führen. Sie sehen, ich hatte nie eine vertraglich festgelegte Kontrolle über die Serie – solche Dinge gab es nicht in den Tagen, als die Serie entwickelt und geschrieben wurde. Ich behielt die Kontrolle in diesem permanenten und ermüdenden Kampf, in dem die reine Willenskraft für uns siegte. Nicht nur, daß ich das nicht einmal tun wollte, es schien mir auch unwahrscheinlich, daß es diesmal funktionieren würde, da ich nicht auf ausreichende Filmerfahrung verweisen kann. Ich kam schließlich zu der Erkenntnis, daß es auch bei einem Sieg den Aufwand nicht wert sein würde.

Ja, es ist ärgerlich, wenn man mitansieht, wie *Star Trek* verändert wird, aber ich habe mich damit einigermaßen arrangiert und bin sicher, den richtigen Weg eingeschlagen zu haben. Zudem fühle ich eine gewisse Verärgerung, wenn ich den ersten *Star Wars*-Film sehe und dabei feststelle, daß sie meine Konzepte benutzen: zum Beispiel den »Traktorstrahl«, »Photonen-/Protonentorpedos« und Waffen, die den gleichen blauen Lichtstrahl emittieren wie unsere. Es ist ja nicht so, daß andere nicht das gute Recht haben, sich solche Dinge auszuleihen (das machen wir alle), aber Lucas und einige andere wären mir sympathischer, wenn sie in irgendeiner Weise anerkennen würden, daß wir auf diesen Gebieten die ersten gewesen sind – dazu gehören auch die Sterne, die am Betrachter vorbeiziehen, was zu einem Markenzeichen für Science Fiction in TV und Kino geworden ist.

Anfang Oktober schrieb Gene an den Sohn eines seiner Verwandten. Die Einzelheiten des Vorfalls, auf den Bezug genommen wird, sind nicht bekannt, aber offensichtlich erteilte Gene väterlichen Rat und sprach offen über seine eigenen Erfahrungen mit Drogen:

Was die Drogensache angeht, wußte ich darüber schon etwas. Ich hoffe, daß Du es in Deinen Gedanken nicht zu etwas Übermächtigem hast wachsen lassen. So etwas geschieht leicht, wenn ein Mann versucht, einem Freund zu helfen. Ich möchte nicht, daß Du es Deinem Vater gegenüber erwähnst, aber ich selbst bin sogar noch weiter gegangen und habe einige Male [Kokain] probiert. Zum Glück hat es mir nicht geschadet, und mein wesentliches Gefühl war das der Enttäuschung, daß es nicht aufregender war, als irgendein Aufputschmittel zu schlucken. Ich möchte es niemandem empfehlen, aber ich vermute, daß so gut wie jeder, den ich kenne, es ein- oder zweimal probiert hat. Und fast jeder von ihnen tut es ab als »nichts Besonderes«. Gefährlich ist es vor allem für den armen Teufel, der glaubt, darin eine unverzichtbare Krücke zu sehen. Das gleiche kann einem bei Marihuana, Tabak und Alkohol passieren. Die echten Narkotika wie Morphium und Heroin sind lebensgefährlich, mit ihnen zu experimentieren ist eine Form von Irrsinn.

Mitte Oktober lieferte Gene Rupert Evans in England einen Bericht über das Fortschreiten des gegenwärtigen Films.

Star Trek III scheint gut voranzukommen. Wie zuvor lese ich Drehbücher, sehe die Dailies usw. Diesmal ist es eine viel angenehmere Zusammenarbeit, Harve Bennett und das Studio verhalten sich seltsam freundlich, sie sind sogar so weit gegangen, mich auf der Eröffnungsparty als den Mann vorzustellen, »der alles ins Rollen gebracht hat«. Sie bestanden sogar darauf, meinen Namen mitaufzunehmen als einen derjenigen, die die Einladungen zur Abschlußparty ausgesprochen hatten. Wie Du weißt, ist das genau das Gegenteil zu dem, wie es letztes Mal gehandhabt wurde. Ich frage mich, was sie wirklich im Schilde führen. Oder ist es möglich, daß alle älter werden und es leid sind, sich zu beschimpfen und zu bekriegen? Diese Art ziehe ich jederzeit vor.

Zur gleichen Zeit schrieb Gene an Janet Quarton:

Ich bin gerade vom Studio zurückgekehrt, wo wir die letzten Tage mit den Dreharbeiten von *Star Trek III* verbringen. Die Zusammenarbeit mit dem Produzenten, der Besetzung, der Crew und dem Studio ist diesmal viel angenehmer. Man scheint erkannt zu haben, daß ich durchaus ein wenig mit *Star Trek* und vermutlich auch mit seinem Erfolg zu tun habe. Plötzlich bemühen sie sich, ihren Respekt zu zeigen. Nett. Ich bin sogar sicher, daß es zum Teil ehrlich gemeint ist. Zum Teil – Showbusiness ist nun einmal Showbusiness – hat es aber auch zweifellos damit zu tun, daß jeder unfreundliche Kommentar meinerseits sie Geld kosten könnte. Meine Reaktion auf das alles (die einzig angemessene und kluge Reaktion, glaube ich) ist, es gut gelaunt zu akzeptieren, so als sei es nie anders gewesen.

Die Dreharbeiten lagen genau im Zeitplan, wie Gene seiner Kusine, Sister Madeline Roddenbery berichtete:

> Wir haben vor zwei Wochen die letzte Szene von *Star Trek III* gefilmt, jetzt drücken wir die Daumen, daß der Film in angemessener Weise geschnitten wird. Wir beginnen nun auch damit, die optischen Effekte einzufügen sowie Geräusche, Musik und alles andere, was man für einen vollständigen Film benötigt.
> Leonard Nimoy führte bei diesem Film Regie, und es ist anscheinend gut gelaufen. Er war ein guter Regisseur und wurde in dieser Funktion auch von der restlichen Besetzung akzeptiert. Ob Mr. Spock nun gefunden wird oder nicht oder ob er zu einem Science Fiction-»Lazarus« wird, darf ich nicht sagen – ausgenommen ist die Andeutung, daß der Regisseur Nimoy den Schauspieler Nimoy wohl nicht enttäuschen wird.

Gene hatte seit einiger Zeit große Probleme mit seinem Gewicht und deshalb große Anstrengungen unternommen, seinen körperlichen Zustand zu verbessern. Das schrieb er im Februar 1984 an Janet Quarton.

> Mitte Dezember war ich mit meinem Gewicht und meinem allgemeinen Zustand unzufrieden und meldete mich im Pritikin Longevity Center an: für vier Wochen über Weihnachten. Weihnachts- und Silvesterparties sind ohnehin nicht mein Geschmack, die Studioarbeit geht während dieser Zeit üblicherweise auf fünfzig Prozent Leistung oder weniger herunter, also floh ich vor den Weihnachtsverpflichtungen. Das Center befindet sich in Santa Monica, nicht weit von zu Hause entfernt. Daher konnte ich an Heiligabend und am ersten Weihnachtsfeiertag mit meinem Sohn zusammen sein. Ich war nicht krank, aber so viele Leute, die ich kenne, haben Herzanfälle erlitten oder Bypässe erhalten, daß die Gründe für diese »Epidemie« mich zu interessieren begannen. Das Pritikin-System schien mir dabei die logischste Antwort zu sein. Das Leben dort war wie in der Grundausbildung – harte Leibesübungen und strenge Diät, eine buchstäbliche Neuformung des persönlichen Lebensstils. Ich kam mit 23 Pfund weniger und mit dem Blutdruck eines Neunzehnjährigen zurück. Ich nehme immer noch jede Woche ein Pfund ab und hoffe, daß ich das beibehalten kann, bis ich so schlank wie möglich und bereit bin für alles, was ihr Inselpiraten mir im August in den Weg werfen werdet.

Schon immer hatte es eine kleine, aber mit Eifer ausgetragene Kontroverse im *Star Trek*-Fandom gegeben, die sich mit dem Militarismus bei Starfleet befaßte. In vielen Briefen und persönlichen Auftritten hatte Gene sich dieser Frage zugewandt, dennoch nahm er sich in einem Brief an einen Lehrer, der einige Seiten des Writers' Guide abdrucken wollte, erneut die Zeit für eine Erklärung. Gene gab ihm seine Erlaubnis und fügte dann hinzu:

> Haben andere Serien heute auch diese Art von »Bibel«? Unsere war die erste, soweit ich weiß. Sie wurde zusammengestellt, weil es zuvor nie eine wirkliche Science Fiction-Serie im Fernsehen gegeben hat, zumindest keine, die irgendein Wissen über das All, über Raumschiffe und über die Art von Details erforderten, die für uns von zentraler Bedeutung waren. Damals haben wir hart daran gearbeitet, unsere Serie unmilitärisch zu belassen (die verschiedenen Ränge wurden vor allem als Berufsbezeichnungen verwendet), während fast die gesamte Kino- und Fernseh-Science Fiction heute einen rigider aufgebauten Militarismus präsentiert. Gott, was für eine schreckliche Zukunftsvision!

Durch einen Artikel, den sein Cousin Julien ihm geschickt hatte, wurde Gene angeregt, sich über die Lage der Welt auszulassen. Anfang 1984 schrieb er zurück.

> Ein äußerst interessanter Artikel aus der Tageszeitung von Thomasville, zudem einer, der viele eigene Erinnerungen zurückbringt. Das traurigste dabei ist der Vergleich zwischen dem Libanon des Jahres 1947 und heute. Dieser frühe Libanon war ein ruhiger Ort, voller gütiger und freundlicher Menschen, deren religiöse Unterschiede und Streitigkeiten meist gewaltlos zum Ausdruck kamen. Ich habe mit Moslems zu tun gehabt, die mich ganz offensichtlich für ein wenig sonderbar hielten, aber die Mehrheit, mit der ich zu tun hatte, teilte meinen eigenen Standpunkt, daß der jeweils andere einzigartig und es wert war, mit ihm bekannt zu werden.
>
> Auf die Gefahr hin, Dich zu schockieren, scheint es mir mehr und mehr so, daß mit jedem Jahr und jedem weiteren Massaker (von denen so viele von Christen wie von allen anderen verübt werden) die Religion sich als der wahre Feind entpuppt – jedenfalls Religion in der Form, wie sie von Leuten praktiziert wird, die irgendwie zu der Überzeugung kommen, daß sie und nur sie die »wahre« Antwort kennen. Wie wenig Menschen gibt es, die erkennen, daß das Töten

ihrer Mitmenschen im Namen ihres »Gottes« die absolute Form der Perversion ist?

Ich habe mich entschieden, an einen Gott zu glauben, der so weit von unserem Vorstellungsvermögen und wahren Verständnis entfernt ist, daß es unsinnig wäre, irgend etwas anderes in seinem Namen zu tun, als alles Leben als einen Teil dieser unergründlichen Größe zu verehren.

Die Ereignisse in Mittelamerika irritieren mich sogar noch mehr als die im Libanon. Vielleicht liegt das daran, daß meine Frau und ich uns mit einer Reihe von Hausangestellen aus Mittelamerika angefreundet haben, die über die Jahre hinweg für uns arbeiteten.

Zwei wurden besonders enge Freunde, beiden half ich, einen Führerschein zu bekommen, einer der beiden half ich bei der Erlangung des High School-Abschlusses. Aus ihren Briefen aus der Heimat erfuhren wir sehr viel darüber, wie die normalen Arbeiter in El Salvador über die kleine Gruppe von Familien denken, die ihr Land seit Jahrhunderten beherrscht. Nur wenigen Amerikanern ist klar, daß das U.S. Militär seit 1900 über fünfzigmal in Mittelamerika interveniert hat, immer auf der Seite unserer geschäftlichen Interessen und des Reichtums dieser Länder. Ich kann Dir das schreiben, weil Du weißt, daß ich kein Kommunist oder etwas ähnlich Lächerliches bin.

Vermutlich ist das alles nur ein Teil der Jugendphase unserer menschlichen Rasse, die noch immer im Begriff ist, erwachsen zu werden. Vielleicht ist das alles sogar notwendig. Vielleicht benötigen wir Probleme, wirklich schwerwiegende Probleme, um zu beweisen, daß wir das wert sind, was die Zukunft uns bringt.

Nimoy und seine Crew hatten hart an *Star Trek III* gearbeitet, und Gene schien mit dem zufrieden zu sein, was er gesehen hatte. Entsprechend äußerte er sich in einem Brief an Maria Muhlmann am 21. März 1984.

Ich wollte Dir nur mitteilen, daß *Star Trek III – The Search for Spock* bislang zweimal in Sneak Previews gezeigt worden ist (mit zum Teil noch unvollständigen Geräuschen, optischen Effekten und anderen Dingen) und der Film die beste Reaktion aller Paramount-Filme des letzten Jahres erzielt hat.

Das aufregende daran ist, daß es sich bei den Zuschauern nicht um »Trekkies« handelte, sondern um Leute von der Straße, die zu der »Preview eines großen SF-Films« eingeladen wurden. Ich habe mir die letzte geschnittene Fassung angesehen und vorausgesagt, daß das Ganze sehr, sehr gut enden würde. Die Paramount-Bosse schickten mir kürzlich eine Notiz, daß sie jeden meiner Schnittvorschläge verwendet hätten. Eines unserer (ungenannten) Enterprise-Besatzungsmitglieder rief mich neulich an und fragte mich, was ich von einer Petition von ihrer Seite halte, ich solle wieder die Kontrolle über *Star Trek* übernehmen. Ich sagte: »Danke, aber lieber nicht.« Mir gefällt die Rolle des Beraters. Wenn sie mehr von mir wollen, dann sollen sie mir sorgfältiger zuhören und mich in jeder Produktionsphase früher um Rat fragen.

Das Franchise machte weitere Fortschritte, über die Gene seinen Cousin Julien in Georgia am 14. Januar 1985 informierte.

Wir werden mit unserem neuen Film *Star Trek IV* wohl im Frühjahr oder Sommer dieses Jahres beginnen. Glücklicherweise war *Star Trek III - The Search for Spock* einträglich genug, um das Interesse des neuen Paramount-Managements (das vom letzten Herbst) zu bewahren. Mein Buch *Report From Earth* hat nicht die erhofften Fortschritte gemacht, zum Teil wohl auch wegen der Ablenkungen durch meine Reisen, vor allem aber wohl deswegen, weil die Richtung, die ich eingeschlagen habe, nicht zu dem von mir gewünschten Drama geführt hat. Vielleicht muß ich an den Anfang zurück und anders an die Sache herangehen – was nun einmal zu diesem Beruf gehört (oder gehören sollte, wenn ein Autor unzufrieden ist. So wie ein Bergsteiger muß er stets bereit sein zu erkennen, daß er sich in eine unmögliche Position gebracht hat.)

Irgendwie bin ich davon überzeugt, daß Du Dich mit ähnlich einsamen Kämpfen und Enttäuschungen bei der Erschaffung der Dinge konfrontiert gesehen hast, die den Liebsten eine Zukunft aufbauen sollen.

Als therapeutisches Mittel hatte der Roman seinen Zweck erfüllt. *Star Trek* hatte eine neue Perspektive, und Gene brachte wieder Bewegung in sein Leben. *Report From Earth* sollte nie beendet werden, und es gibt keinen Hinweis darauf, daß Gene nach dem Frühjahr 1985 noch einmal daran arbeitete. Der Vergleich mit dem Bergsteiger paßte. Er hatte sich selbst in eine Ecke manövriert, in der es wenig oder gar keinen Konflikt in den Abenteuern des Charakters gab, um die Handlung weiterzubringen.

Anfang Februar schrieb Gene an Rupert Evans in England und brachte ihn über den neuen *Star Trek*-Film auf den aktuellen Stand.

Wie Du vielleicht schon gehört hast, haben wir von Paramount »grünes Licht« für *Star Trek IV* erhalten. Ich bezweifle, daß ich während der Vorbereitung wirklich viel zu tun bekomme.

Ja, es sieht so aus, als würden wir *IV* machen. Nimoy wird Regie führen, was ich für eine gute Wahl halte. Ich vermute, er hat inzwischen gelernt, daß es sich auszahlt, mir ein wenig aufmerksamer zuzuhören, wenn ich auf Vorteile oder Probleme hinweise, die eine bestimmte Richtung in der Handlung betreffen. Tatsächlich haben Nimoy und ich zurückgefunden zu der Art von gegenseitigem Respekt, den ich bevorzuge. Bill Shatner dagegen ist in fast jeder Hinsicht das absolute Arschloch geworden. Er ist immer noch ein guter Schauspieler und sollte nach wie vor gute Arbeit liefern, aber fast jeder (bei *Star Trek* und anderswo) hält es für mehr als nur ein wenig problematisch, mit ihm zurechtzukommen.

Am 5. Februar haben wir Rods elften Geburtstag gefeiert, morgen – am 8. Februar – fahre ich mit ihm und fünf seiner Freunde runter nach La Costa. Wir nehmen den Zug, es gibt ein Junk-Food-Dinner. Am nächsten Tag geht es nach Sea World und zu anderen Abenteuern, am Sonntagabend geht es dann mit dem Zug zurück nach Los Angeles. Ich wundere mich noch immer, wie ich in das alles hineingeraten konnte, aber ich bin – fast – sicher, daß es lustig sein wird.

Gene konnte vulgär sein, aber auf eine charmante Weise. Er war meist nicht aus der Ruhe zu bringen, wie der nachfolgende Zwischenfall illustriert.

Eines Nachmittags saßen er und eine Freundin beim Mittagessen in der vollen Paramount-Kantine. Gene war ein wenig schwerhörig geworden, und wie bei vielen Leuten, die etwas schlechter hören, hob er seine Stimme an, wenn er sprach. Er erzählte von einem Mädchen, mit dem er eine flüchtige Affäre hatte.

Unterhaltungen und Nebengeräuschen verhalten sich in geschlossenen Räumen so wie Ebbe und Flut, sie schwellen an, dann wird es wieder ruhiger. Als der Geräuschpegel im Raum seinen niedrigsten Punkt erreicht hatte, sagte Gene ziemlich laut: »Mir gefällt ihre Fotze.« Im gesamten Raum wurde es augenblicklich totenstill, da jeder in sich aufnahm, was dieser berühmte Autor und Produzent gerade gesagt hatte. Genes Begleiterin, eine Produzentin und Regisseurin, die es beim Trinken und Fluchen mit den besten männlichen Vertretern aufnehmen kann, lief puterrot an und versuchte, im Erdboden zu versinken. Gene grinste nur und lachte.

Als sie allmählich wieder ihre Fassung zurückerlangt hatte und im Raum wieder normale Lautstärke herrschte, sagte Gene: »Na, es hätte auch schlimmer kommen können.«

Daraufhin fragte seine Bekannte: »Wie das?«

»Ich hätte sagen können, mir gefällt *deine* Fotze.«

Mitte Februar schrieb Gene an seine Kusine, Sister Madeline:

> Beigefügt übersende ich Dir ein Zertifikat, das Dich zum offiziellen Mitglied der *Enterprise*-Crew macht. Ich weiß nicht, was die Vorschriften über Nonnen an Bord sagen, aber ich bin sicher, das Schiff kann durch Deine Anwesenheit nur besser werden.
>
> Vor ein paar Monaten habe ich an Dich gedacht, als ich nach Jackson, Michigan, eingeladen wurde, um eine Vorlesung über die Zukunft der Menschheit zu halten. Drei katholische Pastoren luden mich ein, in ihrem Haus an einem der Seen zu übernachten. Es waren großartige Kerle, wir blieben bis spät in die Nacht auf, um über uns, das Universum und unsere Verbindung zu diskutieren.
>
> Sie schienen mich nicht so sehr für einen Heiden zu halten, wie es einige andere tun.
>
> Das Neueste von hier ist, daß wir für unseren nächsten Film, *Star Trek IV*, grünes Licht erhalten haben und uns gegenwärtig auf einen Autor und eine Geschichte einigen. Leonard Nimoy wird Regie führen, und Bill Shatner haben wir auf einen Preis heruntergehandeln können, den wir uns leisten können. Ich hoffe, daß wir etwas schaffen werden, das Dir gefällt.

Mitte 1985 erhielt Gene zahlreiche Briefe von Fans, die ihn auf die neue Richtung aufmerksam machten, die die *Star Trek*-Romane einzuschlagen schienen – Richtungen, die im Widerspruch zu dem standen, was Gene ursprünglich beabsichtigt hatte. Das Ergebnis war, daß eine neue Front eröffnet wurde.

KAPITEL 17

Es gab ein Thema, das Gene unbedingt in seine Biographie aufnehmen wollte, ein Thema, auf das er besonders gereizt reagierte: Es waren »die verdammten Bücher«, wie er sie bezeichnete. Seit den frühesten Tagen waren Bücher ein wichtiger Bestandteil für die Vermarktung von *Star Trek* gewesen. Zunächst waren die Bücher nicht mehr als Kurzgeschichtenfassungen der Episoden, doch die beständigen Verkaufszahlen zeigten, daß es einen Markt für *Star Trek* in Buchform gab. Anfang 1970 kam mit *Spock Must Die* von James Blish, einem 118 Seiten starken Taschenbuch bei Bantam, ein neuer Faktor hinzu. Es war ein Originalroman, »der auf der von Gene Roddenberry geschaffenen Fernsehserie basierte«, keine Kurzgeschichtenfassung einer Episode. Der Verkaufserfolg dieses Buchs zeigte, daß es auch eine gesunde Nachfrage nach neuem *Star Trek*-Material gab.

Blish' Romanfassungen der Fernsehserie wurden fortgeführt, später von Alan Dean Foster ergänzt um die Zeichentrickepisoden. Neben den autorisierten Romanen gab einen kleinen Anteil an von Fans veröffentlichtem Material – den »Fanzines« –, das von billigen Kopien bis hin zu anspruchsvollen Layouts mit professionellem Touch reichte. Fast alle entstanden aus der Liebe zur Science Fiction und zu *Star Trek*. Die »Zines« berichteten über Tatsachen, Gerüchte, Hoffnungen, Conventions, enthielten Fanbriefe, druckten Fandiskussionen und von den Fans verfaßte Geschichten ab. Die meisten Zines waren für gewöhnlich kostendeckende Unternehmungen mit der Lebensdauer einer Eintagsfliege. Nur ein paar konnten mit gutem Willen als kommerzielle Projekte bezeichnet werden. Sie waren so klein und gefahrlos, daß Paramount ihre Existenz einfach ignorierte.

In einigen Zines fanden sich Geschichten, die eine eng begrenzte Leserschaft ansprach: homoerotische Geschichten, die über eine Beziehung zwischen Kirk und Spock spekulierten. Sie wurden als »K/S-Geschichten« bekannt. Solange sich das alles am Rande bewegte, kümmerte sich Gene nicht darum, obwohl er sich einmal fragte, warum jemand eine sexuelle Beziehung mit einem anderen beginnen würde, der nur alle sieben Jahre sexuell aktiv wird.

Im großen und ganzen kümmerte sich Gene nur wenig um die Ausschlachtung von *Star Trek* in Buchform. Anfang der achtziger Jahre, als Gene sich von *Star Trek* zu distanzieren und über seine Schöpfung anders zu denken begann, schrieb er das Folgende an Janet Quarton:

> Ich bin nicht darüber traurig, wie es mit *Star Trek* gekommen ist und weitergehen wird. Natürlich träume ich davon, wie schön es hätte sein können, wenn ich alle Rechte und die umfassende Kontrolle hätte erlangen können. Viele der gegenwärtig erhältlichen *Star Trek*-Romane wären nie auf den Markt gekommen, und wohl keiner ohne erhebliche Überarbeitungen. Andererseits hätte es unter meiner alleinigen Aufsicht viele Romane gegeben, die ich geschrieben hätte, um das gesamte *Star Trek*-Kontinuum geschlossener zu halten. Es wäre sicherlich interessant gewesen, die Zivilisationen der Erde und der Föderation besser zu erklären. Aber das war alles nicht möglich. Ich bin dankbar für das Talent derjenigen, die diese Bücher und Geschichten schreiben. Tatsächlich habe ich die Hoffnung noch nicht aufgegeben, daß die gesamte Erfahrung mich zu etwas Bedeutenderem, etwas Erfüllenderem führen wird.

Nach und nach wurde mehr Romane veröffentlicht, die sich allesamt gut verkauften. Mit der Zeit wurde der Ausstoß erhöht, und angesichts fast garantierter Verkaufszahlen konnten die zu erwartenden Einnahmen fest eingeplant und praktisch wie ein Bankguthaben behandelt werden. Während der Beschaffung neuer Manuskripte immer stärkere Aufmerksamkeit zuteil wurde, kümmerte man sich weniger und weniger um die *Star Trek*-Kontinuität, Integrität der Charaktere und die Loyalität gegenüber Genes Philosophie. Hin und wieder wurden von untergeordneten Paramount-Angestellten Informationen an Autoren weitergegeben, die dem widersprachen, was Gene in der Vergangenheit gesagt hatte. Das führte dazu, daß verschiedene Projekte eine völlig falsche Richtung einschlugen.

Mitte der achtziger Jahre änderte Gene seine Einstellung zu den Büchern, als Pocket Books, eine Abteilung des Verlagshauses Simon and Schuster, das Paramount Communications gehört, einen Roman mit K/S-Elementen als Teil der laufenden Serie mit *Star Trek*-Romanen veröffentlichte. Gene erhielt einige Briefe von wütenden Fans. Er forschte nach und wurde aschfahl. *Star Trek* im Buch schlug eine völlig andere Richtung ein, als ihr Schöpfer ursprünglich vorgesehen hatte.

Gene hatte nichts gegen Homosexualität einzuwenden – jeder, der ihn kannte, wußte das. Aber es waren *seine* Figuren. *Er* hatte sie zu dem gemacht, was sie waren, und ohne seine Erlaubnis würden sie sich nicht *so* sehr verändern können. Er drohte, in aller Öffentlichkeit, den Aufstand zu proben, woraufhin die Auflage zurückgezogen, der Text umgeschrieben sowie um 30 Seiten gekürzt wurde. 1980 hatte Gene mit dem Autor noch korrespondiert.

> Wie Sie vielleicht inzwischen gesehen haben, befindet sich eine Fußnote im Roman[1]. ... Kirk äußert sich dazu, daß er und Spock sich nie körperlich geliebt hatten, was aber nichts mit einer Ablehnung durch einen der beiden zu tun hatte.

Gene sah sich von da an alle vorgeschlagenen Romane genauer an, und auch, wie *Star Trek* in anderen Veröffentlichungen benutzt wurde, darunter auch Comics. Diese Geschichten ins *Star Trek*-Format zu bringen, brachte oft Probleme mit sich, auch wenn erwähnt werden sollte, daß von den rund 60 Romanen, die in diesem Zeitrahmen veröffentlicht wurden, nur knapp ein Dutzend Probleme aufwies.

Genes Verärgerung entstand durch Autoren, die ihre eigenen Figuren in den Vordergrund bringen wollten, nicht aber die Hauptpersonen aus *Star Trek*; Autoren, die sich selbst in der Handlung präsentieren wollten (die sogenannten »Mary Sue«-Geschichten); Autoren, die die *Star Trek*-Geschichte oder das Format ändern oder von Genes philosophischer Grundlage abweichen wollten. Damit soll nicht unterstellt werden, daß die meisten oder

---

[1] Genes Roman zu *Star Trek: The Motion Picture*.

gar alle *Star Trek*-Romane schlecht geschrieben sind. Viele sind von herausragender Qualität und stammen von Profiautoren, die Gene um Rat oder Hilfestellung baten und von denen Gene viele als Menschen und als Autoren mochte. Wogegen sich Gene aussprach, waren Autoren, die *sein* Universum für Geschichten nutzen wollten, die eindeutig nichts mit *Star Trek* zu tun hatten.

Auch wenn Gene Kämpfe in seinem *Star Trek*-Universum gescheut haben mag, wich er ihnen nicht aus, wenn es darum ging, die Vision seiner Schöpfung zu bewahren. Die meisten Probleme rührten aus dem, was ein ehemaliger Angestellter als »mangelnde Vertrautheit« mit dem Produkt in Paramounts Marketingabteilung bezeichnete, und dem anhaltenden Druck, *Star Trek*-Produkte durchzuboxen, um Geld zu verdienen.

Da von Jahr zu Jahr mehr Bücher auf den Markt kamen und Gene sich mit *Next Generation* und anderen Projekten befassen mußte, wurde es für ihn immer schwerer, den Überblick zu bewahren. Daher brachte er den *Star Trek*-Experten Richard Arnold ins Spiel, damit der die Bücher las, Lizenzprodukte überwachte und entsprechende Kommentare abgab. Das geschah unter Genes unmittelbarer Aufsicht. Eine sorgfältige Durchsicht des Materials in Genes Akten zeigt, daß jedes Memo über ihn lief, da sie alle mit authentischen Unterschriften abgezeichnet waren. Allein 1990 gab es fast 70 Memos von Gene, die sich mit *Star Trek* in Buch- oder Comicform beschäftigten. Es wurde ein klassischer Kampf zwischen Kunst und Kommerz, und Gene war entschlossen, ihn zu gewinnen.

Richard Arnold erinnert sich:

»Ich mußte das ganze Zeug im Auge behalten und damit zurechtkommen. Ich trug ihm die Probleme zu, womit ich Öl ins Feuer goß. Dann ging er zu ihnen und machte sie nieder.

Ihm gefiel es, zu kämpfen und recht zu haben, weil er in den letzten Jahren so oft recht gehabt hatte. Er bewies sich selbst so sehr, recht zu haben, daß es ihm zusätzliche Kräfte verlieh, und er wollte es einfach weiterhin beweisen, daß er recht hatte, wenn er damit Erfolg hatte.«

Die tägliche Arbeit mit Gene ermöglichte es Arnold, Aspekte von Genes Persönlichkeit zu sehen, die Außenstehenden nicht bekannt war.

»Als die Bücher zur neuen Serie sich plötzlich sehr gut verkauften, gab es nicht nur fünf oder sechs Titel pro Jahr, sondern 13 oder 14, und sie verkauften immer mehr. Er hatte wieder recht gehabt: *Star Trek*-Merchandise war keine endliche Menge.

[In den Anfangstagen des *Star Trek*-Merchandise] schlossen sie kleine Verträge mit kleinen Gesellschaften[2] ab, und mit einem Mal waren da Großunternehmen wie AT&T und Hallmark, die Millionen Dollar für Lizenzen bezahlten, um *Star Trek*-Merchandise zu verkaufen – Franklin Mint und alle anderen Unternehmen, die 25 Jahre lang mit *Star Trek* nichts zu tun gehabt hatten. Und er hatte recht.

Je öfter er recht hatte, um so entschlossener war er, es sie wissen zu lassen und es noch besser zu machen.

Aber sie bekämpften ihn, so gut es nur ging.«

Gene führten seinen Krieg mit Worten. Nachfolgend einige Beispiele für Memos, die Gene zu einer Vielzahl von Projekten schrieb. Die Namen der Empfänger der Memos und die betreffenden Romane wurden gestrichen.

12. April 1990

Betreff: POCKET BOOKS Roman

Mittlerweile werden Sie die Memos gelesen haben, die zu diesem Roman geschrieben wurden, der typisch ist für das, worüber ich beim Treffen in der letzten Woche mit Ihnen gesprochen habe. Meine Anmerkungen lauten wie folgt: Dieser Roman ist unannehmbar, da er sich nicht auf unsere Personen konzentriert, sondern auf die des Autors.

Dieser Roman könnte funktionieren, müßte aber erheblich umgeschrieben werden. Im Begleitschreiben des [Paramount-Angestellten], das mit dem Manuskript kam, sind einige Änderungen, angemerkt, aber meiner Ansicht nach wird keine davon die Geschichte verbessern. Diese Vorschläge stammen nicht von mir.

Diese Denkweise ist grundlegend für unsere gegenwärtigen Probleme. Die Änderungen, die erforderlich sind, um aus diesem Roman eine annehmbare *Star Trek*-Geschichte zu machen, sollten ausschließlich aus meinem Büro kommen.

---

[2] Anfang der siebziger Jahre kaufte Arnold als Schüler der High School von Paramount die Lizenz, *Star Trek*-Autoaufkleber herzustellen und zu verkaufen. Es kostete ihn 25 Dollar.

Gene ging aber auch Kompromisse ein, was den Umgang mit seiner Schöpfung betraf.

29. Mai 1990

Betreff: Pocket Book Manuskript [anderer Titel als beim vorangegangenen Memo]

Nach einer so überzeugenden Idee ist das ganze recht enttäuschend. Die Autoren haben einen ausschweifend langen Roman geschrieben und zuviel »Nicht-*Trek*«-Material verwendet (permanente Bezüge auf andere *Trek*-Romane und Verwendung der Terminologie aus den Kriegsspielen).

Es gibt ausschweifendes Technobabble, das Buch ist zu oft wissenschaftlich unglaubwürdig, einige Abschnitte sind übermäßig brutal und erinnern mehr an *Star Wars* denn an *Star Trek*. Starfleet und unsere Nachfahren des 23. Jahrhunderts werden in sehr schlechtem Licht dargestellt. Ganz gleich, wie schlimm der Zwischenfall bei [Ort] auch sein mag, würden Kirk und seine Crew niemals einer solchen Behandlung durch ihre Kollegen oder durch die Bevölkerung ausgesetzt werden.

Es ist jedoch sehr wahrscheinlich, daß es wieder einmal zu spät ist, eine komplette Überarbeitung des Romans durchzusetzen. Richard hat mich informiert, daß eine durchgreifende Überarbeitung, darunter Hunderte Änderungen hinsichtlich Technologie, Terminologie und historischer Verweise, vorgenommen werden müßte, um das akzeptabel zu machen. Das liegt im wesentlichen auch daran, daß die Autoren nicht die richtigen Anleitungen für das Verfassen eines annehmbaren *Star Trek*-Romans erhalten haben. Richtlinien, auf die wir seit mehr als eineinhalb Jahren bestehen, also lange bevor dieser Roman entworfen wurde.

Angesichts des oben Genannten und der Tatsache, daß wir sehr wahrscheinlich nicht die Zeit haben, um aus dem Ganzen einen akzeptablen *Star Trek*-Roman zu machen, werde ich um einen Widerruf bitten, der auch in diesem Buch abgedruckt wird, um es von *Star Trek* in der Form zu distanzieren, wie wir es für akzeptabel halten.

Ich hoffe, dies ist das letzte Mal, daß das notwendig wird[3]. Ich vertraue darauf, daß die Autoren der anderen in Arbeit befindlichen Romane sich darüber im klaren sind, was ich akzeptieren werde und was nicht.

---

[3] Das war es nicht.

Gene tat auch alles ihm Mögliche, um sich um die Handlungen der bei DC Comics erscheinenden *Star Trek*-Comics zu kümmern, besonders wenn deutlich war, daß seine Philosophie und sein Format nicht verstanden oder befolgt wurden.

8. Juni 1990

Betreff: DC Comics-Vorschlag für unser 25jähriges Jubiläum

Robert Greenberger benötigt mehr als nur meine Meinung, bevor er mit diesem Projekt fortfahren kann ... er benötigt meine Zustimmung.

Ich habe »Assignment: Earth« geschrieben. Die außerirdische Rasse, die Gary Seven geschult hat, war viel weiser und fortgeschrittener als hier angedeutet wird (sie würden ganz gewiß nicht Mitglieder ihrer Rasse verfolgen oder bestrafen, weil sie eine andere Meinung vertreten. Und Mitglieder dieser Rasse würden nicht diejenigen töten, die sie ausgebildet hatten, um sie davon abzuhalten, ihre Mission zu erfüllen.).

Wieder einmal wird Kirk als eine Art Gott dargestellt, der mehr weiß als diese hochentwickelte Rasse. Das ist unannehmbar.

Der Geschichte stimme ich nicht zu. ... Machen Sie damit nicht weiter. (Gemeint ist hier offensichtlich der Comic *The Peacekeeper*, erschienen Juni 1993, geschrieben von Howard Weinstein. – Anm. d. Übers.)

22. Juni 1990

Betreff: POCKET BOOK-Roman [Titel des ersten Memos], überarbeitetes Manuskript

Das funktioniert jetzt als *Star Trek*-Roman, auch wenn ich immer noch nicht damit zufrieden bin, daß es für die Autorin überhaupt notwendig war, im gesamten Buch Spock zu ignorieren. Das wird zukünftig nicht mehr akzeptiert. Unsere Figuren können nicht beiseite geschoben werden, damit der Autor seine eigenen Figuren in den Vordergrund bringt.

Es gibt noch ein anderes Problem, das allerdings nichts mit dem Format zu tun hat: Dieser Roman ist langweilig. Der Autor verbringt zu viel Zeit mit technischen Details, die nichts zur Handlung beisteuern. *Star Trek* hat sich nie vorrangig mit der Hardware befaßt, sondern mit den Menschen.

Die gute Nachricht: Seine Charaktere sind jetzt glaubwürdig, und er hat auch unsere bekannten *Star Trek*-Charaktere in den Griff bekommen.

Zustimmung erteilt ... bitte weitermachen.

Nicht alle Memos von Gene waren so bissig, und nicht alle seine Ratschläge blieben unbeachtet. Am 10. Juli 1990 verschickte er das folgende Memo, das den Roman *Exiles* von Howard Weinstein betraf.

> Howard kann zu seiner äußerst unterhaltenden, sehr gesellschaftsbezogenen Geschichte beglückwünscht werden. Es ist vermutlich der beste *Next Generation*-Roman, der bislang geschrieben wurde.
> Beigefügt sind Richards Anmerkungen zu diesem Roman, die nicht als Kritik verstanden werden sollen, sondern als Verbesserungsvorschläge für eine schon jetzt hervorragende Arbeit.
> Bitte weitermachen.

Gene kämpfte für die Geschlossenheit seines Universums und gegen »Insider-Witze« der Autoren. Er sorgte dafür, daß aus einer solchen »witzigen« Geschichte alles Material entfernt wurde, das sich versteckt auf *Lost In Space* bezog. Es schien einen endlosen Krieg zu geben mit einigen Autoren, die aus Starfleet eine militärische Organisation machen wollten, anstatt als eine Organisation zu belassen, die sich grob an militärischen Strukturen orientierte – oder »paramilitärischen«, wie Gene oft sagte. Einige militaristische Romane kamen aber durch, unbeachtlich Genes Meinung.

17. Juli 1990

Betreff: DC Comics

> Diese vorgeschlagene Geschichte funktioniert nicht. Wieder werden wir mit einer neuen Rasse »schlechter« Außerirdischer bekannt gemacht, und wieder wird uns ein romantischer Handlungsfaden vorgestellt (diesmal mit Scotty, von dem nie gesagt worden ist, daß er während des Umbaus der *Enterprise* an der Academy unterrichtet hat – er war viel zu sehr in den Umbau eingebunden, um zu unterrichten). Diese Handlung ist viel zu militaristisch; hier wird eine Schlacht nach der anderen präsentiert. Das ist wieder einmal nicht unserer *Star Trek*-Philosophie würdig. Es ist gegenwärtig nicht akzeptabel.

Die Comics und Romane waren nicht die einzigen Veröffentlichungen, die sich einer sorgfältigen Beobachtung unterziehen mußten. Als verschiedene Magazine Episodeninhalte abdruckten, bestand Gene darauf, daß sie nach den gesendeten Episoden verfaßt wurden, nicht nach den Drehbüchern. In einem Memo zu diesem Thema machte er seine Erwartungen deutlich:

Ich erwarte, daß alles *Star Trek*-Merchandise mit Präzision und mit Respekt produziert wird.

Genes Aufmerksamkeit umfaßte alle *Star Trek*-Produkte, die er zu sehen bekam. Gelegentlich machten ihn die Fans auf Ungereimtheiten aufmerksam. Er reagierte schnell.

21. Februar 1991

Betreff: Columbia House-Veröffentlichung von *ST:TNG*

Ich wollte Sie nur wissen lassen, daß wir eine Reihe von Anrufen erhalten haben von Fans, die mit der Veröffentlichung unserer neuen Serie auf Videokassette durch Columbia unzufrieden sind.

Das erste Band, »Encounter at Farpoint«, war nicht unsere Premierenversion, sondern eine geschnittene Syndication-Fassung, und es scheint, daß die zweite Kassette ebenfalls Probleme mit sich bringt.

»Code of Honor« enthält die Pausen, die für die Sender eingefügt werden, aber nicht auf diesen Kaufkassetten enthalten sein sollten (sie finden sich nicht auf »The Naked Now« und auf keinem der Kassetten zur Originalserie).

Die Kämpfe wüteten weiter, Memos wurden hin und her geschickt, und wenig änderte sich, außer daß Gene älter und müder wurde. Bei den Autoren und Lizenznehmern entwickelte sich allmählich der Eindruck, daß Richard Arnold die graue Eminenz hinter Genes Kritik war, aber das Gegenteil war richtig. Arnold erhielt zeitweise seine Memos zurück, damit er sie drastischer formulierte. Gene hatte das Gefühl, daß seine Argumente nicht energisch genug formuliert worden waren. Dennoch verhallten viele Memos ungehört. Paramount hatte die Wahl zwischen einem wütenden Gene Roddenberry und einer Verlangsamung der Einnahmen aus Merchandising-Produkten. Sie akzeptierten ersteres als Notwendigkeit, um Geschäfte zu machen. Die Merchandising-Gewinne flossen weiter. Merchandise-Produkte, denen Gene nicht zustimmte, wurden gegen seinen Widerspruch veröffentlicht oder hergestellt.

Ernie Over, Genes persönlicher Assistent, erinnert sich, daß Gene sich nachmittags mit einem Paramount-Boss über Autotelefon stritt, als sie auf dem Heimweg waren. Overs Erinnerung verdeutlicht die extreme Enttäuschung, die Gene empfand, da er wie bei den Filmen in den Hintergrund gedrängt wurde. Gene wurde bleich vor Wut, weil der Mann ihn einfach ignorierte, und brüllte »Leck mich am Arsch« ins Telefon, bevor er auflegte.

Richard Arnold setzte seine Arbeit fort, Kritik an der Kontinuität und an den Charakteren zu üben, nachdem Gene mehr und mehr von zu Hause aus arbeitete. Jedes Memo wurde Gene nach wie vor für seine Zustimmung vorgelegt, aber seine Kampfkraft schwand dahin. Der alte Krieger bewegte sich auf die Siebzig zu und versuchte, sich von der Serie zurückzuziehen.

Nicht ganz einen Monat nach Genes Tod verließ Arnold sein Büro, um den Schauspielern im Studio Post zu bringen. Als er zurückkehrte, wurde er vor dem Gebäude aufgehalten und davon in Kenntnis gesetzt, er solle nicht versuchen, in sein Büro zurückzukehren. Die Schlösser waren ausgewechselt worden. Ihm wurde erklärt, daß er nicht länger bei Paramount arbeite. Unter Bewachung wurde ihm gestattet, seine Jacke und persönliche Dinge aus seinem Büro zu holen, dann wurde er – ebenfalls unter Bewachung – zu seinem Wagen begleitet und des Geländes verwiesen.

Arnold rief seinen Anwalt an und leitete verschiedene Verfahren ein. Nach fünfeinhalb Monate andauernden Verhandlungen mit den Studioanwälten wurde ein hochrangiger leitender Angestellter über die Umstände von Arnolds Entlassung unterrichtet; eine annehmbare Lösung wurde erzielt. Ironischerweise rief das Studio ihn nur wenige Wochen nach seinem Rausschmiß an und fragte wegen Fotos an, die man für ein Projekt benötigte. Heute wird er immer noch von verschiedenen Paramount-Abteilungen und anderen offiziellen Lizenznehmern als der wichtigste *Star Trek*-Experte zu Rate gezogen. Das gibt es nur in Hollywood!

KAPITEL 18

Der 4. September 1985 war für Gene ein glücklicher Tag. Er war der erste »Bindestrich« - Autor-Produzent -, der mit einem Stern auf dem Hollywood Boulevard geehrt wurde. Der Walk of Fame verwendet fünf verschiedene Symbole für die fünf Kategorien des Showbusiness, die geehrt werden: Film, Fernsehen, Schallplattenaufnahmen, Radio und Bühne. Die Writers Guild hatte ein sechstes vorgeschlagen, das aber von der Handelskammer in Hollywood, die den Walk of Fame verwaltet, abgelehnt wurde.

Es waren im wesentlichen die Fanclubs und ihre Mitglieder, die sich für Genes Stern eingesetzt hatten. Die Gebühr betrug zu der Zeit 3500 Dollar - jeder Fan sollte einen Dollar zahlen, aus aller Welt ging Geld ein. Aber die Gebühr war nicht alles. Das Walk of Fame Committee mußte dem Kandidaten zustimmen. Es wurde vorgeschlagen, die Zeremonie möglichst in zeitlicher Nähe zum Geburtstag der Serie (8. September) abzuhalten.

Gene schrieb einige Wochen vor der Zeremonie an einen Freund:

Unser Aufenthalt in La Costa wird für ein paar Tage durch einen kurzen Ausflug nach L.A. unterbrochen, um angemessen erfreut zuzusehen, wenn sie mir einen Stern auf dem Hollywood Blvd. widmen. Ich nehme an, daß das ganz nett wird, immerhin bin ich der erste Autor[1], der so geehrt wird, und das Los Angeles City Council wird es zum offiziellen »Gene-Roddenberry-Tag« machen. Meine Mutter ist so erfreut, daß ihr fast die Worte fehlen.

Die Zeremonie war einfach und schnörkellos. Es war der 1810. Stern auf dem Walk of Fame, nahe der Kreuzung Hollywood Boulevard und Las Palmas. Der Himmel war bewölkt, und Hunderte

---

[1] Genaugenommen der erste Autor-Produzent; es gab zu der Zeit andere Autoren auf dem Walk of Fame.

von Menschen kamen, um mit Gene an diesem Moment teilhaben zu können. Fast alle Schauspieler der Originalserie waren anwesend: Leonard Nimoy, DeForest Kelley, Walter Koenig, Nichelle Nichols, George Takei, Jimmy Doohan und Grace Lee Whitney. Sogar ein Gastschauspieler kam: Roger C. Carmel, der berüchtigte »Harry Mudd«.

Für Gene war das Ganze ein wenig nostalgisch, da es das gleiche Gebiet war, in dem er als Streifenpolizist tätig war.

Die Los Angeles Police Pipe Band – Dudelsäcke und Trommeln – spielte einige Nummern, was Jimmy Doohan dazu veranlaßte, in seinen schottischen Akzent zu verfallen und einige Worte als Scotty zu sagen. Nichelle Nichols erklärte ihre »Grußfrequenzen« als für Gene jederzeit geöffnet, und Nimoy dankte Gene dafür, »daß er mir die Ohren langgezogen hat«.

Gene stellte seine Familie vor, darunter seine Mutter, seinen Bruder und seine Schwester, damit sie den Erfolg mit ihm teilen konnten. Jeder, der etwas gespendet hatte, hatte seinen Namen auf einer Schriftrolle eingetragen, die bis zum Boden des kleinen Podiums reichte, als sie Gene überreicht und ausgerollt wurde. Laut Richard Arnold war Genes Gesichtsausdruck, als er die Namensliste sah, »typisch für Gene. Er war erschrocken, daß so viele Menschen sich so sehr um ihn kümmerten«.

Einige Tage später schrieb Gene an Rupert Evans in England:

> Nun, die große STAR-Zeremonie ist vorüber, und ich habe Wochen gebraucht, um allen angemessen zu danken. Allen außer Dir – und Du sollst wissen, daß ich Deinen Beitrag und das Telegramm zu schätzen weiß.
>
> Der Tag war (für mich) fast zu aufregend. Leonard Maizlish nannte es ein »Triathlon-Ereignis«. Zuerst die Zeremonie auf dem Hollywood Blvd., an der nicht nur die Fans von hier, sondern Leute aus dem ganzen Land und sogar aus dem Ausland teilnahmen. Zweitens die Studioparty mit Hunderten Gästen, die sich hier in einem Studio versammelten, wo Susan und ihr »Assistent« Richard eine schöne Party organisiert hatten. Und drittens die Party im Bel Air Country Club , die Majel für enge Freunde (»nur ein paar hundert meiner engsten Freunde«) arrangiert hatte.
>
> Für meinen Geschmack dauerte es zu lange. Ich erinnere mich, wie ich dachte, daß nach 20 Minuten wirklich alles gesagt ist. Ich dachte auch mehrere Male: »Gott sei Dank bin ich kein Schauspieler

geworden.« Aber alle anderen haben offensichtlich jeden Augenblick genossen. Ich vermute, die eine Sache, die an diesem geschäftigen Tag zu mir durchdrang, war ein Gefühl der Überraschung und des Erstaunens, daß ich tatsächlich so viele Freunde habe, die sich um mich kümmern und ihre Gefühle feiern wollen.

Gene schrieb an seinen Freund, den Science Fiction- und Fantasy-Autor Ray Bradbury, um sich für die Blumen zu bedanken, die der geschickt hatte.

Wie Du sicher weißt, bin ich so wie Du ein »Privatmensch«, und ich habe den ganzen Tag über eine Menge Unbehaglichkeit und Nervosität verbergen müssen. Auch habe ich große Bedenken, was ein Stern auf dem Hollywood Blvd. wirklich bedeutet. Die wirklich wunderbare Sache, die mir an diesem Tag widerfuhr, war die wachsende Erkenntnis, daß mir von Mitarbeitern und Freunden ein Respekt entgegengebracht wird, den ich nie für möglich gehalten hätte. Diese Dinge machen die Erinnerung aus, die ich mir bewahren werde.

So wie Jack Webb (er hatte ein Foto von seinem Stern an der Wand hängen, nachdem der von einem Hund »geehrt« worden war) beließ auch Gene die Dinge in angemessenen Dimensionen. Ein befreundeter Autor hatte ihm geschrieben und ihn aufgezogen:

Glückwünsche! Ich habe es schon immer für einen großartigen Spaß gehalten, jemanden zu engagieren, der einen Stern mit meinem Namen anbringt. Glaubst Du, es wird jemand nachprüfen? Die Hälfte der Namen habe ich noch nie gehört, und ich bin bei Trivial Pursuit ziemlich gut.
In den kommenden Jahren können die Leute nach unten auf Deinen Stern sehen und im Flüsterton sagen: »Wer ist das?«
»Gene Roddenberry? Ich glaube, er war Hopalong Cassidys Kompagnon.«
»O ja, ich erinnere mich.«

Gene erwiderte auf die Sticheleien:

Natürlich passen die Leute auf! Ich habe aus gut unterrichteten Kreisen gehört, daß zahlreiche Mitglieder der Writers Guild of America nachts hingegangen sind und auf meinen Stern gepinkelt haben.

KAPITEL 19

Im September 1986 schrieb Gene an Janet Quarton und faßte das bis dahin abgelaufene Jahr zusammen:

> Das Jahr war wegen des zwanzigsten Geburtstags der Ausstrahlung der ersten *Star Trek*-Episode (am 8. September) viel arbeitsintensiver als erwartet. Das wiederum machte die Vorbereitung von *Star Trek IV* noch wichtiger und zeitaufwendiger. Dadurch zeigte sich Paramount zunehmend interessiert, den ersten Pilotfilm als Videokassette herauszugeben, was mir eine acht Minuten lange Einführung in den Dekorationen der Enterprise einbrachte. Ich komme erst jetzt wieder mit einiger Regelmäßigkeit zum Golfen. Ich bin die Studioparties, die Conventions und andere Feiern zum Erfolg von *Star Trek* sehr, sehr leid. Paramount veranstaltete am 8. September eine große Party, bei der sich 2000 Leute in zwei Studiohallen drängten. Ich saß mittendrin und dachte: ›Der Kampf für das alles hat mehr Spaß gemacht als der tatsächliche Sieg.‹

Nach einer Reihe finanziell lohnenswerter Filme, zig Millionen Dollar Einnahmen aus Merchandising-Lizenzen und der Endlosausstrahlung der Originalserie hat man bei Paramount in der zweiten Hälfte des Jahres 1986 die Ansichten bezüglich der Lebensfähigkeit einer neuen Fernsehserie geändert. Marta Houske, die seit den siebziger Jahren bis zu seinem Tod eng mit Gene befreundet war, erinnert sich, wie er daran beteiligt wurde:

»Wenn ich mich nicht irre, bat Paramount Gene darum, eine neue *Star Trek*-Serie zu schaffen. Er sagte ihnen etwas in der Art: ›Auf keinen Fall. Ich bin es den Fans schuldig, die Geschlossenheit der Serie zu wahren.‹ Einige Zeit später saßen er und ich bei einem Drink in Nuclear Nuances auf der Melrose zusammen und er sagte: ›Du wirst es nicht glauben. Sie machen es selbst!‹

Ich kannte nicht Genes rechtliche Position und sagte: ›Das können sie nicht.‹ Darauf erwiderte Gene: ›Doch, sie können es. Und sie machen es.‹ Er war empört.«

Anfang August 1986 berichtete die *USA Today*, Paramount sei im Begriff gewesen, die Serie an das Fox Network zu verkaufen, als die Entscheidung fiel, den Vertrag nicht abzuschließen. In diesem Artikel spekulierten einige Bosse von der Madison Avenue über Paramounts Entscheidung; sie glaubten, daß eine neue Serie den Einnahmen aus den Filmen schaden könnte. Einige vermuteten, eine neue Serie würde kein genügend großes Publikum anziehen und damit für die Werbeindustrie uninteressant sein.

Am 12. September 1986 übersandte John Pike, Präsident von Paramount Television, Gene eine Übersicht über die »ersten vorbereitenden Arbeiten zu der neuen Serie«. Pike erläuterte, das Konzept sei »im wesentlichen von Greg Strangis entwickelt worden, nach Gesprächen mit Jeff Hayes, Rick Berman und mir«.

Diese »ersten vorbereitenden Arbeiten« wurde ohne jede Beteiligung von Gene vorgenommen, obwohl Paramount anscheinend zunächst versucht hatte, sein Interesse zu wecken. Am 19. September schrieb Gene zurück an Pike.

Gene begann damit, daß er nicht glaube, Paramount könne an irgendeiner neuen *Star Trek*-Fernsehserie »ohne meine Zustimmung oder ohne eine neue vertragliche Vereinbarung über diese Serie« arbeiten. Gene erklärte Pike zudem, er habe hinsichtlich einer neuen Serie noch nicht entschieden, welche Rolle er übernehmen würde – wenn überhaupt. Wegen ihrer Freundschaft schickte er einige Anmerkungen mit, die er als »nicht umfassend« bezeichnete. Es folgte ein fünf Seiten langer Brief mit Genes Ansichten über das neue *Star Trek*-Format.

Nachfolgend einige Auszüge:

Ich weiß es sehr zu schätzen, daß Du mir das zusendest, was bislang zu der vorgeschlagenen Serie *Star Trek: The Next Generation* geschrieben worden ist. Es zeigt, wie sehr sich Dein Leute bemüht haben, das *Star Trek*-Format und die -Charaktere zu studieren. Dennoch glaube ich, einige große Probleme in der gegenwärtigen Form zu sehen.

Es könnte sein, daß zu viel Zeit darauf verwendet worden ist, die Besatzung zu entwerfen, aber zu wenig darauf, welche Geschichten erzählt werden sollen.

Gene gefiel die Vorstellung nicht, daß die Besatzung des Schiffs aus Kadetten bestehen sollte.

Ich fühle mich sehr unwohl bei dem Gedanken daran, daß ein Raumschiff vorwiegend mit Kadetten der Starfleet besetzt wird. Ich weiß natürlich, daß in einem der *Star Trek*-Kinofilme Kadetten eingesetzt wurden. Bedauerlicherweise begibt sich hier unser Raumschiff auf eine *äußerst wichtige und extrem heikle* Mission, die für die Erde und die Föderation große Konsequenzen nach sich zieht.

Kadetten eignen sich nur selten für militärische oder quasi-militärische Geschichten, es sei denn, man spielt gegen die Beschränkungen der Welt der Kadetten an.

Das sind keine rechthaberischen Anmerkungen. Eines meiner ersten *Star Trek*-Gefechte führte ich gegen ein paar NBC-Bosse, die in der Originalserie Kadetten haben wollten. Gute Science Fiction muß aber auf Glaubwürdigkeit aufgebaut sein. Das ist mit ein Grund, warum keine der vielen *Star Trek*-Kopien es jemals geschafft hat – man kann sich einfach nicht davonstehlen, indem man sagt: »Es schien in Ordnung zu sein, das ins Drehbuch zu nehmen. Denn es ist ja Science Fiction, oder nicht?«

Gene machte sich auch Gedanken über den Militarismus.

Nur ein kleiner Prozentsatz der Fernsehepisoden befaßte sich mit Raumschlachten und ähnlichem. Wir sahen nie das Innere des Starfleet-Hauptquartiers – und das nicht nur wegen etwaiger Budgetüberschreitungen. Sobald eine Weltraum-SF-Serie zu militaristisch wird und sich mit Geschichten über die höchste Kommandoebene und interplanetarische Politik befaßt, läuft sie Gefahr, auf das kindische Niveau von Buck Rogers abzugleiten.

So zufrieden ich auch mit den *Star Trek*-Kinofilmen bin, so sehr mache ich mir doch Gedanken über das dort gezeigte, zunehmende Maß an Militarimus. Sie sind damit zurechtgekommen, weil es zwischen dem Kinofilm- und dem Fernsehformat beträchtliche Unterschiede gibt – und weil es talentierte Menschen sind. Aber die Kostüme zum Beispiel lassen in manchen Filmszenen *Star Trek* wie eine Operette aussehen. *Star Trek* war nie eine Militärserie, und eine neue Fernsehversion wird wahrscheinlich erfolglos sein, wenn wir es jetzt versuchen.

Gene schloß den Brief, indem er Pike eine Hintertür öffnete. Pike war sich der dezenten Untertöne in Genes Worten durchaus bewußt.

John, ich hoffe, daß das Obige ein wenig hilfreich ist. Keinesfalls will ich damit sagen, daß eine neue Serie exakt so gemacht werden müßte, wie ich es beim Original getan hatte. Unserer Freundschaft und der aus meiner Sicht hervorragenden Beziehung zu Paramount wegen werde ich mich für Gespräche über das Obige zur Verfügung stellen. Ich bin jedoch der Ansicht, daß Paramount kein Recht hat, irgendeine Pressekonferenz über eine neue Serie anzukündigen, bevor die Vereinbarungen mit mir abgeschlossen sind.

Herzliche Grüße

Später hieß es, daß Gene das neue Format als »*Animal House* im Weltall« bezeichnete. Er war der Ansicht, es würde dem von ihm geschaffenen *Star Trek* schaden. Gene hatte stets darauf geachtet, seine Schöpfung zu behüten. Aber jetzt war es noch wichtiger, sie zu beschützen. Nachdem die Serie 14 Jahre lang fast ununterbrochen in der Syndication gelaufen war, war sie dorthin vorgestoßen, wo fast noch nie ein anderer mit einer Fernsehserie gewesen war: in die Gewinnzone. *Star Trek* bewegte sich abermals auf Neuland.

Zugegebenermaßen hatte es einer gerichtlichen Anstrengung von Gene und Bill Shatner (einem weiteren Teilhaber an den Nettogewinnen) bedurft, um das Studio zu zwingen, die Karten auf den Tisch zu legen. Gene hatte sich einen der geachtetsten und gefürchtetsten Anwälte geholt, um dem Studio mit einer Bücherrevision zu drohen. Dessen Präsenz in diesem Fall ließ Paramount erkennen, daß Gene und Co. es absolut ernst meinten. Paramount blickte aufmerksam in die Bücher und stellte fest, daß *Star Trek* in die Gewinnzone gekommen war. Nach vierzehn Jahren studiotypischer Buchhaltung waren die Produktionsschulden in Höhe von 4,7 Millionen Dollar endlich getilgt. Gene erhielt einen Scheck über 851 000 Dollar, Shatner erhielt aufgrund eines geringeren Gewinnanteils vermutlich einen entsprechend niedrigeren Scheck. Gene war erfreut und wußte, daß weitere Schecks folgen würden, zusammen mit offenbar endlosen rechtlichen Problemen.

Fox war nicht der einzige potentielle Käufer. Berichten zufolge hatte Paramount die Serie auch den drei großen Networks angeboten. Die hatten wegen der Geschäftsbedingungen von Paramount abgewinkt: die Garantie, eine komplette Season (26 Episoden zu einem Stückpreis von 1,5 Millionen Dollar, wahrscheinlich günstiger, aber immer noch eine große Verpflichtung) abzunehmen, zudem eine festgesetzte Sendezeit. Keines der vier Networks war bereit, eine derart kostspielige Verpflichtung einzugehen. Der Paramount-Boss Mel Harris sagte: »Wir kamen zu dem Schluß, daß niemand bereit sein würde, der Serie die gleiche Aufmerksamkeit wie wir zuteil werden zu lassen.« Gemeint war damit der Vertrieb der Serie auf dem Konzept der Erstausstrahlung in Syndication.

Es war ein einfaches Konzept: man gibt die Serie auf einer Erstausstrahlungsbasis an die unabhängigen Sender im ganzen Land. Man berechnet den Sendern nichts für die Serie, sondern behält sich sieben Werbeminuten vor, die das Studio verkauft, während der Privatsender die restlichen fünf Minuten verkaufen kann. Ausgelöst durch *Star Trek* schlug das Konzept wie eine Bombe ein. Als die Serie 1987 auf Sendung ging, berichtete die *Los Angeles Times*, die Serie werde von 209 TV-Stationen ausgestrahlt, darunter 108 mit dem Network verbundene Sender. Die *Chicago Tribune* meldete, die Serie werde von 150 Sendern ausgestrahlt. Das bedeutete für Paramount, daß man dort landesweit 1050 Werbeminuten zur Verfügung hatte. Für eine Stunde pro Woche verfügte Paramount über ein fünftes Network und konnte landesweit Werbezeit verkaufen.

Gene schickte Janet Quarton am 6. November eine kurze Mitteilung, in der er seine Gründe darlegte, warum er letztlich doch an der Serie mitarbeitete:

> Ich bin ein unabhängiger Künstler, dem von Paramount die Herausforderung seines Lebens vorgelegt worden ist. Sie erklärten: »Niemand glaubt, daß es noch einmal getan werden kann.« Könntest Du da nein sagen? Ich kann es nicht. Ich habe noch nie am Morgen mit einer Arbeit begonnen, ohne mich zu fragen, ob ich an diesem Tag in künstlerischer Hinsicht etwas gewinne oder verliere. Ich wüßte keine andere Arbeitsweise oder Einstellung.

Hinter den Kulissen kämpfte Gene um die künstlerische Kontrolle. Später sagte er dazu:

Ich befand mich in einer guten Position. Das Studio konnte mich nur dazu bewegen, die Serie zu machen, wenn man mir die künstlerische Kontrolle darüber gab. Aber warum sollten sie einen Studioboß schicken, der mir schon im voraus über die Schulter blicken sollte? Ich war länger in der Fernsehbranche als jeder leitende Angestellte, den sie bekommen konnten. Ich habe länger im Fernsehkrieg mitgekämpft. Es ist ja nicht so, daß ich nicht jemandem zuhören würde, der etwas zu sagen und zudem den Hintergrund hat, der ihm das Recht gibt, etwas zu sagen. Aber wenn es nur jemand ist, dem man ein Büro mit eigener Toilette zugeteilt hat... dann nicht.[1]

Nachdem die Frage der künstlerischen Kontrolle geklärt war, verkündete Paramount am 10. Oktober 1986 fast augenblicklich die Rückkehr von *Star Trek*. Gene stellte sich der Presse, ohne daß er die Figuren, Geschichten oder einen Mitarbeiterstab vorweisen konnte. Die einzige Frage, die Gene umfassend beantworten konnte, war die, die von einem Reporter gestellt wurde: Warum würde die Serie nicht von einem Network ausgestrahlt? Gene erklärte, daß die zwanzig Jahre alten Wunden noch nicht verheilt waren.

Auch wenn das Konzept der Erstausstrahlung in Syndication erfolgreich sein würde, waren Zeugung, Entwicklung und Geburt der Serie nicht einfach. Gene war 65 Jahre alt, ein Alter, in dem die meisten Männer ernsthaft über den Ruhestand nachdenken – was er auch zuvor angekündigt hatte. Aber vielleicht war es auch nur ein taktischer Schachzug für die anstehenden Verhandlungen, initiiert von seinem Anwalt Leonard Maizlish. Durch die neue Serie sah Gene eine Gelegenheit, endlich für seine Kreativität angemessen bezahlt zu werden, zumindest aber so viel zu verdienen, daß seine Familie nach seinem Ableben versorgt wäre. Für ihn war es auch wichtig zu zeigen, daß die erste *Star Trek*-Serie kein Zufall war, kein Zufallstreffer. »Mir gefiel der Gedanke, aus einer Serie ein zweites Mal einen Erfolg zu machen. Das hatte niemand zuvor geschafft«, sagte Gene.[2] Während sein Anwalt mit dem Studio über die Vergütung verhandelte, machte Gene die nächsten Schritte.

---

[1] »Gene Roddenberry – The Tomorrow Person«; Interview von Stephen Payne und David Richardson, *Starburst*, Vol. 13, No. 7, März 1991.
[2] Ebenda.

In der Öffentlichkeit erklärte Gene, warum er die Aufgabe übernommen hatte:

> Die erste *Star Trek*-Serie hat mich einige Jahre meines Lebens gekostet und mich von meiner Familie getrennt. Ich wollte nicht, daß so etwas noch einmal geschieht. Und es gab Bedenken hinsichtlich meiner Karriere. Ich sagte mir: »Warum soll ich das Schicksal herausfordern? Du bist den anderen voraus. Du hast eine Serie, die ein Erfolg ist. Stell dir vor, du machst eine Bauchlandung.« Keine Fernsehserie hat je ein Comeback geschafft.
>
> Versetzen Sie sich in meine Lage. Sie glauben, daß Sie das alles gemacht haben, daß Sie verantwortlich sind für den Erfolg der ersten Serie. Aber es sind so viele Jahre seitdem vergangen.... Der Erfolg hat viele Väter, und in den 22 Jahren gab es einige Leute, die sagten: »Er hat es eigentlich nicht gemacht. Ich war es. Oder mein Bruder. Oder dieser und jener.« Ich begann zu denken: »Sie könnten recht haben.«
>
> Das Ergebnis ist, daß mich das alles verrückt gemacht hat. Es machte mich sehr wütend. *Star Trek*, sagte ich zu mir selbst, könnte ein von meinem Ego genährter Traum sein, und die Gerüchteküche könnte recht haben. Aber wenigstens habe ich den Mut, auf dem Weg nach unten »Leckt mich« zu sagen. Ich dachte mir, wenn *Star Trek* so einfach zu machen sei, warum haben es in den 22 Jahren, seit wir mit der Originalserie anfingen, nicht mehr Leute getan? Ich wurde schließlich wütend genug, um es zu versuchen.[3]

Die Paramount-Bosse, die erklärten, Genes Beteiligung sei ihrer Ansicht nach entscheidend für den Erfolg einer neuen *Star Trek*-Serie, verdrängten schnell den ersten, ohne Roddenberry entstandenen Entwurf. Genes Name war für sie ein Garant für den Erfolg, und nun hatten sie ihn – so oder so. Das Studio konnte nicht verlieren. Sollte Gene wirklich etwas schaffen, das annehmbar war – phantastisch. Aber Gene war Mitte Sechzig, und er hatte sich schon lange aus dem Alltag der Fernsehproduktion zurückgezogen. Wenn er nichts Brauchbares auf die Beine stellen konnte, würde das Studio Drehbuch-»Ärzte« holen, die es schon richten würden. Aber sie hatten seinen Namen bei der Serie.

---

[3] Aus einer Tonbandaufzeichnung mit Genes Kommentaren während einer *Star Trek*-Convention im Juni 1988.

Ganz gleich, wie es laufen würde, Genes Name war das Aushängeschild. Trotz seines Alters und seiner alles andere als perfekten körperlichen Verfassung sollte Gene sie alle überraschen.

Gene scharte sein Team um sich: eine Gruppe von Leuten, die *Star Trek*-Erfahrung hatten, das Fachwissen besaßen und die Ideen liefern konnten, Ideen und Konzepte, die sich zu seiner eigenen Kreativität gesellen würden. Er konnte sich nicht um alles kümmern, aber er war der einzige, der sagen konnte: »*Star Trek* ist erst *Star Trek*, wenn ich das sage.«

Wieder mit dabei war Bob Justman, der an der Originalserie mitgearbeitet hatte; außerdem die Veteranin Dorothy Fontana, Eddie Milkis, ebenfalls aus den Tagen der alten Serie, Bob Lewin, ein bekannter Autor und Produzent, der in diesem Genre ein Neuling war, und der Autor David Gerrold, der als Berater unter Vertrag genommen wurde.

Gene hatte sich über die Jahre hinweg nicht sehr um seine Gesundheit gekümmert. Sein engster Freund, der Anwalt Leonard Maizlish, versuchte ihn zu beschützen und seine Kräfte zu schonen. Susan Sackett, Genes Sekretärin, achtete ebenfalls darauf, wer Zutritt zu Gene erhielt.

Die erste, 22 Seiten lange »Bibel« datiert vom 16. November 1986, 47 Tage nach der offiziellen Ankündigung. Die Entstehung von *Star Trek: The Next Generation* würde keine leichte oder einfache Aufgabe sein. Bob Justman erinnert sich:

»Wir trafen uns jeden Tag zum Lunch, den Gene organisierte. Da spielten wir mit den verschiedenen Ideen. Anfangs waren es Gene, Dorothy, David, Mike Felt, Ed Milkis und ich. Das war es. Wir saßen in einem Speiseraum bei Paramount, direkt neben der Kantine, und warfen uns Ideen zu.«

Bob Lewin war von Justman vorgeschlagen worden. Gene und Lewin kannten sich flüchtig aus der Zeit bei Desilu: Während Gene an *Star Trek* arbeitete, war Lewin als Autor für *Mission: Impossible* tätig. Gene unterhielt sich mit ihm und erklärte, was er haben wollte. Lewin machte kein Hehl daraus, daß er *Star Trek* zwar über alles liebte, aber von Science Fiction nicht viel Ahnung hatte. Gene betrachtete das nicht als Problem. Lewin beschreibt den Beginn der Serie:

»Die Charaktere waren festgelegt worden, ebenso die grundsätzliche Handlung des Pilotfilms. Es war die Überarbeitung einer alten *Star Trek*-Episode. Dorothy und David arbeiteten daran.

Von allem, was an Gene ging, erhielt ich eine Kopie.

Gene war der ausführende Produzent, ich war ein Produzent. [Rick] Berman war da noch nicht bei der Serie.«

So wie in der Originalserie waren Geschichten der wichtigste und zugleich entmutigendste Teil der Produktion. Ehemalige *Star Trek*-Autoren begannen, Ideen vorzuschlagen. Bob Lewin erinnert sich:

»Sie kamen mit Ideen, die nicht wirklich ins 24. Jahrhundert paßten. Also notierte Dorothy das Ergebnis des Treffens, wenn es wert war, Gene vorgelegt zu werden. Er erhielt eine Zusammenfassung und sagte ja oder nein, oder er sagte: ›Sieh zu, ob du das verbessern kannst. Die Probleme sind die folgenden...‹ Es war immer die gleiche Prozedur.

Das Material für den Pilotfilm erhielt ich ebenfalls von Gene. Alles, was er von Dorothy und David erhielt, gab er mir. Ich las es und machte meine Anmerkungen.«

Die Serie war verkauft, und das Premierendatum im Herbst rückte bedrohlich schnell näher. Die Entwicklung der Serie verlief nicht reibungslos.

Lewin fährt fort:

»Stück um Stück gerieten wir ins Hintertreffen. Wir hatten einen Plan, wir kannten die Sendedaten. Wir wußten, wann wir mit der Produktion beginnen mußten und wann die Nachbearbeitung in Angriff genommen werden mußte.

Daraufhin sagte Gene: ›Hört mal, ich glaube, ich hole besser noch ein oder zwei weitere Produzenten dazu. Was denkt ihr?‹ Für mich war das in Ordnung, vorausgesetzt, das Material würde weiterhin über mich laufen und ich wußte, was los war und wer was machte, damit es keine Überschneidungen geben würde.

Dann holte er Herb Wright, etwa einen Monat später folgte Maurice Hurley. Die Probleme wurden dadurch nur noch komplexer, weil wir die Kompetenzen nicht klären konnten und weil Herb und ich unterschiedliche Auffassungen von den Geschichten hatten.

Also ging alles an Gene. Indem ich Genes Memos an Herb las

und umgekehrt, erfuhren wir, was der jeweils andere machte. Auf diese Weise lernten wir uns immer besser kennen.«

Gene erklärte, worin sich der Prozeß von dem aus den »alten Tagen« unterschied:

»Wir stellten fest, daß dieses System viel komplexer ist als das alte, wo man einen Pilotfilm drehte und das Serienformat darlegte, um sich dann in Ruhe anzusehen, was man gemacht hat, während man darauf wartet, daß das Network den Pilotfilm kauft. Wir produzieren eine zweistündige Eröffnungsepisode, aber wir haben keine Zeit, um zu sehen, wie sie ankommt. Wir müssen sofort mit der Produktion der weiteren Episoden beginnen. Das ist eine sehr schwere Sache. Ich arbeite elf bis zwölf Stunden täglich, an sieben Tagen in der Woche.«

Bob Lewin erinnert sich an den Druck:

»In den ersten Tagen war Gene extrem beschäftigt. Er schrieb Seiten für den Pilotfilm und geriet ins Hintertreffen, weil er zugleich die Bühnenbilder begutachtete, die Entwürfe für das Schiff. Er war oft nicht im Büro, weil er mit anderen Dingen beschäftigt war. Ich glaube, er sprach die meiste Zeit mit Asimov und Clarke. Und er war zu einem großen Teil zusammen mit Leonard Maizlish mit den rechtlichen Dingen befaßt.

Soweit ich weiß, gab es in der Beziehung zwischen ihm und dem Studio keine unbeschwerten Augenblicke. Er war deswegen immer auf der Hut, und Leonard unterstützte ihn.«

Die Belastung sprang zwangsläufig auf das Produktionsteam über, vor allem auf die Autoren. Bob Lewin erinnert sich:

»Gene war schwierig, was die Arbeit mit Autoren anging, weil er ungeduldig war. Aber er war so ungeduldig, weil er das 24. Jahrhundert ganz deutlich vor sich sah. Wahrscheinlich deutlicher als jeder andere auf der Welt. Er lebte im 24. Jahrhundert. Er wußte, was sich wie zutragen würde. Wenn es in einer Geschichte um ein technisches Problem ging, dann sagte er: ›Also bitte, das ist völlig unsinnig! Man kann Warpgeschwindigkeit nicht erreichen, wenn man blablabla...‹ Als ob man das hätte wissen müssen. *Er* wußte es.

Gene wurde einfach die ganze Zeit über von allen Seiten bedrängt. Daher war es eine angespannte Atmosphäre. Man gab ihm etwas, und er machte es nieder. Meiner Meinung nach war er nicht wirklich originell, was seine eigenen Geschichten anging. Er nahm Material, veränderte es und brachte es in die Form, die er gebrauchen konnte. Es gibt viele Produzenten von seiner Art.

Er war großartig, wenn es darum ging, Dialoge umzuschreiben. Er konnte eine Szene nehmen, in der sich zwei Personen über Drogen oder irgend etwas anderes unterhalten, und vier oder fünf Seiten lang schreiben.

Er hätte eine *Star Trek*-Episode schreiben können, in der sich zwei Leute eine Stunde lang unterhalten, und es wäre interessant geworden. Niemand sonst konnte das. In einer Episode gab es eine lange Rede, die einfach brillant war.

Er nahm nie eines dieser Drehbücher für sich in Anspruch, aber bei vielen kann man in den Dialogen seine Handschrift entdecken.

Seine Gereiztheit war nicht auf eine bestimmte Person gerichtet. Ich glaube, er litt körperlich und geistig. Seine Ex-Frau hatte ihn verklagt, er kam mit den Studiobossen nicht zurecht, der Pilotfilm entwickelte sich nicht so, wie er es sich vorstellte, die Episoden waren zu teuer. Es war der pure Wahnsinn!

Bei der alten Serie hatte er einen Ansprechpartner, auf den er sich wirklich verlassen konnte. Hier hatte er drei Produzenten, er hatte eine sich verändernde Beziehung zu Dorothy, und seine Beziehung zu David war wechselhaft. Es gab Zeiten, da liebte er dessen Arbeit, dann wieder haßte er sie. Manchmal warf er [David] aus dem Büro, manchmal verlor er bei Dorothy die Beherrschung, und er stritt sich mit Herb, dann war er wieder nett, genauso bei Hurley und bei mir.

Genes Beziehung zu Dorothy wurde zunehmend schrecklich. Für mich war ihre Arbeit hilfreich. Sie war nicht immer leidenschaftlich, aber stets prägnant. Sie kannte die Serie sehr gut, sie war findig, schnell und zuverlässig.«

Bob Justman äußerte sich zu Genes schriftstellerischen Fähigkeiten:

»Gene war ein guter Leiter. Ich hatte bis *The Next Generation* keine Probleme, mit ihm zusammenzuarbeiten. Ich glaube, die Probleme entstanden zum Teil durch körperliche Schwierigkeiten auf seiner Seite.

Gene ... schrieb diese Dinge immer um, aber ich muß auch sagen, daß wir nie ein perfektes Drehbuch erhielten. Wir hätten das gerne gehabt. Wir hatten gute Drehbücher, die er umschrieb und verbesserte. So war es immer. Aber es war nicht nur Gene, der so etwas stets machte. Ich habe an anderen Serien mitgearbeitet, und da war die Situation die gleiche. Gene nahm sich auch schreckliche Drehbücher vor, schrieb sie um und machte sie zu etwas Besserem. Es ist immer eine Frage des Standpunkts. Ich las kaum Drehbücher, die man nicht verbessern konnte oder in denen es nicht vor Fehlern wimmelte.

Die Drehbücher, zu denen ich die wenigsten Anmerkungen schrieb, waren die, die Gene selbst verfaßt hatte.«

Aus dieser Situation heraus entstanden zwei zentrale Kontroversen. Die erste betraf Fontana, wie sich Lewin erinnert: »Ich war der Produzent und sie meine Redakteurin, jedenfalls dachte ich das. Ich sagte zu ihr: ›Was ist damit ...‹ Dann erwiderte sie: ›Das kann ich nicht tun.‹ Ich fragte: ›Warum nicht?‹ Sie antwortete: ›Dafür werde ich nicht bezahlt.‹ ›Bist du nicht die Redakteurin?‹ fragte ich. ›Nein, ich bin die beteiligte Produzentin.‹ Daraufhin sagte ich: ›Dann stehst du nicht unter dem Schutz der Guild.‹ ›Nein, tue ich nicht‹, erklärte sie. Ich sagte: ›Das muß aber der Fall sein, sonst kann ich dich nicht einsetzen.‹ ›Nun‹, sagte sie, ›das ist nun einmal die Situation.‹

Ich ging zu Gene und sagte: ›Gene, du mußt sie zur Redakteurin oder zur Redaktionsassistentin machen, damit sie von der Guild gedeckt ist und dies und jenes machen kann. Außerdem würde es für sie eine Gehaltserhöhung bedeuten. Ich weiß, daß das ein wenig kosten wird, aber es ist absolut notwendig. Ich kann ohne Dorothy nicht arbeiten.‹ Er besprach es mit Leonard und zögerte es hinaus. Ich weiß nicht warum.«

Möglicherweise lieferte Fontana die Antwort in einem dreiteiligen Interview, das im britischen SF-Magazin *TV Zone* veröffentlicht wurde. Fontana erinnerte sich, daß »... Gene mich als Redakteurin haben wollte, ich wollte aber lieber beteiligte Produzentin sein. Es gab einige Probleme, aber schließlich erhielt ich den Titel der beteiligten Produzentin.«[4]

---

[4] *TV Zone*, Nr. 51, Februar 1994.

Lewin empfand es als schwierig, die Serie weiterhin mit Fontana zu entwickeln, wenn sie nicht von der Writers Guild geschützt wurde.

»Ich konnte sie nicht einsetzen, um ein Gespräch zu protokollieren und mir Ratschläge zu geben. Ich war gehandicapt. Aber ich machte es trotzdem, weil sie es machen wollte. Ich sagte zu Gene: ›Ich mache das, aber es ist absolut vertraulich. Ich mache es nur, weil du sagst, daß sie das Geld, das sie benötigt, und den offiziellen Status einer Redakteurin bekommt.‹ Sie versprachen ständig, daß sie das erledigen würden, aber sie erhöhten nicht ihr Gehalt. Sie arbeitete für sehr wenig Geld.

Schließlich erhielt sie das Geld, aber es gab Unmut. Sie fühlten sich erpreßt oder überfahren oder was auch immer. Warum, weiß ich nicht, denn Dorothy arbeitete auch am Pilotfilm mit.«

Fontana erinnert sich in dem *TV Zone*-Interview an die Arbeit am Pilotfilm:

> ...Ende November fragte mich Gene, ob ich mitmachen wolle. Ich sagte: »Sicher, ich komme vorbei und mache ein paar Vorschläge.« Die Ideen, die ich vorschlug, waren gut, aber Gene hatte eine andere Idee. Er fragte, warum ich nicht etwas über eine mysteriöse Station schreiben wollte, die plötzlich der Föderation überreicht wird.
>
> Obwohl die Charaktere zu der Zeit noch starken Veränderungen unterlagen, entwickelte ich die Geschichte, aus der »Encounter at Farpoint« entstand, die Premierenepisode. Leider änderte sich die Länge der Episode wie die eines Akkordeons! Zuerst waren es zwei Stunden, dann 90 Minuten, dann nur noch eine Stunde, dann hieß es: »Kannst du sie wieder auf zwei Stunden Länge bringen?« Ich lieferte eine ersten Drehbuchentwurf ab, der für 90 Minuten gedacht war. Gene übernahm ihn und fügte das ganze Q-Zeug hinzu. Ich habe den Entwurf nie wieder in die Finger bekommen.[5]

Bob Justman äußerte sich zu Dorothy Fontanas Arbeit:
»Dorothy hat ein gewisses Talent, mit dem sie sehr gut klarkommt. In dieser Hinsicht war sie besser als die meisten Autoren, die für uns an der Serie arbeiteten. Sie hatte die Gabe, eine Geschichte wasserdicht aufbauen zu können. Es gab immer eine Ein-

---

[5] Ebenda.

leitung, eine Entwicklung und einen Abschluß. Aber ich kann nicht sagen, daß sie sehr feurig schrieb. Ich glaube, das fügte Gene hinzu, als er ihren Entwurf umschrieb.

Gene schrieb den größten Teil der zweistündigen Premierenepisode für *The Next Generation* um, und er erfüllte sie mit Leben, mit Aufregung.

[Dorothy] leistete hervorragende Arbeit, aber was Gene anging, reichte es nicht aus. Und ich muß zugeben: Soweit es mich betrifft, war ich verantwortlich dafür, sie in die Familie zurückzuholen. Ich bin froh, daß ich das tat, wenn auch für nichts anderes als die Zwei-Stunden-Episode.

Nachdem wir erst einmal damit angefangen hatten, wußten wir, was es sein sollte. Aber das Schreiben an sich war wirklich ein Zankapfel. Es war einer der Gründe, warum Eddie Milkis so wütend auf das Studio war. Er hatte das Gefühl, daß sie uns umherstießen. Ich hatte immer das Gefühl, daß sie nicht sagten, was sie haben wollten, weil sie es selbst nicht wußten.«

Dorothy schrieb noch einige andere Episoden, aber ihre Beziehung zu Gene wurde immer schlechter. In der Öffentlichkeit unterstützte sie Gene dennoch. In der *Starlog*-Ausgabe vom November 1987 wurde sie von Verleger Kerry O'Quinn in seinem Editorial zitiert:

> Es wird ohne seine Zustimmung nichts geschrieben, gekauft oder getan. Ich glaube, ich kann ohne Vorbehalt sagen, daß diese Serie Gene Roddenberry zeigt, wie er leibt und lebt.

Es gab künstlerische Meinungsverschiedenheiten. Im gleichen britischen Magazin erklärte sie im Interview, sie habe für die erste Season eine Episode geschrieben, in der Spock auftaucht. Gene lehnte die Geschichte ab, weil »Leonard Nimoy nie wieder fürs Fernsehen arbeiten will«. In der fünften Season kam es im Zweiteiler »Unification« zu einem Auftritt von Spock. Fontana erklärt: »Es beweist einmal mehr, daß ich den richtigen Ansatz bei *The Next Generation* hatte. Und daß ich nicht viele Gelegenheiten hatte, das zu beweisen.«

Vielleicht. Aber das entsprach nicht Genes Vorstellung von der neuen Serie, die er in einem Interview[6] erläuterte, das Ende 1989 veröffentlicht wurde. Er sprach über die beiden Crews:

> Es sind andere Menschen. Sie sind völlig verschieden. Ich glaube, wir sollten glücklich sein, daß wir Kirk, Spock und McCoy haben, die ihre Arbeit so gut machen. Und jetzt können wir glücklich sein, daß wir Picard, Riker und Data haben, die ihre Arbeit auch so gut machen. Wenn man die beiden Crews zusammenbringt, dann ist das so, als würde man zwei wunderbare Suppen servieren, die den Leuten hervorragend schmecken. Wenn man die beiden Suppen nimmt und sie in einen Topf gießt, schmecken sie nicht mehr so wie zuvor. Und sehr wahrscheinlich werden sie zusammen schlecht schmecken. Daher glaube ich nicht, daß es gut wäre, die beiden Crews zusammenzubringen.

Bob Lewin erinnert sich:

»Schließlich war Gene zu [Dorothy] so bissig, daß sie mit ihm nur sprach, wenn sie einen Kassettenrecorder griffbereit hatte. Sie sagte ihm: ›Gene, du behandelst mich schlecht. Ich werde einen Kassettenrecorder zu unseren Treffen mitbringen.‹ Er erwiderte: ›Bring mit, was du willst! Gut! Leck mich!‹

Es war schlimm. Sie nahm alles auf, was er zu ihr sagte. Schließlich entwickelten sie eine distanzierte Beziehung.«

Dorothy Fontana verließ schließlich die Serie und reichte bei der Writers Guild eine Klage ein. Der zweite große Kampf sollte mit David Gerrold ausgetragen werden.

Bob Lewin erinnert sich an David Gerrolds Arbeit an der neuen Serie:

»David ist sehr gefühlsbetont, entschlossen, auf den ersten Blick selbstsicher – aber nur vordergründig – und voller Hingabe für die Serie. Natürlich war er in geringerem Maß auch an der alten Serie beteiligt. Er benahm sich aber wie jemand, der sehr intensiv beteiligt war. Er war auch sehr vertraut mit der alten Serie, aber ich glaube, er schrieb nur eine einzige Episode, die ein gewisses Interesse weckte.

Er hatte viel Phantasie, und es machte mir immer Spaß, ihm zuzuhören. Es fiel ihm sehr schwer, seine Ansicht zu ändern. Nachdem er sich etwas aus- und es zu Ende gedacht hatte, versteifte er sich

---

[6] Von Dan Madsen; *Star Trek The Official Fan Club Magazine*, Okt./Nov. 1989.

darauf. Mit einer solchen Einstellung kann man nicht fürs Fernsehen schreiben. Man wird permanent mit der Meinung anderer Leute konfrontiert, die mächtiger sind und die oft recht haben. Man erkennt das nicht immer sofort, aber vielleicht fünf Jahre später.

David was kein Archivar, aber er war eine Art Quelle, weil er so viel über die Originalserie wußte. Er wurde bei vielen Dingen als Orientierungshilfe benutzt.

Er kam mit mir ziemlich früh zusammen und präsentierte eine Idee, die beträchtlich viele Veränderungen durchmachte. Gene warf sie ihm immer wieder vor die Füße. Er überarbeitete die Idee immer und immer wieder. Er wollte alles dafür geben, um als alleiniger Autor einer Episode genannt zu werden. Er wollte in einer Episode einen Homosexuellen haben, und dieser sollte auf dem Schiff auch voll akzeptiert werden.

Ich glaube, Gene war damit einverstanden, aber das Studio bekam einen Anfall. Sie flippten aus. Gene sprach mit David darüber, er solle die Episode überarbeiten, David weigerte sich erst, dann schrieb er sie mehrfach um. Herb half ihm dabei. Schließlich ließ er das Drehbuch zurück und machte Urlaub irgendwo an Bord eines Schiffs. Gene las das Drehbuch und schickte ihm ein Telegramm, das besagte: ›Begeistert von Deinem Drehbuch. Es gehört zum Besten, was Du je geschrieben hast. Ich mag es wirklich.‹ Ich weiß nicht, ob er es wirklich gelesen hat, denn ein paar Tage später haßte Gene das Drehbuch.

David kam unterdessen zurück und erwartete, daß man ihm – dem Helden – einen Kranz um den Hals legen würde. Tatsächlich aber was er eher so, als würde man ihm mit einem Fisch ins Gesicht geschlagen. Gene haßte das Drehbuch. Vielleicht hatte er es nicht gelesen, sondern von jemandem lesen lassen. Ich weiß es nicht. Das war der Anfang vom Ende der Beziehung Zwischen David und Gene.«[7]

---

[7] Gene wurde dazu in einem Interview in *Starburst*, März 1991, gefragt. Er sagte: »David behandelte eine futuristische Serie, als ob sie sich mit Homosexualität in der heutigen Zeit befassen könne. Mit Geheimnistuerei und der Verwendung von Codewörtern usw. Homosexuelle werden sich in ihrem Verhalten stark verändern, wenn wir erst einmal diese Generation hinter uns gelassen haben. Homosexualität ist normal, natürlich, und es ist einfach wunderbar, wenn jemand auf diese Art Befriedigung findet. David hielt sich an die Verhaltensweisen des 20. Jahrhunderts, es war lächerlich. Das war der einzige Grund.«

Gene war nicht der einzige, mit dem Gerrold sich anlegte. Bob Lewin erinnert sich:

»David und ich hatten einen erbitterten Streit über eine Sache, an die ich mich nicht mehr erinnern kann. Wir diskutierten eine Idee. Ich wurde sehr wütend auf ihn. Wir unterbrachen für das Mittagessen, und ich bat ihn, nicht zurückzukommen. Ich sagte: ›Ich möchte dich nicht bei diesem Gespräch dabeihaben. Es ist zu schwierig. Also beruhige dich, und wir besprechen das Ganze morgen. Komm nicht zu dem Treffen.‹ Alle waren außer sich...

Zerstörerisch, ja. Ich glaube, das schrieb ich ins Memo. Es dauerte einen ganzen Tag, um das beizulegen, aber danach gingen wir wieder freundlich miteinander um.«

Gerrold hatte im Magazin *Starlog* einen Kolumne mit dem Titel »Generations« geschrieben, in der er das Interesse an der anstehenden Premiere der neuen Serie anheizte. In ihr gab er kleine Ausblicke auf die Entwicklung der Serie preis.

In der Ausgabe vom Juli 1987 schrieb Gerrold über die Notwendigkeit, für die Autoren und Regisseure einen Leitfaden bzw. eine »Bibel« vorzubereiten: »Ein vorläufiger Leitfaden wurde von Gene Roddenberry geschrieben und im letzten November[8] verteilt. Er vermittelte uns eine gute Vorstellung von den Charakteren und gab uns die Möglichkeit, Geschichten über sie zu erzählen. Die erste Bibel hatte 22 Seiten Umfang.«

Gerrold ließ sich dann aus über die Notwendigkeit eines umfangreicheren Leitfadens mit Biographien, Terminologie und vielem mehr: »Chefschreiber David Gerrold ... verfaßte eine Rohfassung verschiedener Abschnitte für Gene Roddenberry, der den größten Teil der Bibel schrieb und umschrieb, bis er die Vision dessen darstellte, wie die neue *Star Trek*-Serie aussehen sollte. Die neue Bibel wurde am 23. März fertiggestellt und an Autoren und Agenten verteilt. Sie hatte mehr als 50 Seiten Umfang.«

Als Bob Justman auf Gerrolds Behauptung, er sei der Chef-

---

[8] Die früheste Fassung, die wir haben, datiert vom 26. November 1986. Zu den Figuren gehörten: Captain Julien Picard, William Ryker, Lt. Commander Data, Lt. Commander Macha Hernandez (Sicherheitschefin), Lt. Deanna Troi, Ensign Geordi La Forge und Leslie Crusher (die in späteren Fassungen eine Geschlechtsumwandlung durchmachen sollte).

schreiber, angesprochen wurde, erwiderte er: »Welcher Chefschreiber? Bei dieser Serie gibt es keinen Chefschreiber, es sei denn, man ist der Autor-Produzent. ... Nein, er war nicht der *head writer*, auch nicht Dorothy oder sonst irgend jemand. Das war bestimmt nicht seine Position und es stand auch nicht so in seinem Vertrag.«

David Gerrolds Vertrag lief aus, er wurde laut Richard Arnold um einen Monat, danach aber nicht weiter verlängert.[9]

Nachdem er *Star Trek* verlassen hatte, reichte Gerrold eine Klage bei der Writers Guild ein und behauptete, er habe auf nichts Geringeres Anspruch als auf den Status des Miterfinders von *The Next Generation*. Er stellte außerdem eine Forderung auf für eine Vergütung als Redakteur.

David Gerrolds erstes verkauftes Drehbuch führte zu einer der beliebtesten *Star Trek*-Episoden, »The Trouble with Tribbles«. Die Tribbles – kleine, runde pelzige Wesen, die schnurrten, wenn man sie streichelte – waren dauernd hungrig und vermehrten sich bemerkenswert schnell. Die Tribbles erinnerten eindeutig an Robert A. Heinleins[10] Idee der »marsianischen Flachkatzen«, die in dem SF-Jugendbuch *The Rolling Stones* von 1952 ihren Auftritt hatten. Im Kapitel »Flat Cats Factorial« läßt Heinlein eine Flachkatze namens »Fuzzy Britches« während einer langen Reise durchs All Nachkommen zur Welt bringen.

Die erste Flachkatze hat acht Kätzchen – kleine, runde pelzige Wesen, die schnurrten, wenn man sie streichelte. Sie waren dauernd hungrig und vermehrten sich bemerkenswert schnell. Während Heinleins Geschichte voranschreitet, vermehren sich die Flachkatzen bis zu dem Punkt, wo durch den nächsten Wurf

---

[9] In seiner Kolumne im Oktober 1987 erklärte Gerrold, warum er *Star Trek* verlassen hatte:
»Mein Vertrag mit Paramount lief Ende Mai aus, und ich bat Gene Roddenberry, ihn nicht zu verlängern.
Im April wurde mir die Gelegenheit angeboten, für CBS und Columbia Television eine vierstündige SF-Miniserie zu schreiben und zu produzieren. ... Wenn die Miniserie ein Erfolg ist, wird daraus eine wöchentliche SF-Fernsehserie entwickelt.«
[10] Robert Anson Heinlein (1907–1988). Einer der Vertreter des »Goldenen Zeitalters« in *Astounding Science Fiction*. Heinlein war produktiv, phantasievoll und im wesentlichen eine Klasse für sich. Seine Jugendbücher waren für viele Leser der Beginn ihrer Begeisterung für SF.

das Raumschiff mit mehr als 4000 kleinen, schnurrenden und hungrigen Wesen überschwemmt wird.

In seinem Buch von 1973, in dem er die Entstehungsgeschichte dieser Episode beschreibt, erklärt David Gerrold, daß er von der Ähnlichkeit zwischen seiner und Heinleins Geschichte während der Unbedenklichkeitsprüfung erfuhr. (Diese Prüfung soll sicherstellen, daß durch die Geschichte keine realen Personen betroffen sind, daß keine bereits existierenden Namen für Produkte und Unternehmen usw. verwendet werden. – Anm. d. Übers.)

Gerrold schreibt:

> Die ersten, denen die Ähnlichkeit auffiel, waren die Leute von Kellam-DeForest Research. Sie vermerkten in ihrem Bericht über das Drehbuch fast beiläufig, daß einige Kapitel in Heinleins Buch sich um das gleiche Thema drehten. Sie gaben zu bedenken, Heinlein könnte vor Gericht geltend machen, daß der zukünftige Wert seines Buchs als Filmgrundlage durch die Verwendung des Gags in *Star Trek* Schaden nehmen würde. Es wäre eine gute Idee, ihm die Rechte abzukaufen.[11]

»Fast beiläufig« ist nicht »beiläufig«, und die Lage war ernst. Der »Gag«, auf den Gerrold sich bezog, war das zentrale Thema seiner Geschichte. Gerrold schrieb, das Problem sei durch ein Telefonat gelöst worden, das entweder Gene Coon oder Gene Roddenberry führte. Gerrold weiß zwar nicht, wer Heinlein anrief, aber er schafft es trotzdem, diese Person wörtlich zu zitieren und dann Heinleins Antwort wiederzugeben. Gerrold zitiert Heinlein mit den Worten: »Er sah nicht, daß es überhaupt ein Problem gab. Aber er würde sich über eine Kopie des Drehbuchs freuen.«

Gerrold gibt wieder, was er schrieb, als er das für Heinlein bestimmte Drehbuch signierte. Er sagt auch, daß er später einen Brief von Heinlein erhielt, aus dem er Folgendes in seinem Buch zitiert:

---

[11] Gerrold, David, *The Trouble With Tribbles: The Birth, Sale, and Final Production of One Episode,* Ballantine Books, New York, 1973, S. 252 f.

[Heinlein schrieb:] »Ich möchte hinzufügen, daß ich das Gefühl hatte, die Analogie zu meinen Flachkatzen sei harmlos genug, um als unwichtig betrachtet zu werden – aber wir beide sind Ellis Parker Butler[12] etwas schuldig ... und vielleicht auch Noah.«

Wenn man Gerrolds Zitat aus Heinleins Brief liest, sollte man wissen, daß Heinlein ein wahrer Gentleman der alten Schule war.

Heinleins Witwe Virginia erinnert sich noch deutlich an diesen Zwischenfall. Es war Gene Roddenberry, der Robert anrief und mit ihm sprach. Sie erinnert sich, daß der Anruf am Nachmittag erfolgte, und ist fast sicher, daß die Episode bereits gefilmt, aber noch nicht ausgestrahlt worden war.[13]

Mrs. Heinlein erinnert sich, daß sie und ihr Mann ihre gegenwärtige Beschäftigung unterbrachen und die Angelegenheit gründlich diskutierten, bis sie zu der Entscheidung kamen, das Ganze nicht weiter zu verfolgen und die Arbeit an der Episode weiterlaufen zu lassen. Sie erklärt, daß ihr Mann die Ausstrahlung der Episode erlaubte, weil Gene zuvor angerufen hatte. Es war das einzige Mal in seiner langen Karriere als Autor, daß Heinlein diese Höflichkeit zuteil wurde.[14]

Im November 1968 übergab Heinlein einige persönliche Dinge an die University of California Santa Cruz Library. Das Inventar findet sich auf einem Bogen mit Robert A. Heinleins Briefkopf. Aufgeführt ist ein Fernsehdrehbuch mit der folgenden Anmerkung:

---

[12] Heinlein bezog sich auf Butlers Geschichte »Pigs Is Pigs«, in der eine Lieferung von zwei Meerschweinchen ein Postamt überbevölkert, während der Empfänger und der Zollbeamte darüber streiten, ob die Steuer für Lebendware bezahlt werden müsse oder nicht, denn »Schweine sind Schweine«.

[13] Das bedeutet, daß Gene irgendwann zwischen August 1967 und Dezember 1967 angerufen hat, als die Episode zum ersten Mal ausgestrahlt wurde.

[14] Es kann sich um ein Mißverständnis auf Heinleins Seite gehandelt haben, wenn Gene den Begriff »Vorbereitung« oder »in Produktion« verwendete, um den Status der Geschichte zu beschreiben. Das legt ein Gespräch mit Andee Reese-Maddox nahe, Gene Coons ehemaliger Sekretärin. Sie erinnert sich, daß das Drehbuch in die Planung (also in die Vorbereitung) aufgenommen worden war, was auch der Grund dafür war, warum es auf seine Unbedenklichkeit hin geprüft werden sollte. Sowohl Gene Coon als auch Gene Roddenberry machten sich Sorgen, daß dieser Punkt die Produktion aufhalten würde, da sie kein anderes fertiges Drehbuch als Ersatz verfügbar hatten. Es ist nicht anzunehmen, daß Paramounts Rechtsabteilung die Verfilmung erlaubt hätte, solange dieses Problem nicht gelöst war.

Gegenstand zugehörig zu Nr. 92 *The Rolling Stones*.
Dies ist ein TV-Drehbuch für *Star Trek*, »The Trouble with Tribbles«. Es wurde für *Star Trek* gekauft, dann bemerkte jemand in der Drehbuchabteilung eine deutliche Ähnlichkeit zum Kapitel »Flat Cats Factorial« in Nr. 92 *The Rolling Stones*. Der ausführende Produzent rief mich an. Ich verzichtete auf jeglichen Regreß für mögliche Piraterie und/oder Plagiat. Es wurde produziert und ausgestrahlt. Zehn Jahre zuvor hätte ich vielleicht geklagt, aber ich habe gelernt, daß Plagiatsklagen vergebliche Mühe sind, auch wenn man gewinnt. Zeit, Ärger, Sorgen und Ausgaben.

Das ist die einzige Kopie des Drehbuchs von »The Trouble with Tribbles«, die vom Archivar des Heinlein-Archivs gefunden wurde. Sie trägt nicht David Gerrolds Unterschrift, statt dessen eine kurze Bleistiftnotiz in Heinleins Handschrift:

(»Ich verzeihe die mögliche literarische Piraterie. R.A.H.«)

Um die Fakten zu erfahren, die die Klagen betrafen, die Gerrold der Schiedsstelle der Writers Guild vorgelegt hatte, wurde mit einem Paramount-Mitarbeiter Kontakt aufgenommen. Da er kein offizieller Sprecher der Gesellschaft war, wollte er nicht namentlich genannt werden, las die Akten aber noch einmal durch und versorgte den Autor für dieses Buch mit dem folgenden Zitat:
»David Gerrold wurde von Gene Roddenberry als Berater unter Vertrag genommen und dementsprechend bezahlt. In seiner Klage behauptete er, er sei Miterfinder der Serie, außerdem hätte er für die Zeit bei der Serie als Redakteur bezahlt werden müssen.
Dieser Schiedsspruch wurde sorgfältig vorbereitet, es wurden sogar Berater von außen hinzugezogen, da man erwartete, der Prozeß werde sich auf die Behauptung konzentrieren, Gerrold sei Miterfinder der Serie. Wir betrachteten das als völlig irrig.
Nachdem zwei Tage lang vereidigte Zeuge von Anwälten beider Seiten befragt worden waren, zog die Guild die Klage bezüglich der Miterfinderschaft zurück. Wodurch das verursacht wurde, weiß ich nicht. Ich weiß nur, daß es geschah.
Die einzige verbleibende Klage drehte sich um das Geld: Gerrold behauptete, er sei Redakteur gewesen, aber nicht als solcher

bezahlt worden. Er forderte die Erstattung des Differenzbetrags zwischen seiner Vergütung als Berater und der für einen Redakteur. Nachdem es sich nur noch um Geld drehte, entschieden wir, es sei zu kostspielig weiterzumachen. Es gab einige Meinungsverschiedenheiten über die Anzahl der Wochen, die er als Redakteur gearbeitet hatte. Aber wir schafften es, das zu klären und die Klage beizulegen.«

Gene ließ verlauten, daß Gerrold 25 000 Dollar erhielt, Richard Arnold erinnert sich an einen Betrag in Höhe von 35 000 Dollar. David Gerrold hat öffentlich beide Zahlen bestritten, sagt aber auch, daß ihm jeder weitere Kommentar aufgrund einer Vertraulichkeitsklausel untersagt sei.

Außerdem lag Dorothy Fontanas Klage auf dem Tisch, sie habe als Redakteurin gearbeitet. Die Paramount-Quelle sagte, daß diese Klage in entsprechender Weise geregelt wurde.

Bob Justman erinnerte sich, daß Gerrold Teil des nachmittäglichen kreativen Prozesses war:

»Ich ging am Abend nach Hause und kam mit einem Bündel Ideen zurück, die ich vorstellte. Wenn überhaupt jemand bei *The Next Generation* als Miterfinder gelten kann, dann bin ich das, aber ganz bestimmt nicht David. Mir fällt kaum etwas Nützliches ein, das von David vorgeschlagen worden war.

Ich glaube, er hatte überhaupt nichts verdient, weil er meiner Ansicht nach für die Serie nicht so wichtig war.«

Im Juni 1988 trat Gene bei einer *Star Trek*-Convention in Los Angeles auf. Die Schlichtung lag hinter ihm, aber die Verärgerung war noch nicht vergessen. Während der Frage-und-Antwort-Stunde der Convention wurde er auf den Konflikt angesprochen.

>Soweit ich das verstanden habe, wollte David Gerrold als Miterfinder von *Star Trek: The Next Generation* genannt werden, was absoluter Mist ist. Ich weigere mich, darüber zu reden. Er wurde so wie fünf oder sechs andere unter Vertrag genommen. ... Es ist immer meine Art gewesen, Leute zu holen und zu sagen: ›Was hältst du davon?‹ ›Mach deine Anmerkungen.‹ So arbeite ich. Das ist das erste Mal, daß jemand sagt: ›Oh, weil du mich nach meiner Meinung gefragt hast, bin ich plötzlich kreativ.‹ Es ist für mich sehr ärgerlich. Er sagt: ›Du hast gelogen, als du die Serie als deine Idee bezeichnet hast.‹ Ich bin kein Lügner. Ich habe ihn länger behalten, als es von oben gewünscht war, was

ich für ungerecht hielt. Ich glaube, ich habe mich ihm gegenüber mehr als nur ehrenhaft verhalten. Das liegt jetzt hinter mir.«

Am Dienstag, dem 9. Juli 1991, erhielt Gene einen Brief von Gerrold, mit dem der offenbar der Versuch unternahm, etwas wiedergutzumachen oder die Beziehung wiederherzustellen. Gerrold schrieb, daß die Leute jedem von ihnen »böse Dinge« über den anderen erzählt hatten und daß »auf beiden Seiten gelogen worden war«. Gerrold zitierte einen Ratschlag, den Gene ihm zu einem Drehbuch gegeben hatte, das er anscheinend geschrieben hatte, als er an der Serie arbeitete: »Weißt du, worum es in dieser Geschichte geht? Es geht um Haß. Haß ist falsch. Er schwächt die Person, die haßt. Er beraubt sie ihrer Menschlichkeit. Das sollte das Drehbuch aussagen.«

Gerrold hielt es für einen Ratschlag, der für sie beide von Nutzen war, und beendete den Brief mit der Frage, ob Gene ihm zustimme.

Gene schrieb drei Wochen später am 24. Juli zurück:

Lieber David,
ich habe mich sehr über Deinen Brief gefreut und stimme Dir zu. Die Tage, von denen Du sprichst, waren traumatisch, und tatsächlich gab es Leute um uns herum, denen es gefiel, ein Haßgefühl zwischen uns aufzubauen. Aber eigentlich habe ich Dich nie gehaßt, und ich bin sicher, das gleiche trifft auf Dich zu.

Wir sollten uns einmal treffen, wenn sich die Gelegenheit ergibt. Ich möchte mich aber nicht mit Dir treffen, um über Deine Arbeit für *Star Trek: The Next Generation* zu reden. Wir sollten die Vergangenheit nicht wieder ausgraben.

Star Trek läuft mittlerweile so, daß die Geschichten ausschließlich unter Anleitung von Michael Piller und Rick Berman entstehen. Es liegt jetzt in ihrer Verantwortung, und ich könnte nicht einschreiten und diese Vereinbarung verletzen.

Genau drei Monate später starb Gene.

Bei der Entstehung von *The Next Generation* behob Gene das, was er in den Handlungen der Filme als Schwächen betrachtete. Zuvor hatte er seine Ansichten einem befreundeten Paramount-Boss mitgeteilt.

Die Klingonen wurden von einem Episodenautor erfunden, als er Probleme mit dem letzten Akt hatte. Die Erfindung wurde nie als besonders phantasievoll betrachtet, aber die Autoren, die zu dem Schema »gute Jungs gegen böse Jungs« tendierten, liebten sie zutiefst. Zu der Zeit schrieb ich so viele Geschichten und Drehbücher um, daß ich nie die Gelegenheit fand, neue Gegenspieler zu entwickeln. Zudem waren ein angeklebter Bart und der böse Blick eines Schauspielers mit unseren knappen Budgets zu vereinbaren. (Spocks Ohren hatten uns fast in den Bankrott getrieben.)

Aber die Klingonen waren nie ein zentrales Element im Originalformat der Serie, auf dem *Star Treks* phänomaler Erfolg in der Wiederholung basierte. Tatsächlich betrachtete das gesamte Originalteam der Autoren und Produzenten sie als ziemlich grob gezeichnete »böse Jungs«, die wir in dem Moment ersetzen wollten, in dem wir die Gelegenheit erhielten, phantasievollere Gegenspieler zu erfinden. Aber bei der Produktion einer Fernsehserie ist es immer so, wir hatten nie diese zusätzliche Zeit zur Verfügung. Die Klingonen überlebten ... und Jahre später meldeten sie sich als Freiwillige, als das Produktionsteam für *Star Trek II* nach bösen Jungs für seine Filmhandlung suchte. Da ich zu der Zeit bereits die Einstellung angenommen hatte, mich nur selten in die Arbeit der Produzenten und Regisseure einzumischen, ließ ich sie lediglich meine Ansichten wissen, ging aber nie einen Schritt weiter. Im anschließenden Film *Star Trek III* waren die Klingonen immer noch mit dabei, woraufhin viele Leute – darunter auch einige hier bei Paramount – den Eindruck bekamen, daß es in *Star Trek* vor allem darum gehe. Als *Star Trek III* in die Kinos kam, fürchtete ich, daß eine Überbewertung der Klingonen der Sache schaden könnte. Diese Filme griffen zu oft auf die »bewährten« (lies: vereinfachenden) klingonischen Gegner zurück, anstatt die Myriaden Alternativen zu nutzen, die die Science Fiction bietet. Schon bald begann das Interesse an *Star Trek* deutlich zu sinken, und in meinem Büro trafen Statements von den angesehensten Fans und SF-Autoren ein, die enttäuscht waren und sich Sorgen darum machten, daß *Star Trek* sich zu einer zweidimensionalen Space Opera nach dem Motto »Gut gegen Böse« zurückentwickele.

Star Trek IV veränderte alles. Das sehr talentierte Produktionsteam (darunter viele, die auch am zweiten und dritten *Star Trek*-Film mitgearbeitet hatten) hatte die Stagnation erkannt, die durch die übermäßige Verwendung der Klingonen eingetreten war, und dachte sich eine völlig andere Geschichte aus, die die Klingonen zugunsten einer Geschichte ignorierte, die näher an der Ursprüngen von *Star Trek* war. ... Der Unterschied, den das bewirkt hat, ist bereits deutlich zu erkennen. Leider läßt der Vorschlag für eine neue *Star Trek*-TV-Serie wegen der überholten Beschäftigung mit den Epigonen nicht erkennen, welche Lektion *Star Trek IV* gelehrt hat.

Gene löste das Problem in *The Next Generation* zum Teil dadurch, daß er aus den Klingonen Verbündete machte und einen von ihnen auf die Brücke der *Enterprise* stellte.

Der Android der Serie, Data, entstand nach dem Vorbild von Questor. Er wurde ursprünglich beschrieben als »Asiate oder Eurasier Mitte Dreißig. Bis die Rolle besetzt ist, kann Data als Angehöriger jeder Rasse zwischen dem Pazifik und dem Nahen Osten angesehen werden.« Data sollte anfangs von einer »hochentwickelten, fremden Rasse« konstruiert worden sein, um die Erinnerungen einer dem Untergang geweihten Erdkolonie zu retten. Counsellor Deanna Troi war eine Weiterentwicklung der Ilia, die im ersten Kinofilm vorgestellt worden war.

So wie bei der Originalserie war auch hier die Suche nach dem Schauspieler, der den Captain spielen würde, von größter Wichtigkeit. Bob Justman fand ihn.

Patrick Stewart war in England als ein guter und zuverlässiger Schauspieler bekannt, der sein Handwerk beherrschte. Er war als Shylock, Heinrich IV., Sejanus in *I, Claudius* und als der berüchtigte Karla, KGB-Chef in *Tinker, Tailor, Soldier, Spy* und in *Smiley's People* aufgetreten. Trotz einer langen und erfolgreichen Karriere war Stewart in den USA praktisch unbekannt. Das Schild an seiner Garderobe sagte alles: »Vorsicht, unbekannter britischer Schauspieler.«

Justman besuchte eine Vorlesung an der University of California in Los Angeles zum Thema »Das Gesicht der Komödie im Wandel«. Stewart spielte die Szenen für einen Freund, der die Vorlesung hielt. Als Stewart bei Noel Coward angelangt war, wandte sich Justman an seine Frau Jackie und sagte: »Ich habe gerade unseren Captain gefunden.«

Gene konnte sich nicht sofort für diese Idee erwärmen, und erst nachdem er mit Stewart zusammengetroffen war, begann er die Möglichkeit zu sehen, diesem ungewöhnlichen Mann das Kommando zu übergeben.

Als er gefragt wurde, warum er aus dem Captain einen Franzosen gemacht hatte, erwiderte er:

> Ich entschied mich bei Picard für diese Nationalität, weil die Franzosen auf eine wunderbare Zivilisation zurückblicken können. Üblicherweise basiert unsere ganze Gesellschaft auf der englischen Tradition. Ich liebe das Englische, aber ich kann nicht darüber hinwegsehen, daß in der Geschichte der französische Entdecker Louis Antoine de Bougainville vor Captain Cook Tahiti erreichte. Bougainville war ein unglaublich geistreicher Mann und ein großer Abenteurer. Er erklärte einmal, man könne »fünf tahitianische Männer mit einem Handschuh und einer Schere komplett einkleiden«.
> Ich machte aus Picard auch deshalb einen Franzosen, weil ich das Image des Meeresforschers Jacques Cousteau liebe. Er ist etwas älter als Picard, aber er ist ein wunderbarer Mann. Und er ist ein großartiger Philosoph. Ich wollte, daß diese Art Individuum in Picard durchscheint.[15]

Für hartgesottene Fans gab es nur eine *Enterprise*-Crew, aber die sollte nicht zurückkehren, und Gene sah sich mit großen Problemen konfrontiert, die Serie den Fans zu verkaufen. Er erläuterte das Problem in einem Brief an Janet Quarton:

> Wünsch uns Glück beim Ersatz für die alte Besetzung. Laß bitte alle wissen, daß wir sie gerne alle oder zumindest fast alle haben würden. Aber die Wirklichkeit der Fernsehproduktion und des Verkaufs machen es unmöglich. Wir könnten die Serie nicht verkaufen ohne mindestens einen der Hauptdarsteller und die Mehrheit der Nebendarsteller. Aber fast alle sind entweder nicht bereit, sich wieder den zwölfstündigen Arbeitstagen zu unterwerfen, oder sie haben einen Punkt erreicht, an dem sie eine Gage verlangen können, die über dem Budget einer neuen Fernsehserie liegt.

Einige Fans waren zornig, daß die alte Crew nicht zurückkehrte, und machten ihrem Zorn öffentlich Luft.

Abgesehen von der neuen Serie, den 1001 Kleinigkeiten, die seine Aufmerksamkeit beanspruchten, und den Myriaden Kleinigkeiten, die eine Entscheidung erforderten, gab es für Gene ein

---

[15] *Starlog Star Trek: The Next Generation* #1, Interview mit Dan Dickholtz, von Dan Madsen und John S. Davis.

weiteres großes Problem, dem er viel Zeit und Aufmerksamkeit widmen sollte.

Am 18. Dezember 1986 legte ein Artikel in der *Los Angeles Times* den Schluß nahe, daß sich am Horizont Ärger zusammenbraute. Bill Shatner wollte Drehbücher schreiben und Regie führen. Der Artikel »Embattled Enterprise« konzentrierte sich darauf, ob Shatner bei dem kommenden Film *Star Trek V* Regie führen würde oder nicht. *Star Trek IV* war einige Wochen zuvor gestartet und an den Kinokassen erfolgreich – 20 Millionen Dollar in den ersten drei Tagen und 50 Millionen Dollar in weniger als drei Wochen. Der Artikel besagte, Shatner habe mit Paramount eine geheime Vereinbarung, derzufolge er die Garantie für die Regie beim nächsten Film hatte. Es gebe »eine Reihe roter Flaggen, die Roddenberry geschwenkt hatte, indem er erklärte, jeder zukünftige *Star Trek*-Regisseur (Shatner eingeschlossen) müsse sich seiner Musterung unterziehen«.

Nachdem die Presse von Shatners Garantie erfahren hatte, hieß es in dem Artikel weiter, daß Harve Bennett »plötzlich als offizieller Sprecher für das Studio auftrat: ›Wenn es *Star Trek V* gibt – und ich glaube, das wird der Fall sein –, dann wird Bill Shatner Regie führen. Aber ich glaube, es ist voreilig von ihm, sich selbst als Autor der Fortsetzung zu nennen.‹«

»Shatner beharrt auf seinem Recht, bei der Fortsetzung Regie zu führen«, fuhr der Artikel fort. »Ich *werde* Regie führen und suche nach einem Drehbuchautor, der aus meiner Geschichte ein Drehbuch schneidert.«

Bennett hatte in dem Artikel das letzte Wort: »Roddenberry wird das Ganze überwachen, Shatner wird Regie führen, und es wird ein Happy End geben.«

Um dieses Happy End zu erreichen, bedurfte es einiger Anstrengungen. Am 3. Juni 1987 schickte Gene folgendes Memo an Bill Shatner.

Bill, wie Du zweifellos weißt, habe ich beim Lunch am letzten Montag Harve Bennett gegenüber meine tiefe Enttäuschung über die vorgeschlagene Handlung für *Star Trek V* ausgedrückt. Ich kann beim besten Willen keine Geschichte unterstützen, in der unsere intelligente Crew in den Bann eines religiösen Scharlatans des 23. Jahrhunderts gezogen wird.

Bei unseren Gesprächen hatte ich den Eindruck, daß Du noch einmal darüber nachdenken würdest, Religion und Gott als Thema zu benutzen, insbesondere mit Blick auf die öffentliche Meinung zu diesem Thema.

Ich war außerdem der Ansicht, wir hätten ein eindeutiges Abkommen – von Mann zu Mann –, daß ich gefragt werde, *bevor* irgendeine Idee zum Drehbuch ausgearbeitet wird. Daher war ich entsetzt und zugleich überrascht, als ein Mitarbeiter meines Stabes aus Deinem Büro erfuhr, daß David Loughery bereits am ersten Entwurf arbeitet.

Bill, Du sitzt nur zwei Etagen höher. Wenn du meine ausführlichen Einwände hören oder alternative Handlungen diskutieren willst, mußt Du mich nur anrufen.

Können wir uns unterhalten?

Am selben Tag schickte Gene ein Memo an Harve Bennett.

Lieber Harve,
es ist jetzt zwei Tage her, daß ich Dir gesagt habe, wie sehr mich der vorgeschlagene Filmhandlung für *Star Trek V* gestört hat. Da wußte ich noch nicht, daß Du bereits einen ersten Drehbuchentwurf in Auftrag gegeben hast, ohne mich zuerst hinzuzuziehen.

Ich kann die vorgeschlagene Handlung nicht unterstützen. Das ist *nicht Star Trek*. Meiner Meinung nach würde ein Film, der nach dieser oder einer ähnlichen Geschichte entsteht, dem Wert von *Star Trek* sehr schaden. Ich kann nicht verstehen, wie Du ohne meinen Beitrag ein Drehbuch in Auftrag geben kannst.

Harve, wir haben eine annehmbare Beziehung, von der ich hoffe, daß sie aufrechterhalten werden kann.

Ich möchte Dich wissen lassen, daß ich mit Frank Mancusos Büro Kontakt aufgenommen habe, um ein Treffen zu arrangieren, sobald er aus New York zurückgekehrt ist.

Gene Roddenberry

Gene schrieb auch an seinen Anwalt Leonard Maizlish und brachte ihn auf den neuesten Stand.

Ich möchte einige meiner Ansichten über die Filmhandlung von *Star Trek V* niederschreiben, damit ich auf sie zurückgreifen kann und damit Du vorbereitet bist, um bei Paramount meinen Standpunkt zu vertreten.

Ich habe die Fassung von 18. Mai 1987 von Harve Bennett am 27. Mai erhalten. Ich habe mich am darauffolgenden Montag, dem

1. Juni, mit Bennett getroffen. Die Geschichte war nicht *Star Trek* und befand sich deshalb nicht in Übereinstimmung mit unserer Vereinbarung über die Filme. Wir verbrachten zwei Stunden damit, darüber zu diskutieren. Während dieser Zeit versuchte er mich zu überzeugen, es sei ein »ironischer« Versuch, sich Gott zu nähern. Ich erwiderte, daß ich beim besten Willen nicht wüßte, was er damit sagen wollte.

Ich habe gegen diese Geschichte auf so vielen Ebenen etwas einzuwenden, daß ich kaum noch weiß, wo ich anfangen soll. Vielleicht ist der Wert von *Star Trek* ein guter Ansatz. Ich habe nicht den geringsten Zweifel, daß diese oder jede ähnliche Geschichte *Star Trek* ernsten Schaden zufügen wird, sowohl dem »alten« als auch dem »neuen« *Star Trek*.

Wenn man den Film vom Blickwinkel des breiten Publikums aus betrachtet, kann man sich nur schwer einen unpassenderen Zeitpunkt für eine Geschichte über einen wahren oder falschen Gott vorstellen, der unsere intelligente und erfahrene Crew dazu bewogen hat, seine Echtheit zu akzeptieren. [...]

Es ist wichtig zu verstehen, daß der Wert von *Star Trek* und sein Ruf in der Öffentlichkeit aus der Tatsache heraus entstanden sind, daß es sorgfältig von Religion und Politik freigehalten worden ist, ein Pfad, der *Star Trek* breite Zustimmung eingebracht hat. Ein Beispiel dafür ist das Smithsonian Institute. Oder *Star Treks* Ruf bei der NASA, bei MIT, bei Cal Tech und bei einer Reihe herausragender Denker, zu denen auch Isaac Asimov und Arthur C. Clarke zählen. Bei ihnen kann ich voraussagen, daß sie sich hintergangen fühlen und dies auch offen aussprechen würden, wenn *Star Trek* diesen Kurs einschlägt.

Die Fehler hinsichtlich Format, Wissenschaft und Fakten in dieser Filmhandlung sind nichts anderes als schockierend. Wollen die daran beteiligten Personen uns tatsächlich glauben machen, daß sich das »Zentrum unseres Universums« an Rande unserer kleinen Galaxis befindet? Wollen sie uns weismachen, daß die so stolzen logischen Vulkanier, die sich ihre Gefühle versagen, gleichzeitig von einer Ansammlung antiker Gottheiten geplagt werden? Wird Bill Shatner tatsächlich mit Gott ringen?

Kommt, Leute, Ihr wollt mich auf den Arm nehmen.

Am nächsten Tag schickte Gene ein ähnliches Memo an Frank Mancuso, den Studiochef:

Um mögliche Verdauungsstörungen während unseres geplanten Mittagessens am Mittwoch zu vermeiden und um fair zu sein, möchte ich Sie bereits im voraus meine Ansichten über die Filmhandlung von *Star Trek V* wissen lassen.

Zunächst einmal erhielt ich die Geschichte von Harve Bennett erst vor wenigen Tagen, am 27. Mai 1987. Ich traf mich mit Bennett am folgenden Montag, dem 1. Juni 1987, um darüber zu sprechen. Ich erklärte, die Geschichte sei *nicht Star Trek*. Sie ist völlig uncharakteristisch und entspricht in keiner Weise dem Image oder dem Ruf von *Star Trek*.

Einen Tag später, am 2. Juni 1987, erfuhr ich, daß für diese entsetzliche Handlung ein erster Drehbuchentwurf in Auftrag gegeben worden war, *bevor* ich überhaupt befragt wurde. Obwohl die Reihenfolge der Ereignisse skandalös war, möchte ich nicht, daß die Prozedur schwerer wiegt als das Thema. Ich möchte mich auf die unglaubliche Geschichte konzentrieren.

Zweitens: *Star Trek* hat in den vergangenen zwei Jahrzehnten aus den Filmen, der Serie, der Zeichentrickserie, aus Merchandising, Büchern, Schallplatten, Cassetten usw. über 500 000 000 Dollar eingespielt. Die neue TV-Serie, die nur meinen Namen und den Namen *Star Trek* verwendet, hat bereits 75 000 000 Dollar eingenommen. Dieses Gut ist wahrhaftig ein Schatz für das Studio, mit dem nicht leichtfertig oder in lächerlicher Weise umgegangen werden sollte. Ich habe keinen Zweifel daran, daß die Verfilmung dieser oder einer ähnlichen Geschichte dem Wert von *Star Trek* schweren Schaden zufügen wird. Ich kann eine solche Vorgehensweise nicht unterstützen.

Drittens: die unglaubwürdige Handlung um einen charismatischen Vulkanier namens Zar (aus ihm wurde später Sybok, Spocks Halbbruder. – Anm. d. Übers.), »den Botschafter Gottes«. Obwohl die *Star Trek*-Serie die Vulkanier als gefühllos festgelegt hat, wird Zar als »vulkanischer Theologe« beschrieben, der Mr. Spocks »Held und Mentor« war, als Spock unter ihm in einem »Seminar« (das alles ist für mich und jeden *Star Trek*-Kenner völlig neu) studiert hat. Er bekehrt zunächst Bauern zu seinem Glauben an Gott, dann reist er mit einem Einhorn umher, um einen Klingonen und eine Romulanerin zu bekehren. Letztlich gelingt ihm das völlig Unglaubwürdige, indem er Crewmitglieder der *Enterprise* (zunächst Sulu, Chekov und Uhura und schließlich zwei ausgewiesene Zyniker der Filmgeschichte, Mr. Spock und Dr. McCoy) verzaubert. Nur Kirk entkommt irgendwie den Überredungskünsten dieses falschen Messias. Zar ist für Kirk ein viel zu leichter Gegner. Kirk will Gott haben, und er liefert sich mit ihm einen Kampf, in dem die Gottheit Blitze auf unseren Captain

schleudert. Am Ende besiegt Kirk Gott (in Las Vegas führte Kirk bei den Wetten 8 : 5), der sich dann als eine Art »Teufel« entpuppt.
Ich habe das nicht erfunden, es steht alles im Konzept – leider.
Viertens: Vom Blickwinkel des breiten Publikums aus betrachtet, kann man sich nur schwer einen unpassenderen Zeitpunkt für eine Geschichte mit religiösen Untertönen vorstellen. [...]
Bennett sagt, diese Geschichte sei eine »ironische« Annäherung an Gott. Ich weiß nicht genau, was er meint. Wenn er meint, damit solle die Religion verulkt werden, dann glaube ich, daß es eigentlich mehr so wirkt, als solle *Star Trek* verulkt werden. Und das ist gefährlich.
Es ist eines der ehernen Prinzipien von *Star Trek*, daß es sorgfältig von Religion und Politik freigehalten worden ist. *Star Trek* ist unter anderem vom Smithsonian Institute geehrt worden, von der NASA, vom MIT und von Cal Tech. Ich bezweifele nicht, daß angesehene Wissenschaftler und Denker wie Isaac Asimov und Arthur C. Clarke, die öffentlich *Star Trek* unterstützt haben, sich durch diese Geschichte hintergangen fühlen und das auch offen und deutlich aussprechen würden.
Fünftens: Bennett hat wichtige Dinge zu *Star Trek II, III* und *IV* beigetragen. Das habe ich auch. Beispielsweise entstand die Idee, Spock so »sterben« zu lassen, daß er später wiederauferstehen konnte, in meinem Büro und führte zu *Star Trek III* und *IV*.
Sechstens: Als das von Paramount so bezeichnete »*Star Trek*-Gewissen« muß ich mich von dieser Geschichte distanzieren. Sie ist nicht akzeptabel. Setzen wir die Crew unter Drogen? Verraten wir das Geheimnis vor der letzten Szene? Entpuppt sich Gott wirklich als »Gott«, woraufhin Kirk dem Sonnenuntergang entgegengeht und sagt: »Gott, ich glaube, das ist der Anfang einer wunderbaren Freundschaft.« Das ist natürlich alles Unsinn. So wie die Handlung.
Siebtens: Ich möchte dieses Memo nicht durch eine Wiedergabe der entsetzlichen Fehler hinsichtlich der Wissenschaft und der Fakten verlängern, wie zum Beispiel, daß sich das »Zentrum unseres Universums« an Rande unserer kleinen Galaxis befindet. Ich hoffe, daß wir uns nie mit diesen Problemen werden befassen müssen.
Was wir brauchen, ist eine Neuorientierung von Energie, Zeit und Geld auf eine neue, aufregende Geschichte (Bennett sagt, er habe andere), damit *Star Trek* wieder auf den richtigen Kurs zurückkehren kann.

Gene R.

Am 8. Juni schickte Bennett ein Memo an den Autor David Loughery, ferner eine Kopie an Gene.

... Aufgrund eines unbeabsichtigten Timings lagen Gene Roddenberrys Reaktionen auf unseren Handlungsentwurf für *Star Trek V* noch nicht vor, als das Studio für das Drehbuch grünes Licht gab.

Bennett bat Loughery, die Arbeit am Entwurf zu unterbrechen und auf Genes Anmerkungen zu warten. Er erklärte, daß »Genes Anmerkungen für uns immer von enormem Wert für die Phase zwischen Exposé und erster Drehbuchfassung« gewesen sind.

Bennett entschuldigte sich für den Wirrwarr und erklärte ihn als eine »Kombination aus Ereignissen, Enthusiasmus und ungewöhnlich schnellen Reaktionen, die uns alle vorangetrieben haben, bevor Du so ausdrucksvoll wie bei den drei vorangegangenen Filmen reagieren konntest«.

Am 15. Juni schickte Gene das folgende an Shatner und Bennett:

Ich habe ein paar Tage gewartet, um auf Dein Memo und die Telefonate zu reagieren. So konnte ich die vorgeschlagene Handlung noch einmal lesen, um festzustellen, ob meine erste Einschätzung, die Handlung sei ohne bleibenden Wert, eine gerechte Bewertung war. Und obwohl es – wie unten ausgeführt – einige zweitrangige Dinge gibt, die entweder annehmbar oder behebbar sind, glaube ich immer noch, daß die grundsätzliche Geschichte es nicht verdient, gerettet zu werden.

Es macht mir keinen Spaß, das zu schreiben. Ich möchte nicht die Beziehung zu einem von Euch belasten; und ich will unmißverständlich anerkennen, daß viel Arbeit und Geld in diese Geschichte investiert worden sind. Ich bin dennoch der festen Überzeugung, daß es weit schlechter wäre, mit dieser Geschichte weiterzumachen, die ich als Fahrschein in den Untergang betrachte.

Ich habe nichts gegen die Szenen in Yosemite zu Beginn und am Ende der Geschichte einzuwenden. Ich nehme an, daß man sie auf jede angemessene Haupthandlung übertragen könnte.

Auch wenn ich den Einsatz anderer »Bösewichter« aus der Weite des Alls vorziehen würde, kann ich mit dem fortwährenden Auftreten der Klingonen als Gegner leben. Es sollten aber *Buck Rogers*-artige Szenen vermieden werden, in die die Klingonen um ihrer selbst willen als »schlecht« darstellen.

In der Handlung finden sich einige eklatante wissenschaftliche Fehler – dazu zählt auch, daß Zar anscheinend kein anderes Transportmittel als sein Einhorn hat. Wenn dem so ist, dann ist das *Fantasy*, was im *Star Trek*-Format immer ausgeklammert worden ist. Auch ist es nicht möglich, daß die *Enterprise*, die wir geschaffen haben, an den »Rand des Universums« fliegen kann. Schon gar nicht, wenn man bedenkt, daß Starfleet gerade einmal 11 % unserer eigenen Galaxis erforscht hat. Sogar Studenten an der High School lernen, daß es im Universum so viele andere Galaxien gibt, wie sich in unserer Galaxis Sterne finden. Und einen Ort wie unsere eigene kleine Galaxis als »das Zentrum des Universums« zu bezeichnen, ist die Art von Unsinn, die sogar in der schlechten Science Fiction gemieden wird.

Auf die Gefahr hin, daß ich mich wiederhole, möchte ich meine Haltung noch einmal darlegen.

Ja, ich habe mich zu den vorangegangenen Filmprojekten geäußert und gesagt, was »nicht *Star Trek*« ist. Und wie Du ganz richtig anmerkst, haben wir daran gearbeitet, es richtig zu machen. Das führte schließlich zum Erfolg des vierten Films. Aber es ist eine andere Sache, eine Geschichte zu beginnen, die *Star Trek* mit einem Thema erniedrigt und herabwürdigt, das in der Vergangenheit gemieden wurde und was gegenwärtig besonders fehl am Platz ist.

Laß es mich erklären. Unsere treue und kluge *Star Trek*-Crew, Kirk ausgeschlossen, gestattet es sich selbst, von einem religiösen Scharlatan, der sich als »Botschafter Gottes« darstellt, hinters Licht geführt und ihres freien Willens beraubt zu werden und sich bekehren zu lassen. In der Vergangenheit konnte nur ein äußerer Einfluß wie Alkohol oder ein Virus die *Star Trek*-Crew zu solch verwirrtem Verhalten veranlassen. Besonders Mr. Spock wird gedemütigt, dem eine völlig neue Vorgeschichte zugeteilt worden ist, in der er früher ein Seminarschüler und Apostel dieses »Botschafter Gottes« war: Spock handelt auch völlig widersprüchlich, indem er Kirk hintergeht. Nebenbei werden die Vulkanier, die immer als logische Rasse dargestellt wurden, die die Emotionen abgelegt hat, zu Verehrern »vieler Götter«. Dann werden trotz der furchteinflößender Wirkung der *Enterprise* und anderer Raumschiffe »Bauern« bekehrt und bewaffnet (Erinnerungen an *Viva Zapata* werden wach). Schließlich steigt Kirk zum homerischen Helden auf, der Blitze abschüttelt, während er »Gott« besiegt – vielleicht ist es auch der »Teufel«. Sag mir, daß das ein Witz sein soll.

Schließlich möchte ich Dich, Bill, ganz besonders bitten, Kirks Position des alleinigen Helden zu überdenken – eine unterschwellige Beleidigung der anderen Akteure (die in *Star Trek IV* eine wichtige Rolle spielten), die angesichts Deiner Dreifach-Beschäftigung als Star, Regisseur und Autor vom Publikum und von den Kritikern ganz besonders aufmerksam beachtet werden wird. Aus Höflichkeit und gesundem Menschenverstand sollte sofort eine Kopie dieser Geschichte an Leonard Nimoy geschickt werden, wenn es mir nicht gelingt, Dich, Harve und Paramount davon zu überzeugen, diese schreckliche Geschichte in den Papierkorb zu werfen.

Harve, Du hast gesagt, daß Du andere gute Ideen für eine Handlung hast. Das glaube ich, weil ich oft Zeuge Deiner hervorragenden Phantasie und Kreativität war. Ich bitte Dich nur, davon Gebrauch zu machen, damit das *Star Trek*-Publikum, das Du in *Star Trek IV* so gut bedient hast, wieder unterhalten werden kann.

Gib bitte diese von Zaubereien, Pop-Psychologie und Hokuspokus überladene, kraftlose und humorlose Geschichte auf. Mach bitte etwas mit der Zutat, die das Wahrzeichen von *Star Trek* ist ... Glaubwürdigkeit.

Gene R.

P.S.: Ich biete Dir an, die Ansichten von Isaac Asimov oder Arthur C. Clarke oder einem anderen angesehen Science Fiction-Autoren einzuholen, wenn Du das Gefühl hast, daß ich mich im Irrtum befinde.

Drei Tage später schrieb Gene an Asimov:

Lieber Isaac,
es geht um eine Sache, von der ich weiß, daß sie Deine Ansichten berührt. Wenn Du aber, nachdem Du das gelesen hast, lieber nicht darin verwickelt werden willst, werde ich nicht schlechter von Dir denken, da ich weiß, wie beschäftigt Du bist.

Oberflächlich scheint sich die Angelegenheit um *Star Trek* zu drehen, aber eigentlich geht es um wichtigere Dinge. Ich glaube, es betrifft Dich in gewisser Weise, da Du *Star Trek* beizeiten öffentlich gelobt hast.

Das beigefügte, vertrauliche Exposé für *Star Trek V* sagt viel über das aus, was mir Sorgen macht – und meine beigefügten Reaktionen erklären den Rest.

Ohne mich hinzuzuziehen – was im Widerspruch zu meiner Vereinbarung mit Paramount steht –, wurde die Idee dem Studio von William Shatner (dem nächsten Regisseur), vom Produzenten Harve Bennett und von einem mir unbekannten Autor vorgelegt. Ohne daß ich diese Idee zu sehen bekam, wurde ein Drehbuch in Auftrag gegeben – das Drehbuch, das jetzt angeblich gestoppt worden ist wegen meiner erheblichen Einwände gegen das Thema.

Ich weiß nicht, ob ich diesen Kampf gewinne – und ob ich mit *Star Trek: The Next Generation* weitermache, wenn ich den Kampf verliere. Oder ob Paramount mich hier haben will, wenn ich die Angelegenheit weiter verfolge, besonders wenn ich damit vor Gericht gehe. Sie machen sich große Sorgen um die Kosten, falls mit dem Film noch einmal bei Null angefangen werden muß – auch wenn sie die Vereinbarung verletzt haben, daß jede Veränderung des grundsätzlichen Formats mir vorgelegt und von mir genehmigt werden muß.

Zu dieser Zeit möchte ich Paramount nicht wissen lassen, daß ich Dir diese vertraulichen Studioinformation habe zukommen lassen, aber ich brauche dringend Deinen Rat in dieser Angelegenheit.

Herzliche Grüße

Eine Woche später schrieb Asimov einen Antwortbrief:

Lieber Gene,
ich habe Deinen Brief vom 18. Juni erhalten und ich bin empört. Mit Deiner Vergangenheit solltest Du nicht dieser Hinterhältigkeit ausgesetzt sein.

Ich stimme Dir in allem zu, was die falschen Charakterisierungen, die Fehler in der Handlung und das absurde Zeugs über »das Zentrum des Universums« angeht. Das Universum hat kein Zentrum – oder es ist selbst das Zentrum (was letztlich das gleiche ist). Wenn es ein Zentrum gäbe, wären die Chancen äußerst gering, daß es sich in unserer Galaxis befinden würde.

Du könntest auch hervorheben, daß das Gott/Teufel-Bild in der dargestellten Form extrem kindisch ist und jeden Gläubigen beleidigen wird, der einen höheren Abschluß als den der Grundschule hat. Von Rationalisten wird es selbstverständlich belächelt werden.

Außerdem ist Zar als Abbild unserer heutigen Fernsehprediger zu dumm, um denjenigen zu gefallen, die diese Prediger lieben. Und er ist viel zu ehrbar, um den Rationalisten zu gefallen.

Kurz gesagt, wird der Film jedem mißfallen, wenn er wirklich gedreht wird.

Isaac

Das war ein privater Brief. Am 14. Juli schickte Asimov einen Brief, den auch andere lesen konnten.

Lieber Gene,
gerne teile ich Dir meine Meinung über das Treatment für *Star Trek V* mit.

Ich sage es nicht gerne, aber ich glaube, daß es mit der rationalistischen Tradition von *Star Trek* bricht.

Einen charismatischen Prediger in die Handlung einzubeziehen, der allmächtig zu sein scheint und als lächerlich fehlgeleitet endet, wird das gebildetere und anspruchsvollere Publikum zu peinlichem Gelächter veranlassen.

Wenn sich im Publikum überzeugt religiöse Menschen befinden, werden sie angesichts dieser primitiven Vorstellung von Gott beleidigt sein. Und sie werden sich wundern, daß ein so überlegen intelligenter und vernünftiger Spock auch nur einen Augenblick daran glauben kann. Und natürlich werden sich diejenigen, die auf einem einfacheren Niveau als religiös zu bezeichnen sind, gegen die Darstellung des Predigers aussprechen, entweder als Fanatiker oder als Betrüger oder als beides. Dann sollte man auch daran denken, daß *Star Trek* ein weltweites Publikum anspricht und es auf der Welt einige Milliarden Menschen gibt, die nicht die jüdische und christliche Vorstellung von Gott teilen. Ein großer Teil wird entsetzt sein, der andere große Teil wird völlig verständnislos reagieren. Warum um alles auf der Welt sollte sich *Star Trek* in solche Dinge einmischen und ein Thema aufgreifen, das in einer Art und Weise behandelt wird, die fast jeden beleidigt.

Außerdem scheint es einen Mangel an wissenschaftlicher Intelligenz zu geben, die *Star Trek* völlig fremd ist. Es scheint keine klare Trennung zwischen Galaxis und Universum zu geben, was in etwa einer Ansicht entspricht, die nicht zwischen Wichita, Kansas, und dem Planeten Erde unterscheidet. Gott auf irgendeinen Planeten zu plazieren, ist für die meisten intelligenten Gläubigen lächerlich, die Gott als im Universum allgegenwärtig betrachten. Den Planeten »im Zentrum des Universums« anzusiedeln, ist purer Unsinn, da das Universum so wenig ein Zentrum besitzt wie die Erdoberfläche. Und selbst wenn es ein Zentrum gäbe, wie groß wären wohl die Chancen, daß es sich in unserer Galaxis befinden könnte, die doch nur eine von hundert Milliarden Galaxien ist. Das ist wirklich kindisch.

Andere Dinge werden jeden *Star Trek*-Kenner verwirren. Was sind das für Einhörner? Woher kommen sie? Warum sind sie da?

Warum sollte Spocks Mutter von seinen vulkanischen Charakteristika abgestoßen werden, wenn sie den Vater des Kindes liebt, der ein reiner Vulkanier ist?

Warum sollte McCoy einen Gips tragen, wenn man an die futuristische Medizin der Gegenwart denkt?

Kurz gesagt, ich betrachte das Treatment durch und durch als Katastrophe.

Isaac Asimov

Gene schickte einen im wesentlichen gleichen Brief nach Sri Lanka an Arthur C. Clarke. Clarkes Antwort fiel kürzer aus, aber nicht weniger empört. Das Hin und Her zwischen Shatner, Bennett, dem Autor und Gene hielt für weitere Monate an. Ende August schickte Gene das Folgende an Bennett und Shatner:

> Vielen Dank für das Drehbuch zu *Star Trek V: The Final Frontier* vom 21. August 1987. Euer Co-Autor David Loughery ist gescheit, offenbar begabt, und mir haben viele der wohl von ihm eingebrachten Dinge gefallen.
>
> Ich möchte zunächst einmal klarstellen, daß ich nichts gegen einen außerirdischen Antagonisten einzuwenden habe, der so mächtig ist, daß er von sich behauptet, »Gott« zu sein. Wir wissen alle, daß starke, schillernde Gegenspieler den Weg freimachen können für starke, schillernde Filme.
>
> Es ist durchweg zu erkennen, daß Du, Harve, große Anstrengungen unternommen hast, einige meiner Einwände gegen die Originalhandlung zu berücksichtigen. Tatsache ist jedoch nach wie vor, daß wir mit einem Drehbuch weitergearbeitet haben, das ich entgegen unserer Vereinbarung nicht vorher beurteilen und kommentieren konnte. Das Ergebnis daraus ist, daß meine Kernkritik hinsichtlich formaler Fehler bestehen bleibt.
>
> Es erscheint mir gefährlich für *Star Trek*, einen Film zu machen, in dem sich unsere festen Charaktere völlig untypisch verhalten. ... Harve, Du hast gesagt, Asimov sei Dein wissenschaftlicher Berater und Dein Freund und es bestehe zwischen Euch beiden eine hervorragende Beziehung. Wenn Du meine Ansichten zu diesem Thema nicht beachten möchtest, dann bitte ich Dich, ihm zuzuhören.
>
> Es schmerzt mich wirklich, so pessimistisch zu sein. Mir gefällt Dein neuer Autor. Man kann nicht von ihm erwarten, unser Verständnis hinsichtlich der Details des *Star Trek*-Formats zu besitzen, aber sein Talent ist offensichtlich. Natürlich bin ich dankbar für das, was Du und Bill Shatner getan habt. Aber ich bin genauso ehrlich, was meine Ansichten über das angeht, was wir bislang haben.

Mitte November war *Star Trek: The Next Generation* um ein weiteres Jahr verlängert worden. Gene schrieb folgendes an Frank Mancuso:

> Der Ruhm dafür gehört vielen begabten und schwer arbeitenden Leuten, aber ich möchte bei dieser Gelegenheit darauf hinweisen, daß der Erfolg der Serie in nicht geringem Umfang der Unterstützung durch Paramount zu verdanken ist. Derartige Unterstützung beginnt

immer ganz oben, daher ist ein besonderes Wort persönlicher Wertschätzung überfällig. Ich danke Ihnen.

Ein paar Worte sind auch zum Thema des Films *Star Trek V* fällig. Ich habe absichtlich kein Memo zum zweiten Drehbuchentwurf geschrieben, weil ich Sie und die anderen schon darüber informiert hatte, was ich von der ersten Fassung halte. Trotz einiger kosmetischer Korrekturen sind es bei dem vorliegenden zweiten Entwurf die gleichen Punkte geblieben.

... Darüber hinaus ist das Drehbuch um viele Elemente angereichert worden, die eher an *Star Wars* als an *Star Trek* erinnern. Beispiele dafür sind Starfleet-Truppen im »Marines«-Stil, »maschinengewehrartige Phaser« und andere Dinge, die das Publikum mit Sicherheit irritieren werden.

Es scheint mir, daß Leonard Nimoys Unabkömmlichkeit für uns von Nutzen sein könnte, indem sie uns Zeit gibt, eine Handlung zu entwickeln, die nicht den Wert von *Star Trek* schmälert, was gegenwärtig meiner Meinung nach zweifellos der Fall sein wird. Ich bin bereit, so gut wie möglich zu helfen, aber, Frank, ich kann für das gegenwärtige Drehbuch nicht meinen Namen zur Verfügung stellen. Glauben Sie mir bitte, daß ich in keiner Weise ein Hindernis sein möchte. Aber ich möchte Sie nicht über meine wahren Gefühle zu diesem Drehbuch im unklaren lassen. Ich glaube, ich sage damit, daß ich Ihren Ratschlag brauchen kann, wie ich weiter damit verfahren kann.

Mit freundlichen Grüßen

Gene tat, was er konnte, aber der Film schritt weiter voran. Eines der letzten Memos an Harve Bennett datiert vom 13. September 1988 – »Betreff: *Star Trek V: The Final Frontier*, Überarbeitetes Drehbuch vom 24. August 1988«:

In dieser Fassung finden sich viele Verbesserungen. Die Handlung bewegt sich mit erfreulichem Tempo voran.

Meiner Meinung nach finden sich die meisten noch verbliebenen Probleme in der letzten Drehbuchhälfte.

Betr. Syboks Kontrolle über Sulu, Uhura, Chekov usw.: Wir haben unsere *Star Trek*-Charaktere immer als »überlegene« Menschen dargestellt. Daher würde unser Publikum überrascht sein, wenn Sybok sie so einfach kontrollieren könnte, wie es im Drehbuch gezeigt wird. Unsere festen Figuren auf der *Enterprise* haben enormes Wissen und Erfahrung in all den Jahren angesammelt, in denen wir mit ihnen durch das All gereist sind. Sie sind alles andere als »gewöhnliche«

Leute, und sie werden ein viel wertvollerer Teil des *Star Trek*-Formats bleiben, wenn Sybok besonders hart daran arbeiten muß, Kontrolle über sie zu erlangen. Momentan bekommt er sie so schnell unter Kontrolle wie den Farmer im ersten Akt.

Das Drehbuch muß noch stärker McCoy beschützen, wenn er seinen Wert für uns behalten will. Es ist einfach unglaublich, daß dieser hartgesottene, äußerst realistische McCoy diesen Gott-Unsinn so einfach übernimmt, daß er sogar schockiert ist, als Kirk die Identität der Wesenheit in Frage stellt. Das ist einfach nicht der McCoy, der uns 22 Jahre lang so gute Dienste geleistet hat. Macht Kirk von mir aus mutig und tapfer genug, um die Wesenheit zu hinterfragen, aber zerstört dabei nicht McCoys Stärke und Wert.

Wie genau kontrolliert Sybok die Leute? Einfach, indem er ihnen »ihren Schmerz nimmt«? Das erscheint zu dürftig, um die Glaubwürdigkeit zu schaffen, die das *Star Trek*-Format in der Vergangenheit stets erfordert hat.

An Glaubwürdigkeit mangelt es auch in anderen Punkten. Hat Spock ähnliche Kräfte? Oder Sarek? Wenn Sybok Kräfte hat, die die der anderen Vulkanier übertrifft, dann sollten die Gründe dafür erklärt werden.

McCoy hat recht, wenn er Syboks Methoden als »Pop-Psychologie« beschreibt. Aber seine Worte sind nicht in der Lage, den Zauber zu brechen. Können wir das nicht besser machen?

Ich habe große Probleme, daß das Paradies – oder sogar ein falsches Paradies – ein Planet sein soll. Und ich habe ganz beträchtliche Probleme damit, daß einer unserer festen Charaktere auch noch daran glauben könnte. Es würde unserer Handlung überhaupt nicht schaden, wenn sich herausstellt, daß sie sich geirrt haben. Dann wird unsere Entdeckung des Planeten um so aufregender. Er sollte nicht existieren. Die Tatsache, daß er existiert, sagt uns, daß diese Wesenheit außergewöhnliche Kräfte in vieler Hinsicht besitzen muß.

Harve, wir haben schon vor langer Zeit die Idee über Bord geworfen, uns mit irgend etwas zu befassen, was den traditionellen jüdischen und christlichen Gott betrifft. Es ist unbedingt erforderlich für *Star Trek*, daß wir mit den Ansichten unserer Crew hinsichtlich dieser Frage angemessen umgehen. Wie ich noch vor Erhalt eines Drehbuchs vorausgesagt habe, befindet sich *Star Trek* in einer schwierigen Position, was die Ansichten unserer Figuren über diese Frage angeht – ob sie nun glauben oder nicht, es ist immer falsch.

Die einzig mögliche Lösung dafür scheint mir zu sein, das ganze Drehbuch hindurch so weit wie möglich davon entfernt zu bleiben, auch nur anzudeuten, was unsere Leute über Gott denken. Bei der Originalserie hatte ich damit im allgemeinen auch Erfolg. Ein paar Dinge sind durchgegangen, aber nicht viele. Zumindest nicht viele ernsthafte Variationen meiner Politik, *Star Trek* frei von ernsten religiösen Themen zu halten.

Meiner Ansicht nach besteht bei dieser Produktion der einzig mögliche Schutz für *Star Trek* darin, es den Zuschauern ausreichend klarzumachen, daß dies eine Geschichte über die *Enterprise*-Crew im Kampf gegen einen Super-Alien ist – und unsere festen Charaktere müssen entsprechend reagieren. Ich schlage vor, wir betonen noch stärker, daß diese fremde Wesenheit hofft, mit dem alten »Gott«-Trick bei den Lebensformen in dieser Galaxis durchzukommen. Sie hatte es schon einmal versucht und wurde in ferner Vergangenheit von noch mächtigeren Wesenheiten aufgehalten und auf diesen ungewöhnlichen Planeten verbannt. Und nun ist die Möglichkeit gekommen, wieder die Freiheit zu erlangen.

Was die wissenschaftliche Glaubwürdigkeit angeht: Muß unsere Geschichte die Große Barriere im All haben? Ich habe noch keinen renommierten Wissenschaftler gehört, der an die Existenz einer solchen Sache glaubt. Wie bei der vorangegangenen »Gott«-Frage müssen wir daran denken, daß ein großer Prozentsatz unseres Publikums auf dem College war und die Große Barriere als ein Fantasy-Versatzstück in *Star Trek* betrachten würde. Wir sollten nicht den Ruf des Formats für eine obskure oder mißverstandene Theorie über das Zentrum der Galaxis aufs Spiel setzen.

Vielleicht besteht die Antwort darin, sie einfach nicht so zu nennen. Warum behandeln wir das Zentrum der Galaxis nicht einfach als einen höchst ungewöhnlichen Ort, den die *Enterprise* besucht und wo sie auf die Dinge trifft, die im Drehbuch beschrieben werden? Die Schuld für alles, was wir dort finden, geben wir dem Titanenkampf, der dort einst zwischen den Superwesen stattfand. Auf diese Weise riskieren wir nicht, uns lächerlich zu machen.

Übrigens würde die Reise zum Zentrum der Galaxis auch mit der höchstmöglichen Warpgeschwindigkeit Monate oder sogar Jahre dauern, wenn man die bekannte Geschwindigkeit der *Enterprise* zugrunde legt. Damit mußt Du Dich noch befassen.

Nochmals mein Glückwunsch zu den Verbesserungen, die bislang geleistet worden sind. Weitere Anmerkungen folgen später, sofern sie notwendig sind.

Am 30. April 1989 berichtete die »Outtakes«-Kolumne in der *Los Angeles* Times folgendes:

Nicht alle Nachrichten von der Sommerkinofront stimmen fröhlich. Berichten zufolge kehrt *Star Trek V: The Final Frontier* – der am 9. Juni von Paramount in die Kinos kommen soll – nach jüngsten Testvorführungen in den Schneideraum zurück.

Ein Paramount-Vertreter sagte, der Film, der beim Test vorgeführt wurde, war eigentlich ein »work in progress« und versprach einen »Kassenschlager«.

Ein Testzuschauer, mit dem wir sprachen, berichtete von »einer Menge Gelächter und Gekichere« während einer kürzlichen Vorführung auf dem Paramount-Gelände, die von mehr als 200 Personen besucht wurde, darunter auch Star/Regisseur William Shatner, Star Leonard Nimoy und Produzent Harve Bennett.

»Es gab am Ende nur wenig Applaus«, sagte unsere Quelle. Eine Sequenz, die wie ein »echter Schwindel« aussah, spielte im Yosemite National Park. »Da ist diese sehr winzige Figur, die aus großer Entfernung gezeigt wird, wie sie an einer Steilwand klettert. Dann fährt die Kamera ganz nah heran und man sieht, es ist Shatner! Er schwitzt, während er sich dem Free Climbing hingibt! Kein Seil, nichts! Das Publikum grölte einfach los.«

Die Spezialeffekte führten zu gemischten Reaktionen. Einige Warp-Szenen waren »wirklich nett«. Aber es gab auch Gekichere, so eine Quelle, bei »einigen wirklich schäbigen Effekten«, darunter einer, in dem die *Enterprise* aussieht »wie ein beklebter Pappkarton«, während sie vor einem Planeten schwebt.

Der Film hatte im Juni 1989 Premiere und wurde von den Kritikern fast einheitlich mit Hohn aufgenommen. (Die *New York Post* überschrieb ihre Kritik mit den Worten »Live Long and Wither«.) Roger Ebert, der in der *Chicago Sun* schrieb, sagte »... ein ziemliches Schlamassel ... voller ungeklärter Fragen, übersehener Elemente und vergessener Figuren«. Er meinte außerdem, dem Film fehlten die »Markenzeichen der *Star Trek*-Sage« und die Subplots, die die anderen Figuren zeigten. David Denby machte in *New York* die trockene Beobachtung, der Film sei »der kalifornischste« von allen fünf Filmen, vor allen Dingen dann, wenn der Vulkanier Sybok sich wie der Leiter einer Gruppentherapie benimmt. Denby war der Ansicht, daß der Regisseur Shatner »mit dem Höhepunkt eines weitestgehend ansprechenden Films Mißmanagement betreibt«. Die Fans stimmten mit der Geldbörse ab, aber anstatt den Film zu unterstützen, wie sie es noch beim ersten Film gemacht hatten, blieben sie diesmal nach einem starken Eröffnungswochenende in Scharen weg. Das Studio konnte nun nicht mehr alles mögliche mit dem *Star Trek*-Etikett versehen und erwarten, daß die Fans es abnahmen. *The Final Frontier* hat bis heute von allen *Star Trek*-Filmen am wenigsten eingespielt.

KAPITEL 20

Das Studio bezahlte ihm zwar einen erstklassigen Preis für seinen Namen und seine Kreativität, aber die Entwicklung der Serie kostete Gene dennoch einiges. Er hatte einen ganzen Berg Probleme: den Druck vom Studio, etwas zu schaffen, das die millionenschweren Investitionen rechtfertigte; die anhaltenden Probleme mit den Filmen und dem Merchandising; und die nicht enden wollende Spannung, die durch seine Workaholic-Art entstand, da er von übermächtigem Verlangen angetrieben wurde, sich selbst zu beweisen, daß er »wieder den Blitz in einer Flasche einfangen konnte«. Dahinter lauerte eine bohrende Angst, daß er sich der Herausforderung vielleicht nicht ein weiteres Mal stellen konnte. Das alles brachte ihn in eine schwere depressive Phase. Was bereits für einen Vierzigjährigen schwierig war, forderte von dem Fünfundsechzigjährigen seinen Tribut: Gene wurde depressiv wie noch nie in seinem Leben. Er war zwar immer ein regelmäßiger, geselliger Trinker gewesen, aber nun begann er mehr zu trinken. Dinge, die für ihn einfach und normal waren, wurden zu Problemen, als er sich dem massiven Druck unterwarf. Gene begann schon am Morgen zu trinken, eine Abweichung von seiner üblichen Art, sich am Nachmittag und am Abend zu entspannen.

So wie er im Pritkin Longevity Center sein Gewicht kontrollieren ließ, begab sich Gene am 21. September 1986 in das Schick-Shadel Hospital in Santa Barbara. Er blieb zehn Tage.

Schick-Shadel definiert Nüchternheit als »völlige Abstinenz von allen Substanzen, die den Geist beeinflussen«. Angesichts dieser Definition war selbst ein einziger Drink verboten, da er dazu führen würde, nicht länger »nüchtern« zu sein. Gene trank oft jeden Tag, in Gesellschaft beim Mittagessen und zum Abendessen.

Genes behandelnder Arzt war Dr. med. Donald F. Sweeney, der zugleich medizinischer Leiter des Krankenhauses war – und eine Person, die finanzielles Interesse an der Einrichtung hatte. Er verfaßte eine detaillierte medizinische Vorgeschichte von Gene, die sich mit seinem Mißbrauch von Alkohol und anderen Mitteln beschäftigte. Dr. Sweeney schrieb:

> Er hat in der Vergangenheit Marihuana genommen, außerdem Kokain, aber nur ein paarmal Anfang 1966. Er hat Dexamil genommen. Er hat Valium und Seconal genommen, aber nichts davon regelmäßig.

Die Akte enthielt auch Genes medizinische Vorgeschichte. Unter der Rubrik »Vorerkrankungen« findet sich folgendes:

> Patient erklärt, daß er das Gefühl hat, Depressionen könnten ein Problem darstellen. Er nahm Dexamil und fand, daß es ihn in der Vergangenheit viel aufgeweckter und kreativer werden ließ.[1] Er hat dies seit vielen Jahren nicht mehr genommen. Er glaubt – offenbar so wie sein Arzt –, daß die »Depression« für sein Alkoholproblem verantwortlich sein könnte und daß das Desyrel[2], das er nimmt, ihm hilft.

Gene durchlief die Schick-Shadel-Aversionstherapie[3] während seines zehntägigen Aufenthalts, dann kehrte er nach Hause zurück. Die Aversionsmethode wirkte nicht, und Gene begann erneut zu trinken, aber in Maßen – ein paar Drinks zum Mittagessen oder ein bis zwei Gläser Wein am Abend. Aber kein Alkohol mehr am Morgen.

Acht Tag nachdem er das Krankenhaus verlassen hatte, war Gene Teil einer großen Presseveranstaltung, als Paramount *Star Trek: The Next Generation* ankündigte.

Die Depressionen legten sich, aber sie verschwanden nicht vollständig, so wie der gnadenlose Druck. Durch die Streitigkeiten

---

[1] Bei der Originalserie arbeitete er die ganze Nacht durch an Überarbeitungen.
[2] Ein verschreibungspflichtiges Antidepressivum. Die Mehrzahl der Medikamente in Genes Krankengeschichte wurde über einen Zeitraum von einigen Jahren zu verschiedenen Zeiten verschrieben.
[3] Der Patient erhält ein Medikament, das ihn heftig auf Alkohol reagieren läßt. Dann nimmt er Alkohol zu sich und wird ernsthaft krank. Die Behandlung soll das Verlangen nach Alkohol abtöten. Schicks eigene Werbung spricht von einer Erfolgsrate von 70 Prozent, bezogen auf eine Alkoholabstinenz von einem Jahr.

mit seinen Kollegen während der Entstehung von *The Next Generation* wurde es schlimmer. Und das Schreiben ging langsamer voran. Was er schrieb, war genauso gut wie früher, wenn nicht noch besser – aber es lief langsamer. Gene stellte fest, daß zu den Dingen, die er nicht kontrollieren konnte, das unaufhaltsame Verstreichen der Zeit gehörte. Er wurde alt.

Auf den Ratschlag seines Hausarztes hin suchte Gene Dr. Robert Podell auf, einen Psychiater und Neurologen. Gene besuchte ihn erstmals Anfang Juli 1989, danach noch einige Male.

Podell wurde später im Verlauf der Testamentsanfechtung durch Genes Tochter Dawn vereidigt und von Dawns Anwalt über Genes »Wahrnehmungsstörungen« befragt. Dr. Podell sagte aus:

»Nun, ja. In dem Sinne, daß er sehr negative Gedanken über seine Zukunft hatte, wenn er depressiv war. Er hatte das Gefühl, daß sein Leben nicht mehr viel wert sein würde, wenn er nicht schreiben konnte. Das ist eine Wahrnehmungsstörung.

Ich versuchte, ihm zu helfen, das zu korrigieren, ihn zu der Ansicht zu bringen, daß – wenn er nicht schreiben konnte – es nicht bedeutet, daß sein Leben keinen Zweck erfüllte oder daß das Leben nur dann einen Zweck erfüllt, wenn er Drehbücher für diese Serie schrieb. Das ist Teil einer Wahrnehmungsstörung, übermäßige Verallgemeinerung und negative Denkweisen, die depressive Patienten zeigen. Das hatte er.«

Das Studio legte sich bezüglich der Länge des Pilotfilms auf zwei Stunden fest. Gene nahm das, was Fontana geschrieben hatte, und schrieb es um, indem er etwas Ähnliches vollführte, was er bei »The Menagerie« so viele Jahre zuvor gemacht hatte. Er schrieb eine Rahmengeschichte, die Fontanas Arbeit umschloß, und fügte eine neue Figur hinzu, die er – nach seiner alten Freundin Gene Quarton – »Q« nannte.

Quarton war nicht die erste, die in *The Next Generation* Berücksichtigung fand. Ein anderer langjähriger *Star Trek*-Freund erhielt eine postume Ehrung. George La Forge litt an einer Muskelkrankheit, die ihn ab der neunten Klasse daran hinderte, die Schule zu besuchen. Er lernte zu Hause weiter, machte schließlich den Abschluß der High School und erhielt sein Diplom im Rahmen einer besonderen Zeremonie in seinem Zimmer überreicht.

»Er war ein Gefangener seines eigenen Körpers, und *Star Trek* nahm seinen Geist mit auf die Reise«, sagte seine Mutter Sue. George besuchte *Star Trek*-Conventions in Detroit und Kalifornien, wo er schließlich den Autoren und Produzenten sowie Gene persönlich begegnete. Gene mochte ihn und erinnerte sich an ihn. Zwölf Jahre, nachdem George gestorben war, wurde aus ihm Geordi LaForge in *The Next Generation*.

Am 4. August 1987, kurz vor der Premiere der neuen Serie, schrieb Gene an Freunde auf Hawaii und berichtete ihnen über die neue Serie:

> Ja, ich arbeite immer noch zu viel – ich habe persönlich jede neue *Star Trek*-Episode umgeschrieben, die uns vorliegt –, aber es ist auch belebend. Erstens liebe ich die Herausforderung. Zweitens ereignen sich gute Dinge.
>
> Die Paramount-Bosse sahen heute morgen unsere erste normale einstündige Episode – noch eine erste Fassung –, und sie haben den ganzen Tag über angerufen. Mein Lieblingsanruf kam von dem ziemlich mürrischen Präsidenten von Paramount Television, der sagte: »Ich dachte nicht, daß es so gut sein würde.« Ein schwaches Lob, aber er schickte die Zustimmung zu einer Budgeterhöhung für die Serie hinterher. Großes Lob von anderen – ich habe gehört, in der Branche das Gerücht umgeht, *Star Trek: The Next Generation* sei die aufregendste Serie, die Networkserien eingeschlossen. Die zweistündige Premierenepisode, deren endgültige Fassung morgen geschnitten wird, soll am 3. Oktober ausgestrahlt werden.
>
> Im Moment läuft also alles sehr gut – der nächste Test besteht darin, ob das Publikum die Serie mögen wird. Es gibt da schon gute Nachrichten. Unsere Leute, die die SF-Conventions besuchen, haben berichtet, daß sogar die harten Kirk/Spock-Fans anfangen, die Innovationen der neuen Serie zu begrüßen. Für mich ist es nicht so, daß wir eine Gruppe von Charakteren durch eine andere ersetzen. Sie sind alle meine Kinder. Und ich weiß natürlich auch, daß die Chancen, ein solches Phänomen ein zweites Mal aufzubauen, astronomisch gering sind.

Paramount dachte wohl genauso und ging auf Nummer Sicher. Die Stammschauspieler hatten *drei* Verträge: einen für den Pilotfilm, einen für die ersten dreizehn Episoden und einen für die folgenden Jahre. Das Studio konnte aussteigen, wenn es erforderlich wurde, ohne den Schauspielern gegenüber langfristige finanzielle Verpflichtungen einzugehen.

Die Serie zu schreiben, war schwierig, und das Streßniveau war hoch.[4] Es gab zusätzliche Probleme. Genes langjähriger Freund, der Anwalt und Agent Leonard Maizlish, begann bei den Drehbüchern »auszuhelfen«, um Genes Zeit und Kräfte zu schonen. Seine Unterstützung wurde von den Mitgliedern der Writers Guild nicht geschätzt, die sich bei ihrer Gewerkschaft beschwerten. Maizlish wurde aufgefordert, die »Hilfe« einzustellen und das Studiogelände zu verlassen.

Die neue Serie wurde mit gemischten Kritiken empfangen, die lautesten Kritiker der neuen Serie waren dabei vermutlich einige Mitglieder aus der Besetzung der alten Serie. DeForest Kelley jedoch schlug eine Brücke zwischen alter und neuer Serie durch einen kurzen Auftritt als 137jähriger Admiral McCoy im Pilotfilm, für den er nur den gewerkschaftlich festgelegten Minimallohn haben wollte. Doohan sollte in einer Episode zurückkehren, Nimoy ebenfalls in einem Zweiteiler, der zum Teil *The Next Generation* und zum Teil eine Werbung für den kommenden sechsten *Star Trek*-Film war.[5]

Das Konzept der Erstausstrahlung in Syndication war ein Erfolg. Autoren, Produzenten, Redakteure kamen und gingen. Einigen machte die Arbeit Spaß, anderen nicht. Es waren ohnehin nur wenige, die das 24. Jahrhundert verstanden.

Auf einer *Star Trek*-Convention in Los Angeles 1988 wurde eine Reihe von Themen besprochen, und das alte Feuer kehrte noch einmal zurück. Genes Sekretärin Susan Sackett hatte aus nicht

---

[4] Bob Justman verließ die Serie nach dem ersten Jahr, nachdem sein Blutdruck permanent anstieg.
[5] Gene war nicht nur nicht von der Spock-Episode angetan, er merkte auch an, daß er sie für einen »zwei Stunden langen Werbespot für den Film« halte. Die absolute Ironie bestand darin, daß es die erste neue Episode war, die nach seinem Tod ausgestrahlt wurde. Eine Widmung – »Gene Roddenberry 1921–1991« – wurde zu Beginn der Sendung ausgestrahlt.

nachvollziehbaren Gründen verlauten lassen, daß Gates McFadden in der zweiten Season nicht mehr mitspielen würde. Gene sollte erst einige Stunden später seinen Auftritt haben, und so organisierten einige Fans einen Protest mit Gesängen und rasch kopierten Flugblätter. Als Gene angekündigt wurde und auf die Bühne kam, sangen einige Fans im Publikum »Bring Gates zurück«. Während der Fragerunde wurde er gebeten, sie zurückzuholen. Genes Erwiderung erlaubte ihnen einen kleinen Einblick in seine Ansichten über Kreativität:

»Ich mag Gates McFadden auch. Ich halte sie für eine bezaubernde Dame und eine gute Schauspielerin; ihr sprecht aber mit jemandem, der sich damit auskennt, wie man Leute unter Druck setzt. Egal wieviel wir über Gates McFadden reden, es wird sich nichts ändern. Wenn es um eine Abstimmung geht und um die Frage, ob Gates McFadden zurückkehrt, werdet ihr alle ›ja‹ sagen. Aber ich sage ›nein‹. Das ›Nein‹ überwiegt.

Ich bin im übrigen nicht derjenige, der nein gesagt hat. Der ganze Stab hat sich damit befaßt und gesagt: ›Wir möchten einen anderen Typ versuchen.‹ Das müßt ihr akzeptieren. Denn wenn ich auf euch hören würde, dann hätte ich auch auf das Network hören müssen und auf andere Leute, die sagten: ›Tu dies, tu jenes.‹ *Star Trek* wäre fürchterlich geworden. Wirklich. Man kann dem Künstler sagen, was man will und mag. Aber dann überläßt man es ihm, was er macht. Nur so kann es gehen.«

Gene hielt auch weiterhin gelegentlich an Instituten und anderen Einrichtungen Vorlesungen über seine Vision der Zukunft. Eine Vorlesung blieb besonders im Gedächtnis wegen des kleinen Dramas, das ihr vorausging.

Am 14. Oktober 1989 sollte Gene vor einer Gruppe des Jung Institute am Mount St. Mary's College sprechen. Es war die bequemste Veranstaltung, die er jemals besuchte, da sie nur etwas mehr als einen Kilometer von seinem Zuhause entfernt stattfand.

Als er zum Eingang geführt wurde, ging er an einer attraktiven Frau vorbei, die ihn ansah, lächelte und ihn fragte, wie es seiner Mutter und seiner Schwester gehe. Gene blieb stehen, erwiderte das Lächeln und antwortete seinerseits mit einer Frage: »Wie geht es deinem Sohn?«

Die Frau war überrascht, daß Gene sie offensichtlich erkannt hatte. Sie hatte ihn nicht mehr gesehen, seit er es ihr und ihrem Sohn ermöglicht hatte, in der dritten Season von *Star Trek* die Dreharbeiten zu besuchen. Es war zu dem peinlichen Zwischenfall bei Darleens Hochzeitsempfang gekommen, als Gene seine erfolglosen Verführungsversuche am Strand zum besten gegeben hatte. Dann gab es zwanzig Jahre lang keinen Kontakt mehr.

Sie antwortete, daß es ihrem Sohn gutgehe, dann landete Gene den K.o.-Treffer. Er sah sie eindringlich an und wiederholte exakt die Worte, die er 51 Jahre zuvor gewählt hatte, um sie am Redondo Beach anzusprechen, als sie noch ein junges Mädchen gewesen war.

Während der Frau ein Schauer über den Rücken lief, als sie die Worte und ihre Bedeutung erkannte, lächelte Gene und wurde von einem seiner Begleiter weitergeschoben, der nichts von dem kleinen emotionsgeladenen Drama mitbekam, das sich vor ihm abspielte.

Mit Beginn der dritten Season von *The Next Generation* war Gene länger bei der Serie geblieben, als ursprünglich geplant, aber es gab ein oder zwei Produzenten, die dazugestoßen waren und von denen er glaubte, er müsse ihnen auf die Finger schauen. Sie waren nämlich, Gene zufolge, der Ansicht, daß sie geholt worden waren, um »die Serie zu retten«.

Als die vierte Season kam, zog sich Gene zurück. Michael Piller und Rick Berman wußten, was zu tun war, und für ihn war die Zeit gekommen, sich zu verabschieden. Gene organisierte sein Leben zunehmend so, daß er von dem Büro in seinem Haus aus wirken konnte. Zwar behielt er das Büro im Studio, benutzte es aber nur an ein paar Tagen in der Woche. Die ersten Anzeichen für eine schwer zu diagnostizierende Form des Hydrocephalus begannen sich zu zeigen. Genes Gesundheit schwand allmählich dahin.

Im Gegensatz zu seiner generellen Bescheidenheit, war Gene bei Ehrungen oft etwas selbstbewußter. Das hinderte ihn aber nicht daran, begeistert und aufgeregt zu sein, wenn etwas Großes im Anmarsch war. Der Studiochef Frank Mancuso entschied, das neueste Gebäude auf dem Paramount-Gelände nach Gene zu benennen, und teilte ihm das bei einem Mittagessen mit. Gene war erfreut. Es war eine große Ehre, die nur den wichtigsten Paramount-Stars der Gegenwart und Vergangenheit zuteil wurde.

Paramount machte es gründlich, mit all dem Drumherum einer Hollywood-Premiere. Am 6. Juni 1991 feierten Genes Familie, örtliche Würdenträger, Studiobosse und fast alle Mitglieder beider *Star Trek*-Crews zusammen mit den Männern und Frauen der Paramount-Familie die Einweihung des Gene Roddenberry Building.

Gene hatte keine Ansprache vorbereitet, aber ihm fehlten nicht die Worte. Auf seinen Stock gestützt, lachte er über das ganze Gesicht und sagte: »Paramount hat mir mehr Geld gezahlt, als ich verdient habe.« Dann – nach einer dramatischen Pause – beendete er den Gedanken: »Und Paramount hat mehr Geld eingenommen als verdient.«

Später sprach Gene mit Richard Arnold über die Widmung. Der erinnerte sich:

»[Gene] wollte geliebt werden. Ich glaube auch, daß Gene vor allem in späteren Jahren wußte, daß er von Millionen geliebt wurde. Aber davon hat man nichts. Er sagte so ziemlich das gleiche, als wir über das Gebäude sprachen, das nach ihm benannt worden war.

Er erzählte, daß er kurz nach dem Start der Originalserie im Nickodell's [einem Restaurant in der Nähe der Paramount Studios] gegessen hatte, als am Nebentisch ein paar Leute über die Episode vom Vorabend sprachen. Wer immer diese Leute auch waren, sie schwärmten davon, wie wunderbar die Episode war. [Gene] war völlig begeistert. Für ihn war es *das* Schmeichelndste, das ihm jemals widerfuhr.

Dann benannten sie dieses Gebäude nach Gene. Er sagte, das könne nur noch dadurch übertroffen werden, daß ein ganzes Studio nach einem benannt wird.«

Tief in seinem Inneren war Gene ein schüchterner Mann. Marta Houske, die über ein Jahrzehnt eine enge Freundin war, erinnert sich an verschiedene Begebenheiten:

»Ich weiß noch, wie ich einen Tag mit Gene über das Studiogelände ging. Ich sah, wie sein Gesicht diesen scheuen, introvertierten Ausdruck annahm, den ich schon kannte. Ich sah nach vorne und entdeckte, daß irgendein Studioboß auf uns zukam. Ich glaube, es war der Marketingchef von Paramount. Ich konnte an Genes Körpersprache erkennen, daß er sogar zu schüchtern war, um ›Hi‹ zu sagen. Der Typ erkannte plötzlich, daß es sich um Gene handelte, kam herüber und sagte: ›Hey, Gene! Wie geht's?‹ Da wurde aus Gene wieder sein freundliches Selbst, so als sei er erleichtert, daß der andere sich an ihn erinnert hatte. Er spielte nicht diese aalglatte Hollywood-Nummer. So erlebte ich ihn nie. Ich sah ihn nie prahlen.

Wenn wir zu Lucys El Adobe [ein berühmtes Restaurant auf der gegenüberliegenden Straßenseite von Paramount] gingen, sagte niemand: ›Hier kommt Mr. Roddenberry. Geben wir ihm unseren besten Platz.‹ Es war mehr so: ›Hey, Gene! Wie läuft's?‹ Dann sagte er: ›Hi, Frank. Wie geht es dir?‹ Und dann plazierten sie ihn an irgendeinem alten Tisch. Es war diese Natürlichkeit im Umgang mit anderen.«

Ein weiterer Film war in der Planung, *Star Trek VI: The Undiscovered Country*. Nick Meyer sollte Regie führen. Richard Arnold und Ernie Over waren Zeugen von zwei Besprechungen zwischen Gene und Nick. Beim ersten Treffen stand Meyer ihrer Schilderung zufolge nach fünf Minuten auf, verließ den Raum und ließ einen überraschten und beleidigten Gene Roddenberry hinter seinem Schreibtisch zurück.

Richard erinnert sich: »Ich war während des Treffens vor dem Büro. Meyer mußte die Tür in den Flur genommen haben, da ich ihn nicht weggehen sah. Ich wußte nur, daß das Treffen plötzlich geendet hatte. Danach ging Susan hinein, ich ging nach oben, da so dicke Luft herrschte, daß man sie mit einem Messer hätte schneiden können. Susan sagte mir später, daß Nick gegangen war. An dem Treffen hatte auch jemand aus der Chefetage teilgenommen, Ralph Winter, Leonard, knapp ein halbes Dutzend Leute. Gene war nicht glücklich.«

Unmittelbar anschließend fuhr Ernie Gene nach La Costa. Innerhalb von Stunden wurde das Drehbuch von einem Boten abgeliefert, Gene las es sich sofort durch. Gene hatte Ernie und Richard gebeten, zu der vorangegangenen Fassung Kommentare abzugeben. Nun verglich Ernie diese mit dem neuen Drehbuch. Ernie Over erinnert sich:

»Es gab nur wenige Änderungen. Gene ließ mich eine Liste dieser Änderungen zusammenstellen. Einige waren von geringer Bedeutung, und er war bereit, sie durchgehen zu lassen. Einige waren aber gravierend, mit denen wollte er sich beschäftigen.

Wir fuhren speziell für dieses Treffen mit Nick Meyer, Ralph Winter, John Goldwyn, David Kirkpatrick, Leonard Maizlish, Gene, Susan Sackett und mir zurück nach Los Angeles. Susan führte jeden ins Büro, dann nahm sie mit ihrem Notepad auf der Couch Platz. Ich hatte alle Notizen von Gene, und er sagte mir: ›Ernie, ich möchte, daß du bleibst und mich erinnerst, wenn ich etwas vergesse. Ich möchte sicherstellen, daß ich alle Punkte anspreche.‹

Ich saß links hinter Gene, der an seinem Schreibtisch Platz genommen hatte. Die anderen hatten auf den Stühlen vor dem Schreibtisch Position bezogen, außer Susan, die auf der Couch saß. Als wir anfingen, fragte einer der Männer, ob es für eine Sekretärin angemessen sei, anwesend zu sein. Daraufhin schickte Gene sie raus. Sie sah mich an und sagte: ›Was ist mit Ernie?‹ Gene erwiderte: ›Ich möchte, daß er bleibt.‹ Susan lief puterrot an und schlug die Tür hinter sich zu. Wir konnten hören, wie sie im Nebenzimmer herumschrie.

Nick Meyer sagte etwas in der Art: ›Ich entschuldige mich für unser Mißverständnis bei unserem letzten Gespräch. Darum sind wir heute alle hier, um diese Bedenken zu besprechen.‹ Ralph machte einige einleitende Bemerkungen, Goldwyn und Kirkpatrick hörten in erster Linie nur zu. Es war vor allem ein Gespräch zwischen Gene, Ralph und Nick. Gene ging Punkt für Punkt seine Liste aller Probleme durch, Winter machte Notizen. Dann bezogen Gene und Meyer bei einigen dieser Punkte ihre Angriffsposition.

Meyer war bei den meisten Dingen sehr umgänglich. Bei einigen beharrte er auf seinem Standpunkt, bei anderen sagte er: ›Das werde ich mir ansehen.‹

Tatsache ist, daß sie bei diesem Gespräch all die grandiosen Versprechungen machten, aber fast nichts fand im Drehbuch Berücksichtigung. Sie ignorierten ihn. Die Stimmung bei diesem

Gespräch ließ erkennen, daß sie ihm die Gelegenheit gaben, alles zu sagen, was er wollte. Jeder war auch sehr erfreut darüber. Aber nichts geschah danach.

Es gab ein paar Dinge, die letztlich im Drehbuch blieben. Gene sprach sich gegen die Passage der Klingonen aus, die sagten: ›Wie die Amerikaner sagen würde: ‚Nur Nixon konnte nach China gehen!'‹ (Im Film war Spock derjenige, der diesen Satz Kirk gegenüber zitierte. – Anm. d. Übers.) Gene hielt es für das Lächerlichste, was er je gehört hatte.«

Gene starb zwei Wochen vor dem Kinostart des Films. Von der ersten Vorführung wurde berichtet, daß das Publikum laut und lange applaudierte, als Genes Name auf der Leinwand auftauchte.

KAPITEL 21

Gene war gegangen. Majel kämpfte im Wirbel der Gefühle um die Beherrschung, dann wurde sie von der Unfaßbarkeit der Situation überwältigt. Sie fuhr nach Hause, während im Autoradio KNX Newsradio lief, wo sie die Nachricht von Genes Tod hörte, die Augenblicke zuvor vom Studio herausgegeben worden war. Es war surreal. Fahren war eine Übung in Selbstkontrolle, ein Beweis dafür, das sie mit dem zurechtkam, was man ihr hingeworfen hatte. Tausend Dinge mußten berücksichtigt, Hunderte Entscheidungen getroffen werden. Wo sollte Gene beerdigt werden, was war für die Gedenkfeier zu beachten.[1] Als sie nach Hause kam, war ihre Mutter da, die leise weinte. Majel setzte sich auf die weiße Ledercouch im Wohnzimmer und sagte – ohne jemanden speziell anzusprechen –: »Ich fühle mich schon jetzt einsam.«

Am Tag nach seinem Tod wurde Genes Leichnam in Forest Lawn, Hollywood Hills, eingeäschert. Vier Personen waren anwesend: Majel, Leonard Maizlish, Ernie Over und der Biograph. Genes Körper lag in einem Holzsarg, von dem wegen der Einäscherung alles Metall – Griffe und Verzierung – entfernt worden war.

Majel verbrachte einige private Augenblicke neben dem Sarg, während wir drei in angemessenem Abstand dastanden. Leonard trat vor, legte seine Hand auf den Sarg und sagte leise: »Bis dann, Kumpel.« Ernie und ich hatten ebenfalls jeder einen Augenblick, um uns von ihm zu verabschieden.

Wir standen schweigend beisammen. Niemand bewegte sich, niemand wollte das letzte Wort sprechen. Nach einigen Augen-

---

[1] Leonard Maizlish hatte Vorbereitungen getroffen. Einen Monat vor Genes Tod hatte er Ernie gebeten, verschiedene Leichenhallen anzurufen und sich Informationen über die Einrichtungen geben zu lassen. Forest Lawn Hollywood Hills hatte eine große Halle, die die von Leonard erwartete Anzahl Menschen fassen konnte.

blicken des Schweigens kamen auf ein unsichtbares Zeichen des Direktors von Forest Lawn hin die zwei Männer, die in der Nähe gestanden hatten, und schoben den Sarg hinüber zur Krematoriumstür. Der Sarg wurde sanft und ehrfurchtsvoll durchgeschoben, die Stahltür glitt nach unten und nahm uns die Sicht. Wir wandten uns ab und gingen nach draußen. Niemand sagte etwas. Es war eine düstere Heimfahrt.

Am Samstag nach Genes Tod sollte Majels alljährliche Halloween-Party stattfinden. Sie wollte sie schon absagen, aber nachdem sie darüber mit einigen Freunden gesprochen hatte, entschied sie, Gene sollte eine Party bekommen. Also änderte sie die Pläne. Die Unterhaltung wurde auf Bruce Gilles, einen Zauberer, beschränkt. Alle Gäste wurden angerufen, um ihnen mitzuteilen, daß es nicht – wie sonst üblich – ein Kostümfest sein würde. Es fand sich eine Mischung aus Studiokollegen und Freunden des Bel Air Country Clubs ein sowie ein großes Kontingent der alten Autorengarde Hollywoods und Veteranen der ersten *Star Trek*-Serie. Die Partygäste waren ein perfekter Querschnitt durch Genes Vorliebe für die Vielseitigkeit. Es war ein Leichenschmaus, bei der Genes Leben gefeiert wurde und unendlich viele Leute sich gegenseitig Geschichten über Gene erzählten. Sogar die wenigen Gäste, die die Party zuerst für geschmacklos gehalten hatten, wurden von der Liebe und den Gefühlen für Gene mitgerissen. Als die Party sich ihrem Ende näherte, stand Majel auf, dankte allen für ihr Kommen und sagte, daß sie nicht gewußt hatte, wie viele Freunde sie und Gene wirklich hatten, und wie froh sie war, daß jeder gekommen war. Das Geschichtenerzählen ging noch stundenlang weiter, und die letzten Gäste gingen erst um kurz nach ein Uhr in der Nacht.

Die Gedenkfeier wurde von Leonard Maizlish koordiniert, eine letzte Pflicht für den langjährigen Freund. Leonard hatte von vielen Seiten eine Menge Kritik einstecken müssen, aber eines war unübersehbar: Seine Treue zu Gene war ehrlich. Er stellte eine Gedenkfeier zusammen, die Gene angemessen war.

Auf dem Weg zur Hall of Liberty in Forest Lawn sah die Familie Hunderte von Leuten, die die kurvenreiche Straße zu Fuß gingen. Viele waren Fans, einige von ihnen in *Star Trek*-Uniform.

Eine Frau im Rollstuhl war mit dem Bus aus San Bernardino gekommen. Menschen, die Gene auf die eine oder andere Weise berührt hatte, waren aus allen Gegenden des Landes hierher geflogen. Alle waren sie da, vereint in ihrem Wunsch, dem Mann ein letztes Lebewohl zu sagen, der ihr Leben beeinflußt hatte. Obwohl die Ankündigung unmißverständlich darauf hingewiesen hatte, daß die Feier im privaten Rahmen stattfand, kamen über 1200 Menschen zusammen.

Vor der Feier hatte Majel das Familienalbum durchgeblättert, um einige Fotos herauszusuchen, von denen Dias gemacht wurden. Die wurden während der ersten Minuten gezeigt, während der Genes Lieblingsmusik lief. Es wurden Fotos ausgewählt, die die Bandbreite seines Lebens zeigten, Aspekte, die viele seiner Freunde und Kollegen nie gesehen hatten.

Nichelle Nichols sang zwei Lieder, eines war ein spezieller Tribut, der einfach nur »Gene« hieß. Ray Bradburys Beitrag war der Text, der die Einführung zu diesem Buch darstellt. Whoopi Goldberg kam als nächste. Ihre Worte kamen von Herzen.

»Was soll ich über einen Mann sagen, den ich fünfundzwanzig Jahre lang kaum kannte. Aber ich kannte ihn im Geiste. Er war ein Mann, der in der Lage war, mich über meinen Fernseher zu erreichen und mir zu erklären, daß ich einen Platz auf der Welt und in der Zukunft habe. Für mich ist Gene Roddenberry wohl so eine Art Thoreau. Ich wollte immer einem Visionär begegnen. Bis ich auf dem Weg hierher war, hatte ich nicht erkannt, daß er genau das war.

Ich saß mit ihm und Rick [Berman] zusammen und bettelte ihn an, in der Serie mitspielen zu dürfen. Sie glaubten, ich scherze. Ich sagte: ›Nein, ihr versteht mich nicht. Wir reden über *Star Trek*. Ich muß wirklich ein Teil davon sein.‹ Und dann begannen sie nachzudenken. Sie hielten es für sehr interessant, und Gene wollte von mir den Grund wissen.

Als ich ihm erklärte, daß seine Vision die einzige war, in der es in der Zukunft Schwarze gibt, hielt er das für sehr bizarr. Ich glaube, er erkannte nicht, daß niemand sonst eine Zukunft für uns sah. Das war es, was mich zu dieser Serie und diesem Mann hinzog.

Er wußte immer etwas Nettes zu mir zu sagen, immer etwas

wirklich Lustiges. Ich werde nicht trauern. Ich hatte Glück. Wie Mr. Bradbury erwähnte, ist es an der Zeit, dieses Leben zu feiern, das das Antlitz dieser Welt änderte. Egal, in welches Land man kommt, überall kennt man *Star Trek*. Sie alle wissen, daß durch die Vision dieses einen Mannes die Welt wirklich besser sein kann.

Welche Ehre, daß ich die Möglichkeit hatte, jemandem zu begegnen, der die Welt veränderte, ohne zu schreien oder zu brüllen. Er sagte einfach: ›Das ist meine Vision.‹ Und dieses eine Mal hörten die Menschen zu, die etwas zu sagen haben. Fünfundzwanzig Jahre später stehe ich zusammen mit Gleichgesinnten aus der ganzen Welt, aus dem ganzen Land, hier, um Gene Roddenberry zu ehren. Danke.«

Chris Knopf, ein bekannter Autor und Produzent und ein Freund von Gene, war der nächste. Er erzählte die Geschichte über seine Beteiligung an der Entstehung von *Star Trek*, als Gene ihm die Idee während eines Spiels der Dodgers erzählte. Er fuhr fort:

»Sechs Jahre zuvor hatte ich Gene bereits einmal indirekt getroffen. Es geschah durch einen Anruf von Sam Rolfe, Erfinder und Produzent einer anderen erinnerungswürdigen Serie, *Have Gun, Will Travel*. ›Willst du mal etwas von einem verdammt guten Autor lesen?‹ fragte er mich. Das hörte man nicht oft von Sam. Ich las es. Ich erinnere mich an zwei Empfindungen: Begeisterung und Neid.

Ich sagte, daß ich Gene zum ersten Mal indirekt begegnete. Das stimmt nicht. Er sprang einem von den Seiten förmlich entgegen. Man konnte sich diesen Mann aufgrund seiner Worte vorstellen, während er zugleich den Leser an seine Figuren und seinen Stil fesselte. Durch Sam und Hilda Rolfe lernte ich ihn kennen, und damit begann eine der zahllosen Freundschaften, die Gene in seinem Leben pflegte. ›Hey, wo warst du?‹ sagte er, wenn wir uns einige Monate nicht gesprochen hatten. ›Wir haben nichts mehr von dir gehört!‹

›Gene‹, sagte ich dann, ›du hast dreißigtausend Dinge um den Kopf, um die du dich kümmern mußt.‹ ›Dreißigtausendundeins‹, erwiderte er. Die Kriegsjahre, seine Zeit in der Army und bei Pan Am, sein Absturz in der Wüste, die Jahre bei der Polizei – er liebte das Abenteuer. Und man war besser auf alles gefaßt, wenn man sich auf ihn einließ, wie ich eines regnerischen Abends selbst zu spüren bekam.

Wir waren bei einem Abendessen gewesen, irgendeine Feierlichkeit. Wir befanden uns auf der steilen Straße, die zu Genes Haus an der Beverly Glen führte. Die Scheinwerfer erfaßten ein Motorrad – Genes neuestes Spielzeug, das er schätzte wie kein anderes. ›Schon mal mit so was gefahren?‹ fragte er. ›Nein‹, antwortete ich. ›Und jetzt fange ich mit so was auch nicht mehr an.‹ In unseren blauen Anzügen, mit Hemd und Krawatte, im strömenden Regen, fuhren wir auf der Harley die Auffahrt hinunter auf die Beverly Glen in Richtung Lynbrook. Dauernd nur Kurven, ständig mußten wir uns in die Kurven legen, als die Bodenhaftung plötzlich der Vergangenheit angehörte. Das Motorrad drehte sich auf dem Asphalt.

Wir kamen wieder auf die Beine, unsere Anzüge waren zerfetzt, Blut floß aus unseren aufgeschlagenen Knien, das Motorrad – besser gesagt das, was noch davon übrig war – war durch eine Hecke gerutscht. Wir saßen auf dem Bordstein und überlegten, ob es sinnvoller wäre, die Notaufnahme eines Krankenhauses aufzusuchen oder eine heiße Dusche zu nehmen. Gene drehte sich um und lachte auf seine unverhoffte, wunderbare Art. ›Ist dir klar‹, sagte er, ›daß du so etwas wahrscheinlich nie wieder machen wirst?‹ Man mußte es einfach mögen!

Und dann *Star Trek*. Die meisten von uns hätten es vermasselt: der ewige Streit zwischen Gut und Böse, das Eintreten für Gerechtigkeit und Gleichheit. Aber seine Entscheidungen, seine Worte, die Art und der Rhythmus, wie er sie verwendete, seine Philosophie und seine Ideen – das alles war so viele Stufen über dem, was die meisten von uns Autoren zu erreichen wußten. Er war ein sensationeller Schüler, zeigte Einsicht, Charme, Mitgefühl und Humor. Und das Ergebnis kennen Sie: ein scheinbar gewöhnlicher Mann mit einer außergewöhnlicher Vision, der größten aller Gaben.

Die Jüngeren unter uns, die es nicht besser wissen, und die Älteren unter uns, die genau das tun, verlieren sich manchmal in lächerlichen Träumen von einer besseren Zukunft. Gene tat das nie. Ganz im Gegenteil: Er erfüllte für Millionen von uns diese

Träume mit Leben. Und dabei sah ich nie, daß er eine negative Reaktion auf eine seiner Ideen an sich heranließ. Er wußte genug, um sich nie vom Unmöglichen quälen zu lassen. Er war so sicher.

Die meisten von uns hören sich selbst sagen: ›Verdammt! Ich beeile mich besser! Die Sache fängt ohne mich an.‹ Gene führte die Parade an. Und es gibt nur wenige Dinge, die mehr Schmerz bereiten, die mehr verstören, als wenn man mitansieht, wie ein großer Mann nachläßt. Aber in den letzten Monaten geschah genau das. Wenn ich ihn sah oder mit ihm sprach, machte er nie eine Andeutung. Nicht bei Sam und Hilda Rolfe zu Hause, als ich ihn zum ersten Mal bei seinem Kampf erlebte, nicht bei den Halloween-, Schulanfangs- und Weihnachtsparties, die Majel veranstaltete und die seinen Geist zu beleben schienen.

Es ist noch nicht einmal einen Monat her, als Sam und ich mit Gene zusammen zu Mittag aßen. Es war das letzte Mal, daß wir ihn sehen sollten, obwohl er den Eindruck machte, daß es ihm besser ging. Er war so freundlich wie immer, er wollte sich unterhalten, auch wenn es schwierig war. Er freute sich darauf, mit Sam und mir, mit Jack Neuman und Dick Simmons irgendwo essen zu gehen. ›Schaffst du es?‹ fragte ich ihn. ›Natürlich schaffe ich das!‹ sagte er.

Irgendwo ist ein lautes Quietschen und Schleifen zu hören. Das Rad der Menschlichkeit hat ein Lager verloren.«

Als nächster sprach E. Jack Neuman, Radio- und Fernsehautor, der Gene seit seinen Tagen bei Ziv gekannt hatte.

»Majel, Rod, Familie, Freunde, Fans, Trekker: Ich bin sicher, ihr alle habt in den letzten Jahren bemerkt, daß viele Leute um Eugene Wesley Roddenberry ein großes Theater gemacht haben. Und das ist auch richtig so. Gene wurde ausgezeichnet, nominiert, geehrt und und und. Sogar die Leute bei Paramount Pictures begeisterten sich und benannten ein Gebäude nach ihm. Und vor drei oder vier Jahren erhielt sein Name einen Platz auf einem der Sterne am Hollywood Boulevard. Gene Roddenberrys Name befindet sich da mitten zwischen all den Gloria Swansons, den Marilyn Monroes und den Rin-Tin-Tins.

Geht doch mal zu Musso's. Eßt zu Mittag. Dann macht einen Spaziergang und seht es euch selbst an. Gene ist der Autor, der dort einzementiert wurde. In gewisser Weise ist es das erste Mal, daß die Filmbranche offen zugegeben hat, daß jemand das ganze Zeug erst mal aufschreiben muß, bevor es auf den Bildschirm kommen kann.

Aber das ist der öffentliche Gene. Der private Gene spielte gern ein wenig Golf, und er war ein recht guter Golfer, wie ich gehört habe. Ich habe nie mit Gene Golf gespielt (aber auch mit niemandem sonst), es ist eines der wenigen Laster, denen ich widerstand. Daneben war Gene Meister auf einem kaum bekannten Gebiet namens Bescheidenheit. In Hollywood ist sie praktisch ausgestorben. Gene war der ungekrönte Champion der Bescheidenheit, unerreicht, konkurrenzlos, unangefochten. Gene hatte die Gold-, Silber- und Bronzemedaille inne, ohne überhaupt gekämpft zu haben. Er erfand das Disziplin.

1956. Ein Flug von New York zurück nach Los Angeles. Ein großer Mann in einem großen schwarzen Mantel (und mit Fliege) schnallte sich auf dem Platz neben mir an. Sobald wir in der Luft waren, bestellten wir einen Drink. Keine Filme während des Flugs und auch keine Düsenmaschinen in jenen Tagen. Es war keine Sünde, einen zweiten Drink zu bestellen. Und einen dritten. Und einen vierten. Ich weiß nicht mehr, worüber der ›große schwarze Mantel‹ und ich uns unterhielten, ich weiß noch, daß die fünfte Runde auf dem Weg zu uns war, als ich fragte: ›Warum trinken wir so viel?‹ ›Weil ich Angst habe‹, sagte er. In dem Moment hatte ich mir genug Mut angetrunken, um etwas wirklich Aufmunterndes zu sagen: ›Hey, wovor sollte man Angst haben?‹ ›Schwarzer Mantel‹ senkte seinen Blick und murmelte: ›Ich bin solche Maschinen geflogen.‹

Ihr habt sicherlich erraten, daß der ›große, schwarze Mantel‹ Gene Roddenberry war. Was ihr nicht wissen könnt, ist die Tatsache, daß dies in all den Jahren, die wir befreundet waren, das erste und einzige Mal war, daß er überhaupt ein Leben vor dem Film erwähnte. Drei Leben, um genau zu sein. Drei Karrieren. Gene flog für das Army Air Corps, bevor daraus die Air Force wurde; er flog für Pan American Airways, bevor die Konkurs anmeldeten; und er war ein Officer des Los Angeles Police Department. Wenn mir heute jemand sagen würde, er sei ein geweihter Priester oder sogar ein Neurochirurg gewesen, ich glaube nicht, daß es mich überraschen könnte. Aber jetzt und hier möchte ich euch allen sagen, daß ich froh, sogar sehr froh bin, daß er all diese frivolen, verantwortungslosen Interessen aufgab, um Mitglied eines würdevollen, ehrbaren, angesehenen Berufsstands mit einer sicheren Zukunft zu werden. Er wurde Autor. Ein Autor ist ein Typ, der morgens aufsteht, sich anzieht, sich an den Schreibtisch setzt, dem Chaos direkt ins Auge sieht und sich dann damit befaßt, Ordnung hineinzubringen. Wenn er versagt und die schlechten Kritiken sich stapeln, ist der Autor der Typ, der sich dadurch aufbaut, indem er sich sagt, daß die Zuschauer immer weniger Talent besitzen.

Jeder Autor muß einen Gönner haben. William Shakespeare hatte die Königin von England. Bach hatte den Kurfürsten von Brandenburg. Prinz Esterházy förderte Haydn, und das Network subventionierte Gene Roddenberry. Das spontane Urteil der Öffentlichkeit ist stets authentischer als die Meinung derjenigen, die sich selbst zum Richter über das ernennen, was geschrieben worden ist. Aber nach drei Seasons entzog das Network ihm die Subventionen. Der Mann, der Bescheidenheit erfand, nahm es als persönliche Beleidigung – nicht wegen der Streichung, da sie eine natürliche Gefahr ist, die beim kommerziellen Fernsehen immer im Hintergrund lauert. Was ihn ärgerte, war die beiläufige Art, in der ein Sprecher des Networks erklärte, *Star Trek* sei zu anspruchsvoll für die Zuschauer. Solche Dinge sagt man nicht in Hörweite eines schonungslos anständigen Mannes in einem großen, schwarzen Mantel, – mutig genug, um eine Fliege zu tragen –, dessen Respekt für die Zuschauer ihm stets das wichtigste war. Was ihn anging, setzte sich das Publikum aus 100 Millionen Doktoren der Philosophie zusammen. Folglich hatte er keine Wahl, als den Network-Sprecher zu korrigieren. Er reiste von einem Ende dieses Landes zum anderen, kreuz und quer durch die gesamte Nation, und erzählte seinem Publikum, daß unsere Zukunft im All liegen mag, daß aber unser eigener, schöner, blauer Planet es wert ist, gerettet zu werden. Er provozierte eine Lawine von Protestbriefen, die nicht ignoriert werden konnte. Der Mann in dem schwarzen Mantel schaffte es. *Star Trek* kam zurück. Größer als je zuvor. Ich habe nie gehört, daß Gene das Wunder erwähnte, das er bewirkt hatte. Nicht ein einziges Mal.

Ein anderes Flugzeug, eine andere Zeit. Diesmal auf dem Weg nach London. ›Schwarzer Mantel‹ tauchte zusammen mit Majel und Rod auf, einem lebhaften Dreijährigen. Ein vergnüglicher Flug. Wegen des Wetters und einer Bombendrohung auf Heathrow etwas länger als die üblichen zehn Stunden. Fünf Stunden saßen wir in Manchester fest, aber schließlich schafften wir es doch noch nach London. Zoll. Taxi. Gepäck. Zermürbt und müde landeten wir alle im gleichen Hotel, berüchtigt für seine weichen Betten. Gene füllte die Anmeldung aus, als er das Ankunftsdatum sah. Er drehte sich um zu Majel und sagte: ›Ich weiß nicht, wie ich es dir sagen soll, aber morgen früh muß ich in Austin, Texas, sein.‹ Hundemüde nahm er seine Taschen, quälte sich in ein Taxi und fuhr nach Heathrow, um nach Texas zu fliegen. Es ging um eine kleine Rede vor ein paar texanischen Trekkern. Er hatte versprochen, dort zu sein.

Was ich versuche, ist, Gene Roddenberry meinen persönlichen Tribut zu zollen, von einem Autor zum anderen. Wir wissen alle, daß wir immer ganz von vorne anfangen müssen, ganz gleich, was wir getan haben. Wir wissen nie, wie gut wir sind – wir halten uns vielleicht für besser oder für schlechter, als wir tatsächlich sind, aber wir wissen es nie genau. Wir geben einfach unser Bestes. Eugene Wesley Roddenberry gab mehr als nur sein Bestes. Das ist der Mann, den ich kannte. Ich werde ihn und seinen großen schwarzen Mantel vermissen.«

Dann kam Patrick Stewart, von erhabener Statur, wortgewandt, und hielt die letzte Rede.

»Leonard hat mir gesagt, daß diese Ansprachen in alphabetischer Reihenfolge gehalten werden. Zum ersten Mal in meinem Leben bin ich froh, daß ich im Alphabet so weit hinten komme. In der Vergangenheit war es immer ein Handicap.

Der erste Eindruck von Gene Roddenberry betraf seine Größe. Gene beherrschte den Raum, füllte ihn aus. Und wenn er seine Arme ausbreitete, waren nicht nur deren Ausmaße beeindruckend. Vielmehr schienen es Ausmaße zu sein, die weit über seine Fingerspitzen hinausgingen. Der nächste, unerwartete Eindruck kam, wenn er sprach. Es war ein Gefühl von Sanftheit. Eine überraschend helle Stimme mit einer Nuance, die seinen Aussagen einen singenden, leichten, fast weinerlichen Tonfall verlieh. Und erst in den letzten Tagen, als ich die Nachrufe las, die Würdigungen, die Leitartikel, stellte ich fest, daß - hätte er länger dort gelebt - ich den Akzent des südwestlichen Texas gehört hätte, weil Gene in El Paso geboren wurde.

Ich wünschte, ich hätte das gewußt, denn für kurze Zeit lebte ich in einer benachbarten Stadt auf der anderen Seite des Rio Grande, in Juarez. Ich stand unter diesem Himmel und spürte die Hitze, ich blickte auf die harschen, kahlen Berge. Wenn man bedenkt, welche Wirkung Gene Roddenberry auf die Kultur in aller Welt hatte, dann war El Paso der ideale Ort für ihn, um seinen ersten Atemzug zu tun. Zwischen alter und neuer Welt. Ein Treffpunkt der Völker und der Kulturen: Azteken, Olmeken, Tigua, Europäer, Orientalen, Afrikaner. Wie passend!

Es gibt hier viele Menschen, die viel besser als ich geeignet sind, über Gene Roddenberrys Leben zu sprechen, das seiner Geburt im Jahr 1921 folgte. Ich kannte Gene nur fünf Jahre. Und obwohl wir uns häufig vornahmen, uns zum Mittagessen oder zum Abendessen zu treffen, um in Ruhe unsere Gedanken, Erfahrungen und Ideen auszutauschen, fanden wir nur zweimal wirklich die Zeit dafür. Zwei Mittagessen. Wenn wir es wirklich gewollt hätten, hätte es natürlich mehr Gelegenheiten gegeben. Aber ich rief ihn nie an, Gene rief mich nicht an, während eine Season der anderen folgte.

Es scheint mir, daß ich wußte, warum. Gene hatte *The Next Generation* ins Leben gerufen, und jetzt erwartete er von uns, daß wir es voranbrachten. Er hatte andere wichtige Angelegenheiten, die seine Aufmerksamkeit erforderten: das Leben und auch der Tod.

Der Tod. Gene hat darüber nachgedacht und darüber geschrieben. Es ist zu einem ›Running Gag‹ geworden, daß jedesmal, wenn der gute Captain anfängt zu philosophieren, die Kollegen und die Crew gemeinschaftlich zu stöhnen beginnen. Und schließlich wird einer rufen: ›Gib uns schon die Totenrede, Captain!‹ Nun, Jonathan, Marina, LeVar, Gates, Brent, Michael. Hier kommt die Rede, über die wir so oft gelacht haben.

Es ereignete sich sehr früh, zu Beginn der zweiten Season. Gene hatte es in eine Episode eingebaut, die - so glaube ich - zum größten Teil von einem anderen Autor geschrieben worden war. Wieder einmal war die *Enterprise* in Gefahr, und wir alle waren überzeugt, daß wir sterben würden. Der Android Data stattete dem Captain in dessen Quartier einen überraschenden Besuch ab, um ihn zu fragen: ›Captain, was ist der Tod?‹

Picard erwiderte: ›Nun, Data, manche sagen, daß der Tod unseren Übergang in eine für alle Zeiten unzerstörbare Form darstellt. Sie behaupten, daß der Zweck des gesamten Universums darin besteht, uns in einem der Erde ähnlichen Garten unterzubringen, der uns bis in alle Ewigkeit Vergnügen schenken wird. Andere wiederum bevorzugen die Vorstellung, daß der Tod unser Übergang ins Nichts ist, bei dem all unsere Erfahrungen, unsere Hoffnungen und Träume nur eine Illusion sind.‹

Daraufhin fragte Data: ›Und an was glauben Sie, Captain?‹ ›Tja‹, sagt Picard. ›Wenn ich diese wunderbare Vielschichtigkeit unseres Universums betrachte, seine Perfektion, seine Ausgewogenheit, Materie, Energie, Schwerkraft, Zeit, Dimensionen, Strukturen, dann glaube ich, daß unsere Existenz mehr bedeuten muß als nur eines dieser Extreme. Ich glaube, daß unsere Existenz sich jedem System und jeder Struktur entzieht und daß sie Teil einer Realität ist, die das überschreitet, was wir als Realität verstehen.‹

Ich frage mich, wie viele beliebte Fernsehserien den Mut aufgebracht hätten, eine solche Rede zur besten Sendezeit auszustrahlen. Das Alte Testament, Atheismus, Euklid. Und noch vor ein paar Wochen wurden in einer Episode der fünften Season die Legende von Gilgamesch und Homers Epen erwähnt. In einem Brief an Rick Berman schrieb ein begeisterter Fan, daß von den Verweisen in dieser Episode mehr Menschen auf diese Literatur neugierig gemacht worden sind als zu irgendeiner anderen Zeit seit ihrer Entstehung!

Selbst in den leichtlebigsten Momenten, die *The Next Generation* manchmal besitzt, befaßt sie sich mit Ideen, mit Themen. ... Das ist Genes Geschenk an uns, das die Schauspieler, Produzenten, Crew, Techniker und alle anderen bewahren müssen.

Genes Geschenk an mich war dieser Job, und diese Tatsache wird ein Leben lang währen – manchmal als Fluch, aber vor allem als unerwarteter Segen, der das Leben veränderte. Vor fünf Jahren begutachtete Gene einen kahlköpfigen, starrsinnigen, britischen Shakespeare-Schauspieler mittleren Alters aus der Arbeiterklasse. Er begutachtete ihn einmal zu Hause und zweimal im Büro. Und er hörte ihm zu. Und dann sagte er: ›Er wird der Captain.‹ Völlig unerklärlich!

Gene sah sich gleich zu Beginn einer Herausforderung gegenüber. Unser amerikanisches Wahrzeichen wird von einem, einem...? Wie sollte man ihn erklären? Sogar mein Haaransatz war Thema hitziger Diskussionen. Ein Journalist bemerkte: ›Sicherlich wird man im 24. Jahrhundert ein Mittel gegen Kahlköpfigkeit gefunden haben.‹ Gene erwiderte: ›Warum denn? Im 24. Jahrhundert wird es niemanden mehr kümmern!‹ Mit dieser Bemerkung wurden Millionen Männer selbstbewußter. Auch ohne Haare.

Das ist das, was Gene tat. Er korrigierte unseren Blickwinkel. Den Blickwinkel, wohin wir gingen und welches unsere Werte waren. Welches unsere Werte sein würden. Dieser Blickwinkel war nicht immer schlüssig, insbesondere, wenn es um Frauen ging. Seltsamerweise ist *Star Trek* gleichermaßen fortschrittlich *und* sexistisch geblieben. Aber vielleicht ist Gene sogar – bedauerlicherweise – in dieser Hinsicht ein Visionär. Wir, Gene und ich, haben dieses besonders strittige Thema diskutiert, und er erinnerte mich, was er mir bei Drehbeginn für den Pilotfilm gesagt hatte: ›Patrick, wenn du etwas Wichtiges über diese Serie zu sagen hast, dann sag es mir.‹

Gene machte es einem immer leicht, offen und ehrlich zu sein. Er schüchterte niemals jemanden ein, obwohl es für ihn ein leichtes gewesen wäre. Daran erinnerte ich mich in dieser Woche. A. C. Lyles berichtete von einem Zwischenfall, als Präsident Reagan die Studios im Frühjahr besuchte. Er und Gene standen Seite an Seite, als plötzlich Genes Stock zu Boden fiel. Der Präsident kniete sich nieder, um ihn aufzuheben. Als man später darauf zu sprechen kam, sagte Mr. Reagan: ›Wissen Sie, in dem Augenblick hatte ich das Gefühl, zum Ritter geschlagen zu werden.‹

Es ist fast ein Jahr her, daß ich hier von einem anderen Freund Abschied nahm, der zu früh starb. Ich möchte einiges von dem wiederholen, was einmal ein britischer Arzt über das Sterben gesagt hat:

›Um zu gehen, müssen wir lernen, uns nach vorne zu beugen, unser Gleichgewicht zu verlieren und zu fallen beginnen. Wir geben unsere ursprüngliche Stabilität auf, wir fallen die ganze Zeit, und wir vertrauen darauf, daß wir mit jedem Schritt neuen Halt finden. Das erfüllteste Leben besteht im permanenten Sterben der Vergangenheit, darin, die Gegenwart in vollen Zügen zu genießen und nichts zu ernst zu nehmen; sie hinter sich zu lassen, sich nicht an sie zu klammern und sich unbeschwert auf neue Erfahrungen zuzubewegen. Unsere Erfahrung der Vergangenheit ist nicht verloren, sondern bleibt umfassend in uns.‹

Gene, ich möchte etwas Wichtiges über die Serie sagen: Danke.«

Die Feier schloß damit, daß die Beleuchtung gedämpft und ein einzelner Scheinwerfer auf Genes Bild gerichtet wurde, während er – wie so oft – das letzte Wort hatte; diesmal mit einer Tonbandaufnahme einiger seiner Gedanken.

Leonard hatte das gesamte Unternehmen mit großer Präzision geplant. Alle gingen nach draußen.

Es war ein außergewöhnlich klarer Himmel, als wir auf dem Hügel seitlich der Hall of Liberty standen. Das San Fernando Valley erstreckte sich vor unseren Füßen wie ein Teppich. In der Ferne hörten wir zu unserer Rechten ein leises Brummen. Vier Flugzeuge näherten sich von Osten, die in einer leichten V-Formation flogen. Unsere Position erlaubte uns einen einzigartigen Blick, da wir seitlich zu den Maschinen aufblickten, anstatt direkt nach oben sehen zu müssen. Während die Flugzeuge an uns vorbeizogen, scherte die zweite Maschine von rechts in dem berühmten »Missing Man«-Manöver aus, der Ehrung der Luftfahrt für einen gefallenen Piloten. Während sie in den klaren Himmel aufstieg, erinnerte ich mich an die Worte, die zum Ende der Feier verwendet worden waren, Genes Antwort, als ich ihn fragte, wofür man sich an ihn erinnern sollte.

> Daß ich mit der menschlichen Rasse große Geduld hatte und große Zuneigung für sie empfand. Was wir Menschen sind, ist wirklich eine bemerkenswerte Sache. Wie kannst du daran zweifeln, daß wir überleben und erwachsen werden? Es steckt wohl viel Wahres in der alten

Aussage, daß man die Welt liebevoll betrachten soll. Wenn wir das können, dann wird die Welt vielleicht Zeit genug haben, sich selbst zu verstehen.

So wie die Erinnerung an Gene blieb auch das Bild des Flugzeugs lange vor dem geistigen Auge erhalten, lange, nachdem es außer Sichtweite war.

EPILOG

*»Der Weltraum,
die letzte Grenze...«*

Am 24. September 1992, elf Monate nach Genes Tod, erhielt Daniel S. Goldin, Administrator der National Aeronautics and Space Administration auf einem Briefbogen des Mount Wilson Institute folgenden Brief.

Sehr geehrter Mr. Goldin,
wir möchten unser Unterstützung für die Nominierung von Gene Roddenberry für die postume Verleihung der NASA Medal for Distinguished Public Service zusichern.

Gene Roddenberrys schöpferischer Geist öffnete die Phantasie von Hunderten von Millionen Menschen für die Tatsache, daß die bemerkenswerten Leistungen der NASA nur die erste Stufe in einer voranschreitenden Technologie sind, die die Menschheit weg von ihrem Geburtsort hin zu den Sternen bringen wird – vielleicht, um sich der noch größeren und vielfältigeren Gemeinschaft des intelligenten Lebens im Kosmos anzuschließen.

Wir bitten höflich darum, daß die NASA die Verleihung der Medal for Distinguished Public Service an Gene Roddenberry in Verbindung mit dem ersten Jahrestag von Genes Tod am 24. Oktober 1991 in Erwägung zieht.

Mit freundlichen Grüßen

Hugh Downs
ABC News

Robert Jastrow
Director
Mount Wilson Institute

Die Planungen erlaubten es nicht, die Auszeichnungen am ersten Jahrestag von Genes Tod zu verleihen, sondern erst kurze Zeit später, am 30. Januar 1993. Majel nahm sie während einer Feier im Smithsonian's National Air and Space Museum in Washington, D.C., von Daniel Goldin entgegen.

Die Auszeichnung wurde von folgendem Text begleitet: »Für herausragenden Dienst an der Nation und der menschliche Rasse durch die Darstellung der Erforschung des Weltalls als eine aufregende neue Grenze und eine Hoffnung für die Zukunft.«

Es gab noch eine weitere Ehrung, die die NASA Gene zuteil werden ließ, aber sie war mehr privater Natur. Dieser Tribut zeigte das wahre Gesicht der NASA-Leute. Es war etwas, von dem alle wußten, daß es richtig war.

Im Oktober 1992, ein Jahr nach seinem Tod, wurde Genes Asche nach Houston gebracht und dem Astronauten Jim Wetherbee zu treuen Händen überreicht. Die Asche wurde von dem Behälter, in dem sie transportiert und versiegelt worden war, in einen etwas größeren Edelstahlzylinder umgefüllt. Begleitet von einer kleinen amerikanischen Flagge, wurde der Behälter an Bord des Space Shuttles befördert, lediglich als Teil der mehrere Kilo schweren persönlichen Habe aufgeführt, die jedem Astronauten zugestanden wird.

In einer riesigen Rauch- und Feuersäule stieg das Space Shuttle *Columbia* in den Himmel über Florida auf und nahm einen kleinen Teil von Gene mit. Gene Roddenberry hatte es schließlich doch noch ins All geschafft, wenn auch nur symbolisch. Er war ein Teil unserer Entwicklung hin zur raumfahrenden Gesellschaft, und sein Beitrag wurde von den Menschen geehrt, die die Phantasie hatten Wirklichkeit werden lassen. Es war eine einzigartige Ehrung für einen Mann, dessen Vision viele der Menschen inspirierte, deren Kreativität und Talent ihn an diesem Tag ins All brachte. Durch ihre Taten – und ihre Großzügigkeit mit dieser stillen, einfachen Ehrung – zeigte die NASA, daß Genes optimistische Vision der Zukunft der Menschheit, sein *Star Trek*-Traum, weiterlebte.

Gene hätte dieses Abenteuer geliebt.

ANHANG I

Filmographie

Diese Auflistung von Genes Arbeiten wurde aus glaubwürdigen Quellen zusammengetragen und ist so vollständig wie nur möglich. Zu diesen Quellen gehören: Genes persönliche Akten, das CBS-Sendearchiv, das Ziv-Archiv, das Sam-Rolfe-Archiv und Genes Nennungen in den Akten bei der Writers Guild of America (WGA), der er am 1. März 1954 beitrat.

Die Sendedaten der Networkserien werden genannt, wenn sie bekannt sind. In der Syndication wurden die Episoden zu verschiedenen Zeiten gesendet; diese Daten stammen aus den Drehbüchern.

Gene begann seine Karriere unter dem Pseudonym Robert Wesley, das sich zusammensetzte aus dem ersten Vornamen seines Bruders und seinem eigenen zweiten Vornamen. Die folgenden Drehbücher wurden unter diesem Namen geschrieben. Da der Großteil der Ziv-Serien in Syndication ausgestrahlt wurde, entsprechen die Sendedaten denen auf den Drehbüchern.

Als Robert Wesley:

Mr. District Attorney – 1954 – Ziv Productions – Syndication
»Defense Plant Gambling«   2. 3. 1954
(erster verzeichneter Drehbuchverkauf – geschrieben und verkauft Ende 1953 – verfilmt und gesendet 1954)
»Wife Killer«   26. 4. 1954
»Police Academy«   15. 7. 1954
»Court Escape«   14. 1. 1955
»Patrol Boat«   5. 4. 1955
»Police Brutality«   1. 7. 1955

I Led Three Lives

»Radioactive«	9. 1. 1956
»Discredit Police«	6. 2. 1956

Highway Patrol

»Reformed Criminal«	23. 8. 1955
»Human Bomb«	24. 10. 1955
»Mental Patient«	7. 12. 1955
»Prospector«	7. 2. 1956
»Oil Lease«	28. 6. 1956

Die folgenden Drehbücher wurden für Ziv unter dem Namen Gene Roddenberry geschrieben:

The West Point Story
Ausstrahlung: CBS, freitags 20.00 Uhr bis 20.30 Uhr, von Oktober 1956 bis September 1957; ABC, dienstags 22.00 Uhr bis 22.30 Uhr, von Oktober 1957 bis Juli 1958

Episode	*Ausstrahlung*
»The Operator«	unbekannt
»Home Folks«	unbekannt
»The Brothers«	11. 11. 1956
»Double Reverse«	28. 12. 1956
»Man of Action«	7. 12. 1956
»Manhunt«	11. 1. 1957
»One Command«	22. 2. 1957
(Buch: Gene Roddenberry und Jack Bennett; Drehbuch: Gene Roddenberry)	
»Jet Flight«	8. 2. 1957
»Guest of Honor«	unbekannt
(Gene übernahm ein Drehbuch von Sam Rolfe und vollendete es.)	
»Drowning of the Gun«	unbekannt
(Geschrieben von E. Jack Neuman und Gene Roddenberry.)	

Dr. Christian – Ziv – Syndication
»Bullet Wound«
(Geschrieben von Gene Roddenberry. Datum auf dem Ziv-Drehbuch: 5. 7. 1956; registriert bei der WGA: 11/56)

Harbor Command – Ziv – Syndication
»The Psychiatrist« 12. 2. 1958
(Geschrieben von Gene Roddenberry und William Driskill.)

Bat Masterson
Ausstrahlung: Oktober 1958 bis September 1959, NBC, mittwochs 21.30 Uhr bis 22.00 Uhr; Oktober 1959 bis September 1960, NBC, dienstags 20.00 Uhr bis 20.30 Uhr; September 1960 bis September 1961, NBC, dienstags 20.30 Uhr bis 21.00 Uhr.
»Pecos Shootdown«[1] 7. 11. 1958

In mindestens einem Lebenslauf listete Gene die Serien *King of Diamonds* und *Science Fiction Theater* auf, beides Ziv-Produktionen. Rein technisch gesehen, schrieb er für *Science Fiction Theater*. Er wurde dazu bestimmt, für den Produzenten Ivan Tors den Auftrag # 1614 zu schreiben, »Undersea Canyon«, der auf einer von Tors vorgelegten Geschichte basierte. Die Produktion wurde von Tors nach Erledigung der ersten Fassung gestrichen, da Tors Probleme mit der Produktionsgesellschaft hatte, nicht aber mit Gene. Sollte Gene für *King of Diamonds* geschrieben haben, dann hat das Manuskript nicht in den Ziv-Archiven überlebt. Ein unvollständig erhaltenes Drehbuch, das sich in Genes Akten befand, scheint ein *King of Diamonds*-Drehbuch zu sein. Es wurde möglicherweise nicht verkauft. Gene glaubte sich zu erinnern, daß er es geschrieben, aber nicht verkauft hatte.

Jane Wyman Theater (Die Serie hieß bis 1955 *Fireside Theatre*) – NBC; 5. April 1949 bis 23. August 1955 – Revue Productions.
»The Perfect Alibi«

---

[1] Dieses Drehbuch befindet sich im Ziv-Archiv, wird aber im Ausdruck der WGA nicht genannt.

(Drehbuch von Gene Roddenberry, Buch von Patricia Highsmith; registriert bei der WGA: 10/57)

Chevron Hall of Stars – Syndication – Genes Episode wurde in Los Angeles am 6. März 1956 ausgestrahlt.
»The Secret Weapon of 117«
(Geschrieben von Gene Roddenberry als Robert Wesley; registriert bei der WGA: 2/56; tatsächlich Ende 1953/Anfang 1954 geschrieben.)

Kaiser Aluminum Hour – NBC – 3. Juli 1956 bis 18. Juni 1957 – einstündige dramatische Anthologiereihe, dienstags im Wechsel mit *Armstrong Circle Theater*; eine der vielen Serien, die das »Goldene Zeitalter« des Fernsehens repräsentierte.
»So Short A Season«
(Geschrieben von Gene Roddenberry; registriert bei der WGA: 2/57.)

Boots and Saddles – Syndication – 1957 bis 1959 – California National Productions.
»The Marquis of Donnybrook«
(Geschrieben von Gene Roddenberry; registriert bei der WGA: 11/57.)
»Gatling Gun«
(Geschrieben von Gene Roddenberry; registriert bei der WGA: 11/57.)
»Rescue of the Strangers«
(Geschrieben von Gene Roddenberry; registriert bei der WGA: 11/57.)
»The Prussian Farmer«
(Geschrieben von Gene Roddenberry; registriert bei der WGA: 11/57.)

True Story oder **General Electric True** – NBC – samstags – 16. März 1957 bis 9. September 1961 – dramatische Anthologieserie.
»V-Victor Five«
(Drehbuch von Harold Jack Bloom; Buch von Gene Roddenberry; registriert bei der WGA: 7/62.)

The Dupont Show with June Allyson - CBS - montags 20.30 Uhr - 21. September 1959 bis 12. Juni 1961 - Four Star Productions - 30minütige dramatische Anthologieserie.
»Escape«
(Drehbuch von Bruce Geller; Buch von Gene Roddenberry; registriert bei der WGA: 2/60.)

Have Gun, Will Travel
Drehbücher von Gene Roddenberry werden entsprechend den Archiven von CBS Entertainment, New York, und der WGA aufgelistet. Da es sich um eine Networkserie handelte, entstammen die Sendedaten den drehreifen Drehbüchern bei CBS Entertainment.
Sendegeschichte: CBS - samstags 21.30 Uhr bis 22.00 Uhr, 14. September 1957 bis 21. September 1963.

Titel	*Ausstrahlung*
»The Great Mojave Chase«*	28. 9. 1957
»The Yuma Treasure«*	14. 12. 1957
»The Hanging Cross«*	21. 12. 1957
»Helen of Abajinian«[2]	28. 12. 1957
»Ella West«*	4. 1. 1958
»The Hanging of Roy Carter«*	4. 10. 1958
»Road to Wicksburg«*	25. 10. 1958
»Juliet«	31. 1. 1959
»The Monster of Moon Ridge«	28. 2. 1959
»Maggie O'Bannion«	4. 4. 1959
»Episode in Laredo«	19. 4. 1959
»The Return of Roy Carter«	2. 5. 1959
»Les Girls«	26. 9. 1959
»The Posse«	3. 10. 1959
»The Golden Toad«	21. 11. 1959
»Tiger«	28. 11. 1959
»Charley Red Dog«	12. 12. 1959
»El Passo Stage«*	15. 4. 1961

---

[2] Für dieses Drehbuch erhielt Gene den Writers Guild Award.

»Alice«	17. 3. 1962
»Taylor's Woman«	22. 9. 1962
»The Marshal of Sweetwater«	24. 11. 1962
»Trial At Tablerock«	15. 12. 1962
»The Cage At MacNaab«	16. 2. 1963
»The Savages«	16. 3. 1963

* bezeichnet Drehbücher, die sich nicht im CBS-Archiv befanden.

Die folgenden Drehbücher wurden von Gene Roddenberry geschrieben und für die Radiofassung bearbeitet. Die Daten kennzeichnen den Sendetermin.

Titel der Sendung	*Ausstrahlung*
»Food To Wickenberg«	30. 11. 58
bearbeitet von John Dawson (E. Jack Neufeld)	
»Ella West«	7. 12. 58
bearbeitet von John Dawson	
»Indian Christmas«	21. 12. 58
bearbeitet von John Dawson	
»Shotgun Marriage«	4. 1. 59
bearbeitet von John Dunkel	
»Monster of Moonridge«	8. 3. 59
bearbeitet von John Dawson	
»Maggie O'Bannion«	5. 4. 59
bearbeitet von John Dawson	

Jefferson Drum – NBC – freitags 19.30 Uhr bis 20.00 Uhr, April 1958 bis April 1959 – Screen Gems.
»Stagecoach Episode«
(Geschrieben von Gene Roddenberry; registriert bei der WGA: 7/58.)
»The Poet«
(Geschrieben von Gene Roddenberry; registriert bei der WGA: 5/58.)
»Madam Faro«
(Geschrieben von Gene Roddenberry; registriert bei der WGA: 4/58.)

»Law and Order«
(Geschrieben von Gene Roddenberry; registriert bei der WGA: 3/58.)

Naked City – ABC – dienstags ab 21.30 Uhr – 30. September 1958 bis 29. September 1959; dienstags 22.00 Uhr bis 23.00 Uhr, 12. Oktober 1960 bis 11. September 1963 – Screen Gems
»The Rydecker Case«
(Geschrieben von Gene Roddenberry; registriert bei der WGA: 5/62. Diese Handlung war ursprünglich für Studio One entwickelt worden.)

1960 arbeitete Gene für Screen Gems und entwickelte Pilotfilme. Er schrieb auch Drehbücher für Screen Gems-Serien. Während dieser Zeit produzierte er die Serie *The Wrangler*, die vom 4. August 1960 bis 15. September 1960 jeweils dienstags von 21.30 Uhr bis 22.00 Uhr auf NBC zu sehen war. Sie ersetzte die Serie *The Ford Show* mit Tennessee Ernie Ford. In seinen Akten ist über diese Serie nur wenig dokumentiert.

The Detectives (auch bekannt unter dem Titel *Robert Taylor's Detectives*) – ABC/NBC – 16. Oktober 1959 bis 22. September 1961 (ABC); 29. September 1961 bis 21. September 1962 (NBC) – Four Star – wurde mit dem Senderwechsel von 60 auf 30 Minuten verkürzt.
»Blue Fire«
(Geschrieben von Gene Roddenberry; registriert bei der WGA: 1/60.)
»Karate«
(Geschrieben von Gene Roddenberry; registriert bei der WGA: 1/60.)

Target: The Corruptors – ABC – freitags 22.00 bis 23.00 Uhr – 29. September 1961 bis 21. September 1962 – Four Star.
»To Wear a Badge«
(Drehbuch von Harry Essex, Buch Gene Roddenberry; registriert bei der WGA: 9/61.)

Shannon - Syndication - 1961 - Screen Gems (nicht zu verwechseln mit der CBS-Serie von 1981/82).
»The Embezzler's Daughter«
(Drehbuch von Gene Roddenberry; Buch von Ward Hawkins; registriert bei der WGA: 5/61.)
»The Pickup«
(Geschrieben von Gene Roddenberry; registriert bei der WGA: 4/61.)

Two Faces West - Syndicated - 1961 - Screen Gems.
»The Lesson«
(Drehbuch von Gene Roddenberry; Buch von Eustace Cockrell; registriert bei der WGA: 2/61.)

Dr. Kildare - NBC - 28. September 1961 bis 30. August 1966 - MGM Arena Productions.
»The General«
(Geschrieben von Gene Roddenberry; registriert bei der WGA: 4/62.)

The Virginian/The Men from Shiloh - NBC - 19. September 1962 bis 9. September 1970 - 16. September 1970 bis 8. September 1971 - Revue.
»Run Away Home«
(Drehbuch von Howard Browne; Buch von Gene Roddenberry; registriert bei der WGA: 2/63.)

The Lieutenant - NBC - samstags 19.30 Uhr bis 20.30 Uhr - 14. September 1963 bis 5. September 1964.
Pilotfilm, ohne Titel
(Geschrieben von Gene Roddenberry; registriert bei der WGA: 1/63.)
»To Kill A Man«
(Geschrieben von Gene Roddenberry; registriert bei der WGA: 4/64.)
»A Very Private Affair«
(Geschrieben von Gene Roddenberry; registriert bei der WGA: 7/63.)

»The Alien«
(Geschrieben von Gene Roddenberry als Robert Wesley; registriert bei der WGA: 11/63.)

The Long Hunt of April Savage (Pilotfilm September 1965) – produziert für Sam Rolfe

Star Trek, Originalserie
Gene schrieb ersten Pilotfilm »The Cage«, überarbeitete teilweise den zweiten Pilotfilm »Where No Man Has Gone Before«
Episoden, die Gene Roddenberry erwähnen:
»The Menagerie«, geschrieben von Gene Roddenberry;
»Return to Tomorrow«, geschrieben von Gene Roddenberry;
»The Omega Glory«, geschrieben von Gene Roddenberry;
»Mudd's Women«, Drehbuch von Stephen Kandel, Buch von Gene Roddenberry;
»The Return of the Archons«, Drehbuch von Boris Sobelman, Buch von Gene Roddenberry
»Bread and Circuses«, geschrieben von Gene Roddenberry und Gene L. Coon;
»Assignment: Earth«, Drehbuch von Art Wallace, Buch von Gene Roddenberry und Art Wallace, Versuch zu einer Spin-Off-Serie;
»The Savage Curtain«, Drehbuch von Arthur Heinemann und Gene Roddenberry; Buch von Gene Roddenberry;
»Turnabout Intruder«, Drehbuch von Arthur Singer, Buch von Gene Roddenberry;
»A Private Little War«, Drehbuch von Gene Roddenberry, Buch von Judd Crucis;
»Charlie X«, Drehbuch von Dorothy C. Fontana, Buch von Gene Roddenberry.

Zusätzlich zu diesen kompletten Arbeiten schrieb Gene in den ersten beiden Seasons erhebliche Teile der Drehbücher um.
Aus verschiedenen Gründen wurde Gene für diese Arbeit nie genannt. Während der Produktion der Serie schickte Gene ein Memo an die Chefetage, in dem er folgende Arbeiten nannte und in Rechnung stellte.

Bearbeitung von »Catspaw«: 750 Dollar.
Vollständige Überarbeitung von »Friday's Child«: 2750 Dollar.
Überarbeitung des Buchs »Who Mourns for Adonais?« (in der Episode heißt es »von Gilbert Ralston und Gene L. Coon«): 750 Dollar.
Überarbeitung des Buchs »Amok Time« (in der Episode heißt es »von Theodore Sturgeon«): 750 Dollar.
Bearbeitung von »Wolf in the Fold«: 1000 Dollar.
Überarbeitung des Buchs »I, Mudd« (in der Episode heißt es »von Stephen Kandel und David Gerrold«): 750 Dollar.
Bearbeitung von »I, Mudd«: 750 Dollar.
Überarbeitung des Buchs »Bread & Circuses«: 750 Dollar.
Vollständige Überarbeitung von »Bread & Circuses«: 2500 Dollar.
Vollständige Überarbeitung von »A Private Little War« sowie ein neues Drehbuch: 3000 Dollar.
Überarbeitung von »Obsession« (in der Episode heißt es »von Art Wallace«): 2500 Dollar.

Gene schrieb mindestens drei Kinodrehbücher; eines davon wurde produziert.

Tarzan – 1968 – nicht verfilmtes Drehbuch für National General.

Pretty Maids All In A Row – MGM – 1971 – registriert bei der WGA: 11/70. Drehbuch von Gene Roddenberry, nach einem Buch von Francis Pollini. Gene produzierte diesen Film auch. Die Hauptrolle spielte Rock Hudson, der später sagte, dies sei einer der wenigen Filme gewesen, die ihn finanziell reizten und die sich bezahlt machten.

Magna I – 1975/1976 – Drehbuch für einen 50-Millionen-Dollar-Film.

Weitere Fernseharbeiten:

Alias Smith and Jones – ABC – 21. Januar 1971 bis 13. Januar 1973 – »The Girl in the Boxcar« – 3. Januar 1971 – Drehbuch von Howard Brown, Buch von Gene Roddenberry.

Star Trek: The Animated Series – NBC – 1973 bis 1974 – samstagmorgens – Gene war ausführender Berater für die 22 halbstündigen Episoden.

The Questor Tapes (TV-Pilotfilm, Fernsehfilm für Universal) – Drehbuch von Gene Roddenberry und Gene L. Coon, Buch von Gene Roddenberry – Sendedatum: 23. Januar 1974 – ABC. Ursprüngliche Titel: »Questor«, »Mr. Q« – Handlung wesentlich früher entwickelt.

Spectre (Pilotfilm, Fernsehfilm) – gesendet 1977 – gedreht in England – Drehbuch von Gene Roddenberry und Samuel A. Peeples, Buch von Gene Roddenberry – entwickelt in den frühen siebziger Jahren.

Genesis II (Fernsehfilm/Pilotfilm) – Warner Bros. – Sendedatum: 1974 – registriert bei der WGA: 2/73 – Autor: Gene Roddenberry.

Gene schrieb 16 Episoden für *Genesis II*, darunter »Robot's Return«, die nie als solche bezeichnete Grundlage für *Star Trek: The Motion Picture*.

Planet Earth (Fernsehfilm, Pilotfilm, gleiche Vorgaben wie bei *Genesis II*) – Warner Bros. – Drehbuch von Juanita Bartlett und Gene Roddenberry, Buch von Gene Roddenberry.

Star Trek: The Next Generation – 1987 bis 1994 – Syndication. Erfinder und ausführender Produzent während der ersten fünf Seasons. Writers Guide von Gene Roddenberry verfaßt.
»Encounter at Farpoint«
(Drehbuch von D. C. Fontana und Gene Roddenberry – zweistündige Pilotepisode)
»Hide and Q«
(Drehbuch von C. J. Holland [Maurice Hurley] und Gene Roddenberry)
»Datalore«
(Drehbuch von Robert Lewin und Gene Roddenberry, Buch von Robert Lewin und Maurice Hurley)

Nicht verkaufte Konzepte, Drehbücher und produzierte Pilotfilme

Battleground: Earth – kurz vor der Besetzung der Rollen gestrichen – 1975 – ähnlich dem Konzept der Serie »V«, die später von NBC gekauft wurde.

The Nine – Drehbuch über ein PSI-Labor – 1975 – nicht verkauft.

Defiance County – Screen Gems – nicht verkaufter Pilotfilm.

Police Story – Desilu – August 1965 – nicht verkaufter Pilotfilm (30minütiger Pilotfilm von Gene Roddenberry geschrieben, außerdem wird Gene als Schöpfer der Serie genannt).

Robin Hood – 25. August 1967 – Datum auf einem nicht in Produktion gegangenes Pilotdrehbuch.

Sam Houston – Screen Gems – nicht verkaufter Pilotfilm.
»The Man From Texas«
(Geschrieben von Gene Roddenberry; registriert bei der WGA: 4/58.)

Nightstick – Screen Gems – nicht verkaufter Pilotfilm.
»The Big Walk«
(Geschrieben von Gene Roddenberry; registriert bei der WGA: 2/59.)
Pilotepisode
(Geschrieben von Gene Roddenberry, Clarence Green und Russell Rouse; registriert bei der WGA: 1/62.)

APO 923 – Screen Gems – nicht verkaufter Pilotfilm.
Pilotepisode »Operation Shangri-La«
(Geschrieben von Gene Roddenberry; registriert bei der WGA: 1/62.)

ANHANG II

Terrance Sweeneys »Gott und Roddenberry«

Gene hatte über mehrere Jahre hinweg Vorlesungen gehalten und war dabei in den Rang des »ersten elektronischen Philosophen« aufgestiegen. Er hatte viel über die wichtigsten Fragen des Lebens nachgedacht, jedenfalls soweit sie ihn betrafen. Als er sich in den späten siebziger Jahren mit den Antworten auf diese Fragen auf unterschiedlichen Wegen - Vorlesungen, Interviews, Fernsehdrehbücher - näherte, bot sich ihm eine einzigartige Gelegenheit, seinen Gedanken Ausdruck zu verleihen. Terrance Sweeney, ein Jesuitenpriester, recherchierte für ein Buch.[1]

Der Ansatz war entwaffnend einfach: Sweeney stellte einer Reihe prominenter Personen - von Ray Bradbury über Phyllis Diller, Eugene McCarthy, Joe Pasternak, Willie Shoemaker bis Frank Capra - drei Fragen: Was ist für Sie Gott? Hat Ihre Beziehung zu Gott Ihr Leben verändert? Was sind Sie für Gott? Die Befragten konnten sich zu diesen drei Fragen in jeder gewünschten Weise äußern.

Sweeney veröffentlichte Genes Antworten als zweites Kapitel, direkt nach Ray Bradbury.

GENE: Ich nehme an, Sie sind an einem nach innen gerichteten Blick interessiert. Ich habe in meinem Leben eine Reihe von Phasen durchlebt. Ich begann wie die meisten Kinder, für die Gott, der Weihnachtsmann, die Zahnfee und der Osterhase so ziemlich ein und dasselbe sind. Dann durchlebte ich eine Phase, von der ich glaube, daß sensible Menschen sie durchmachen: Überlegungen, die Jesus betreffen. Hat er Scheiße gebaut? Hat er versagt? Ich begann zu glauben, daß Gott nicht ir-

---

[1] *God &*, von Terrance Sweeney (Minneapolis, MN: Winston Press, 1985).

gendein Typ mit weißem Bart ist. Ich betrachtete das Elend der Menschheit und begann zu glauben, daß Gott nicht so einfach sei wie meine Mutter mir gesagt hatte. Soweit ich mich heute auf die Frage konzentrieren kann, glaube ich, daß ich Gott bin. Sie sind es ganz gewiß. Ich glaube, daß alle intelligenten Lebewesen auf diesem Planeten ein Teil von Gott sind und Gott werden. In einem bestimmten Zyklus müssen wir Gott werden, damit wir uns selbst erschaffen können.

Ich gehöre zu jenen Menschen, die Fakten sehen wollen. Ich glaube so lange nicht an fliegende Untertassen, bis eine hier landet oder mir jemand ein Foto zeigt. Aber trotzdem bin ich mir dessen sicher, als ob ich die Fakten besäße.

SWEENEY: Was ist Ihr Hauptgedanke, wenn Sie sagen, wir werden Gott?

GENE: Ich glaube, Gott ist ein Grundbestandteil des Universums, so wie Neutronen und Positronen. Ich vermute, es gibt eine wissenschaftliche Gleichung für Materie und Zeit und Energie. Wir werden letztlich das fehlende Bestandteil finden. Gott ist in Ermangelung einer besseren Bezeichnung eine Macht. Es ist die Hauptmacht, wenn wir uns im Universum umsehen.

Ich glaube, Gott – wir – (die Gleichung des Universums) erschuf die Zeit – unser eigener Anfang und unser eigenes Ende –, damit wir existieren können. Lassen Sie mich erklären, was mich auf diesen Gedanken bringt: Ich glaube, daß ich der Mittelpunkt des Universums bin. Denn alles in diesem Universum kommt zu mir durch meine Empfindungen und die inneren Eindrücke. Ich hoffe, es kommt auch zu Ihnen. Ich hoffe, daß niemand mir einen Streich spielt. Ich hoffe, Sie haben die gleichen Ansichten. In diesem Fall ist das Universum nicht einfach nur ein Universum mit einem Zeitverlauf. Es ist eine wunderbar komplexe Sache.

Die Tatsache, daß trotz dieser Sache, die ich grob umrissen als »Gedanken« bezeichnen möchte – meine Erfahrungen und auch Ihre Erfahrungen –, bedeuten muß, daß Gott die Macht hinter der Kreativität des Lebens usw. sein muß, so sicher wie zwei und zwei vier ist.

SWEENEY: Ist es zutreffend, wenn ich Ihre Gedanken über Gott in dieser Formel zusammenfasse: Gott ist gleich Gedanke.

GENE: Gott ist gleich Bewußtsein, ja.

SWEENEY: Um einen Schritt weiterzugehen: Kann ich den Schluß ziehen, daß eine Gotteserfahrung sich in Ihrem Leben als gesteigertes Bewußtsein geäußert hat, als erhöhte Denkfähigkeit?

GENE: Nein. Meine Erfahrungen mit dem Begriff »Gott« waren kein plötzliches, völliges Verstehen, eher ein langsamer Prozeß, ein wenig hier, ein wenig dort. Gott ist für uns alle ein sehr persönliches und selbstsüchtiges Konzept, weil wir keine völlige Gewißheit besitzen. Wenn man aber all diese kleinen Stückchen zusammensetzt, erhält man ein Gefühl von Gottesfurcht.

SWEENEY: Es gibt einige Menschen, die die menschlichen Erfahrungen in Verstand, Körper und Geist getrennt haben. Wenn Sie das Wort »Gedanke« verwenden, schließen Sie dabei Gefühle und Empfindungen aus?

GENE: Ich schließe es vollständig ein. Ich glaube, daß diese Gottesfurcht, von der wir sprechen, Teil der Schmerzen, Ekstase und des Verlangens ist – all die Dinge, die wir nur unvollständig erkennen und einordnen.

SWEENEY: Können Sie zwei oder drei Erlebnisse in Ihrem Leben nennen, bei denen Sie sagen konnten: »Oh, ich glaube, ich habe Gott erfahren?«

GENE: Die erste große Erfahrung machte ich in den dreißiger Jahren, also erst spät im Leben. Ich beneide diejenigen, die sie früher machen. Ich besuchte eine christliche Veranstaltung für junge Leute. Dort hatte man den Fehler gemacht, einen schottischen Ex-Pfarrer einzuladen, der sich als linksradikal entpuppte. Er sprach von neuen und aufregenden Dingen: Zum Beispiel seien Kriege nicht gerecht. Er sagte, die Deutschen – es ging hier um den Ersten Weltkrieg – seien nicht gottlos gewesen. Gott sei auch nicht auf unserer Seite gewesen. Er machte den ganzen Krieg lächerlich. Er machte mich mit einem Buch bekannt. Ich glaube, es war kein sehr gutes Buch, aber in jenen Tagen war es für mich eine Offenbarung – Pierre van Paassens »Days of Our Years«. Es offenbarte mir zum ersten Mal im Leben, daß die Dinge nicht so sind, wie man mir sagte. Ich traf ihn später. Er nahm mich mit in sein Appartement in einem Hotel. Mein Vater war zu Tode erschrocken, daß ich in eine homosexuelle Beziehung gelockt würde. Denn welcher Mann würde einen jungen Knaben in sein Appartement einladen? Er hatte eine Ausgabe des Koran da. Als er mir sagte, dieses Buch sei so heilig wie das daneben – die Bibel –, war es für mich schockierend und aufregend. Ja, ich glaube, das war ein Augenblick, in dem ich einen Schritt hin zum Zweifel an der Gottesfurcht machte.

SWEENEY: War es *der* Augenblick in Ihrem Leben, oder gab es noch andere?

GENE: Nun, das war *der* Augenblick. Es traf mich zur rechten Zeit. Ich wollte daraufhin einfach alles lesen, weil es eine so aufregende Entdeckung war. Was mußte es erst in Bibliotheken und Buchhandlungen geben?

Ich glaube nicht, daß ich mich an andere Erlebnisse erinnern kann, die so sehr auf mich wirkten. Ich glaube, daß Erfahrungen im Zusammenhang mit dem Erwachsenwerden immer etwas Großes an sich haben.

SWEENEY: Wie alt waren Sie?

GENE: Vierzehn.[2] Ich glaube, die einzige andere vergleichbare Erfahrung machte ich, als ich *Star Trek* erschuf und glaubte, ich könnte das tun, was Jonathan Swift gemacht hatte. Als er das englische politische System kommentieren und eine Satire darüber schreiben wollte, ließ er das von den Liliputanern erledigen. Irgendwo wurde mir klar, daß ich meine Kommentare an den Zensoren vorbeischmuggeln konnte, wenn ich sie auf kleine lila Leute auf einem entlegenen Planeten bezog. Die Idee nahm immer konkretere Formen an. *Star Trek*-Abenteuer konnten sich mit vielen verschiedenen »Kreaturen« und Ereignissen befassen, so daß ich viele verschiedene Gedanken über Reli-

---

[2] Es ist wahrscheinlicher, daß Gene das Buch mit siebzehn Jahren las. 1935 war er vierzehn Jahre alt, das Buch wurde aber erst im Januar 1939 publiziert. Es war ein beliebtes Buch, das bis September 1939 bereits die sechste Auflage erlebte. Auf dem Umschlag findet sich unter anderem folgendes: »... [van Paassen] bringt in seine Arbeit ein tiefes Mitgefühl und tiefe Liebe für die Menschheit ein. Das ist Humanismus vom Feinsten, die Offenbarung eines freien Geistes und eines Glaubens an die grundlegende Menschenwürde. Die Wirkung dieses Buchs ist unvergeßlich, seine Lektüre ist eine grundlegende emotionale und geistige Erfahrung.« Man kann sich vorstellen, welchen Einfluß es auf den jungen Gene hatte.

gion, Sex, Gewerkschaften, Management oder über Vietnam – was zu der Zeit eine große Sache war – an den Zensoren vorbeischleusen konnte. Bei der Entwicklung wurde mir klar, daß ich es tun konnte. Ich konnte wirklich meine Ansichten aussprechen.

SWEENEY: Die Erfahrung, auf die Sie sich beziehen, unterscheidet sich von den Dingen, die ich gelesen oder von anderen Menschen gehört habe. Sie beziehen ihre Erfahrung von Gott auf eine Person, nicht auf eine Idee oder eine Erkenntnis. Wieviel Ihrer Gotteserfahrung hat sich auf eine Person bezogen.

GENE: Ich möchte das ignorieren, was Sie wohl von mir hören möchten.

Meine eigene Ansicht dazu ist, daß die Betrachtung von Gott als Person ein kleinlicher, abergläubischer Ansatz ist, sich mit dem Ganzen, der Unendlichkeit auseinanderzusetzen. Ich erinnere mich, daß ich als junger Mann in Mexico City war. Ich glaube, es war die Lady of Guadalupe Cathedral. Ich beobachtete die Menschen, wie sie aus einer Entfernung von zehn Kilometern aus der Stadt herbeigekrochen kamen. Ihre Knie bluteten. Ich erkannte, daß dies zumindest für mich so dumm war wie die Dinge, über die ich im Fernsehen gelacht hatte, wenn ich sah, wie ein afrikanisches Stammesmitglied das gleiche machte. Gott ist keine Person, so einfach ist das nicht. Ich wünschte, ich könnte einfach bluten oder mich geißeln, um ihm näherzukommen. Aber leider ist es nicht so einfach. Tatsächlich habe ich mich viele Jahre lang darüber geärgert, wenn Menschen sich selbst Schmerzen zufügten. Jeder, der auf diese Weise glaubte, war in meinen Augen dumm. Ich glaube, daß diejenigen, die auf dieser ... ich wollte Ebene sagen und mich selbst über sie stellen, aber so meine ich das nicht ... Wenn das die Art ist, wie sie glauben, und wenn sie sich selbst so besser verstehen, dann soll es so sein. Gott – was immer er ist – möge sie schützen und glücklich machen. Für mich ist das nicht so einfach. Er ist kein Individuum. Es ist nicht einmal so einfach wie eine Einteilung in Gut und Böse. Wir müssen nur vor unsere eigene Tür sehen, um festzustellen, daß unser Prinzip von Gut und Böse von der Natur nicht angewendet wird. Es ist viel komplexer.

SWEENEY: Machen Sie ...
GENE: Ich habe Angst vor meinen Antworten. Sie stellen mir eine einfache Frage und ich finde keine Ende.
SWEENEY: Nein, geben Sie mir eine direkte Antwort. Machen Sie sich keine Gedanken darüber, ob es meinen Überzeugungen widerspricht. Angesichts der Dinge, die Sie glauben – sprechen Sie überhaupt mit Gott?
GENE: Ich weiß nicht. Ich sehe keinen Grund, an PSI-Faktoren, Kulte und ähnliches zu glauben. Aber es scheint mir manchmal während des Schreibens so, daß ich in Einklang mit den Dingen komme, wenn ich in meinen Texten etwas geschehen lasse. Fast so, als ob mein innerer Verstärker besser arbeitet. Dann entstehen Ideen, zu denen man eigentlich fast nicht in der Lage ist. Es geschehen gewisse Dinge, die mich verstehen lassen, daß ich auf dem richtigen Weg bin. Ich will mich nicht mit Einstein gleichsetzen, aber er sagte, daß er bei der Entwicklung der Relativitätstheorie plötzlich gewisse Dinge verstand, für deren Beweis er fünfzehn Jahre benötigte. Und doch wußte er vom ersten Augenblick an, daß diese Dinge stimmten. Vielleicht gibt es so etwas wie ein Massenbewußtsein und irgendwo einen Sender, auf den wir uns gelegentlich einstellen und von dem wir Informationen erhalten, für deren Bestätigung wir Jahre benötigen.
SWEENEY: Was macht Gott für Ihr Leben aus?
GENE: Ich müßte sagen, das Konzept, Gott *zu sein*.... Es hat nichts mit Religion zu tun ... Es ist das Gefühl dazuzugehören, ein Teil davon zu sein. Damit kann ich nicht nachlässig umgehen. Ich muß versuchen, mehr ein Teil davon zu werden und zu verstehen, welches meine Rolle ist. Es ist zu wichtig, um es hinter Drogen, Whisky und Zigaretten zurückzustellen. Alles Dinge, die ich mache. Aber irgendwo dazwischen gibt es ein Gefühl, daß ich Teil von etwas bin, das so wichtig ist wie die Moleküle, aus denen sich alles zusammensetzt. Es ist zu wunderbar, um ignoriert und beiseite gelegt zu werden.
SWEENEY: Wirkt sich Ihr Gottsein oder Ihre Mitwirkung daran – wie Sie es auch formulieren möchten – darauf aus, ob es einen Unterschied gibt, wenn wir Bomben auf Kambodscha oder auf Dresden abwerfen?

GENE: O ja. Es bewirkt einen großen Unterschied, zugleich aber auch nicht. Ich möchte versuchen, das zu erklären: Ich lehne die schlechte Logik ab, diese Dummheit, die solche Dinge erst entstehen läßt. Ich hasse die Tatsache, daß die Menschen, die so etwas tun, niemals an Gottesfurcht gedacht haben. Oder die Tatsache, daß sie immer mächtiger werden, während die Menschen, die es mehr wert wären, Teil des Ganzen zu sein, sterben oder unter Qualen und Schmerzen leben.

Da ich in der Science Fiction gearbeitet habe – die meiner Ansicht nach in vielen Punkten interessanter ist, als man ihr zugesteht –, habe ich gleichzeitig gelernt, diese Dinge in einem größeren Rahmen zu betrachten. Ich betrachte es als Teil einer wahrscheinlich natürlichen Begeisterung und Aggressivität einer Rasse, die sich noch in der Kindheitsphase befindet und erwachsen wird. Wenn man in Vietnam ist und sieht, wie Napalm das Fleisch verbrennt, dann muß das eine entsetzliche Sache sein. Aber wenn man das etwas distanzierter betrachtet – so wie es geschieht, wenn wir uns mit der Geschichte des Römischen Reichs beschäftigen –, dann glaube ich, daß man es als einen kindlichen Gott oder eine kindliche Rasse betrachten kann, die noch im Kindergarten ist. Und ich glaube, daß Gott oder eine andere, etwas intelligentere Rasse, die Gott näher ist, auf uns hinabblickt und sagt: »Nun, das wunderbar aggressive, gesunde Kind macht sich.« Ich glaube, daß Rassen so wie Kinder aufwachsen. Es kann etwas draus werden.

SWEENEY: Wie sehen Sie uns auf einer erwachsenen Stufe?

GENE: Das ist eines der vielen – fast hätte ich gesagt, das eine – Rätsel, die ich noch nicht habe lösen können. Werden wir in einer erwachsenen Phase eine Einheit erreichen, in der wir alle Zellen eines großen Organismus oder eines großen Geistes sind, der reif und weise ist und niemals etwas Falsches macht? Ich fürchte, das wäre ziemlich langweilig. Für mich auf meiner persönlichen Stufe zeigen sich Weisheit und Reife darin, daß man sich an jemandem erfreuen kann, der sagt: »Ich bin anderer Meinung, weil...« Ich glaube, das Schlimmste, was uns widerfahren könnte, wäre eine Stufe, in der wir alle gleich handeln, reden, aussehen und denken. Wenn ich uns auf diese große Einheit voller Weisheit und Frieden zutreiben sehe, stelle ich fest, daß ich innehalte und sage: »Wir sollten besser nicht alle der gleichen Meinung sein.« Ich möchte nicht Monopoly spielen, wenn ich immer die richtige Augenzahl würfele. Ich möchte sagen können: »Sie haben unrecht. Beweisen Sie mir, daß Sie recht haben.« Zumindest hätte ich die Freude zu beweisen, daß Sie unrecht haben.

Mir scheint es so, daß wir bereits den Himmel haben. Wenn man das Leben mit seinem Schmerz und seinem Elend, mit den Niederlagen und den Siegen in ein Spiel packen würde, die Leute würden ein Vermögen ausgeben, um dieses Spiel zu bekommen. Und ich glaube nicht, daß ich es so friedlich gelöst sehen möchte, daß das Spiel völlig beendet wäre.

SWEENEY: In verschiedenen Traditionen dieser Welt, bei den Christen, den Hindus oder den Buddhisten, gibt es eine Methode, in direkten Kontakt mit Gott zu treten – durch Meditation oder Gebete. Sie haben erwähnt, daß Sie beim Schreiben manchmal das Gefühl haben, daß einige Ihrer Ideen von außerhalb zu kommen scheinen. Das scheint für Sie eine Erfahrung zu sein, die bedeutender ist als alle anderen. Gibt es in Ihrem Leben irgendwelche Aktivitäten, die einen *bewußten* Versuch darstellen, mehr das zu sein, was Sie sein wollen, dem Ideal von Gott näherzukommen? Das Schreiben scheint mehr eine passive Sache zu sein.

GENE: Das Schreiben konfrontiert mich mit meinem Selbst.

SWEENEY: Verwenden Sie auch andere Methoden?

GENE: Ich habe es einmal mit transzendentaler Meditation versucht, aber das hat nicht richtig funktioniert. Es ist sehr entspannend, aber das ist auch alles. Es war sehr angenehm, so als wenn man Pot raucht. Aber man wird dafür nicht verurteilt! Was aber die Erleuchtung angeht und die Erkenntnis ›Wow, ich kann alles sehen‹... nein.

Nein, ich verwende keine anderen Mittel. In den letzten fünfzehn oder achtzehn Jahren besteht meine eigene Methode darin, mich dazu zu erziehen, morgens um fünf Uhr aufzustehen. Seltsamerweise kann man das ohne Wecker schaffen. Ich lese dann so etwa zwei Stunden, bevor meine Familie wach wird. Die Bücher, die ich in der letzten Zeit gelesen habe, reichen von Trivialliteratur über eine neue Oxford-Studie über das Leben von Alexander dem Großen bis hin zu allem, was mir in die Finger fällt. Ich lese immer den *Playboy* von vorne bis hinten und wünschte, ich wäre jünger, um einige dieser Dinge auszuprobieren. Ich lese jeden Morgen. Es bringt meinen inneren Motor in Schwung. Wenn ich schließlich aufstehe, umhergehe, bei gutem Wetter ein wenig schwimme und mich dann an meinen Schreibtisch setze, bin ich auf Touren und schreibe besser. Die einzige andere Sache, die ich mache, sind Vorlesungen an Colleges. Die Jugendlichen fragen mich peinliche Dinge, und ich muß mich wirklich fragen – ich bin sicher, daß es Ihnen auch so geht: »Habe ich die richtige Antwort gegeben?« Ich habe nie meine Überlegungen nachträglich noch einmal untersucht.

SWEENEY: Was halten Sie von dem historischen Dokument des Neuen Testaments?

GENE: Ich glaube, daß es unübersehbar etwas Heiliges darin gibt. Aber ich glaube, daß das wohl auf jede ernsthafte Literatur zutrifft. Ich glaube, die Bibel hat nicht mehr Heiliges als Shakespeare oder *Naked City* oder irgend etwas anderes. Man muß nach dem Heiligen suchen, man muß es finden und analysieren. Ich kann nicht sagen: »Gut, dieses Buch besitzt Heiligkeit.« Ich glaube, das findet man auch in orientalischen oder indischen Werken und in anderen Dingen, die uns völlig fremd sind.

SWEENEY: Was ist mit der eindeutigen biblischen Aussage, Christus sei heilig?

GENE: Nun, was meine Gefühle für Jesus angeht, haben sich diese seit meiner Kindheit verändert hin zu einer Beinahe-Bestätigung, daß ich Gott bin. Mir kommt es so vor, als habe Jesus eigentlich nur gesagt: »Ich bin und du bist.« Er hatte bessere Arbeit geleistet als ich. Aber viele Menschen leisten bessere Dinge als ich. Ich glaube, er stand stärker in Kontakt. Für mich ist das Schöne und Wunderbare an Jesus, daß er einer von uns ist. Das scheint mir die ganze Aussage des Neuen Testaments zu sein: »Hey, Mann, du kannst das auch, denn ich wurde so wie du geboren. Ich bin so wie du gestorben. Es gibt an mir nichts, was besonders wäre und was es an dir nicht auch gibt. Ich biete dir beides.« Und ich glaube, diese ›Göttlichkeitssache‹

ist Scheiße, weil sie diese göttliche Botschaft weggenommen haben, die er wieder und wieder verkündet hatte. Er war göttlich. Aber das sind wir auch. Ich glaube, daß er das gesagt hat: »Ihr seid es auch.«

SWEENEY: Es gibt ein Buch von Alan Watts mit dem Titel »Beyond the Spirit«. Haben Sie das gelesen?

GENE: Nein.

SWEENEY: Wenn Sie die Gelegenheit hätten...

GENE: Ich lese nicht viele religiöse Dinge, weil ich mir als Kind die Finger daran verbrannt habe. Ich glaube, das trifft auf viele Menschen zu. Ich weiß, daß das keinen Sinn ergibt, aber es ist so. Dann wendet man sich ab. Ich habe auf meiner letzten Reise ein wundervoll religiöses Buch gelesen, ich glaube es hieß »The Kapillan of Malta«. Es ist die Geschichte eines Priesters, es ist ein wunderbares Buch. Ich leihe es Ihnen, wenn Sie möchten. Es ist die Geschichte eines einfachen Priesters, der sich durch seine innere Stärke als gar nicht so einfach erweist. Es spielt im Krieg und erzählt davon, wie er diesen Dorfbewohnern half, die in den Katakomben lebten. Die Kirchenoberen haßten ihn, weil die Menschen die Leichname der Heiligen aus den Felsnischen genommen hatten, um dort zu leben, zu schlafen und sich zu lieben. Er sagte: »Das ist Leben. So ist es. Ich kann meine Leute nicht verändern. Alles, was ich für sie tun kann, ist, mit ihnen zu leben und sie zu finden, wenn sie bluten.« Als er schließlich starb, begannen die Leute zu verstehen: »Hey, Moment mal. Das ist viel christlicher als all die Bischöfe, die hochnäsig auf uns herabblicken.« Es ist ein reizendes Buch.

SWEENEY: Dieses Essen war hervorragend. So wie das Interview. Ich bin Ihnen wirklich dankbar.

GENE: Ich auch. Es hat Spaß gemacht.

Deutsche Titel der Filme, Fernsehserien und Bücher

20,000 Leagues Under the Sea – 20 000 Meilen unter dem Meer
2001: A Space Odyssey – 2001: Odyssee im Weltraum
The Beast from 20,000 Fathoms – Panik in New York
Beau Geste – Drei Fremdenlegionäre
Bewitched – Verliebt in eine Hexe
The Brothers Karamazov – Die Brüder Karamasow
The Cat People – Die Katzenmenschen
Catcher in the Rye – Der Fänger im Roggen
A Clockwork Orange – Uhrwerk Orange
Close Encounters of the Third Kind – Unheimliche Begegnungen der Dritten Art
The Creature From The Black Lagoon – Der Schrecken vom Amazonas
Dark Victory – Opfer einer großen Liebe
The Day The Earth Stood Still – Der Tag, an dem die Erde stillstand
Destination Moon – Endstation Mond
E.T. – E.T. – Der Außerirdische
The Elephant Man – Der Elefantenmensch
Father Knows Best – Vater ist der Beste
Forbidden Planet – Alarm im Weltall
The Fugitive – Dr. Kimble
Get Smart – Mini-Max
Gone With the Wind – Vom Winde verweht
The Great Escape – Gesprengte Ketten
Gunga Din – Aufstand in Sidi Hakim
Gunsmoke – Rauchende Colts
A Hard Day's Night – Yeah! Yeah! Yeah!
The Haunting – Bis das Blut gefriert

The Hound of the Baskervilles – Der Hund von Baskerville
The Hunchback of Notre Dame – Der Glöckner von Notre-Dame
I Spy – Tennisschläger und Kanonen
I, Claudius – Ich, Claudius, Kaiser und Gott
I, Robot – Ich, der Robot
The Invaders – Invasion von der Wega
Invasion of the Body Snatchers – Die Dämonischen
Ironside – Der Chef
It Came From Outer Space – Gefahr aus dem Weltall
Killing Time – Zeit zu töten
Kolchak – The Night Stalker – Kolchak.
Last and First Men – Die ersten und die letzten Menschen
Lost In Space – Verschollen zwischen fremden Welten
The Man From U.N.C.L.E. – Solo für O.N.C.E.L./Solo für U.N.C.L.E.
Master of the World – Herr der Welt/Robur, Herr der 7 Kontinente
Mission: Impossible – Kobra, übernehmen Sie/Unmöglicher Auftrag
Mr. Smith Goes to Washington – Mr. Smith geht nach Washington
Murder She Wrote – Mord ist ihr Hobby/Immer wenn sie Krimis schrieb
My Favorite Martian – Mein Onkel vom Mars
North By Northwest – Der unsichtbare Dritte
Of Mice an Men – Von Mäusen und Menschen
Pretty Maids All In a Row – Der Sex-Lehrer-Report
The Puppet Masters – Weltraummollusken erobern die Erde
Rocketship X-M – Rakete Mond startet
The Rockford Files – Detektiv Rockford, Anruf genügt
The Rolling Stones – Die Tramps von Luna
Silent Running – Lautlos im Weltraum
Smiley's People – Smileys Leute
The Sound of Music – Meine Lieder, meine Träume
Space: 1999 – Mondbasis Alpha 1
Stagecoach – Ringo
Star Trek – Raumschiff Enterprise

Star Trek Animated – Die Enterprise (Zeichentrickserie)
Star Trek II: The Wrath of Khan – Star Trek II: Der Zorn des Khan
Star Trek Memories – Star Trek-Erinnerungen
Star Trek V – The Final Frontier – Star Trek V: Am Rande des Universums
Star Trek: The Next Generation – Raumschiff Enterprise: Das nächste Jahrhundert
Star Trek: Voyager – Star Trek: Raumschiff Voyager
Star Wars – Krieg der Sterne
The Streets of San Francisco – Die Straßen von San Francisco
The Wizard of Oz – Das zauberhafte Land
Them! – Formicula
The Thing – Das Ding aus einer anderen Welt/Das Ding
This Island Earth – Metaluna IV antwortet nicht
Tinker, Tailor, Soldier, Spy – Dame, König, As, Spion
Total Recall – Total Recall: Die totale Erinnerung
The Twilight Zone – Unwahrscheinliche Geschichten
The Untouchables – Chicago 1930
Upstairs, Downstairs – Das Haus am Eaton Place
V – V: Die Außerirdischen Besucher kommen
Voyage To The Bottom of the Sea – Mission Seaview
The War of the Worlds – Kampf der Welten
We Can Remember It For You Wholesale – Mr. Quail's Erinnerungen/Rekal, Inc. – Erinnerungen jeder Art
When Worlds Collide – Der Jüngste Tag
Who Goes There? – Das Ding aus einer anderen Welt
Wuthering Heights – Sturmhöhe
Zombies of the Stratosphere (auch: Satan's Satellite) – Des Satans Satellit

Deutsche Titel der im Text genannten Star Trek-Episoden

»All Our Yesterdays« – »Portal in die Vergangenheit«
»The Alternative Factor« – »Auf Messers Schneide«
»Amok Time« – »Weltraumfieber«
»Assignment: Earth« – »Ein Planet, genannt Erde«

»Beyond The Farthest Star« - »Keine Blumen für Kirk«/»Das körperlose Wesen«
»Bread and Circuses« - »Brot und Spiele«
»By Any Other Name« - »Stein und Staub«
»The Cage« - »Der Käfig«
»Catspaw« - »Das Spukschloß im Weltall«
»Charlie X« - »Der Fall Charlie«
»The City on the Edge of Forever« - »Griff in die Geschichte«
»The Counter-Clock Incident« - »Weltraumkosmetik/Flucht aus einem anderen Universum«
»The Doomsday Machine« - »Planeten-Killer«
»Friday's Child« - »Im Namen des jungen Tiru«
»Half A Life« - »Die Auflösung«
»I, Mudd« - »Der dressierte Herrscher«
»The Infinite Vulcan« - »Planet der Riesen«/»Das Superhirn«
»The Menagerie« - »Talos IV - Tabu«
»Miri« - »Miri, ein Kleinling«
»Mudd's Women« - »Die Frauen des Mr. Mudd«
»Obsession« - »Tödliche Wolken«
»The Omega Glory« - »Das Jahr des roten Vogels«
»Patterns of Force« - »Schablonen der Gewalt«
»A Piece of the Action« - »Epigonen«
»Plato's Stepchildren« - »Platos Stiefkinder«
»A Private Little War« - »Der erste Krieg«
»Return of the Archons« - »Landru und die Ewigkeit«
»The Royale« - »Hotel Royale«
»Shore Leave« - »Landeurlaub«
»Space Seed« - »Der schlafende Tiger«
»Spectre of the Gun« - »Wildwest im Weltraum«
»Unification« - Wiedervereinigung?
»The Way to Eden« - »Die Reise nach Eden«
»What Are Little Girls Made Of?« - »Der alte Traum«
»Where No Man Has Gone Before« - »Spitze des Eisbergs«
»Who Mourns For Adonais?« - »Der Tempel des Apoll«
»Whom Gods Destroy« - »Wen die Götter zerstören«
»Wolf in the Fold« - »Der Wolf im Schafspelz«

REGISTER

ABC 203, 208 f., 471, 545
Abel, Robert 535
Ace, The 49
Ackerman, Forrest J. 224, 380
Adams, Stanley 487
Adler, Dick 501
Admas, Nick 267
Adventure 61
Adventures of Superman 263
Agid, Nick 409
Alexander, David 56
»All Our Yesterdays« 439, 477
Allen, Brenda 151
Allen, Irwin 252, 362
Almanac, The 71
»Alternative Factor, The« 358
Altman, Robert 220
Amanzing Stories 62, 66
American Business Consultans 146
American Baptist Convention 208
American International Pictures 240, 340
»Amok Time« 354, 360, 415
Amory, Cleveland 322
Amos, Bob 372
AMT Corporation 317, 412
An Francisco Examiner and Chronicle 546
Analog Magazine 372, 415, 424

Anderson, Poul 300, 330, 520
Andrews, George 148
Andy Griffith Show, The 277
Anti-Defamation League of B'nai B'rith 234
Any Baby Makes Three 276 f.
APO 923 216-220, 223, 243
Archerd, Army 271
Arena Productions 240
Argosy 61, 156 f., 159
Armageddon 2419 (Nowlan) 66
Armstrong, Neil 442
Arnaz, Desi 245-249
Arnold, General Henry »Hap« 78
Arnold, Richard 310, 414, 487, 522, 532, 574 f., 589 ff., 582, 60, 605, 633 f.
Art of Dramatic Writing, The (Egris) 458
Asherman, Allan 320 f., 430, 470
Ashley Famous Agency 293, 314
Ashley-Steiner Agency 244 f.
Ashley, Elizabeth 269
Asimov, Isaac 61 f., 243, 300, 332-337, 348, 359, 370, 374 f., 415, 426, 429, 448, 471, 473 f., 479, 498 f., 506, 518, 520, 533 f., 538, 553, 593, 612, 6114, 617 f., 620

679

- Briefwechsel mit Gene R. 332-337, 348-351, 370 f., 384 ff., 4403 f., 429, 479 f., 538 ff.
»Assignment Earth« 404
Assignment: Earth 405, 407, 577
Associated Television (ATV) 211
Association for Professional Law Enforcement (APLE) 156 f.
Astounding 62, 167
Astounding Science Fiction 301, 415, 489, 601
Astounding Stories 62, 66, 167, 475
Atchison, Pat 77, 349 f.
Atchison, Robert »Bob« 72, 77, 147, 349 f.
Aubrey, James 249, 252, 455, 457 f.

Backus, Jim 234 ff.
Baker, Blanche 243 f.
Ball, Lucille (Lucy) 245-249, 272, 323, 366
Ballentine, Betty 472
Balmer, Edwin 166
Balosic, Frank 115
Barrett Roddenberry, Majel Lee Hudec 136, 138, 221, 234, 241, 254-268, 273, 275, 311, 315, 383, 392, 397, 399 f., 437, 443 ff., 453, 459, 567, 470, 475 f., 481, 484, 486, 488 ff., 496, 502 f., 514 f., 517, 527 f., 560, 567, 582, 537 ff., 642, 645, 651
Basta, Laura 382, 494
Basta, Margaret 382, 494

Bat Masterson 198, 207 f.
Battleground: Earth 496, 513 f.
Baxter, Les 276
Bay, Don 264 ff.
Bear, Gregory Dale 520
Beast from 20,000 Fathoms, The 430
Beat, The 155 f.
Beatles, The 359
Beaumont, Hugh 469 f.
Beck, Tom 372
Becker, Eileen 469 f.
Bedford-Jones, H. 61
Beginning of the End, The 430
Belasario, Don 519
Bell Telphone Hour 371
Ben Casey 276
Bennett, Harve 546-549, 551, 556, 558 f., 561, 564, 610-615, 617, 620 ff., 624
Benson, Leon 200
Benton & Bowles 237
Berman, Rick 585, 592, 606, 632, 649
Bernstein, Elmer 276
Bertsch, Dr. Monroe 134
»Beyond the Farthest Star« 485
Bierly, Kenneth 146
»Big Walk, The« 207, 209
Biggle, Lloyd jun. 328
Bing Crosby Show, The 277
Bixby, Jerome 267, 424, 519
»Black Destroyer« 62
Black Mask 61
Black, John D. F. 301, 314 ff., 353, 425
Blackman, Joan 618, 620
Blair, Karin 540

Blind Eye of History, The (Reese)   158
Blish, James   412 f., 571
Bloch, Robert   301, 330
Bluhdorn, Charles   366, 530
Bochner, Lloyd   345
Bonestall, Chesley   167
Boone, Richard   405
Boots and Saddles   206
Bracken's World   440
Bradbury, Ray   61, 66, 506, 583, 639 f.
Bradley, Pat   69
Brain Eaters, The   340
Bray, Sara Jane   123, 126 f., 129-132, 134, 138 f.
»Bread and Circuses«   267, 351 f., 354
Breecher, Harold   242
Brewis, Alex   341 ff., 345
Bridges, Lloyd   477
Brinkley, Don   200
Bromley, Sheila   184 f.
Bronson, Charles   240
Bronson, Fred   488
Brown, Edmund »Pat«   503
Brown, Fletcher   152
Brown, Frederick   474
Brown, Harry L.   148
Brown, Robert   358
Bryant, Chris   509, 511 f., 517
Buck Rogers   66
Burroughs, Edgar Rice   66, 261, 432, 437, 551
Butler, Ellis Parker   603
Butler, Robert   268, 275, 324
»By Any Other Name«   267

Caesar, Sid   349
»Cage, The« s. *Star Trek* Pilotfilme
California Institute of Technology   372-375, 379
Campbell, John W.   62, 166, 301, 372, 415-424, 437 ff.
- Briefwechsel mit Gene R.   415-424
Camus, Albert   418
Canby, Vincent   536
Cannon, Dyan   270
Captain Video   167
Captain's Log: William Shatner's Personal Account of the Making of Star Trek (Shatner)   546
Caravan   224
Carmel, Roger C.   487, 582
Carradine, David   345
Carter, Ledfor   497 f.
Carter, Rick   375
Cashin, Robert Evans   134
Cassidy, Jack   267
Cassidy, Ted   477
Catholic Hour, The   209
»Catspaw«   353
CBS   201 ff., 207, 222, 225, 228 f., 233, 246, 248-252, 471 ff., 478 f.
Centurion, The   224
Chadwick, Clyde   372
Champlin, Charles   536
Chandler, Raymond   49, 61
Chapnick, Morris   286, 299, 315, 341, 433-336
»Charlie X«   310
Chazli, Captain   134
Chekhov's Enterprise (Koenig)   511, 535
Chermak, Cy   513 f.
Chevron Hall of Stars   184
Chicago Sun Times   624

Chicago Tribune 322, 331, 487, 588
Christian Science Monitor, The 322, 540
Church, Virginia 72 f., 141
»City of the Edge of Forever, The« 356, 469
Clampett, Bob 162
Clarke, Arthur C. 243, 300, 473, 488 ff., 593, 612, 614, 617 f.
Clement, Hal 413, 474
Clingan, Wilbur 181
Close Encounters of the Third Kind 529
Clute, John 359
Coburn, James 267 f.
»Code of Honor« 579
Cohen, Mickey 151
Coleman, Sly 276
Colemon, Lydia (Großmutter) 35 f., 38, 62 f.
Collela, Charles 508
Columbia Pictures 145
Columbia Records 505–509
Connors, Mike 267
Conquest of Space, The 167
Converse, Frank 267
Coon, Gene L. 241, 267, 319, 325, 351–354, 439, 480, 602 f.
Cord, Alex 477, 479
Coughlin, Kerwin 269
»Counter-Clock Incident, The« 267, 488
Counterattack 146
Courage, Alexander 276, 294, 297
Court of Last Resort, The 160
Courtney, Alan 244 f.

Courtney, Tim 372
Courtroom 24
Crabbe, Larry »Buster« 65
Craig, Yvonne 270
Cranston, Alan 450
Crawford, Oliver 301
Creature From The Black Lagoon, The 166
Crisp, Robert W. 138, 201, 219
Cronin, Lee. s. Coon Gene L.
Cruishank, Lawrence 178, 222, 238
Culp, Robert 263, 299, 515

D'Agosta, Joe 241 f., 268 ff., 292, 317, 345, 359
Daily Variety 244
Daktari 244
Daly, Carroll John 61
Daly, Jack 184
Daniels, Marc 321, 324, 408, 439, 485 f.
Danton, Ray 227
Davies, Theophilus jun. 115
Davis, John S. 609
Day The Earth Stood Still, The 166, 530
DC Comics 577 f.
Defiance County 222 f., 225 f., 234
Del Rey, Lester 330, 415
deLaurentiis, Dino 65
Denby, David 536, 624
Desilu Culver City 274 f., 277, 285, 294
Desilu Productions 205, 212, 245–252, 268 f., 271, 276, 283 f., 293, 299, 317, 323, 327, 331, 346 f., 376

- Übernahme durch Paramount 366-370
Destination Moon 166
Detective Fiction Weekly 61
Detective Story 61
Detectives, The 207
Dick, Phillip 186 f.
Dickinson, Angie 455
Dime Detective 61
Doc Savage 61
Dr. Christian 206
Dolan, Caro 139
Dolinksy, Meyer 267, 361 ff.
Doohan, Anita 444
Doohan, James »Jimmy« 293, 318 f., 375, 390, 455, 486 f., 527, 582, 630
Dorfman, Mary 353
Doug Selby 225 f., 228 f., 234
Douglas Paul 66
Downs, Hugh 651
Dozier, Bill 216, 219-227, 229 f., 233
Dozier, John 86
Dragnet 169-172, 199, 340
Duff, Howard 267
Dugan, John T. 519
Dumont 167
Dunn, Michael 268
Durant Fred 371, 462
Duryea, Peter 275
Dutton, Dutton C. 87

Eastwood, Clint 293
Eber, Roger 624
Eden, Barbara 270
Egris, Laos 458
Ehrlich, Jake 461
Eisner, Michael »MDE« 521 ff., 530

Elliott, Jack 276
Ellison, Harlan 263, 401, 337 ff., 332 f., 356 ff., 425, 517, 536 f.
»Encounter at Fairpoint« 579, 596
Epstein, John 175, 177, 179, 185, 200 f.
Erwin, Lee 301
Erwitt, Elliot 238
Estupinian, Reinalda 238
Eternal Light, The 209
Evans, Dale 208
Evans, Linda 410
Evans, Rupert 553 f., 561 f., 463, 568, 582
Exiles (Weinstein) 578

Fantastic Cinema Subject Guide (Senn und Johnson) 340
Fantasy Island 193
Farmer, Phil 330, 333
Farrell Mike 482 ff.
Federal Communications Commission (FCC) 144
Felt, Mike 591
Felton, Norman 240, 296
Ferrer, Mel 267
Fields, Peter A. 288
Finan, Lillian 503
Flanagan, Joe 112 ff.
Flash Gordon 59, 65
Flash Gordon Conquers The Universe 65
Flash Gordon's Trip to Mars 65
Fleischer, Dave 64
Fleischer, Max 64
Fonda, Jane 270, 455
Fontana, Dorothy (D.C.) 267, 290, 327, 414, 484 f., 487,

683

591 f., 594-598, 601, 605, 628
Footbeat 208 f.
Forbidden Planet 166, 260
Ford, Gerald 510
Forester, C. S. 243, 387
Forrest, Steve 267
Foster, Alan Dean 472, 519, 571
Four Star Productions 183, 212, 477
Four Star Theater 183
Four The People 292
Fowler, Harold 243
Fox Network 585, 587
Foxworth, Robert 482
Francis, Anne 269
Frank Merriwell 277
Frankel, Art 222
Frau im Mond, Die 167
Freberg, Stan 162
Freelance 212, 224
Freiberger, Fred 359, 362 ff., 430, 438
»Friday's Child« 353
Friedholder, Hugo 276
Fronteri, Dominic 276
Frontier of Faith 209
Fugate, Francis 197
Fugate, Roberta 197
Fullerton, Charron E. 238

Galaxy 167, 432
Gardner, Erle Stanley 61, 156 f., 159 f., 189 ff., 195 ff., 206, 225-233, 234
Garr, Teri 408
Gates, Daryl 164
Gautreaux, David 526, 528
Geller, Bruce 269

»Gene Roddenberry - The Tomorrow Person« 589
Genesis II 476 ff., 527
Gernsback, Hugo 62, 261
Gerrold, David 534, 591 f., 594, 598-606
Ghurabi, Dr. Walid 33
Gilbert, Tom 246
Gilligan's Island 234
Gillis, Bruce 639
Gillis, Jackson 225 f.
Girl from U.N.C.L.E., The 240
Glen Glenn Studios 279
»God and Roddenberry« 665-674
God Thing, The 512
Gold, Sam 278
Goldberg, Whoopi 639 f.
Goldbergs, The 145
Goldin, Daniel S. 651 f.
Goldsmith, Jerry 276
Goldstone, James 294
Goldwater, Barry 511
Goldwyn, John 635
Golemon, Albert (Onkel) 539
Golemon, Caroline Glen (Mutter) s. Roddenberry, Caroline Glen
Golemon, William (Großvater) 35 f., 62 f.
Golemon, Willowdean (Tante) 35
Gomer Pyle, USMC 277
Goodwin, Bob 519
Goodwin, Laurel 275
Gottesman, Regina 470
Grade, Sir Lew 211 f., 214 f.
Graham, Michael 128
Grant, Hank 271, 275, 283 f.
Graves, Peter 267

Gray, Bill   166
Green, Johnny   276
Greenberger, Robert   577
Grethel   30–33
Griffith, Andy   349
Gunn, John M.   208 ff.
Gunsmoke   252, 312
Guzman, Pato   257, 259 f.

»Half A Life«   299
Halsey, William Frederick »Bull«   100
Hamilton, Bill   136 f.
Hammett, Dahiell   61
Harbor Command   207
Hard Day's Night, A   359
Hargrove, Dean   299
Harriman, E. H.   42
Harris, Mel   588
Hart, Joe   123–126, 128, 132
Hartley, Mariette   477
Harvard Lampoon, The   239
Hasbro Toy Company   243
Haskin, Byron   275
Hatch, Bill   364
Hatch, Wilbur   276, 325
Hathaway, Henry   339
Have Gun Will Travel   178, 193, 206 f., 209, 260
Hawaii Passage   201, 243
Hawe, Jack   149
Hayden, Henry   237
Hayes, Jeff   585
Heath, Bill   279
Heiberg, Colonel   199
Heinemann, Arthur   267, 519
Heinlein, Robert A.   62, 243, 290, 300, 340, 415, 545, 552, 601 ff.
Heinlein, Virginia   603

»Helen of Abajinian«   206
Hellinger, Stuart   470
Helm, Anne   270
Hemingway, Edward D.   116
Herald-Examiner TV Weekly   320, 326
Herbert, Frank   330
Heyden, Sterling   267
Higgins, Clint »Hickey«   53
Highway Patrol   187, 202
Hogan, George William »Bill«   78 f.
Holliman, Earl   267
Hollis Productions   208
Holly, Ed   366
Hollywood Reporter, The   275, 283, 322
Holman, Rex   268
Homeier, Skip   267
Horrall, Jack   169
Houske, Marta   30, 409, 584, 633
Houston Post   539
Hoyt, John   275
Hudson, Rock   455, 466
Huggins, Roy   427–431
Hughes, Howard   248, 251
Hugo Award   357 f., 426, 469
Hunter, Jeff   267, 269, 274 f., 285, 324, 477
Huntington, Henry E.   42
Hurley, Maurice   592, 594
Hurt, John   516

I Am Not Spock (Nimoy)   253, 291 f., 340 f., 442
I Led Three Lives   188 f.
I Love Lucy   189, 245 f., 321
»I Wanna Go Home«   109 f.
»I, Mudd«   354

I, Robot (Asimov) 335, 404, 431, 480
»Infinite Vulcan, The« 486
Ingalls, Don 153, 161 ff., 178 f., 193 ff., 214, 358, 425
International Television Corporation (ITC) 211 f., 214 f.
Invasion of the Body Snatchers 166
Irving, Charles 208
Isenberg, Jerry 509, 511, 529
It Came From Outer Space 166
Ivey, William 98 f.

Jackson, Cornwell (Corry) 160, 225
Jackson, Gail Patrick 160, 225-230
Jackson, Gordon 516
Jacobs, Joe 107
Jaffee, Sam 166
Jane Wyman Theater, The 207
Jastrow, Robert 651
Jefferson Drum 207
Jeffries, Matt 519
Jennings, Joe 519
Joey Bishop Show, The 277
Johnson, George Clayton 300 f., 321, 425
Johnson, John 340
Johnson, Ray 59 f., 62, 110
Johnson, Virgina 463
Journal of the British Interplanerary Society 259
Julie Andrews Show, The 215
June Allyson Show, The 207
Justman, Robert H. »Bob« 25, 263, 275, 287, 294, 401, 304, 307 f., 311, 314 ff., 319, 356 f., 359, 367, 396, 408 f., 430, 591, 594, 596, 600, 605, 608, 630

Kaiser Aluminium Hour 207
Kalcheim, Agent von Shatner 522
Kandel, Stephen 288, 353 f.
Kapu 224
Katkov, Norman 301
Katz, Oscar 248-252, 257, 260, 266, 271, 273 f., 276, 279-282, 284 f., 291, 386, 405, 433, 443, 455
Katzenberg, Jeff 530
Kaufman, Phil 509, 511, 517 f., 529
Keenan, John G., 146
Kelley, DeForest 185, 268, 293 f., 317 f., 334, 507, 509, 520, 526 f., 535, 582, 630
Kemmer, Ed 267, 292
Kendall, Wanda 372, 375 ff.
Kennedy, John F. 116
Kentucky Jones 277
Kerkorian, Kirk 454, 463
Kewis, William Luther »Bill« (Schwiegersohn) 398
Khambatta, Persos 526, 528
Kirkpatrick, Theodore 146
Kirkpatrick, David 635
Kneubuhl, John 351 ff.
Knight, Damon 167
Knopf, Christopher 240, 450, 640 ff.
Knotts, Don 349
Koenig, Walter 486, 511, 528, 535, 582
- *Chekhov's Enterprise* 535

Kolb, Ken 299
Komitee für unamerikanische Aktivitäten 145
Kornbluth, C. M. 167
Kruger, John P. 116
Kubrick, Stanley 432
Kyle, Jim 105, 107, 118
Kyle, Richard 261

La Forge, George 628 f.
Land of the Giants 252
Langsam, Devra 470
Lansing, Robert 407
Lassie 277
Last and First Men (Stapledon) 290 f.
Laughery, David 611, 614 f., 620
Laurie, Piper 270
Lavery, Emmit jun. 377
Lawrence, Carol 270
Lawrence, J. A. 412
Lawrence, Jerome 198
Lee, Dr. Sammy 72
Lee, Robert E. 198
Leigh, Bill 489
Lenard, Mark 345, 387, 507, 509
Levine, Don 243
Lewin, Bob 591 ff., 595 f., 598, 600
Lewis, Darleen Anita geb. Roddenberry (Tochter) 138, 140, 215, 243, 321 f., 398, 467
Lewis, Sinclair 61
Lewis, Tracey (Enkelin) 558
Lewis, Warren 184
Ley, Willy 167
Lichtenberg, Jacqueline 469

Lieutenant, The 234, 241 ff., 268, 340
Life 195, 239
Lincoln Enterprises 32, 358
Litel, John 184 f.
Livington, Harold 535
Lockwood, Gary 241
Loeb, Philip 145
Loew's 145
Loggia, Robert 267
Lomax, Bill 497
London, Jack 61
Lone Rager, The 67
Long Hunt of April Savage, The 295
Look 239
Lord, Jack 267
Los Angeles Times 117, 487, 501, 517, 520, 588, 610, 623
Lost in Space 252, 259, 320, 329, 364, 578
Love Boat, The 202
Love Story 61
Love, Bernice s. Roddenberry, Bernice
Lovecraft, H. P. 61
Loy, Myrna 65
Lucas, George 530, 563
Lucas, John Meredyth 267, 413 f., 519
Lucy Show, The 269, 276
Lundvall, Bruce 505
Lyles, A. C. 648

M*A*S*H (Film) 220
M*A*S*H (TV-Serie) 220, 484
Mad Magazine 239
Madden, Edward 275
Madsen, Dan 598, 609
Magna I 516 f.

Maizlish, Leonard 32, 400, 582, 589, 591, 593, 611, 530, 635, 637 f.
Making of Star Trek, The 488
Malczewski, Bulock 26
Malczewski, Grace 26, 30
Man and the Challenge 187, 198
Man From Lloyds, The 166
Man From Planet X, The 207
Man From Texas, The 206
Man From U.N.C.L.E., The 240 f., 296, 342, 386, 508
»Man Trap, The« 321
Mancuso, Frank 611 f., 620, 632
Markowitz, Will 276
Marshak, Sondra 469
Martel, Arlene 263
Martin, Lewis 184
Martin, Quinn 204 f.
Master of the World 240
Masters, William Howell 463
Matheson, Richard 240, 300 f., 330, 333
McAleer, Neil 489
McCarthy, Joseph 188
McClay, Howard 327
McDonald, Mike 268
McDowell, Roddy 455
McEveety, Vincent 294, 308
McFadden, Gates 631
McGoohan, Patrick 267
McQueen, Steve 200, 293
Meaning in the Stark Trek (Blair) 540
Men tinto Space 187, 198
»Menagerie The« 323 f., 439, 469, 628
Meriam C. Cooper Enterprises 206

Mèsny, Mary Elisabeth 90 ff.
Messerschmidt, Jean 363
Meyer, Nicholas 547, 551, 634 f.
MGM 145, 20 f., 244 f., 254, 257, 435, 443, 454-457, 464 ff.
Michener, James A. 216-219
Migden, Chet 347
Miles, Nelson 125 f.
Milkis, Eddie 324, 408, 591, 597
Milley, Diana 270
Mimieux, Yvette 270
Mind Reach (Puthoff und Targ) 518
Mindling, Lon 524
Minter, Mary Miles 44
»Miri« 308
Mission: Impossible 269, 341, 345, 366, 406, 591
Mr. District Attorney 174-177, 180, 182, 187, 207
Mitchell, Brig.-Gen. Billy 94
Mitchell, Cameron 267
Möglichkeiten der Weltraumfahrt (Ley) 167
Monkees, The 359 f.
Monster Times, The 477
Montalban, Ricardo 184 f.
MONY (Mutual of New York) 237 ff.
Morris, Mack 100 f., 112
Morrison, Bret 66
Morrow, Susan 184 f.
Moser, William »Mike« 168
»Mudd's Women« 288, 353
Muhlmann, Maria 557, 567
Mulhare, Edward 345
Muppet, Show, The 215

Murphy, George   451
Muses, Dr. Charles   562
My Favorite Martian   254, 276
»My Greedy Rabbit«   50
My Living Doll   276
My Three Sons   276

Naar, Joe   220
Naha, Ed   505-509
»Naked Now, The«   579
NASA   470, 651
Natchez   206
Nathan, George Jean   61
National Association of Broadcasters   346
National General Pictures   431 f., 435
NBC   241, 252 f., 256 f., 262, 264, 271, 279 ff., 283 ff., 287 ff., 281, 296, 329 f., 327, 331, 359, 362 ff., 379 f., 374 ff., 383 ff., 408, 425, 430, 436 f., 439 f., 470, 472 ff., 483, 485, 487 f., 493 f., 562 f., 586
Neal, Patricia   166
Neale, Robert D.   149
Nelson, Dick   519
Neuman, E. Jack   642-645
New York   536, 624
New York Post, The   624
New York Times, The   440, 519, 536, 545, 547, 550
Newsweek   239, 379
Nicholls, Peter   359
Nichols, Nichelle   241, 294, 311, 318, 390, 526, 528, 582, 639
Nicks, Buster   110 f.
Nielson, Leslie   267

»Nightmare at 20,000 Feet«   292
Nightstick   207
Nimoy, Leonard   241, 253, 268, 275, 291 f., 294 ff., 317, 321, 334, 339-347, 351, 377, 379, 385, 389, 424, 431, 475, 482, 506, 519 f., 522 ff., 531, 535, 550 f., 555, 557 f., 561 f., 565, 567 f., 570, 582, 595, 597, 617, 621, 624, 630, 634, 645, 649
- *I Am Not Spock*   253, 291 f., 340 f., 442
- Special   557
Niven, Larry   486
Nixon, Richard   145, 448, 451
Nourse, Alan E.   357 f.
Nowlan, Philip Francis   66

O'Brien, Hugh   267
O'Connor, Carroll   268
O'Herlihy, Dan   267
O'Neal, Patrick   267 f.
O'Quinn, Kerry   597
»Obsession«   354
Okuda, Denise   267
Okuda, Michael   267
Oliver, Susan   270, 274 f., 424
Olympians, The   224
»Omega Glory, The«   288, 386
Opatoshu, David   268
»Operation Shangri-La«   220
Operator #5   61
Ornstein, Bill   322
Osborne, Adelia   49
Otis, Harrison Gray   42
Ott, John   500 f.
Outer Limits, The   263

Over, Ernie 26, 29-32, 74 f., 580, 634 f., 637
Owen, Brig.-Gen. 100 f.

Paisano Productions 226 f., 233
Paisley, James 262, 275, 294
Pal, George 166
Paley, William S. 249
Paramount 145, 269, 358, 366, 387, 429, 441, 468, 470, 473, 485, 490, 493, 495, 502 ff., 507., 509, 512, 519, 523, 535, 538 f., 541 f., 545, 550-553, 559, 561, 567 f., 571, 574, 579 f., 585, 587-570, 603, 610 f., 614, 616 ff., 620, 624, 629, 632, 634
– Übernahme von Desilu 366-370
Paramount Home Video 488
Parker, William H. »Bill« 51, 153-157, 163 ff., 169, 172, 177, 179 f., 187, 189 ff., 193, 199 f., 290, 295, 309
Parkes, Earl Percy jun. 80 f.
Parmenter, Dorothy 400
Patterns of Force 267
Paul, Frank R. 261
Payne, Russ 505
Payne, Stephen 589
»Pecos Shottdown« 208
Peeples, Sam 260 f., 270, 288-291, 336, 412, 485, 502, 513, 515, 551
Perlstein, Ed 297, 317, 342-347, 414
Peters, Gregg 408
Philbrick, Herbert A. 188

Phillip Morris 246
Phillips, Fred 273
Photoplay Award 424
Pickford, Mary 248
»Piece of the Action, A« 372
»Pigs Is Pigs« 603
Pike, John 585 f.
Piller, Michael 606, 632
Pimentel, George 72
Pines, Elyse 469
Planet Earth 479
Planet of the Apes (Film) 432, 478, 495
Planet of the Apes (TV-Serie) 478 f.
»Plato's Stepchildren« 267 f., 360-365
Playhouse 286
Pleskette, Suzanne 270
Plosser, Joe 78, 80
Pocket Books 573, 575 ff.
Podell, Dr. Robert 628
Pohl, Fred 383, 432
Police Story 250, 294 f., 297, 319
Pollini, Francis 455
Popular Publications 61
Powell, Dick 410
Prawda 360
Pretty Maids All In a Row (Film) 455 ff., 462-466, 527, 529
Pretty Maids All In a Row (Pollini) 455
Price, Vincent 240
Prickett, Don 86 f., 89 ff., 93, 96 ff., 103
Prisoner, The 215
»Private Little War« 354, 358
Profiles of the Future (Clarke) 243

Puharich, Andrija 496
Pulp-Romane 60–63, 66, 171, 195
Puppet Masters, The 340
Puthoff, Dr. Hal 518

Quarton, Janet 544 f., 551 f., 554 f., 564 f., 572, 584, 588, 609, 628
Questor Tapes, The 406, 480–484, 527

Railroad Stories 61
Ralston, Gilbert 354
Rand Porporation 261
Rawhide 268
Raxton, David 276
Raymond, Alex 65
Reader's Digest 239
Reagan, Ronald 648
Reason, Rhodes 267
Red Channels 145
Reece Halsey Agency 472
Reese, Charles 158
Reese-Maddox, Andree 372, 603
Reiner, Carl 349
Rennie, Michael 166, 345
Report From Earth (Roddenberry) 553, 562, 568
»Rest of the Robot« (Asimov) 335
Return (Revenge) of the Jedi 569
»Return of the Archons, The« 309
Rexroat, Eileen Anita s. Roddenberg, Eileen
Rexroat, Frank 77, 135, 394 ff., 403

Rexroat, Maude 77, 135, 395 f., 403, 637
Reynolds, John 367–370
Reynolds, Mack 413
Rich, Dr. Ronald 28, 33
Richardson, David 589
Rimland, Bernard 499 f.
Ripley, William 72, 98 f., 105
RKO 145, 247, 248
Roaerke, Adam 275
Robards, Jason jun. 267
Robert Montgomery 386
Robertson, Stanley 362 f.
Robin Hood 355
Robinson, Hubbell 246
Rocketship X-M 166
Roddenberry, Bernice (Schwägerin) 150, 204
Roddenberry, Caroline *Glen* geb. Golemon (Mutter) 35–41, 44–47, 50 f., 53, 57 f., 60, 62 f., 67, 111, 134, 138, 146, 323, 445 ff., 453 f., 496, 581 f.
Roddenberry, Clara Mae (Tante) 36
Roddenberry, Clara May (Großmutter) 36
Roddenberry, Darleen Anita s. Lewis, Darleen Anita (Tochter)
Roddenberry, Dawn Allison (Tochter) 179, 204, 321 f., 448, 455, 628
Roddenberry, Doris Willowdean (Schwester) 44, 46, 50, 53, 63, 147, 582
Roddenberry, Eileen Anita geb. Rexroat (1. Frau) 77, 90 ff., 96, 118, 120, 134, 137,

139 f., 161, 165, 179, 203 f., 216, 239, 243, 254, 321, 393-402, 447, 489, 594
Roddenberry, Eugene Edward (Vater) 36-43, 46, 49-59, 62 f., 67 f., 75, 77, 83, 134, 146, 150, 152, 163, 323, 445 ff., 453 f.
Roddenberry, Eugene Wesley »Rod« (Sohn) 32, 138, 496, 498, 503, 514, 561, 565, 568, 645
Roddenberry, Hilbert (Onkel) 37
Roddenberry, Leon (Großvater) 36
Roddenberry, Lois 59
Roddenberry, Majel s. Barrett Roddenberry, Majel
Roddenberry, Robert Leon »Bob« (Bruder) 44 ff., 49 f., 52-55, 58 ff., 64, 81, 111, 146 f., 150, 152, 203, 323, 582
Roddenberry, Sister Madeline (Cousine) 504, 565, 570
Roddenbery, Julien (Cousin) 498, 552, 560, 566 ff.
Rodney, Eugene B. 544
Rogers, Roy 208
Rolfe, Sam 193, 206, 295, 405, 640, 642
Rolling Stones, The (Heinlein) 601, 604
Root, Wells 178
Rosen, Eddie 314
Rosenstein, Steve 470
Rough Riders 198
Rowan and Martin's Laugh In 386

Ruby Slippers of Oz, The (Thomas) 454
Rule, Janice 269
Russell Eric Frank 415
Russell, Bertrand 417
Russell, Ray 300

Sackett, Susan 549, 591, 630, 634 f.
Sackheim, Bill 219, 223
Sailor's Prayer 121
Salinger, J. D. 472
Sam Houston 207
San Francisco Chronicle, The 517 f.
Sanders, Coyne 246
Sanger, Dr. I. E. 259
Sapinsley, Alvin 299
Sarnoff, Bob 373, 375
Savalas, Telly 455
Saxon, John 479
Schifani, Emmanuel 87 f., 271
Schlosser, Herb 388, 405
Schnaubelt, Franz Joseph 524
Schumann, Walter 169
Schuster, Al 470
Schwartzman, Dr. Leonard 32
Schwarzenegger, Arnold 187
Schwimmer, Alden 250, 252
Science Fiction Theater 185 ff.
Science Fiction Writers of America 328, 357, 381
Scotidas, Harry 309
Scott, Allan 509 ff., 517
Screen Actors Guild (SAG) 293, 347

Screen Gems 206 ff., 211, 215, 220-227, 229-233
Seberg, Jean 270
Secret Agent 215
Secrets of the World's Biggest Selling Writer: Storytelling Techniques of Erle Stanley Gardner (Fugate und Fugate) 197
»Secret Weapon of 117, The« 184
Segal, George 267
Selleck, Tom 514
Senn, Bryan 340
Shadow, The (Pulp-Roman) 61
Shadow, The (Rundfunksendung) 66
Shannon 207
Shardt, George 90
Sharpe, Don 246
Shatner, Lisabeth 546
Shatner, William 267, 292 f., 311, 315, 317, 320, 334, 341 f., 349, 351, 377, 379, 385, 424, 431, 475, 506, 509, 519 f., 522 ff., 535, 556, 568, 579, 587, 610, 612, 615-618, 620, 624
- *Star Trek Memories* 435
Sheckley, Robert 167, 300
Sheldon, Stanley 77, 153, 162 f., 174, 177, 180
Shifrin, Lalo 276
Shirer, William 224
»Shore Leave« 323, 415
Show 485, 494
Simmons, Dick 642
Singer, Arthur 430
Singer, Phil 401
$ 64,000 Question, The 206

Slack, Captain 107 f.
Smart, Ralph 211, 214 f.
Smith, Cecil 487
Smith, E. E. »Doc« 62, 66, 415
Smith, Red 264
»So Short a Season« 207
Sobelman, Boris 425
Sohl, Jerry 301
Solow, Herb 260, 255 f., 269, 276, 279, 281 f., 315, 341, 408, 433, 438, 443, 446, 455, 464
Space Patrol 167 ff., 267, 292
Sparks, Bob 219
Spectre 291, 310, 496, 515 f.
»Spectre of the Gun« 268
Spider, The 61
Spies, Adrian 301, 308 f.
Spock Must Die (Blish) 571
»Spock's Brain« 439
Sport Story 61
Stack, Robert 267
Stage 7 183
Stapledon, Olaf 249, 290
Star Trek 51 f., 56, 62, 141, 181, 187, 195, 240, 243, 251-393, 397, 407, 411 f., 416, 423-442, 453, 467, 469, 471-475, 77 f., 485, 487, 489, 493-499, 501, 504-507, 512 f., 517-523, 526, 528, 536 f., 52-545, 550 ff., 558 f., 563, 568, 571-574, 588, 590 f., 594, 601, 604, 607, 612, 614, 618 ff., 631 f., 639, 641, 644, 648
- Pilotfilme 253, 257, 264, 267, 275, 277-280, 285,

287, 291, 294 ff., 298, 300, 321 ff., 483 ff., 524 f., 529-533
Star Trek Chronology (Okuda und Okuda)   267
Star Trek Compendium, The (Asherman)   321
Star Trek: Deep Space Nine   267, 486
Star Trek Technical Manual   524
Star Trek: The Motion Picture   518, 538, 540 f., 545 f., 557, 573
Star Trek: The Next Genration   177, 208, 267 f., 299, 342, 480 ff., 486, 498, 520, 527, 585, 591, 594, 597, 605 f., 617, 620, 627 ff., 632, 646 f.
Stark Trek the Official Fan Club Magazine   502
»Star Trek 2« (Pilotfilm)   502
Star Trek II (Wiederaufnahme der ersten Serie)   493, 502
Star Trek II: The Wrath of Khan   502, 524, 548 f., 551 f., 555, 607, 614
Star Trek III: The Search for Spock   552, 555 f., 561, 564 f., 567 f., 607, 614, 632
Star Trek IV   568 ff., 584, 607-610, 614, 616 f., 632
Star Trek V: The Final Frontier   488, 610 ff., 618, 620 f., 624 f.
Star Trek VI: Undiscovered Universe   29 f., 547, 634

Star Trek-Zeichentrickserie   291, 485 f.
Star Wars   519, 529, 563, 621
Starburst   589, 599
Starlog   509, 512, 536 f., 551, 597, 600
Steeger, Harry, 159
Stevens, Dr. Herbert   35
Stevens, Leith   276
Stevens, Stella   270
Stewart, Patrick   608, 645-649
Still, Babbie Bogue   70 f.
Stine, G. Harry   371 f.
Stockwell, Guy   267
Strange New World   479
Strangis, Greg   585
Striker, Fran   66
Stromberg, Hunt jun.   207 f., 251, 252
Stubbs, Harry   474
Sturgeon, Theodore   62, 323, 331, 334, 336, 354, 358, 415, 519
Sukman, Harry   276
Sullivan, Liam   267
Summers, Leo   89
Sweeney, Dr. Donald F.   626 f.
Sweeney, Louise   322
Sweeney, Terrance   665-674
Switer, William A.   184 f.

Takei, George   293, 318 f., 390, 485, 528, 582
Tales of the South Pacific (Michener)   216-219
Targ, Russell   518
Target: The Corrpuntors   207
Tarzan (Filmscript)   432 f.

Tarzan (TV-Serie) 270
»Taste of Armageddon, A« 268
Taylor, Rod 267
Taylor, William Desmond 44
Theiss, Bill 29, 273, 456, 526
Them! 166
Thing, The 166, 415
This Is Tom Jones 215
This Island Earth 166
Thomas, Lowell 64
Thomas, Rhys 454
Threshold 206
Throne, Malachi 275, 279, 294 f.
Thruston, George L. III. 503
Thurmond, Strom 534
Time 239
Time for Beany 162
Time Tunnel, The 252
Times, The (London) 454
Tinker, Grant 253, 259
Tom Corbett, Space Cadet 167
Tombstone Territory 198
Torn, Rip 138
Tors, Ivan 244 f.
Total Recall 187
Trendle, George W. 66
»Trends« 66
Tribunes, The 291, 412
Trimble, Bjo 372, 380 f., 383, 481, 510 f.
Trimble, John 372, 380 f.
Trippe, Juan 122, 123
Trivers, Barry 301, 425
Troi, Deanna 608
»Trouble With Tribble, The« 601

Trouble With Tribbles, The (Gerrold) 601
Trumbull, Doug 539
Tryon, Tom 267
»Turnabout Intruder« 439
TV Guide 322, 332, 335 f., 435
TV Zone 595 f.
Twentieth Century Fox 145, 290, 496, 513, 517, 549
20,000 Leagues Under the Sea 166, 240
Twilight Zone, The 292
Two Faces West 207
2001: A Space Odyssey 432, 473, 489

»Über das Schreiben« 173
Unger, Maurice »Babe« 199
»Unification« 596
United Artists 145
Universal Studios 145, 479 f.
Untouchables, The 205, 218, 246, 377
US Today 585

V 513
Vadim, Roger 455–458, 464 f.
Valley Times 193 ff.
Van Cleave, Nathan 276
Van Vogt, A. E. 62, 301, 330, 333, 415
Variety 271, 468, 470
Vaughn, Robert 241
Victor, David 296
Volpe, Anthony 122 f., 126 f., 129–132, 134, 138 f.

Voyage To The Bottom of The Sea 252, 259, 276, 367-370

Wall Street Journal, The 550
Wallace, Art 343, 405
Walston, Ray 254 f.
Walton, Larry 108
Wambough, Joseph 208
Wanted: Dead or Alive 260, 293
War of the Worlds, The 166
Warner Bros. 145, 476, 478, 480
Washington Post, The 487, 517, 534
Waxman, Franz 276
Wayne, John 35, 406
»Way to Eden, The« 267
»We Can Remember It For You Wholesale« 186
Webb, Jack 169-172, 199, 255 f., 583
Weinstein, Howard 577 f.
Weitzman, Bernie 300, 325 f.
Welles, Orson 66
Werner, Mort 253, 388
West Point Story, The 190, 193, 198-201, 203, 206 f.
Western Story 61
Westmore, Pat 311
Wetherbee, Jim 652
»What are Little Girls Made Of?« 477
When Worlds Collide 166
»Where No Man Has Gone Before« 288, 294, 321
Whiplash 215
Whitlock, Albert 279
Whitmore, John 496 f.

Whitney, Grace Lee 293 f., 318 ff., 582
Who Goes There (Campbell) 166, 415
»Who Mourns for Adonais?« 353
»Whom Gods Destroy« 270
Wielga, Stanley jun. 100
Wild West Weekly 61
Williams, Bill 88
Williams, Johnny 276
Williams, Tennessee 61
Wincelberg, Shimon 301
Winston, Joan 469 ff.
Winter, Ralph 634 f.
Wise, Robert 166, 539-533, 535 f., 589, 541 f., 544
»Wolf in the Fold« 354
Wolfe, Sheila 331
Wollam, Talbert H. 114, 116
Worton, William 152
Wrangler, The 216
Wrath of Khan, The s. *Star Trek II: The Wrath of Khan*
Wright, Herb 592, 594, 599
Wrigley, Major 95, 97 f., 100
Writers' Guild Award 206
Writers' Guild of America 201, 206 f., 244, 254, 260, 351, 353, 357 f., 450, 565, 581 f., 583, 595 f., 598, 601, 604, 630
Wylie, Meg 275
Wylie, Philip 166
Wynn, Keenan 455

Yank 101, 112
Yasner, Joyce 470

»Yesteryear« 485
Yorty, Sam 165
Young, Gig 515

Zimbalist, Efrem jun. 267
Zimyanin, Mikhail V. 360
Zito, Tom 487

Ziv Television Productions
    174 f., 179 f., 182, 185,
    187-190, 193, 198 f., 202,
    204, 206, 208, 211
Ziv, Frederick W. 175, 198,
    242, 256
Zombies of the Stratosphere 339

QUELLENVERZEICHNIS

Copyright © Dagrest Partnership, 1994
Einführung Copyright © by Majel Barrett Roddenberry, 1994
Vorwort Copyright © by Ray Bradbury, 1994

Alle Rechte vorbehalten

Star Trek ist ein eingetragenes Warenzeichen der Paramount Communications, Inc. Dieses Buch entstand ohne Genehmigung, Lizenz oder Billigung einer Institution, die mit *Star Trek* oder mit Paramount Communications, Inc., in Verbindung steht.

Alle Briefe von Gene Roddenberry Copyright © by Nachlaß von Eugene Wesley Roddenberry. Abdruck erfolgt mit freundlicher Genehmigung.

Alle Briefe von John W. Campbell wurden aus *The John W. Campbell Letters, Volume I*, - Copyright © 1985 by AC Projects, Inc. - oder aus *The Complete Collection of the John W. Campbell Letters Compiled by Perry A. Chapdelaine, Sr.* - Copyright © 1987 by AC Projects, Inc. - entnommen. Abdruck erfolgt mit freundlicher Genehmigung des Rechteinhabers.

Alle Briefe von Isaac Asimov: Copyright © 1994 by Isaac Asimov. Abdruck erfolgt mit freundlicher Genehmigung von Janet Asimov.

Alle Briefe von Erle Stanley Gardner: Copyright © 1994 by Nachlaß von Erle Stanley Gardner. Abdruck erfolgt mit freundlicher Genehmigung von Mrs. Jean Gardner.

Auszug aus Mack Morriss' Tagebuch und unveröffentlichter Kriegsbericht: Copyright © 1994 by Nachlaß von Mack Morriss. Abdruck erfolgt mit freundlicher Genehmigung von Helen Morriss Wildasin.

Terry Sweeneys Interview im Anhang wurde *God &* entnommen, Winston Press, Minneapolis, MN, Copyright © 1985 by Terrance A. Sweeney. Abdruck erfolgt mit freundlicher Genehmigung des Autors.

Eine Aufnahme des Cal Tech-Marsches ist erhältlich bei J.C. Consulting, Box 57, Benton City, WA 99320.

Besonderer Dank an die folgenden Personen für die Erlaubnis, ihre Reden während des Gedenkgottesdienstes für Gene Roddenberry abzudrucken: Whoopi Goldberg, Christopher Knopf, E. Jack Neumann, Patrick Stewart.

William Gibson

Kultautor und Großmeister des »Cyberpunk«

Cyberspace
06/4468

Biochips
06/4529 und 01/9584

Mona Lisa Overdrive
06/4681 und 01/9943

Neuromancer
01/8449

William Gibson
Bruce Sterling
Die Differenz-Maschine
06/4860

01/9584

Heyne-Taschenbücher

Wild Cards

»Die wohl originellste und provozierendste Shared World-Serie.«

Peter S. Beagle in OMNI

Gemischt und ausgegeben von George R. Martin

Vier Asse
1. Roman
06/5601

Asse und Joker
2. Roman
06/5602

Asse hoch!
3. Roman
06/5603

Schlechte Karten
4. Roman
06/5604

Wilde Joker
5. Roman
06/5605

06/5604

Heyne-Taschenbücher

Terry Pratchett

*Kultig, witzig, geistreich –
»Terry Pratchett ist der Douglas Adams der Fantasy.«*
The Guardian

**Der Zauberhut
Die Farben der Magie**
Zwei Scheibenweltromane
23/117

Trucker/Wühler/Flügel
Die Nomen-Trilogie –
ungekürzt!
23/129

Das Licht der Phantasie
06/4583

Das Erbe des Zauberers
06/4584

Die dunkle Seite der Sonne
06/4639

Gevatter Tod
06/4706

Der Zauberhut
06/4715

Pyramiden
06/4764

Wachen! Wachen!
06/4805

Macbest
06/4863

Die Farben der Magie
06/4912

Eric
06/4953

Trucker
06/4970

Wühler
06/4971

Flügel
06/4972

Die Scheibenwelt
2 Romane in einem Band
06/5123

Die Teppichvölker
06/5124

Heyne-Taschenbücher

Douglas Adams

Kultautor & Phantast

Einmal Rupert und zurück
Der fünfte »Per Anhalter durch die Galaxis«-Roman
01/9404

Per Anhalter durch die Galaxis
DER COMIC
01/10100

Douglas Adams
Mark Carwardine
Die Letzten ihrer Art
Eine Reise zu den aussterbenden Tieren unserer Erde
01/8613

Douglas Adams
John Lloyd
Sven Böttcher
Der tiefere Sinn des Labenz
Das Wörterbuch der bisher unbenannten Gegenstände und Gefühle
01/9891

01/9404

Heyne-Taschenbücher

Michael McCollum

schreibt Hardcore SF-Romane, die jeden Militärstrategen unter den SF-Fans und Battletech-Spieler begeistern.

Die Lebenssonde
06/5381

Antares erlischt
06/5382

Die Wolken des Saturn
06/5383

06/5383

06/5382

Heyne-Taschenbücher